코로나19 바이러스
"친환경 99.9% 항균잉크 인쇄"
전격 도입

언제 끝날지 모를 코로나19 바이러스
99.9% 항균잉크(V-CLEAN99)를 도입하여 「안심도서」로
독자분들의 건강과 안전을 위해 노력하겠습니다.

본 도서는 항균잉크로 인쇄하였습니다.

항균+
99.9%
안심도서

항균잉크(V-CLEAN99)의 특징

◉ 바이러스, 박테리아, 곰팡이 등에 항균효과가 있는 산화아연을 적용

◉ 산화아연은 한국의 식약처와 미국의 FDA에서 식품첨가물로 인증받아 **강력한 항균력**을 구현하는 소재

◉ 황색포도상구균과 대장균에 대한 테스트를 완료하여 **99.9%의 강력한 항균효과** 확인

◉ 잉크 내 중금속, 잔류성 오염물질 등 **유해 물질 저감**

TEST REPORT

#1
-
< 0.63
4.6 (99.9%)주1)
-
6.3 x 10³
2.1 (99.2%)주1)

Clean Zone

시대교육그룹

차쌤의 면접 스토리

my TURN

올해 경찰공무원은 바로 나야 나!

경찰 면접

개인에게 국가란
어떤 존재인지,
국가에 대한 생각

부모님의 가치관·가훈을 통한
성장과정에서
자신에게 미친 영향

과거 경험담을 통해
공직자 생활 시
중요하게 생각하는 요소

어떤 중요한 계기,
직장을 그만둔 이유, 위기 경험담 등
시작하게 된 특별한 이유

장점을 발휘한 적,
단점 보완책

동아리활동,
봉사활동 등을 통한
자신의 느낀 점과 미친 영향

어떤 일이 계기가 되어
본인의 좌우명이 되었고
자신의 좌우명을 지키기 위해
어떤 노력 중인지

도덕성, 윤리성,
평소의 윤리의식

본인의 장점을 통한
지원부서(조직) 내에서의 역할

명예, 청렴,
협동, 희생과 봉사

국가관
성장과정
공직관
지원동기
성격
학창시절
좌우명
준법성
포부
인생관

나

머리말

마지막 면접 관문을 준비하면서···

면접이라는 것은 그동안 본인이 살아왔던 스토리입니다. 자신 및 타인을 위해 열심히 살아왔던 분들은 그만큼 본인을 내세울 만한 자랑거리가 많을 것이지만, 그렇지 못한 경우는 그 반대가 될 것입니다. 면접은 말을 잘하는 사람을 선발하기 위한 것이 아닌 진정성 있는 사람을 선별하기 위한 시험입니다. 따라서 보다 솔직하고 진정성 있는 자세를 보여 준다면 면접관에게 깊은 인상을 남기게 될 것입니다. 비록 체력시험에서 성적이 낮더라도 본인의 진심어린 마음을 보여준다면 좋은 결과가 있을 것이나, 반대로 체력은 뛰어나도 인성이 바르지 못하다면 좋은 결과를 얻지 못할 것입니다. 설령 운이 좋아 합격한다 하더라도 제복만 입고 다닐 뿐, 진정한 경찰관은 될 수 없습니다.

머리가 아닌 가슴으로 다가가는 사람이야말로 진정한 경찰관입니다. 가슴으로 먼저 다가가는 경찰관이 되시기 바랍니다. 마지막 관문인 면접은 여러분의 의지에 달려 있습니다. 저는 여러분의 참모습을 찾아주고 부족한 부분을 채우기 위한 안내자일 뿐입니다. 다년간 면접수업을 해오면서 쌓은 노하우를 이 책에 수록했습니다. 부디 이 책을 보는 모든 분들이 경찰관의 제복을 입기를 희망합니다.

끝으로 본 교재가 나오기까지 많은 도움을 주신 동경회 회원, 박철우 교수님, 공병인 교수님, 김정진 교수님, 이철호 교수님, 정병곤 교수님께 감사하다는 말씀을 전합니다. 늘 든든한 버팀목이 되어준 박주상, 사랑하는 선정, 조카 민주, 태헌, 그리고 늘 잘되라고 응원해준 가족들도 고마울 따름입니다. 이 책의 자료 정리에 도움을 주고, 그동안 피드백을 해 준 모든 분들에게 고마움을 전합니다.

차은호

면접시험 운영방식 및 합격자 결정기준

※아래 내용은 변동 가능함

01 시험절차

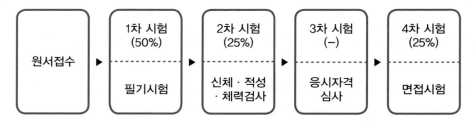

- 적성검사 : 인·적성검사(450문항, 130분), 성격·인재상·경찰윤리검사
- 인·적성검사 결과는 면접위원에게 참고자료로만 제공

02 면접방식

구분	방식	시간
1단계 면접 (집단 면접)	• 3~4명의 면접관 참석 • 수험생 5~6명씩 1개조로 편성해서 진행	30~40분
2단계 면접 (개별 면접)	일반적으로 집단 면접 후 이어 개별 면접 진행	5~10분

03 평가요소

단계		평가항목	배점
1단계 면접 (집단 면접)	의사발표의 정확성·논리성 및 전문지식	1. 경찰에 대한 기본인식 2. 상황판단 및 문제해결능력 3. 의사소통능력 4. 정보수집 분석능력 5. 조정 및 통합능력	10점 (1~10점)

단계		평가항목	배점
2단계 면접 (개별 면접)	예의 · 품행, 봉사성, 정직성 도덕성, 준법성	1. 경찰관으로서 윤리의식 (도덕성, 청렴성, 준법성) 2. 국민의 경찰로서 봉사정신과 사명감 3. 조직구성원으로서 협동심과 공동체 의식 4. 자기통제 및 적응력 5. 자신감과 적극성	10점 (1~10점)
가산점	–	무도 · 운전 기타 경찰업무 관련 자격증	5점 (0~5점)
계		25점	

04 합격자 결정

- 면접위원은 평가항목별 1~10점 사이의 정수로 점수 부여
- 단계별 면접위원의 평정점수를 합산, 총점 4할 이상 득점자를 합격자로 결정
- 면접위원의 반수가 어느 하나의 평가요소에 대하여 2점 이하로 평가한 경우, 불합격 처리

05 최종 합격자 결정

면접시험 합격자 중에서 필기시험 성적 50%, 체력검사 성적 25%, 면접시험 성적 25%의 비율로 합산하여 고득점자 순으로 결정

- 국가유공자(취업보호대상자)는 국가유공자 등 예우 및 지원에 관한 법률 제31조에 근거, 해당자에 따라 필기 과목별 만점의 10% 또는 5%, 체력 및 면접시험 만점의 10% 또는 5%씩 가산(단, 만점의 4할 미만자는 가산하지 않는다)
- 최종 성적 동점자의 처리규정(경찰공무원임용령 시행규칙 제37조 제2항)
  - 취업보호대상자
  - 필기시험 성적
  - 면접시험 성적
  - 체력검사 성적 순으로 최종 합격자 결정

경찰 면접 Q&A

※아래 내용은 경찰공무원 채용 QnA 모음집을 재구성한 내용입니다.

Q 어떤 평가요소에서 낮은 평가를 받았는지와 면접 점수를 알고 싶습니다.

A 면접시험 위원의 평가결과(면접시험 평정표)는 「공공기관의 정보공개에 관한 법률」 제9조 제1항의 규정에 의하여 비공개 대상 정보로 관리하고 있습니다. 면접시험 위원의 평가 행위는 고도의 전문성과 양심에 따른 재량행위로서 다의적인 평가기준과 면접위원의 주관적인 판단 사이의 정합성을 따지는 것은 바람직하지 않기 때문입니다.

결론적으로, 면접시험 위원이 면접시험 결과에 대한 어떠한 이의제기나 쟁송 등에 휩쓸리지 않고 소신껏 면접시험에 임할 수 있도록 하기 위해 면접시험 평정표는 공개하지 않음을 양해해 주시기 바랍니다.

Q 면접점수 평가 기준과 평가 방법 등이 궁금합니다.
벌금, 전과기록과 고등학교 재학시절 무단결석이 있으면 면접에서 불합격이 되나요?

A 면접위원의 평가기준은 경찰공무원임용령 시행규칙 제36조 제1항에 의하여 1단계(집단 면접)는 의사발표의 정확성과 논리성 및 전문지식 등을 평가하고, 2단계(개별 면접)는 품행·예의, 봉사성, 정직성, 도덕성·준법성 등을 평가하고 있으며, 응시자의 능력이나 적격성 등에 대한 판단은 면접위원의 고도의 교양과 학식, 경험에 기초한 자율적 판단에 의존한 면접위원의 자유재량입니다.

따라서 결격사유가 아닌 전과기록이나 무단결석 기록 등으로 합격 여부를 판단하는 것이 아니라 각 단계별 여러 가지 평가요소들을 종합적으로 판단하여 위원별 1~10점까지 점수로 평정하고 있으며, 과락기준은 단계별 면접시험위원의 과반수가 2점 이하로 평정한 경우와 면접위원 합산점수가 4할 미만인 경우입니다.

결론적으로 '벌금, 전과기록과 무단결석만으로 면접에서 불합격시킨다.'는 규정은 없습니다.

Q 취업지원대상자 30% 상한제는 어떻게 적용되나요?

A 각 지방청별 해당 분야 선발인원이 3명 이하일 경우, 취업지원대상자일지라도 가점을 적용받을 수 없습니다.

예를 들어, 순경 공채 여자로 3명을 선발하는 지방청은 3명×0.3(30%)=0.9명이므로 1명이 되지 않아 가점을 적용하지 않지만 4명을 선발할 경우 4명×0.3=1.2명이므로 소수점은 버린 후 1명이 되므로 취업지원대상자 가점을 적용합니다.

이 책의 구성

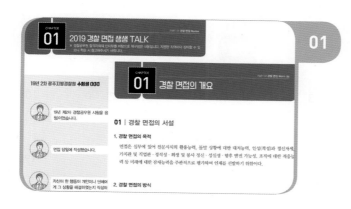

공무원 면접 Review와 경찰면접 Warm Up

합격생의 후기부터 본격적인 면접 전 작성해야 하는 사전조사서와 각종 검사들, 그리고 면접을 준비하기 위한 기본적인 사항들을 다양한 예시와 함께 쉽게 이해할 수 있도록 구성하였습니다.

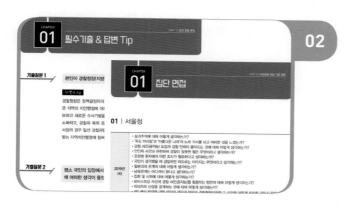

실전 경찰 면접과 지방청별 면접 기출 질문

반복 출제되는 필수 기출 질문들과 이에 답변하기 위해 중요한 사항들을 설명하여 더욱 효과적으로 경찰 면접을 준비할 수 있으며, 필수 기출 질문 이외에도 면접에서 무엇을 묻고 있는지 확인할 수 있도록 각 지방청별 면접 기출 질문들을 수록하였습니다.

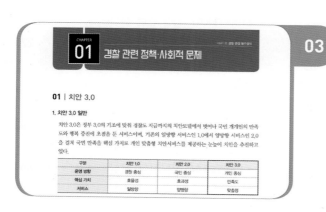

경찰 면접 필수상식

전문성을 판단하기 위한 질문에 대비하기 위해 시험에서 자주 묻거나 최근 이슈가 된 경찰 관련 정책이나 사회적 문제, 상식 등을 수록하였습니다.

목차

PART 01

경찰 면접 Review

MY TURN 경찰 면접

MY TURN 경찰 면접

PART 01

경찰 면접 Re 세팅

CHAPTER 01

2019 경찰 면접 생생 TALK

※ 경찰공무원 합격자와의 인터뷰를 바탕으로 재구성한 내용입니다. 지원한 지역마다 상이할 수 있으니 학습 시 참고해주시기 바랍니다.

19년 2차 광주지방경찰청 **수험생** □□□

간단히 자기소개해 줄 수 있나요?

19년 제2차 경찰공무원 시험을 응시했고 지원한 지역은 광주(광주지방경찰청)이었습니다.

사전조사서는 언제 작성했나요?

면접 당일에 작성했습니다.

사전조사서 질문 중 기억나는 질문이 있나요?

자신이 한 행동이 개인이나 단체에게 피해를 준 경험이 있는지, 있다면 어떻게 그 상황을 해결하였는지 작성하라는 질문이 가장 기억에 남습니다.

면접관은 몇 분이 계셨나요?

집단 면접과 개별 면접 모두 남자분 3분과 여성분 1분이 면접관으로 들어오셨습니다.

집단 면접은 어떻게 진행하였나요?

40분 간 토론 주제에 관련해서만 진행을 하였습니다. 저희 조는 화성연쇄살인 사건 8차 사건과 관련하여 DNA 데이터베이스를 수집하고 보관하는 것에 대해 어떻게 생각하는지 찬반토론을 해보라고 하셨습니다. 다른 분들은 전부 찬성하는 분위기라서 저는 반대 측에서 논지를 진행하였습니다. 다른 조는 성범죄자에게 부여되는 신상공개, 전자발찌 착용, 야간외출금지 등의 조치 강화에 대해 찬반토론을 진행하였다고 들었습니다.

개별 면접은 어떻게 진행하던가요?

다른 분들께 들어보면 먼저 자기소개해보라고 하셨다는데 저는 바로 상황질문을 주셨습니다. 교통단속 중 신호위반 차량을 발견하였는데 임산부의 양수가 터져 긴급한 상황이라면 단속을 할 것인가를 물어보셨습니다. 이에 대해 나름대로 고민하고 답변을 드렸는데 '뒤 차량이 왜 앞 차량은 단속하지 않으면서 본인만 단속하냐고 항의한다면 어떻게 할 것인지', '공정하지 않다며 경찰을 불신한다면 어떻게 할 것인지' 등의 꼬리질문이 여러 개 이어졌습니다.

면접 분위기는 어땠나요?

처음에는 많이 긴장했지만 상황질문에 대해 깊게 고민하고 차분히 정리해서 말하려고 노력하다보니 면접관들께서도 침착하게 말을 잘하는 것 같다고 말씀해주셔서 서서히 긴장이 풀렸습니다. 이후에는 개인적인 것들에 대해 많이 물어보셨습니다.

경찰 면접을 보게 될 후배들에게 해주고 싶은 말이 있나요?

저는 면접에 도움이 많이 되려고 다른 분들의 면접 후기를 많이 읽어 봤습니다. 어떤 분 면접 후기에는 면접도 그냥 사람들 사이에 대화를 하는 것이니 너무 긴장을 하지 말라고 하신 것이 기억에 납니다. 저도 딱 이 말을 해주고 싶습니다. 너무 많이 긴장을 하시다보면 본인이 알고 있는 내용도 정리가 안돼서 횡설수설할 수 있습니다. 그러니 너무 많이 긴장하지 마시고 준비하셨던 대로 차분히 생각해서 답변하신다면 좋은 결과가 있으실 겁니다. 모두들 힘내세요.

간단히 자기소개해 줄 수 있나요?

19년 제1차 경찰공무원 시험을 응시했고 지원한 지역은 경기남부(경기남부지방경찰청)이었습니다.

사전조사서는 언제 작성했나요?

적성검사일에 작성하였습니다. 다른 사람과 갈등을 해결한 경험에 대해 작성을 한 것이 가장 기억에 남습니다.

면접관들은 총 몇 분이었나요?

집단 면접과 개별 면접 모두 4분이셨습니다. 다만, 집단 면접의 면접관 분들 중 2분은 정복을 입고 계셨고, 다른 2분은 사복을 입고 계셨는데, 개별 면접의 면접관 분들은 모두 사복을 입고 계셨던 것이 기억에 납니다.

면접 분위기는 어땠나요?

집단 면접의 경우 정복을 입고 계셔서 처음에는 많이 긴장을 했습니다. 하지만 긴장하지 말라고 말씀해주셔서 편안한 분위기에서 진행되었습니다. 개별 면접 또한 편안한 분위기에서 진행되었고 자신감 있게 답변을 하니 칭찬도 해주시고, 고개도 끄덕거려 주시기도 하셨습니다.

집단 면접은 어떻게 진행이 되었나요?

저희 조는 자기소개나 지원동기는 묻지 않으셨고 바로 토론 주제를 주셨습니다. 피해자의 인권과 사회적 약자를 보호하기 위해 다른 기관들과 연계하지 않고 경찰만이 할 수 있는 일이 무엇이 있을지에 대해 토론해보라고 하셨습니다. 사회자는 따로 지정하지 않고 15분 간 진행되었으며, 이후에는 추가적인 질문들로 15분 진행되었습니다. 저에게는 저희 조의 토론 점수는 몇 점이라고 생각하는지 물어보셨고, 다른 분에게는 불법체류자가 사회적 약자인지, 범법자인지를 물어보셨습니다.

개별 면접은 어떻게 진행이 되었나요?

 처음에는 자기소개를 해보라고 하셨습니다. 준비한 대로 자신감 있게 답변을 하니 칭찬을 해주셔서 긴장이 풀렸습니다. 이후에는 좌우명에 대한 질문과 사전조사서와 관련하여 갈등 해결 사례에 대해 질문하셨습니다. 형식적으로 답변을 할 경우 꼬리질문으로 압박이 들어올 수 있다고 하여 최대한 솔직하게 답변하려고 노력하다보니 꼬리질문으로 압박은 받지 않았던 것 같습니다.

경찰 면접을 보게 될 후배들에게 해주고 싶은 말이 있나요?

 머릿속에서 생각나는 것들을 말로 풀어낸다는 것이 어렵다는 것을 면접을 준비하고, 면접을 보면서 새삼 다시 느꼈습니다. 면접 당일에는 긴장이 되어 더 말로 풀어내는 것이 어려울 수 있습니다. 그러니 면접 준비하실 때 생각한 바를 직접 말로 표현하는 연습을 많이 하시는 것을 추천드립니다.

사전조사서

01 | 사전조사서

1. 사전조사서 개요

사전조사는 면접에 앞서 수험생들의 성향을 미리 파악하기 위해 면접 당일이나 경찰 적성검사일에 작성하게 된다. 사전조사서 작성 시간은 지방청마다 다소 차이가 있지만 일반적으로 15분~25분 동안 1개(경우에 따라 2~3개)의 질문에 대해 작성하게 됩니다.

사전조사서를 바탕으로 하여 경찰 개인면접에서 2~3개의 추가질문이 이어지기 때문에 최대한 성의 있게 작성하는 것이 좋으며, 다른 수험생에 비해 적은 양이나 글씨체가 안 좋을 경우 질타를 받을 수 있음을 유념해야 합니다.

2. 사전조사서 작성 시 주의사항

① 최대한 성의껏 작성하기!

사전조사서는 주제와 내용의 관련성이 있고, 자신의 경험담과 경험으로부터 느낀 감정의 변화들이 논리적으로 작성되어 있을 때 가장 좋은 평가를 받을 수 있습니다. 그러나 글을 자주 써보지 않은 일반 수험생의 경우에는 짧은 순간에 좋은 글을 작성하는 것이 어려울 수 있습니다. 따라서 내용적인 측면은 부족하더라도 최대한 성의 있어 보이게 작성하여야 내용을 통해 좋은 평가는 받지 못하더라도 면접관에게 좋은 인상을 줄 수 있습니다.

② 학연 · 지연 · 혈연적 내용은 지양하기!

최근에는 블라인드 면접을 지향하고 있는 추세이기 때문에 개인의 출신 학교나 부모님 또는 친인척 또는 지인이 경찰관이라는 내용 등과 같이 특정 지역 또는 학연 · 혈연적 내용은 작성하지 않는 것이 좋습니다.

③ 부정적인 내용은 지양하기!

갈등 경험이나 가장 힘들었던 경험, 경찰에 대한 문제점, 경찰과 관련된 기사 등을 묻는 질문에 대해서는 자신이 몸이 다친 경험이나 경찰의 부정부패에 관한 내용 또는 경찰이 사회적 물의를 일으킨 내용들과 같이 부정적인 내용들은 가급적 작성하지 않는 것이 좋습니다. 이러한 질문은 스스로 세운 목표를 달성하기 위해 열심히 노력했지만 물리적인 시간이 부족했던 경험이나 경찰관으로서의 목표나 성과를 내기 위해 열심히 노력했지만 효과가 미비했던 점들을 서술해 주고 어떠한 점을 느꼈고, 어떻게 긍정적으로 변화하였는지를 작성하는 것이 좋습니다.

3. 사전조사서 작성 전 준비요령

① 자신만의 (특별한) 경험담을 사전에 준비하기!

각 지방청별로 다른 주제문이 제시되고 있지만, 자신의 경험담을 묻는 질문이 자주 출제되고 있기 때문에 사전조사서를 작성하기 전부터 평소의 경험담을 미리 정리하고 준비하여 시험장에 가는 것이 좋습니다.

㉠ 단체생활을 하며 성과를 내었던 경험이나 성과를 내기 위해 함께 노력을 했지만 좋은 결과를 내지 못했던 경험(아쉬운 점)

　　예 장교(부사관) 생활, 학급 임원, 동아리 · 동호회 활동, 단원 활동 등

㉡ 사회생활이나 주변사람과의 관계에서 자신이 가지고 있는 역할과 그들이 말하는 자신의 성격

㉢ 봉사활동 경험을 통해 자신이 가지고 있는 것을 다른 사람과 함께하며 느낄 수 있었던 감정과 그 의미

㉣ 기타 자신만의 특별한 경험이나 내세우고 싶은 경험담(수상 경력, 자격증 취득 등)

② 경찰에 대한 관심을 갖기!

기본적으로 지원하는 지방청 홈페이지에 들어가 현재 진행 중인 정책과 슬로건 정도는 파악을 해 두는 것이 좋으며, 앞으로 본받고 싶은 경찰관 또한 마음 속으로 새겨 두는 것이 좋습니다.

㉠ 롤 모델 경찰관

㉡ 경찰관에게 가장 필요한 덕목(공직관 및 좌우명)

　　• 내 자신을 소중히 여길 줄 알아야 다른 사람들도 소중히 여길 줄 안다.

　　• 나를 있는 그대로 받아들이고 사랑할 수 있어야 다른 사람과 세상도 사랑할 수 있다.

　　• 정작 자신이 이미 갖고 있는 것을 잊고 지내기 쉽다.

㉢ 일반 시민의 입장에서 바라보는 경찰의 느낌

㉣ 공정한 법 집행을 위한 '정의'의 개념

㉤ 경찰관에 입직했을 때 자신의 장점이 가장 잘 발휘가 될 수 있는 업무

㉥ 현재 진행 중인 정책 및 보완점

③ 다른 사람과의 갈등을 해결하는 자신만의 방법을 준비하기!

갈등은 사람과 사람 간의 관계, 주변 환경과의 관계뿐만 아니라 자신 안에서도 발생합니다. 그중에서도 사전조사서에서는 인간관계에서 갈등이 발생하여 힘들었던 경험과 이를 슬기롭게 극복할 수 있었던 본인만의 노력을 서술하라는 질문이 자주 출제되고 있습니다.

하지만 다른 사람과의 갈등 경험을 서술하실 때 반드시 성공적으로 갈등이 해결된 경험만을 작성할 필요는 없습니다. 성공적으로 갈등을 해결하지 못하였더라도 그 과정에서 자신이 삶의 교훈을 얻었거나 다른 사람의 입장을 한번쯤 이해할 수 있는 계기가 되었다면 자신의 성향을 나타낼 수 있는 좋은 내용이므로 작성해 주셔도 좋습니다. 예를 들어, 그 당시에는 알지 못했기 때문에 상대방과의 갈등을 해결하지 못하였지만 그 경험을 통해 사람들 간에는 생각의 차이가 있다는 것을 먼저 인정하고 이를 바탕으로 상대방의 의견을 받아들이는 자세가 필요하다는 점과 서로 간의 생각을 좁히기 위해 공통된 주제나 인사말, 또는 무엇 때문에 화가 났는지 먼저 물어보고 대화를 시작하여 상대방에 대해 알아가는 시간이 필요하다는 점을 느끼게 되었으며 이후에는 대화를 시작을 할 때 자신을 낮추고 상대방을 높여주며 겸손한 마음으로 잘 들어주려고 노력하고 있기 때문에 사소한 갈등이 발생하여도 빠르게 해결해 나가고 있다고 작성한다면 좋은 답변이 될 수 있습니다.

④ 경찰업무를 함에 있어서 자신만의 포부 준비하기!

국민은 우리의 이웃이라는 마음가짐이나 자신만의 장점과 연관 지어 경찰이 되었을 때의 포부를 준비해두는 것이 좋습니다. 예를 들어 '최근 들어 더욱 인권이 강조되고 있는데 본인이 경찰관이 된다면 어떻게 경찰업무를 수행할 것인가?'라는 질문에는 자신의 특별한 경험담 및 장점을 어필하여 작성하거나 우리 사회의 소외된 이웃들에게 가족 같은 경찰이 되고 싶다는 내용을 작성하는 것이 좋습니다. 가족이란 다시 시작할 수 있는 울타리이며 안식처입니다. 우리가 실패를 경험하더라도 가족이 힘이 되어 주기 때문에 우리는 좌절하지 않고 다시 시작할 수 있습니다. 우리 사회의 소외된 이웃들 중 많은 사람들이 불우한 가정환경을 갖고 있습니다. 특히, 새터민, 다문화 가정, 외국인 노동자들은 가족이 멀리 있거나 돌아갈 수 없는 상황에 있습니다. 따라서 경찰관이 된다면 이들이 우리 사회에서 소외되지 않도록 가족이라는 울타리 역할을 해 줌으로써 사회 구성원의 하나라는 생각을 가질 수 있도록 경찰로서 업무에 임할 것이라고 한다면 좋은 답변이 될 수 있습니다.

02 | 각 지방청 사전조사서 기출

1. 서울청

2019년 2차	한적한 외곽에서 순찰을 하고 있는데 한 승용차가 신호를 위반하는 것을 목격하였다. 차 안에는 아이와 엄마가 타고 있었다면 당신은 단속을 할 것인지 서술하시오.
2019년 1차	본인이 살면서 가장 힘들었던 경험이나 다른 사람과 갈등했던 경험을 서술하고 이를 극복했던 경험을 경찰업무에 어떻게 활용할 것인지 서술하시오(고등학교, 출신 지역 등은 작성하지 말 것).
2018년 3차	선배 경찰관분들이 소심한 모습이나 나태한 모습을 보인다면 어떻게 대처할 것인지 본인의 경험담을 토대로 서술하시오.
2018년 2차	• 살면서 자신이 원하지 않은 분야에서 일을 했던 경험이 있는가? 있다면 어떻게 극복하였고, 그 경험이 차후 경찰조직에 어떻게 적용될 것 같은지 서술하시오. • 교통지도단속 중 친구나 친척 등이 단속이 된다면 어떻게 할 것인가? • 사회생활하면서 맡기 싫은 직책을 맡은 경험과 그것을 어떻게 극복했는지 서술하고 경찰관이 되었을 때 이런 일이 발생한다면 어떻게 적응할 것인지 서술하시오.
2018년 1차	인사고과를 평가하는 상급자가 승용차 세차, 세탁 등 개인적인 심부름을 시킨다면 어떻게 하겠는가?
2017년 2차	공직자의 SNS 활동이 사회에 미치는 부정적인 영향과, 공직자의 SNS 활동 제한에 대해 어떻게 생각하는지 서술하시오.
2017년 1차	살면서 겪은 힘든 일이나 갈등 상황을 서술하고 이를 어떻게 극복했으며 그로 인해 느낀 점과 그 경험을 경찰이 된다면 어떻게 적용할 것인지 서술하시오.
2016년 2차	업무처리 과정에서 상급자와 갈등 시 해결 방안에 대해 서술하시오.

2. 경기북부청

2019년 2차	경찰관에게 필요한 덕목 3가지와 이를 지키기 위한 본인의 노력 방안에 대해 서술하시오.
2019년 1차	다른 사람에게 실수하거나 피해를 입힌 경험과 그에 대한 대처 방법을 서술하시오.
2018년 3차	• 다른 사람에게 피해를 준 경험과 피해에 대해 어떻게 사과하였으며 이를 보상해주기 위해 어떠한 노력을 했는지 서술하시오. • 갈등이 발생했을 때 해결하는 방법과 평소 갈등이 발생하였을 때 어떻게 사과하는지 서술하시오.
2018년 2차	• 부와 권력, 명예 중 한 가지를 선택해야 한다면 어떤 것을 선택할 것인가? • 지금까지 살면서 가장 잘했다고 생각하는 결정 한 가지와 그 이유, 그리고 후회되는 결정 한 가지와 그 이유를 서술하시오.
2017년 2차	• 누군가에게 미안했던 경험담과 그 사람에게 사과하는 편지를 서술하시오. • 상대방의 눈높이에 맞게 봉사활동을 한 사례를 서술하시오.
2017년 1차	• 살면서 가장 기억에 남은 일과 그 일이 나에게 미친 영향에 대해 서술하시오. • 거짓말로 위기를 모면했던 경험과 그때 느낀 점에 대해 서술하시오. • 자신의 장점 3가지를 쓰고 이 장점이 경찰에 어떤 도움이 될 것인지 서술하시오. • 살아오면서 사소한 법률이나 규칙을 어긴 사례를 적고 어떤 점이 잘못되었는지와 그에 대한 개선 의지를 서술하시오.
2016년 2차	• 경찰관이 되겠다고 마음먹게 된 계기와 본인이 생각하는 이상적인 경찰관의 롤 모델에 대해 서술하시오. • 수험생활 중 가장 힘들었던 경험과 이를 어떻게 극복했는지 작성하고, 향후 경찰관이 된다면 어떤 분야에서 근무하고 싶은지 서술하시오. • 경찰로서 자신이 적합한 점과 그 점을 발전시키기 위해 노력한 것은 무엇이 있는지 서술하시오.

3. 경기남부청

2019년 2차	• 일하기 싫은 동료(선배나 후배 포함)와 함께 일하게 된다면 어떻게 할 것인지 서술하시오. • 경찰관이 음주운전으로 징계 받는 것에 대해 어떻게 생각하는지와 본인이 해당 경찰관에게 징계를 준다면 어느 선까지 줄 것인지 서술하시오.
2019년 1차	• 경찰관이 된다면 공정, 친절, 인권, 준법정신의 가치를 어떻게 준수하며 업무를 진행할 것인지 서술하시오. • 경찰이 된다면 구체적으로 어떻게 배려, 인권, 공정의 가치를 실행하며 자부심을 가지고 업무에 임할 것인지 서술하시오. • 국민이 바라보는 경찰상은 어떠한 것이라 생각하며, 경찰이 나아가야 할 방향은 어떠한 것이라 생각하는지를 서술하시오. • 부당한 일을 경험한 사례를 서술하시오. • 자신이 경찰공무원이 되기 위해 채용시험을 준비한 것 이외에 특별히 노력한 점을 서술하시오. • 경찰의 덕목 중 중요한 것은 무엇이고, 이와 관련하여 국민이 생각하는 경찰상은 어떠하다고 생각하지 서술하시오.
2018년 3차	• 상사와 의견 충돌 시 어떻게 대처할 것인지 자신의 경험을 토대로 서술하시오. • 동료 경찰이 다른 동료들과 잘 어울리지 못한다면 어떻게 할 것인지 서술하시오. • 최근에 누군가를 미워해 본 경험이 있는지 서술하시오. • 살아오면서 사소한 법률이나 규칙을 어긴 사례를 적고 그 잘못된 판단에 대해 어떻게 개선할 것인지를 서술하시오. • 최근에 화가 났던 경험과 그 화를 극복한 방법에 대해 서술하시오. • 다른 사람이 잘못하였으나 함께 책임을 지거나 대신 책임을 진 경험에 대해 서술하시오. • 화를 냈던 경험과 그 때 화를 극복한 방법에 대해 서술하시오. • 평소에 싫어하는 사람이 있었는지와 다른 사람과 갈등이 발생하면 어떻게 풀어나가는지를 서술하시오. • 경찰 생활을 하며 무기력하고 헤이해진 선임을 본다면 어떻게 할 것인지 서술하시오. • 경찰관이 되었는데 상사의 책임 회피로 실망을 하였다면 이를 어떻게 극복할 것인지 본인의 경험과 관련 지어 서술하시오.
2018년 2차	• 살아온 환경과 개성이 다른 집단에서 각자의 특성을 잘 살릴 수 있는 방법이 무엇이고, 갈등을 최소화시킬 수 있는 방법이 무엇인지 서술하시오. • 본인이 생각하는 행복한 삶이란 무엇인가? • 자신이 겪은 특별한 경험 그리고 그 경험으로 인해 느낀 점을 서술하시오(일반적 경험 제외). • 살아오면서 겪었던 특별한 경험과 이로 인해 느낀 점에 대해 서술하시오. • 자신이 생각하는 가장 소중한 것은 무엇인가? • 집단생활 중 갈등이 발생을 했을 때 자신만의 해결 방안에 대해 서술하시오. • 남들에게 없는 자신만의 특별한 경험에 대해 서술하시오. • 단체생활에서 가장 중요한 것은 무엇인지 서술하시오.
2018년 1차	• 선배 경찰관이 소심하고 나태한 모습을 보인다면 어떻게 대처할 것인지 본인의 경험담을 토대로 서술하시오. • 억울한 일을 당한 경험을 서술하고 평소 스트레스를 받았을 때 자신만의 해결 방법을 서술하시오. • 최근에 누군가를 죽이고 싶을 정도로 미워했던 경험을 서술하시오.
2017년 2차	• 자신이 경찰관이 되었을 때 가장 중요하게 여길 가치가 무엇이며, 최근 1년간 그 가치를 어긴 경험이 있었다면 서술하시오. • 본인의 꿈이 무엇이고, 그 꿈을 막는 가장 큰 장애물이 무엇이라고 생각하는지 서술하시오. • 경찰헌장은 친절한 경찰을 첫 번째로 천명하고 있는데, 자신이 최근 1년 이내에 다른 사람의 인격을 존중하지 않았거나 다른 사람에게 불친절하게 대했던 경험이 있다면 서술하시오. • 경찰공무원이 되면 힘들고 어려운 사람을 많이 접하게 되고 이로 인해 자존감이 낮아질 때가 많다. 최근 1년간 자존감이 낮아졌을 때의 사례와 이를 어떻게 극복하였는지 서술하시오.

안심Touch

2017년 1차	• 당신이 생각하는 경찰관이 갖춰야 할 기본적인 덕목을 쓰고 그 덕목 중 자신이 실천한 사례를 서술하시오. • 서로 간에 화합하기 위해 가장 중요하다고 생각하는 덕목을 사례와 함께 서술하시오. • 조직이나 사회에서 갈등이 발생할 경우 어떻게 해결할 것인지 본인이 직접 갈등 상황을 해결했던 경험을 들어 서술하시오.
2016년 2차	• 참수리의 의미에 대해 서술하시오. • 경찰헌장에서 말하는 공정한 경찰과 관련된 자신의 경험을 서술하시오. • 경찰계급에 대해 서술하시오. • 경기청 슬로건에 대해 아는 대로 서술하시오. • 경찰 CI에 대해 아는 대로 서술하시오. • 경찰헌장 중 친절한 경찰이 중요한 이유를 자신의 경험과 관련하여 서술하시오.

4. 인천청

2018년 2차	가족이란 무엇인가?
2018년 1차	본인이 원하지 않았던 일로 어려움에 처한 경우 어떻게 대처했는지와 그 결과를 통해 느낀 점은 무엇인지 서술하시오.
2017년 2차	살면서 가장 큰 성취감을 느꼈던 경험을 서술하시오.
2017년 1차	• 모임이나 단체에서 본인이 맡은 역할이 무엇이며, 단체생활 속에서 배운 점은 무엇인지 서술하시오. • 가장 힘들었던 경험과 극복 방안에 대해 서술하시오.

5. 충북청

2019년 2차	어떠한 일을 추진했을 때 조직의 규범 때문에 제약을 받았던 경험과 이를 어떻게 대처하였는지에 대해 서술하시오.
2017년 2차	• 국가경찰과 자치경찰의 장점에 대해 서술하고 경찰이 나아가야 할 방향에 대해 서술하시오. • 헌법을 개정한다면 추가하거나 변경하고 싶은 조항은 무엇이며 그 이유는 무엇인지 서술하시오.
2017년 1차	• 국가경찰과 자치경찰의 장점을 작성하고, 경찰이 앞으로 나아가야 할 방향에 대해 서술하시오. • 헌법 개정 시 추가하거나 변경하고 싶은 조항이 있다면 어떤 조항인지 작성하고 그 이유를 서술하시오.

6. 충남청

2019년 2차 (소주제 2개가 출제됨)	• 경찰이 되면 하고 싶은 일과 경찰이 되기 위해 노력한 점을 서술하시오. • 자신이 가장 잘한 일과 후회한 일을 본인의 장점 및 단점과 연관 지어 서술하시오. • 경찰의 역할은 무엇이며, 경찰이 시행하고 있는 정책은 어떠한 것이 있는지 그리고 현재 경찰이 업무를 충실히 수행하고 있다고 생각하는지를 서술하시오. • 경찰의 업무 범위는 무엇이며, 경찰의 업무 범위에서 자신이 할 수 있는 일은 무엇이 있는지 서술하시오. • 경찰이 지양해야 할 점과 경찰이 잘하고 있는 점에는 무엇이 있는지와 자신의 장점이 경찰로서 직무를 수행하는 데 어떻게 도움을 줄 수 있는지 서술하시오. • 자신의 장점 및 단점과 연관 지어 성인이 된 후 다른 사람에게 감동을 주었던 경험과 상처를 주었던 경험을 서술하시오. • 공정성이란 무엇이라 생각하는지와 공정성으로 인해 이득이나 손해를 본 경험 및 경찰이 된 후 공정성을 지키기 위해 어떻게 행동할 것인지를 서술하시오. • 공정하게 업무를 처리하여 다른 사람에게 피해를 준 사례를 서술하시오. • 경찰 면접이 중요한 이유와 본인이 면접관이라면 어떠한 것을 물어볼 것이며 어떠한 기준으로 선발할 것인지 서술하시오. • 경찰관에게 가장 필요한 덕목은 무엇이라 생각하는지 작성하시오.
2019년 1차 (소주제 2개가 출제됨)	• 가장 후회한 경험과 가장 잘했다고 생각하는 경험에 대해 서술하시오. • 경찰의 직무 범위와 역할은 무엇이며, 경찰이 지향해야 할 점과 개선해야 할 점에는 어떠한 것이 있는지 서술하시오. • 자신의 장점과 단점을 한 마디로 작성하고 그렇게 생각하는 이유에 대해 서술하시오. • 충남청에 지원한 동기는 무엇이며 경찰이 되면 어떻게 일하고 싶은지 서술하시오. • 타인에게 상처를 준 경험이 있는지 서술하시오. • 살면서 가장 힘들었던 경험은 무엇이며, 이를 어떻게 극복했는지 서술하시오. • 자신의 단점으로 인한 갈등 상황과 이를 극복한 방법에 대해 서술하시오. • 자신이 타인에게 모범이 될 만큼 잘했다고 생각하는 일과 후회했던 일은 무엇이 있는지를 자신의 장점 및 단점과 연관 지어 서술하고, 경찰로서 어떻게 업무에 임할 것인지를 서술하시오. • 업무를 하지 않고 다른 동료에게 무임승차하는 동료가 있다면 어떻게 이 문제를 해결할 것인지 자신의 경험과 사례를 들어 서술하시오.
2018년 3차	• 함께 일하기 싫은 동료(선배, 후배)와 일하게 된다면 어떻게 할 것인지를 서술하시오. • 무엇인가를 가장 크게 성취한 경험을 자신의 장점과 연관 지어 서술하고, 반대로 힘들었거나 후회했던 경험을 자신의 단점과 연관 지어 서술하시오. • 최근 2~3년 이내 자신이 단체나 모임에서 하기 싫은 업무를 맡은 적이 있는지 또 하기 싫었지만 어떻게 극복하고 업무를 진행했는지를 경찰업무와 연관 지어 서술하고 경찰이 된다면 어떻게 업무를 진행할 것인지에 대한 포부를 서술하시오. • 자신의 장점 및 단점으로 인해 칭찬이나 비난 받았던 경험을 서술하시오. • 자신이 생각하는 경찰 본연의 업무는 무엇이며 10년, 20년, 30년 뒤 자신의 모습은 어떠할 것 같은지 서술하시오.

2018년 2차	• 후회했던 경험과 이를 극복한 사례에 대해 서술하시오. • 범죄예방과 범인 검거 중 중요한 것에 대해 서술하시오. • 자신의 장단점과 이를 통해 무엇인가를 성취한 경험에 대해 서술하시오. • 경찰 본연의 업무는 무엇이며 시간이 흐른 뒤 자신의 모습은 어떠할 것이라 생각하는지 서술하시오. • 살면서 가장 크게 성취한 것이 무엇인지 자신의 장점과 연관 지어 작성하고 반대로 자신의 단점은 무엇이며 그것을 어떻게 극복할 것인지 서술하시오. • 성인이 된 후 사회생활(군대, 대학, 아르바이트 등)을 하면서 맡기 싫었던 업무가 무엇인지 서술하시오. • 경찰관에게 가장 필요한 덕목에 대해 서술하시오. • 자신의 장점 및 단점에 대해 서술하시오. • 가장 힘들었던 경험에 대해 서술하시오. • 자신의 장점을 바탕으로 성취했던 경험과 단점으로 인해 힘들고 후회했던 일을 극복했던 경험에 대해 서술하시오. • 원치 못했던 경험을 극복한 사례와 이를 경찰에 적용해서 서술하고 마지막 포부에 대해 서술하시오. • 후회했던 경험과 자신의 장단점을 연결시켜 작성해보고, 자신이 경찰이 되면 하고 싶은 일과 그와 관련된 사례에 대해 서술하시오.
2018년 1차	• 자신이 면접관이라면 우선적으로 볼 사항은 무엇인지 작성하고, 이와 관련하여 자신이 경찰로서 적합한 점과 적합하지 않은 점에 대해 서술하시오. • 다른 사람이 본 자신의 장점 및 단점에 대해 서술하시오. • 본인이 면접관이라면 경찰 채용 시 가장 중요시할 덕목이 무엇인지 말하고 이와 연관 지어 자신의 장점과 단점을 서술하시오.
2017년 2차	• 친구들이 말하는 본인의 장단점에 대해 서술하시오. • 인생을 살면서 가장 후회하는 일에 대해 서술하시오. • 본인이 왜 경찰이 되어야 하는지에 대해 서술하시오. • 본인이 경찰이 되기 위해 노력한 것은 무엇인지 서술하시오. • 살면서 힘들었던 경험과 그 경험을 경찰조직에서 어떻게 활용할 것인지 서술하시오.
2017년 1차	본인의 장점과 단점은 무엇인지를 작성하고, 장점을 어떻게 경찰로서의 직무에 적용할 것이며, 단점은 어떻게 극복할 것인지를 서술하시오.
2016년 2차	• 경찰관에게 능력과 인성 중 더욱 중요하다고 생각하는 것은 무엇인지, 그리고 본인은 능력 있는 사람과 인성 좋은 사람 중 어느 쪽에 더 가까운지 서술하시오. • 본인의 장단점에 대해 서술하시오. • 살면서 후회한 일에 대해 서술하시오.
2015년 3차	경찰이 잘하고 있는 것과 잘못하고 있는 것을 구체적으로 서술하고, 앞으로 지향해야 할 방향을 서술하시오.

7. 대전청

2019년 2차	언론에서 경찰의 부정부패가 많이 언급되는 이유와 이를 해결하기 위한 방안에 대해 서술하시오.
2018년 3차	조직원들로부터 소외를 받을 때 어떻게 대처할 것인지 서술하시오.
2018년 2차	가장 힘들었던 경험 또는 갈등 상황과 이를 어떻게 극복했는지 작성하고, 향후 경찰관이 된다면 그 경험을 어떻게 접목을 시킬 것인지에 대해 서술하시오.

8. 전북청

2019년 2차	• 일은 잘하지만 동료들과 마찰이 잦은 팀원이 있을 때 본인이 팀장이라면 해당 팀원으로 인해 발생하는 문제들을 어떻게 해결할 것인지 서술하시오. • 어떤 일을 추진했을 때 조직의 규칙 · 규범으로 인해 제약을 받았던 사례와 그때 어떻게 대응을 하였는지에 대해 서술하시오.
2019년 1차	• 본인이 왜 경찰이 되어야 하는지 서술하시오. • 경찰 관련 업무 이외의 신고접수 처리 요구가 왔을 때 어떻게 대처할 것인지 서술하시오.
2018년 3차	• 학교에서 학생들을 위한 흡연구역을 만들었는데 자신이 해당 학교의 학교전담경찰관이라면 어떻게 대처할지 서술하시오. • 자신의 인사고과를 담당하는 상급자가 세탁물을 맡기거나 세차 등 개인적인 심부름을 시킨다면 어떻게 할 것인지 서술하시오. • 교통경찰관으로서 교통단속 업무를 나갔는데 친구나 친인척이 동료 경찰관에게 단속이 된 상황이라면 어떻게 대처할지 서술하시오.
2018년 2차	• 자신의 인사고과를 담당하는 상급자가 세탁물을 맡기거나 세차 등 개인적인 심부름을 시킨다면 어떻게 할 것인가? • 가장 힘들었던 경험 또는 갈등과 이를 어떻게 극복했는지 작성하고, 향후 경찰관이 된다면 그 경험을 어떻게 접목을 시킬 것인지 서술하시오.
2018년 1차	• 상관이 소심하게 일하고 책임을 회피할 경우 어떻게 대처하겠는가? • 힘들었던 일과 이를 극복했던 경험, 그리고 그 경험이 경찰에게 어떤 도움이 될 것인지에 대해 서술하시오.
2017년 2차	• 본인이 한적한 교외에서 순찰근무를 하고 있는데 신호위반을 하는 승용차를 목격을 했다. 승용차에는 아이가 타고 있고 그 상황을 아이가 보고 있는데 본인은 처벌을 할 것인가? • 본인이 조직 내에서 따돌림을 받을 경우 어떻게 할 것인가? • 교통경찰관으로서 교통단속 업무를 나갔는데 친구나 친인척이 동료 경찰관에게 단속이 된 상황이라면 어떻게 대처할지 서술하시오. • 학교에서 흡연하는 학생을 발견했다. 만약 자신이 학교전담경찰관이라면 어떻게 대처할지 서술하시오.
2017년 1차	• 자신의 인사고과를 담당하는 상급자가 세탁물을 맡기거나 세차 등 개인적인 심부름을 시킨다면 어떻게 할 것인가? • 살인 피의자를 같이 검거했는데 상사가 모두 자신이 했다는 식으로 공로를 혼자 독차지하려 할 때 어떻게 대처할 것인가? • 전의경 시위 현장에서 폭력 행위를 보면서 들었던 생각을 서술하시오.

9. 전남청

2019년 2차	• 자신이 살면서 가장 힘들었거나 고통스러웠던 경험과 그 경험을 해결한 방법에 대해 서술하시오. • 부모님과의 사이에서 발생한 갈등과 이를 해결한 방법에 대해 서술하시오. • 살면서 가장 화를 냈던 경험과 그런 일이 또 다시 발생하였을 때 어떻게 대처할 것인지에 대해 서술하시오.
2019년 1차	• 경찰은 위기 상황에 대한 판단력이나 응급조치 능력이 필요하다. 위기 상황에서 판단력이나 응급조치 능력 이외에 경찰로서 갖춰야 할 능력은 어떠한 것이 있다고 생각하는지 서술하시오. • 높아지고 있는 국민의 인권 의식에 맞춰 경찰로서 나아가야 할 방향에 대해 서술하시오.

2018년 3차	• 경찰은 다른 공무원에 비해 도덕적, 윤리적인 자세가 더욱 요구되는데 그 이유는 무엇이라고 생각하는지 서술하시오. • 상사에게 위법한 명령과 부당한 명령 그리고 정당하지만 자신과 의견이 상충된 업무를 지시 받은 경우 각각 어떻게 대처할 것인지 서술하시오. • 경찰이 되었을 때 적성에 맞지 않거나 과도한 업무로 인한 스트레스를 받게 된다면 어떻게 극복할 것인지 본인만의 방법을 서술하시오. • 경찰 제복을 입은 경찰관이 일반 국민들에게 미치는 영향을 작성하고, 본인이 경찰관서에서 겪은 경험이 있다면 그 경험의 장점과 단점 및 자신에게 미쳤던 영향에 서술하시오.
2018년 2차	자신의 장점 및 단점을 작성하고 단점을 보완하기 위해 본인이 한 노력에 대해 서술하시오.
2018년 1차	• 직장상사가 부당하거나 불법적인 업무를 지시할 경우, 정당하나 자신과 의견이 상충된 업무를 지시하는 경우 각각 어떻게 대처할 것인지 서술하시오. • 경찰관은 범인을 검거하는 등 공권력이 있는 수사기관임과 동시에 봉사와 서비스를 제공하는 곳인데 이 두 가지는 상반될 수 있다. 이 두 가지를 함께 실행하는 방안을 서술하시오. • 주취자가 지구대, 파출소에서 행패를 부리고 집기를 던지는 행위를 하는 원인과 이유를 작성하고, 해결 방안을 서술하시오. • 경찰 제복을 입은 경찰관이 일반 국민에게 미치는 영향과 경찰서에 갔을 때 경찰에 관해 느낀점, 그리고 자신이 만나 본 경찰관이 보인 장단점, 마지막으로 경찰관이 자신에게 끼친 영향과 그 영향을 바탕으로 10년 뒤 경찰관으로 근무하는 자신의 모습을 서술하시오.
2017년 2차	• 가족이나 본인 중 경찰의 부주의로 경제적 · 정신적 손해를 입은 경험이 있는지, 그리고 본인이 당시 출동 경찰관이었다면 어떻게 대처했을지 상세히 서술하시오. • 인생에서 실패했던 경험과 그 원인을 서술하고, 이러한 경험을 경찰이 되었을때 어떻게 활용할 것인지 서술하시오.
2017년 1차	인생에서 실패했던 경험과 그 원인을 작성하고 이러한 경험을 경찰업무에 어떻게 활용할 것인지 서술하시오.
2016년 2차	• 살면서 양자택일한 경우 중에 잘된 경우와 잘못된 경우에 대해서 서술하시오. • 경찰을 지원한 동기를 서술하시오. • 자신의 자아형성에 영향을 준 학창시절의 사건이 있다면 서술하시오.
2016년 1차	• 힘들었던 경험이나 갈등 경험을 작성하고 이를 경찰관이 되어서 어떻게 활용할 것인지 서술하시오. • 자신의 장점 3가지와 그 장점을 조직에서 어떻게 살릴 것인지 서술하시오. • 자신이 이제까지 살아오면서 양자택일했을 때, 결과가 좋았던 사례와 결과가 안 좋았던 사례를 서술하시오. • 사회 · 가정생활 중 억울한 일을 당했던 경험과 그때의 대처 방법 그리고 스트레스 해소 방안에 대해 서술하시오.
2015년 3차	• 본인이 어떤 결과를 예상하고 일을 주도해서 진행했는데 그 결과가 본인의 생각과 다르다면 어떻게 대처할 것인가? • 민원인으로서 경찰관을 만났는데 부정적인 행위를 목격한 경우와 본인이 그 경찰관이었다면 어떠했을지 서술하시오. • 살면서 가장 힘들었던 경험에 대해 서술하시오. • 본인이 생각하는 성공은 무엇인지와 그것을 경찰조직 내에 어떻게 적용할 수 있는지 구체적으로 서술하시오. • 살면서 가장 후회한 순간에 대해 서술하시오. • 리더십을 발휘해 본 적이 있는가? • 경찰의 역할이란 무엇인지와 현 경찰조직의 좋은 점과 나쁜 점을 서술하시오. • 경찰을 지원한 동기와 자신의 롤 모델을 서술하시오. • 4대악 중 직 · 간접적으로 경험했던 것에 대해 서술하시오. • 봉사의 장 · 단점에 대해 작성하고 당신이 생각하는 봉사를 경찰로서 어떻게 실천할 것인지 서술하시오.

2015년 2차	• 본인이 경찰이라고 가정했을 때 경찰의 입장에서 바라본 시민은 어떤 존재인가? • 가장 화가 났던 경험과 그것을 어떻게 풀었는지에 대해 서술하시오. • 오해를 받았던 상황에서 본인의 대처 방법 및 해결 방안에 대해 서술하시오. • 다른 사람에게 상처를 주었던 경험에 대해 서술하시오. • 주취자가 경찰서에서 난동을 부리는 이유와 대처 방안에 대해 서술하시오. • 어떠한 일을 양자택일하여 잘된 경험과 잘못된 경험에 대해 서술하시오. • 학교 다닐 때 갈등이 있었는지와 그것에 대한 해결 방안을 서술하시오. • 살면서 후회가 되었던 일에 대해 서술하시오. • 상사의 위법하고 부당한 지시나 정당하지만 본인의 의사와 상충되는 지시를 받은 경우 어떻게 대처할 것인지 서술하시오.

10. 광주청

2019년 2차	• 가치관이나 문화·생활습관이 다른 사람과 함께 일을 추진했던 경험이 있는지와 있다면 어떻게 차이를 극복했으며, 그 경험이 앞으로 경찰조직에 어떻게 도움이 될 것 같은지를 서술하시오. • 자신의 결정으로 인해 개인이나 집단에 피해를 끼친 경험이 있는지와 있다면 어떻게 그 피해를 해결했으며, 그 과정 속에서 본인의 가치관이나 목표가 달라진 것이 있는지를 서술하시오.
2019년 1차	• 짧은 시간 안에 새로운 일이나 어려운 일을 배워야 했던 경험과 왜 그러한 상황이 생겼는지, 그리고 그 상황을 어떻게 해결했으며 그 경험을 경찰관이 되었을 때 어떻게 활용할 것인지를 서술하시오. • 학창 시절이나 사회생활을 하면서 자신의 장점 및 단점이 드러난 경험과 그 경험이 경찰관이 되었을 때 어떻게 활용될 수 있는지 서술하시오.
2018년 3차	• 인간관계로 인해 힘들었거나 갈등이 발생하였을 때 어떻게 해결하였는지와 그 과정에서 느낀 점을 경찰에 들어와서 어떻게 적용할 것인지에 대해 서술하시오. • 가족과의 불화를 경험한 적이 있는지와 있었다면 어떻게 극복하였는지에 대해 서술하시오. • 살아오면서 불안감을 느껴본 적이 있는지와 있었다면 이유는 무엇이며 어떻게 불안감을 해소했는지에 대해 서술하시오. • 누군가를 죽이고 싶다거나 미워했던 적이 있는지와 있었다면 그 이유는 무엇이며 그 감정들을 어떻게 해소하였는지에 대해 서술하시오. • 자신이 경찰이 되어야 하는 이유에 대해 서술하시오. • 경찰관에게 능력과 인성 중 어떠한 것이 더욱 중요하다고 생각하는지와 본인이 경찰이 된다면 능력과 인성 중 어떠한 것을 더욱 갖춘 경찰에 가까울 것이라 생각하는지 서술하시오.
2018년 2차	• 이성친구나 연인과 크게 싸우고 화난 경험을 작성하고 이를 어떻게 대처했는지 서술하시오. • 최근 5년 이내에 자신이 잘못하지 않았는데 억울한 일을 당해본 경험과 이를 어떻게 해결했는지 서술하시오. • 가장 힘들었던 경험과 그 이유를 작성하고 이를 극복 방안에 대해 서술하시오.
2016년 2차	• 살면서 거짓말을 한 경험과 그때의 심정을 서술하시오. • 자신이 겪은 심각한 갈등 상황과 이를 극복한 방안에 대해 서술하시오.
2016년 1차	• 살면서 거짓말을 한 경험과 그때의 심정을 서술하시오. • 양자택일하였을 때 잘된 사례와 잘되지 않은 사례를 구체적으로 서술하시오. • 자기가 생각하는 성공의 기준과 그것이 경찰조직에 어떻게 적용할 것인지 구체적 방안을 서술하시오. • 사건처리 방법에 대해 상사와 의견 대립이 발생한 경우 어떻게 대처할 것인지 서술하시오.

11. 경북청

2018년 2차	부모님이 보수적인데 형제가 동성애자라고 도움을 요청한다면 어떻게 할 것인가?

12. 경남청

2018년 3차	국정 지표 중 국민이 주인이 되는 정부, 내 삶을 책임지는 국가를 이루기 위하여 경찰이 나아가야 할 방향에 대해 서술하시오.
2018년 2차	살아오면서 후회했던 경험과 그로 인해 느낀 점을 서술하시오.
2018년 1차	정의란 무엇인지에 대해 서술하시오.
2017년 2차	경찰에게 책임감과 협력이 중요한 이유와 본인이 책임감을 발휘한 사례를 서술하시오.
2017년 1차	유년시절 가족 내에서의 자신의 존재에 대해 서술하시오.

13. 강원청

2017년 2차	살면서 가장 힘들었던 때는 언제이며 이를 어떻게 극복했는지 서술하시오.
2017년 1차	• 경찰이 되고 싶은 이유와 자신이 생각하는 경찰의 모습을 서술하시오. • 살면서 가장 힘들었던 경험이나 슬펐던 경험을 작성하고 이를 극복한 방안에 대해 서술하시오.
2016년 2차	경찰채용절차에서 가장 중요시해야 하는 점이 무엇이라고 생각하는가?
2016년 1차	이성 친구와 다툰 경험에 대해 작성하고 이를 해결한 방안을 서술하시오.

14. 제주청

2019년 1차	양자택일의 상황에서 선택에 성공한 경험과 실패한 경험에 대해 서술하시오.

15. 경찰특공대

2019년	모임에서 책임 있는 역할을 한 경험과 책임 있는 역할을 하며 배운 점은 무엇이었는지 서술하시오.
2018년	살면서 가장 힘들었을 때가 언제였으며, 그 상황을 극복한 자신만의 방법은 무엇이었는지 서술하시오.

사전조사서 샘플 I

[주제] 함께 일하기 싫은 동료(선배, 후배)와 일하게 된다면 어떻게 할 것인가?

응시번호	12345번	성명	홍길동

저는 열린 마음, 오픈 마인드가 대인관계에서의 불편한 문제들을 원만히 해결하는 데 도움이 될 수 있다고 생각합니다. 화목한 집안 분위기와 수 년 간의 각종 아르바이트 경험, 그리고 짧지만 보람 있었던 사회생활 덕분에 저는 친절하고 웃는 모습으로 사람들을 대하게 되었습니다. 그리고 사람들을 좋아하기 때문에 주변 사람들의 경조사나 그 밖의 대외적으로 만난 사람들을 잘 챙겨 주는 성격은 언제나 다른 사람에게 열린 마음으로 다가가는 데 도움이 되었습니다.

저는 아무리 함께 일하기 싫은 동료라도 함께 일하게 된다면 웃으면서 친절하게 먼저 다가갈 것입니다. 그리고 열린 마음으로 동료에게 먼저 다가가서 서로 간의 거리를 좁히기 위해 가벼운 인사말이나 공통된 주제로 이야기를 시작하여 오해나 갈등이 있었다면 그 원인을 파악하고 해결 방안을 찾을 것입니다. 먼저 다가가려고 해도 마음의 문을 쉽게 열지 못할 수도 있겠지만 '역지사지(易地思之)'의 자세로 동료의 입장에서 제가 이전의 대화에서는 실수한 것이 없는지 등을 다시 한번 생각해 보고 적극적으로 다가가 함께 일하기 좋은 관계를 만들 수 있도록 노력할 것입니다.

→ 자신의 경험담과 공직관(가치관), 그리고 갈등 상황에서의 자신만의 해결 방법을 활용

사전조사서 샘플 II

[주제] 경찰의 역할은 무엇이며, 경찰이 시행하고 있는 정책은 어떠한 것이 있는가?
그리고 현재 경찰은 업무를 충실히 수행하고 있다고 생각하는가?

응시번호	12345번	성명	홍길동

경찰은 국민의 생명과 안전을 보호하고, 서민층과 빈곤층을 비롯한 사회적 약자 보호에 앞장서는
역할을 하고 있습니다.

과거 경찰의 역할이 범인 검거에만 치중했다면 지금은 지역 사회에서 경찰의 평화 창조자로서의
역할과 국민들이 느끼는 치안 만족도가 강조되고 있기 때문에 미래 사회의 치안 우려 요소에 대해
선제적 대응을 하는 등의 노력을 하고 있다고 알고 있습니다. 특히, 사회적 약자인 여성, 청소년,
노인, 장애인에 대한 치안의 필요성 증가와 관심도가 높아짐에 따라 치안서비스를 강조하고 있
으며, 경찰의 인력만으로는 근절하기 힘든 부분들까지 효과적으로 대응하기 위해서 관련 부처 및
기관, 그리고 다양한 시민단체 등과 협력하여 대응하려는 노력이 가장 좋은 정책인 것 같습니다.
대표적으로 치안거버넌스 활동, 여성안심지킴이집 등이 있으며, 주민 밀착형 탄력순찰이나 여성
안심귀갓길과 같은 정책을 시행함으로써 치안에 대한 사각지대를 해소하고 시대 발전에 대응하기
위해 노력을 하고 있다고 알고 있습니다. 이러한 노력으로 국민이 느끼는 치안에 대한 만족도는
좋아지고 있지만, 일선 현장에서의 피로도와 여성이나 아동을 대상으로 하는 범죄는 오히려 강력
범죄의 양상을 띠고 있다는 점이 문제가 되고 있습니다. 저는 이러한 강력범죄를 효과적으로 대
응하기 위해 끊임없는 자기 개발과 노력을 통해 전문 수사관이 되어 앞으로 선제적 범죄예방에 기
여를 할 수 있는 젊은 인재가 되겠습니다.

→ 현재 진행 중인 정책 및 보완점, 자신의 장점이 잘 발휘될 수 있는 부서

사전조사서 샘플 III

[주제] 본인이 한적한 외곽에서 순찰근무를 하고 있는데 한 승용차가 신호를 위반하는 것을 목격하였다. 차 안에는 아이와 엄마가 타고 있었다. 당신은 단속을 하겠는가?

응시번호	12345번	성명	홍길동

공직자는 개인적인 사사로운 감정보다 국민 전체의 이익을 생각하고 국민의 생명·신체·재산을 보호하고 공공의 안녕과 질서를 유지하기 위해 강제력을 행사해야 하며, 친절하고 공정하게 업무를 처리하여야 한다고 생각합니다. 친절하고 공정하게 법을 집행하기 위해서는 어느 한쪽으로 치우치지 않고 올바른 판단을 하여야 하며, 자기보다 약한 사람을 도와주고 지켜주려는 용기 있는 행동이 필요하다고 생각합니다.

얼마 전 굶주림을 참지 못하여 초등학생인 아들과 함께 먹을 것을 훔치다 적발된 '인천 장발장 사건'에 경찰관이 수갑 대신 국밥을 건네 화재가 된 기사를 보았습니다. 저는 그 기사를 보고 처벌만이 능사는 아니며, 제재나 단속이 없이도 사회의 복귀나 사고 예방에 대한 경각심을 줄 수 있다면 그 역시 친절하고 공정한 업무 처리가 될 수 있다는 것을 느끼게 되었습니다.

교통 단속은 신호 위반 차량에 대해 강력히 단속을 실시하여만 질서를 유지하고 앞으로 발생할 수 있는 교통사고를 예방할 수 있을 때 필요한 것이라 생각합니다. 만약 위 같은 상황에 운전자인 아이의 엄마가 아이의 생명과 자신의 안전을 위하여 앞으로 교통법규를 준수할 수 있는 상황이라면 단속보다는 훈방조치를 할 것이고, 그렇지 않을 경우에는 엄격히 단속하여 사고 예방에 대한 경각심을 줄 것입니다.

→ 공정한 법 집행을 위한 정의에 대한 개념 활용

안심Touch

사전조사서 샘플 Ⅳ

[주제] 경찰관에게 필요하다고 생각하는 기본 덕목은 무엇이며 이와 관련한 본인의 경험담을 서술하시오.

응시번호	12345번	성명	홍길동

경찰관에게 필요한 덕목은 청렴성과 올바른 공직관 등 여러 가지가 있겠지만, 제가 생각하는 경찰관에게 가장 필요한 덕목은 책임감과 사명감이라고 생각합니다. 책임감과 사명감이 있어야 한 명의 경찰관이자 경찰조직의 일원으로서 자신이 하는 일과 이를 어떻게 수행을 할지에 대해서 올바른 선택을 할 수 있기 때문입니다.

저는 대학 생활 중 어르신들을 위해 따뜻한 밥 한 그릇을 전달하는 봉사활동을 한 적이 있습니다. 이 봉사활동은 매주 수요일 아침 일찍부터 일어나서 준비를 해야 했습니다. 아침에 일찍 일어나는 것도 힘들고 준비하는 과정도 너무 힘들어서 여러 번 포기를 하고 싶은 마음이 생겼지만 그때마다 어르신들이 맛있게 드시는 모습과 고맙다고 말씀해 주시는 분들을 떠올리며 남을 위한 행동과 삶이 얼마나 뜻 깊은 것인지를 알게 되었습니다. 그리고 이러한 생각은 제가 어떠한 일이든 책임감을 가지고 임하게 해주었고 주변을 살필 수 있는 여유까지도 생기게 해주었습니다.

경찰은 남을 위해 존재하는 직업이며 국민의 안전과 생명을 책임지고 있는 막중한 업무를 담당하고 있습니다. 그렇기 때문에 경찰은 자신을 희생하는 일이 있더라도 국민의 생명을 지켜야 하며 이를 위해서는 늘 초심을 유지하고 불의에 타협하지 않는 사명감이 매우 중요하다고 생각합니다. 생명이 위급한 순간 나를 먼저 돌아본다면 경찰은 존재할 수 없습니다. 시민에게 총을 겨누지 말라는 안병하 경무관님, 높은 파도에 한 치의 망설임 없이 자신의 몸을 던지신 고 정옥성 경감님처럼 저는 나를 희생하는 있더라도 남을 위해 헌신하기 위해 늘 초심을 되새기며 막중한 경찰의 소명을 다하겠습니다.

→ 자신의 경험담, 롤 모델 경찰관, 덕목 등을 활용

사전조사서 샘플 V

[주제] 자신이 살면서 가장 힘들었던 경험은 무엇입니까?

응시번호	12345번	성명	홍길동

친구가 택배 상하차 알바를 하고 있는데 몸이 아파서 제가 하루 대신 가주었던 경험이 있었습니다. 처음 하는 일이라서 망설였지만 몸으로 하는 일은 자신이 있었던지라 '뭐 힘들어 봐야 그게 얼마나 힘들겠어'라는 생각으로 선뜻 약속을 하고 일을 하게 되었습니다. 주변에서 택배 상하차는 '극한 알바'라는 말을 많이 들었지만, 해보지 않은 일이라 실제 실감이 나지는 않았습니다. 하지만 막상 그 일을 해보니 얼마 지나지 않아 그 말이 실감이 되었습니다. 처음에는 아주 거뜬히 잘 해냈지만 어느 순간부터 무게도 제각각이라 복불복과 같이 느껴지는 끝도 없이 많은 상자들은 저를 녹초가 되게 만들었습니다. 거기다 지역도 제각각이라 각 지역별로 나눠서 하차하고 또 다시 그것을 분류해서 싣고 이런 작업을 무한 반복하다보니 이 일을 하시는 분들이 얼마나 대단한 분들이지 새삼 다시 느끼게 되었습니다. 평소 인터넷 주문을 했을 때 아무 생각도 없이 받아만 봤고, 마음에 들지 않으면 반품 신청하고 배송이 지연되면 짜증냈던 기억이 부끄러웠습니다. 그리고 아주 작은 상자라 하더라도 여러 사람들이 이렇게 고생한 끝에 내가 받을 수 있다는 점에 마음이 저절로 숙연해졌습니다.

처음 보는 사람들과 일을 하려니 시간도 가지 않고 일은 힘들게만 느껴질 때, 반장님께서 "요즘 젊은 사람들은 반나절도 하기 전에 도망가는데, 그래도 끈기는 있네."라는 말을 하시며 박카스를 주시면서 잠시 쉬었다 하라고 하셨습니다. 잠시 쉬는 시간 동안 경험이 많은 분들에게 노하우를 듣고 처음 보는 분들과도 이런저런 애기를 하다 보니 금세 친해질 수가 있었습니다. 덕분에 서로 간에 마음이 맞아 어느 순간부터 즐겁게 나머지 일을 마칠 수가 있었습니다. 마지막에 반장님께서 내일 또 오라고 말씀해주셔서 그 이후에도 친구와 몇 번 더 가게 되었습니다.

그 때의 경험을 통해 저는 작은 것에도 소중히 여길 줄 아는 마음과 아무리 힘든 일이 있더라도 좋은 사람들과 함께 한다면 즐겁게 일을 할 수 있다는 것을 느끼게 되었습니다. 여러 아르바이트 중에서 가장 짧고 힘든 아르바이트 경험이었지만, 제 자신을 많이 성장시킬 수 있었던 소중한 경험이라고 생각합니다.

→ 단체생활(협동심) 경험, 특별한 경험 및 공직관 등을 활용

사전조사서 샘플 Ⅵ

[주제] 살면서 가장 후회하였던 경험을 서술하시오.

응시번호	12345번	성명	홍길동

저는 봉사활동을 하며 제가 장애인에 대한 편견이 있었다는 점을 느끼며 이제까지의 저를 후회한 적이 있었습니다. 저는 평소 몸이 불편한 사람은 도움을 받아야 된다는 생각과 중증 장애아동들은 지능이 많이 떨어질 것이라는 잘못된 시선으로 장애인들을 바라보고 있었습니다. 중증 장애아동들이 소리를 지르거나 웃기지 않은 상황인데도 웃거나 갑자기 벽에 머리를 때리는 행동을 하는 것을 처음에는 이해를 할 수 없었습니다. 그러나 장애인들은 소통에 대한 어려움과 행동에 대한 제약이 있는 것뿐이지 정상인들과 같은 감정을 가지고 있으며 단지 표현 방식만 다를 뿐이라는 것을 알게 되면서 그들의 행동 하나하나에 안쓰러워하는 마음을 가지기보다 그들이 어떠한 것을 말하고 싶어 하는지 이해하고자 노력하게 되었습니다. 이때의 경험은 비단 장애인들을 대할 때뿐만이 아니라 일상생활에서 비장애인들을 대하는 모습에서도 저에게 큰 변화를 주었습니다. 이전과는 달리 사람들 사이에 존재하는 차이를 인정하고 상대방을 있는 그대로 받아들이려는 노력을 하게 되었으며, 그러다보니 나이 차이가 많이 나는 다른 세대와도 공감대를 형성할 수 있게 되었습니다.

→ 자신의 특별한 경험담 및 공직관 활용

사전조사서 샘플 Ⅶ

[주제] 자신의 생각이나 의견을 상대방에게 성공적으로 설득했던 경험을 서술하시오.

응시번호	12345번	성명	홍길동

저는 상대방을 설득하기 전 '나는 상대방을 받아들일 마음가짐이 되어 있는가?', '상대방을 알아가기 위해 노력하였는가?'를 먼저 생각해봅니다. 이러한 생각을 하다보면 상대방에게 열린 마음으로 다가가 서로의 입장 차이를 서로 이해하고 존중하며 이야기를 하게 됩니다. 이러한 자세는 다른 사람에게 제 생각이나 의견을 이야기하고 설득하는 데 매우 효과적이라고 생각합니다. 서로에 대해 이해하고 존중하는 마음을 가진다면 상대방의 입장과 기분을 상하게 하지 않으면서도 흥미를 이끌어 내어 자신의 의견을 효과적으로 이야기할 수 있기 때문입니다.

저는 대학시절 회장으로서 축구동아리를 운영한 적이 있습니다. 동아리원 중에는 각자가 하고 싶은 포지션과 잘 하는 포지션이 일치하지 않는 경우가 많았습니다. 하지만 이때마다 저는 동아리원들을 한 자리에 모아 개개인의 의견을 듣고, 서로 간에 대화를 나누며 서로에 대한 이해심을 키울 수 있도록 노력하였습니다. 그리고 어느 정도 서로에 대한 이해심이 생겼다고 판단할 때 각자가 가진 장점들이 다른 포지션에서 얼마나 더 빛이 날 수 있는지 등을 설명해주며 의견을 조율해 나갔습니다. 덕분에 팀워크 또한 함께 올라서 다른 동료들을 더욱 믿게 되었고 대회에서도 좋은 성적을 거둘 수 있었습니다.

→ 단체생활 경험 및 갈등 상황 등을 활용

[주제] 일은 잘하지만 동료들과 마찰이 잦은 팀원이 있다. 본인이 팀장이라면 해당 팀원으로 인해 발생하는 문제들을 어떻게 해결할 것인가?

응시번호	12345번	성명	홍길동

저는 어린 시절 TV를 통해 섬김의 리더십(Servant Leadership)에 대해 알게 되었습니다. 제가 생각하고 있던 리더십과는 많이 다른 모습에 저는 그때 이후로 섬김의 리더십을 가진 사람이 되겠다고 다짐하였습니다.

이를 실천하기 위해 중학교 시절에는 선도부 활동 및 학생회에서 봉사부장을 하며 어려운 후배들을 돕기 위해 노력하였으며, 또한 윤리적으로 모임의 회비나 학급비를 도맡아 관리하고자 노력하였으며, 군복무 시절에는 분대장으로서 다른 사람의 의견을 반영할 줄 아는 마음을 가지고 소대원 및 분대원 모두가 섬김의 리더십을 갖고 원만한 관계를 가질 수 있게 하기 위해 노력하였습니다.

제가 만약 주어진 상황에서 팀장이라면 이제까지 제가 해왔던 노력처럼 팀원들 간의 불화를 해결할 수 있도록 서로 간의 대화를 유도할 것 같습니다. 그리고 역지사지(易地思之)의 자세를 강조하며 상대방의 이야기를 열린 마음과 겸손한 자세로 끝까지 경청할 수 있도록 할 것입니다. 또한 이후에도 사소한 일이라도 오해를 만들지 않고 대화를 통해 풀어 나갈 수 있도록 더욱 대화를 많이 할 수 있는 분위기를 만들고자 노력할 것입니다.

→ 단체생활 경험 및 갈등상황 등을 활용

사전조사서 샘플 IX

[주제] 선배 경찰관이 소심한 모습이나 나태한 모습을 보인다면 본인의 경험을 토대로 어떻게 대처할 것인가?

응시번호	12345번	성명	홍길동

수년 간 수험을 준비하고는 있지만 공부하기 싫어하는 친구, 체력이 부족하지만 운동을 싫어하는 친구, 취업을 위해 노력은 하지 않으면서 좋은 결과만을 바라는 친구들과 같은 친구들에게 저는 노력과 실천 없이 좋은 결과는 나타나지 않으며 현재의 위치에서 보람을 느끼는 것이 행복의 시작이고 이러한 긍정적인 생각이 추후에 더욱 좋은 결과를 가져올 수 있다며 조언을 해 준 경험이 있습니다. 제가 해 준 조언은 단순히 힘들어하는 친구들을 위로해주기 위한 용도가 아닌 마음가짐을 다잡기 위해 스스로에게도 하는 말입니다.

만약 선배 경찰관분이 소심하거나 나태한 모습을 보인다면 제 가치관을 토대로 더 좋은 모습으로 나아갈 수 있도록 도와드릴 것입니다. 깨어있는 시간의 50% 가량을 직장에서 보내는데 직장 생활에서 소심하고 나태한 모습을 보이며 보람을 느끼지 못한다면 자신의 삶은 가치 없는 삶이 되며, 자신이 경찰이 되어 얻고자 했던 삶의 목표 또한 성취할 수 없다고 생각하기 때문입니다. 어떤 일이든 힘든 일이 있기 마련이지만 그 속에서 어떠한 보람을 느끼느냐에 따라 그 일을 받아들이는 자세와 삶의 질은 달라진다고 생각합니다. 때문에 저는 선배 경찰관분의 경찰생활이 무의미하게 반복되는 생활이 되도록 방관만 하지는 않을 것이며, 과거 선배님의 무용담이나 사건처리, 경찰 생활을 하며 아쉬웠던 점과 보람을 느꼈던 점을 물어보며 경찰관으로서의 초심과 보람을 다시 느낄 수 있도록 응원해 드리고, 삶의 목표를 다시 설정할 수 있도록 도와드리겠습니다.

→ 자신의 경험담, 가치관 등을 활용

사전조사서 샘플 X

[주제] 자신의 장점이 경찰로서의 직무에 어떻게 도움을 줄 수 있는지 서술하시오.

응시번호	12345번	성명	홍길동

(A)

저는 어릴 적부터 예의가 바르다는 얘기를 많이 듣고 자랐습니다. 그리고 어려서부터 상대방을 배려할 줄 알아야 한다는 부모님의 가르침 때문에 친구들과도 다툼 없이 원만한 교우관계를 유지하였습니다. 또한 방송반과 연극 동아리 활동을 통해 단체생활의 중요성을 느끼며 청소년기를 보내다 보니 협동심과 책임감을 가지게 되었습니다. 그리고 고등학교 졸업 이후에는 용돈을 벌기 위해 주말 아르바이트를 하며 자립성을 가지게 되었고, 힘들지만 그 뒤에 찾아오는 보람이 얼마나 큰 것인지 알 수도 있었습니다.

경찰은 사람들을 대면하고 그들에게 도움을 주는 직업입니다. 그렇기 때문에 상대방을 배려하고 상대방에게 예의 있게 다가가는 것은 필수적이라고 생각합니다. 또한 많은 선배 경찰관분들과 함께 경찰조직에서 생활하기 위해서는 협동심이 필요하며, 스스로 업무를 효율적으로 진행하기 위해서는 자립성과 책임감 또한 필수적이라고 생각합니다. 그리고 경찰업무는 절대 쉬운 업무가 아니기 때문에 업무에서 느낄 수 있는 보람을 찾지 못한다면 경찰로서 업무를 충실히 수행할 수 없다고 생각합니다. 저의 예의 바르고 상대방을 배려하는 성격과 협동심·자립성·책임감 있는 성격, 그리고 힘든 업무 속에서도 보람을 찾는 자세는 훌륭한 경찰이 되어 직무를 수행하는 데 큰 도움이 될 것이라 생각합니다.

(B)

저는 여행을 좋아하다 보니 여행에서 파생된 취미 생활을 많이 즐겨왔습니다. 그 중 요즘 굉장히 빠져있는 취미 생활은 바로 '백패킹'입니다. 등에 짐을 짊어진다는 용어처럼 배낭에 캠핑 장비를 넣고 산이나 들로 떠나는 여행은 평범했던 일상에서 벗어나 특별한 경험을 만들어 주기 때문입니다. 여행을 즐겨 다니다보니 저는 안전을 무엇보다 가장 중요하게 생각합니다. 아무리 안전 수칙을 잘 알고 있다 하더라도 실천하지 않으면 의미가 없기 때문에 저는 어두운 산행 속에서도 방황하지 않기 위해 그곳의 지형을 미리 점검하는 습관을 가지게 되었습니다. 또한 긴 산행과 다른 분들의 안전을 위해 응급상황에 대비하여 심폐소생술 교육도 수료하였습니다. 이뿐만 아니라 일상 속에서도 어떠한 일에서든 안전을 최우선시하고 있습니다.

제가 경찰공무원이 되고자 하는 이유는 경찰이 국민의 생명과 신체를 최우선시하고 시민들과 가장 가까운 곳에서 직·간접적으로 도움을 주는 직업이기 때문입니다. 저는 안전을 매우 중요하게 생각하기 때문에 저뿐만이 아니라 타인의 안전까지 보장할 수 있도록 노력할 것입니다. 안전이란 실천을 해야만 보장 받을 있다고 생각합니다. 저는 국민의 안전을 최우선시하며 발로 뛰고 실천하는 경찰이 되고 싶습니다.

CHAPTER
03 성격검사

1. 성격검사 개요

① 60분 동안 307문항을 통해 우울 및 불안, 감각 추구 및 충동, 편집, 정서적 외로움, 가악, 자기애, 열등감, 적응력, 사고장애 공감, 자아강도(비논리적 사고), 자존감, 스트레스, 대인관계, 분노, 성관련, 음주관련, 폭력 및 금품 횡령 관련 등의 18가지 항목들을 검사한다.

② 성격검사를 통해 파악하는 요소들
  ㉠ 성격 유형(사회성) : 대인관계, 열등감, 자기애, 자존감 등
  ㉡ 조직적합도(인격 장애) : 우울 및 불안, 감각추구 및 충동, 편집, 분노, 가악, 정서적 외로움, 법규준수 등
  ㉢ 일관성 · 신뢰성 : 타당성, 일괄성, 신뢰성 평가

2. 성격검사 주의사항

① 솔직하게 대답해야 한다.

자신의 성격은 쉽게 변하지 않는다. 그렇기 때문에 성격검사에 대해 인위적으로 답변을 할 경우에는 타당성이나 일괄성에 문제가 생겨 성격검사지에 대한 신뢰성이 떨어지게 된다. 자신을 좋게 보이고자 꾸미거나 일부러 불편함이나 문제가 있는 것처럼 속이는 것'은 바람직하지 않다. 따라서 정직한 마음으로 솔직하게 대답하는 것이 좋다.

② 특정 성격을 강조할 필요는 없다.

외향적이고 리더십이 있으며, 창의적이고 정직한 성격이 성격검사에서 요구하는 모범적인 성격이라고 단정 짓고 이러한 면모만을 과장하여 보여주고자 할 필요는 없다. 공직사회는 다양한 개성을 가진 다양한 인재가 필요하다. 외향적이고 리더십이 강한 사람도 필요하지만 내성적이지만 상관의 지시를 묵묵히 수행하는 사람도 필요하다. 또한 창의적이고 새로운 제안을 거침없이 하는 사람도 필요하지만 그 의견을 따라 성실하게 직무를 수행하는 사람도 필요하기 때문에 특정 성격을 스스로 규정하고 그에 따라 모범적으로 답하는 것은 좋지 않다.

③ 시간을 오래 끌지 않는다.

성의 있게 답변하라고 해서 문항 하나에 너무 몰입해서 시간을 오래 끌지는 말아야 한다. 문항 별로 너무 오래 고민하다보면 인위적인 답변이 될 가능성도 높기 때문에 평소 자신의 모습 그 대로 결과가 나올 수 있도록 직관적으로 답변하는 것이 좋다.

④ '비교적' 일관성 있게 답변하는 것이 좋다.

일관성 있게 답변하는 것이 좋다. 그러나 질문이 미세하게 다를 수 있으며 사람의 행동이 항상 일률적이지는 않기 때문에 일부러 처음부터 끝까지 일관성 있게 답변하는 것은 오히려 인위적 인 답으로 보일 수 있으므로 주의해야 한다.

⑤ 극단적인 응답은 피해야 한다.

'한 번도 거짓말을 한 적이 없다.', '한 번도 법을 위반한 경험이 없다.', '절대로 남에게 피해를 끼치지 않는다.' 등과 같은 항목들에서 무조건 Yes로만 답한다면 오히려 조직적합성에서 나쁜 결과가 나타날 수 있다. '절대로, 한번도, 하루도 빠짐없이' 등의 극단적인 단어가 사용된 질문 에서는 어느정도 융통성이 있는 답변이 필요하다.

3. 성격검사 예시

① 매우 그렇지 않다.	② 그렇지 않다.	③ 보통이다.	④ 매우 그렇다.

1	누구를 때리거나 해치고 싶은 충동이 든다.	①	②	③	④
2	좋은 이야기를 들으면 다른 사람들에게 전해주기 위해서 잘 기억하려고 한다.	①	②	③	④
3	어려운 일이 생기면 남의 도움이나 협조를 받아 해결한다.	①	②	③	④
4	나는 거짓말을 해 본 적이 있다.	①	②	③	④
5	나는 도둑질을 해 본 경험이 있다.	①	②	③	④
6	많은 사람들과 만나는 일이 좋다.	①	②	③	④
7	내 자신이 가치 없다고 느껴질 때가 있다.	①	②	③	④
8	아무 이유 없이 슬퍼질 때가 많다.	①	②	③	④
9	대화가 뜻대로 잘 되지 않을 때 자신에 대해 화가 난다.	①	②	③	④
10	차라리 죽었으면 하고 바랄 때가 있다.	①	②	③	④
11	한 번 친한 사람은 오래 사귄다.	①	②	③	④
12	결심을 빨리 못했기 때문에 자주 손해를 보곤 했다.	①	②	③	④
13	갑자기 초초해 질 때가 있다.	①	②	③	④
14	결과가 늦어져도 초조해 하지 않는다.	①	②	③	④
15	누가 나를 때린다면 나도 맞서서 때린다.	①	②	③	④
16	기력이 거의 없다.	①	②	③	④
17	사람들이란 믿을 것이 못 된다는 생각이 든다.	①	②	③	④

18	내 예감은 틀림없이 맞는다.	① ② ③ ④
19	내가 하지 못하는 일을 남들이 할 때 열등감을 느낀다.	① ② ③ ④
20	내가 하고 싶은 말은 다 하는 편이다.	① ② ③ ④
21	다른 사람이 결정을 내려주는 것이 더 편하다.	① ② ③ ④
22	보통 사람들은 자신의 속셈을 숨기고 있다.	① ② ③ ④
23	다른 사람들은 내가 의심이 너무 많다고 생각하는 것 같다.	① ② ③ ④
24	화가 나면 진정하기 어렵다.	① ② ③ ④
25	사소한 일로 상대방과 다툴 때가 있다.	① ② ③ ④
26	떠들썩하게 재미있는 모임이나 행사에 가기를 좋아한다.	① ② ③ ④
27	술 때문에 말썽을 일으킨 적은 없다.	① ② ③ ④
28	돈 때문에 어려운 점이 많다.	① ② ③ ④
29	한 사람과 오랫동안 사귀고 싶지 않다.	① ② ③ ④
30	때때로 성질이 폭발하면 완전히 자제력을 잃는다.	① ② ③ ④
31	다른 사람과 친해지려면 시간이 많이 걸린다.	① ② ③ ④
32	가끔은 죽고 싶다는 생각이 들 때가 있다.	① ② ③ ④
33	나는 진실만을 이야기하는 편이다.	① ② ③ ④
34	사소한 법규나 질서를 위반 행위를 한 적 있다.	① ② ③ ④
35	식욕은 좋은 편이다.	① ② ③ ④
36	정직하게 세상을 살면 손해를 볼 일이 많다.	① ② ③ ④
37	술 마시는 것을 자제하기 어렵다.	① ② ③ ④
38	위기 상황을 모면하기 위해 거짓말을 많이 한다.	① ② ③ ④
39	최근에 성(性)문제로 고민하고 있다.	① ② ③ ④
40	이성 문제로 최근 시달리고 있다.	① ② ③ ④
41	이성 친구가 집에 오는 것은 성관계를 허락한 것이다.	① ② ③ ④
42	여자도 남자만큼 성(性)적 자유를 누려야 한다고 생각한다.	① ② ③ ④
43	나는 가끔씩 야한 동영상을 보는 편이다.	① ② ③ ④
44	마음에 드는 이성이 지나가면 쳐다보게 된다.	① ② ③ ④
45	야간에 지나가는 여자를 보면 흥분이 된다.	① ② ③ ④
46	친구들이랑 모이면 야한 얘기를 자주하는 편이다.	① ② ③ ④

CHAPTER 04 인재상검사

1. 인재상검사 개요

30분 동안 70문항을 통해 솔선수범, 청렴, 공정, 성실성, 팀워크, 열정, 사명감 등 7가지 항목을 검사한다.

2. 인재상검사 예시

※ 다음 보기 중 당신이 생각하기에 가장 중요하다고 생각하는 것과 중요하지 않다고 생각하는 것을 선택하시오.

[문제 1]

① 정직함 ② 책임감 ③ 겸손함 ④ 대인관계

1-1. 가장 중요하다고 생각하는 것을 선택하시오.

①	②	③	④

1-2. 가장 중요하지 않다고 생각하는 것을 선택하시오.

①	②	③	④

[문제 2]

① 의사소통 능력
② 문제해결 능력
③ 현장 적응력
④ 자기 조절 능력

2-1. 가장 중요하다고 생각하는 것을 선택하시오.

①	②	③	④

2-2. 가장 중요하지 않다고 생각하지 않는 것을 선택하시오.

①	②	③	④

[문제 3]

① 어떤 모임에 속해 있든 맡은 바 최선을 다한다.
② 조직 내의 일보다 공공서비스를 우선으로 해야 한다.
③ 팀의 업무가 개인의 업무보다 우선시 된다.
④ 공직자로서 조그마한 선물도 받아서는 안 된다.

3-1. 가장 중요하다고 생각하는 것을 선택하시오.

①	②	③	④

3-2. 가장 중요하지 않다고 생각하지 않는 것을 선택하시오.

①	②	③	④

안심Touch

[문제 4]

① 개인적으로 기분이 상한 일이 있더라도 다른 사람에게 화를 내지 않는다.
② 공공의 일을 위해서라면 개인적인 일을 잠깐 미룰 수 있다.
③ 무슨 일이든 열정적으로 하려고 한다.
④ 어떤 일을 처리하는지 항상 궁금해 하며 질문을 많이 한다

4-1. 가장 중요하다고 생각하는 것을 선택하시오.

①	②	③	④

4-2. 가장 중요하지 않다고 생각하지 않는 것을 선택하시오.

①	②	③	④

[문제 5]

① 국민의 안전과 편의를 제일 먼저 생각하며 성실히 직무를 수행한다.
② 안전사고 발생 빈도가 낮은 지역은 상대적으로 배치되는 경찰 인원을 줄여야 한다.
③ 남들이 일을 쉬고 있더라도 나의 일이 있으면 쉬지 않고 내 일을 처리한다.
④ 조직의 목표 달성을 위해 최선의 노력을 다한다.

5-1. 가장 중요하다고 생각하는 것을 선택하시오.

①	②	③	④

5-2. 가장 중요하지 않다고 생각하지 않는 것을 선택하시오.

①	②	③	④

CHAPTER

05 경찰윤리검사

1. 경찰윤리검사 개요

40분 동안 73문항을 통해 덕성(자기변명, 준법태도), 윤리성(성과지상주의, 윤리민감성), 자기통제력 등 3가지 항목을 검사한다.

2. 경찰윤리검사 예시

[문제 1]

10년의 구형을 받고 1년 정도 교도소에서 수감생활을 하던 중 탈옥을 한 강력범죄자 A가 있다. A는 교도소를 탈출 후 신분을 위장하여 사업을 하였고, 사업이 성공하여 돈을 많이 벌게 되었다. A는 과거의 잘못을 뉘우치며 사업으로 번 수입을 불우한 이웃을 돕기 위한 기부 활동을 활발히 하였다. 하지만 몇 년 뒤 그의 신분이 발각이 되어 다시 재판을 받게 되었다. 이 경우 과거의 잘못을 뉘우치고 진심으로 반성하고 있기 때문에 용서를 해야 하는가, 아니면 다시 교도소에서 과거의 잘못을 뉘우치게 해야 하는가?

처벌하면 안 된다.	처벌해야 한다.
① 왼쪽 의견에 전적으로 동의한다.	② 왼쪽 의견에 일부 동의한다.
③ 오른쪽 의견에 전적으로 동의한다.	④ 오른쪽 의견에 일부 동의한다.

[문제 2]

테러리스트가 체포되었는데, 체포되기 전에 사람이 많은 인근도심에 폭탄을 설치했다는 것을 알게 되었다. 시한장치가 달려 있어 폭탄은 미리 세팅한 시간이 되면 폭발하는 상황이다. 폭탄을 어디에다가 설치했는지 알 수 없는 상황이고, 시한폭탄의 위치를 알 수 있는 유일한 방법은 고문이다. 만약, 고문을 하지 않는다면 다수의 무고한 시민이 희생될 것으로 예상된다. 본인이 경찰관이라면 고문을 해서라도 다수의 인명을 구할 것인가? 아니면 강제로 입을 열게하는 비인도적 행위이므로 고문을 하지 않을 것인가?

어쩔 수 없는 상황이기 때문에 고문을 한다.	고문을 해서는 안 된다.
① 왼쪽 의견에 전적으로 동의한다.	② 왼쪽 의견에 일부 동의한다.
③ 오른쪽 의견에 전적으로 동의한다.	④ 오른쪽 의견에 일부 동의한다.

[문제 3]

A(선원) · B(선원) · C(선원) · D(어린이) 4명이 작은 배에 탄 채 대서양 위를 표류하고 있다. 표류한지 일주일쯤 되자 갈증이 최고조에 다다랐고, 식량도 떨어져 이대로라면 모두가 함께 죽음을 맞이하게 되는 상황이다. 빨리 구조가 되지 못하면 선원 관습에 따라 제비뽑기로 희생자를 고르고 그 인육을 나눠 먹어야 될 것이라고 하였지만 A가 격하게 반발하여 무산이 되었다. 하지만, A(선원)가 자고 있는 사이에 B(선원), C(선원)가 가장 약해보이는 D(어린이)를 죽여 피를 받아먹었고, 나중에 눈을 뜬 A(선원)도 살기 위해 살을 발라 날것으로 먹고 살아 남았다. 이러한 상황에서 본인이 재판장이라면 A · B · C를 어떻게 처리하겠는가?

어쩔 수 없는 선택이므로 참작해야 한다.	모두 처벌해야 한다.
① 왼쪽 의견에 전적으로 동의한다.	② 왼쪽 의견에 일부 동의한다.
③ 오른쪽 의견에 전적으로 동의한다.	④ 오른쪽 의견에 일부 동의한다.

[문제 4]

A가 특수한 종류의 암을 앓아 거의 죽어가고 있었다. A의 남편인 B는 백방으로 약을 구하러 다녔다. 때마침 같은 마을에 사는 약사 C가 최근 A의 병을 치료하는 신약을 발명하게 되었다는 소식을 전해 듣고 B는 신약을 구하기 위해 약사에게 찾아가 신약을 팔라고 애원하였다. C는 처음에는 신약을 팔지 않겠다고 하였으나 원가의 10배를 지불하면 약을 팔겠다고 하였다. 이에 B는 돈을 구하기 위해 아는 사람들을 모두 찾아다니며 약값을 구해보려고 했지만, 약값의 절반밖에 구하지 못하였다. 할 수 없이 B는 C를 다시 찾아가 자기 부인이 죽어가고 있다고 설명하며 약을 싸게 팔거나 외상으로라도 자기에게 팔아주면 다음에 반드시 그 돈을 갚겠다고 간청하였다. 하지만 C는 그 약은 자신이 발명한 약이므로 이 약을 통해 돈을 벌 권리가 있다며 거절하였다. 어쩔 수 없이 남편은 약국을 부수고 들어가서 A를 위해 약을 훔쳤고, A는 살아났지만 B는 경찰에 붙잡히고 말았다. 이러한 상황에서 본인이 재판장이라면 B를 어떻게 처리하겠는가?

타인의 권리를 침해한 것이므로 처벌해야 한다.	생명을 살리기 위한 것이므로 참작해야 한다.
① 왼쪽 의견에 전적으로 동의한다.	② 왼쪽 의견에 일부 동의한다.
③ 오른쪽 의견에 전적으로 동의한다.	④ 오른쪽 의견에 일부 동의한다.

[문제 5]

이라크가 추가 파병을 중단하고 현재 주둔하고 있는 한국군 또한 즉각 철수하지 않는다면 피랍된 김씨를 참수하겠다고 대한민국 정부를 압박하고 있다. 하지만 이에 대해 미국 또한 이라크에 추가 파병을 하지 않거나 한국군을 철수를 시킨다면 한반도 내에 있는 주한미군을 철수시킬 것이라고 압박하고 있다. 이라크 파병을 계속 주장한다면 대한민국 국민이 목숨을 잃게 되는 상황이고, 한국군을 철수시킨다면 국가안보에 심각한 위협이 될 수 있는 상황이다. 본인이 대통령이라면 어떠한 결정을 하겠는가?

생명을 중요시해야 한다.	국가안보를 걱정해야 한다.
① 왼쪽 의견에 전적으로 동의한다.	② 왼쪽 의견에 일부 동의한다.
③ 오른쪽 의견에 전적으로 동의한다.	④ 오른쪽 의견에 일부 동의한다.

MY TURN 경찰 면접

PART 02
경찰 면접 Warm Up

CHAPTER 01 경찰 면접의 개요

01 | 경찰 면접의 서설

1. 경찰 면접의 목적

면접은 실무에 있어 전문지식의 활용능력, 돌발 상황에 대한 대처능력, 인성(적성)과 정신자세, 가치관 및 직업관·정직성·희생 및 봉사 정신·성실성·향후 발전 가능성, 조직에 대한 적응능력 등 미래에 대한 잠재능력을 주관적으로 평가하여 인재를 선발하기 위함이다.

2. 경찰 면접의 방식

① 집단(단체) 면접

의의	임용 후 현장에서 근무하게 될 직원들의 시각에서 수험생의 일반적인 업무 수행능력, 현장감각, 돌발 상황 발생 시 상황대처능력, 전문지식 등을 평가하는 단계를 말한다.
면접위원	경사~경위급과 교수, 외부 전문가 등 4~5인으로 구성한다(해당 지방청마다 차이가 있음).
면접방식	집단 면접은 4~6인을 1개조로 구성하여 약 20~40분간 면접을 실시하여 수험생 간 비교·평가하는 방식으로 협동심, 배려심(수용능력), 의사전달능력, 경청능력 등을 판단한다(해당 지방청마다 차이가 있음).
진행방식	㉠ 토론형 주제 • 질문 순서는 해당 사회자가 있는 경우 사회자의 재량으로 질문 순서를 정할 수도 있고, 사회자가 없는 경우 면접관의 주도하에 거수형으로 질문의 순서가 정해지기도 한다. • 관련 정책 토론 및 시사 토론, 경찰관에게 필요한 덕목, 최근 사회적 문제에 대한 방안 등 토론의 주제는 매우 다양하다. • 상황질문 : 업무 수행 및 직장생활 중 발생할 수 있는 상황과 관련된 문답(1조당 약 4~5개의 질문) ㉡ 추가 질문 및 기타 개인 신상

② 개별 면접

의의	직장 상사의 입장에서 부하 직원의 기본 인성과 가치관, 향후 발전가능성 및 조직적응성 등에 대한 평가를 하여, 인성·성실성·윤리의식·발전성·직무적응성 등을 알아보는 단계를 말한다.
면접위원	경위~경감급과 심리분석가 등 3~5인으로 구성(해당 지방청마다 차이가 있음)
면접방식	수험생 1인을 대상으로 면접 위원과 문답(1인당 5~10분)
진행방식	⊙ 사전조사서, 고교생활기록부, 신원조사·범죄경력 등을 휴대하거나 1장으로 요약한 개인별 종합 자료만 휴대한 면접관이 수험생에게 약 5~10분간 개인신상 및 발전가능성을 집중적으로 질문하는 방식이다. ⓒ 질문 유형 : 자기소개, 입직 후 희망 근무 부서, 포부 등 수험생의 가치관과 적응성 등에 대해 평가하고, 성장환경, 개인 경력 등에 대한 세밀한 면접으로 개인의 인성을 파악한다.

3. 경찰 면접 질문의 유형(예시)

개인신상	• 자기소개, 지원부서, 지원동기, 자신의 장점 및 단점 • 평소 하고 있는 운동 • 경찰관이 되기 위해 특별히 노력한 점
성장환경	• 학창시절 동아리 활동 경험 • 아르바이트나 직장생활을 해본 경험
갈등상황	직장생활 중 갈등을 겪어본 경험 및 갈등 극복 방법
직무적응성	• 근무로 인한 스트레스 해결 방법 • 상사의 부당한 지시 대처 방법
상황대처	• 교통단속 중 무단횡단하는 할머니를 발견할 경우 어떻게 할 것인가? • 가정폭력신고를 받고 출동을 했는데 피해자인 아내가 괜찮다고 한다면 어떻게 할 것인가?
토론형	• 수사권 독립에 대한 찬반론 • 학교폭력 전담경찰관 독립에 대한 찬반론 • 민간조사관에 대한 찬반론 • 사형제에 대한 찬반론
전문지식	• 죄형법정주의 • 위법성조각사유 • 고소와 고발의 차이 • 전문법칙 • 경찰비례의 원칙
최근시사	• 피의자의 신상공개에 대한 생각 • 아동학대에 대한 문제점 및 해결 방안 • 데이트폭력 예방 대책 • 김영란법(청탁금지법)에 대한 생각

02 | 경찰 면접의 채점(경찰공무원임용령 시행규칙)

결정	㉠ 면접시험은 25점 만점으로 하되, "경찰공무원으로서의 적성"은 판단자료로 활용하고, "의사발표의 정확성과 논리성 및 전문지식"(1점~10점), "품행·예의·봉사성·정직성·도덕성·준법성"(1점~10점)을 평가하며, 가산점(무도(武道)·운전 그 밖의 경찰업무 관련 특수기술 능력)은 경찰청장이 정하는 기준에 따라 0점부터 5점까지 정수로 평가한다. ㉡ 면접시험의 합격자 결정은 평가요소에 대하여 각 면접위원이 평가한 점수를 합산(가산점 포함)하여 총점의 4할(10점) 이상의 득점자로 한다. 다만, 면접위원의 과반수가 어느 하나의 평가요소(경찰공무원으로서의 적성, 무도·운전 그 밖의 경찰업무관련 특수기술능력을 제외)에 대하여 2점 이하로 평가한 경우에는 불합격으로 한다.

응시분야	응시지구	응시번호	성명

평정항목	배점	득점
1. 경찰공무원으로서의 적성	(참고자료)	
2. 의사발표의 정확성과 논리성 및 전문지식	10점	
3. 품행·예의·봉사성·정직성·도덕성·준법성	10점	
4. 무도·운전 그 밖의 경찰업무 관련 특수기술능력(가산점)	5점	
득점계	25점	
( )위원	계급	성명
		인

위 표 전체의 행 레이블은 **채점표** 입니다.

동점자	경찰공무원임용령 시행규칙(제37조) ① 국가유공자 등 예우 및 지원에 관한 법률 또는 독립유공자예우에 관한 법률에 의한 취업보호대상자 ② 필기시험 성적 ③ 면접시험 성적 ④ 체력검사 성적

03 | 면접의 기본자세

1. 면접장에서의 주의사항

기본사항	• 정장의 앞 단추나 넥타이 등은 제대로 해서 복장을 점검해 두어야 하며, 지정된 시간보다 늦어도 30분 빨리 도착할 수 있도록 여유를 가지고 출발해야 한다. 그리고 청사 내를 방문할 경우 면접생인 것을 금방 알아보기 때문에 주머니에 손을 집어넣고 걷거나 거만한 태도를 보이지 않도록 세심한 주의가 필요하다. • 지인과 동행하는 것은 가급적 삼간다. 매년 어느 시험장이든 친구나 지인과 같이 동행해서 오는 학생들이 있다. 내 인생의 진로를 정하는 데 있어 친구와 함께 가는 것은 자립심이 없다고 생각될 수 있기 때문에 혼자 가는 것이 좋고, 혹여 지인과 함께 동행을 할 경우에도 면접장 인근에서 대기하도록 하는 것이 좋다. • 대기실도 면접장이라고 생각을 해야 한다. 면접장에서 알게 된 학생과 가볍게 한두 마디 대화하는 정도라면 괜찮지만, 큰소리로 잡담하거나 지나치게 핸드폰을 만지는 것은 금물이다.

PART 01 | **PART 02** | PART 03 | PART 04 | PART 05

입실(入室) 매너	⊙ 입실 태도 여하에 따라 인상이 거의 결정된다. • 입실하기 전에 가볍게 두 번 노크를 하고, 들어오라는 응답이 있으면 문을 열고 30° 정도 허리를 굽혀 "실례하겠습니다." 하고 가볍게 목례 인사를 한다. • 문을 닫을 때는 문을 보면서 조용히 닫고, 면접관 앞에 놓인 의자 앞에서 자신의 수험번호와 성명을 말하고 다시 인사를 한다. ⓛ 너무 긴장해서 행동이 딱딱해지는 것보다는 부드러운 표정이 좋으며, 좋은 인상을 주려 한 나머지 실룩실룩 웃는 모습은 오히려 나쁜 인상을 줄 수 있음을 주의해야 한다. 진지하게 임하려 하되, 자연스러운 표정으로 면접관을 대하는 것이 중요하다.
착석(着席) 매너	• 입실하자마자 수험번호 및 이름을 말하지 않고 멋대로 의자에 앉아 지적받는 응시생도 있다. 비즈니스 사회에서는 처음 방문한 사람이 아무런 지시도 받지 않았는데 의자에 앉는 일은 없다. • 인사 : 입·퇴실 시에는 15° 각도, 면접 담당자에게는 30° 각도, 특별히 사의를 표명할 때는 45° 각도가 좋다. • '앉으세요'라는 말을 기다렸다가 의자에 앉는다 : 의자에는 깊이 앉지 말고 조금 걸터앉는 것처럼 앉는다. 또한 상체는 구부리지 말고 등을 펴며, 손을 가볍게 쥐고 무릎 위에 놓는다. 착석 전과 후의 행동은 정중해야 한다.
면접관 질문 시	⊙ 면접에서는 단 한마디의 말로 인간성마저 평가된다. 질문에는 '예', '아니오'의 대답을 명확히 한다. 모르는 일에 대해서는 솔직하게 인정하고 즉각 극복할 수 있도록 노력하려는 의지를 보인다. 부하로서 가장 바람직하다고 여겨지는 사람은 완벽한 사람이 아니라 학습하고 성장하는 데 의욕적인 사람이다. 그런 면이 보인다면 상대방이 먼저 '꼭 함께 일해 봅시다.'라고 말을 걸 것이다. ⓛ 보디랭귀지(Body-Language) • 눈(目) : 질문에 대답할 때에 상대방의 눈을 본다. '눈은 입만큼 말을 많이 한다'는 속담대로 눈을 관찰해 보면 진심으로 질문 내용을 생각하고 대답하고 있는지, 또는 기계적으로 준비된 대사를 외고 있는지 금세 알 수가 있다. '눈을 마주치지 않는다'든지 '눈길을 외면한다'는 것은 본심이 어떻든 마음에 거리끼는 것이 있거나 자신이 없어 커뮤니케이션을 취하지 않으려는 태도로 평가된다. 단, 계속해서 응시하는 것은 상대방도 피곤하므로, 그때는 잠시 시선을 떼는 데, 코를 응시하며 이야기하고 있던 사람이라면 그 사람의 입 근처로 시선을 자연스럽게 옮겨보도록 한다. 그리고 머리 회전이 빠른 사람이라 해도 질문에 즉시 대답하기보다는 한 호흡을 두고 대답하는 것이 좋다. 이것은 생각하면서 답한다는 자세로 보이기 때문이다. • 말(言語) : 어미는 끝까지 명확하게 발음하도록 한다. '○○○입니다', '○○○라고 생각합니다.'까지 의식해서 말을 한다. 끝말 부분을 흐릿하게 하여 발음이 명확하지 않으면 답변에 대한 자신이 없다거나 근거가 애매하거나 소극적인 성격이라고 평할 수밖에 없다. • 표정(表情) : 응답할 때에는 되도록 생기 있는 표정을 짓도록 해야 한다. 면접도 하나의 만남이기 때문에 당신이 첫 대면인데도 만면에 미소를 띠고 당신을 만나게 되어서 기쁘다는 표정을 지으며 대해 준다면 결코 불쾌하게 받아들이지 않을 것이다. 지나치게 과장된 웃음으로 상대방에게 무례를 범한다면 문제가 있겠지만 직장은 살아 있는 인간의 집합체이므로 당신과 함께 일을 하고 싶다는 의사를 보였다고 해서 기분 나빠하는 사람은 없을 것이다. • 말투 : 말끝마다 '답변 드리겠습니다', '~라고 할까'라는 말을 붙이는 응시생들이 있다. '답변 드리겠습니다'라는 말은 기계적인 말투, 정형화된 모습으로 비칠 수 있으며, '~라고 할까'를 연발하면서 자기 주장을 하면 상대방이 이쪽 논점과 어떻게 다른지, 말하고 싶은 것이 무엇인지 명확히 알 수가 없다. 주장이 다르다면 어떻게 다른지를 설명해서 설득하지 않으면 이기적이라고 생각될 수 있다. ⓒ 말을 걸면 재빨리 답변하는 것은 준비된 답변이라는 인상을 줄 수 있기 때문에 1초 정도 생각하고 답변하는 것이 좋다.
퇴실(退室) 매너	⊙ 퇴실 시 주의사항 • 면접이 끝나면 자리에 서서 등을 펴고 "감사합니다."라고 말하면서 면접관에게 인사를 한다. • 앉았던 의자를 다음 사람을 위해 가지런히 정돈을 해주고 나와야 한다. • 문까지 걸어가서 문을 열고 되돌아서서 가볍게 목례를 하고 문을 조용히 닫도록 조심해야 한다. ⓛ 면접이 끝나도 심사는 계속된다. 면접 종료 후, 관내를 여기저기 돌아다니지 말고, 면접에 대한 질문이나 관련 사항들을 얘기하는 것은 삼가야 하며, 신속히 면접장을 빠져 나와야 한다.

2. 면접장에서의 기본자세

① 첫인상을 중요시한다.

청결한 복장, 바른 자세, 웃는 얼굴로 침착하게 들어가야 하며, 건강하고 신선한 느낌을 주어야 한다.

② 알아듣기 쉽게 말한다.

말하는 내용은 물론 화법까지 평가의 대상이 된다. 인사담당자는 표현능력이나 논리성까지 본다는 것을 유의해야 한다. 알기 쉽게 이야기하기 위해서는 먼저 말하고 싶은 내용을 문장으로 써 보는 것이 중요하다.

③ 좋은 표정을 짓는다.

웃는 얼굴은 상대방을 편하게 만들고 면접 등 긴박한 분위기에서 천금의 값을 한다. 그러나 항상 웃고만 있어서는 안 된다. 자기의 할 이야기를 진정으로 전하고 싶을 때에는 진지한 자세로 상대방의 눈을 바라보며 이야기한다. 마음이 약한 사람은 면접관이 뚫어지게 바라보면 눈길을 피하는 경향이 있는데 이러한 사람은 평소에 상대방의 눈길을 바라보면서 말하는 훈련을 할 필요가 있다.

④ 결론부터 이야기한다.

대답할 때 결론을 먼저 말하고 그에 따르는 설명과 이유를 나중에 덧붙이면 논지가 명확하게 되고 이야기가 깔끔하게 정리된다.

⑤ 질문의 요지를 파악해야 한다.

무엇을 묻고 있는지 무슨 이야기를 하고 있는지 그 요점을 정확히 알아내야 한다. 질문의 요지를 파악할 수 없을 때는 주저하지 말고 "혹시 이런 의미를 물어보시는 겁니까?"라고 재차 의미를 확인하고 대답을 해야 한다.

⑥ 올바른 경어를 사용한다.

㉠ 경어는 마음만 먹으면 자연히 우러나오는 것이다. 그러나 평소에 경어 사용에 익숙하지 않으면 혼동하기 쉽다. 기본적인 용법, 말씨는 미리 알아두자. 횡적인 관계에서는 경어를 사용할 필요가 없다. 그러나 최근에는 선배 등 손윗사람에게 소위 '반말'을 하는 학생들이 늘어나고 있다. 경어는 상대방과의 관계를 이해하고 자신을 낮추려는 마음이 있다면 자연히 나온다.

㉡ 존경어 · 정중어 · 겸양어 · 존경어는 상대방의 행위나 성질 등을 말할 때 말하려는 사람의 경의를 담은 표현이다. 화자가 자신의 일이나 자신이 한 일을 낮추어 말함으로써 상대방을 높이는 표현으로 정중어의 기본 용법은 '저', '제가 …' 등을 들 수 있다.

⑦ 말끝을 분명히 한다.

말끝이 사그라지는 대화는 다른 사람에게 어두운 인상을 준다. 또한 입속에 중얼중얼하다가 언짢은 것처럼 이야기 하는 사람도 많은데 이러한 행동은 절대 금물이다.

⑧ 싫은 질문도 성의껏 대답한다.

최근에는 강압식 면접이라고 해서 의식적으로 수험생에게 곤란한 질문을 하여 그 반응을 보고 평가하는 수법을 사용하기도 한다. 싫은 질문을 받더라도 시험 중임을 명심하고 차분히 대답하는 것이 좋다. 사소한 질문이라고 생각되는 경우에도 성의껏 답해야 한다.

⑨ 모든 질문에 대해 적극적으로 대답한다.

소극적인 자세는 면접 시 가장 큰 금기사항이다.

⑩ 마지막 순간까지 최선을 다해야 한다.

질문에 대답을 못했거나 분위기가 엉망이 됐다 하더라도 결코 도중에 포기해서는 안 된다. 용기를 갖고 성의 있게 면접에 임할 경우 상황을 역전시킬 수도 있다.

면접관이 좋아하는 유형	면접관이 싫어하는 유형
• 직업관 : 자기 나름대로 가치관·인생관·직업관이 뚜렷한 사람 • 공동체 의식 : 조직구성원으로서 목표 달성에 협조성을 지닌 사람 • 자신감 : 난관을 헤쳐 나갈 수 있는 진취적이고 씩씩한 사람 • 인의예지 : 성실하며 예의범절이 바른 사람 • 개선 가능성 : 장점을 살리고, 단점을 솔직하게 인정하고 개선하려고 노력하는 사람 • 첫인상 : 첫인상이 좋고 명랑한 사람 • 자제력 : 자신의 감정을 적당히 자제할 수 있는 사람 • 경청력 : 질문의 요지를 정확하게 파악하고 대답을 하는 사람 • 융통성 : 논리 전개가 정연하며 융통성 있게 대처할 수 있는 사람 • 솔직성 : 질문에는 반드시 "네"라는 대답으로 받고, 모르면 "모르겠습니다."라고 당당하게 말하는 사람	• 비현실적 : 현실을 직시하지 못하고 능동적이지 못한 사람 • 이기적 : 자기중심적이며 단체행동에 어울리지 못한 사람 • 非소신 : 지원동기에 대한 주관이 뚜렷하지 않은 사람 • 소극적 : 창조성, 투지, 솔선수범하는 태도로 답변을 하지 않는 사람 • 나쁜 첫인상 : 용모(특히 두발)와 복장이 단정하지 못한 사람 • 허약함 : 외견상으로도 건강해 보이지 않는 사람 • 패기 부족 : 발전 가능성이 없고 발랄한 패기가 없는 사람 • 건방진 태도 : 발을 포개거나 팔짱을 끼는 등의 태도와 건방진 말투를 쓰는 사람 • 사족형 : 질문하지도 않은 말을 꺼낸다거나 한 말에 사족(蛇足)을 다는 사람 • 과시형 : 유행어, 외래어, 전문용어를 과도하게 사용하는 사람

04 | 면접 시 복장

1. 남성 지원자

헤어	남자의 경우 옆머리가 귀를 가리지 않도록 하며, 뒷머리는 옷깃에 닿지 않도록 하고 검정색 이외의 머리 염색이나 파마, 모히칸, 투블럭 등의 스타일을 하지 않도록 주의한다.
정장	가급적 투 버튼을 권장하며, 색상은 신뢰감과 청량감을 주는 진청색을 추천한다. 계절을 감안하여 선택하되 브라운 톤이나 진회색도 무관하며, 이미 검정색이 준비되어 있거나 다른 색이라도 크게 튀는 게 아니라면 그냥 착용하여도 무관하다. 너무 개성이 강한 캐주얼 복장은 피하는 것이 좋다.
바지 길이	아무리 길어도 구두 뒤 굽을 덮지 않아야 한다. 바지가 길어서 키가 커 보일거란 생각은 착각이다.
드레스 셔츠	셔츠 소매는 팔을 가슴으로 했을 때 약 1~1.5cm 정도 재킷 소매 밖으로, 뒷목 부분도 약 1~1.5cm 정도 재킷 밖으로 나오게 입는 것이 적당하다. 재킷의 색상에 따라 다소 차이는 있으나 흰색, 인디언 블루, 인디언 핑크 모두 무난할 것으로 보인다.
타이	투톤 컬러인 블루 계열의 스트라이프 또는 체크무늬 또는 얼굴색이 어둡다면 단색의 밝은 톤이나, 청량한 블루 계열을 추천한다. 단, 흰색, 빨강, 검정은 피하는 것이 좋다.
신발	정장 구두라면 색상은 검정, 브라운 모두 무관하다.
양말	가급적 검정이나 진한 청색을 권한다. 흰색 양말은 피하는 것이 좋다.
조끼	조끼를 입으면 둔탁해 보이기도 하므로, 가능하면 피하는 것이 좋다.

2. 여성 지원자

헤어	• 검은색 핀이나 망 등을 이용하여 뒷머리가 옷깃에 닿지 않도록 해야 하며, 펌이나 지나친 염색은 피하는 것이 좋다. • 깔끔하고 단정한 생머리가 가장 이상적이며, 왁스나 스프레이 등을 지나치게 바르는 것은 부자연스러울 수 있다.
메이크업	• 너무 짙은 화장은 금물이다. beauty makeup 또는 짙은 one-point makeup 또한 피하는 것이 좋다. 가장 자연스러운 natural makeup 방식을 선택하는 것이 적당하다. • 볼터치 또한 한 듯 안 한 듯 혈색을 좋게 보이는 정도로만 하는 것을 추천한다.
정장	재킷의 경우 꼭 검정색이 아니어도 아이보리색이나 흰색도 상관없다. 얼굴색이나 체형, 하의에 따라 디자인이나 색상을 선택하면 된다. 하의는 대부분 검정색을 선호하는 것이 일반적이며 상의는 꼭 검정색이 아니어도 무관하다.
블라우스	보통 흰색이나 아이보리색을 많이 착용하며, 레이스가 많은 제품보다는 신뢰감이나 단정함을 줄 수 있는 디자인이 좋다. 커트머리인 경우 옷깃이 있는 셔츠도 무방하다.
구두 굽 높이	굽 높이의 경우 신체 조건에 따라 다르겠지만 일반적으로 단화나 4~7cm의 굽이 적당하며 단정한 검정색이 가장 무난하다.
스타킹	피부색에 따라 다소 차이가 있다고 판단되지만 대부분 살구색 2호나 커피색을 많이 착용한다. 비상용으로 한 개 정도는 더 준비해 두는 것이 좋다.

안심Touch

CHAPTER
02 경찰 면접의 기본적 준비

01 | 지원동기

차쌤의 Tip 구체적이며 명확한 지원동기가 필요하다.

경찰업무는 힘든 일이기 때문에 막연한 지원동기를 가지고 있었다면 생각을 달리 해야 된다. 예컨대 '그냥 경찰이 하고 싶어서', '주변 친구가 준비하니까', '주변 강요에 의해', '안정된 직장이기 때문에', '부모님이나 친척분들 중에 경찰관이 계셔서' 등 막연한 동기에 의해 지원하게 되었다고 한다면 **의욕이 떨어져 보이기 때문에** 이러한 지원동기는 삼가야 된다. 특히, 다른 직렬을 준비했던 수험생이나 직장생활을 그만 두고 준비한 수험생의 경우에는 경찰공무원에 지원하게 된 특별한 계기나 이유가 필요하다. 어떠한 계기로 인해 고된 업무 속에서도 항상 용기와 정의감이 필요한 경찰공무원에 지원하게 되었는지를 구체적으로 준비하는 것이 좋다. 지원동기를 물어보는 질문의 유형으로는 **'왜 꼭 경찰이 되어야 된다고 생각하나요?, 대학교 전공이 다른데 왜 지원을 했는가?, 직장생활을 했었는데 그만 둔 계기가 무엇인가?, 지금 살고 있는 지역 다른데 특별한 계기가 있는가?'** 등이 있다.

예시 1

> 경찰준비 전 호프집에서 아르바이트를 했을 때 음식이 맛이 없다고 계속 트집을 잡거나 큰 소리로 영업을 방해하는 분들이 계실 때면 늘 경찰관분들이 오셔서 신속하게 처리해 주시는 모습을 보며 감사함과 감동을 받게 되었습니다. 그리고 가끔은 말이 안 통하는 주취자도 끝까지 달래서 집으로 돌려보내는 모습에서 대한민국 경찰관의 든든함과 책임감을 느낄 수 있었습니다. 그러다보니 어느순간 저도 늘 국민을 위해 24시간 보이지 않는 곳에서 국민의 삶을 책임지는 역할을 하고 싶다는 마음을 갖게 되었고, 국민 모두가 희망이 가득한 나라가 될 수 있도록 작은 힘이나마 도움을 드리고자 지원하게 되었습니다.

예시 2

> 해병대 전우회 활동을 하면서 지역의 큰 행사인 유등축제에 나가 안전업무를 담당한 경험이 있습니다. 아이와 부모님, 할머니와 손주 등 가족 단위로 나오신 분들의 추억과 안전을 위해 경찰관 분들과 협력하여 국민들의 안전을 책임을 지는 일에 보람을 느낄 수 있었습니다. 이때 저도 경찰이 되어 시민들의 생명과 안전을 위해 힘이 되고 싶다는 생각을 갖게 되어 지원하게 되었습니다.

02 | 자신의 장점 및 단점

차쌤의 Tip *장점의 반대는 단점, 단점의 반대는 장점*

이 세상에서 개성이 없는 사람은 없고, 문제점이 없는 사람도 없다. 단지 개성을 찾지 못하고, 문제점에 대해 인식하지 못할 뿐이다. 자신의 장점이나 단점을 먼저 생각해 보고, 반대되는 점을 본인의 단점이나 장점으로 생각하면 된다. 예컨대, 끈기 있는 성격의 사람은 고집이 세다는 단점이 있을 수 있고, 매사에 적극적이고 활발한 성격인 사람은 집중력이 부족하다는 단점이 있을 수 있으며, 신중한 사람은 그만큼 일처리가 늦다는 단점이 있을 수 있다. 이처럼 장점의 반대를 생각하면 자신의 단점을 알 수 있기 때문에 장점을 먼저 생각해 보면 도움이 될 것이다. 그리고 자신의 장점을 발휘하여 성과가 있었던 사례와 자신의 장점을 경찰조직 내에서 어떻게 발휘가 될 수 있을지도 생각해 봐야 한다. 또한 자신의 단점은 단점을 보완하기 위해 어떠한 노력을 해왔는지를 제시하는 것이 중요하다. 예를 들어 본인의 이기적인 성격이 단점이라면 타인의 배려심과 양보심을 키우기 위해 현재까지도 여러 봉사활동을 통해 타인에 대한 배려하는 마음을 키우고 있으며 더불어 도움의 손길을 내밀 수 있는 적극성 또한 함께 키우려고 노력 중에 있다는 점을 어필하면 된다.

예시 1

저의 가장 큰 장점은 다른 사람들과 쉽게 친해질 수 있는 사교성이라고 생각합니다. 무엇을 하든지 함께하는 단체활동을 좋아하고 서먹한 분위기를 싫어하는 성격이라서 먼저 다가가려 노력하고 먼저 인사하고 친해지려고 많이 노력하는 편입니다. 그러나 이런 사교성 좋은 성격 때문에 상대방의 기분을 파악하지 않고 먼저 다가가다가 가끔은 오해를 사거나 상대방의 거절 표현에 상처를 받기도 하는 것이 저의 단점입니다. 그래서 오해를 받거나 상처를 받더라도 그 사람 입장에서 이해하려고 노력하는 편이며 다시 그 사람을 보게 되더라도 더욱 밝게 인사하고 그 사람의 좋은 점을 보려고 노력합니다.

예시 2

처음 보건 다시 보건 재차 인사하는 버릇이 있어 아르바이트를 할 때도 "인사 좀 그만 해라."는 말을 들었을 정도로 인사성이 밝은 편입니다. 항상 웃으면서 하루를 시작하는 덕분에 사람들과의 대화도 좀 더 쉽게 풀어 나가는 것 같습니다. 그러나 상대를 잘 이해하고 받아들이려는 경향이 있어 상대방이 부탁을 하면 쉽게 거절을 하지 못하기 때문에 난처한 상황을 경험한 적이 있어 지금은 공과 사를 더욱 철저히 구별하려고 노력하고 있으며, 곤란할 때가 있으면 바로 승낙을 하지 않고 생각을 해보고 말씀드리겠다고 말하고 있습니다.

안심Touch

예시 3

저는 10년간 바둑을 배워서 집중력과 분석력이 뛰어나다는 장점이 있습니다. 이러한 저의 장점을 살려 수사과 지능범죄 수사팀에서 최근 빈번하게 발생하는 보이스피싱범죄에 대해 상대방의 수를 예측하고 미리 대응할 수 있도록 범죄를 예방하는 역할을 해보고 싶습니다. 반면에 단점은 한번 집중을 하다보면 하나만을 바라보기 때문에 주변을 놓친다는 것입니다. 그래서 이러한 점을 보완하기 위해 해야 할 일이 있는 경우 체크리스트나 수첩에 기재하여 주변을 둘러보려고 노력하고 있습니다.

03 | 지원부서

자신의 능력이나 장점, 특기, 취미활동 등이 잘 발휘될 수 있는 업무를 찾아라!

본인의 장점을 잘 살릴 수 있는 부서, 즉 자신의 적성·역량이 잘 발휘될 수 있는 곳을 선택하는 것이 좋다. 경찰을 준비하면서 지원하는 부서가 없다면 향후 발전성이 없다고 판단되기 때문에 지원부서를 명확히 밝히는 것이 중요하다. 단순히 강해보이기 위해 막연한 형사과나 강력계를 지원부서로 하는 것은 지양해야 하며, 자신의 학교 전공이나 적성·성격·특기 등을 바탕으로 본인만의 특별한 지원부서가 필요하다.

[경찰서 직제 및 업무]

• 서울지방경찰청 : 7부 2담당관 19과 54계 / 경찰서 31, 지구대 88, 파출소 151

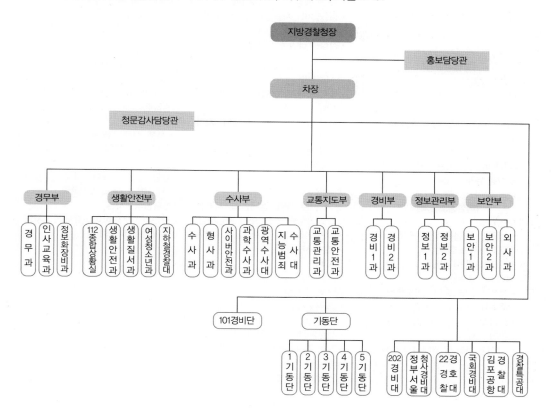

[청문감사관]	[경무과]	[생활안전과]
• 감찰 · 감사 및 지도 감독 • 경찰관 선행 사항 및 공적 조사 • 소청(징계 관련 행정소송 포함) 관련 사건 처리	㉠ 경무계 • 복무규율 단속, 교육훈련(사격, 무도), 의식 · 제전 및 회의 • 인사관리, 상훈, 호봉승급, 연금후생 복리업무, 근무성적 · 평정 ㉡ 경리계 • 경찰예산 집행 및 결산 • 국유재산처리 운영 • 물품수급계획 및 구매 ㉢ 정보화장비계 • 전산 및 통신시설 장비운영관리, 유무선 관리, 보안자재 관리 • 통신보안업무지도관리, 사무자동화 및 행정전산화업무 관리 • 경찰장비 · 차량관리 및 무기탄약 관리 • 경찰관 급여품 지급 및 관리	㉠ 생활안전계 • 범죄예방활동, 파출소 외근업무 지도감독 • 경비업체 지도감독업무 • 지구대 외근경찰관 동원 • 112순찰차 및 방범싸이카 운영 • 지구대 시달문서 조정 통제 • 경비업 관련 지도단속 ㉡ 생활질서계 • 화약류 폭발 관련사고 • 풍속업무지도(오락실, 윤락행위) 단속 • 총포화약업무 지도감독 • 즉결심판 관련 업무 • 유실물 습득물 관련 업무 • 기초사범지도 단속, 경호안전
[민원봉사실] • 민원 상담 및 처리 업무 • 민원 서류 접수(고소, 고발, 진정, 탄원서 등) • 헤어진 가족 찾아주기 • 사이버 민원 접수 처리 • 행정정보 공동 이용 관리		
[종합상황실]	[수사과]	[형사과]
• 112종합상황실 • 112 신고 사건 등 각종 치안 상황 처리 • 초동조치 대응 • 지령 상황 관리 및 종결 종합 운영 • 효과적이고 효율적인 초동조치를 위한 출동요소 결정 • 상황전파, 유관기관 연락, 추가지원 등 상황 유지 및 관리	㉠ 수사지원팀 • 유치장 관리, 피의자 호송에 관한 사항 • 사건 송치철 보관, 사건접수 처리부 관리 • 범죄 통계 작성 및 관리, 각종 영장 관리 • 압수물 관리 ㉡ 지능팀 선거 관련 사범, 경제범죄, 지능범죄 및 공무원 범죄, 보건 환경사범, 사이버범죄사범 수사, 집회 · 시위 사범 수사 관리 ㉢ 경제팀 사기 · 횡령 등 경제사범 ㉣ 사이버 수사팀 • 컴퓨터 해킹 · 바이러스 등 컴퓨터 관련 수사 • 정보통신망을 이용한 사기 · 개인정보 침해 · 명예훼손 · 성폭력 사범 수사 • 인터넷상 불법 · 유해사이트 관련 수사 ※ 광역수사대(지방청) • 중요 광역범죄사건과 사회 이목 사건 수사 • 강력 · 폭력 · 지능 등 수사팀별 중요 사건 첩보 수집 및 인지수사 • 신종 수법 범죄 등에 대한 기획수사	㉠ 형사지원팀 형사지원 업무, 강력 사건 업무 등 지원업무 ㉡ 형사팀 • 폭행, 상해, 재물손괴, 도박 등 • 무전취식, 무임승차 ㉢ 강력팀 살인 · 강도 · 화재 · 마약 등 강력사건, 변사, 절도, 조직폭력 ㉣ 생활범죄수사팀 자전거 · 오토바이 · 휴대폰 · 차량털이 등 경미범죄
[여성청소년과] ㉠ 아동청소년계 • 성폭력 · 가정폭력 · 아동학대 예방 및 피해자 보호활동 • 학교전담경찰관 활동 ㉡ 여성청소년수사팀 • 성폭력 · 가정폭력 · 학교폭력 · 실종수사 • 성범죄 신상등록대상자 등록 및 관리(수사) • 117신고 처리 및 소년사건 수사		

[교통과]	[경비과]	[정보과]
㉠ 교통관리계	㉠ 경비작전계	• 치안 정보 업무에 관한 기획
• 교통안전홍보, 교육	• 집회시위 관리	• 신원조사
• 교통지도단속(법규위반단속, 음주 단속)	• 경찰부대 교육훈련 및 검열	• 치안 정보의 종합 · 분석 및 조정
• 교통시설물 관리업무	• 혼잡 및 선거경비	• 정책 정보의 수집 · 종합 및 분석
• 무인카메라 단속	㉡ 112타격대 업무	[보안과]
• 운전면허 행정처분 업무	• 상황발생 즉응태세	㉠ 보안계
• 법규위반차량 범칙금 및 즉결심판	• 시위 진압, 시설근무	• 보안경찰의 인사 · 예산 · 장비에 관한 사항
㉡ 교통안전계	㉢ 방범 순찰대	• 보안경찰에 관한 업무
• 교통관리, 통제 및 단속	방범 근무 및 교통정리	• 보안사범에 대한 수사
• 교통안전시설	※ 고속도로순찰대 (지방청)	• 보안 관련 정보의 수집 및 분석
• 도로공사신고 접수	• 고속도로상 교통정리 및 교통사범 단속	• 중요방첩수사에 관한 업무
㉢ 교통조사계	• 고속도로상 교통사고 처리	㉡ 외사계
• 교통사고 접수 및 교통사고 처리		• 외사경찰에 관한 기획 및 지도
• 교통사고 전산 관리		• 재외국민 · 외국인 및 이에 관련되는 신원 조사
• 음주, 무면허 운전 관련 조사 업무		• 외국경찰기관의 협력 및 교류
		• 국제형사경찰기구에 관련되는 업무
		• 외사정보의 수집 · 분석 및 관리
		• 외국인 또는 외국인과 관련된 범죄수사
		• 외사방첩 업무지도

예시 1

저는 형사과의 과학수사팀에서 근무하고 싶습니다. 모든 범죄에는 증거가 있듯이 증거를 발견함에 있어서 현장증거를 보존하고 감식하는 것이 가장 근본이라고 생각합니다. 어릴 적부터 어떤 사물이나 사람을 보면 특징을 찾아 기억을 하거나 이름을 기억하는 능력이 남들보다 뛰어나다는 말을 많이 들었습니다. 이러한 눈썰미가 과학수사계에서 증거를 포착하고 감식하는 데 있어서 업무 효율을 높일 수 있다고 생각하기에 그 곳에서 근무를 해보고 싶습니다.

예시 2

저는 제 손이 필요하는 곳이면 어떤 부서든 상관이 없지만, 그래도 특별히 해보고 싶은 일은 강인한 체력이 요구되는 형사나 강력계에서 근무하는 것입니다. 제가 비록 체격은 왜소하지만 체육교육학과를 전공하였고 수험기간에도 꾸준히 헬스와 러닝 등으로 체력 관리를 해왔기 때문에 체력적으로 준비가 되어 있다고 생각합니다. 형사과나 강력계에서 가서 제2의 나영이 같은 피해자가 발생하지 않도록 강력범죄의 최일선에서 범죄를 예방하는 강력계 형사가 되고 싶기에 형사과에 지원하고 싶습니다.

04 | 경찰의 장점 및 단점

차쌤의 Tip 경찰조직에 대한 관심이 필요하다.

경찰에 대한 장점 및 단점은 조직상 장단점과 정책상 장단점으로 구분하여 준비해야 하며, 경찰의 부정부패나 음주운전 등 경찰의 청렴성을 의심받는 기사나 공정성을 해치는 기사를 기초로 경찰의 부정적인 면을 답하는 것은 지양해야 한다. 면접관 또한 여러분의 선배이자 함께 할 경찰관이라는 것을 명심해야 하며, 부정적인 답변은 면접관에게 좋은 인상을 주지 못하기 때문에 긍정적인 답변을 하는 것이 좋다. 그리고 경찰에 대한 장점 및 단점은 집단 면접에서 자주 물어보는 질문이므로 앞 수험생이 준비해간 내용을 말할 수도 있기 때문에 미리 세 가지 이상의 답변을 준비하는 것이 좋다.

1. 경찰조직 특성상 장점 및 단점

장점	• 사명감 : 경찰 제복을 입고 근무함으로써 고도의 사명감을 느낄 수 있다. • 다양한 업무 경험 : 경찰은 부서가 다양하여 보다 많은 경험을 할 수 있다. • 업무의 다양성 : 담당하는 업무가 포괄적이어서 자신의 적성에 맞게 보직을 선택할 수 있다. • 열린 승진의 기회 : 시험을 통한 승진이나 특별승진 등 승진의 기회가 다른 직렬에 비해 열려 있다. • 보람된 직업관 : 일선에서 국민들의 치안을 담당하는 직업인만큼 보람을 느낄 수 있다.
단점	• 인격적인 모욕 : 경찰관으로서 공적 업무를 수행해야 하기 때문에 근무 중 인격적 모욕 등을 당하더라도 공직자의 품위를 지키며 업무에 임하여야 한다. • 불규칙한 근무 환경 : 불규칙한 근무 상황으로 규칙적인 생활과 자기 시간을 갖기 힘들다. • 근무 : 국민들의 가장 가까운 곳에 위치하지만 아직까지 국민들이 경찰이라는 이름에 어려움을 느끼거나 적대감을 표출하기 때문에 직무를 수행하는 데 있어서 어려운 점이 많다.

2. 경찰 정책상 장점 및 단점

장점	• 범죄피해자 지원제도 : 피해자 전담 경찰관, 해바라기센터 • 관광경찰 : 관광경찰제도를 도입하여 관광명소에 배치하여 친절한 인상과 능통한 외국어로 외래 관광객 불편 사항을 처리하고, 관광지 범죄예방 및 기초질서 유지, 외래 관광객 대상 불법 행위 단속 및 수사 • 사이버 범죄 대응 : 최근 사이버 범죄에 대응하기 위해 폴 안티스파이, 파밍캅 등을 제공 • 다목적 기동순찰대 : 다수의 경찰력이 필요할 경우 범죄의 초동단계부터 경찰력을 집중적으로 투입하여 신속하게 범인을 제압하고, 시민들의 안전을 확보할 수 있다. • 치안 3.0 : 개인 맞춤형 치안서비스 제공(찾아가는 현장 등록 서비스, 찾아가는 상담센터 등) • 4대악 근절 대응 : 4대악 예방을 위한 홍보 및 피해 발생 시 전문적인 전담경찰관 배치(학교전담경찰관, 가정폭력전담관) • 치안한류(K-police wave) 사업 : 한국 경찰의 훌륭한 치안 유지 기술과 비법을 다른 나라에 전수해 주고, 시위 진압용 방패와 CCTV 등 치안 장비 및 112신고 시스템 수출 및 안면인식 시스템 등을 수출하여 우리나라에 대한 국격도 높이고, 경제적 효과까지 창출하는 사업을 말한다. • 지역치안행정 서비스 : 주민밀착형 탄력순찰제도, 컬래버레이션(서울청), 실버마크(전남청), 응답순찰 등

단점	• 경찰의 외상 후 스트레스 치료 공간인 마음동행센터(경찰마음건강센터) 부족 : 경찰은 살인, 폭력, 자살, 교통사고 등 정신적인 사건·사고를 겪기 때문에 정신적 치료가 필요하다. 일선 경찰관들은 자신도 모르는 사이에 '외상 후 스트레스 장애(PTSD)'에 시달리는 경우가 많고, 파출소·지구대 등 지역 경찰관들의 경우 밤낮이 바뀌는 교대근무로 불규칙한 식생활과 수면을 반복할 수밖에 없는 실정이다. • 지나친 과잉홍보 및 실적주의 : 치안정책 홍보 실적이 높은 비중을 차지하고 있기 때문에 과도한 성과 경쟁과 과잉홍보에 빠져 경찰 본연의 임무인 시민의 안전과 생명을 지키는 데 소홀하다는 비판을 받고 있다. 예 청주 경찰 검거 과정 조작사건 • 국민의 낮은 체감 안전도 : 대한민국의 세계에서 가장 훌륭한 치안력을 자랑하지만, 국민들의 체감 안전도는 높지 않다. 체감 안전도를 높이기 위해 현재 주민 밀착형 탄력순찰제도를 통해 주민들의 의견을 반영하는 주민 눈높이 치안행정서비스를 제공하고 있다. • 경찰장비 부족 : 경찰 예산 부족으로 방탄복이나 방검복 등이 부족하여 경찰관의 신체 보호가 미흡하다.

05 | 스트레스 해소법

차쌤의 Tip 취미·특기를 활용해서 해소

경찰은 스트레스를 가장 많이 받는 직업이다. 그로 인해 자살이나, 음주로 이어지고 이것이 부정부패, 때로는 동료끼리의 싸움 등으로 연결된다. 그래서 면접장에서 '어느 때 스트레스를 가장 많이 받는지', '평소 스트레스 받았을 때 어떻게 해소하는지'를 잘 물어본다. 각자 스트레스를 해소하기 위한 방안이 무엇이 있는지 미리 준비해 두는 것이 좋으며, 술이나 혼자서 해결하는 것보다는 취미 활동이나 명상, 주변 사람들과 함께하는 운동으로 해소시킨다고 말하는 것이 좋다.

06 | 봉사활동 경험담

차쌤의 Tip 봉사활동 경험으로 느낀 점

경찰조직은 다른 어느 직렬보다 희생과 봉사가 강조되고 꼭 필요한 조직이다. 경찰관이 해야 하는 봉사는 경찰의 눈높이가 아닌 국민의 눈높이에 맞춘 봉사여야 하고, 보여주기식 서비스보다는 진심 어린 치안행정 서비스를 제공하여야 한다. 그래서인지 면접장에서 봉사활동 경험이 자주 출제되고 있으며, 과거 봉사활동의 경험담과 느낀 점을 통해 앞으로의 경찰생활을 예측하고 싶어 한다. 면접장에서 봉사활동 경험담을 물어본다면 과거 학창시절이나 대학시절에 했던 경험들을 본인이 어떻게 받아 드렸고 어떻게 생각을 했는지 또는 본인에게 어떠한 변화가 있었는지를 제시하는 것이 좋다.

제가 여러 단체에서 봉사활동을 하면서 두 가지 바뀐 점이 있습니다. 우선 한 가지는 장애인에 대한 인식이 바뀌었다는 것입니다. 봉사활동 이전에는 몸이 불편한 사람을 보면 무조건 도와드려야겠다는 생각이 들었는데 지금은 그러한 마음이 오히려 장애인에 대한 다른 차별일 수 있음을 깨닫게 되었습니다. 봉사활동을 통해 어떤 사람을 만나더라도 편견 없는 시선으로 바라 볼 수 있게 된 점이 가장 큰 배움이었다고 생각합니다. 또 다른 바뀐 점은 나눔의 즐거움을 알게 되었고 적극적인 성격과 배려하는 마음을 가지게 되었다는 점입니다. 이러한 변화들로 인해 대인관계에서도 역지사지(易地思之)의 마음으로 대하기 때문에 주변사람들로부터 긍정적인 평가를 받고 있습니다.

07 | 경찰관에게 필요한 덕목 세 가지

차쌤의 Tip 평소의 마음가짐을 생각하기

경찰관이 되었을 때 어떤 마음가짐으로 경찰생활을 할 것인지를 잘 생각해 보고 이를 마음 속에 품는 것이 중요하다. 말하지 않아도 먼저 다가갈 줄 아는 적극적인 자세와 어떠한 유혹에도 흔들리지 않는 청렴성과 도덕성, 항상 경계하고 나를 뒤돌아보는 초심, 사회적 약자를 보호하고 공정한 법 집행을 위한 공정성과 타인을 배려하는 배려심, 나눔에 주저하지 않는 봉사와 희생정신, 국민을 대함에 있어서의 친절함 등 경찰관으로서 갖춰야 하는 본인만의 덕목을 만들어 보기 바란다.

예시 1

인의예지(仁義禮智) : 사회적 약자에게 자애로워야 하기 때문에 (인), 옳은 일에 함에 있어 거침이 없어야 하기 때문에 (의), 경찰이 서비스 활동을 많이 하기 때문에 국민을 대할 때 예절을 지켜야 하기 때문에 (예), 법 집행에 대해 전문성이 필요하기 때문에 (지)가 필요하다고 생각합니다.

예시 2

지덕체(智德體) : 법 집행에 대한 전문성 (지), 국민과 의사소통함에 있어서 자신을 낮추는 자세 (덕), 몸과 마음가짐이 건강해야 밝은 정신이 나오고 정신이 건강해야 올바른 행동을 할 수 있기 때문에 (체)라고 생각됩니다.

예시 3

경찰관에게 필요한 덕목은 청렴성과 올바른 공직관 등 여러 가지가 있겠지만, 제가 생각하는 덕목은 공감능력과 주인의식 그리고 사명감입니다. 경찰이 사회적 약자의 눈높이에 맞춰 공감하게 된다면 국민들의 인식 변화와 경찰의 사기 증진에도 도움이 되어 결국 경찰의 공권력에 대해 국민의 신뢰감을 받을 수 있을 것입니다. 이는 경찰 본연의 임무인 국민의 인권보호에 충실할 수 있기 때문입니다. 주인의식은 자신이 하는 일과 이를 어떻게 수행할지에 대해 경찰 스스로가 책임감을 가지고 경찰의 임무를 임해야 조직에 발전과 공직자로서의 올바른 선택을 할 수 있기 때문에 필요하다고 생각합니다. 마지막으로 사명감은 경찰관으로 생활하면서 초심을 유지하고 불의에 타협하지 않아야 하므로 필요하다고 생각합니다.

08 | 존경하는 사람(인생 멘토)

차쌤의 TIP 존경하는 이유가 무엇인가?

이름만 대면 다 아는 위인이나 유명한 사람을 답한다고 해서 끝이 아니다. 그 사람의 어떤 모습을 본받고 싶은 것인지, 어떠한 이유때문에 존경하게 되었는지를 먼저 생각해보고 그 사람과 공직생활과의 연관성에 대해 생각해 보아야 한다. 그 사람의 가치관이 나에게 영향을 주었고 앞으로 공직생활을 함에 있어서 어떻게 적용될 수 있는 것인지를 제시하는 것이 좋다.

예시 1

이순신 장군

① 기본에 충실

이순신 장군은 병법에서 이야기하고 있는 기본 원칙을 철저하게 준수했습니다. 손자병법에 의하면, '전쟁에서 승리하려면 첫째, 적을 알고 나를 알면 백 번 싸워도 위태롭지 않다. 둘째, 적이 달려가지 않는 곳에 나가고, 적이 뜻하지 않은 곳으로 달려가라. 셋째, 적의 배치 상황을 파악하고 적에게 아군의 배치 상황을 숨기라'고 했습니다. 이순신 장군이 한산도와 명량, 노량에서 대승을 거둘 수 있었던 것은 바로 '정보수집 – 전쟁의 주도권 확보 – 아군의 역량 총동원 – 적의 허점 공략'이라는 병법의 기초에 충실했기 때문입니다.

② 자애와 준엄함을 겸비

이순신 장군에 관한 자료들을 살펴보면 그는 함께 전장에 나선 병사들이 겪는 어려움과 답답한 심정을 해결해주기 위해 언제나 적극적으로 노력했고, 그들의 마음을 풀어주기 위해 틈만 나면 병사들과 함께 하는 시간을 가졌습니다. 그러나 전열을 이탈하여 군의 사기를 떨어뜨리는 행위에 대해서는 일벌백계로 엄격히 다스렸습니다. 이를 통해 이순신 장군은 조직 내부의 규율을 엄격히 유지하여 부하들이 자신의 명령을 철저히 따르도록 했음을 알 수 있습니다.

③ 겸손함

이순신 장군은 전승했던 장군이기 때문에 주변에 승리를 시기하는 수많은 적을 두고 있었습니다. 이런 상황에서 그가 조금이라도 자신의 승리에 도취되고 자신의 업적을 드러내려고만 했다면 그는 결코 '성웅'으로 추대될 수 없었을 것입니다. 오히려 그는 모든 전투에서 부하들의 공적을 더 드러내며, 어떠한 상황에서도 겸손한 자세를 잃지 않았습니다.

예시 2

김밥할머니[이름 : 리복순, 법명(法名) : 정심화]

김밥할머니는 젊은 나이에 남편을 여의고 홀로 외아들을 키우며 대전에서 장장 40년 동안 김밥장사와 여인숙을 해오면서 억척같이 한푼 두푼 돈을 모으셨습니다. 그러던 1990년의 어느 날 김밥할머니는 한화로 50여억 원 가치에 상당한 부동산과 현금 1억 원을 조용히 충남대학에 기부하면서 세상에 이름을 알리기를 일절 거부하셨습니다. 김밥할머니는 "땀과 눈물로 축적한 저의 모든 재산, 얼어붙은 손을 입김으로 녹여가며 모았던 제 영혼을 충남대학에 바친다."라고 울먹이면서 제발 "젊은이들을 잘 이끌어 달라."고 간절한 부탁을 남기고 그로부터 2년 뒤 조용히 하늘나라로 떠나셨습니다. 요즘 자신의 권세와 부당한 행위로 이득을 취하는 물질만능주의자와 나만 아니면 된다는 이기주의자들에게 김밥할머니의 기부는 기부문화의 확산과 우리 사회에 기부의 가치를 깨닫게 하기에 충분한 계기가 되었다고 생각합니다.

예시 3

철가방을 든 천사(김우수)

고(故) 김우수 씨는 엄마가 집을 나간 뒤 보육원을 전전하다가 12살 때 무작정 뛰쳐나온 어린 시절, 구걸과 막노동을 하며 세상에 대한 미움을 품고 살아온 청년기를 보냈습니다. 술독에 빠져 지내던 그는 홧김에 저지른 방화사건으로 교도소에서 생활하면서 자신보다 어렵고 힘들게 산 아이들의 이야기가 실린 잡지를 읽고 그런 처지에 놓인 아이들을 위해 살아가겠다고 다짐하면서 인생의 전환점을 찾았습니다. 교도소를 출소한 이후 자신은 고시원 방 하나를 얻어 자장면 배달을 하면서 번 70여만 원으로 근근이 한달을 버티면서도 불우한 아이들을 돕는 데에는 주저하지 않았습니다. 갑작스럽게 당한 교통사고로 그는 꿈을 이루지 못한 채 유명을 달리했지만 그의 정신은 이어졌습니다. 유품을 정리하다가 발견한 보험증서에는 사망보험금 4000만 원을 어린이재단에 지급하겠다는 내용이 적혀 있었고 장기기증 등록도 되어 있었습니다. 김우수 씨의 삶은 많은 이들에게 큰 울림을 주었다고 생각합니다.

예시 4

양팔 없는 의수 수묵화가 석창우 화백

전기공이었던 석창우 화백은 감전 사고로 양손을 잃게 되었지만, 시련의 시간을 딛고 수묵화가로 자리매김했습니다. 석창우 화백의 모습은 큰 좌절 속에서 아무것도 못 하는 모습보다 '할 수 있다'라는 마음으로 도전한다면 무슨 일이든 가능하다는 희망을 보여주었습니다.

09 | 좌우명

차쌤의 Tip 좌우명을 갖게 된 이유를 앞으로의 공직관과 신념에 연결하기

좌우명을 통해 수험생의 가치관이나 인생관을 엿볼 수 있다. 좌우명을 말할 때는 좌우명을 가지게 된 계기와 경험을 이야기하고 이를 유지하고 실천하기 위해 어떤 노력을 해왔으며 그 좌우명이 앞으로의 공직생활에 있어서 자신이 지켜야 할 신념으로 어떻게 자리매김할 것인가를 설명해 주는 것이 좋다. 이러한 좌우명은 공직생활을 함에 있어서 부정한 청탁이 들어 왔을 때나 근무를 함에 있어서 힘들 때 나를 뒷받침할 수 있는 원동력이 될 수 있다.

예시 1

위에서 싫어하는 것으로 아랫사람을 부리지 말 것이며, 아래에서 싫어하는 것으로 윗사람을 섬기도록 하지 말 것이다(혈구지도).

'혈구지도'는 남의 처지를 헤아리는 것을 비유할 때 사용하는 고사성어입니다. 저는 자신이 하고 싶지 않은 일은 타인도 싫어할 수 있다고 생각하기 때문에 어떤 일이든 다른 사람에게 떠넘기지 않고 제가 먼저 솔선수범하려고 했습니다. 이런 자세는 주변 사람들의 긍정적인 평가를 받게 해주기도 하지만 나아가 신속하게 업무를 처리해야 하는 경찰공무원의 직무에도 큰 도움이 될 것으로 생각합니다.

예시 2

작은 욕심에 얽매이는 것은 제일 큰 병을 얻는 것과 같다.

욕심은 내 배를 채우기 위해 남을 배려할 줄 모르며, 욕심은 배가 불러도 배부른지도 모르게 하며, 욕심은 무의식의 힘을 약화시켜 정신을 혼미하게 하며, 결국 현실에 대한 판단력을 흐리게 하고, 그 많은 욕심을 채우기 위해 나의 자손들을 병들게 할 것이기 때문입니다.

예시 3

작은 욕심에 얽매이면 자신을 잊고 산다.

작은 욕심은 현실에 대한 판단력을 흐리게 하며, 판단력이 흐려지게 되면 나를 변하게 만들고 변하게 되면 언제가 그 욕심이 무의식의 힘을 약화시키고 의식에 과부하가 걸리게 만들기 때문입니다.

10 | (최근)감명 깊게 읽은 책/영화

차쌤의 Tip 책/영화를 통해 느끼고 생각한 점

면접장에서 최근에 본 영화나 책 또는 감명 깊게 읽은 책을 물어 볼 때는 단순히 궁금해서 물어 보는 것이 아닙니다. 그 영화나 감명 깊게 읽은 책을 통하여 수험생의 가치관, 인생관, 직업관 등 정신세계를 평가하기 위한 질문이기 때문이다. 이 질문에 대한 답은 자기 자신을 이야기하는 것과 같기 때문에 신중히 답을 해야 하며, 이전에 보았던 책(영화) 제목과 줄거리, 교훈 등을 준비해야 하고 책(영화)을 통해 어떤 생각과 느낌이 들었으며 이것이 조직생활을 함에 있어서 어떻게 영향을 줄 것인지를 준비해 두어야 한다.

Append

목민심서

목민심서는 지방을 다스리고 섭정하는 수령의 지침서이다. 앞으로 공직생활을 함에 있어서 정약용 선생님이 제시하시는 수신(修身)의 다양한 사례와 올바른 자세를 배우고 따르면 아무 탈이 없을뿐더러 민(民)을 이롭게 할 수 있을 것이라 생각한다. 공직자가 청렴해야 하는 이유는 누군가가 보고 있기 때문이 아니라 스스로 떳떳하고 매사 업무에 정직하고 흐트러짐 없이 업무를 보기 위함이다. 또한 공직자가 청렴하면 이를 본받아 사소한 부정과 부패를 저지르는 사람도 돌이켜 스스로 정화되기 때문에 목민심서는 청렴을 강조한 것이다.

목민심서(율기 6조)

- 칙궁(飭躬) : 벼슬살이하는 데에 석 자의 오묘한 비결이 있으니, 첫째는 맑음 청(淸)이고, 둘째는 삼감 신(愼)이고, 셋째는 부지런함 근(勤)이다.
  → 벼슬살이의 요체는 두려워할 외(畏) 한 자뿐이다. 의(義)를 두려워하고 법을 두려워하며, 상관을 두려워하고 백성을 두려워하여 마음에 언제나 두려움을 간직하면, 혹시라도 방자하게 됨이 없을 것이니, 이는 허물을 적게 할 수 있는 것이다.
- 청심(淸心) : 청렴은 수령의 본무(本務)로서 모든 선(善)의 원천이요 모든 덕(德)의 뿌리이다. 청렴하지 않고서 수령 노릇을 잘 할 수 있는 자는 없다.
  → 청렴은 천하의 큰 장사이다. 그러므로 크게 탐하는 자는 반드시 청렴하려 한다. 사람이 청렴하지 않은 것은 그 지혜가 부족하기 때문이다. 그러므로 예로부터 무릇 지혜가 깊은 선비는 청렴을 교훈으로 삼고, 탐욕을 경계하지 않은 사람이 없었다.
- 제가(齊家) : 몸을 닦은 뒤에 집을 다스리고, 집을 다스린 뒤에 나라를 다스림은 천하의 공통된 원칙이다. 고을을 다스리고자 하는 자는 먼저 제 집을 잘 다스려야 한다.
- 병객(屛客) : 고을 안에는 반드시 문사(文士)라 칭하는 자들이 있어서 시(詩)나 부(賦)를 쓰는 일로 수령과 교분을 맺고, 그것을 인연삼아 농간을 부리니, 그런 사람을 끌어들여 만나서는 안 된다.
- 절용(節用) : 수령 노릇을 잘하려는 자는 반드시 자애로워야 하고, 자애로우려면 반드시 청렴해야 하며, 청렴하려면 반드시 절약해야 한다. 절용은 수령이 맨 먼저 힘써야 할 일이다.
- 낙시(樂施) : 절약만 하고 쓰지 않으면 친척이 멀어지니 은혜 베풀기를 좋아하는 것이 바로 덕(德)을 심는 근본이다. 가난한 친구나 궁한 친척들은 힘을 헤아려서 돌보아 주어야 한다.

11 | 가장 힘들었던 경험담(위기 극복)

차쌤의 Tip *극복 방법 및 이를 통해 교훈을 얻은 점을 어필해라!*

앞으로 경찰생활을 하면서 수많은 위기상황이 닥쳤을 때 이를 어떻게 극복하고 해결해 나갈지 과거의 힘든 경험담을 통해 알아보기 위한 질문이다. 가장 힘들었던 일을 극복하는 과정 내에서의 감정 변화와 극복 방법을 통해 앞으로 경찰생활을 함에 있어서 위기 대처 능력을 유추해 볼 수가 있으므로 힘들었던 과정 속에서 자신만의 슬기로운 대처 방법을 생각해 보아야 한다. 가장 힘들었던 경험담에서 주의할 점은 수험기간을 말하는 것은 피하라는 것이다. 힘든 경험담에 대한 원망과 자책보다는 앞으로의 일에 대해 나에게 어떠한 영향을 주었는지 희망찬 이야기를 하는 것이 좋다.

Append

ⓐ 원망과 자책을 하지 마라.

　원망하기 시작하면 끝이 없다. 모든 결과를 겸허하게 받아들이는 마음의 준비가 반드시 필요하다.

ⓑ 성공한 모습을 그리며 행동해라.

　어려운 역경 속에서도 우리의 삶에 의미가 있는 것은 우리에게는 희망이 있기 때문이다.

ⓒ 궁상떨지 말고, 상황을 인정하라.

　과거는 이미 흘러갔을 뿐이다. 현실을 냉정하게 인정하는 것이 중요하다.

ⓓ 조급해 하지 말고, 용기를 불러내라.

　어떤 일을 서둘러 덤벼들기보다는 시야를 넓혀 한발 뒤로 물러서서 보는 여유와 느긋하게 계획을 세워나가는 태도가 필요하다.

ⓔ 자신을 돌아보라.

　• 내가 어쩌다가 여기까지 왔나를 냉정하게 생각해볼 필요가 있다.

　• 자기가 가야 할 자신의 좌표가 분명히 찍혀 있는 사람은 방황하지 않는다.

예시

제가 군대생활을 하면서 중대 태권도 지도 역할을 하던 도중 너무 무리를 했던 탓인지 발목에 인대가 파열되어 큰 슬럼프에 빠진 적이 있습니다. 주변에서는 '재활하면 되지 않느냐.'라며 저를 위로해주었지만, 수술이 체육인에게 안 좋은 영향을 미치는 것을 알기 때문에 크게 좌절하였습니다. 수술 후 4개월 동안 뛰지도 못하고 목발에 의지하며 걷기조차 불편한 상황이 계속되면서 좌절감에 빠져 있을 때, 제 자신에 대해 한번쯤 돌아보게 되었습니다. 이대로 주저앉기 보다는 차라리 무엇이라도 해봤으면 좋겠다는 생각이 들어 '인대를 대신할 근육을 만들어서 다시 도전해 보자', '이대로 포기할 수 없다'라는 생각으로 하루도 빠짐없이 매일 운동을 하였고, 그 과정 속에서 인내하고 제 자신을 절제하는 법을 느끼게 되었습니다. 비록 인대파열이라는 시련이 다가왔지만, 그 속에서 제 자신을 뒤돌아 볼 수 있었고, 인내심을 기를 수 있는 시간이 되었습니다.

12 | 가장 후회가 되는 경험

후회를 통해 얻어진 교훈 및 후회한 일을 만들지 않기 위한 노력

살면서 후회가 되는 일은 누구나 있을 것이다. 학창시절에 공부를 소홀히 한 것, 하고 싶은 일을 못 다한 것, 내가 좋아하고 하고 싶은 일을 너무 늦게 찾은 것, 내가 이루려고 했던 것이 내가 원하는 것이 아닐 때, 부모님 생전에 진심으로 효도를 다하지 못하는 일 등이 있을 것이다. 하지만 후회되는 일이 있더라도 본인이 살아온 인생길을 인정해야 한다. 그리고 다시는 그런 후회할 일을 만들지 않기 위해 매일매일 마음을 다잡아야 한다. 그래야 후회 없는 삶을 살 수 있기 때문이다. 후회 없는 삶을 살기 위해서는 용기를 가지고 작은 이익에 따라 양심을 버리지 않는 것이 중요하다. 진실을 말할 용기가 없어 정의를 외면하며 산 날은 언젠가 뼈아픈 상처로 되돌아오기 때문이다. 후회가 되는 경험에 공부를 소홀히 한 것으로 답하는 것은 경찰직 면접시험에는 좋지 않다. 가장 후회스러운 일이 공부인지, 왜 그게 가장 후회스러운지, 공부를 통해 이루고 싶은 일이 무엇인지, 이루고자 하는 공부를 소홀히 해서 무엇을 못 이루었는지 등을 먼저 판단해 보면 왜 공부를 소홀히 하였다는 답변이 안 좋은 것인지 알 수 있을 것이다.

예시

> 저에게 4살 터울의 남동생이 있는데, 아들이 귀한 집이라 금동이라 불리며 어여쁨을 받고 자랐습니다. 평소에 다른 아이들처럼 학교도 잘 다니고 대학까지 잘 다니고 있었기에 평범한 동생이라고 생각을 했지만 군 입대를 위해 신체검사를 하면서 동생이 초등학교 5학년 수준의 지적장애가 있다는 사실을 알게 되었습니다. 평소에 말을 늦게 시작하고 약간 더듬거리고 자기 판단력이 부족해 보였지만, 대수롭지 않게 넘겼던 탓에 더 큰 충격으로 다가왔습니다. 너무나 늦게 발견해 고칠 수 없었기에 모든 것이 자기 잘못이라고 자책하시며 매일 우시는 어머니와 앞으로 장애인이라는 이름으로 이 세상을 살아가야 할 남동생을 보면서 제가 해 줄 수 있는 것이 없는 것처럼 느껴져 안타깝고 막막해 많이 힘들었습니다. 하지만, 마냥 주저앉아 있을 수만은 없었기에 앞으로 남동생이 사회생활을 잘 할 수 있도록 있는 사실을 받아들이고 남동생의 사회성을 키우려 노력했습니다. 그 후 저는 장애인도 특별한 사람이 아니라 우리와 같이 평범한 사회 구성원이란 걸 깨닫게 되었고, 그들을 대할 때 선입감 없이 대할 수 있게 되었습니다.

13 | 각종 경험담

면접시험에 자주 출제되는 경험담들은 미리 준비를 해야 한다. 각종 경험담을 통해 조직에 대한 적응력 및 앞으로의 공직생활을 미리 예측할 수 있는 만큼, 꼼꼼한 준비가 필요하다.

시험에서 자주 출제가 되고 있는 경험담은 **아르바이트 경험이나 직장생활 경험, 조직생활의 경험, 협동심을 발휘해 본 경험, 살면서 가장 열정적으로 했던 경험, 살면서 가장 자랑스러운 경험, 살면서 거짓말을 했던 경험, 다른 사람에게 피해를 준 경험, 살면서 가장 크게 화가 났던 경험** 등이 있다.

주요 기출지문 리스트 – 경험담

- 부당한 대우를 받았던 경험
- 위법하지 않지만 양심에 가책이 들었던 경험
- 살면서 거짓말을 한 경험/거짓말로 위기를 넘긴 경험/선의의 거짓말을 해본 경험
- 협동심을 발휘한 경험
- 가장 크게 화를 낸 경험 + 그때의 기분과 해결 방안
- 봉사 이외에 본인이 남에게 도움을 준 경험과 느낀 점
- 아르바이트/직장생활/살면서 갈등을 느낀 경험과 해결 방안
- 다른 사람에게 피해를 준 경험, 약속을 어겨 피해를 준 경험
- 하기 싫은 일을 억지로 해본 경험
- (사회생활/가정생활) 평소에 억울한 일을 당했던 경험과 대처 방법
- 남을 도와주고 오히려 본인이 피해를 본 경험
- 노력을 했는데 다른 사람들이 몰라 줬던 경험(서운했던 경험)
- 책임감을 가지고 꾸준히 해왔던 경험
- 리더십을 발휘한 경험
- 학창시절 학업 이외의 활동 경험
- 살면서 열정적으로 참여했던 경험
- 살면서 나만의 특별한 경험
- 자신의 실수로 타인 또는 단체생활에서 피해를 준 경험
- 남들이 꺼려하는 일을 솔선수범한 경험
- 어떤 일을 양자택일하여 잘된 경험과 잘못된 경험
- 살면서 보람이 있었던 경험/슬펐던, 기뻤던 경험
- 오해를 받았었던 경험과 대처 방법
- 타인에게 모범을 보여 성취감을 느꼈었던 경험
- 다른 사람에게 상처를 줬던 경험
- 다른 사람을 설득해 본 경험

14 | 갈등상황

1. 갈등의 역할

대체로 갈등을 부정적인 측면으로만 생각하기 쉽다. 그러나 때로는 갈등이 문제 해결의 실마리를 제공해줄 수 있고, 갈등으로 인해 당사자 간에 좀 더 발전적인 관계로 나갈 수도 있다. 또한 갈등은 긴장감을 주어 역동성을 유발하는 긍정적 효과도 있다. 요컨대 갈등이란 없애야 할 부분이기는 하지만 조직에서 자연히 발생되는 문제이고, 경우에 따라 조직의 성과를 가져오는 에너지를 유발할 수도 있는 것이다. 하지만, 조직 내 갈등이 너무 적거나 너무 많으면 조직의 목표 달성에 방해가 될 수 있다. 따라서 갈등이 적정한 수준으로 유지되도록 하면서 혁신과 변화를 통해 문제를 해결하고 변화하는 환경 속에서 조직의 성과를 높여야 한다.

2. 갈등이 발생한 경우

① 서로에 대해 알아가는 시간이 필요하다.

경찰은 계급이 존재하기 때문에 실제 조직 내에서 갈등이 자주 발생하는 편이다. 갈등이 자주 발생하는 것은 서로 간의 대화가 부족하여 상대방에 대한 이해심과 배려심이 부재하기 때문이라는 생각이 든다. 실제 면접장에서 "직장 동료들과의 트러블이 생긴다면 어떻게 처리할 것인가?"라는 질문을 자주 받게 되는데, 이때는 과거의 갈등을 해결했던 경험담을 통해 느꼈던 점을 강조하여 서로를 이해하고 조직이 더 융합될 수 있도록 노력하겠다는 점을 어필하는 것이 좋다.

② 역지사지(易地思之)의 마음이 필요하다.

갈등을 해결하기 위해서는 역지사지(易地思之)의 자세가 필요하다. 겸손하게 자신을 낮추고 상대방의 이야기를 끝까지 경청했을 때 결국 상대가 나를 인정해 주고 오히려 높여준다는 것을 경험을 통해 알고 있을 것이다. 이렇게 낮은 자세로 상대방의 마음을 먼저 헤아릴 수 있는 배려심을 키운다면 상대의 마음은 어느 정도 풀릴 것이고, 겸손하게 입장을 밝힌다면 갈등은 자연스럽게 해결될 것이다.

③ 이기심을 버리고, 상대방과 소통하고 배려하려는 마음을 키워야 한다.

갈등은 주로 자기 자신만을 생각하는 이기심 때문에 발생한다. 따라서 갈등이 발생한다면 이기적인 마음을 버리고 먼저 다가가 상대방과 소통하는 것이 제일 중요하다. 상대방과 소통하기 위해서는 함께 취미활동이나 유명한 명소에 가보는 식의 문화생활을 공유하면서 갈등의 실마리를 풀어나가는 것도 좋은 방안이 된다. 서로 간에 문화생활을 공유하고 자신의 가정환경이나 가치관에 대해 이야기하면서 서로를 좀 더 알아가다보면 오히려 갈등을 해결하는 과정에서 팀워크를 향상시킬 수 있을 것이다.

15 | 마지막 포부

차쌤의 Tip 진심이 담긴 말 한 마디가 중요하다.

진심이 담겨 있는 말 한 마디가 감동을 준다. 외워서 하는 포부, 형식적인 포부, 막연한 포부보다는 이번 면접이 마지막이 될 수 있다는 생각을 담아 진심 어린 한 마디로 면접관에게 호소해야 한다. 비록 면접장에서 열 가지 대답을 못하더라도 말 한 마디로 감동을 줄 수 있다면 면접관에게 깊은 인상을 남길 수 있으니 진심 어린 말 한 마디를 준비하기 바란다.

16 | 자기소개

차쌤의 Tip 자신을 먼저 파악하라!

자기를 소개하기 전 '자신을 먼저' 알아야 한다. 자기 자신을 모르면서 다른 사람에 본인을 알린다는 것은 어불성설(語不成說)이다. 본인이 어떤 사람이고 어떠한 생각을 하고 있는지 '자신의 기준점'을 먼저 설정한 후 자기소개를 하는 것이 좋다. 자신의 기준점을 찾기 위해서는 본인에 대한 기본적인 정보를 먼저 수집해야 한다. 예를 들어 본인의 장점, 좌우명, 봉사활동 경험담, 경찰에 지원한 이유, 가훈, 본인의 이미지 등 본인을 내세울만한 핵심 키워드를 찾아 키워드 중심으로 자기소개를 준비하는 것이 좋다. 자기소개의 내용은 약 35~50초 사이가 좋으며, 자기소개를 할 때 '단순히 저는 이런 사람입니다'가 아닌 본인의 이런 모습들이 경찰에 어디에 잘 어울릴 것인지를 제시해야 한다. 그리고 본인의 경험에 근거를 둔 경험담을 간략하게 소개해 준다면 자기소개에 대한 신뢰성을 높이는 데 도움이 될 것이다.

예시 1

> 저는 진안군 작은 촌에서 자라 어려움을 알고 매사 검소하고 부지런하게 살아왔습니다. 그리고 주변에 독거노인 분들이나 사회적으로 소외된 이웃들과 함께하는 시간들이 많아 상대방의 말에 공감하며 소소한 행복을 느끼며 자랐습니다. 특히, 수확철에는 일손 부족으로 어려움을 겪고 계신 할머니, 할아버지의 일손을 거들면서 특별한 방법이 아닌 '관심'을 주는 것만으로도 그들에게 큰 힘이 될 수 있다는 것을 느꼈습니다. 주변의 소외된 이웃이나 주민들을 위해 늘 관심을 갖고 소통하는 경찰관, 농촌총각처럼 풋풋한 인상으로 주민들과 공감하는 경찰관, 늘 검소하고 부지런한 경찰관이 되도록 노력하겠습니다. 이상입니다.

저는 필리핀에서 해외봉사활동을 한 적이 있습니다. 열악한 환경에서도 행복하게 생활하는 지역주민들을 보면서 행복의 가치는 물질이 아닌 욕심 없는 마음이라는 것을 깨달았습니다. 또한 힘든 국토대장정을 완주하면서 아무리 힘들고 어려운 환경이 있더라도 서로를 위하는 마음만 있다면 함께 걸어갈 수 있다는 것을 느끼게 되었습니다. 저의 이러한 경험을 바탕으로 내가 느낀 가치의 소중함들을 어렵고 소외된 사람들에게 따뜻한 온정으로 나누고 좀 더 낮은 자세로 그분들의 고민에 공감하는 경찰관이 되고 싶습니다. 이상입니다.

예시 3

저는 상대방과 대화할 때 리액션을 잘해주는 편입니다. 상대방과 얘기를 나눌 때 리액션이 없다면 상대방이 내 얘기에 집중하지 못한다는 인식을 줄 수 있기 때문에 다른 생각 없이 상대방의 이야기를 집중하고 있다는 표현으로 리액션을 잘해 주는 편입니다. 그래서 상대방으로 하여금 잘 듣고 있다는 느낌을 줌으로써 보람을 느끼고 이야기하는 맛을 만들어 주는 편이라 학창시절이나 의경생활을 하면서 선행상 및 경찰의 날에 표창을 받을 만큼 주변 사람들의 신임을 얻기도 했습니다. 저는 경찰관이 되어 진심을 담아 국민들의 말에 귀 기울이며 경청하고, 공감하는 경찰관이 되고 싶습니다. 이상입니다.

예시 4

저는 제약회사에 4년 동안 근무하면서 사람과 사람 사이에서 신뢰가 우선이라는 점을 깨달았습니다. 사람과의 만남이 헛되지 않도록 진심으로 대하려고 노력하다보니 제 주변에는 진정한 우정을 나누고 있는 친구들이 많습니다. 또한 다양한 성향을 가진 사람들을 만남으로써 대화에 불편한 부분을 해결하는 능력과 소통하는 능력 또한 갖추었습니다. 이러한 저의 경험을 바탕으로 조직 내에서 선배님들에게 신뢰감을 주는 동료 경찰관으로, 국민들에게 소통하고 공감하여 가려울 때 긁어주는 시원한 효자손 역할을 하는 경찰관이 되고 싶습니다. 이상입니다.

CHAPTER 03 경찰조직에 대한 일반사항

01 | 경찰의 일반적 내용

1. 경찰청 조직도

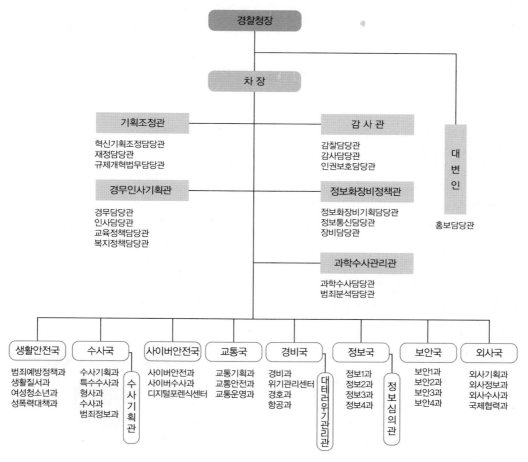

* 출처 : 경찰청 홈페이지

경찰청은 청장을 중심으로 1차장 8국 9관 32과 17담당관으로 구성되어 있으며, 부속기관으로는 경찰대학, 경찰인재개발, 중앙경찰학교, 수사연수원, 경찰병원을 두고 있다. 치안사무를 지역적으로 분담 수행하기 위하여 전국 특별시 · 광역시 · 도에 17개 지방경찰청을 두고 있으며 지방경찰청장 소속하에 경찰서 255개, 지구대 582개, 파출소 1,433개를 운영하고 있다(19년 기준).

2. 국기에 대한 맹세문 · 애국가

① 국가에 대한 맹세문

나는 자랑스러운 태극기 앞에 자유롭고 정의로운 대한민국의 무궁한 영광을 위하여 충성을 다할 것을 굳게 다짐합니다.

② 애국가

- **1절**

  동해물과 백두산이 마르고 닳도록 하느님이 보우하사 우리나라만세.

- **2절**

  남산위에 저 소나무 철갑을 두른 듯 바람서리 불변함은 우리기상일세.

- **3절**

  가을하늘 공활한데 높고 구름 없이 밝은 달은 우리가슴 일편단심일세.

- **4절**

  이 기상과 이맘으로 충성을 다하여 괴로우나 즐거우나 나라사랑하세.

  (후렴) 무궁화 삼천리 화려강산 대한사람 대한으로 길이 보전하세.

3. 태극기의 의미

- 건괘
  (하늘) 막힘이 없이 두루 통한다. (동쪽)
- 곤괘
  (땅) 모든 것을 받아 드린다. (서쪽)
- 감괘
  (물) 아래로 끌어 내림, 빠짐, 흐르다. (북쪽)
- 이괘
  (해) 불길, 타오름, 비춤, 보임, 밝음, 붙음, 팽창 (남쪽)
- 태극은 천지를 상징
- 홍색
  양, 위, 왼쪽을 뜻함
- 청색
  음, 아래, 오른쪽을 뜻함

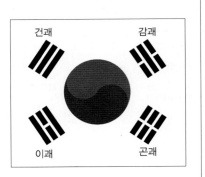

4. 경찰 계급

① 태극 무궁화

태극 무궁화 4개	(별 4개)	치안총감 (차관급)	경찰청장
태극 무궁화 3개	(별 3개)	치안정감 (1급 관리관)	경찰청 차장, 서울지방경찰청장, 경기지방경찰청장, 부산지방경찰청장, 인천지방경찰청장, 경찰대학장
태극 무궁화 2개	(별 2개)	치안감 (2급 이사관)	경찰청 국장, 서울지방경찰청 차장, 경기지방경찰청 차장, 부산지방경찰청장 차장, 인천지방경찰청 차장, 그 외 지방경찰청장, 중앙경찰학교장, 경찰종합학교장, 청와대 대통령비서실 치안비서관, 경찰청 교통국장, 본청 사이버안전국장 등
태극 무궁화 1개	(별 1개)	경무관 (3급 부이사관)	경찰청 대변인&관리관, 서울지방경찰청 부장, 경기지방경찰청 부장, 지방경찰청 차장, 서울지방경찰청 기동본부장, 대통령 경호대 제101경비단장(청와대 외곽경비부대장), 경찰대학 교수부장, 수원남부경찰서장 · 성남분당경찰서장 · 창원중부경찰서장, 서울강서서장, 부산해운대서장, 인천남동서장, 광주광산서장 등

② 무궁화

무궁화 4개	(무궁화 4개)	총경 (4급 서기관)	경찰청 과장, 서울지방경찰청 과장, 경기지방경찰청 과장, 지방경찰청 과장, 경찰서장, 기동대장. 10만 경찰 중 단 500여 명에 불과함
무궁화 3개	(무궁화 3개)	경정 (5급 사무관)	경찰서 과장, 경찰청 · 지방청 계장, 서울지방경찰청 경찰특공대장
무궁화 2개	(무궁화 2개)	경감 (6급 갑 주사)	경찰서 주요 계장 및 팀장, 순찰지구대장, 경찰청 · 지방청 반장급, 기동대 중대장, 전경대 중대장, 경찰특공대 제대장
무궁화 1개	(무궁화 1개)	경위 (6급 을 주사)	경찰서 팀장 및 주임, 순찰지구대 순찰팀장, 기동대 소대장, 전경대 소대장, 경찰특공대 팀장 * 경찰의 초급간부 / 여기부터 사법경찰관

③ 봉오리

봉오리 4개	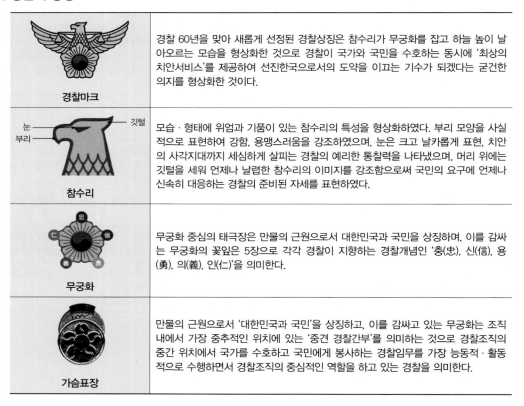	경사 (7급 주사보)	현재 대한민국 경찰 중 경사 계급을 달고 있는 경찰관은 약 3만여 명으로 전체 경찰의 3분의 1정도를 차지하고 있다.
봉오리 3개		경장 (8급 서기)	순경과 함께 일선 경찰서와 지구대 등에서 주로 실무를 담당한다. 경장의 평균 연령은 34세로 비교적 젊은 편이며, 다음 계급인 경사로만 올라가도 평균나이가 40대로 훌쩍 뛰게 된다.
봉오리 2개		순경 (9급 서기보)	경찰공무원 시험에 합격하거나 경찰학과, 무도특채 등을 통해 선발한다.

5. 경찰의 상징

경찰마크	경찰 60년을 맞아 새롭게 선정된 경찰상징은 참수리가 무궁화를 잡고 하늘 높이 날아오르는 모습을 형상화한 것으로 경찰이 국가와 국민을 수호하는 동시에 '최상의 치안서비스'를 제공하여 선진한국으로서의 도약을 이끄는 기수가 되겠다는 굳건한 의지를 형상화한 것이다.
눈 깃털 부리 참수리	모습·형태에 위엄과 기품이 있는 참수리의 특성을 형상화하였다. 부리 모양을 사실적으로 표현하여 강함, 용맹스러움을 강조하였으며, 눈은 크고 날카롭게 표현, 치안의 사각지대까지 세심하게 살피는 경찰의 예리한 통찰력을 나타냈으며, 머리 위에는 깃털을 세워 언제나 날렵한 참수리의 이미지를 강조함으로써 국민의 요구에 언제나 신속히 대응하는 경찰의 준비된 자세를 표현하였다.
忠 信 仁 義 勇 무궁화	무궁화 중심의 태극장은 만물의 근원으로서 대한민국과 국민을 상징하며, 이를 감싸는 무궁화의 꽃잎은 5장으로 각각 경찰이 지향하는 경찰개념인 '충(忠), 신(信), 용(勇), 의(義), 인(仁)'을 의미한다.
가슴표장	만물의 근원으로서 '대한민국과 국민'을 상징하고, 이를 감싸고 있는 무궁화는 조직 내에서 가장 중추적인 위치에 있는 '중견 경찰간부'를 의미하는 것으로 경찰조직의 중간 위치에서 국가를 수호하고 국민에게 봉사하는 경찰임무를 가장 능동적·활동적으로 수행하면서 경찰조직의 중심적인 역할을 하고 있는 경찰을 의미한다.

6. 포돌이와 포순이

• 큰 귀는 국민의 목소리를 빠짐없이
듣고 치안상황을 신속·정확하게 수집,
각종 범죄를 예방하겠다는 의미이다.

• 큰 눈은 전국 구석구석을
살피면서 순찰하고 범죄를 사전에
예방하겠다는 의미이다.

• 큰 머리는 머리를 쓰는 앞서가는
21세기 선진경찰이 되겠다는
의미이다.

• 밝은 미소는 국민과 함께 호흡하는
국민의 봉사자로서 항상 친절하고 국민이
만족할 수 있는 치안서비스를 제공한다는
각오를 의미한다.

• 두 팔 벌린 모습은 어떤 불의나
불법에도 물러나지 않고 당당히 맞서며,
엄지손가락을 편 것은 세계
경찰 중 으뜸이 되겠다는 각오를
의미한다.

7. 경찰의 의미

경계할 경(警), 살필 찰(察), '경찰'은 사회의 일반적인 법질서를 유지하기 위한 정부의 행정 활동 또는 그러한 목적을 위해 조직된 국가 기관을 말한다. 경찰의 날은 10월 21일이고, 10월 21일로 정한 이유는 1945년 미군정청 산하에 경찰의 전신이라 할 수 있는 경무국이 창설된 날이기 때문이다.

8. 112의 의미

범죄신고 112 번호의 유래에 대한 가설이 몇 가지 있다. 모든 범죄발생신고의 신속을 기하기 위해서 "일일이(112) 사회를 지키겠다.", "전화로 사건을 신고하고 경찰서에 일일이(112) 알려라."라는 뜻이 있다.

9. 순찰차 경광등 색

순찰차의 경광등 색은 빨간색과 파란색을 쓰고 있으며, 각각의 색깔은 순찰 임무와 단속 권한 등을 의미하는 역할을 한다. 그러므로 단속 권한이 없는 소방차량과 한국도로공사의 차량을 비롯한 사설 경비업체 차량들은 빨간색과 파란색 경광등 대신 주황색 경광등을 사용하고 있다.

10. 헌법

제1조 ① 대한민국은 민주공화국이다.

② 대한민국의 주권은 국민에게 있고, 모든 권력은 국민으로부터 나온다.

제7조 ① 공무원은 국민전체에 대한 봉사자이며, 국민에 대하여 책임을 진다.

11. 경찰관직무집행법

제1조 ① 이 법은 국민의 자유와 권리를 보호하고 사회공공의 질서를 유지하기 위한 경찰관의 직무 수행에 필요한 사항을 규정함을 목적으로 하고 있다.

② 이 법에 규정된 경찰관의 직권은 직무 수행에 필요한 최소한도에서 행사되어야 하며 남용되어서는 안 된다.

12. 초대경무국장 (김구)

1919년 8월 12일 일제강점기, 김구 선생님께서는 본인이 "대한민국 임시정부의 문지기가 되겠다."라고 공언하셨고, 대한민국 역사상 1호 경찰이 되어 경찰의 기틀을 확립하셨다. 임시정부 경찰은 내무부 산하 경무국을 중심으로 비밀 지방조직인 연통제 산하 경무사와 경무과, 교민단 산하 의경대 등으로 조직이 꾸려졌다고 한다.

13. 새 경찰제복의 특징

현장 경찰관들을 고려한 소재와 설계, 미래지향적 선진 경찰의 인상을 반영한 색상으로 변경된 경찰관 제복이다. 우선 근무복은 외근 근무복과 내근 근무복으로 구분되었고, 청록색의 상의에 넥타이 착용은 과감히 폐지하여 필요 시 착용으로 변경되었으며, 모자의 경찰 상징 모양도 일부 변경되었다. 새 경찰제복은 국민의 입장에서 볼 때 식별력이 높고, 외근 근무와 내근 근무에 맞추진 소재와 모양으로 다양한 환경에서 근무 중인 현장 경찰관들을 고려하였다.

14. 경찰 헌장

우리는, 모든 사람의 인격을 존중하고 누구에게나 따뜻하게 봉사하는 친절한 경찰이다.

우리는, 정의의 이름으로 진실을 추구하며, 어떠한 불의나 불법과도 타협하지 않는 의로운 경찰이다.

우리는, 국민의 신뢰를 바탕으로 오직 양심에 따라 법을 집행하는 공정한 경찰이다.

우리는, 건전한 상식 위에 전문지식을 갈고닦아 맡은 일을 성실하게 수행하는 근면한 경찰이다.

우리는, 화합과 단결 속에 항상 규율을 지키며, 검소하게 생활하는 깨끗한 경찰이다.

15. 경찰서비스 헌장

범죄와 사고를 철저히 예방하고 법을 어긴 행위는 단호하고 엄정하게 처리하겠습니다.

국민이 필요하면 어디든지 바로 달려가 도와드리겠습니다.

모든 민원은 친절하고 신속 · 공정하게 처리하겠습니다.

국민의 안전과 평의를 제일 먼저 생각하며 성실히 직무를 수행하겠습니다.

인권을 존중하고 권한을 남용하는 일이 없도록 하겠습니다.

잘못된 업무처리는 즉시 확인하여 바로 잡겠습니다.

16 경찰 관련 홈페이지

① 사이버 112(http://cyber112.police.go.kr)
　ㄱ 사이버 경찰청 서비스, 신고민원포털
　ㄴ 범죄신고, 민원창구, 운전면허 관련, 신호위반, 교통 범칙금 조회 제공

② 스마트 국민 제보 '목격자를 찾습니다'(http://onetouch.police.go.kr)
　중요 범죄 · 뺑소니사고 · 공개수배자 제보 및 목격자 찾기, 교통법규 위반 신고 안내

> **Append**

스마트 국민 제보

교통사고, 보복운전, 교통법규 위반 등과 관련해 국민들이 목격하고 보유한 영상정보(스마트폰, 블랙박스, CCTV로 찍은 것)를 스마트폰 등으로 손쉽게 경찰에 제보해 민관이 함께 사건을 해결해나가는 국민참여형 사회안전망 모델이다.

③ 경찰 민원포털(minwon.police.go.kr)
　경찰 민원 관련 온라인 신청, 교통 · 경비 · 수사 · 생활안전 관련 민원 대응 등

④ 4대 사회악 근절 홍보관(www.police.go.kr/4zero)

성폭력, 학교폭력, 가정폭력, 불량식품의 4대 사회악과 관련된 UCC, 웹툰, 사진, 보도자료 등 제공

⑤ 경찰복지포털(polbokji.ezwel.com)

경찰복리후생, 경찰복리

⑥ 경찰청 유실물 종합안내(www.lost112.go.kr)

경찰청 유실물 종합안내, 분실물신고, 습득물신고, 분실예방 등 안내

17. 경찰의 주요 임무

경찰관 직무집행법 제2조와 경찰법 제3조에 따라 ① 국민의 생명·신체 및 재산의 보호, ② 범죄의 예방·진압 및 수사, ③ 범죄피해자 보호, ④ 경비, 주요 인사(人士) 경호 및 대간첩·대테러 작전 수행, ⑤ 치안정보의 수집·작성 및 배포, ⑥ 교통 단속과 교통 위해(危害)의 방지, ⑦ 외국 정부기관 및 국제기구와의 국제협력, ⑧ 그 밖에 공공의 안녕과 질서 유지를 행한다.

18. 경찰인력 통계

① 경찰 계급별 인력구성 (기준 : 18년 말, 118,651명)

(단위 : 명)

치안총감	치안정감	치안감	경무관	총경	경정	경감	경위	경사	경장	순경
1	6	27	63	539	2,609	8,622	16,062	25,049	31,000	34,673
636(0.5%)					11,231(9.5%)		106,784(90%)			

② 경찰관 1인당 담당인구(정원 기준)

(단위 : 명)

전국	서울	부산	대구	인천	광주	대전	울산	경기남부
440	364	395	449	485	440	490	476	572

경기북부	강원	충북	충남	전북	전남	경북	경남	제주
575 (최대)	371	455	500	388	359 (최소)	425	506	391

* 주요 국가별 경찰관 1인당 담당인구 수 : 일본(485명), 미국(430명), 영국(423명), 프랑스(311명), 독일(301명)

③ 지방청별 경찰서, 지구대 및 파출소 현황

(단위 : 개)

서울청			부산청			대구청		
경찰서	지구대	파출소	경찰서	지구대	파출소	경찰서	지구대	파출소
31	96	145	15	49	45	10	31	31
인천청			광주청			대전청		
경찰서	지구대	파출소	경찰서	지구대	파출소	경찰서	지구대	파출소
10	39	36	5	19	21	6	19	9
울산청			경기남부청			경기북부청		
경찰서	지구대	파출소	경찰서	지구대	파출소	경찰서	지구대	파출소
4	10	20	31	91	152	12	23	71
전북청			전남청			경북청		
경찰서	지구대	파출소	경찰서	지구대	파출소	경찰서	지구대	파출소
15	26	138	21	15	191	24	24	209
강원청			충북청			충남청		
경찰서	지구대	파출소	경찰서	지구대	파출소	경찰서	지구대	파출소
17	31	74	12	27	52	16	38	85
경남청			제주청					
경찰서	지구대	파출소	경찰서	지구대	파출소			
23	38	134	3	6	20			

02 | 여경비율 확대

1. 여경 현황(현원)

(단위 : 명)

구분	계	경무관 이상	총 경	경정	경감	경위	경사	경장	순경
전 체	119,726	105	590	2,653	9,451	45,661	24,569	16,318	20,379
여 경	13,315	2	14	133	570	1,876	3,864	3,507	3,349
비 율	11.1%	1.9%	2.4%	5%	6%	4.1%	15.7%	21.5%	16.4%

* 여경의 비율을 2022년까지 정원의 15%, 여경 공채비율 20%, 본청 여경비율(8.5% → 10.5%), 총경~경감 여경 심사승진(17년 4.8% → 18년 6.4%) 확대할 예정이다.

2. 여경의 비율을 확대해야 하는 이유

① 경찰조직 내 성평등 제고

현재 여경은 채용과정(남녀분리 모집)에서부터 부서 및 업무 배치, 승진 등에 있어서 성차별을 경험하고 있다. 승진심사위원 중 반드시 여경을 포함 시키는 방안을 검토했는데 간부급 여경이 부족해 실행이 불가능하다는 결론이 나온 일부 경찰청 사례에서 보듯 성평등을 위해서 여경의 비율을 확대해야 한다.

② 치안수요

여성 주취자 문제, 여자만 있는 곳(여대, 여자 화장실, 목욕탕 등)에 수사나 잠복근무를 해야 할 때, 여성의 몸 수색을 해야 할 필요가 있을 때와 같은 문제에 효과적으로 대응하기 위해 여경의 비율을 높여야 한다.

Append

여성폭력 전담(경찰)조사관

국민들의 인권의식과 성인지 감수성을 높이고 여성폭력에 대해 체계적으로 대응하기 위해 여성폭력 사건이 발생할 경우 수사 과정에서 발생할 수 있는 2차 피해를 방지하기 위해 방안으로 전국 모든 경찰관서 여성청소년수사팀에 여경 1명 이상 배치를 확대하기로 했다.

---

③ 사회적 약자 보호 및 인권 친화적 경찰 이미지

현대사회는 복지국가를 지향하고 사회적 약자를 보호함으로써 더불어 함께 사는 국가를 만드는데 초점을 두고 있다. 따라서 여경이 사회적으로 비교적 약자인 아동(아동학대), 여성(성폭력, 데이트폭력, 가정폭력), 장애인 및 노인 등 타인으로부터 쉽게 피해를 입을 가능성이 있는 국민들에게 보다 감성적으로 다가갈 수 있는 존재이므로 비율의 확대가 필요하다.

3. 여경증원에 대한 문제점

① 인력의 비효율 문제

여경은 성범죄 수사, 청소년, 가정폭력과 같은 범죄에 높은 공감능력을 가지고 있다. 피해자들이 경계심을 풀 수 있다는 이점이 있기 때문에 필요한 존재이다. 다만, 수사 분야에서 근무하는 여경의 비율에 비해 감사, 홍보, 경무 분야에서 근무하는 비중이 크므로 인력이 충원되어도 현장에서 크게 체감하지 못하는 부분이 있다. 또한, 출산과 육아 등의 문제로 인한 인원 보충이 되지 않는다는 문제도 경찰 인력 부족에 원인이 되고 있다. 따라서 인원 충원과 같이 효율적인 배치와 근무환경에 대한 개선이 필요하다.

* 외국의 여경 조직문화 : 미국, 영국 등 국가에서는 여경이 경찰업무에 전념할 수 있도록 베이비시터, 24시간 탁아소 등을 지원하고 있는 상황이다.

② 치안 역량 우려

경찰공무원 가운데 형사·생활안전·교통 등 외근부서에서 근무하는 사람은 전체 인원의 80% 이상에 해당한다. 또한 이런 업무 수행을 할 때, 범죄 진압 등에 따른 물리적 강제력이 수반돼 일정 수준 이상의 신체적 능력이 필요하다. 따라서 특정 계층의 체력 시험 통과 조건을 낮게 설정하고 그 계층의 채용인원을 늘리게 되면, 치안의 질이 악화될 가능성이 있다. 경찰의 업무가 수사업무만 있는 것은 아니지만 현장에서 근무할 가능성도 있으므로 신체적 한계는 인정하되, 분야에 따른 채용조건을 정하는 방식을 통해 여경의 비율을 확대하는 방법이 도입될 필요가 있다.

03 | 민원실 조치 요령

1. 민원인 응대 시 요령

민원인을 상대하며 어려운 법률용어나 절차 등을 설명을 할 때는 민원인의 입장에서 알아듣기 쉽게 설명해야 한다. 그리고 민원인이 반복적으로 똑같은 질문을 할 때는 최대한 쉽고 상세하게 설명해야 하며, 현장에서 바로 처리되지 않은 민원처리는 소요시간과 절차 등을 상세히 알려주어야 한다.

2. 유형별 불만민원 대응 요령

① 민원인의 요구사항을 들어줄 수 없는 경우

관련 제도와 법령 등을 되도록 쉽고 자세하게 다시 설명해야 하고, 요구사항에 대한 대안적 해결방안을 적극적으로 찾아 지원할 수 있도록 노력하여 민원사항을 들어줄 수 없어 안타까운 마음을 대신 표현해야 한다.

② 상급자나 기관장과의 면담을 요청하는 경우

면담 요청 사유를 물어본 후 특별한 사유가 없는 경우, 민원의 세부 내용을 가장 잘 아는 사람이 담당자임을 안내하여 담당자와의 상담을 유도해야 한다. 그럼에도 불구하고 면담을 계속 요청할 경우에는 상급자에게 보고하고 상황에 맞게 면담을 실시한다.

③ 폭언(고성·욕설·협박)을 하는 경우

폭언을 중단해 달라고 요청하고, 이런 행동은 문제 해결에 도움이 되지 않음을 알려준다. 그리고 최대한 민원인을 진정시켜 대화를 유도해야 한다. 민원인을 진정시키기 위해서는 될 수 있으면 혼자서 진정시키려고 하지 말고 주변의 동료나 상급자의 도움을 받는 것이 좋다.

④ 폭언(고성 · 욕설 · 협박)이 계속 이어질 경우

민원인이 폭언을 계속한다고 해서 함께 맞대응하기 보다는 녹음기기(스마트폰 등)로 대화내용을 녹음할 것을 미리 고지하고, 녹음을 시작하며, 수차례 요청에도 불구하고 폭언이 반복되는 경우 민원인에게는 공무집행방해죄 등으로 처벌받을 수 있음을 설명해야 한다. 술에 취한 채로 관공서에서 거친 말과 행동으로 시끄럽게 하는 민원인은 경범죄 처벌법에 따라 60만 원 이하의 벌금, 구류 또는 과료의 형으로 처벌받을 수 있으며, 현행범으로 체포될 수 있다는 점을 안내한다.

* 민원인이 폭언을 할 경우 주변 동료 직원들이 대신 녹음을 할 수 있으며, 녹음 사실 고지로 인해 민원인과 마찰이 더 커질 개연성이 있는 경우, 녹음에 대한 사전고지를 생략할 수도 있다.

⑤ 성적 발언으로 불쾌감을 주는 경우

민원인의 발언이 조금 불편하다는 말과 함께 성희롱에 해당됨을 알리고, 말씀을 가려서 해달라고 요청해야 한다. 그럼에도 중단하지 않고 계속 이어질 경우에는 녹음됨을 미리 알리고 성적 발언이 반복하지 않도록 해야 한다.

※ 형법 제260조 폭행죄, 상대방의 의사에 반한 사람의 신체에 대한 유형력의 행사는 폭행에 해당하며, 여기에는 불쾌감, 혐오감을 주는 행위도 포함된다. 대법원 판례에 의하면 폭력적 언어의 반복 행위도 폭행에 해당된다고 하므로 불쾌한 신체 접촉도 상황에 따라서는 폭행죄를 구성할 수 있다고 판결한 바 있다.

※ 전화로 성희롱을 하는 민원인은 성폭력범죄의 처벌 등에 관한 특례법 제13조(통신매체를 이용한 음란행위)에 의거 2년 이하 징역 또는 500만 원 이하의 벌금에 처할 수 있다.

3. 억지(고질)민원인

① 억지(고질)민원인의 정의

억지(고질)민원인에 대한 정의는 일률적이지 않다. 행정안전부는 정당한 행정처분 등에 승복하지 않고 자기 의사를 관철하기 위해 장시간 반복적인 주장 등으로 행정력을 낭비하는 것으로 보고 있고, 법원행정처는 정상적이지 못한 불법 또는 부당한 방법으로 민원을 제기해 정당한 직무집행을 방해하는 것으로 분류하고 있다. 국민권익위원회는 단순과격형(생계형), 트집잡기형(싸움닭형), 전문가형(독불장군형), 옹고집형(막무가내형), 지능형(용의주도형), 물량공세형(한풀이형), 저격수형(어둠 속 스나이퍼형) 등 7가지 유형으로 분류하고 있다.

민원인	행정기관에 대하여 특정 조치를 요구하는 개인이나 단체로서 불합리한 제도를 개선하기 위한 문의나 국가작용 때문에 불편을 겪거나 예기치 않은 손해를 볼 때 해결을 위해 찾아오는 민원인을 말한다.
억지(고질) 민원인	정당한 규정과 절차에 따라 적절히 행정을 처리하였음에도 강한 피해의식으로 자신의 주장을 관철하기 위하여 민원반복, 욕설, 고성, 폭행, 협박, 고소 · 고발 등의 비이성적 행동으로 불특정 다수인이 누려야할 행정서비스를 독점하거나, 과다한 갈등비용을 초래하는 민원인을 말한다.

③ 억지(고질)민원이 발생하는 이유

민원담당자의 소홀한 태도, 잘못된 의사소통에 대한 불만도 있지만, 개인적인 가정환경문제, 자신의 잘못으로 유발되는 일상적인 문제에 대해 공공기관에 책임을 전가하며 반복적으로 민원을 제기하는 경우도 있으며, 개인적인 히스테리성, 자기애성 등 성격 특성에 의해서 발생할 수 있다. 하지만 억지민원이 근절되지 않는 가장 큰 문제는 목소리를 높이고 우기고 떼 쓰면 웬만하면 들어준다는 미성숙한 시민의식이 한몫을 하고 있다. 불편한 민원사항이 제기될 경우 해당 공무원들이 인사평가 등의 불이익을 받는다는 사실을 알고 있기 때문에 무턱대고 목소리부터 높이고 보자는 식의 잘못된 형태가 계속되고 있다. 이러한 억지민원은 질 높은 치안행정 서비스나 안정된 업무 처리를 할 수 없도록 만들어 대부분의 일반민원인들을 불편하게 만드는 원인을 제공한다는 점을 알아야 한다. 떼 쓰면 해결된다는 인식을 개선하기 위해서는 TV, 라디오, 신문 등 언론광고를 통한 캠페인 등의 홍보가 필요하다.

④ 억지(고질)민원의 순기능

억지민원은 불필요한 과다한 치안행정 서비스와 사기 저하를 초래할 수 있다. 하지만 억지민원으로 인하여 불합리한 제도 개선, 억지민원 업무담당자의 민원처리 역량 제고, 자기성찰의 기회 제공 등의 다양한 순기능도 일부 있다. 업무 처리자의 입장에서 보면 억지민원인은 단지 까다롭게 불만을 제기하는 사람으로 보이겠지만, 자신들이 미처 보지 못한 사각지대의 문제점을 개선할 수 있는 계기를 제공하는 순기능의 역할도 일부 수행함을 기억해야 한다.

⑤ 억지(고질)민원인 대처방안

　㉠ 경청하기 : 어느 시점에서 내가 말을 할까라는 생각보다는 억지민원인과 같은 심정이 되어 침묵을 지키고 최대한 귀를 기울여야 한다. 말하는 도중에 잘못된 부분이 있더라도 말을 도중에 중단시키지 말고 억지민원인이 하고 싶은 이야기를 다 털어 놓도록 인내심을 가지고 기다려줘야 한다.

　㉡ 제스처를 적극적으로 활용 : 억지민원인이 하는 말에 침묵은 지키되, 말하는 동안 고개를 끄덕여 주거나 "맞아요.", "그랬군요?" 등의 적극적인 반응을 보임으로써 잘 듣고 있음을 확인시켜줘야 한다.

⑥ 유형별 억지(고질)민원인 대응 요령

　㉠ 자기주장만을 반복하는 망상장애나 피해의식을 보이는 민원인 : 기본적으로 깔끔한 문제해결이 불가능하므로 문제를 해결하려고 하지 말고 가능한 경청하며 친절하게 대응하는 것이 최선이며, 고질민원인에게 말을 하게 만들되 결정은 연기한다.

　㉡ 무리한 요구를 반복하는 민원인 : 설득과 이해 절차에도 불구하고 끊임없이 민원을 제기한 경우에는 가족과 함께 방문토록 하여 가족을 설득하여 해결하는 것도 하나의 방안이 될 수 있다.

ⓒ 다짜고짜 큰 소리를 지르며 흥분하는 민원인 : 사전에 면담시간을 미리 정하는 것이 좋으며, 면담 과정에서 욕을 하거나 공격적인 태도를 보일 경우 면담이 중단될 수 있음을 알리고 화난 감정들을 행동이 아닌 말로 표현하도록 격려해야 한다.

ⓔ 살인충동 등을 운운하며 협박하는 민원인 : 절대로 혼자 상담해서는 안 되고 안전한 장소에서 상담해야 한다. 상담실에 앉는 경우에는 민원인을 되도록 안쪽에 앉게 하고 문제가 발생하면 피할 수 있도록 공간을 확보해야 한다.

예 담당자의 실명을 거론하면서 관리자 등을 비하(반말, 개소리, 구역질, 잘난 척, 꼴값하고 있다, 떡 값을 받아먹었다 등)하고, 욕설(미친개, 미친놈, 싸가지 없다 등)과 협박(살인 충동이 생긴다 등)

04 | 직장 내 성희롱

1. 성희롱

① 성희롱이란?

자신의 지위를 이용하거나 업무 등과 관련하여 성적 언동(言動) 등으로 상대방에게 성적 굴욕감이나 혐오감을 느끼게 하거나 상대방이 성적 언동이나 그 밖의 요구 등에 따르지 아니하였다는 이유로 고용상의 불이익을 주는 행위를 말한다.

② 성희롱의 판단 기준

직장 내 성희롱은 평균적인 사람의 입장에서 성적 굴욕감을 느꼈는지로 판단한다. 객관적으로 상대방과 같은 처지에 있는 일반적이고도 평균적인 사람에게 성적 굴욕감이나 혐오감을 느끼게 할 수 있는 행위를 직장 내 성희롱으로 판단한다.

③ 성희롱과 성추행(강제추행)의 차이점

둘 다 상대방에게 성적 수치심이나 혐오감을 일으키게 하는 행동이라는 점에서 공통점이 있다. 성추행은 성욕의 자극, 흥분을 목적으로 추행행위 시 폭행 또는 협박과 같은 강제력을 사용하여 일반인의 성적 수치심 · 혐오감을 느끼게 하는 일체의 행위로 형법상 범죄에 해당하여 형사 처벌을 한다. 반면, 성희롱은 본인의 지위 등을 이용하여 성적 언동 등으로 상대방에게 성적 굴욕감이나 혐오감을 느끼게 하는 행위로 민사상 손해배상이나 위자료 청구만 가능할 뿐 형사 처벌의 대상이 되지 않는다. 성폭행과 성추행은 형법 심사의 대상으로서 행위자의 적극적인 행동이 요구되는 반면, 성희롱은 소극적인 움직임과 외부로 표현된 애욕의 마음까지 법적 규제의 대상이 된다는 점에서 서로 차이가 있다.

* 교감이 여자 교사들에 대하여 교장에게 술을 따라 줄 것을 두 차례 권한 언행(대법 2005두6461 2007.06.14 결정), 남자 상사가 여자 부하 직원에게 커피 심부름 등을 시키고 반말하는 행위, 카카오톡 메시지로 오늘 저녁 술 한잔 하자고 권하는 행위(1~2회 메시지를 보낸 것에 그친 것으로 한정) 등은 직장 내 성희롱에 해당하지 않는다.

④ 대표적인 유형

육체적 행위	• 입맞춤이나 포옹, 뒤에서 껴안는 등의 신체적 접촉 • 가슴 · 엉덩이 등 특정 신체 부위를 만지는 행위 • 안마나 애무를 강요하는 행위 등
언어적 행위	• 음란한 농담(전화통화 포함) • 외모에 대한 성적인 비유나 평가를 한 행위 • 성적인 사실관계를 묻거나 성적인 내용의 정보를 의도적으로 유포하는 행위 • 성적인 관계를 강요하거나 회유하는 행위 • 회식자리 등에서 무리하게 옆에 앉혀 술을 따르도록 강요하는 행위
시각적 행위	• 음란한 사진 · 낙서 · 출판물 등을 게시하거나 보여주는 행위(PC나 팩시밀리 등 포함) • 성과 관련된 자신의 특정 신체부위를 고의적으로 노출하거나 만지는 행위

⑤ 성희롱 발생 시 도움을 받을 수 있는 기관
  ㉠ 여성긴급 상담전화 : (국번 없이) 1366
  ㉡ 국가인권위원회 상담전화 : (국번 없이) 1331
  ㉢ 경찰서 경무과 내 성희롱고충상담 제도(고충상담원)

⑥ 성희롱 고충상담 제도(고충상담원)
  고충상담원은 성희롱과 관련하여 상담 · 고충의 신청을 받은 경우에 지체 없이 상담에 응해야 하며, 피해자가 원하는 경우 감찰담당부서에 지체 없이 통보하여 필요한 조사를 하여야 한다. 만약 사실관계가 불명확하거나 성희롱 성립 여부에 대한 판단이 어려운 경우 등 기관장이 사안의 공정한 처리를 위하여 특히 필요하다고 판단한 경우에는 성희롱고충심의위원회의 의견을 들어야 한다.

2. 직장 내 성희롱이 증가하는 이유

직장 내 성희롱은 과거에 없었다가 갑자기 생긴 것이 아니다. 위계 · 위력에 의한 성폭력에 대한 경각심이 높아지고 있는 사회적 분위기와 과거에는 직장 내 성희롱 행위가 발생해도 쉬쉬하고 조용히 넘어가려는 분위기가 강했으나 최근에는 피해자들의 신고 사례가 늘면서 직장 내 성희롱 신고가 증가하고 있는 추세이다. 직장 내 성희롱 신고가 증가하는 이유는 직장을 비롯해 우리 사회 곳곳에 여전히 남성우월주위와 성차별적 요소들이 남아 있기 때문이다.

3. 성희롱 대처 방법

① 명확하게 거부 의사를 밝힌다.

대부분의 성희롱 가해자들은 자신의 행위가 친밀감의 표시였다고 이야기한다. 이렇게 생각하는 사람들에게 피해자가 아무런 거부 표시를 하지 않는 것은 그들의 행위에 동의하거나 함께 즐긴다고 생각하는 의사소통의 왜곡을 유발할 수 있다. 따라서 불쾌감을 느꼈다는 점을 표현하고 명확하게 거부 의사를 밝히는 것이 좋다.

② 사건과 관련된 문서화된 기록을 증거로 남긴다.

직장 내 성희롱 사건은 은밀하게 벌어지는 경우가 많다. 때문에 피해자의 진술 외에는 별다른 증거가 없는 경우가 많으므로 사실관계 입증이 문제가 된다. 그래서 성희롱이 지속되는 경우에는 날짜, 시간, 장소, 구체적인 언동 내용, 목격자나 증인, 성적인 언어나 행동에 대한 느낌 등을 구체적으로 기록해 두고, 목격자나 증인의 증언을 미리 서면으로 작성하여 모아 두어야 한다.

4. 성희롱 사건 처리 시 유의사항

① 상·하급자 간의 성희롱 사건

상·하급자 간의 성희롱 사건의 경우에는 가해 사실을 은폐하고 피해자를 압박하기 위해 피해자를 명예훼손죄나 무고죄로 고소하기 때문에 신속하고 단호하게 조치할 필요가 있다. 최대한 신속하고 공정하게 절차를 진행하여 사건의 지연으로 인한 2차 피해가 발생하지 않도록 해야 한다.

② 동료 간의 성희롱 사건

동료관계는 친분의 관계로 형성되어 성적 언행과 친밀함의 표시를 구분하기 쉽지 않기 때문에 신고 및 접수단계, 나아가 조사단계에서 성희롱인지 여부를 정확하게 판단하는 것이 중요하다. 주변 동료를 이용하여 피해자를 문란한 대상으로 만드는 경우도 있기 때문에 사실관계를 먼저 확인 후 신속하게 처리해야 한다.

05 | 경찰의 공권력

1. 경찰의 이미지

① 국민이 바라본 경찰의 이미지

과거 친일파를 청산하지 못한 점과 군사독재시절 정치적 중립을 지키지 못한 점, 국가 정권 유지를 위해 공권력을 사용했기 때문에 경찰의 이미지는 그리 좋지만은 않다.

아직도 몇몇의 국민들은 경찰관은 친근하지 않으며, 신뢰할 수 없고, 공정하게 직무를 수행하지 않으며, 청렴성과 신속성이 없다고 느끼고 있다. 이러한 생각을 가진 국민들은 경찰활동이 시민들의 민생치안문제를 해결해 주지 못한다고 여겨 경찰관의 직무 수행에 비협조적이 될 수도 있다. 그러나 요즘은 경찰관들이 친절하다고 느끼는 시민들이 증가하고 있다. 경찰의 노력은 앞으로도 계속되어야 할 것이며, 국민들의 눈높이에 맞는 치안행정 서비스를 제공하여 국민들에게 다가가는 친근한 경찰의 모습을 보여주는 데 전력을 기울여야 한다.

② 경찰 이미지 향상의 중요성

경찰활동은 법 집행 작용뿐만 아니라 치안서비스를 제공해야 하는 봉사적 임무도 함께 담당한다. 경찰활동의 정당성과 효율성을 확보하기 위해서는 국민들의 협력과 경찰의 대국민 이미지가 중요하기 때문에 앞으로 경찰의 이미지가 어떻게 형성되느냐가 국가작용의 민주적 정당성 및 경찰의 위상과 밀접한 관련이 있다.

③ 경찰의 이미지 향상에 대한 방안

과거 국민들을 통제하고 규제하는 경찰업무에서 벗어나서 국민들에게 양질을 치안서비스를 제공해 주는 경찰활동으로 변화해 나가야 한다. 그러기 위해서는 경찰활동의 중심이 지역사회 경찰활동(Community Policing)으로 옮겨 가야 한다. 생각은 국민이 기대하는 수준으로, 시선은 국민이 원하는 방향으로, 마음은 국민의 입장에서는 눈높이 치안행정이 요구된다.

[치안정책 비전 및 추진전략 체계도]

2. 경찰의 비전

① 국민과 함께하는

'함께하다'는 사전적으로 '무언가를 더불어 하다.'는 뜻 외에도 '어떤 뜻 따위를 동일하게 가지다.'라는 의미가 있다. 복잡하고 다양한 치안문제의 해결을 위해서 공동체 구성원 모두의 참여와 협력을 바탕으로 한 융합치안을 전개할 뿐만 아니라, 국민이 필요로 하는 분야에 경찰의 역량을 집중하고 국민의 시선에서 공감할 수 있는 해법을 찾아가겠다는 다짐을 내포한 것이다.

② 따뜻하고

경찰의 시선이 소외되고 힘든 약자를 향해야 하며, 이들의 든든한 버팀목과 방패가 될 수 있도록 보호하고 지원하는 데 집중해야 한다는 것을 의미한다.

③ 믿음직한 경찰

경찰의 책임을 다하기 위해 그에 걸맞은 역량·의식·태도를 갖춤으로써 국민의 신뢰를 확보해야겠다는 의지를 표현한 것이다.

3. 경찰의 공권력

① 경찰의 공권력이 낮아진 이유

㉠ 과거 공권력 남용 사례

경찰의 공권력이 약해진 이유는 백남기 농민 사망, 밀양 송전탑 건설, 강정마을 해군기지 건설, 쌍용자동차 파업, 용산참사 사건, 보이스피싱 전달책으로 오인하여 체포과정에서 시민을 폭행하는 사건 등 과거 공권력 남용과 정당하지 못한 사용으로 인해 국민의 신뢰를 잃었기 때문이다.

㉡ 사회적 질서를 유지하는 해결사 역할

경찰은 늘 사회갈등이 일어나는 곳(시위현장)에서 해결사로서 역할을 해야만 하고, 이러한 역할은 어느 편에서도 좋은 평가를 받지 못하는 악역이 될 수밖에 없다.

㉢ 사회적 갈등과 부조리에 대한 표출

유전무죄 무전유죄와 같이 힘이 있는 사람들에게는 너그럽고, 힘이 없는 사람들에게는 강력하게 집행되는 공권력을 보면서 사회적 부조리에 대해 저항감이 생겼기 때문이다.

㉣ 관대한 처벌(솜방망이 처벌)

주취난동 행위, 경찰의 적법한 공무집행에 대해 공격하는 행위 등으로 입건을 하더라도 실형을 받는 경우는 약 11%에 불과하고, 대부분 집행유예나 벌금형을 선고받는다. 이러한 사법부의 관대한 처벌 때문인지 공권력에 도전하는 범죄의 재범률이 높은 점이 특징이다.

* 미국 캘리포니아 주에서는 경찰 폭행 초범에게 징역 4년을 선고하고, 상습범일 경우 최고 종신형까지 내릴 수 있다. 영국에서도 경찰관을 폭행하면 상해 정도에 따라 최고 종신형까지 선고한다.

* 2014년부터 정복 착용 경찰관을 폭행할 경우 전과가 없더라도 원칙적으로 구속 수사하는 등 공무
집행방해 기준을 별도로 마련하면서 해당 범죄에 엄격히 대처하고 있다.

② 경찰의 공권력이 무력화될 경우

공권력 무력화라는 것은 국가권력의 권위를 약하게 하거나, 실행하는 것을 곤란하게 만들거나
이를 가벼이 여기는 현상을 말한다. 최근 인권을 강조한 치안서비스 활동으로 적법한 공무집
행을 하더라도 공권력에 대항하는 사례가 빈번하게 발생하고 있다. 경찰의 공권력 사용은 국
민을 억압하는 것이 아니라, 범죄로부터 국민을 보호해 주는 보호막임을 알아야 한다. 경찰의
공권력이 무너진다면 그 피해는 고스란히 국민에게 돌아갈 것이며, 경찰의 공권력이 바로 서
게 됨으로써 그 최대의 수혜자는 국민이라는 것을 깨달아야 한다.

기초 질서위반 건수 (Down)↓	공무집행방해죄 위반 건수 (Up)↑
법정신과의 관련성이 있는 것으로 지속적으로 감소하는 추세이다. 그만큼 국민의 준법의식은 향상되었다고 볼 수 있다.	공권력에 대한 시민들의 존중심을 나타내는 척도이며, 지속적으로 증가함에 따라 공권력에 대한 존중감이 낮아지고 있다고 볼 수 있다.

4. 국민들의 신뢰를 얻기 위한 방안

① 국민들이 느끼는 치안안전에 대한 공감대 형성

오늘날 경찰활동의 많은 부분은 시민에게 의존하고 있다. 국민의 적극적인 신고와 정보 제공
이 없다면 범죄의 인지가 매우 어렵고 수사 활동에 대한 효율성도 떨어진다. 국민과 경찰의 우
호적인 관계와 신뢰가 법 집행 및 질서 유지를 보다 효과적으로 수행할 수 있게 해 주기 때문
에 경찰활동의 성과가 보다 높게 나타날 수 있다. 이에 경찰의 눈높이가 아닌 국민들의 눈높
이에서 함께 공감대를 형성할 수 있는 치안정책 방향을 설정해야 한다. 그 수단으로는 유튜브
나 인터넷 홍보, 찾아가는 서비스, 지역사회경찰활동(주민밀착형 탄력순찰제도) 등 먼저 지
역 치안에 맞는 치안서비스 설정으로 공감대를 형성하는 것이 중요하다. 예 치안 3.0, 셉티드
(CPTED), 스마트보안등(LED로고젝터), 치안거버넌스(자율방범대)등

② 경찰의 처우 개선 및 사기 진작을 통한 일선 현장에서의 자긍심 제고

경찰조직의 특성상 자부심과 사기가 떨어진다면 국민들이 불안함을 느낄 수 있다. 따라서 제
도적으로 보완하여 경찰의 사기 증진에 힘써야 한다.

㉠ 현장경찰관의 법률상담·소송지원 확대

경찰은 위험한 일에 상당히 잦은 수준으로 노출되어 있고, 업무 수행 과정 내에서 자신이나
시민을 다치게 하는 경우가 있어 법률적 문제가 발생하는 경우가 많았다. 이에 적극적인 경
찰권 행사를 뒷받침하기 위해 24시간 자문을 구하는 현장법률365와 재산상 손실 외에도 생
명, 신체상 손실까지 보상하는 손실보상제도(경찰관 직무집행법 제11조의2)를 개정하였다.

현장법률 365	변호사 자격이 있거나 실무 경력이 10년 이상인 경찰관 5명으로 구성이 되어 전국의 모든 일선 경찰관들이 현장 법에서의 집행 과정에 대해 24시간 법률상담 및 자문을 구하며 법적 조언을 받을 수 있다.
손실보상규정 확대	경찰관 직무집행법 제6조에 따르면 범죄행위가 눈앞에서 벌어지려 할 때 이를 예방하고자 필요한 경고를 하고, 그 행위로 사람의 생명·신체에 위해가 생길 우려가 있는 긴급한 경우 경찰관이 먼저 유형력을 행사해 상대방을 제지할 수 있다고 명시되어 있다. 그 전까지는 신체적 피해를 보상해줄 법적 근거가 명확하거나 넓은 범위로 정해져 있지 않았기에 현장에서 적법한 직무집행을 하고도 사비를 들여 피해를 보상해야 하는 등 일선 경찰관들의 심리적 위축을 가져와 소극적인 현장대응을 할 수밖에 없었다. 그렇기 때문에 이번 손실보상 확대 개정안을 통해 경찰관은 더욱 정당한 직무집행권을 행사할 수 있으며, 부득이하게 시민이 상해를 입게 될 경우에도 보상이 될 수 있어 시민과 경찰 모두에게 좋은 제도라 볼 수 있다.

ⓒ 물리력 행사 기준 마련 (3대 원칙)

- 비례성의 원칙에 따라 구체적인 물리력 행사 기준을 마련함으로써 기존 비례의 원칙(적합성의 원칙, 필요성의 원칙, 상당성의 원칙)에서 새로운 3대 원칙을 제시했다.

객관적 합리성의 원칙	자신이 처한 사실과 상황을 토대로 평균적 경찰관의 객관적 관점에서 가장 합리적인 선택을 해야 한다.
대상자 행위와 물리력 간 상응의 원칙	대상자가 제기하는 위해 수준에 상응하여 물리력 수준을 높이거나 낮추어야 한다.
위해 감소 노력 우선의 원칙	현장 상황이 급박하지 않은 경우 대상자를 설득, 안정시켜 보다 덜 위험한 물리력을 통해 상황을 종결하도록 노력해야 한다.

- 경찰관에 대한 대상자의 위해 수준을 5단계(순응, 소극적 저항, 적극적 저항, 폭력적 공격, 치명적 공격)로 구별하고 각 단계별 물리력 행사 수칙을 마련하여 일선 경찰관들의 현장 대응력을 높였다.

순응	대상자가 경찰관의 지시나 통제를 따르는 상태 → 가벼운 신체접촉이 허용, 체포 등을 위한 수갑 사용
소극적 저항	대상자가 경찰관의 지시나 통제를 따르지 않고 비협조적이지만 경찰관 또는 제3자에 대해 직접적인 위해를 가하지 않는 상태 → 대상자의 손·팔·어깨 등을 힘주어 끌거나 잡아끌기, 경찰봉(방패)으로 밀어내기
적극적 저항	체포·연행을 위해 잡으려는 경찰관의 손을 뿌리치거나, 경찰관을 밀고 잡아끄는 행위, 경찰관에게 침을 뱉거나 밀치는 행위 등 정당한 공무집행을 방해하지만 경찰관 또는 제3자에 대해 위해 수준이 낮은 행위만 하고 있는 상태 → 목을 압박하여 제압하거나 넘어뜨려 제압, 다른 저위험 물리력 이하의 수단으로 제압이 어려울 때 분사기 사용까지 가능
폭력적 공격	경찰관에게 폭력(뺨을 가격)을 행사하려고 하거나, 강한 완력을 사용하여 체포에서 벗어나려고 하는 상태 → 신체 중요 부위가 아닌 곳을 가격하거나 경찰봉으로 찌르는 행위, 방패로 강하게 압박하거나 세게 밀어 내기, 전자 충격기 사용
치명적 공격	흉기·무기 등을 사용하여 경찰관 또는 제3자에 대해 위해를 가하하는 상태 → 경찰봉·방패로 범인의 급소를 가격할 수 있고, 최후의 수단으로 대퇴부 이하에 권총을 사용

ⓒ 직장협의회 설립 추진

현행법에서 경찰관과 소방관은 다른 공무원과 달리 근무환경 개선이나 업무능력 향상, 고충처리 등을 위한 직장협의회에 가입할 수 없다. 더욱이 기관장이 직장협의회에 가입할 수 없는 직책 또는 업무를 지정·공고하도록 하는 시행령도 있어 협의회 가입 대상이 기관장의 자의적 판단에 따라 결정될 수도 있다. 경찰관도 일반 공무원들과 똑같이 직장협의회에 가입하고 경찰 권익과 처우개선 등의 문제를 협의할 수 있는 권리를 가져야 하기 때문에 최소한의 의사소통기구가 필요하다는 인식이 있어 단결권, 단체교섭권, 단체행동권이 없는 직장협의회의 설립·운영을 위해 현재 경감 이하의 경찰공무원에게 직장협의회 가입 및 기관장이 협의회와 논의해 협의회 가입이 금지되는 직책과 업무를 지정·공고하도록 명시하도록 하는 개정안이 계류 중에 있다.

ⓓ 속진제 인사제도

공무원의 승진 속도가 빨라지면 계급 구조에 따른 차별 문제를 해소할 뿐만 아니라 능력과 성과를 잣대로 평가한다는 점에서 공직사회에 일대 혁신이 될 수 있다.

* 2023년부터 현직 경찰관 25명을 경찰대 3학년으로 편입시키고 졸업 후 경위 임용

* 수사 전문분야 사법경찰관 양성과정을 개설해서 해당 과정을 이수한 사람은 승진 최저 소요 연수가 경과했을때, 경위까지 자동 승진(Fast-Track)

ⓔ 경찰의 외상 후 스트레스 치료공간인 마음동행센터(경찰마음 건강센터)

지난 7월까지 서울, 부산, 광주, 대전, 경찰병원, 경기남부, 강원, 대구, 제주 전국 9개의 마음동행센터가 올 하반기 2배가 늘어 18개소가 되었다(19년 12월 기준). 그러나 마음동행센터를 대폭 늘렸음에도 발길은 뜸한 상황이다. 마음동행센터 이용시간은 오전 9시부터 오후 6시까지이므로 각종 사건·사고 현장에서 밤낮 없이 근무하는 바쁜 일상에서 치료를 받기란 쉽지가 않고, 마음동행센터에 방문하기 위해서는 따로 연차휴가 등을 사용할 수밖에 없는 상황이다. 마음동행센터의 위치 역시 방문을 어렵게 하는 요소다. 전체 경찰 인원이 집중되어 있는 서울·경기 지역에 자리한 마음동행센터는 서울 2곳, 경기 2곳 등 총 4곳에 불과하다.

마치 정신적 문제가 있는 사람처럼 마음동행센터 이용에 대한 동료 경찰관들의 부정적 시선도 문제다. 진료기록과 이용내역 등은 비밀로 보장되지만 근무 중 이용할 경우 소문이 나기 쉬워 주변의 눈치를 볼 수밖에 없다는 것이다.

ⓕ 업무시간 외 카카오톡을 이용한 업무 지시 금지

업무시간 외 업무 지시는 조직 내 침묵 현상을 초래하여 조직 내 구성원 간 아이디어 교류를 차단시킴으로써 협력을 통한 창조적 결과 창출을 어렵게 만드는 요인이다. 또한 조직 내 침묵 현상은 상급자의 계획이나 의도가 부하 직원에게 명확히 전달되지 못하게 하여 실행이 잘못 일어나게 할 뿐 아니라 구성원들 사이에 냉소주의가 만연하게 될 수도 있다.

③ 국민들의 인식 변화

경찰의 치안서비스 활동은 범죄와 사고로부터 국민의 생명과 재산을 지키고, 서민과 빈곤층을 비롯한 사회적 약자 보호에 앞장 서는 복지서비스이다.

이렇게 국민의 최접점에서 노력을 함에도 관공서 주취 소란이나 공무집행방해죄 등과 같이 공권력에 대항하여 경찰을 동네북처럼 두드리기만 한다면 경찰의 자긍심과 사명감이 저하될 것이다. 이는 치안의 생산성 저하로 이어져 치안의 불안으로 작용할 가능성이 높아 결국은 국민들이 피해를 받을 수밖에 없다. 따라서 국민 스스로 잘못된 행동도 무조건 법의 보호를 받아야 한다는 특권의식에서 벗어나 스스로의 잘못된 행동은 보호받지 못한다는 인식의 전환이 필요하다.

우리나라의 치안은 세계 최고를 자랑하지만 최근 인권에 대한 잘못된 인식과 경기 불황으로 인한 사회적 불만, 외국인들의 유입으로 치안이 위협받고 있다. 이러한 사회적 환경 속에서 나의 행동은 무조건 보호받아야 한다는 인식을 버리고, 잘못된 인식이 다른 사람에게 피해를 줄 수 있음을 알아야 한다. 이제는 우리가 공권력을 보호해 주지 않는다면 보호받지 못한다는 인식이 필요한 때이다.

5. 경찰의 신뢰감을 저하시키는 요인

대다수의 경찰관들은 사명감과 자긍심을 가지고 국민의 문제를 자기 일처럼 여기는 살신성인(殺身成仁)을 보여 준다. 그러나 조직 일부에서 일은 하지 않고 자기 것만 챙기려고 하다 보니, 부정부패나 청렴성이 의심되는 행위가 매스컴에 노출되고 몇몇 사람이 조직 전체를 대표하는 것처럼 비춰져 경찰조직에 대한 신뢰성을 떨어뜨리고 있다.

6. 공권력을 높일 수 있는 방안

① 경찰 개개인의 높은 사명감 함양이 필요

공권력을 높이기 위해서는 법과 제도가 뒷받침되어야 하겠으나, 무엇보다도 경찰에 대한 국민의 인식 변화가 필요하다. 국민들의 인식 변화를 위해서는 경찰 개개인이 사명감을 가지고 청렴함과 공정함을 바탕으로 근무하는 것이 중요하다. 사회적 약자에게는 배려심을 가지고, 강자에게는 엄중하게 대처한다면 국민의 입장에서 믿고 안심할 수 있는 경찰의 모습으로 비춰져 국민이 생각하는 경찰에 대한 인식이 변화될 것이다. 이러한 인식 변화는 하루아침에 해결될 문제가 아니고 장기적으로 국민에게 신뢰를 받는 것이 중요하므로 일선 경찰 개개인이 사명감을 가지고 근무해야 한다.

② 공정한 법 집행

경찰에 대한 불신의 바탕에는 언론도 한 몫을 하고 있다. 개인의 무능이나 부조리를 조직 전체의 무능과 부조리로 확대해석하여 보도하고 경찰에 대한 이미지를 추락시켜 공권력에 대해 대항하는 면이 있기 때문이다. 공권력을 바로 세우기 위해서는 공권력이 흔들리면 국가가 흔들린다는 생각으로 국민에게 신뢰를 받기 위해 공정하게 법 집행을 하고 낮아진 공권력을 바로 세울 필요가 있다.

Append

뉴질랜드 경찰

뉴질랜드에서는 경찰관이 가장 존경받는 직업군 중 하나이다. 이처럼 경찰이 국민들의 존경을 받는 이유는 철저한 청렴성을 꼽을 수 있다. 뉴질랜드에서는 청렴성을 유지하기 위해 지위 고하를 막론하고 액수와 상관없이 사소한 음료수나 사탕을 받더라도 상부에 보고해야 하고, 만약 작은 선물이라도 받았는데 보고하지 않고 있다가 적발되면 바로 징계를 받는다. 업무의 대가로 부적절한 보상을 받는다면 패가망신한다는 인식이 깔려 있기에 사소한 음료수 하나라도 받지 않는다. 청렴도와 업무환경, 그리고 직업에 대한 자부심이 바탕이 됐기 때문에 뉴질랜드에서 경찰의 공권력이 확고히 자리를 잡은 것이다.

7. 공권력과 인권의 관계(우선시 될 사항)

민주주의 국가란 언제나 국민이 인권에 무엇보다 우선하는 가치를 두는 국가이다. 연쇄살인사건 국가 안보를 강조하더라도 그 궁극적인 목적은 국민의 인권 보장에 있는 것이며, 민주주의나 법치주의도 자기 목적이 아니라 국민의 인권 보장을 위해 필요한 것일 뿐이다. 경찰의 공권력 행사 또한 정당한 적법절차에 의해 공공의 안녕과 질서를 유지하여 국민의 생명과 안전·재산을 보호하기 위한 수단이 되어야 한다. 결과적으로 경찰의 공권력 행사는 국민의 인권을 보호하고 지탱하기 위해 존재하며 국민들의 인권 보호를 위해서 무엇보다도 올바른 공권력 행사가 선행이 되어야 한다. 백남기 농민 사망, 용산 화재 참사, 화성 연쇄살인사건 8차 피의자와 같이 공권력 행사가 남용이 되거나 과잉이 되면 억울한 국민, 심각한 인권 침해가 발생할 수 있기 때문에 정당한 절차에 의한 공권력 바로 서야만 한다. 공권력이 올바르게 행사되기 위해서는 경찰관 개개인의 자질·소양, 공권력 행사 기준의 명문화도 필요하지만 국민들 스스로도 함께 동참을 해야 한다. 표현의 자유가 보장을 되어 있다고 하더라도 상대방을 비방하는 악성댓글, 죽음까지 몰고 가는 마녀사냥, 공권력을 무력화 시키는 주취소란, 범죄나 잘못된 행동을 하고서도 무조건 법의 보호를 받고자 하는 의식에서 벗어나지 못한다면 결국 공권력이 무력화되어 범죄로부터 국민을 보호할 수 없기 때문이다. 잘못된 인권의식 속에서는 민원이 두려워 소극적 대응을 할 수 밖에 없고 광주 집단폭행 사건과 경우 소극적인 태도로는 타인의 인권을 보호할 수 없기 때문이다.

잘못된 공권력 행사로는 인권을 보호할 수 없듯이 공권력과 인권의 관계는 따로 떼어내서 말할 수 없으므로 양자 모두 적정하게 중요시해야 한다. 이러한 두 가지 목적이 서로 충돌하지 않는 상황에서는 법과 규정에 따라 성실하게 맡은 바 임무를 수행할 때 경찰업무 그 자체가 인권을 수호하는 역할이 된다.

8. 한국경찰과 미국경찰

① 한국경찰과 미국경찰의 공권력

우리나라는 인권을 지나치게 강조하다 보니 공권력에 대항을 하더라도 강력하게 대응하기 보다는 참거나 행위만을 제지하는 것이 현실이다. 하지만 미국의 경우에는 총기를 허용하는 국가이기 때문에 경찰의 지시에 따르지 않는다면 즉각적인 대응을 보인다. 미국경찰은 단순히 겁을 주기 위하여 총을 드는 것이 아니므로 시민들은 경찰에 대항하는 것이 무모한 짓이라는 것을 모두 잘 알고 있다. 미국의 경찰은 법을 집행하는 과정에서는 만인 앞에 법은 평등하다고 생각하기 때문에 법을 지키는 공권력은 법을 집행하는 과정에서는 무소불위(無所不爲)라고 할 만큼 절대적인 권한을 행사한다. 따라서 미국 시민들은 공권력의 지시를 무조건으로 받아들이고 따르는 것을 원칙으로 하고 있다. 권력이 강해지면 공권력을 남용하는 사람이 있겠지만, 인권을 보호해야 하는 공권력이 약해진다면 인권을 보호받기 어려울 것이다.

② 미국의 수갑 착용과 한국의 수갑 착용의 차이점

가장 큰 차이점은 미국경찰은 범죄나 피해를 줄 우려만 있으면 수갑을 착용시킬 수 있고, 한국경찰은 범죄 사실이나 피해를 줄 명백한 사유가 존재할 때만 수갑을 착용시킬 수 있다는 것이다.

CHAPTER 04 개인적 판단

01 | 국가관

1. 국가관에 대한 질문

국가관은 애국심 평가를 위한 질문이며, 부정적인 인식 보다는 긍정적인 면을 제시해 주는 것이 좋다. 예를 들어 선조들의 잘못된 행동에 대한 비판보다는 본받을 점을 제시하고 민족자존의 입장에서 답하는 것이 중요하다. 사회생활을 하다보면 조그만 일에도 트집을 잡고, 부정적으로만 생각하는 구성원들 때문에 팀워크가 깨지기 쉽기 때문에 면접관은 긍정적인 사고방식을 가진 수험생을 원한다.

국가관에 대한 질문은 건전한 애국심과 헌법적 가치에 대해 충실한 모습이 드러나도록 답변하여야 한다. 건전한 애국심은 나의 자유와 정의를 지켜주는 조국에 대한 사랑이며, 헌법적 가치에 대한 충실은 헌법적 가치와 원리의 틀 안에서 시민적 유대의 형성 혹은 국민 통합의 과정이다. 내가 국가를 위해 무엇을 하겠다는 애국심과 국가가 나를 위해 무엇인가를 해 줄 것이라는 기대의식은 서로 하나의 고리를 이루고 있다. 대한민국이 국가로서의 제 기능을 잘 수행할 때, 국민은 더욱 대한민국 국민으로서의 정체성을 가지게 될 것이다.

우리는 국가에 대하여 무엇을 기대해야 하는지, 앞으로 가꾸어 나아갈 국가는 어떠한 모습이어야 하는지 잊고 산다. 또 국가에 의한 혜택도 당연히 주어지는 것으로 인식하여 바람직한 국가의 모습에 대해서 무관심하기 쉽다. 그것은 마치 깨끗한 길을 걸으면서 환경 미화원들의 노고를 깨닫지 못하는 경우와 유사하다. '어떤 관점에서 국가를 바라보아야 하는가?'라는 질문은 국가에 대한 기대와 국가에 대한 헌신을 다짐하는 차원에서 중요하다.

2. 자신의 국가관

국가란 자아 발전의 기회를 준 존재이다. 국가는 나에게, 나아가 우리나라 국민들에게 무언가를 배울 수 있는 기회를 제공하는 터전을 마련해 주었다. 내가 이렇게 대한민국의 존재에 대하여 생각해 보고 쓸 수 있는 것도 대한민국이라는 터전에서 학교를 다니며 배우고 자아 발전에 힘쓸 수 있는 기회가 있었기 때문이다. 다시 말하면, 대한민국은 나에게 가족처럼 평소에는 그 존재에 대하여 잘 생각하지 않지만, 항상 내 옆에 있는 존재이며, 나의 평화와 안정을 위하는 존재이다. 나아가 나에게 자부심과 긍지, 기쁨을 주며, 자아 발전의 기회를 제공해 준 고마운 존재이다.

이렇게 나의 삶을 보장해주고, 나의 옆에 항상 있으며, 나에게 긍지와 자부심, 기쁨을 주는 '국가에게 나란 무엇인가?', '국가에게 나는 어떤 존재인가?', '국가가 나에게 무엇을 해 줄 것인가'를 걱정하지 말고, '내가 국가에게 무엇을 해 줄 것인가?'를 생각해 보라고 했던 케네디 대통령의 말을 떠올려 보아야 할 것이다.

02 | 청렴성

1. 경찰관이 청렴해야 하는 이유

경찰이 청렴해야 하는 가장 큰 이유는 국가와 국민을 위해 일해야 하는 경찰기관이 뇌물과 청탁을 받는 등 비리를 일삼는다면 국가 전체에 큰 실망감과 불신감을 안겨 줄 것이고, 나라의 주인인 국민들에게 그 피해가 돌아가기 때문이다. 특히, 경찰은 권력기관이기 때문에 여러 가지 나쁜 유혹이 항상 도사리고 있다. 동서고금을 막론하고 권력기관의 부패는 국가의 존망과 관련되는 일이다. 중국의 왕조들이 붕괴된 가장 큰 요인은 대개 권력기관들의 부패 때문이었고, 유럽문화의 근원인 로마제국이 멸망한 것도 따지고 보면 권력을 거머쥔 귀족들의 부패 때문이었다. 우리나라도 광복 후 혼란기를 틈탄 권력기관들의 부패는 나라의 근간을 위협할 정도였다.

2. 청렴성을 높이기 위한 방안

① 각자의 사명감이 필요

경찰관에 대한 처우가 점점 개선되고 있음에도 부정부패가 끊이지 않고 일어나는 것은 각자의 사명감이나 가치관이 변화되었기 때문이다. 때문에 경찰 각자가 높은 사명감이나 가치관을 유지하면서 생활해야 하고, 또한 경찰관이 되었을 때 스스로 청렴성을 유지하기 위한 평소의 신념(좌우명 등)을 토대로 주위 사람이 보든 안 보든 간에 공직자로서의 마음을 갖추는 것이 중요하다. 경찰이 부정부패에 잘 빠지는 이유 중 하나는 외부로부터 유혹에 쉽게 노출이 되어 있기 때문이다. 따라서 경찰 스스로 평소의 마음가짐, 사명감을 새기고 근무할 수 있도록 평소의 좌우명, 가훈, 부모님의 가르침 등을 생각하며 초심을 유지하는 것이 매우 중요하다. 예를 들어 성품이 강인하고 지조가 굳어서 외부의 유혹에 동요하지 않는 마음이라는 뜻인 철심석장(鐵心石腸)이란 말을 항상 마음속에 새기며 부끄럽지 않은 삶을 살도록 개인 스스로가 노력을 해야 할 것이다.

② 보수의 적정화와 인성교육

경찰관도 사람이기 때문에 금전적인 욕망을 가질 수 있다. 하지만, 금전적인 욕망이 있다고 해도 뇌물을 받거나 비리를 저질러서는 안 된다.

이를 사전에 방지하기 위해서 경찰채용과정에서 제대로 된 가치관을 가진 사람을 선발해야 한다. 또한 일선에서는 꾸준한 인성 교육을 병행해야 한다. 더불어 경찰이 이러한 검은 유혹에 빠지지 않도록 보수의 현실화 등을 통하여 경찰 복지에 힘쓰고, 비리를 저지른 경찰관에게는 엄중한 징계로 처벌을 한다면 부정부패가 점차 줄어들 것이다.

③ 내부고발(whistle—blowing)제도

ⓐ 내부고발제도 : 내부고발의 영어 표현 'whistle blowing'은 영국 경찰관이 호루라기를 불어 위법행위를 경계하고 시민의 위험을 경고하던 데서 유래한 말로서, 조직 내부 혹은 외부의 부정거래나 불법행위 등에 대한 정보를 신고하고 공개하는 것을 말한다. 보통 불법에 관한 내용이거나 사기, 보건·안전 규정 위반, 부패 등의 규정 위반이나 공익의 직접적 침해에 대한 내용을 담은 알려지지 않은 정보들이 내부 고발자를 통해 공개되곤 한다. 영국에는 "블라인드 뒤의 할머니를 조심하라"는 말이 있다. 창밖을 보는 시간이 많은 할머니들이 위법행위를 보고 바로 신고를 하니 할머니의 시선을 의식해서 아예 잘못을 저지르지 말라는 의미다. 내부고발제도도 사후 대처라기보다는 사전 예방의 성격이 있어 조직문화를 보다 청렴하게 이끄는 데 도움을 줄 수 있다.

ⓑ 내부고발제도 활성화 방안
  • 조직·사회적 인식의 전환이 필요
    정의로운 사회를 만들기 위해서는 청렴성이 중요하며 청렴성을 유지하기 위해서는 조직 내 구성원들이 서로간의 감시자가 되어야만 한다. 서로간의 감시자 역할을 하는 내부고발제도가 정착하기 위해서는 법 제도에 앞서 조직 내 배신자라는 부정적인 사회적 인식의 전환이 필요하다. 인간적 관계 때문에 부정행위를 보고도 모른 체하고 넘어가는 조직문화 속에서 내부고발 제도는 제대로 작동하기 어렵기 때문이다.
  • 보복과 불이익한 인사처분에 대한 실질적인 대안 마련
    내부고발자가 "너 혼자 깨끗한 척 하는 바람에 조직이 망가지고 동료 직원이 쫓겨났다."는 비난을 받으면 좌절감에 빠질 수 있다. 따라서 보복행위를 명확히 규정하여 그 처벌을 강화하고, 공익제보자의 포상 및 보상 기준을 높여 경제적 불이익 때문에 실제 내부고발을 주저하는 일이 없게 해야 한다. 그 제도적 대안으로는 부패 몰수자산의 일정액을 공익신고자지원기금으로 조성하여 공익제보자에 대한 실질적 지원에 활용하는 방안을 생각할 수 있다.
  • 외부 공익제보단체와 핫라인 구축
    익명성 보장과 손쉬운 제보를 위해 조직 내부 통로를 이용한 내부적인 제보 라인 이외에도 외부의 공익제보단체들과 핫라인을 구축할 필요가 있다.
  • 내부고발자를 지키기 위한 노력이 필요
    내부고발자에 대한 제보의 비밀 및 익명성이 보장되어야 한다. 효과적인 내부고발이 이루어지려면 제보자가 비밀이 유지된다는 확신을 가질 수 있어야 한다.
    즉, 제보를 조사하는 사람도 공개돼서는 안 된다.

또한, 내부고발자는 핫라인이나 서면으로 제보하면서 자신의 정체를 숨기고 싶어 한다. 최초 제보 이후 추가 정보를 얻을 가능성이 없으므로 익명의 제보는 추적하고 조사하기가 훨씬 더 어렵다. 내부고발 정책은 익명의 제보가 필요하지만 모든 익명의 제보를 조사할 수 없음을 분명히 밝혀야 한다. 조사관이 충분한 정보를 얻을 수 없거나 제보가 선의로 이루어졌는지 여부를 확인하지 못하면 적절한 조사가 불가능할 수도 있다. 따라서 내부고발자가 철저한 비밀보장을 확신하고 자신의 신원을 밝히는 것이 최선이다.

• 내부고발 관련 법제

어떠한 사건이 발생했을 때, 그 사건 경위에 대해서 구체적으로 밝혀내는 가장 좋은 방법은 내부자가 진술해주는 것이다. 하지만 내부고발자들이 이렇게 자신의 목소리를 낸다는 것은 많은 고민과 엄청난 용기를 필요로 한다. 동료나 자신의 잘못을 인정해야만 하는 데다가 옳은 길을 가기 위한 선택으로 인해 손가락질을 받는 경우도 있기 때문이다. 그렇기 때문에 이들을 보호하고 독려하기 위한 제도를 만들기 위해 힘쓰고 있다.

부패방지 권익위법	공직자의 부패행위나 법령을 위반하여 공공기관에 재산상 손실을 끼치는 행위를 알게 되었거나 이러한 행위를 강요 또는 제의받은 경우에 신고할 수 있게 되어 있다.
공익신고자 보호법	국민의 건강과 안전, 환경, 소비자의 이익, 공정한 경쟁 및 이에 준하는 공공의 이익을 침해하는 행위가 발생하였거나 발생할 우려가 있다고 인정하는 경우 공익신고를 할 수 있다고 규정되어 있다. 이 법률에 따라 공익신고자(특히, 내부공익신고자)는 '비밀의 보장', '신변보호 조치', '인사조치', '보호조치', '불이익조치 금지', '보상금 및 포상금, 구조금 등의 지급'을 요청할 수 있다. 즉, 신고자의 신분은 비밀에 부쳐지며, 공익신고로 인해 신변을 위협받는 경우에는 신변보호조치를 요구할 수 있고, 직장 등에서 불이익을 당하지 않도록 요청할 수 있으며 그럼에도 불이익이 발생한 경우 보호조치와 구조금 등을 요구할 수 있다. 또한, 공익신고를 통해 공공기관 등에 직접적인 수입의 회복 또는 증대를 야기한 경우엔 보상금을, 재산상 이익이나 손실을 방지한 경우엔 포상금을 받을 수 있다.

Append

공익신고자보호법

공익신고자보호법은 공익을 침해하는 행위를 신고한 사람 등을 보호하고 지원함으로써 국민 생활의 안정과 투명하고 깨끗한 사회 풍토의 확립에 이바지함을 목적으로 하며, 신고자를 누설할 경우에 3년 이하의 징역이나 3천만 원 이하의 벌금을 부과하는 것을 주요 내용으로 하는 법이다. 국민의 건강과 안전, 환경, 소비자의 이익 및 공정한 경쟁을 침해하는 기업 또는 단체의 공익침해행위를 행정기관 등에 신고해 해고 등 불이익조치를 당한 경우, 국민권익위원회로부터 원상회복 등 신분보장을 받게 된다.

3. 부패비리 척결을 위한 경찰의 노력

① 부패 원 스트라이크 아웃 제도

반복적인 부패비리를 예방하고 부패행위에 대한 내부 경각심을 고취하기 위해 제도를 실시하여, 금품수수 등 부패행위로 징계받은 경찰관의 주요부서(감찰 · 수사 · 단속 · 예산 · 인사 등) 및 부패 취약 부서의 보임을 원천적으로 차단하였다.

② 경찰청 공무원 행동강령 강화

경찰공무원의 주요 단속대상업소인 성매매 · 불법오락실 관계자와 사적 접촉 금지 의무를 부여하고, 공무상 접촉 시에는 별도 절차에 따라 신고하도록 하여 유착비리의 원인이 되는 피단속자와 경찰공무원의 부적절한 사적 접촉을 차단한다. 한편, 수사 중인 사건 관계자와 수사관의 부적절한 사적 접촉을 금지하고, 수사 관계자와의 접촉 장소를 경찰관서로 한정하여 청탁의 원인 행위를 차단하고, 지연 · 혈연 · 학연 등에 의한 지인(知人)이 직무 관련자인 경우 해당 사건을 회피토록 의무화하여 사건 청탁의 개연성을 차단하는 것이다.

③ 경찰청 청렴 · 고충 신문고(내부비리 신고센터 개편)

경찰청의 부정비리를 알고 있는 내부 임직원 혹은 외부 이해관계자가 안심하고 신고할 수 있는 부정부패 신고 공간(APP)을 말한다. 신고자를 보호하고 내부비리 신고를 활성화하기 위해 내부비리 신고의 접수와 전달을 특허받은 외부 전문기관에서 관리한다. 따라서 개인정보 유출에 대한 불안감 없이 안심하고 신고를 할 수가 있다. KBEI의 임무 책임은 신고자의 신고내용을 접수받아 해당 조직의 담당자에게 전달해주는 전달기능과 정보의 보관기능이며, 신고 내용의 확인, 처리 및 조사는 곧바로 경찰청 감찰담당관실에 전달하게 된다. KBEI(한국기업윤리경영연구원)의 익명신고는 글쓴이의 IP정보가 남지 않고 추적이 불가능하기 때문에 철저한 익명성이 보장된다.

④ 시민감찰위원회

감찰행정에 국민의 참여를 보장하여 감찰활동의 공정성과 투명성을 제고하기 위해 경찰청 · 지방청에 외부인사로 구성하여 운영 중이다.

⑤ 청렴 동아리

청렴 동아리는 전국 약 278개 동아리, 총 21,939여 명의 회원으로 구성되어 있으며, 소식지 발간, 음주문화 개선 캠페인 등 자율적 청렴운동을 전개하고 있다.

4. 유형별 사례

① 동료 경찰관이 명품(옷 · 시계 · 가방 등)을 들고 다닌다면?

차쌤의 Tip

명품을 들고 다니는 것은 개인적인 사생활 영역이지만, 경찰관은 공직자이기 때문에 품위를 유지해야할 의무가 있다. 한 명의 경찰관의 이미지가 때로는 조직 전체의 이미지로 비춰질 수 있기 때문에 정도가 너무 지나치다고 생각이 들면 주의를 주어야 한다.

② 상사(동료)가 관내 유흥종사자로부터 돈을 받는 장면을 목격했다면?

차쌤의 Tip

유흥종사자로부터 돈을 받는 것은 어떤 이유라도 부적절한 행동이다. 때문에 당사자인 상사(동료)를 찾아가 정중히 돌려줄 것을 요구함과 동시에 소속기관의 장에게 신고할 것을 권유하며, 만약 돌려주지 않는다면 청문감사관과 상담 후 처리해야 한다.

③ 부하가 유사 성매매업소를 다니는 것을 알게 되었다면?

차쌤의 Tip

단속을 해야 하는 경찰이 성매매 행위를 한다는 것은 전체 경찰의 이미지를 손상시킬 수 있는 크나큰 문제이기 때문에 자수를 권유하여 죄를 뉘우칠 기회를 주고, 그것이 안 될 경우에는 청문감사관과 상의 후 처리해야 한다.

④ 인사이동으로 새로 발령받아 근무하고 있는데 전임자의 중대한 실수를 발견했다면?

차쌤의 Tip

우선적으로 전임자와의 대화를 통화하여 사안의 경위와 경중을 파악하여 지체 없이 직근 상급자에게 경위를 보고해야 한다.

⑤ 아는 지인이 금품을 제공한다면?

차쌤의 Tip

공무원이라 함은 그 이름만 봐도 알 수 있듯이 공적인 업무를 하는 사람이다. 만약 누군가 나에게 금품을 제공한다면 그것은 나의 직위와 관련된 그 어떤 대가를 바라고 주는 것이 대부분이므로 아무리 친한 지인이라도 사사로이 금품을 제공한다면 단호하게 거절해야 한다.

5. 공무원 행동강령

① 공정한 직무 수행을 저해하는 지시에 대한 처리(제4조)

그 사유를 그 상급자에게 소명하고 지시에 따르지 아니하거나 행동강령책임관과 상담할 수 있다. 소명 후에도 지시를 이행하지 않고 같은 지시가 반복될 때에는 즉시 행동강령책임관과 상담하여야 한다.

② 사적 이해관계의 신고(제5조)

소속 기관의 장에게 해당 사실을 서면으로 신고하여야 한다(단순 민원업무는 제외).

ㄱ 공무원 자신이 직무 관련자이거나 4촌 이내의 친족이 직무 관련자인 경우

ㄴ 자신이 2년 이내에 재직하였던 단체

ㄷ 자신 또는 그 가족이 임직원 또는 사외이사로 재직하고 있는 단체

ㄹ 자신 또는 그 가족이 직무 관련자를 대리하거나 직무 관련자에게 고문·자문 등을 제공하거나 해당 대리·고문·자문 등의 업무를 하는 단체

ㅁ 자신 또는 그의 가족이 중앙행정기관의 장 등이 정하는 일정 비율 이상의 주식·지분, 자본금 등을 소유하고 있는 단체

③ 사적 노무 요구 금지(제13조의2)

공무원은 자신의 직무권한을 행사하거나 지위·직책 등에서 유래되는 사실상 영향력을 행사하여 직무관련자 또는 직무관련공무원으로부터 사적 노무를 제공받거나 요구 또는 약속해서는 아니 된다. 다만, 다른 법령 또는 사회·상규에 따라 허용되는 경우에는 그러하지 아니하다.

ㄱ 인가·허가 등을 담당하는 공무원이 그 신청인에게 불이익을 주거나 제3자에게 이익 또는 불이익을 주기 위하여 부당하게 그 신청의 접수를 지연하거나 거부하는 행위

ㄴ 직무관련공무원에게 직무와 관련이 없거나 직무의 범위를 벗어나 부당한 지시·요구를 하는 행위

ㄷ 공무원 자신이 소속된 기관이 체결하는 물품·용역·공사 등 계약에 관하여 직무관련자에게 자신이 소속된 기관의 의무 또는 부담의 이행을 부당하게 전가하거나 자신이 소속된 기관이 집행해야 할 업무를 부당하게 지연하는 행위

ㄹ 공무원 자신이 소속된 기관의 소속 기관 또는 산하기관에 자신이 소속된 기관의 업무를 부당하게 전가하거나 그 업무에 관한 비용·인력을 부담하도록 부당하게 전가하는 행위

ㅁ 그 밖에 직무관련자, 직무관련공무원, 공무원 자신이 소속된 기관의 소속 기관 또는 산하기관의 권리·권한을 부당하게 제한하거나 의무가 없는 일을 부당하게 요구하는 행위

④ 직무 관련자 거래 신고(제16조)

공무원은 자신, 배우자, 직계존속·비속(생계를 같이 하는 경우만 해당) 또는 특수관계사업자가 공무원 자신의 직무 관련자 또는 직무 관련 공무원과 직접 다음의 어느 하나에 해당하는 행위를 하는 경우(무상인 경우를 포함) 소속 기관의 장에게 미리 신고하여야 한다.

> • 금전을 빌리거나 빌려주는 행위 및 유가증권을 거래하는 행위
> • 부동산, 자동차, 선박, 항공기, 건설기계, 그 밖에 이에 준하는 재산을 거래하는 행위
> • 물품(일상생활용품은 제외), 용역, 공사 등의 계약을 체결하는 행위

공무원은 자신, 배우자, 직계존속·비속 또는 특수관계사업자가 공무원 자신의 직무 관련자이었던 자이거나 직무 관련 공무원이었던 사람과 같은 경우에는 소속 기관의 장에게 미리 신고하여야 한다(관련된 직무 수행이 종료된 날부터 2년이 지난 경우 제외).

03 | 도덕성

1. 경찰이 다른 직렬에 비해 높은 도덕성이 요구되는 이유

경찰은 국민 전체에 대한 봉사자로서의 역할과 국민의 안녕과 질서유지를 위해 직접적으로 공권력을 행사하는 조직이기 때문에 다른 직렬에 비해 높은 도덕성이 요구되고 있다. 경찰에 대한 도덕성은 경찰에 대한 신뢰성과 연결되며 법을 집행해야 할 일부 경찰관이 도덕성을 의심받게 된다면 국민들은 불안함을 느끼게 된다.

* 일반공무원과 경찰공무원은 업무의 차이가 있을 뿐 크게 봤을 때는 서로 이로운 사회를 지탱한다는 점에서 공통점이 있다.

2. 경찰의 도덕성을 높일 수 있는 방안

경찰의 도덕성을 높이기 위해서는 자체 자정교육 강화 및 청렴문화운동 활성화로 내부 부패를 줄여야 한다. 또한 신임순경의 교육기간을 연장함으로써 교육기간 내 도덕적 부적격자를 배제하고, 수사에 대한 신뢰도를 높이기 위해 수사이의신청제도를 적극 활용하는 방안도 있지만, 경찰 개개인이 평소의 마음가짐과 사명감을 유지하는 것이 가장 중요하다.

3. 상사의 부당한 명령

업무상의 일이라면 상명하복의 원칙상 복종해야 하지만, 상사의 명령이 업무상 관련이 없고, 그 명령을 따름에 있어 공정한 직무 수행을 현저하게 해칠 위험이 있는 경우라면 부당한 지시이기 때문에 정중히 거절해야 한다. 명령에 대해 부당성이 있을 때에는 자신의 의견을 정확히 어필하는 것도 중요하며, 상사의 지시가 올바르지 못할 때에는 무조건식의 상명하복보다는 서로 상의하고 자신의 소신을 밝힐 필요도 있다.

`Append`

공정한 직무 수행을 저해하는 지시

상급자의 공정한 직무 수행을 현저히 저해하는 지시일 경우 ⇨	사유를 당해 상급자에게 소명하고 지시에 따르면 안 된다.
공정한 직무 수행을 현저히 저해할 만한 지시가 계속될 때 ⇨	즉시 소속기관장에게 보고하거나 행동강령책임관과 상담해야 한다.
부당한 취소 · 변경을 지시할 경우 ⇨	행동강령책임관은 지시 내용을 확인한 후 지시의 취소 또는 변경이 필요하다고 인정되는 경우 소속기관장에게 보고한다.

4. 상사의 위법한 명령

법에 위반된 행위는 경찰 전체의 이미지에 손상을 줄 수 있기 때문에 단호하게 거절해야 한다. 만약 상관이 강압적으로 명령에 따르라고 한다면 행동강령책임관이나 다른 상사에게 도움을 요청해야 한다. 그로 인해 불이익을 받더라도 그 상사를 원망하지 말고 자신이 소신 있는 행동을 해야 한다.

차쌤의 Tip 상관의 부당한 명령을 거절한다면 불이익한 처분을 받게 될 경우

이순신 장군님께서는 "윗사람의 지시라 어쩔 수 없다고 말하지 말라. 나는 불의한 직속 상관들과 불화로 몇 차례나 파면과 불이익을 받았다."라는 말씀을 하셨다. 윗사람의 지시가 위법하다면 어떠한 불이익한 처분을 받더라도 당당히 굽히지 않는 마음이 필요하다는 점을 정확히 어필해줘야 한다.

	상관의 위법한 지시	따르면 안 됨
상관의 부당한 지시	국민에게 손해를 주거나 조직 내 품위가 손상될 우려가 있는 경우	따르면 안 됨
	국민에게 손해를 주거나 조직 내 품위가 손상될 우려가 없는 경우	따라야 함

5. 상사의 갑질

① 갑질에 대한 처벌 수위 강화

상사의 갑질은 상대적으로 높은 지위를 이용하여 하급자를 부당하게 대우하는 일이다. 상사의 갑질은 반드시 지위의 차이가 있어야 가능하며 조직의 위계질서가 그 지위의 차이를 만든다. 결국 상사는 위계질서라는 명목하에 갑질을 한다. 공무원 내부의 갑질의 심각성이 화두가 됨에 따라 공무원 갑질에 대해 '공무원 행동강령 제13조의2 신설' 및 갑질에 대한 징계를 강화하였다.

Append

징계 강화

비위 정도 대상자	비위 정도가 심하고 고의	비위 정도가 심하고 중과실, 비위의 정도 가 약하고 고의	비위의 정도가 심하고 경과실, 비위의 정도 가 약하고 중과실	비위의 정도가 약하고 경과실
갑질 공무원	파면	파면 또는 해임	강등 또는 정직	감봉
관리 감독자가 은폐하거나 대응하지 아니한 경우	파면	파면 또는 해임	강등 또는 정직	감봉

② 갑질 대처 방법

　㉠ 상사의 속내를 먼저 파악 후 대응하는 게 좋다.

　　상사의 우월적 지위를 행사할 때에는 반드시 동기와 목적이 있기 마련이다.

　　상사가 막말을 하는 것은 단지 화가 나서가 아니며, 부하 직원의 의견을 묵살하고 불합리한 업무 진행을 강요하는 이유는 실적 때문만은 아니기 때문이다. 무분별한 분노의 표출은 자기 자신에게 통제의 권한이 있음을 각인시키기 위한 것이고, 사내 행사나 회식을 강요하는 것은 자신의 통제권이 마치지 못하는 것을 염려하기 때문이다. 부하 직원의 옷차림, 말투, 태도, 심지어 식습관, 화장 따위를 훈계하는 상사는 자신을 과대평가했을 때 갖는 감정으로 부하 직원에게 충고와 조언이라고 생각을 한다. 부하 직원에게 떠밀기, 부하 직원의 실적 빼앗기, 책임을 부하 직원에게 전가하는 상사는 사적 이익을 위함이고 담배나 커피 심부름, 세탁소에서 옷을 찾아오라고 시키는 행위 또한 여기에 포함된다.

　㉡ 혼자만의 힘으로는 해결할 수 없다.

　　혼자만의 힘으로는 갑질을 일삼는 상사에 대해 직접적인 거절이나 싫다는 표현, 적당히 거리 유지를 할 수 없기 때문에 자신이 당한 갑질을 주변 사람들에게 알리고 도움을 요청해야 한다. 갑질을 일삼는 상사들의 평판을 떨어뜨리기 위해 뒷담화를 하라는 얘기가 아니다. 비열함에 저열함으로 대응하면 진흙탕 싸움이 되고 사람들의 관심은 도리어 진실에서 멀어진다. 친한 동료나 마음 맞는 선배 직원에게 고민처럼 털어놓는 정도면 충분하다. 갑질의 피해를 알고 있는 사람들이 많을수록 공론화가 되기도 쉽고 피해자의 입장이 더욱 선명해지기 때문이다.

Append

직장 내 괴롭힘 처벌 규정

직장 내 괴롭힘 (근로기준법)	• 사용자 또는 근로자가 직장에서의 지위 또는 관계 등의 우위를 이용하여 업무상 적정 범위를 넘어 다른 근로자에게 신체적 · 정신적 · 정서적 고통을 주거나 업무환경을 악화시키는 행위 • 직장에서의 지위 · 관계의 우위를 이용, 업무상 적정 범위를 초과, 신체적 · 정신적 고통을 주거나 근무 환경을 악화시키는 등의 세가지 조건을 만족해야 한다.
직장 내 성희롱 (남녀고용평등과 일 · 가정 양립 지원에 관한 법률)	사업주 또는 근로자가 직장 내의 지위를 이용하거나 업무와 관련하여 다른 근로자에게 성적 언동 등으로 성적 굴욕감 또는 혐오감을 느끼게 하거나 성적 언동 또는 그 밖의 요구 등에 따르지 아니하였다는 이유로 고용에서 불이익을 주는 행위

04 | 조직 적응력

1. 나이에 따른 조직 적응력

① 나이가 많은데 조직에 잘 적응할 수 있는가?

> **차쌤의 Tip**
>
> '나이가 많은데 잘 적응할 수 있겠는가?', '나이 어린 상사와의 관계는 어떻게 할 것인가?', '나이로 인한 차이를 어떻게 줄일 것인가?' 등 나이와 관련된 질문을 받는 경우가 있다. 하지만 나이가 많다는 점은 사회 경험이 풍부하다는 강점이 될 수 있고, 풍부한 사회 경험은 나이 차이를 줄이는 데 도움이 되기 때문에 이 점을 잘 어필해야 한다. 주의할 점은 나이를 강조해서는 안 되며, 풍부한 사회 경험 속에서 얻은 본인의 특기, 장점, 덕목 등을 강조하는 것이 중요하다.

② 나이가 어린데 조직에 잘 적응할 수 있는가?

> **차쌤의 Tip**
>
> 나이가 어린 사람은 사회 경험이 부족하여, 조직에 잘 적응하지 못한다는 편견이 있기 때문에 나이가 어린 수험생들은 조직에 들어 왔을 때 잘 적응할 것인가라는 질문을 받을 수 있다. 이럴 때일수록 본인의 학창시절이나, 동아리 활동, 아르바이트 등과 같은 경험담을 통해 조직 생활에 잘 융화될 수 있다는 것을 어필해야 한다. 또한 나이가 어리다는 것은 그만큼 발전 가능성이 있다는 강점이 있기 때문에 이 점을 함께 살려 제시하는 것도 하나의 방법이 될 수 있다.

2. 리더십

① 본인이 리더로서 조직을 이끌었던 경험이 있는가?

> **차쌤의 Tip**
>
> '리더십이 필요한가?'라는 질문을 받으면 많은 사람들이 필요하다고 답변을 할 것이다. 반대로, '본인은 리더인가?'라는 질문을 받는다면 '나는 리더다.'라고 이야기 할 사람은 몇 사람이 없다. 하지만 당신은 리더인 것을 인식하지 못하고 있을 뿐, 이미 리더의 역할을 하고 있다. 사회 단체나 모임, 가족 구성원의 일원으로, 장남(장녀)으로, 차남(차녀)으로서 당신은 이미 리더의 역할을 경험했음을 알아야 한다.

② 리더의 자질은 무엇이라고 생각하는가?

> **차쌤의 Tip**
>
> 훌륭한 리더는 기본에 충실해야 하며, 나와 다른 생각이 있더라도 이해하고 받아들이는 자세로 서로 소통하고 공감하는 능력을 지녀야 한다. 구체적으로 살펴보면 우선 자신의 감정을 조절할 수 있는 능력이 있어야 한다. 자신의 감정도 조절하지 못하는 사람이 남의 행동과 생각을 통제하고 이끌어 갈 수가 없기 때문이다.
>
> 다음으로 조직의 신뢰가 바탕이 되어야 한다. 일관된 행동으로 의사결정을 해야 조직의 신뢰를 얻을 수 있다. 개개인에게 배려와 관심을 가져야 한다.

마지막으로 개개인의 특성과 개인적 고충에 대해 이해하고 조력해 주어야 하며, 마지막으로 긍정적인 일체감 형성될 수 있도록 구성원 모두가 서로에게 힘을 주어 열정적으로 일하게 해야 한다.

훌륭한 리더의 특징

- 단호함과 정직함 : 훌륭한 리더는 자신의 생각에 대한 결정이 단호하고 확고하다. 그러나 자신의 실수나 잘못에 대해서는 정직하게 사과할 줄 안다.
- 사소함에 매달리지 않는 대범함 : 훌륭한 리더는 사소한 일 때문에 큰일을 그르치지 않는다.
- 우선순위에 따른 업무 처리 능력 : 훌륭한 리더는 무엇이 중요하고, 무엇이 우선순위인지 알고 우선 순위에 따른 업무 처리 능력이 있다.
- 용기와 대담함 : 훌륭한 리더는 힘든 결정에서도 용기와 대담함으로 위기를 돌파한다.
- 헌신적인 태도 : 훌륭한 리더는 자기 희생도 마다하지 않는다. 자신을 희생해서라도 조직을 살리는 헌신적인 태도를 보인다.
- 목표 지향성 : 훌륭한 리더는 목표 지향성을 갖는다. 정해진 목표는 어떤 희생을 치르더라도 기어 코 달성한다.
- 인습에 얽매이지 않는 태도 : 훌륭한 리더는 과거의 인습에 얽매이지 않는다. 새로운 변화를 위하 여 과감하게 인습을 타파한다.
- 강한 열정 : 훌륭한 리더는 강한 열정을 보인다. 그 열정이 조직의 전체의 사기를 높인다.
- 위기 상황에서의 분별력 : 훌륭한 리더는 위기 상황에서도 흔들리지 않는다. 차분하게 위기 상황 을 극복한다.
- 부하의 능력을 개발하려는 태도 : 훌륭한 리더는 부하의 능력을 키우는 데 강한 욕망을 보인다. 부하 의 성장이 나의 능력이라고 생각하기 때문이다.

3. 협동심

① 동료에게 과도한 업무가 주어질 때 어떻게 할 것인가?

차쌤의 Tip

'백지장도 맞들면 낫다.'라는 속담이 있듯이 급히 처리해야 할 일이 없다면 동료를 도와주어야 한다.

② 본인에게 과도한 업무가 주어질 때 어떻게 할 것인가?

차쌤의 Tip

본인에 주어진 임무는 맡은 바 최선을 다해야겠지만, 본인이 처리할 수 있는 역량을 뛰어넘어 더 많은 업무가 주어질 때에는 신속한 일처리를 위해 선배 경찰관이나 동료들에게 도움을 요청하고 일처리가 늦 어지지 않도록 해야 한다.

4. 복종심

간부시험 선발에서는 리더십이 더 중요하겠지만, 신입순경 선발시험에서는 리더십보다는 복종심이 더 중요하다. 물론 부적절한 상사의 말에 대해 무조건 복종하라는 뜻은 아니다. 여기서 말하는 복종심이란 정당한 지시에 대한 동의를 말한다. 훗날 계급이 위로 올라갈수록 리더십이 점점 더 중요해지기 때문에 훌륭한 리더십을 갖추기 위해서는 먼저 잘 따르는 법부터 배워야 한다.

05 | 자신이 원하는 경찰상

1. 바람직한 경찰상

실적에 쫓기지 않고 국민이 원하는 치안서비스를 제공하는 경찰, 국민과 함께 하고 국민이 만족하게 하며 국민에게 감동을 주는 경찰, 사회적 약자에게는 민중의 지팡이가 되고 범죄자에게는 강력한 법 집행관이 되어 주는 경찰이 되어야 한다.

2. 존경받는 경찰관

① 최규식 총경

최규식 총경은 자칭 CIC대원이라는 거동 수상자 30여 명이 세검정으로부터 지하방면으로 행진한다는 보고를 받고, 타격대 및 병력 출동을 지시하였다. 같은 날 오후 10시 35분경 종로구 청운동의 노상에 긴급히 출동하여 빠른 속도로 행진해오던 일당을 정지시켜 배치경찰관으로 하여금 검문 검색하도록 하였다. 이에 CIC대원으로 사칭한 일당은 검문에 불응하고 최규식 총경의 팔을 붙잡으려고 하였다. 최규식 총경이 이를 뿌리치고 배치경찰관들에게 이들을 체포할 것을 명령하자 뒤에 따라 오던 일당이 기관총을 난사하고 수류탄을 투척하였다. 최규식 총경은 복부에 관통상을 입었으나 계속 현지에서 배치경찰관을 지휘하며 격렬한 총격전을 전개하다 쓰러지며 간첩 한 명을 사살하는 등 필사의 저지로 뒤따르던 간첩들을 분산시켜 청와대 기습을 완전 저지하였다. 그러나 최규식 총경은 부상을 입고 즉시 경찰병원으로 후송하여 치료하였으나 사망하였다. 그 뒤 1968년 1월 25일 공적을 높이 사 태극무공훈장과 경무관으로의 특진이 추서되었다.

② 안병하 경무관 – '시민에게 총을 겨누지 마라.'

5·18 민주화운동 당시 전남경찰국장으로 재직 중, 경찰은 시민에게 총을 겨눌 수 없다며 계엄군의 무력진압 방침에 반대하다 직위해제된 후, 계엄사에 연행되어 가혹행위를 당하였으며, 그 후유증으로 사망(1988.10.10.)한 후 충북 충주시 앙성면 소재 진달래공원 묘역에 안장되었다.

③ 차일혁 총경 – '살아있는 한국 경찰의 혼'

당대 최고의 빨치산 토벌대장으로, 칠보발전소 탈환 등 혁혁한 전과를 올렸으며, 은신처로 이용되고 있는 구례 화엄사를 불태우라는 명령을 '절을 태우는 데는 한나절이면 족하지만 절을 세우는 데는 천 년 이상의 세월로도 부족하다'며 거부하여 사찰을 지켜냈다. 문무를 겸비한 공으로 조선일보사가 발표한 20세기를 빛낸 위대한 인물에 경찰로는 유일하게 선정되었다.

④ 이금형 前 부산경찰청장

충북 청주 출신인 이 청장은 청주 대성여상을 졸업하고 1977년 순경으로 경찰에 입문했다. 경찰 창설 이래 세 번째 여성 총경, 두 번째 여성 경무관, 최초의 여성 치안감에 이어 경찰 내 2인자인 치안정감에까지 올랐다. 경찰청 방범국 초대 여성정책실장과 여성청소년과장, 서울경찰청 생활안전부장 등 여성·청소년 분야에서 경력을 쌓으며, 민생 치안의 새 장을 열었다는 평가를 받고 있다. 특히, 2005년 성매매특별법 시행 당시 경찰청 여성 청소년과장으로 근무하며 '성매매와의 전쟁'을 주도해 전국적으로 이름을 알리기도 했었다.

⑤ 김강자 前 서울종암경찰서장

대한민국의 첫 여성 경찰 총경이다. 성매매와의 전쟁을 선포하고 일명 미아리 텍사스촌이라고 불렸던 집창촌에 대해서 대대적인 단속을 벌이면서 '미아리의 포청천'이라는 별칭을 얻었다. 경찰공무원 퇴직 후 한남대학교 경찰행정학과 교수로 재직하였다.

⑥ 바보경찰관 故 정옥성 경감

2013년 3월 1일 밤 인천 강화경찰서 내가파출소에 근무 중이던 정옥성 경감은 자살시도자가 있다는 연락을 받고 동료 경찰과 서둘러 외포리 선착장으로 출동했다. 선착장에서 목숨을 끊으려고 물에 뛰어든 김모씨를 구하기 위해 하나의 망설임도 없이 바다에 뛰어들었지만, 순식간에 거센 바다는 그들을 덮어 버리고 말았다.

⑦ 몸짱 경찰관 박성용 경사

2008년~2012년 4년간 범인 검거 1위로 특진을 두 번이나 한 모범 경찰관으로써 평소 민중의 지팡이로서 사회치안질서 유지 및 확립에 힘쓰고, 연말에는 자신이 갖고 있는 능력을 발휘하여 학대 피해 아동을 위한 재능기부 활동을 이어나가고 있다.

⑧ 뺑소니 검거의 달인 유창종 경위

생활의 달인에 소개된 유창종 경위는 남다른 눈썰미로 노이즈 낀 CCTV 화면 속 흐릿한 자동차 일부분만 봐도 어느 차종인지 알아맞힌다.

사고 현장에 남은 작은 유류품만으로도 해당 차량의 연식을 알아낸다. 이뿐만 아니라 증거가 전혀 없는 뺑소니 사망사고에서도 타이어 흔적 하나로만 범인을 검거하는 등 수많은 교통 범죄를 해결하였다.

Append

경찰상

㉠ 바람직한 경찰상
- 누가 시키지 않아도 열심히 순찰을 도는 지구대 경찰
- 사소한 사건이라도 성실히 대응하고 주민 만족도를 높이는 경찰
- 교통질서 · 기초질서위반자를 실적에 매여 마구잡이로 단속하지 않는 경찰
- 궂은 날씨에도 교통 불편을 최소화하기 위해 노력하는 경찰
- 어려운 일로 찾아갔을 때 친절하게 상담해 주는 경찰
- 불의를 보면 참지 못하고 끝까지 범인을 찾기 위해 노력하는 경찰

㉡ 바람직하지 않은 경찰상
- 성추행, 성폭행 신고를 했더니 짧은 옷차림 때문이 아니냐고 핀잔을 주는 경찰
- 일을 빙자해서 금품을 요구하거나, 업무에는 소홀하고 비리만 저지르는 경찰
- 으슥한 곳에서 순찰차 안에서 잠자는 경찰
- 업무는 뒷전이고 관내를 순찰차를 타고 어슬렁거리는 경찰
- 시민의 말을 경청하지 않는 경찰
- 억울하게 조사받으러 간 사람에게 제대로 물어보지도 않고 마치 죄인 취급하는 경찰
- 고소했는데도 조사과정을 제대로 설명해 주지 않는 무성의한 경찰
- 권위적이며 본인이 잘났다고 은근히 뻐기는 경찰

3. 바람직한 여경상

① 바람직한 여경상이란?

차쌤의 Tip

'같이 순찰을 돌면 여경을 보호하느라 남경이 제대로 업무를 수행하지 못한다.', '민원실이나 여성청소년계 등 비교적 근무 여건이 좋은 부서만 선호한다.' 등 여경에 대한 여러 편견이 있는 것이 우리 사회의 현실이다. 하지만, 선진국에서는 남경, 여경 모두 똑같이 힘을 합해 범인을 제압하고 동일한 경찰관으로서 제 역량을 발휘하고 있다고 인정받고 있다. 대한민국의 여경으로서 적극적인 자세로 매사에 성실한 태도와 양보의 미덕을 가진다면 사회에 만연한 편견을 극복할 수 있다고 생각한다.

② 경찰조직 내에서 여경을 기피하거나 싫어할 때

예시 1

> 아직까지 경찰조직에 남성이 많다보니 남성과 조화롭게 업무를 수행해야 한다고 생각합니다. 남경과 여경은 체격적인 부분의 차이가 있을 수 있지만, 서로 잘할 수 있는 분야가 있기 때문에 함께 동료로서 협력하면서 일을 수행해야 한다고 봅니다. 여성 관련 범죄나 소년범을 수사할 때 여경의 특화된 업무를 수행할 수 있다고 생각합니다.

예시 2

> 저는 행정업무만을 처리하는 경찰관이 아니라 현장에서 남자 경찰관들과 최대한 동등한 입장에서 일을 할 수 있게 자기관리를 할 것입니다. 최근에는 여성 관련 범죄율이 높아지고 있기 때문에 이 부분에서는 남자 경찰관들보다는 여자 경찰관이 많은 역할을 담당하고 있다고 들었습니다. 조직에 융화되어 제 몫을 수행할 수 있는 대한민국의 여자경찰관이 되고 싶습니다.

4. 남의 험담

차쌤의 Tip

심리학적으로 험담은 남을 헐뜯는 행위를 통해서 자기 방어 내지는 피해의식, 자기 과시 등을 만족시키는 욕구에서 출발한다. 남의 흉을 보면서 스스로 만족하고 자존심을 대리 만족시키는 수단으로 사용된다. 직장 내에서 남의 험담을 들을 때는 맞장구치지 않는 것이 좋으며, 험담이 들려오면 자리를 피해 버리는 것도 좋다. 만약, 어쩔 수 없이 듣게 된 상황일 때는 상사의 경우 하고 싶은 말이 있더라도 참아야 할 것이며 만약 동기나 후임일 때는 사람이 없는 자리에서 말하는 것은 안 좋은 행동이라고 따끔하게 말하는 것이 좋다. 당신이 말하는 것을 누군가 전달할 지도 모른다. 말이라는 것은 한 번 나오면 결코 비밀이라는 것이 없고, 결과적으로 좋은 결과가 돌아오지 않음을 명심해야 한다.

① 다른 동료가 나를 험담하는 것을 들었을 때

예시

> 주위 동료들이 나를 험담한다면, 먼저 저를 한 번 뒤 돌아보겠습니다. 혹시 저의 행동이 잘못되지 않았는지, 오해를 살만한 행동을 하지 않았는지 먼저 반성해 보고, 잘못이 있다면 사과를 하고 혹시나 오해가 있다면 험담하는 당사자에게 조용히 이유를 물어보고 오해를 풀겠습니다.

② 다른 동료가 상사를 험담하는 자리에 같이 있을 때

예시

> 사람을 험담하는 것은 사표를 내는 것보다 더 위험하다고 생각됩니다. 사표는 한 번 처리되면 끝이지만 험담은 반드시 세 명을 다치게 하기 때문입니다. 험담을 하고 있는 당사자와 그것을 듣고 있는 상대방, 그리고 험담을 당하는 대상 등을 상하게 하기 때문입니다. 제가 만약 험담하는 자리에 있으면 험담하지 말라고 권고하고 그 자리를 떠나겠습니다.

Append

'말'과 관련된 공자의 말씀

남에게 듣기 싫은 성난 말을 하지 말라. 남도 그렇게 너에게 대답할 것이다. 악이 가면 화가 돌아오니 욕설이 가고 주먹이 오간다.

남에게 듣기 싫은 말을 하면 그도 나에게 듣기 싫은 말을 하게 되어 있다. 자신은 남에게 듣기 싫은 말을 하면서 다른 사람들은 나에게 듣기 좋은 말만 하기를 원해서는 안 된다. 자신이 남에게 듣기 싫은 말을 하면서 그와 좋은 관계를 이루는 것은 좀처럼 쉽지 않다. 모든 사람이 듣기 싫은 말을 듣고 참지는 않는다. 누군가가 듣기 싫은 말을 쉽게 내뱉었다면 그 말 한마디로 인하여 나쁜 관계를 만들게 되고 그와의 다툼을 일으키는 것은 불을 보듯 뻔한 일이다. 누구나 말 한마디로 천 냥 빚을 갚을 수도 있고 말 한마디로 천 냥 빚을 질 수도 있다.

PART 03

실전 경찰 면접

필수기출 & 답변 Tip

기출질문 1

본인이 경찰청장(지방경찰청장/경찰서장)이 된다면 어떻게 할 것인가?

차쌤의 Tip

경찰청장은 정책결정자의 입장에서 치안행정을 바라보고, 지방경찰청장과 경찰서장은 지역의 치안행정에 대해 먼저 생각해봐야 한다. 경찰청장의 경우 많은 예산을 확보하고 새로운 수사기법을 도입하여 일선에서 고생하는 수사관들의 인력 낭비를 최소화하고, 경찰의 복리 증진에 힘쓰는 것을 지향해야 하며, 지방경찰청장이나 경찰서장의 경우 일선 경찰관들의 불편사항과 문제점에 늘 귀를 기울이고 국민 눈높이에 맞는 지역치안행정에 힘써야 한다.

기출질문 2

평소 국민의 입장에서 경찰차 안에서 쉬고 있는 경찰의 모습을 보고 있을 때 어떠한 생각이 들었는가?

차쌤의 Tip

경찰업무는 근무시간과 형태가 불규칙하다는 특성상 피로와 스트레스를 많이 받아 외상 후 스트레스장애 고위험군으로 분류되고 있다. 일반적으로 경찰차의 존재 유무만으로도 강도, 소매치기, 성폭행 등의 기회범죄를 억제하고 방범에 대한 가시효과가 상대적으로 뛰어나다. 그 외 교통통제나 잠재적 범죄자 통제에도 효과가 있다고 알려져 있기 때문에 어느 정도의 휴식과 팍팍하지 않은 순찰빈도를 인정해야 한다.

거점근무(거점순찰)의 효과

거점근무는 주택가에서 단순 민원을 해결하거나 긴급신고를 받고 출동할 경우 현장에 도착하는 시간을 줄이는 등 우범지역에서 잠재적 범죄자에게 심리적 부담감을 줌으로써 범죄를 예방하는 효과가 있다.

기출질문 3

본인이 경찰관이 되었을 때 어떤 상사와 가장 일하기 싫은가?

차쌤의 TIP

어떤 상관이든 상관의 스타일에 맞춰서 일을 할 수 있어야 한다. 초임순경으로서 섣불리 싫어하는 사람에게 선을 긋지 말고 상관의 스타일에 맞춰서 주어진 일에 최선을 다하는 모습을 보여 줘야 한다. 만약 면접장에서 그래도 어떤 상관이 싫은지 재차 물어 본다면 경찰관으로서의 자부심이 부족한 사람과는 함께 일하기 힘들 것 같다고 답하는 것을 추천한다.

기출질문 4

평소에는 조용하고 성실한 선배 경찰관이 회식자리에서 성희롱을 할 경우 어떻게 할 것인가?

차쌤의 TIP

직장 내 성희롱은 상대방에게 불쾌감을 주는 행동이기 때문에 단호히 거부 의사를 밝혀야 한다. 또한 그 행동이 본인에게 불쾌감을 주었으며 사회적 범죄이므로 경찰관으로서는 더더욱 해서는 안 된다고 분명하게 경고해야 한다.

기출질문 5

범죄 단속(공권력)과 서비스 중 어느 것이 더 우선되어야 된다고 생각하는가?

차쌤의 Tip

경찰 본연의 임무인 범죄 단속도 당연히 중요하지만, 정부와 국민 간 신뢰·소통이 중시되는 현대 사회에서는 국민에 대한 서비스 또한 범죄 단속 못지 않게 중요하다. 대국민 서비스와 봉사를 강화한다면 공권력에 대한 국민의 신뢰를 쌓을 수 있고, 이를 통해 경찰이 사건을 해결할 때 시민의 협조를 받아 사건을 신속히 해결할 수도 있다. 또한 지역 사회의 비공식적 통제 활동이 가능해짐에 따라 부수적으로 범죄예방 효과를 얻는 선순환을 도모할 수 있다.

기출질문 6

준법정신, 신속, 공정성, 친절 중 자신이 중요하게 생각하는 것을 순서대로 말하고 이유를 말해 보시오.

차쌤의 Tip

범죄피해자는 일선 경찰관들이 신속하게 출동하여 도움을 주기를 원할 것이고, 국민은 국가기관에 억울한 일을 당하거나 피해를 보았을 때 공정하게 억울함을 풀어 주기를 바랄 것이다. 수많은 국민들 중에서도 범죄피해자들은 경찰에게만 도움을 요청할 수밖에 없기 때문에 1차적으로 범죄피해자에게 도움을 주기 위한 신속성이, 2차적으로는 국민에게 도움을 주기 위한 공정성이 필요할 것이다. 그리고 그들이 원하는 바대로 업무를 처리하는 것이 곧 국민에게 친절함을 베푸는 것이 된다. 따라서 신속성, 공정성, 친절함 순서대로 필요할 것이다. 마지막으로 훌륭한 경찰관은 준법정신 또한 뒷받침되어야 하기 때문에 신속성, 공정성, 친절함보다는 중요성이 떨어지지만 준법정신도 필요하다.

기출질문 7

인권과 자유 중 어느 것이 더 중요한가?

차쌤의 Tip

인권은 사람이라면 누구나 당연히 가지는 기본적 권리이고 다른 사람이 함부로 빼앗을 수 없다. 반대로 기본권 중 자유는 사람에 대한 자유와 권리의 본질적인 내용을 하고 있을 때는 침해할 수 없지만, 국가 안전 보장이나 질서 유지 등을 위하여 필요한 경우에 한하여 국민의 자유와 권리에 대한 제한이 가능하다. 따라서 인권이 자유보다 더 중요하다고 볼 수 있다.

70세 할머니가 옆집에 5만 원을 빌려줬는데 안 갚는다면서 경찰서에 찾아 왔다면 어떻게 할 것인가?

차쌤의 Tip

누군가에게 5만 원은 그리 큰 돈이 아닐 수도 있지만 피해자인 할머니의 입장에서는 5만 원은 매우 소중한 돈일 것이다. 따라서 최대한 적극적으로 도와드리는 것이 좋겠지만, 경찰관은 법을 집행하는 기관이기 때문에 단순한 채무불이행이라면 경찰이 개입을 할 수 없다. 즉, 민사관계 불간섭의 원칙에 따라 경찰이 돈을 대신 받아 줄 수는 없기 때문에 민사상 지급명령신청이나 소액재판을 신청할 수 있도록 가까운 법원으로 안내해 드려야 한다.

할머니가 20만 원을 잃어버렸다고 지구대에서 하소연을 한다면 어떻게 할 것인가?

차쌤의 Tip

앞의 질문과 같은 맥락에서 할머니의 20만 원은 매우 소중한 돈일 것이다. 또한 경찰의 적극적인 대국민 서비스는 경찰에 대한 시민의 긍정적인 인식 제고에 기여하기 때문에 할머니가 잃어버린 장소 주변의 CCTV를 활용하여 할 수 있는 모든 방법을 동원해 최대한 찾아드리도록 노력해야 한다.

어린 아이와 노인, 그리고 생명의 은인인 의사가 동시에 위급한 상황이다. 그런데 한 명만 구할 수 있다면 누구를 구할 것인가?

차쌤의 Tip

누구를 먼저 구할 것인가를 고민하지 말고, 먼저 구할 수 있는 사람부터 구해야 한다.

기출질문 11

본인이 생각하는 뇌물과 선물의 구별 방법은 무엇인가?

차쌤의 Tip

굳이 구별하자면 무언가를 바라는 게 있다면 뇌물이고, 바라는 게 없다면 선물이라고 할 수 있을 것이다. 그러나 '예가 아니면 행동하지 말라'라는 말처럼 예가 아니면 그것이 뇌물이든, 선물이든 구별 없이 경찰관으로서는 모두 받아서는 안 된다.

기출질문 12

직장 내 동료 경찰관들의 부적절한 관계를 알게 되었다면 어떻게 할 것인가?

차쌤의 Tip

경찰관의 신분으로 부적절한 관계를 유지한다는 것은 공직자로서 품위를 손상하는 행위이기 때문에 본인들이 먼저 관계를 정리하도록 시간을 주고, 그럼에도 부적절한 내연관계를 유지할 경우에는 청문감사관과 상담 후 처리해야 한다.

기출질문 13

사촌동생의 결혼식장에서 결혼 답례품을 줄 경우 어떻게 할 것인가?

차쌤의 Tip

특정인을 대상으로 제작된 선물은 공직자 행동강령상(청탁금지법) 금품 수수에 해당하지만, 불특정 다수인에게 배포하는 기념품 또는 홍보용 물품은 예외적으로 허용된다.

기출질문 14

관내 유흥업소 사장님이 축의금 10만 원을 낸 사실을 신혼여행을 갔다 온 이후 알게 되었다면 어떻게 할 것인가?

차쌤의 Tip

공무원은 직무와 관련하여 직접적이든, 간접적이든 사례나 증여 또는 향응을 주거나 받아서는 안 되기 때문에 우선 상관에게 보고를 하고 관내 유흥업소 사장에게 돌려줘야 한다.

안심Touch

기출질문 15

주변(친구/부모님/친척)에서 신원조회(범죄경력조회)를 부탁한다면 어떻게 할 것인가?

차쌤의 Tip

개인정보는 개인정보보호법에 따라 당사자의 동의가 없으면 열람할 수 없다. 비록 지인이더라도 당사자의 동의 없이는 열람, 조회할 수 없기 때문에 정중하게 그 사유를 설명한 후 부탁을 거절해야 한다.

기출질문 16

친한 친구가 30여 년 전 친부모를 찾고 싶다며 신원조회를 부탁한다면 어떻게 할 것인가?

Append

헤어진 가족 찾기 서비스

6·25 전쟁, 유아시절 미아, 가출, 해외입양 등 불가항력의 사유로 헤어진 가족 등은 민법상 가족에 해당하는 배우자, 직계혈족 및 형제자매에 한하여 전국 경찰관서 민원실에서 헤어진 가족 찾기 신청을 할 수 있다. 방문 시 가족관계를 확인할 수 있는 증명서류(주민등록등초본, 가족관계증명서) 등을 지참해야 하며 상담 후 접수할 수 있다. 신청 접수 후 심사를 통하여 진행 여부가 결정되며 처리 기간은 3개월 이내이다. 이 경우, 찾고자 하는 가족의 주소, 연락처 등은 신청인에게 제공되는 것은 아니며, 경찰관이 직접 대상자의 거주지에 방문하여 상봉 의사를 확인한 후 상봉할 수 있도록 안내를 해준다. 따라서 단순히 주소 등 연락처를 알고자 하는 것은 헤어진 가족 찾기 서비스의 취지와는 부합하지 않으므로 거절될 수 있다.

기출질문 17

배우자가 관내에서 단란주점 영업을 한다면 어떻게 할 것인가?

차쌤의 Tip

만약 경찰의 가족이 단란주점을 운영한다는 사실이 알려진다면 경찰 전체의 청렴성과 이미지가 손상될 수 있기 때문에 절대 해서는 안 된다.

기출질문 18

관내에서 작은아버지가 유흥주점을 한다면 어떻게 할 것인가?

차쌤의 Tip

작은아버지의 주점운영은 개인적 문제이지만, 경찰관인 자신에게 직무관련성이 있는 경우라면 공정성을 의심받을 수 있다. 따라서 소속 기관장에게 해당사실을 서면으로 신고를 한 후 관련 업무와 상관없는 업무를 담당하는 것이 좋다.

기출질문 19

범죄 단속 중 가족이 연루되어 있음을 알았다면 어떻게 할 것인가?

차쌤의 Tip

공무원 자신이 직무관련자이거나 4촌 이내의 친족이 직무관련자인 경우에는 소속 기관의 장에게 해당 사실을 서면으로 신고하여야 한다.

기출질문 20

부모님의 단점은 무엇이라 생각하는가?

차쌤의 Tip

부모님의 단점은 늘 자신보다 자식을 우선으로 생각하고, 자신의 몸보다는 자식을 돌본다는 점, 자식들에게 지나치게 기대를 많이 한다는 점 등으로 답하는 것이 좋다.

기출질문 21

본인의 준법점수는 10점 만점에 몇 점인가?

차쌤의 Tip

피치 못한 사정으로 무단횡단을 하는 경우가 있지만, 되도록 법을 지키려고 노력했던 점을 감안해서 점수를 주면 된다.

PART 01 | PART 02 | **PART 03** | PART 04 | PART 05

경찰관의 청렴도는 10점 만점에 몇 점인가?

차쌤의 Tip

일부 경찰관들이 일탈하는 경우가 있지만, 대부분의 경찰관들이 일선에서 자부심을 느끼고 오로지 공익을 위해 일한다고 대답하며 높은 점수를 주는 것이 좋다.

동료와 오래 전부터 회식이 잡혀 있는데 과장님께서 시간적 여유가 있음에도 불구하고 보고서를 작성하라고 한다면 어떻게 할 것인가?

차쌤의 Tip

시간적으로 급박하고 사안이 중대한 보고서 작성이라면 동료와의 회식을 미루는 것이 맞지만, 그렇지 않다면 보고서의 완벽성과 업무 성과를 위해 시간적 여유를 가지는 것이 좋다. 개인적인 약속 때문에 마음이 조급하여 보고서를 작성하다보면 실수가 발생할 수 있고 업무의 효율성도 떨어질 수 있기 때문에 동료들과 오랜 전부터 약속이 잡혀 있었음을 과장님께 사실대로 말씀드려야 한다.

인사고과를 평가하는 상급자가 승용차, 세차, 세탁, 심부름 등과 같은 개인적인 일을 시킨다면 어떻게 할 것인가?

차쌤의 Tip

업무상의 일이라면 상명하복에 따라 복종을 해야 하지만, 직무상 관련이 없는 사사로운 일을 지속적으로 시킨다면 공정한 직무 수행을 현저하게 해칠 위험이 있기 때문에 정중히 거절해야 한다. 부당하거나 불공정한 업무 지시는 조직원에게 회의감을 주거나 상급자의 계획이나 의도가 하급자에게 정확하게 전달되지 못하는 상황을 만들어 국민이나 경찰조직에 피해를 주기 때문에 소신 있는 행동이 필요하다. 부당하거나 불공정한 지시임을 알고도 묵인하며 지시를 따르는 사람은 본인만 괜찮으면 된다는 이기주의적 사고를 가진 사람이다.

기출질문 25

> 인간적으로 존경스러운 상관이 유흥주점 단속 정보를 유출하는 전화통화를 들었다면 어떻게 할 것인가?

차쌤의 Tip

아무리 인간적으로 좋은 상관이라도 경찰관으로서 위신과 품위를 손상시키는 행위를 묵인하여서는 안 된다. 단속정보를 유출하는 것은 일선현장에서 열심히 직무를 수행하는 동료 경찰관에게 회의감을 줄 뿐만 아니라 경찰의 위신에 심각한 손상을 주는 명백한 위법한 행위이기 때문이다. 경찰 내부에서도 단속 정보가 미리 새어 나가는 사건이 종종 발생함에 따라 정보유출 방지 및 단속의 실효성을 극대화하기 위해 경찰서·지방청 간 관할의 구분 없이 무작위로 타 관내를 단속할 수 있는 교차 단속 및 풍속 단속 요원들의 단기 인사제도 시행 및 지방청 풍속수사팀을 운영 중에 있다.

기출질문 26

> 다른 부서의 상관이 당신에게 업무를 미룬다면 어떻게 할 것인가?

차쌤의 Tip

다른 부서의 상관이 업무를 부탁할 경우 본인이 맡은 일과 관련성이 있을 경우에는 업무협조를 할 수 있지만, 그렇지 않고 단순히 업무를 미루는 것이라면 정중히 거절해야 한다.

기출질문 27

> 여성 임산부인 시위주도자에게 상관이 캡사이신으로 진압을 명령을 한다면 어떻게 할 것인가?

차쌤의 Tip

최악의 상황을 막기 위해 최선을 다했던 안병하 치안감은 신군부의 명령에 따르지 않고 오직 나라를 위한 삶을 살았다. 아무리 상명하복의 관계에 있더라도 국민의 생명에 직접적인 위협이 되는 명령에는 절대로 따라서는 안 된다.

기출질문 28

본인이 세월호 3급 항해사라고 가정하고, 선장이 학생들에게 배 안에 있으라고 방송한 후 내리자고 한다면 어떻게 할 것인가(선장과는 상명하복 관계에 있음)?

차쌤의 TIP

상명하복의 관계에 있더라도 기본적 의무를 벗어난 위법한 명령에는 복종해서는 안 된다.

기출질문 29

백남기 농민사건으로 기소당한 경찰에 대해 어떻게 생각하는가?

차쌤의 TIP

백남기 농민사건과 관련하여 경찰이 물대포를 사용한 것은 경찰비례의 원칙(최소 침해의 원칙)에 위반이 되기 때문에 경찰의 명백한 위법이다. 당시 물대포로 인해 농민분이 쓰려졌을 때는 신속히 구급차로 병원에 이송을 해야 했음에도 상관의 명령에 어쩔 수 없이 행동한 점에 해당 경찰관은 비난을 받아야 한다. 하지만 지나친 언론의 질타와 상명하복의 구조상 잘못된 업무 지시는 경찰조직 내에서 조직원들의 사기 문제와 어렵고 힘든 일을 하지 않으려는 기피 현상을 발생시킬 수 있으므로 현장의 목소리가 반영될 수 있도록 검토가 되어야 한다.

기출질문 30

상관이 특정 업체의 물품 구매를 지시한다면 어떻게 할 것인가?

차쌤의 TIP

특정 업체의 물품 구매가 친분에 의한 것이 아닌 객관적이고 공적인 지시라면 따라야겠지만, 정당한 이유 없이 친분 때문에 특정 업체 물품의 구매를 지시한다면 정중히 거절해야 된다.

기출질문 31

사건을 처리해 준 마음에 드는 이성이 데이트 신청을 한다면 어떻게 할 것인가?

차쌤의 Tip

사건 처리와 관련이 있는 피의자나 피해자가 데이트를 신청할 경우에는 사건 처리에 대한 공정성을 의심받을 수 있기 때문에 삼가야 한다.

기출질문 32

근무 중 아이가 아프다고 급한 연락이 온다면 어떻게 할 것인가?

차쌤의 Tip

아이를 돌봐줄 사람이 없거나 급히 처리해야 할 업무가 없다면 상관에게 양해를 구하고 다녀올 수 있다. 하지만, 급히 처리해야 할 업무가 있을 때는 배우자나 부모님, 주변 지인에게 연락을 해서 도움을 구해야 한다.

기출질문 33

친구(애인)와 약속이 있는데 갑작기 잔업 지시를 받는다면 어떻게 할 것인가?

차쌤의 Tip

잔업 또한 당연히 업무의 연장이며 자신에게 주어진 일이기 때문에 마지막까지 책임감을 가지고 업무를 수행해야 한다.

기출질문 34

지구대에 들어갔는데 다른 동기들에게는 일을 가르쳐 주지만 유독 본인에게는 화장실 청소만 시키고 다른 것은 전혀 시키지 않는다면 어떻게 할 것인가?

차쌤의 Tip

유독 본인에게만 화장실 청소를 시킨다면 자기 반성을 해봐야 하고, 혹시나 잘못한 점이 있다면 먼저 반성하고 수정해야 한다. 또한 청소는 나를 포함한 모든 회사 동료들이 쾌적하게 일할 수 있는 환경을 만드는 일이므로 하찮은 청소라고 생각하지 말고, 기본적인 소양을 갖춘다는 마음으로 최선을 다해야 한다.

기출질문 35

甲과 乙의 아버지는 모두 도둑이다. 그러나 甲은 수사기관에 아버지를 고발하였고, 乙은 고발하지 않았다. 누구의 행동이 옳은가?

차쌤의 TIP

형벌의 목적은 죗값을 치르게 하는 것도 있지만, 죄 짓는 것을 멈춤으로써 죄를 뉘우치게 하는 데 더 큰 목적이 있다. 따라서 실제 아버지가 다른 사람의 물건을 훔쳤다면 잘 설득해서 아버지가 죄를 뉘우치게 하는 것이 좋은 방법이기 때문에 乙의 행동이 더 옳다고 볼 수 있다.

기출질문 36

자신보다 능력이 떨어지는 동료가 먼저 승진을 한다면 어떻게 할 것인가?

차쌤의 TIP

자신보다 능력이 떨어진다고 판단하는 것은 본인만의 판단일 뿐, 다른 사람들은 승진하는 동료가 자기 자신보다 더 능력이 있다고 볼 수 있다. 따라서 상대를 비방하지 말고, 스스로 노력하여 능력을 키우는 것이 좋다.

기출질문 37

선배 경찰관에게 승진(특진)을 양보해야 한다면 어떻게 할 것인가?

차쌤의 TIP

공적이나 승진을 어느 한쪽으로 몰아주는 것은 위법이지만, 승진을 양보할 수 있으면 양보해야 한다. 경찰은 승진에 대한 욕심보다 자부심을 가지고 보람을 느끼며 업무에 임하여야 하기 때문에 승진이나 특진에 욕심을 내어서는 안 된다.

기출질문 38

열심히 일을 해도 승진을 못하고 인정도 못 받는다면 어떻게 할 것인가?

차쌤의 Tip

일을 열심히 한다고 해서 반드시 승진하는 것은 아니다. 승진을 위해서는 자신이 맡은 업무를 잘하는 것뿐만 아니라 윗사람과 아랫사람들에게 모두 인정을 받아야 하기 때문이다. 인정을 받기 위해서는 승진에 대한 욕심보다는 자신은 어떻게 직무를 수행하고 있으며 경찰조직에 어떠한 도움이 되고 있는지를 먼저 생각해 보아야 한다. 본인에게 주어진 업무만을 충실하게 처리하고 조직 내 상하관계를 소홀히 하는 사람은 모두에게 인정을 받을 수 없기 때문이다. 자신의 업무에 대한 만족도를 높이면서 구성원들로부터 인정을 받기 위해서는 업무의 중요도에 따라 우선순위를 정확히 파악하고, 일을 처리함에 있어 주변 동료들의 피드백과 의사소통을 열린 마음으로 받아들여야 한다. 그렇다면 자연스레 조직 내에서 인정도 받고 승진도 할 수 있을 것이다.

기출질문 39

상사가 자신에게 꾸준히 커피 심부름을 시킨다면 어떻게 할 것인가?

차쌤의 Tip

매일 주어진 업무라면 미리 상사의 취향에 맞게 준비하는 것도 상사와의 유대관계를 형성하는 데 도움이 된다. 지나친 카페인 섭취는 몸에 좋지 않기 때문에 가끔은 국화차나 대추차 등을 권해 드리는 것도 좋은 방법이다.

기출질문 40

섬으로 발령을 받는다면(외진 곳으로 발령을 받는다면) 어떻게 할 것인가?

차쌤의 Tip

주변 지인들과 멀리 떨어진 곳으로 발령이 나면 다소 불편한 점도 있겠지만 경찰의 역할은 소외된 지역에서도 당연히 필요하므로 그 장소가 어디가 되었든 맡은 바 임무에 충실해야 한다.

기출질문 41

함께 면접을 보는 5명 중 한 명이 떨어진다면, 누구를 선택할 것인가?

차쌤의 Tip

누구도 선택해서는 안 된다. 모두가 열심히 공부를 해서 필기시험을 합격한 것은 자랑스러운 일이고, 지금이 아니더라도 훗날 동료로서 다시 만날 수 있기 때문이다.

기출질문 42

기차를 운영하는 기관사가 있다. 열차에 브레이크가 고장이 났고, 경적도 고장이 난 상황이다. 이때 1번 선로, 2번 선로 두 선로가 있는데 1번 선로에 5명의 인부가 2번 선로에는 2명의 인부가 일하고 있다. 1번 선로로 가면 5명이 죽을 가능성이, 2번 선로로 가면 2명이 죽을 가능성이 있다면 본인은 어떤 선택을 할 것인가?

차쌤의 Tip

누군가가 죽는다고 가정을 했을 때는 가장 최소 피해를 보는 2번 선로를 선택하겠지만, 모두를 살린다고 가정을 한다면 1번 선로를 선택할 것이다. 어떤 하나의 일을 5명의 사람이 했을 때는 협동을 통해 본인이 보지 못하는 부분을 볼 수 있다. 따라서 이 질문의 경우에도 1번 선로에 있는 5명의 인부 중 누군가 한 명이 열차가 오는 것을 볼 수 있기 때문에 1번 선로를 선택하는 것이 좋을 것이다.

기출질문 43

경찰은 봉사하는 직업인가? 범인을 잡는 직업인가?

차쌤의 Tip

경찰관은 국민의 안전을 지키는 직업이다. 국민에게 봉사함으로써 국민의 신뢰를 제고하고 범인의 빠른 검거로 사회적 혼란을 예방하는 직업이다.

기출질문 44

자신이 생각하는 공직관은 무엇인가?

차쌤의 Tip

개인마다 성격과 추구하는 것이 다르듯이 수험생 개개인의 가치관이나 공직관에도 차이가 있을 수 있다. 그러나 본인에게 주어진 직무를 충실히 수행해야만 주변의 소중한 사람들이 안전하고 편안한 하루를 보낼 수 있다는 자세로 직무를 수행하여야 한다. 백발노인이 사과나무를 심는 이유는 본인이 맛있는 사과를 먹기 위함이 아닌 후손들에게 맛있는 사과를 주기 위함이다. 이처럼 경찰은 다른 사람들이 안전하고 편안한 하루를 보낼 수 있도록 직무에 임하여야 하며 본인이 수행한 작고 사소하다고 생각되는 직무들의 결과가 밑거름이 되어 어느 순간에는 경찰조직이 국민으로부터 감사와 존경을 받는 조직이 된다면 경찰로서 큰 자부심을 느낄 수 있을 것이다.

기출질문 45

경찰은 '그라운드의 심판자'라는 말은 어떠한 의미인가?

차쌤의 Tip

경찰은 사회 속에서 공정한 경쟁이 이뤄질 수 있도록 감시하는 심판자로서 일관된 원칙에 따라 법을 집행하며, 사회적 갈등이나 분쟁이 발생할 경우에는 해결을 위해 대화를 유도하고 갈등을 최소화하는 조정자의 역할을 담당한다는 의미이다.

기출질문 46

"경찰은 제복 입은 시민이며, 시민은 곧 경찰이다."라고 최초로 말한 사람과 그 의미에 대해 아는가?

차쌤의 Tip

최초로 말하신 분은 영국의 내무부장관이었던 로버트 필이다. 로버트 필은 '경찰이 시민과 함께 하면 시민에게 신뢰를 받으며 서로 존중하고, 경찰의 생각이 곧 시민의 생각과 같아진다'라고 생각하여 공동체 의식하에 사회의 질서를 유지하고 안녕을 위해 봉사하는 것이 경찰의 신성한 소명이라는 취지로 말하였다.

기출질문 47

유능하지만 인간미가 별로인 상사와 무능하지만 인간미가 좋은 상사 중 누구와 일을 하고 싶은가?

차쌤의 Tip

정답이 없는 질문이다. 경찰은 서로 협력하여 함께 이끌어 가야 하는 조직이기 때문에 인간미가 좋은 상사는 조직의 분위기를 부드럽게 할 수 있고, 부드러운 분위기 속에서 업무 효율성이 높아질 수 있다. 한편, 유능한 상사에게는 초임 순경으로서 업무에 대해 많이 배울 수 있다.

기출질문 48

남을 배려하지 않아 사람들에게 반감을 갖는 상사가 있다면 어떻게 할 것인가?

차쌤의 Tip

다른 사람이 처한 상황을 고려하지 않고 상대방의 마음을 불편하게 만드는 사람은 자기 자신만 아는 이기적인 사람이다. 그러나 이러한 상관이 있더라도 똑같이 마음을 문을 닫고 이기적인 사람이 될 필요는 없다. 본인이 베푼 배려와 나눔은 언젠가는 다시 돌아오게 되기 때문이다. 이러한 경우에는 먼저 자신의 업무 능력을 키우는 것이 중요하다. 이기적인 사람은 자신에게 손해가 되는 일은 남에게 이루는 것을 잘하고, 이익이 되는 것은 취하려는 성향이 강하기 때문이다. 따라서 구체적인 업무 지시에 대해 기록하는 습관을 기르고 꼼꼼한 업무 처리로 상관에게 믿음과 신뢰감을 형성하는 것이 좋은 대처 방법이 될 수 있다.

기출질문 49

자신이 경찰이 된 후 상사가 인격적으로 모욕을 했을 때 어떻게 할 것인가?

차쌤의 Tip

인격적인 모욕을 하더라도 마음속으로 담아 두어서는 안 된다. 하지만, 계속 이어지거나 지나치다고 생각이 들면 아무리 상사라도 소신 있게 말해야 한다.

기출질문 50

현장에 선배 경찰관과 함께 출동을 했는데 선배 경찰관이 과거의 트라우마로 인해 순찰차에서 내리지 않는다면 어떻게 할 것인가?

차쌤의 Tip

경찰은 우리 사회의 주변에 도움이 필요한 곳이면 즉시 출동하여 도움을 주고 있다. 하지만 그들도 같은 사람이다. 불철주야 노고를 다하며 헌신하다보면 크고 작은 범죄로 인한 트라우마가 생길 수도 있고, 업무에서 오는 스트레스로 인해 심리적 상처가 생길 수도 있다. 따라서 순찰차에서 내리지 못한다고 해서 멸시를 주거나 쓸모 없는 사람 취급을 하여서는 안 된다. 선배 경찰관이 가진 트라우마는 본인에게도 생길 수 있다. 그러므로 선배 경찰관에게 따뜻한 응원의 메시지와 경찰마음동행센터에서 치료를 받을 수 있도록 도와주어야 할 것이다.

기출질문 51

실적이 좋은 사람, 성실한 사람, 평판이 좋은 사람 중 누가 승진해야 된다고 생각하는가?

차쌤의 Tip

실적이 좋은 사람이다. 실적이 좋은 사람은 대부분 성실하며 성실한 사람은 주변의 평판도 좋은 경우가 많기 때문이다.

기출질문 52

과정과 결과 중 어느 쪽을 더 중요하게 생각하는가?

차쌤의 Tip

과정과 결과 양쪽 모두가 중요하기 때문에 균형감 있는 답변이 필요하다. 과정이 정당하지 못한다면 결과의 정당성을 잃어버리는 한편, 결과에 대한 목표 의식이 있으면 일에 효율성을 높일 수 있다.

기출질문 53

본인은 융통성이 있게 근무를 할 것인가? 원리원칙대로 업무를 처리할 것인가?

차쌤의 TIP

양자 간 적절한 조화가 필요하다. 공정한 법 집행을 위해서는 원리원칙을 기본으로 하되, 경찰의 임무 특성상 융통성을 발휘해야 할 부분이 많기 때문이다.

기출질문 54

대나무처럼 강인한 사람과 물처럼 유연한 사람 중 본인은 어느 쪽을 더 선호하는가?

차쌤의 TIP

노자는 "강인함은 자기에 못 미치는 상황에서는 좋겠지만, 자기와 힘이 같은 것을 만나다면 대등한 상태에 머물 뿐이다. 하지만, 부드러움은 예상치 못한 변화에도 적절하게 대처할 수 있기 때문에 그 어떠한 힘에도 이겨낼 수 있다. 그렇기 때문에 부드러움은 항상 강함을 이긴다."라고 말하였다. 살다보면 강인하게 대처해야 하는 상황도 있겠지만, 센스와 융통성을 발휘해야 하는 상황들이 더 많이 발생한다. 융통성이 결여된 사람은 한곳에 머물러 있을 뿐 변화에 적절히 대응하지 못한다.

기출질문 55

음주단속 중 동료나 상관(서장, 청장)을 단속해야 하는 상황이 온다면 어떻게 할 것인가?

차쌤의 TIP

영화 '바르게 살자'의 주인공 정재영은 갓 부임했을 때 경찰서장에게 신호위반으로 딱지를 뗄 만큼 법 집행에 있어 지위고하를 막론하고 공적인 업무를 끝까지 수행하는 모습을 보였다. 이처럼 경찰은 원칙에 따라 공평하고 엄정하게 집행해야 국민들에게 신뢰를 받을 수 있다. 따라서 지위고하를 막론하고 자신의 신분을 밝히고 법대로 처리해야 한다.

기출질문 56

크리스마스이브 저녁 8시경 사람 많은 곳에서 주취자가 식당 주인을 인질로 잡고 난동을 피운다는 신고를 받았을 때 어떻게 할 것인가?

차쌤의 Tip

시간적·장소적으로 다중이 모여 있는 곳이기 때문에 섣불리 진압을 하면 주변 사람들과 인질이 다칠 수 있다. 따라서 우선은 119와 강력계, 인질협상팀이 올 때까지 상황을 지켜 보며 현장을 통제해야 한다.

기출질문 57

일과 가정 중 어떠한 것을 더욱 우선시할 것인가?

차쌤의 Tip

일과 가정 모두 중요하지만, 그중 하나를 선택하라고 한다면 가정이 우선이 되어야 한다. 경찰로서 일을 하는 것은 한 가정을 지키고 더 나아가 국민을 지키기 위한 것인데, 가정이 파괴될 정도로 열심히 일을 하는 것은 어불성설이기 때문이다.

기출질문 58

공적인 일과 사적인 일이 충돌한다면 어떻게 할 것인가?

차쌤의 Tip

무조건 공적인 일을 우선시하는 것보다는 일의 중요도를 생각해 보고 판단하는 것이 좋다. 친한 지인과의 사적인 약속이라면 양해를 구하고 공적인 업무를 우선적으로 처리하는 것이 맞지만, 친지나 가족에게 위급한 상황이 생긴다면 양해를 구하고 사적인 일을 보도록 해야 한다.

기출질문 59 / 여자 친구와의 약속과 승진 권한을 가지고 있는 팀장(지구대장)과의 약속 중 어느 쪽을 선택할 것인가?

차쌤의 Tip

약속이 겹칠 때는 자신이 한 약속에 책임을 지기 위해 변명을 늘어놓지 않고 솔직하게 말을 해야 한다. 지금 하고 있는 일이 중요하다고 생각해서 이전에 자기가 한 약속을 깨버리는 사람은 어떤 일을 함께 하게 될 때 믿음을 주지 못할 수 있다. 따라서 약속을 지킬 수 없는 상황이 되더라도 자신을 희생하고 다른 사람과의 약속을 지키기 위해 최선의 노력을 다해야 한다. 개인적인 약속과 공적인 약속이 겹칠 것이라고 예상이 될 때에는 애초부터 약속을 하지 말아야 한다. 지킬 의사가 없는 약속은 약속이 아닌 거짓말이다.

기출질문 60 / 결혼할 상대방(상대 부모님)이 경찰은 위험하다고 그만하라고 한다면 어떻게 할 것인가?

차쌤의 Tip

결혼할 사람(상대 부모님)의 마음은 충분히 이해가 되지만, 본인이 경찰이 되고자 했던 이유(동기)나 경찰로서 얼마나 자부심을 갖고 근무하고 있는지 설명하여 설득을 시켜야 한다.

기출질문 61 / 회식자리에서 자기 주량을 초과하는 술을 따라 준다면 어떻게 할 것인가?

차쌤의 Tip

주량을 초과하여 마시게 된다면 자칫 회식자리에서 실수를 할 수도 있고, 다음 날 업무에도 지장을 줄 수 있기 때문에 정중히 양해를 구하고, 다른 방법으로 분위기를 띄우는 것이 중요하다.

기출질문 62

상관이 술을 마실 때마다 계속 동료 여경에게 같이 가자고 하여 여경이 나에게 와서 조언을 구한다면 어떻게 대처할 것인가?

차쌤의 Tip

동료 여경이기 이전에 누군가의 도움이 필요한 사람이라는 점을 생각하여야 한다. 본인보다 상관이라면 혼자의 힘만으로는 해결이 곤란할 것이다. 따라서 이 경우에는 주변의 선배나 동료 경찰관에게 알려 도움을 요청해야만 한다.

기출질문 63

시각장애인에게 노란색의 의미는 무엇인가?

차쌤의 Tip

시각 장애인의 대부분은 잔존 시력이 아직 남아 있기 때문에 아주 가까이에 있는 물체는 분별할 수 있다. 특히 노란색은 시각장애인에게 가장 눈에 잘 띄는 색이기 때문에 안전의 색, 희망의 색으로 상징된다. 시각장애인이라고 하면 대부분의 사람들이 시력을 완전히 상실한 사람이라고 생각하는데, 실제 전혀 보이지 않는 사람은 극히 소수일 뿐이다.

기출질문 64

최근 인문학의 중요성이 다시금 부각되고 있다. 경찰에게도 인문학은 중요하다고 생각하는가?

차쌤의 Tip

영화 〈베테랑〉에는 '우리가 돈이 없지, 가오가 없냐'라는 대사가 나온다. 자본주의 사회에서 공직자는 호의호식을 바라지 않고 돈이 없더라도 명예는 잃지 말아야 하며 직분에 따른 품격과 교양을 갖추어 된다는 말이다. 본인의 직업을 단순한 이익의 도구로 삼지 않고 사람다운 사람, 남이 알아주지 않아도 올바른 길을 가야 하는 공직자에게 인문학은 매우 중요하다. 어렵고 힘든 점도 많이 있겠지만 요즘같이 부패의 유혹이 많은 공직사회 속에서도 청렴하고 깨끗한 공직자가 되기 위해서는 인문학을 통해 자신을 갈고 닦아야 하기 때문이다.

PART 01 PART 02 **PART 03** PART 04 PART 05

주취자가 경찰서에서 난동을 피워 공무집행방해죄로 처리했는데 그 다음 날 술이 깨서 죄송하다고 한번만 봐달라고 한다면 어떻게 할 것인가?

차쌤의 Tip

공무집행방해죄로 피해를 보는 것은 해당 경찰관이 아니라 국가 또는 공공기관, 더 나아가 국민이 될 수도 있었기 때문에 주취자가 해당 경찰관과 합의하여 처벌불원의 의사표시를 하더라도 방해 받은 공무가 회복되기는 어렵다. 따라서 사정을 봐줄 수는 없다.

주취자가 난동을 부리며 지구대 안의 물건을 파손하고 있다. 어떻게 대처할 것인가?

차쌤의 Tip

공용물은 타인의 재물에 포함되지 않기 때문에 재물손괴죄가 아닌 형법 141조 제2항 공용물파괴죄가 성립한다. 이러한 상황이 발생했을 때는 현행범으로 체포하여 그 행위를 제지해야 하고, 다른 민원인들이 피해를 입지 않도록 조치를 취해야 한다.

지하주차장에서 차를 빼달라고 연락을 했는데 만취 상태의 운전면허 취소자가 와서 차를 운전해서 뺀다면 이 사람은 어떤 죄가 성립하는가?

차쌤의 Tip

지하주차장이기 때문에 공개성이 되지 않아 무면허 운전이 되지 않지만, 음주운전은 공개성 유무나 도로성과 상관없이 처벌되기 때문에 음주운전으로 처벌할 수 있다. 하지만 이러한 경우에도 운전면허의 취소가 억울할 경우 행정심판으로 구제할 수 있고, 만약 생계형 운전자의 경우에는 이의신청을 할 수 있으며 구제가 되면 110일 정지로 바뀐다.

기출질문 68

악성민원인이 지속적으로 근무를 방해를 한다면 어떻게 대처하겠는가?

차쌤의 Tip

악성민원인이 지속적으로 찾아 온 경우라도 무조건 배제를 하는 것보다는 일단 친절하게 자세한 설명을 다시 해 드리는 것이 좋겠다. 하지만 의도적 · 악의적으로 업무를 방해할 목적이 있었다면 치안 공백의 우려가 있기 때문에 (주취소란 일 경우) 관공서 주취소란 또는 공무집행방해가 될 수 있음을 경고하고 계속 이어지면 단호한 대처가 필요하다.

기출질문 69

초등학생이 경미한 절도 범죄를 저지른 경우 어떻게 할 것인가?

차쌤의 Tip

형법 제9조에 의하면 14세 미만의 형사미성년자는 형법상 처벌의 대상이 되지 않지만 민사상 변상책임은 있다. 담당 경찰관은 좋게 꾸짖고 타이른 뒤 신속히 부모님께 연락하여 훈방조치를 해야 한다.

기출질문 70

관내에 초등학교 6학년 또는 중학교 1학년으로 보이는 학생이 500원에 해당되는 물건 훔친 경우 출동한 경찰관으로서 어떻게 할 것인가(형사미성년자는 논외로 하고 피해자는 무조건 처벌해 달라고 한다면)?

차쌤의 Tip

경찰은 관내에 있는 조정자의 역할을 담당하는 사람이고 갈등을 해소하여 살기 좋은 동네를 만들기 위한 역할을 담당한다. 따라서 가능하면 선처를 부탁해봐야 한다.

기출질문 71

소년소녀가장이 배가 고파 편의점에서 2만 원 상당의 물건을 훔쳤는데 편의점 주인이 처벌을 강력히 원하는 경우 어떻게 할 것인가?

차쌤의 Tip

사정이 아무리 딱하더라도 피해자가 강력히 처벌을 원하는 경우 법대로 처리해야 한다.

선도심사위원회

죄를 범한 소년(만14세 이상 19세 미만) 중 죄질이 경미하여 훈방·즉결심판이 필요한 사건을 대상으로 외부 전문가가 참여하여 선도심사위원회를 통해 소년범의 사안에 따른 처분 및 선도방향 결정으로 맞춤형 대응체계를 구축하는 제도이다. 훈방으로 결정이 나면 경찰서의 선도프로그램만 마치면 아무런 제재 없이 사건이 종결되고 즉결심판 결정이 나면 법원 즉결재판에 회부되게 된다.

기출질문 72

아기 분유 값이 없어서 편의점에서 분유를 훔쳤는데 주인이 강력히 처벌을 원한다면 어떻게 할 것인가?

차샘의 Tip

사정이 아무리 딱하더라도 피해자가 강력히 처벌을 원하는 경우에는 법대로 처리해야 한다.

경범죄심사위원회

경범죄심사위원회는 장발장법의 위헌과 관련하여 나온 제도로서 사소한 범죄까지 형사 입건하는 시스템을 개선하기 위해 도입되었다. 주로 죄질이 경미하여 경찰서에서 자체 선정한 형사범과 경찰관으로부터 즉결심판, 경범죄 처벌법 위반 통고처분(교통 제외)을 받은 이의 신청자를 대상으로 그 처분을 감경해 시민들의 무분별한 전과자 방지 등 공감 받는 법 집행 추진을 위해 운영되는 제도를 말한다. 사건의 피해 정도(경미성, 피해 회복 여부), 죄질(범행 동기, 수단, 상습성, 전과) 및 기타 사유(연령, 지능 수준 및 장애 여부, 반성 여부)를 경찰서장이 위원장을 맡고, 3명의 경찰관과 3명의 외부 전문가 등 6명으로 구성된 위원회에서 꼼꼼히 따지게 된다. 이 제도로 형사입건은 전과가 남지 않는 즉결심판으로, 즉결심판은 훈방 또는 통고처분으로, 통고처분은 훈방처분으로 감경되며, 법원에서도 형사입건자에 대한 경찰의 입건취소 및 즉결심판 청구를 기각하지 않고 선고유예하거나 벌금을 선고하는 등 제도의 취지와 타당성을 인정하고 있다.

장발장법

사소한 물건이라도 여러 번 훔치다 잡히면 상습절도로 가중 처벌하는 특정
범죄 가중처벌 등에 관한 법률을 말한다. 이에 헌법재판소는 형을 가중할 필
요가 있는 경우라고 하더라도 그 정도가 통상의 형사처벌과 비교해 현저히
정당성과 균형을 잃은 경우에는 인간의 존엄성과 가치를 보장하는 헌법의
기본 원리에 위배된다며 위헌 결정을 내렸다.

**甲은 유흥비 마련을 위해 절도하였고 乙은 어머니의 병원비를 구하기 위
해 절도하였음에도 동일하게 처벌 받는 것에 대해 어떻게 생각하는가?**

차쌤의 Tip

어떠한 요소 없이 누구에게나 평등하게 법을 적용하는 평균적 정의를 추구하는 사법
과 달리 형법은 공법으로서의 개인의 사정에 따라 형을 달리 적용하는 배분적 정의
를 추구하고 있다. 경찰의 훈방권이나 검사의 기소유예, 법원의 집행유예 제도 등이
배분적 정의를 추구하는 대표적인 사례라고 할 수 있다.
법은 정의를 실현하기 위해 존재한다. 甲과 乙이 모두 타인의 재물을 훔쳐 피해를 주
었다 하더라도 처벌과 형량에 있어 개인의 사정을 고려하지 않고 동일하게 처벌하는
것은 공평하고 정의로운 판결이라고 말할 수 없다.

Append

위법과 불법의 차이점

위법과 불법은 모두 법을 어기는 것은 같지만, 위법은 법 위반에 있어 양의
차이가 없는 반면, 불법은 법 위반에 있어 양의 대소 비교가 가능한 개념이
다. 예를 들어 절도와 강도는 위법임에는 차이가 없지만, 불법의 양의 차이에
따라 형량이 결정된다.

법과 도덕의 충돌

법은 강제력을 띠고 있지만, 도덕은 자율성을 띠고 있다. 법과 도덕이 서로 충돌이 되었을 때라면 법적 안정성과 신뢰보호의 원칙 그리고 평등의 원칙에 따라 법을 먼저 수호하고 지켜 나가는 것이 경찰의 임무이고 사명감이지만 의무의 합당한 재량권을 행사할 때에는 도덕과 양심에 따라 행동을 하는 것이 옳다. 참고로 법과 질서는 국민의 생명과 재산을 보호하는 근본요소이자 사회의 건강함을 재는 척도이다. 법이 누구에게나 공평하게 적용되고 불법과 무질서 행위를 통해서는 어떤 이득도 볼 수 없다는 사회적 정의를 바로 세울 때, 공동체의 신뢰는 높아지고 갈등으로 인한 사회적 비용은 줄어든다.

불법과 부당의 차이 및 관련 사례

불법은 법에서 금지하는 행위를 위반하는 것이고, 부당은 법에는 어긋나지 않으나 일반인의 상식이나 사회 정의에 반하는 경우를 말한다. 예를 들어 직장 상관이 친분이 있다는 이유로 그냥 봐주라는 지시는 위법한 명령이지만, 업무 수행 과정 중에 과도한 업무 지시(예를 들어 딱지를 30장 이상씩 의무적으로 끊어오라는 지시)나 근무시간 이외 사적으로 심부름을 시키는 것(상사의 집안일)은 부당한 업무 지시이다.

공정과 공평, 그리고 정의의 차이점에 대해 아는가?

차쌤의 Tip

공평은 '어느 한쪽으로 치우치지 않고 서로 균형을 이룸'을 의미하는 단어이다. 즉, 사회에서 발생한 이익을 모든 구성원이 동일하게 나눠 갖는 것이 '공평'이다. 채용시험이나 입시기회, 스포츠 경기의 규칙 등은 누구에게나 동일한 기회를 부여한다. 만약 스포츠 경기에서 승부를 조작하거나 편법을 사용하여 특례 입학하거나 시험 문제를 유출하는 행위 등은 동일한 기회를 박탈하는 불공평한 행위인 것이다.

이와 달리 정의는 '옳고 그름을 판단하여 잘못된 행위를 바로잡거나 자기보다 약한 사람을 도와주고 지켜주려는 용기 있는 행동'을 의미하는 단어이다. 즉, 사회적 약자를 배려하여 모든 이들이 행복을 추구할 수 있도록 해주는 것이 '정의'이다. 개인이 행복한 삶을 추구하는 것은 사회 전체의 발전에도 도움이 된다. 때문에 정의로운 사회를 만들기 위해 법이 존재하는 것이다. 그러나 법이 항상 정의로운 사회를 만들기 위해 집행되지는 않는다. '약촌 오거리사건'이나 '화성연쇄살인사건', 영화 '7번방의 선물'이 모티프로 한 사건 등과 같이 아무런 죄가 없음에도 불구하고 '법'이 악용되는 경우도 있기 때문에 법의 존재 목적이 변질되지 않도록 주의해야 한다.

마지막으로 공정은 '공평하고 정의로움'을 의미하는 단어이다. 즉, 어느 한쪽으로 치우치지 않고 올바른 판단을 함으로써 도덕적 혹은 법적으로 아무런 문제가 없는 것이 '공정'인 것이다. 공정한 사회를 만들기 위해서는 형평성에 따른 분배가 필요하다. 이에 정부는 부동산 대책의 강화와 금수저들의 상속세 강화, 공교육 확대와 차별금지법과 같은 기회 균등 법안을 마련하여 공정한 사회를 만들고자 노력하고 있다.

Append

정의의 여신상에 담긴 의미

정의의 여신상은 왼손에는 칼을, 오른손에는 저울을 들고 있다. 이때 저울은 엄격하고 공정한 정의의 기준을 상징하고, 칼은 이러한 기준을 바탕으로 한 판정에 따라 정의를 실현하기 위한 힘을 상징한다. 이외에도 정의의 여신상이 눈을 가리는 띠를 두르고 있는 것은 정의와 불의를 판정할 때 사사로움을 떠나 공평성을 유지해야 한다는 것을 상징한다.

학교전담경찰관이라고 가정하고 부유층 학생이 저소득층 학생에게 '돈 있으면 한 대 쳐봐'라고 해서 쳤는데 코뼈가 부러졌다면 어떻게 처리할 것인가?

차쌤의 Tip

가해자는 학교폭력 사건으로 처리를 해야 하고, 원인을 제공한 학생에게는 또래상담 프로그램을 통해 저소득층 학생의 마음을 헤아려 이런 일이 재발되지 않도록 해야 한다.

Append

또래상담 프로그램

청소년의 상담대상 1순위가 '또래친구'라는 점을 반영하여 비슷한 연령과 유사한 경험 및 가치관 등을 가지고 있는 청소년들이 일정한 훈련을 받은 후에 자신의 경험을 바탕으로 하여 주변에 있는 다른 또래들의 정상적인 발달 과정에서 일어날 수 있는 문제의 해결에 조력하여 이들이 성장, 발달할 수 있도록 생활의 제반 영역에서 도움을 제공하는 프로그램이다. 구체적으로 '솔리언 또래상담 프로그램'이라는 이름으로 시행되고 있다.

학교 쉬는 시간에 아이들이 싸우고 있는데 쉬는 시간이 끝났는데도 들어가지 않아 선생님이 뺨을 때렸다는 신고를 접수하게 되었다면 어떻게 할 것인가?

차쌤의 Tip

얼굴을 때리는 것은 교육적인 체벌이 아니다. 학생이 어떠한 잘못을 했더라도 감정적으로 얼굴을 때리는 행위는 용납될 수 없기 때문에 학교 측에 통보하고 폭력사건으로 처리를 해야 한다.

기출질문 77 가출 청소년이 성폭행을 당했다고 신고가 들어 왔다면 어떻게 할 것인가?

차쌤의 Tip

성폭력 신고를 받은 경우 지체 없이 출동해야 하며 성폭력 피해자가 미성년자인 경우 법정대리인인 부모에게 연락해야 한다. 그리고 행위자로부터 격리 또는 치료가 필요할 때는 해바라기센터와 연계하여 지원해야 한다.

Append

가출 청소년 지원제도

- 청소년쉼터 : 다양한 원인으로 가정의 도움을 받지 못하고 있는 가출 청소년들을 위한 생활보호시설로 의식주 제공 등 필요로 하는 서비스를 맞춤형으로 제공하는 가출 청소년 특화 시설을 말한다. 전국 123개소에서 운영 중인 청소년쉼터는 가출 청소년을 보호하고 지원하는 데 필요한 국가자격을 소지하고 일정 기간 실무 경력을 갖춘 전문상담원들을 배치함으로써 가족해체 또는 그 밖의 사유로 불가피하게 가정의 보호를 받지 못하고 있는 가출 청소년(9~24세)을 지원하고 있다. 청소년쉼터는 일시쉼터, 단기쉼터, 중장기쉼터로 구분하여 운영하고 있으며, 최소 7일 이내부터 최장 3년까지(필요시에는 1년 단위로 연장 가능) 머물 수 있다.
- 꿈드림 : 꿈드림은 학교를 떠나 있는 청소년들이 흥미롭고 가치 있는 배움을 통해 자신의 꿈을 발견하고 그 꿈을 키울 수 있도록 돕는 청소년지원센터로서, 입학 후 3개월 이상 결석하거나 취학의무를 유예한 청소년, 제적·퇴학 처분을 받거나 자퇴한 청소년, 상급학교에 진학하지 않은 청소년들이 이용할 수 있는 공간이다.
- 찾아가는 거리상담(아웃리치) : 찾아가는 거리상담은 위기 청소년 지원 사업으로 거리로 직접 나가 위기 청소년을 조기에 발견하여 가정 복귀를 돕거나 청소년이 안전한 생활을 유지하면서 당면한 문제를 해결하도록 지원하는 사업을 말한다.

칼을 든 강도를 추격 중 골목길에서 1:1로 대면하게 되었다면 어떻게 할 것인가(총기소지 하고 있음)?

차쌤의 Tip

섣부른 체포보다는 지원 요청 후 시간을 끌면서 충분한 인력이 있을 때 체포를 하는 것이 좋다. 흉기를 소지하고 있다고 하여 자칫 총기를 사용할 경우 공권력을 남용하였다는 비판을 받을 수 있기 때문에 총기는 필요 최소한도 내에서 사용되어야 한다.

총기를 사용할 수밖에 없는 상황이 온다면 어떻게 할 것인가?

차쌤의 Tip

총기를 사용할 때에는 필요성과 보충성의 원칙을 따져 보아야 한다. 주변의 상황을 충분히 고려하여 총기를 사용함으로써 발생할 피해와 총기를 사용하지 않음으로써 발생할 2차 피해에 대한 경중을 비교한 후, 부득이하게 사용해야 한다면 경찰관 직무집행법에 의거하여 대퇴부 이하를 조준하여 사용해야 한다.

성난 시민 10명이 청와대로 막무가내로 쳐들어 온다면(반드시 총을 사용할 수밖에 없는 때) 어떻게 할 것인가?

차쌤의 Tip

일반 시민이 비무장 상태에서 국가 핵심 시설인 청와대로 난입할 경우 난입을 저지해야 할 경찰의 의무와 국민의 생명 · 신체 · 재산을 보호하는 경찰의 의무 사이에 충돌이 생길 수밖에 없다. 총기 사용은 최후 수단이며 만약 비무장 시민에게 총을 사용할 경우 과잉대응이라는 비난을 면할 수 없기 때문에 10명 정도의 비무장 시민이라면 지원 요청을 하여 몸으로 저지해야 한다. 하지만, 반드시 총을 사용할 수밖에 없는 상황이라면 직접적으로 조준하기보다는 공중에 위협사격을 하여 다른 지원 병력이 올 때까지 상황을 지켜 봐야 한다.

Append

총기 사용 요건

- 원칙적으로 사용하지 말고 다른 장구를 사용하여 제압할 것
- 도주자에 대한 총기 사용 불가
- 총기 사용은 극히 예외적으로 허용되고 거기에 필요한 상황적 입증이 항상 논란이 되므로 사용이 가능한 경우라도 신중을 기해야 할 것임
- 범인 체포를 위해서 사용할 수 있으나 사용 요건이 까다롭고 상황 입증이 곤란하므로 사용하지 않는 것이 좋음
  - 합리성 : 합리적 판단
  - 필요성 : 필요한 한도 내
  - 상당성 : 상당한 이유(상대방이 흉기를 가지고 직접적인 위해를 가하는 경우, 동료가 흉기에 의하여 직접적인 공격을 받은 경우 등)
  - 보충성 : 다른 수단이 없을 때, 즉 위의 경우라도 다른 방법으로 제압이 불가능한 경우에 해당하여야 함
  - 절차에 따른 행위 : 3회 투기명령, 공포탄 발사 등
- * 위 사항에 대한 입증책임이 경찰관에게 있으므로 부득이 총기를 사용할 경우 녹음 · 사진 등으로 절차와 상황이 입증되도록 하여야 함

기출질문 81

비번 날 가족과 놀이동산을 가고 있는데, 교통사고가 발생하여 주변이 혼잡할 경우 어떻게 할 것인가?

차쌤의 Tip

휴가기간 중이라도 경찰관으로서의 사명감을 잊지 말아야 한다. 교통사고의 현장상황을 파악한 후 신속히 112와 119에 신고를 하고 경찰관과 소방대원들이 도착할 때까지 응급조치 및 교통정리를 한 후 경찰관이 도착하면 당시의 상황을 설명한 후 가족과 함께 놀이동산으로 출발해야 한다.

기출질문 82

비번 날 긴급출동명령을 받았다면 어떻게 할 것인가?

차쌤의 Tip

비번 날이더라도 경찰관이라면 당연히 출동해야 한다. 경찰은 언제나 희생할 수 있는 마음가짐이 요구되므로, 휴일이라 하더라도 신분을 망각하지 않고 바로 현장으로 달려 가야 한다.

기출질문 83

강도신고와 절도신고를 동시에 받았다면 어떻게 할 것인가?

차쌤의 Tip

절도신고 현장에도 경찰이 출동해야 할 필요성이 있으나, 강도신고 현장에는 국민의 생명·신체에 위험이 발생할 수 있으므로 우선적으로 출동을 해야 한다.

코드0	골든타임 확보가 가장 중요한 상황으로서 아동 범죄, 강력 범죄, 현행범인 경우 등이 있으며, 코드0 상황은 즉시 출동하여 최단시간 내 현장에 도착해야 한다. 예 남자가 여자를 강제로 차에 태워 간 경우, 여자가 비명을 지른 후 전화가 끊긴 경우
코드1	생명 · 신체에 대한 위험이 임박 혹은 발생하였거나 현행범을 목격한 경우 예 모르는 사람이 현관문을 열려고 하는 경우, 주차된 차문을 열어보고 다니는 경우, 가정폭력으로 생명과 신체에 위협이 진행되고 있거나 혹은 그 직후
코드2	경찰이 현장에 출동해야 할 필요성이 존재하나, 긴급성이 떨어지는 신고의 경우로서 코드0과 코드1 처리에 지장이 없는 범위 내에서 신속한 출동을 목표로 한다. 예 집에 도둑이 침입한 경우로서 추후 범죄 발생 가능성이 없는 경우
코드3	즉각적인 현장 조치가 불필요한 신고의 경우 코드3으로 분류하여 코드0~코드2를 우선적으로 처리한 뒤 당일 근무시간 내에 처리하는 것을 원칙으로 한다. 예 언제인지 모르지만 금반지를 분실한 경우, 며칠 전에 폭행을 당해 병원치료 중인 경우
코드4	생명이나 신체에 대한 잠재적 위험이 존재하지 않거나 긴급성이 없는 단순 민원 및 상담성 신고는 코드4로 분류하여 출동하지 않고 신고자에게 관련 안내사항을 전달하는 것을 원칙으로 한다. 예 경찰이 개입할 수 없는 민사신고의 경우 법률구조공단 번호를 안내, 경찰관련 민원신고는 민원상담 번호를 안내, 경찰과 관련 없는 타기관 사무에 대한 신고의 경우 민원콜센터나 스마트 앱 신고 방법을 안내하며 타기관 사무임을 설명, 단순서비스를 요청하는 신고전화에는 112는 긴급신고 창구임을 고지하고 종결

기출질문 84

순찰 중 두 명의 범인을 만났는데, 각기 다른 방향으로 도주할 경우 어떻게 할 것인가?

차쌤의 Tip

경찰은 2인 1조로 움직여야 한다. 만약 각각 1명씩 추적하여 무사히 모두 제압하면 상관이 없겠지만, 대부분의 경우 혼자서 검거하기 쉽지 않기 때문이다. 무리하게 범인을 쫓기보다는 신속히 어느 한쪽을 쫓아 범인을 검거해야 하며, 다른 한쪽은 무전으로 지원 요청하여 인상착의를 설명해야 한다.

기출질문 85

강도범을 쫓는 도중 두 갈래의 길이 나왔는데 어디로 갔는지 모르는 상황
이라면 어떻게 할 것인가?

차쌤의 TIP

인간의 신체구조상 심장이 왼쪽에 있기 때문에 대부분은 왼쪽 길을 선택하는 경우가
많다. 따라서 우선 왼쪽으로 쫓아간 후 곧바로 지원을 요청하고 인상착의를 무전으로
보고하여 오른쪽으로 병력을 보내도록 해야 한다.

기출질문 86

경찰의 훈방권을 발동할 수 있는 요건에 대해 아는가?

차쌤의 TIP

경찰관서장은 범죄 사실이 경미하고 뉘우치는 점이 현저하며, 피해가 회복된 즉결심
판사범으로서, 60세 이상 고령자나 미성년인 초범, 정신박약, 보행불구, 질병, 주거
및 신원이 확실하고 정상을 참작할 만한 부득이한 사유가 있는 사람, 죄질에 있어서
공무방해 또는 상습범이 아닌 사람, 기타 특히 훈방할 사유가 인정되는 사람은 현장
적발 또는 심사단계에서 훈계하여 방면할 수 있다. 경찰서장의 훈방권은 내부위임에
의하여 파출소장도 행사할 수 있는 것으로 해석되고 있다.

기출질문 87

폐지를 줍는 할머니가 무단횡단을 할 경우 어떻게 할 것인가?

차쌤의 TIP

범죄예방과 범인 검거 중 중요한 것은 사후적 조치인 범인 검거가 아닌 국민의 안전
을 위해 사전 위험요소를 미연에 방지하고 예방하는 사전적 측면이다. 우리가 무단횡
단을 단속하는 이유는 교통사고라는 위험요소를 사전에 예방하기 위함이다. 교통사
고 예방을 위해 경각심이 없는 분들에게는 강력하게 지도·단속하여 사고 위험에 대
한 경각심을 갖도록 해야하기 때문이다. 그러나 지도나 단속을 할 때에도 주변의 정
황과 사정은 반드시 고려가 되어야 한다. 따라서 폐지 줍는 할머니의 무단횡단 단속
의 경우 할머니의 경제적 사정 등을 고려하여 계도가 이루어져야 한다.

기출질문 88

상사의 갑질로 인하여 주변 모두가 힘들어 하는 상황이라면 어떻게 할 것인가?

차쌤의 TIP

최근 사회에서 갑질이라는 문제가 화두가 됨에 따라 공직사회 내에서도 갑질문제에 대한 심각성이 제기되었으며 공무원행동강령에 갑질에 대한 내용이 추가되기도 하였다. 상사의 갑질로 인하여 자신뿐만 아니라 주변 동료까지 피해를 입는 상황이라면 갑질로 피해를 입은 사람들과 함께 공론화하여 불합리한 업무가 지속되지 않도록 노력해야 한다.

기출질문 89

상사와 순찰 중 헬멧을 착용하지 않는 오토바이 운전자를 적발하였으나 상사가 그냥 보내라고 한다면 어떻게 할 것인가?

차쌤의 TIP

경찰은 직무상 부당한 지시를 제외하고는 상명하복하여야 한다. 만약, 구체적 사건 수사와 관련하여 적법성 또는 정당성에 대해 이견이 있을 때 이의를 제기할 수 있다 (경찰법 제24조 제2항).

기출질문 90

새벽 5시에 순찰 중인데 신호위반 차량을 발견하였다면 어떻게 할 것인가?

차쌤의 TIP

도로교통법상 신호위반을 단속하는 이유는 사고를 미연에 방지하기 위함이다. 따라서 차량 통행이 없는 새벽 시간 때라도 경찰관의 단속으로 운전자에게 경각심을 갖게 하여 교통사고의 발생을 미연에 예방하여야 한다.

기출질문 91

단속에 걸린 사람이 '왜 본인만 단속하느냐'라고 한다면 어떻게 할 것인가?

차쌤의 Tip

평등은 적법한 경우를 전제로 하기 때문에 불법적인 행동에 대해서는 평등권을 주장할 수 없다. 모든 도로에서 교통경찰관이 온종일 단속하는 것은 사실상 불가능하기 때문에 항의하는 운전자의 법규 위반 사실을 알려드리고 교통사고 예방은 안전한 운전 습관과 법규 준수를 통해 가능하다는 점을 말씀드린 후 경찰관의 단속은 교통사고 예방을 위한 첫걸음이라는 점을 알려 드린다. 그리고 교통법규를 잘 준수하는 사람에 대한 인센티브제도인 '착한운전 마일리지'에 대해 홍보하여 국민 스스로 언제 어디서든 교통법규를 준수하는 문화를 만들기 위해 안전하게 운전하면서 특혜를 받는 제도가 있다는 것을 알려 드린다.

* 착한운전 마일리지란 경찰서에 무사고·무위반 서약을 하고 1년간 이를 실천한 운전자에게 운전면허 정지처분을 감경받을 수 있는 '특혜점수 10점'을 부여하는 제도이다.

기출질문 92

교통지도 단속 중 선행 차량에 대해 부득이한 사정이 있어 훈방조치가 이루어진 후 후행 차량을 단속하여 교통지도하였으나 왜 본인만 단속하냐고 항의를 한다면 어떻게 할 것인가?

차쌤의 Tip

공직자는 개인의 사사로운 감정보다 국민 전체의 이익을 생각하며 국민의 생명·신체·재산을 보호하고 사회 공공의 안녕과 질서를 유지를 위해 공과 사를 구분하여 단속하고 있다는 점을 말씀드리고, 안전을 위한 올바른 습관을 연습하고 반복적으로 의식하지 않는다면 사고는 어디서나 발생할 수 있음을 상기시켜 주어 사고 예방의 목적으로 단속이 이루어짐을 설명해 주어야 한다.

기출질문 93

혼자서 순찰 중 체격이 건장한 강도범 3명을 발견하였다면 어떻게 할 것인가?

차쌤의 Tip

혼자서는 신체 건강한 남자 한 명도 제압하기 힘들기 때문에 섣불리 나서기보다는 지원 요청 후 주변 상황을 정확히 살피고 지원 병력이 도착할 때까지 시간을 벌어야 한다.

기출질문 94

함께 출동한 동료가 사라져서 혼자서 5명의 집단폭력배에게 둘러 쌓여 있다면 어떻게 할 것인가?

차쌤의 Tip

불가피할 경우에는 경찰의 물리력 행사 기준(3대 원칙)에 따라 적극적인 저항이나 치명적인 공격적 행동에 대해 경찰봉이나 전자충격기 등을 사용할 수 있겠지만, 혼자 힘으로 제압을 할 수 없는 불가피한 상황이거나 너무 무리한 제압으로 경찰관이나 피의자의 신체에 해가 될 수 있는 상황에서는 혼자서 힘으로 제압을 하려고 하기보다는 무전을 통한 지원 요청과 호루라기를 불어 주변 사람들에게 상황을 알리는 것이 현명할 것이다.

기출질문 95

현재 왕복 8차선에서 순찰 중에 순찰차 뒤쪽으로 일반 시민이 무단횡단을 한다면 불법유턴을 해서라도 단속을 할 것인가?

차쌤의 Tip

피해자가 없는 경범죄에 대해 경찰관이 단속을 하는 이유는 처벌보다 사고 예방에 그 목적이 있다. 물론, 교통사고로 인한 사망 원인 중 무단횡단으로 인한 사고가 절반 이상을 차지하고 있는 만큼 강력한 단속으로 잘못된 보행 습관에 대해 경각심과 자발적인 시민의식을 갖게 하는 것이 좋겠지만 경찰관이 무리하게 불법유턴까지 하여 단속을 하는 것은 경범죄를 지나치게 단속하는 경우이며, 자칫 다른 국민들에게 더 큰 피해를 줄 수도 있기 때문에 비례성의 원칙에 맞지 않으므로 가급적 지양해야 한다.

기출질문 96

절도범이 있다는 신고를 받고 출동했는데 집주인이 아무 일 없으니 나가라고 한다면 어떻게 할 것인가?

차쌤의 Tip

집주인이 거부한다면 강제 출입할 수 있는 법적 근거는 없다. 의심이 가는 상황이라면 잠시 화장실을 이용하겠다거나 물 한잔 먹자며 자연스럽게 안을 살펴보는 것도 하나의 방법이며, 그것마저도 거절을 한다면 혹시나 모를 상황에 대비하여 집 근처에서 일정 시간 대기 후 복귀하면 된다.

PART 03 실전 경찰 면접   145

인질범과 대치 중 인질범이 경찰에게 총기를 버리지 않으면 인질을 해친다고 할 때 어떻게 할 것인가?

차쌤의 Tip

인질범과 대치하고 있는 상황에서는 범인보다 유리한 입장 또는 최소한 대등한 입장이어야 상황을 통제할 수 있기 때문에 인질 협상팀이나 지원 병력이 올 때까지 인질범이 자극받지 않도록 한발 뒤로 물러나 상황을 예의주시해야 한다. 그래야 인질의 생명·신체에 대한 피해 발생을 최소화할 수 있기 때문이다.

자기 집 앞 눈을 치워달라는 민원이 들어올 때 어떻게 할 것인가?

차쌤의 Tip

집 앞의 눈을 치우는 것은 그 집의 소유자나 거주자가 지는 의무이다. 하지만 일단 신고가 들어 왔으면 출동을 하여 이러한 사실을 알려 줘야 한다. 단, 요청한 사람이 장애인이나 고령자인 경우와 같이 눈을 치우기 어려운 상황이라면 직접 또는 소방서나 지자체와 협력하여 눈을 치워줄 수 있다.

Append

112 신고 시 형사사건 외의 사건 접수

- 개 짖는 소리가 시끄럽다(구청 지역경제과 통보).
- 공사로 인해 소음이 크다(구청 건축과 통보).
- 차량 타이어가 펑크났다(인근 카센터나 보험회사 연락).
- 차량 시동이 안 걸린다(인근 카센터 연락).
- 현관문이 잠겼다(인근 열쇠점 연락).
- 동물 구조요청(구청 및 동물구조단 통보)
- 쓰레기가 방치되어 있다(구청 청소과 통보).
- 주차위반 신고(사안에 따라 출동할 수 있지만, 불법 주차단속은 구청 지역 교통과에서 담당)

기출질문 99

상사가 신호위반자를 안전운전의무 위반으로 격하처리하라고 지시할 경우 어떻게 할 것인가?

차쌤의 Tip

상사의 위법한 지시이므로 당연히 거절해야 한다. 신호위반으로 단속을 하거나 경찰관의 재량권을 행사하여 계도를 하던가 둘 중 하나를 선택을 해야지, 신호위반행위를 안전운전의무 위반으로 격하처리하면 안 된다.

기출질문 100

고속도로에서 안전벨트를 착용하지 않고 달리는 순찰차에 대해서 어떻게 생각하는가?

차쌤의 Tip

순찰차는 도로교통법상 긴급자동차에 속하나 고속도로에서 사고가 발생하면 타인의 생명 및 자신의 생명은 잃을 수도 있기 때문에 안전벨트는 꼭 착용해야 한다.

기출질문 101

순찰 중 상관이 차 안에서 흡연한다면 어떻게 할 것인가?

차쌤의 Tip

순찰차는 공용물에 해당하고, 공용물에서의 흡연은 지양되어야 하므로 말려야 한다.

기출질문 102

순찰차에서 담배꽁초(쓰레기)를 밖에 버릴 경우 어떻게 할 것인가?

차쌤의 Tip

가장 중요한 것은 순찰차 내에서 담배를 피우지 못하게 하는 것이지만, 혹시나 밖에 담배꽁초를 버리는 것을 목격했을 때에는 차를 세워 담배꽁초(쓰레기)를 주워서 쓰레기통에 버려야 한다.

영세한 문방구에서 식품을 먹고 배탈이 난 경우 어떻게 할 것인가?

차쌤의 Tip

학교 앞 문방구에서 당국의 허가를 받고 위생적으로 생산되고 있는 식품은 단속의 대상에 해당하지 않지만, 유통기간이 지난 식품이나 무허가 식품을 판매하여 배탈이 날 경우에는 단속의 대상이 된다. 해당 업체를 조사하여 유통기한이 지난 식품이나 당국의 허가를 받지 않은 식품을 판매하였다면 영세하더라도 일단 단속을 해야 된다.

택시 승객이 택시비를 지불하지 않아 지구대로 찾아왔을 때 어떻게 할 것인가?

차쌤의 Tip

객관적으로 상황을 판단하는 것이 우선이고, 택시의 미터기에 따라 택시 요금을 지불하도록 유도해야 한다. 혹시나 승객이 지갑을 잃어버렸다거나 개인적인 사정으로 지불할 수 없을 때에는 신분증과 연락처 등을 확인하고 훈방조치를 하는 것이 옳지만, 택시비의 지불을 면하기 위한 의도적인 행동이었다면 사기죄가 성립하기 때문에 입건 처리해야 한다.

Append

택시요금 시비

- 기분이 나쁘다, 요금이 평소보다 많이 나왔다는 이유로 지급 거절한 경우
  : 현저한 차이가 아닌 한 무임승차에 해당한다.
- 처음부터 지불의사가 없이 무임승차한 경우 : 사기죄로 의율하여 처리한다.
- 돈을 지급했는데 안 받았다고 주장하는 경우 : 택시를 잡아 준 사람이 미리 요금을 계산했다는 주장을 할 경우 택시를 잡아 준 사람에게 확인하여 조치하고, 본인이 지불했다고 주장하는 경우 택시요금은 후불이 원칙이고, 요금을 받은 후 다시 요구하는 것은 상식에 맞지 않는다고 설득 후 지불하도록 해야 한다. 일단 지불하고 필요한 경우 사기죄로 고소장을 제출하도록 설득하는 것도 하나의 방법이다.
- 정당한 이유 없이 택시비를 지불하지 않는 경우 : 무임승차로 입건될 수 있음을 가족에게 통보하여 가족이 지급하도록 설득하고, 그래도 계속 거부 할 경우 무임승차로 즉결 처리한다.

- 술에 만취하여 택시비를 지급할 수 없는 경우 : 주취자의 동의를 얻을 수 있는 경우 동의를 얻어 피의자의 지갑에서 지급하고, 주취자의 동의를 얻을 수 없는 경우에는 가족 등에게 연락하여 택시비를 지급할 수 있도록 조치를 취해야 한다. 만약, 연락처도 없고 돈도 없는 경우에는 임의동행 · 주거불명으로 현행범 체포 후 술이 깨고 나서도 지급하지 않는다면 무임승차로 즉결 처리해야 한다.
- 소지품을 절취 당했다고 주장하는 경우 : 절도사건으로 신고접수 받는 것은 별개로 하고 가족이나 지인을 통해 택시비를 지급하도록 조치한다. 그러한 노력이 없는 경우 무임승차로 즉결 처리해야 한다.

기출질문 105

> 면접장에 오는 도중 교통사고가 나서 주변 사람들이 위급할 경우 어떻게 할 것인가?

차쌤의 Tip

119와 112에 먼저 신고를 하여야 하고, 선뜻 도와주는 사람이 없더라도 눈치를 보지 말고 앞장선다면 주변 사람들도 함께 할 것이다. 그리고 119가 도착하면 처음 발생한 당시의 상황을 자세하게 설명한 후 면접에 늦지 않도록 해야 하며, 만약 면접장에 늦어질 경우에는 해당 지방청(교육계)에 미리 연락을 한다. 혹시나 늦어져 불이익을 받게 된다고 하더라도 후회하기 보다는 본인의 행동을 자랑스러워해야 한다.

기출질문 106

> 면접장에 오는 길에 할머니 한 분이 쓰려져 계셨다. 할머니를 구한다면 자신은 면접을 보지 못하는 상황일 때 어떻게 할 것인가?

차쌤의 Tip

솔직히 모든 사람들이 면접장으로 발걸음을 돌려야 할지 말아야 할지 고민이 될 것이다. 하지만 경찰이 되고자 하는 사람이라면 일반인이 아닌 이제는 경찰이라는 마인드가 필요하다. 당장 그만두고 싶은 현장이라도 사건 · 사고가 나면 누구보다 신속히 출동하여 대처해야 하는 경찰이 되고자 하는 사람이 위급한 상황에 처한 사람을 보고도 본인을 위해 지나친다면 그 사람은 경찰이 될 자격이 없는 사람이다.

상관이 이번에 특진하게 되어, 팀원들과 회식을 하게 되었는데 관내 카센터 사장이 팀원들 회식비를 결제하는 것을 현장에게 알게 되었다. 다른 팀원들은 전혀 모르고 있는 상황일 때 본인은 어떻게 할 것인가?

차쌤의 Tip

상관과 카센터 사장님과의 직무관련성 및 금액을 따져 청탁금지법 해당 여부를 판단해야 한다. 만약 카센터 사장이 회식비를 지불한 것이 사실이라면 사실관계를 논외로 하고 공직자로서 공정성이 의심을 받게 될 소지가 있기 때문에 더치페이를 할 수 있도록 유도해야 한다.

팀장님이 그동안 일하느라 수고한 팀원 甲, 乙 丙과 함께 회식을 하고 식사 및 주류 비용 합계 20만 원을 낸 경우 어떻게 할 것인가?

차쌤의 Tip

팀원 甲, 乙, 丙과 팀장 간에는 직무관련성(영향력 행사)이 인정되기 어렵다. 팀의 업무를 총괄하는 팀장으로서 팀원 격려 차원에서 1인당 5만 원 상당의 회식비를 내는 것이 팀원들의 직무 집행의 공정성을 해할 우려가 있다고 보기는 어려우므로, 청탁금지법상 수수 금지 금품 등에 해당하지 않는다. 설사 직무관련성이 인정된다고 하더라도, 팀장이 지급한 회식비는 '상급 공직자 등이 위로 · 격려 · 포상 등의 목적으로 하급 공직자등에게 제공하는 금품 등'에 해당할 여지가 있으므로 수수 금지 금품 등의 예외 사유에 해당한다.

신임 순경인 자신 때문에 팀장이 징계를 받는 상황에서 본인은 신입이라서 책임을 면(면책)하게 되었다. 어떻게 대처하겠는가?

차쌤의 Tip

비록 신임이라 하더라도 자신의 잘못을 다른 사람에게 돌리는 것은 책임 있는 자세가 아니기 때문에 초임 순경으로 업무를 미숙하게 처리하여 조직에 누가 되었을 때 그 책임은 당연히 스스로가 져야 한다. 경찰관은 초임이든 그렇지 않든 신분의 특성상 막중한 책임이 요구되기 때문이다.

기출질문 110

가정폭력 신고가 들어와서 출동을 했다. 안에서는 여자 우는 소리가 들리고 남자는 “남의 일에 참견 하지마라.”고 한다면 어떻게 할 것인가?

차쌤의 Tip

가정폭력(아동폭력)에 대한 신고가 접수되면 경찰은 즉시 현장에 출동하여 폭력행위를 제지하고 필요한 조치를 취해야 한다. 현장에 출동한 경찰관은 응급조치(폭력 제지, 피해자 분리 및 범죄수사, 보호시설 인도, 의료기관 치료 등)와 긴급임시조치를 할 수 있고 경찰관은 피해자를 보호하기 위하여 신고된 현장 또는 사건 조사를 위해 관련 장소를 출입할 수 있으며, 관계인에 대하여 조사 · 질문을 할 수 있다. 또한 가정폭력행위자가 경찰의 현장 조사를 거부하는 등 업무 수행을 방해하는 행위는 공무집행방해죄가 성립할 수 있으며, 신고자(피해자) · 목격자 등이 자유롭게 진술할 수 있도록 가정폭력행위자로부터 분리된 곳에서 조사하는 등 필요한 조치를 하여야만 한다.

기출질문 111

다문화 가정에서 여성이 가정폭력을 당해서 남편이 구속이 되었다면 여성의 생계유지를 위해 어떻게 조치하겠는가?

차쌤의 Tip

가정폭력방지법에 명시된 보호지원제도에 따르면 피해자는 300만 원 이내의 치료비와 숙소 지원(5일 이내 숙박비용 지원)을, 그리고 법률 지원 및 심리 지원을 받게 된다. 추가로 피해자가 장기간 숙소를 원하면 1366센터와 연계해서 최대 2년 동안 보호시설을 지원해주고 피해자가 자녀와 장기적 거주를 원할 경우 입주심사를 거쳐 임대주택 거주도 지원을 해준다. 다만, 자녀 학교와 보호시설 간의 통학거리가 멀다는 이유나 10세 이상 남자 아이는 별도 시설에 입소해야 한다는 규정 등으로 일부 피해자들은 보호시설 입소나 자립 지원을 받지 못하는 경우가 있어서 이 부분에 대한 보완이 필요하다.

한 여성이 약을 먹고 자살하겠다며 112로 전화를 한 후 연락이 되지 않는다면 어떻게 할 것인가?

차쌤의 TIP

자살을 암시하는 내용의 신고가 접수되면, 위치 추적을 하여 구조 요청을 해야 한다. 경찰에서도 위치 추적이 가능해짐에 따라 자살기도자 및 납치·감금된 피해자를 조속히 발견하여 보호자에게 인계하는 등 큰 성과를 보고 있다.

* 오원춘 사건을 계기로 위치 추적 및 콜백 시스템 도입

여자가 납치되었다고 전화를 하였는데, 곧바로 끊긴 경우 어떻게 할 것인가?

차쌤의 TIP

납치 신고는 초동조치가 가장 중요하므로, 신속히 상부에 보고하여 휴대폰 위치 추적을 통해 발신지 주변에 순찰차를 출동시키고, 주변 검문·검색을 강화해 최대한 빠른 시간 내에 피해자를 찾는데 주력해야 한다.

Append

위치 추적

• 본인 및 목격자가 위치 추적을 요청한 경우 : 신고자 본인이 구조 요청을 한 경우에는 동의 없이도 위치 추적이 가능하며, 신고자와 장소적으로 인접한 곳에서 목격자가 구조 요청을 할 경우에는 목격자의 동의를 받아 위치 추적이 가능하다.

• 인접하지 않은 제3자가 구조자에 대해 위치 추적을 요청한 경우 : 납치, 감금, 강도, 성폭력 등 생명·신체를 위협하는 범죄가 예상되는 경우이거나, 치매환자와 지적장애인 및 실종아동 등이 현재 보호상태를 이탈하여 생명·신체에 대한 위험이 예상되는 경우 위치 추적이 가능하다.

 – 치매환자 및 지적장애인 등은 나이제한 없음

 – 실종 아동은 18세 미만자

 – 자살을 암시하는 유서 발견, 음성·문자 등을 타인에게 전송한 경우

 – 자연재해 등 자연적 환경에 적절한 보호수단 없이 방치되어 생명·신체에 대한 위험이 예상되는 경우

- 위치 추적 성과
  - 대구성서경찰서는 15년 3월 자살하겠다는 아내의 문자를 받은 남편의 신고로 휴대폰을 위치 추적하여 주변 모텔을 탐문수사 끝에 자살기도자를 발견하고 보호자에게 인계함
  - 14년 5월 피해자가 납치·감금되어 있다는 신고로 휴대폰을 위치 추적하여 주변 일대를 면밀히 수색한 결과, 용의차량을 발견하여 현장에서 피해자를 구출하고 피의자를 검거함
- 위치 정보 조회(앱)
  - 배회감지기 : 치매 노인의 목이나 허리춤에 기기를 착용하여 실종상황 발생 시, 경찰이나 보호자가 배회감지기에 현 위치라는 메시지를 보내면 실종자의 현재 위치 주소와 지도 정보가 문자로 회신된다.
  - 원터치 SOS : 휴대전화기를 사용하는 미성년자 또는 여성이면 누구나 서비스 이용이 가능하다. 가까운 지구대, 파출소, 경찰서를 방문하여 신청서를 작성하고, 가입 후 112를 단축번호로 지정하면, 긴급상황이 발생하였을 때 단축번호를 실행하면 신고자의 위치 정보가 경찰에게 전송된다.
  - 112 긴급신고 앱 : 스마트폰 소지자면 누구나 사용 가능하며, 어플리케이션을 다운로드 받은 후, 긴급상황 발생 시 앱 '긴급신고하기'를 길게 터치하면 신고자의 위치 정보가 경찰에게 전송된다.

기출질문 114

경찰관이 되었을 때 업무가 본인의 적성에 맞지 않는다면 어떻게 할 것인가?

차쌤의 Tip

경찰은 지원 가능한 부서가 다양하므로, 특정 업무가 본인의 적성에 맞지 않더라도 주변 선배들의 조언이나 경험을 참고하여 자신의 적성에 맞는 업무를 찾으려고 노력해야 한다. 부정적인 대답은 지양해야 하며, 자신의 직장 생활이나 아르바이트 경험담을 통해 본인에게 맞지 않았던 일들을 극복하고자 노력했던 과정을 제시하는 것도 좋은 방법이다.

기출질문 115

(일반인일 때/수험준비를 할 때) 평소 경찰차나 제복을 입고 근무하는 경찰의 모습을 보고 어떤 생각이 들었는가?

차쌤의 TIP

어렸을 때부터 경찰이 되고 싶었던 수험생은 순찰차나 제복을 동경의 대상으로 여겼을 것이고, 평소 별다른 느낌이 없었던 수험생도 경찰이 되겠다고 결심한 이후부터는 경찰관을 볼 때면 이전과 다른 감정으로 느껴졌을 것이다.

기출질문 116

경찰관의 덕목으로 지덕체 중 무엇이 가장 중요하다고 생각하는가?

차쌤의 TIP

경찰관에게는 지덕체가 모두 중요한 요소이지만, 그중에서 하나를 선택해야 한다면 덕이 가장 중요하다고 생각한다. 지와 체는 개인의 노력으로 보완이 가능하지만 덕을 갖추는 것은 결코 쉬운 일이 아니다.

기출질문 117

본인이 면접관이라면 어떤 항목을 중시하여 선발할 것인가?

차쌤의 TIP

기본적인 덕목(청렴성) 및 신체적 조건(인상) 그리고 예측할 수 없는 다양한 위급 상황에 침착하게 대처할 수 있는 능력, 근면성실한 자세로 자신이 맡은 일에 책임감을 지니고 있는 수험생이라면 충분히 경찰공무원이 될 자격이 있다고 생각한다.

기출질문 118

경찰홍보방안(주취자 방안/경찰의 공권력 향상 방안 등)에 대한 본인의 견해를 말해 보시오.

차쌤의 TIP

SNS나 TV 프로그램을 통해 경찰의 일상을 공개하거나, 경찰의 업무상 문제점 혹은 경찰로서 보람을 느끼는 순간 등을 국민과 함께 공유하는 것도 좋은 방법이다.

기출질문 119 / 나이 어린 상급자와 업무에서 의견 차이가 발생한다면 어떻게 할 것인가?

차쌤의 Tip

경찰은 계급 사회이고, 계급 상하 간의 지휘체계가 있기 때문에 나이를 앞세운다면 조직 내의 위계질서와 안정성이 위협을 받게 된다.

기출질문 120 / 평소 주변인과 갈등이 있을 때(이해가 상충될 때) 갈등을 해결하는 방안은 무엇이었는가?

차쌤의 Tip

서로 간의 갈등이나 이해가 상충될 때는 자신을 낮추고 상대방의 말에 귀를 기울이는 것이 중요하며, 때로는 갈등의 근본적인 원인을 생각해 본 후 자신에게 문제가 있다고 생각되는 부분은 개선하려고 노력해야 한다. 만약 상대방에게 문제가 있다고 생각된다면, 대화를 통해 상대방의 의견을 들어보고 문제 해결의 합의점을 찾는 방안을 모색해야 한다.

기출질문 121 / 본인은 특정 민원을 올바른 매뉴얼로 처리했으나 해당 민원인은 민원 처리가 형편없다며 본인의 상관에게 항의를 하고 있다면 어떻게 할 것인가?

차쌤의 Tip

매뉴얼대로 민원을 상담하더라도, 전문 용어나 세부적인 업무 처리 과정이 생소한 민원인은 이를 이해하지 못해 민원 처리 과정에 불편함을 호소하거나 항의를 할 수 있다. 이 경우에는 민원인이 이해할 수 있도록 쉬운 설명으로 차분한 상담을 해야 한다. 그런데도 상관에게 민원 처리에 대해 이의를 제기한다면, 선임 상관에게 도움을 요청하는 것도 하나의 해결 방법이다.

기출질문 122

사건 신고를 한 민원인의 말을 듣다보니 해당 사건이 민사관계라면 어떻게 처리할 것인가?

차쌤의 Tip

민사사건일 경우 경찰은 민사관계에 관여할 수 없기 때문에 이 부분을 민원인에게 설명하여 양해를 구하고, 법률구조공단(132) 등 민사 관련 절차를 안내해야 한다.

기출질문 123

지구대(민원실 등)에서 민원인끼리 다투고 있다면 어떻게 대처할 것인가?

차쌤의 Tip

각자 자신의 입장만 내세우며 다투는 경우가 많기 때문에 당사자들을 분리하여 진정시키는 것이 우선이고, 어느 한쪽의 입장에 치우치지 않고 양자의 민원을 공평하게 듣고 사건을 접수·처리하여 원만히 해결할 수 있도록 해야 한다.

기출질문 124

직장에서 상사로부터 성희롱을 당했다면 어떻게 행동할 것인가?

차쌤의 Tip

그 자리에서 단호하게 기분이 나쁘다는 것을 표현하고 그럼에도 상사의 성희롱이 계속될 경우, 청문감사관 또는 행동강령책임관과 상의 후 처리해야 한다.

기출질문 125

일을 하지 않고, 배우려고도 하지 않는 직원이 조직 내에서 왕따를 당하고 있다면 본인은 어떻게 하겠는가?

차쌤의 Tip

"일하지 않는 자여, 먹지도 마라."라는 말이 있다. 노력을 하지만 일을 못하는 사람에게는 격려의 말을 해주겠지만, 노력도 하지 않고 배우려고 하지 않는 사람에게는 단호하게 꾸짖어 자신의 잘못을 반성시켜야 한다.

공권력에 대항(무력화)하는 이유가 무엇이라고 생각하는가?

차쌤의 Tip

공권력에 도전하여 피해를 입게 된다면 이 과정에서 인권을 침해당했다고 주장하여 공권력을 응징할 수 있다고 생각하며 공권력을 무시하는 경우나, 사회적 약자에게 법집행이 더욱 엄격하다고 생각하여 법의 형평성에 대한 불신으로 공권력에 대항하는 경우가 있다.

인권을 내세우며 공권력에 대항하는 것에 대해 어떻게 생각하는가?

차쌤의 Tip

인권 보장을 내세우며 공권력을 무력화하고자 하는 악의적인 행동에 대해서는 단호하게 대처해야 한다. 이와 같이 인권 보호를 빙자한 불법적 행동이 발생할 경우에 대비하여 적절한 대처 매뉴얼을 연구·개발할 필요가 있다. 그리고 공권력을 무력화하려는 인권보장이 무조건 옳지 않음과 공권력이 필요한 이유에 대해 국가적으로 홍보할 필요도 있다.

경찰은 국민 전체에 대한 봉사자인데 왜 강제력이 필요한가?

차쌤의 Tip

국민 전체에 대한 봉사자란 경찰은 국민 전체의 이익을 생각하고, 친절하고 공정하게 국민을 위해 업무를 처리한다는 의미이다. 하지만 국민의 생명·신체·재산을 보호하고 사회의 공공 안녕과 질서 유지를 위해 강제력을 행사해야 하는 불가피한 경우도 있다. 국민을 위해 강제력을 행사함으로써 더 많은 사람들의 인권을 보호할 수 있다면 강제력이 필요하다.

기출질문 129

악법도 준수해야 하는가?

차쌤의 Tip

우리나라는 법치국가이고, 법치국가에서는 법적 안정성이 중요하기 때문에 그 법이 악법이라고 해도 지켜야 된다. 물론, 법률의 합목적성도 중요하기 때문에 위헌법률심판 등을 통해 해당 법의 개정을 위해 노력하여, 사회적 정의를 지켜 나가고 있다.

기출질문 130

다른 직렬에 비해 경찰에 특히 청렴성이 요구되는 이유는 무엇이라고 생각하는가?

차쌤의 Tip

경찰의 청렴하지 못한 모습은 국민들의 불신을 불러온다. 경찰이 청탁을 받고 불법 행위에 대해 단속을 하지 않는다면 그 피해는 국민들에게 돌아갈 것이며, 이러한 행위가 반복된다면 경찰에 대한 국민들의 불신은 깊어지게 된다. 경찰에 대한 불신이 깊어진다면, 경찰의 정당한 업무 수행도 국민의 지지를 받지 못하게 되어 경찰의 업무 처리가 더욱 힘들어질 것이다. 따라서 국민과 경찰 모두를 위해 경찰에게는 높은 청렴성이 요구된다.

기출질문 131

주변(친구/부모님/친척) 사람이 못 받은 돈을 받아 달라는 청탁을 할 경우 어떻게 할 것인가?

차쌤의 Tip

경찰의 공권력은 사적으로 행사할 수 없기 때문에 정중히 거절해야 한다. 만약 사적인 일에 공권력을 남용하게 된다면 경찰 공공의 원칙상 민사관계 불가침성 위반이 된다.

기출질문 132

주변(친구/부모님/친척)이 비리(업무)와 관련된 청탁을 할 경우 어떻게 할 것인가?

차쌤의 Tip

청탁금지법에 위반되는 행위는 단호하게 거절해야 한다. 정약용은 『목민심서』 율기 6조 청심(淸心)에서 "뇌물은 누구나 비밀스럽게 주고받겠지만, 한밤중에 주고받은 것도 아침이면 드러난다."라고 말했다. 즉, 청탁은 언젠가는 드러나게 될 것이고 이로 인해 더 큰 피해를 보게 될 것이다. 단순히 청탁을 받지 않는 것도 중요하지만, 평소 자신의 행동에 대해서도 생각해 볼 필요가 있다. 본인의 어떠한 행실이 타인이 청탁을 부탁해도 되겠다고 생각을 하게 했는지 반성해보며 앞으로는 청탁을 받는 일조차 없도록 자신의 행동을 단속해야 한다.

기출질문 133

친한 친구가 단속 대상 업소인 단란주점의 사장인데 정기적인 모임을 갖고 있다. 그런데 본인이 친구의 업소가 위치한 관할 구역으로 발령이 받았다면 그 때에도 계속 정기적인 모임에 나갈 것인가?

차쌤의 Tip

단속을 해야 하는 경찰이기 때문에 공권력을 집행하면서 공정성을 의심 받을 만한 행위는 일절 하지 않는 것이 좋다.

기출질문 134

본인이 처리해야 할 업무가 상당히 많은 상황인데 같은 팀 상관이 당신에게 업무를 미룬다면 어떻게 할 것인가?

차쌤의 Tip

상관에게 매우 급한 용무가 있다면 본인이 도와줄 수 있겠지만, 특별한 사정 없이 단순히 업무를 미루는 경우라면 상관에게 먼저 본인의 업무가 완료된 이후에 처리해도 되는지 정중하게 물어 보아야 한다.

선배가 (담배) 심부름 등 잡일을 시킨다면 어떻게 할 것인가?

차쌤의 Tip

직무를 수행하면서 문제가 되지 않는다면 대신해줄 수 있겠지만, 본인의 업무 처리에 지장을 주는 경우라면 정중히 거절한다.

선배가 근무를 대신 서달라고 한다면 어떻게 할 것인가?

차쌤의 Tip

경찰 근무는 근무일지에 미리 정해져 있는 사안이므로 마음대로 근무를 대신 서줄 수 없다. 선배가 중요한 용무가 있는 경우라면, 지구대장이나 팀장 등 상관에게 보고한 후 상의하여 근무를 대신 서주어야 한다.

상관이 강도 사건을 절도 사건으로 경감하라고 지시한다면 어떻게 할 것인가?

차쌤의 Tip

업무를 처리하다 보면 법령 해석에 대한 다양한 관점이 존재한다. 따라서 특정 사건에 대하여 여러 가지 해석이 있을 수 있으므로, 경감의 이유를 물어볼 필요가 있다. 하지만 상관이 고의로 사건을 축소하고자 한다면 이는 위법한 명령임이 명백하므로 거절해야 한다. 거절로 인해 조직 내에서 불이익을 받거나, 동료들과의 관계가 불편해지더라도 소신껏 발언해야 한다.

기출질문 138

본인은 용의자를 구속을 해야 한다고 생각하는데, 상사가 석방을 하라고 지시한다면 어떻게 할 것인가?

차쌤의 Tip

해당 사건의 용의자를 상관이 석방하라고 생각하는 데는 합당한 이유가 있을 것이다. 이와 관련해 용의자를 구속해야 한다고 생각한 본인의 의견을 제시하고, 상관과 충분히 의논하여 석방과 구속 중 어느 것이 더 합리적인지를 결정해야 한다. 하지만, 사적인 이익을 위해서 용의자를 석방하라는 상관의 명령은 위법이기 때문에 단호하게 거절해야 한다.

기출질문 139

지구대 신입 후배를 위해 환영식을 마련했는데 후배가 회식에 참가하지 않겠다고 한다면 어떻게 할 것인가?

차쌤의 Tip

조직생활이 필수적인 경찰의 업무상 회식도 일종의 팀워크를 다지는 자리로서, 업무의 연장이라 간주할 수 있다. 우선 후배와 일정을 상의할 필요도 있었으나, 개인적인 행동을 고집하는 후배에게도 업무의 원활한 수행을 위해 협동이 필요함을 주지시켜 주어야 한다.

기출질문 140

부하 직원이 상관의 지시를 불이행하고, 업무 처리도 소홀하다면 어떻게 할 것인가?

차쌤의 Tip

업무상 부족한 부분은 가르쳐주면 되지만, 상관의 지시를 무시하는 행동은 조직 사회의 위계질서를 혼란스럽게 하는 행위이므로 엄중하게 경고하여야 한다. 대화를 통해 문제 상황을 해결해가는 것이 가장 바람직하지만, 당근과 채찍을 적절하게 활용하여 후배가 경찰로서의 본분을 충실히 수행할 수 있게끔 지도해야 한다.

기출질문 141

일선 현장에 투입이 되었는데 업무 능력이나 체력이 부족한 선배와 한 조가 되었다면 어떻게 할 것인가?

차쌤의 TIP

모든 업무에 완벽한 사람은 없고, 능력이 조금 부족하더라도 서로를 이해하고 도와준다면 충분히 시너지 효과가 발생할 수가 있다. 경찰은 대체로 2인 1조로 활동하므로 좋은 팀을 만들기 위해서는 서로를 이해하고 부족한 부분을 채워 나가려는 두 사람 모두의 노력이 중요하다.

기출질문 142

신입 순경이 실수하여 팀장에게 심한 욕을 들으며 혼이 났다. 그래서 팀 분위기가 좋지 않을 때 본인이라면 어떻게 대처할 것인가?

차쌤의 TIP

조직 업무에서는 팀워크가 중요하다. 분위기를 개선하기 위해 팀장님께 본인이 신입 순경에게 업무 지도를 제대로 하지 못한 점을 사과하고, 신입 순경에게는 실수가 반복되지 않도록 문제점과 개선 방향을 설명해준다.

기출질문 143

지휘관이 되었을 때 부하 직원의 업무 능력을 향상시키기 위해 어떤 노력을 할 것인가?

차쌤의 TIP

아랫사람이 어떤 능력이 가지고 있는지를 먼저 파악한 후, 부하 직원의 흥미와 특기를 살릴 수 있는 일을 맡기는 것이 중요하다.

기출질문 144

여자로서 힘든 경찰업무에 잘 적응할 수 있는가?

차쌤의 Tip

여성과 남성의 업무를 구분하는 것은 시대착오적이다. 남녀가 신체구조상 다를 뿐이지, 남녀로 구분하여 특정 성별에 업무를 한정하는 것은 옳지 않다. 성범죄 피해 여성이나 아동과 상담해야 하는 업무의 경우 여경이 적절할 수도 있지만, 남경이라고 못할 일은 아니다. 범죄자를 진압하는 등 신체적 활동이 많이 필요한 업무에서는 남경이 신체적으로 유리할 수도 있지만, 여경의 경우에도 충분히 업무를 수행할 수 있다.

기출질문 145

지구대에서 남자 경찰관들이 함께 출동하기 꺼려한다면 어떻게 할 것인가?

차쌤의 Tip

남경들이 여경들과 함께 출동하는 것을 꺼린다는 말을 들어 본 적이 있을 것이다. 물론 혼자서 흥분한 양 당사자를 제압하고 그 상황을 중단하기 위해서는 여경이 역부족임을 알고 있지만 같이 동행하는 남경에게 기대거나 의지하려는 자세 대신 여경 주도적으로 사건을 진압하려고 노력하는 모습을 보이고 남성으로 서 가지지 못하는 여성의 역할을 부각시켜 솔선수범을 한다면 여경으로서의 긍정적 이미지를 자연스럽게 주입시킬 수 있을 것이다.

기출질문 146

본인이 생각하는 성공의 기준은 무엇인가?

차쌤의 Tip

성공의 기준은 사람마다 다르지만 본인이 생각하는 성공의 기준은 일반 국민이나 다른 제3자에게 인정을 받는 게 아닌 나의 자녀와 가족에게 인정을 받는 것이라고 생각한다. 이따금 경찰 비리와 관련된 언론 보도를 볼 때면 경찰 전체가 비리나 부패의 온상으로 취급받는 것 같아 마음이 아프다. 경찰에 대한 일반적인 국민의 인식은 정직, 봉사, 도움 등과 같은 긍정적인 이미지 보다는 단속, 처벌, 규제, 비리, 진압 등과 같은 부정적인 이미지가 강하다고 본다. 만약 당신이 경찰관이 된다면 누가 알아주기를 바라지 않고 묵묵히 제 역할을 다하여 국민들에게 도움이 되고 없어서는 안 되는 존재라는 긍정적인 이미지를 심어주기 위해 노력하고 자신의 자녀와 가족에게 떳떳하고 당당한 경찰로서 인정을 받아야 한다.

PART 01 | PART 02 | **PART 03** | PART 04 | PART 05

기출질문 147

지구대에는 편한 곳도 있지만 힘든 곳도 많다. 본인이 힘든 지구대로 발령을 받으면 어떻게 할 것인가?

차쌤의 Tip

타산지석(他山之石)의 자세로 많은 것을 경험하고 배우려는 자세로 업무에 임해야 한다. 힘들수록 그만큼 다양한 업무 경험을 쌓을 수 있는 곳이기 때문에 각 신고 사항에 대한 대처 능력을 키우고, 힘든 업무 속에 더 큰 보람을 느낄 수 있도록 노력해야 한다.

기출질문 148

경찰관이 되었는데 생각했던 것과 달라 실망하게 된다면 어떻게 할 것인가?

차쌤의 Tip

모든 일에 100프로 만족할 수 있는 직업은 없다. 이미 경찰에 지원하기 전에 업무가 힘들고 고될 것을 예상하고 지원했기 때문에 쉽지 않은 상황 속에서도 긍정적인 사고를 가지고 충실히 근무에 임해야 한다. 하지만 내가 감당할 수 없는 만큼 큰 실망이 올 때는 혼자서 해결하려고 하기보다는 주변의 경험이 많은 선배들에게 조언을 구하는 것이 좋다.

기출질문 149

본인이 기피하는 부서로 발령을 받으면 어떻게 할 것인가?

차쌤의 Tip

기피 부서로 발령을 받아 근무를 하더라도 경찰이라는 사실은 변함이 없다. 어떤 일을 하는 게 중요한 것이 아니고, 누구를 위해 일을 하느냐가 중요하므로 아무리 힘든 부서에 가더라도 그 부서에 자부심을 가지고 업무에 임하여야 한다.

기출질문 150

돈, 권력, 명예 중 가장 중요시하는 것은 무엇인가?

차쌤의 Tip

개인마다 의견 차이가 있겠지만, 경찰은 명예를 중요시해야 한다. 돈은 어떠한 방법으로든 획득할 수 있고, 권력 또한 개인의 노력으로 성취할 수 있다. 하지만 명예는 단순히 개개인이 노력한다고 성취할 수 있는 것이 아니다. 명예는 자신이 이 세상에서 가치 있게 살아가고 있다는 것을 느끼게 하므로, 명예를 얻는다면 공공을 위한 일을 하면서 보람을 느낄 수 있고 그 성취로 인해 행복감도 느낄 수 있다.

기출질문 151

능력은 뛰어나지만 협동심이 부족한 사람과 능력은 조금 부족하지만 협동심이 강한 사람 중에 어느 사람과 함께 일을 하고 싶은가?

차쌤의 Tip

조직은 개인이 혼자서 움직일 수 없다. 능력이 부족한 개인들이 모인 집단이라 하더라도 협동심으로 뭉쳐서 일을 진행하다보면 개개인의 부족한 면을 보완할 수 있다. 하지만 능력이 아무리 좋은 사람이라 하더라도 협동심이 없다면, 서로 자신의 주장만 하며 협동할 수 없으므로 조직의 운영이 어려워진다. 능력이란 본인의 노력으로 충분히 보완하고 개선할 수도 있으므로, 능력이 조금 모자라도 협동심이 강한 사람과 일을 하고 싶다고 말하는 것이 좋다.

기출질문 152

만약 상급자가 된다면 업무 능력이 탁월한 사람의 부하 직원을 뽑을 것인가? 아니면 인성이 훌륭한 사람을 뽑을 것인가?

차쌤의 Tip

업무 능력이 탁월한 사람 즉, 능력이 뛰어난 사람은 사기업에서 선호를 할 것이다. 공공기관은 공익을 우선으로 하기 때문에 개인의 능력보다 인성을 중시한다.

조직 내에서 항상 조직원들과 싸우는 사람, 지각하는 사람, 일을 엄청 못 하는 사람 중 같이 일하기 싫은 사람 순서로 선발하시오.

차쌤의 TIP

평소에 성실하지 않은 못한 사람들은 소홀함 때문에 믿음을 줄 수 없어 조직에 누가 되고 국민에게 큰 피해를 줄 것이고, 일을 못 하는 사람은 스스로 노력을 하지 않아 자기 발전이 없어 조직에 누가 될 것이다. 그러나 평소 자주 싸우는 사람은 성향적인 면이기 때문에 서로 안 좋은 감정을 털고 좋은 감정을 가지게 된다면 좋은 결과를 낳을 수 있으므로 항상 지각하는 사람, 일을 못 하는 사람, 자주 싸우는 사람 순으로 선발하는 것이 좋을 것이다.

부모님/친인척/친구 등이 음주운전을 한다면 어떻게 할 것인가?

차쌤의 TIP

예외없이 단호하게 단속을 해야 한다. 음주운전은 자신의 생명뿐만 아니라 다른 사람의 생명까지 앗아 갈 수 있는 범죄이다. 그리고 본인은 가족의 구성원이지만, 제복을 입고 있는 순간은 경찰관임을 명심해야 하고, 설령 그 대상이 부모님이라 하더라도 단속을 해야 한다.

기출질문 155

운전을 생계로 하는 영세민이 음주운전으로 단속되었을 때 어떻게 할 것 인가?

차쌤의 Tip

가족의 생계를 책임을 지고 있더라도 음주운전으로 인한 교통사고를 예방할 공익적 필요가 있으므로 예외 없이 음주단속을 해야 한다. 다만, 생계형 운전자 면허취소에 대한 구제 방법인 '이의신청(주소지 관할 지방경찰청장)' 및 '행정심판(법원)' 청구를 통하여 그 면허취소에 대해 '110일 면허정지'로 감경될 수 있음을 안내해 준다.

Append

음주운전으로 운전면허의 취소 또는 정지처분을 받은 경우 감경사유

운전이 가족의 생계를 유지할 중요한 수단이거나, 모범운전자로서 처분 당시 3년 이상 교통봉사활동에 종사하고 있는 경우, 교통사고를 일으키고 도주한 운전자를 검거하여 경찰서장 이상의 표창을 받은 자로서 다음의 어느 하나에 해당하지 않는 경우여야 한다.
① 혈중알코올농도가 0.1퍼센트를 초과하여 운전한 경우
② 음주운전 중 인적 피해 교통사고를 일으킨 경우
③ 경찰관의 음주측정요구에 불응하거나 도주 또는 단속경찰관을 폭행한 경우
④ 과거 5년 이내에 3회 이상의 인적피해 교통사고의 전력이 있는 경우
⑤ 과거 5년 이내에 음주운전의 전력이 있는 경우

기출질문 156

경찰관이 소주 1잔을 마시고 음주운전을 했는데, 혈중 알코올 농도가 0.001%가 나왔다. 경찰관이라는 이유로 지나친 징계를 받는다면 이에 대해 어떻게 생각하는가?

차쌤의 Tip

공직자로서 소주 1잔만 마셨다 하더라도 음주운전을 해서는 안 된다. 하지만, 동시에 경찰이라는 이유만으로 너무 지나친 법의 잣대로 처벌하는 것도 형평성에 어긋난다. 형평성에 어긋나는 처벌을 한다면 조직 내부의 반발이 심하게 될 것이다.

최근 교통사고 중 음주운전으로 인한 사망자가 높은 편이다. 왜 음주운전을 한다고 생각하는지 말하고, 처벌을 강화하는 것 이외에 음주운전을 근절하기 위한 방안이 무엇이 있다고 생각하는지 말해 보시오.

차쌤의 Tip

음주운전을 하는 이유는 죄의식과 음주운전에 대한 경각심이 부족하고 나아가 잘못된 음주 습관에서 비롯된다. 이러한 잘못된 음주 습관을 바로잡기 위해 최근 혈중알콜농도 0.05%에서 0.03%로 단속 기준 수치를 강화하고, 현행 음주운전 초범 기준을 기존 2회에서 1회로 낮춤으로써 잘못된 음주 습관을 바로 잡고 있다. 또한 국민들이 법에 대한 경각심과 엄중함을 느끼기 위해 경찰은 철저한 기초 질서 단속을 통하여 일상에서부터 철저한 경고 메시지를 줘서 음주운전에 대한 죄의식과 경각심을 더욱 고취시킬 수 있도록 해야 한다.

술을 마시고 주차를 해놓고 있는데 옆 내리막길에서 리어커가 굴러가는 모습을 보고 차를 운전해서 막았다면 그것도 음주운전으로 처벌을 해야 하는가?

차쌤의 Tip

술을 마시고 운전을 한 점에서는 음주운전의 구성요건에 해당하지만, 당시 운전을 하게 된 경위와 목적 등 모든 상황을 고려할 때 사회상규에 어긋나지 않는 정당행위로 볼 여지가 있다.

한적한 곳에서 술을 마시고 있는데 아이가 아프다는 급한 연락이 온 상황이다. 반드시 집에 가야하는데 주변에 인적이 드문 장소이다 보니 차들이 다니지 않는다면 어떻게 할 것인가?

차쌤의 Tip

가까운 관공서(지구대, 파출소)에 연락을 하여 도움을 요청하는 것이 옳다. 훗날 경찰관이 되었을 때 사적으로 집에 데려다 주는 행위는 가급적 해서는 안 되지만, 급한 사정이 있다면 신속하게 데려다 줘야 한다.

기출질문 160

함께 마신 술로 동료가 음주운전을 하여 파면을 당했는데 이를 말리지 않은 본인도 징계를 받았다고 하자. 회식자리에서 함께한 동료가 음주단속에 적발될 경우 그 자리에 있던 동료 경찰관을 함께 처벌하는 것에 대해 어떻게 생각하는가?

차쌤의 Tip

동료가 음주운전을 할 줄 알면서도 말리지 않은 행위는 동료의 불법적 행동을 막을 기회가 충분했음에도 이를 방임한 것이다. 음주운전을 살인 행위로 간주하고 단속하는 경찰이 음주운전을 말리지 않은 것은 본인의 업무에 충실하지 못했다고 볼 수도 있다. 자신의 임무에 충실하지 못하였으므로 본인에게 어떠한 징계가 내려지더라도 이를 수용해야 한다.

기출질문 161

법에는 저촉되지 않으나 양심에 저촉된 일을 하게 되었다면 어떻게 할 것인가?

차쌤의 Tip

양심이란 사전적 의미를 보면 어떤 행위에 대해 옳고 그름을 구별하는 도덕적 · 윤리적 마음을 뜻한다. 사람은 양심과 자신의 욕망 사이 갈등을 빚고, 옳은 것과 좋은 것 사이에서 갈등을 하기 마련이다. 하지만 과도한 양심으로 자신을 억압하게 된다면 자신의 기본적인 욕망마저 차단하거나 억압함으로써 오히려 화병이라는 질병이 생길 수 있다. 만약 법에 저촉된 일을 하게 되었을 때는 처벌에 대한 두려움 때문에 과도한 양심적 가책이 생기지만, 단순히 양심에만 저촉된 일을 하게 되었을 때에는 과도한 자책하기 보다는 앞으로 그 일이 되풀이 되지 않도록 행동으로 실천하는 것이 필요하다.

기출질문 162

본인의 잘못으로 팀원 전체가 징계를 받게 되었다면 어떻게 할 것인가?

차쌤의 Tip

나의 잘못을 팀원 전체에게 피해를 준 것에 대해 진심 어린 사과와 용서를 구하는 것이 먼저이며, 징계위원회에서 본인의 해명을 통해 잘못된 점에 대해 솔직히 시인하고, 팀원들에게 피해가 가지 않게 최대한 노력해야 한다.

기출질문 163

2인 1조로 근무를 하다가 일을 잘못하여 징계를 받게 되었는데, 상부에서 둘 중 한 사람만 징계를 내리려 한다면 어떻게 할 것인가?

차쌤의 Tip

징계를 회피하려고 하기 보다는 본인 잘못을 스스로 인정하고 징계를 겸허히 받아들어야 하며, 혹시나 동료가 오해를 하지 않도록 징계를 받기 전 미리 말을 맞추어 동료가 오해를 하지 않도록 충분한 설득 또한 필요하다.

기출질문 164

잘못의 경중을 제대로 따져보지 않고 중징계를 하는 것에 대해 어떻게 생각하는가?

차쌤의 Tip

뇌물 수수나 부도덕한 행위로 경찰 전체의 이미지를 손상시키는 행위에 대해서는 엄중히 처벌해야 한다. 하지만 근무 중 실수로 발생한 일에 대해서 그 비위 정도와 무관하게 중징계를 한다면, 조직 내에서 징계의 위험성이 높은 업무의 경우 소극적인 대처만 하게 될 것이다. 이러한 행동은 국민들에게 경찰에 대한 실망감을 줄 수 있는 만큼 비위의 경중을 명확하게 따져 그에 합당한 징계를 하는 것이 옳다.

기출질문 165

상관이 본인에게만 일을 시키거나, 야근을 지시할 경우 어떻게 할 것인가?

차쌤의 Tip

야근을 지시하는 경우에는 본인의 업무 처리에 문제가 있어서 추가 업무를 지시하는 경우와 상관이 본인을 깊이 신뢰하여 업무를 믿고 맡기는 경우가 있다. 전자의 경우는 본인의 업무 태도에 대해 재고해보고, 상관과 업무 태도에 대해 대화를 통해 자신의 문제점을 개선해야 하고, 후자의 경우는 최선을 다해 상관의 기대에 부응하도록 노력해야 한다.

친한 친구가 금전(보증)을 빌려 달라고 한다면 어떻게 할 것인가?

차쌤의 Tip

여윳돈이 있는 경우 상대에게 돈을 빌려줄 수 있겠지만, 돈이 없다면 확실하게 거절해야 한다. 그리고 공직자로서 보증은 위험하다. 실제로 대출자가 빚을 갚지 못하면 은행은 다른 보증인보다 신원이 확실한 공무원에게 우선적으로 채권 변제를 하도록 한다. 독촉과 경고장이 지속적으로 발송되며 월급의 1/2을 차압당하기도 한다. 지인뿐만 아니라 본인의 경제 상황도 악화될 수 있으므로 금전 거래는 항상 신중해야 한다.

면접관이 귀하를 뽑아야 하는 이유는 무엇인가?

차쌤의 Tip

자신만의 좌우명이나 특기, 장점 등을 살려 본인이 경찰에 꼭 필요한 인재라는 점을 부각해야 한다. 예를 들어, "저의 좌우명은 '언제 어디서 무엇을 하든지 인정받는 사람이 되자'입니다. 저는 이러한 생각으로 생활하기 때문에 성실함이 몸에 배어 있습니다. 저의 성실함은 국민들에게 인정받고 경찰의 이미지를 한층 더 좋아지게 하는 데 큰 역할을 할 수 있기 때문에 저를 꼭 뽑아주셨으면 좋겠습니다."라고 답하면 좋다. 본인만의 장점을 잘 살려 준비하면 좋다.

지구대로 첫 발령을 받으면 가장 먼저 하고 싶은 일은 무엇인가?

차쌤의 Tip

첫 발령을 받으면 대체로 지구대/파출소 막내이기 때문에 거창하게 무엇을 해 보겠다고 하는 것보다는 관내 지리 파악 및 우범자 파악, 팀워크를 위해 선배들과 돈독한 관계를 먼저 유지하겠다고 하는 것이 좋다.

지구대/파출소 근무 중 주취자가 난동을 부릴 경우 어떻게 할 것인가?

차쌤의 TIP

주취 난동의 원인은 다양하지만, 그중에서도 개인의 욕구 불만이나 사회적 부조리에 대한 불만을 표출하고자 행패를 부리는 경우가 많다. 이런 표출이 억압을 받게 되면 감정기복이 심한 주취자들은 더욱 격렬해지기 때문에 최대한 상대방을 존중하면서 대화로 문제 상황을 해결하는 것이 중요하다. 이성적 판단 능력이 저하된 주취자가 자해하거나 타인에게 위해를 가하는 경우도 많으므로 보호 조치도 필요하다. 하지만 경찰을 폭행하거나 기물 파손 등의 행위에 대해서는 관공서 주취 소란이나 공무집행방해죄에 해당함을 엄중히 경고하고, 그럼에도 불구하고 난동이 지속될 경우에는 CCTV나 휴대폰 등으로 상황을 녹화하는 등 증거를 확보하여 현행범으로 체포할 수 있다.

주취자가 지구대장의 멱살을 잡고 행패를 부리자 옆에서 지켜본 경사가 주취자에게 엎어치기를 했다. 옆에서 이 상황을 지켜 보았다면 어떠한 생각이 들 것 같은가?

차쌤의 TIP

경찰의 멱살을 잡고 행패를 부린 경우에는 공무집행방해죄가 성립할 수 있다. 하지만 그 과정에서 과도한 물리력을 사용한다면 과잉진압이라는 비난을 받을 수 있기 때문에 어떠한 상황에서도 같이 흥분하여 감정적으로 대응해서는 안 된다.

집회 · 시위 현장에서 경찰의 과잉진압에 대해서 어떻게 생각하는가?

차쌤의 TIP

민주주의 국가에서 집회의 자유는 보장되어야 하지만 집회 · 시위는 법적인 범위 내에서 행해져야 한다. 불법 시위 및 폭력 시위는 어떠한 이유로도 정당화될 수 없기 때문에 이를 진압하는 과정이 시위자의 입장에서는 과잉진압으로 보일 수 있지만, 이러한 불법 시위를 진압해야 하는 것도 경찰의 의무이다. 평화적 시위가 공격적으로 변해 다른 국민들에게 불편을 야기하게 될 가능성도 언제나 존재한다. 경찰은 다양한 변수에 대해 대비하고, 안전하고 평화적으로 시위를 진압하는 방법에 대한 지속적인 연구가 필요하다.

기출질문 172

여경의 폴리스라인에 대해 어떻게 생각하는가?

차쌤의 Tip

과격한 시위나 폭력 시위에서는 여경의 폴리스라인을 설치하는 것은 바람직하지 않지만, 평화적 집회·시위의 경우는 여경을 투입하게 된다면 아주 작은 동기에 의하여 갑자기 확대되는 시위의 특성(부화뇌동적 파급성)을 사전에 차단할 수 있으며, 오히려 평화로운 집회·시위를 경찰이 보호하고 있다는 인식을 심어주는 데 큰 역할을 할 것이다. 여경의 친근한 이미지가 시위참가자들의 긴장감과 경찰에 대한 적대심을 완화하는 데 큰 역할을 할 수 있다고 생각한다.

기출질문 173

시위 현장에서 동료 경찰관이 시위대에게 과도한 물리력을 행사할 경우 어떻게 할 것인가?

차쌤의 Tip

집회·시위의 현장에서는 다양한 돌발 상황이 발생할 수 있다. 시위가 격해지다보면, 불법적인 상황에서 경찰 자신도 모르게 자기 방어의 기제가 발동하여 과도하게 물리력을 사용하는 상황이 발생할 수도 있다. 이러한 경우, 시위대와 갈등이 더욱 더 심해질 가능성이 높으므로 해당 동료를 2선으로 배치하여 흥분을 가라앉히고 침착해지도록 해야 한다.

기출질문 174

언론을 통해 경찰의 강경 진압 현장을 보고 지인들이 본인에게 비난을 할 때 어떻게 할 것인가?

차쌤의 Tip

집회·시위는 헌법상 보호받아야 하나, 제3자가 피해를 입거나 폭력 시위 등 불법 시위로 변질될 우려가 있는 경우에 경찰은 강제 해산 등 강경 진압이 불가피하다. 언론에서 편파적으로 시위대의 입장만 보도하는 경우에 국민들은 경찰을 강자, 시위대를 약자로 판단할 수도 있다. 이러한 입장 차이를 최소화하기 위해서 시위의 전 과정을 촬영하여 진압 과정의 정당성을 알릴 필요가 있다.

집회 · 시위 현장에서의 최루탄/물대포 사용에 대해 어떻게 생각하는가?

차쌤의 TIP

불법 집회로 인한 피해의 확산을 막기 위해서 불가피하게 최루탄이나 물대포를 사용해야 하는 경우도 존재한다. 하지만 보충성의 원칙에 따라 최후의 수단으로 사용해야 하고, 무고한 시민에게 불편과 피해를 주지 않는 것이 가장 중요하다.

언론을 통해 집회를 강경 진압하는 모습들이 보도됨에 따라 국민과 경찰의 괴리감이 증폭되고 있다. 이에 대해 어떻게 생각하는가?

차쌤의 TIP

국민과의 괴리감이 증폭된 부분에는 우선, 경찰에게 잘못이 있다. 국민에게 공권력이 사용되어야만 했던 불가피한 상황에 대해 제대로 홍보하지 못했기 때문이다. 두 번째로는 집회 · 시위에 대해 심층적으로 분석하지 않고 보도하는 언론의 태도에 문제가 있다. 언론이 편파 보도를 지양하고, 시위대와 경찰의 양쪽 입장을 공평하게 분석하여 공권력이 투입되어야만 했던 이유를 국민들에게 알린다면 국민과 경찰의 괴리감은 줄어들 것이다.

평소 마을 이장의 도움 받았는데, 이장이 신호위반을 한 경우 어떻게 할 것인가?

차쌤의 TIP

평소 이장의 도움을 받았다 하더라도 긴급한 환자를 후송하는 등의 특별한 경우가 아니라면 단속을 하는 게 당연하다. 만약 지인이라고 모른 척하거나 봐준다면 법을 집행하는 형평성에 어긋나고, 이로 인해 경찰에 대한 신뢰도 떨어질 수밖에 없기 때문이다.

기출질문 178

교통 단속을 하였는데 위반 사실을 끝까지 부인하는 경우 어떻게 할 것인가?

차쌤의 Tip

위반 여부가 불명확할 경우에는 훈방 조치로 끝내야 하지만, 위반 여부가 명확할 경우에는 신분증을 건네받은 후 단속을 하고, 이의가 있는 경우 10일 이내에 경찰서 민원실을 방문하여 신청하거나 인터넷 이의 제기 절차(www.efine.go.kr)를 통해 이의 신청을 할 수 있음을 고지한 후 단속을 계속하면 된다.

기출질문 179

신호위반 운전자(오토바이 운전자)를 잡았는데 아이(부모님)가 아파서 약국을 가야하는 경우라면 어떻게 할 것인가?

차쌤의 Tip

병원에 가기 위한 것이 아니라 약을 사기 위해 위반한 것은 선처의 대상이 아니라고 생각하기 때문에 단속을 하는 게 맞는다고 생각한다.

기출질문 180

신호위반 운전자(오토바이 운전자)를 잡았는데 아이가 아파서 급히 병원에 간다면 어떻게 할 것인가?

차쌤의 Tip

교통단속보다는 위독한 환자를 살리는 것이 더 중요하다. 그리고 사람의 생명을 살리는 것이 먼저이기 때문에 경찰차로 병원까지 무사히 도착할 수 있도록 에스코트를 해주어야 한다.

기출질문 181

음주운전 단속 중 음주 사실을 인정한 운전자가 병원에 계신 부모님이 위독하다고 한다면 어떻게 할 것인가?

차쌤의 Tip

부모님이 위독한 상황이기 때문에 현장에서 음주단속을 하는 것보다는 병원으로 함께 동행하여 부모님을 만나게 한 후, 병원에서 음주 측정을 실시하면 된다.

신호위반 차량을 단속 중 위반 사실을 부인하며 면허증 제시를 거부할 경우 어떻게 할 것인가?

차쌤의 Tip

범칙자에 대해 면허증을 요구할 강제적 규정이 없다. 하지만 도로교통법에 의거하여 운전자는 운전 중 운전면허증을 반드시 휴대해야 하며, 경찰이 운전면허증 제시를 요구할 경우 반드시 응해야 한다. 이를 거부할 경우에는 20만 원 이하의 벌금이나 구류에 처할 수 있다. 면허증을 제시하지 않는 경우에는 즉결심판에 회부될 수 있다고 고지하고, 그럼에도 계속 면허증 제시를 거부할 경우 차량번호를 적어두고 즉결심판에 회부해야 한다.

살인(강도) 현장에 폴리스라인을 설치하였는데, 지구대장이 라인을 넘어 현장을 훼손할 경우 어떻게 할 것인가?

차쌤의 Tip

범행 현장에는 범죄 사실을 입증할 수 있는 증거자료가 현장에 존재하므로 현장보존을 최우선으로 생각해야 한다. 따라서 지구대장에게 정중히 말씀드려 폴리스라인에서 나오도록 하고, 지구대장이 훼손한 부분을 따로 표시하여 감식반(과학수사대)에 알려 주어야 한다.

퇴근길에 한 여성이 남자로부터 폭행을 당하고 있다면 어떻게 할 것인가?

차쌤의 Tip

신속히 112에 신고한 후 폭행을 제지하고, 남성을 현행범으로 체포하여 피해 여성을 구해야한다. 그리고 가까운 관공서(지구대)로 동행하여 관할 경찰관에게 목격 상황에 대해 설명해 주면 된다.

기출질문 185

퇴근길에 아파트 단지 내에서 아동학대를 목격한 경우 어떻게 할 것인가?

차쌤의 Tip

아이를 엄마와 분리하여 진정을 시키고, 신속히 112와 아동보호전문기관에 연락을 한후 가까운 관공서(지구대)로 임의동행을 요청하여 아동학대 관련 보호시설 인도 및 의료기관 치료 등의 응급조치가 즉시 이루어질 수 있도록 조치를 한다.

* 응급조치에도 불구하고 재발 우려가 있을 때 : 피해아동 또는 가족들의 주거로부터 퇴거 등 격리, 100미터 이내 접근금지 조치, 전기통신 등 이용금지, 친권 또는 후견인 권한 행사 제한 또는 정지할 수 있다.

기출질문 186

버스터미널/지하철에 폭발물이 설치되었다는 신고를 받았다면 어떻게 할 것인가?

차쌤의 Tip

시민의 안전이 최우선이 되어야 되기 때문에 먼저 시민을 대피를 시키는 것이 중요하며, 대피시킴과 동시에 폭발물처리반에 지원을 요청하고 처리반이 도착할 때까지 주변을 통제해야 한다.

기출질문 187

강도 피해 현장에 피해자가 피를 흘리며 쓰려져 있고, 강도는 눈 앞에서 도주한 경우 어떻게 할 것인가?

차쌤의 Tip

범인 검거도 중요하지만, 무엇보다도 국민의 생명·신체를 보호해야 하는 경찰은 피해자의 생명을 가장 우선시해야 한다. 따라서 119에 먼저 연락하여 피해자를 구조해야 하고, 강도범의 인상착의와 도주 방향을 상황실에 보고하여 검거할 수 있도록 해야 한다.

출동 신고를 받고 2인 1조가 되어 출동했는데 조직폭력배 20~30명이 패싸움을 하고 있다면 어떻게 할 것인가?

차쌤의 Tip

2명이 상황을 제압하는 것은 사실상 불가능하기 때문에 즉시 지원 요청을 하고, 다른 일반 시민들에게 피해가 가지 않도록 예의주시해야 한다. 그리고 혹시나 모를 상황을 대비하여 휴대전화로 촬영을 하는 등 증거 채집 활동을 하고, 폭력 상황을 지속적으로 상황실에 보고해야 한다.

교통단속 중 신호위반자가 돈을 준다면 어떻게 할 것인가?

차쌤의 Tip

경찰의 청렴성과 관련된 문제이다. 형사상 뇌물죄(증뇌물전달죄)가 성립될 수 있음을 말하고 돈을 돌려준 후 신호위반으로 단속해야 한다. 그래도 돈을 준다면 신호위반과 함께 뇌물증여죄를 추가하여 단속하면 된다.

신고를 받고 현장에 출동하였는데 당사자들이 서로 피해자라고 주장할 때 어떻게 할 것인가?

차쌤의 Tip

양 당사자들의 답변이 서로 엇갈리기 때문에 가까운 지구대나 경찰서로 임의동행을 요구해야 하고, 현장을 목격한 증인이나, 주변 CCTV(차량 블랙박스)등을 증거로 확보하여 피해자와 가해자를 가려 억울한 사람이 발생하지 않도록 해야 한다.
* 경찰관은 임의동행을 요구하는 경우에 상대방에게 동행을 거부할 수 있는 권리가 있고 동행에 동의한 경우라도 원할 경우에는 언제든지 퇴거할 수 있음을 고지해야 한다.

기출질문 191

쌍방 폭행 사건으로 2명이 지구대에 왔는데, 당사자끼리 합의를 했을 경우 어떻게 할 것인가?

차쌤의 Tip

폭행죄는 반의사불벌죄이므로 서로 합의를 했다면 신원조회를 한 후 특이사항이 없다면 귀가조치를 하면 된다.

기출질문 192

혼자서 치안센터에 있는데 동네 주민이 찾아와 보이스피싱을 당했다는 신고를 받았다면 어떻게 할 것인가?

차쌤의 Tip

보이스피싱은 범죄 발생 후 10분이 골든타임이다. 최대한 빨리 금감원(1332)이나 거래 은행 콜센터를 통해 지급정지조치를 취한 후 상황실에 보고하여 해당 업무는 사이버 수사대로 신속히 이첩해야 한다.

Append

보이스피싱 조치 요령

가장 큰 예방법은 응대를 하지 않는 것이지만, 혹시나 피해가 발생할 경우 신속하게 은행에 지급정지조치를 취하고 지급정지로 인출이 안 된 경우에는 은행에 피해환급금 반환 신청을 통해 돌려받을 수 있다. 하지만 계좌에서 이미 돈이 빠져나갔다면 돈을 돌려받을 수 없다. 지급정지 요청은 경찰청(112)이나 금감원(1332), 거래 금융회사 콜센터를 통해 하면 된다.

기출질문 193

단체 회식으로 지구대장과 함께 노래연습장에 갔다. 지구대장이 노래방 도우미를 부르자 할 때 어떻게 할 것인가?

차쌤의 Tip

노래연습장에서 도우미를 부르는 것은 불법이다. 도우미를 부르자고 주장하는 경우에는 정중히 거절의 의사를 표한다.

지하철에 몸이 불편한 사람이 구걸을 하면서 행인들에게 행패를 부린다는 신고를 받고 출동하였다면 어떻게 할 것인가?

차쌤의 Tip

경범죄 처벌법에 따르면 구걸을 하다가 다른 사람들의 통행을 방해하거나 귀찮게 할 경우 10만 원 이하의 벌금형으로 처벌하도록 규정되어 있다. 지하철역 출구와 지하철역 편의점 앞에서의 구걸행위는 다른 사람의 통행을 방해하거나 귀찮게 한 것으로 인정되어 경범죄 처벌법(구걸행위 등)에 저촉된다.

지하철에서 몸이 불편한 어르신이 구걸행위를 하고 있는데, 구걸행위에 대해 단속을 해야 되는가?

차쌤의 Tip

지하철에서 구걸행위를 하는 경우 성인의 경우 경범죄 처벌법, 18세의 경우는 청소년보호법, 17세면 아동복지법으로 처벌이 된다. 하지만, 다른 사람의 통행을 방해하거나 귀찮게 하는 것(지하철역 출구 앞 개찰구와 지하철역 편의점 앞에서 구걸 등)이 아니라면 훈방조치를 하는 것이 적절하다.

노숙행위로 주변 사람들에게 불편을 준다면 불법이다. 이때 노숙자를 법대로 처리해야 하는가?

차쌤의 Tip

노숙자들도 똑같은 대한민국의 국민으로서 대한민국의 법의 보호를 받고, 법을 준수해야 하는 의무 또한 있기 때문에, 노숙자의 행위가 경범죄 처벌법상 불안감을 조성하거나 구걸행위로 사람들에게 불편을 준다면 법에 따라 처벌받아야 된다.

기출질문 197

가출 청소년을 발견하였는데 그 청소년이 집에 절대로 가지 않겠다고 한다면 어떻게 할 것인가?

차쌤의 TIP

가까운 관공서(지구대, 파출소)로 임의동행하여 가출 이유와 집으로 돌아가지 않으려는 이유를 들어보고, 보호자에게 인계하는 것이 부적절하다고 판단되면 청소년보호센터에 연락하여 그 청소년의 보호를 의뢰해야 한다. 하지만 특별한 이유가 없는 때에는 청소년을 잘 설득하여 보호자에게 인계하면 된다.

기출질문 198

담배를 구입하거나 흡연 중인 여중생을 보았을 때, 경찰로서 본인이 생각하는 적절한 대처 방법은 무엇인가?

차쌤의 TIP

여중생이 담배를 사는 모습을 본다면 가까운 지구대에 연락을 하여 판매자를 청소년보호법위반으로 처벌할 것이고, 담배를 피우는 여중생을 목격했다면 이때도 적당한 훈계를 하고 부모님에게 인계하는 것이 좋다.

* 청소년이 흡연을 할 경우 판매자만 청소년보호법 위반으로 처벌 받고, 흡연자는 훈방조치가 된다. 하지만, 본드 등을 흡입을 할 경우 유해화학물질관리법 위반으로 흡입자도 처벌할 수 있다.

Append

청소년 흡연의 문제

• 청소년들의 흡연은 어떠한 생리적인 욕구보다는 성년으로서 사회적으로 인정받고 싶어하는 사회적 자기 성장에 대한 욕구의 발현이거나, 청소년에게 주어진 규제를 벗어나 반항하고 싶은 심리가 함께 작용하는 것으로 생각된다. 청소년에 대한 교육은 단순히 청소년이 금연을 해야 한다는 사회적 규범으로서가 아니라, 청소년기의 신체 발육과 정신적 건강에 담배가 어떠한 악영향을 미치는가와 청소년의 담배 남용이 사회에 미치는 영향을 충분히 이해시키고, 흡연이 다른 약물 사용의 관문이 될 가능성이 크다는 사실을 주지시켜야 한다. 청소년들이 스스로의 판단에 입각하여 구체적 규범을 세우거나 자제력을 가지게 함으로써, 흡연에 중독되거나 그로 인한 도덕적 부패 및 각종 비행에 빠지는 것을 예방하는 것이 바람직하다.

- 청소년들이 흡연하는 이유
  - 또래 집단의 일원이 되기 위해
  - 스트레스를 해소하기 위해
  - 어른처럼 보이기 위해
  - 성차별에 대한 불만(여학생의 경우)

청소년 흡연의 예방책

- 청소년의 흡연은 부모와 자녀 간의 관계에 밀접한 관련이 있다. 자녀가 가정에서 부모와의 관계가 원만하지 못할 때 자기 자신을 위로하는 하나의 수단으로 흡연을 시작하는 경우가 많기 때문이다. 가족이 서로 이해하고, 따뜻하게 보호해 주는 관계라면 흡연을 할 가능성도 낮고, 혹시라도 흡연을 시작하는 것을 발견하게 되면 대화를 통하여 본인 스스로 자제하고 억제할 수 있도록 지도해야 한다.
- 학교 내에서 흡연에 대한 예방교육을 통해 흡연이 인체에 미치는 악영향을 미리 알려야 한다.
- 가정 내에서 부모가 담배 피우는 모습을 자녀가 모방하지 않도록 부모가 솔선수범해야 한다.

기출질문 199

집단 따돌림으로 자살하고 싶다는 청소년이 찾아온다면 어떻게 할 것인가?

차쌤의 TIP

도움을 요청한 학생의 경우 이미 심리적으로 많이 불안한 상태이기 때문에 본인의 잘못으로 학교폭력이 발생한 것이 아님을 설명하고 학생의 이야기를 들어주는 것이 선행되어야 한다. 차분히 말을 들어 본 후 가해 학생들을 바로 형사절차에 의해 처리하기보다는 우선 피해 학생이 바라는 게 무엇인지 정확하게 파악을 한 뒤 학교 담당 선생님과 상담하여 함께 처리하는 방향으로 이끌어 나가야 한다. 또한 피해 학생의 친한 친구나 부모님에게 연락을 취해서 심리적으로 불안한 피해 학생이 나쁜 마음을 먹지 않도록 당분간 주시하고 옆에서 챙겨주도록 하여 피해 학생의 마음을 안정시키는 방향으로 처리해야 한다.

택시기사가 택시 안에서 성폭행을 했다고 신고가 들어온 경우 어떻게 할 것인가?

차쌤의 Tip

성폭행 사건인 경우에는 피해자 구호가 먼저 이루어져야 하고 그 이후 증거물 확보에 힘써야 한다. 놀란 피해자는 성폭력 전담경찰관에게 인계하고 전담경찰관은 해바라기센터와 연계하여 피해 사실과 증거물 확보를 위해 노력해야 하며, 현장에 있는 경찰관은 택시 내의 블랙박스 영상을 최대한 빠르게 확보하는 것이 매우 중요하다.

지구대에 간통신고가 들어오면 어떻게 할 것인가?

차쌤의 Tip

간통죄가 위헌결정을 받음에 따라 더 이상 수사기관이 불륜행위 자체에 개입할 수 없게 되었다.

부인이 간통을 하다가 남편에게 발각이 되어 격분한 남편이 부인을 폭행한 경우 어떻게 할 것인가?

차쌤의 Tip

간통죄가 위헌 결정을 받음에 따라 더 이상 간통죄로 처벌할 수 없지만 격분한 남편이 부인을 폭행한 경우에는 폭행죄를 물을 수 있다.

PART 01 | PART 02 | **PART 03** | PART 04 | PART 05

112 상황실에 칼을 든 괴한이 나를 죽이려 한다는 허위신고가 들어온 경우 어떻게 할 것인가?

차쌤의 TIP

112 상황실에서 강력사건이라고 판단하면 경찰 인원을 급파하여 신고가 접수된 주변을 수색하기 시작하고 시간이 지남에도 신고자를 찾지 못한다면 경찰병력의 투입은 점점 늘어난다. 이처럼 장난전화로 경찰병력을 낭비하게 된다면 실제 위급 상황 시 신고 접수와 경찰의 출동이 늦어지게 되고 그 피해는 도움이 절실한 다른 시민에게 고스란히 돌아가기 때문에 허위신고는 강력하게 대처해야 한다. 허위신고자는 사안에 따라 위계에 의한 공무집행방해나 경범죄 처벌법 위반 혐의 등으로 형사입건될 수 있고, 이에 더해 민사상 손해배상 책임도 질 수 있다.

Append

허위신고 · 악성신고

- 원스트라이크 아웃제 시행(허위 악성신고에 대해 선처하지 않고 처벌)
- 처벌규정
  - 가벼운 거짓신고 : 경범죄 처벌법(거짓신고) 60만 원 이하의 벌금, 구류, 과료
  - 중대한 장난전화 : 형법(위계에 의한 공무집행방해죄) 5년 이하의 징역 또는 1,000만 원 이하의 벌금
  - 장난전화 과정 중 접수요원 성희롱 : 2년 이하 300만 원 이하의 벌금

일반 도로에서 신호를 위반하거나 안전벨트를 착용하지 않고 달리는 순찰차를 보았다면 어떻게 할 것인가?

차쌤의 TIP

순찰차는 도로교통법상 긴급자동차에 속한다. 도로교통법 시행규칙을 보면 긴급자동차 본래의 용도로 운행 시에는 안전벨트를 하지 않아도 된다고 규정되어 있다. 뿐만 아니라 경찰의 경우 위급한 상황이 자주 발생하기 때문에 그에 대응하기 위하여 사고 발생의 위험이 크지 않은 일반 도로에서 근무 중에는 안전벨트를 하지 않아도 무방하다.

기출질문 205

비번 날 동료 경찰관이 안전벨트를 미착용한 것을 보았다면 어떻게 할 것인가?

차쌤의 Tip

경찰이 개인차를 운전하다가 단속이 되었을 때는 일반 국민과 똑같은 잣대로 단속되어야 한다. 그래야 경찰이 국민에게 신뢰를 받을 수가 있기 때문이다. 그리고 본인의 단속으로 동료 경찰관이 안전벨트를 착용하게 된다면 동료의 생명을 지키는 일이기 때문에 단속은 꼭 필요하다.

기출질문 206

안전벨트 단속 중 부모님이 이를 위반한 경우 어떻게 할 것인가?

차쌤의 Tip

단속으로 인해 과태료를 부과하는 것이 금전적 제지가 아닌 부모님의 안전을 지키는 것이라는 생각으로 단속을 해야 한다. 안전벨트는 단속을 피하기 위해서가 아닌 자신의 안전을 위해 착용하는 것이다.

기출질문 207

얼굴에 침을 뱉을 경우 어떻게 할 것인가?

차쌤의 Tip

얼굴에 침을 뱉는 행위는 형법상 폭행죄가 성립할 수 있지만, 같이 흥분하여 처벌하겠다고 하는 것보다는 침착한 자세로 불쾌감을 표현하는 게 좋을 듯하다.

기출질문 208

순찰차를 타고 순찰하는 도중에 너무 피곤하다면 어떻게 할 것인가?

차쌤의 Tip

피곤한 상태에서 순찰차를 운전하는 것은 위험한 일이기 때문에 함께 순찰 중인 동료에게 양해를 구하고 잠시 차를 세워 스트레칭을 하거나 커피를 마시면서 잠을 깬 후 순찰하는 것이 옳다.

PART 01 PART 02 **PART 03** PART 04 PART 05

기출질문 209 만약 선배가 야간 순찰 도중에 자꾸 잠을 잔다면 어떻게 할 것인가?

차쌤의 Tip

모든 일을 혼자 할 수는 없다. 특히 경찰이라는 직업은 서로 간의 팀워크가 중요한 직업인만큼 그 선배가 원활한 근무를 할 수 있게 도와주어야 한다. 야간에 자꾸 잠을 잔다는 것은 체력적인 부분이 크기 때문에 축구나 등산, 테니스 등 함께 할 수 있는 운동을 찾아 함께 함으로써 부족한 체력을 키울 수 있도록 해야 하며, 야간에 피곤할 때는 음료 등을 사서 자연스러운 대화를 유도하며 잠을 깨워드리도록 해야 한다.

기출질문 210 순찰 중 상관이 피곤하다며 한적한 곳에서 30분만 쉬자고 한다면 어떻게 할 것인가?

차쌤의 Tip

야간에 운전을 하다 보면 만성적으로 피로가 누적될 수 있다. 피로가 누적이 되면 졸음운전이나 더 큰 사고가 발생할 수 있으므로 순찰차의 적정 온도를 유지하고 창문을 열어 자주 환기를 시켜야 한다. 그리고 잠깐 정차하여 커피를 마시거나 스트레칭으로 몸을 풀고 다시 순찰하는 것도 좋은 방법이 될 수 있다. 가끔 피곤함을 호소하는 상관의 어깨와 목을 가볍게 주물러 피곤함을 해결해드린다면 팀워크 향상에도 도움이 될 수 있을 것이다.

기출질문 211 지나는 길에 쓰레기가 많이 쌓여 있다면 어떻게 할 것인가?

차쌤의 Tip

쓰레기가 많이 쌓여 있다면 지나다니는 사람들이 다칠 수 있기 때문에 이를 방치해서는 안 된다. 그러나 혼자서 많은 양의 쓰레기를 치우기란 사실상 불가능하므로 지역주민센터 환경미화원에게 연락을 하여 쓰레기를 처리해야 한다.

기출질문 212

친한 지인이 술을 마시고 지구대에 찾아 왔을 때 어떻게 할 것인가?

차쌤의 Tip

친한 지인이 술을 마시고 나의 근무지에 찾아왔을 때 급한 용무가 없다면 지구대에서 가벼운 차를 한 잔 대접하고 잠깐의 담소 정도는 나눌 수 있지만, 경찰의 업무 특성상 오랫동안 같이 있을 수 없음을 설명한 후 돌려보내야 한다.

기출질문 213

청와대 앞에서 1인 시위자가 자살하여 본인이 책임을 지고 해임을 당한다면 어떠한 생각이 들 것 같은가?

차쌤의 Tip

시위자가 자살을 했다는 이유만으로는 본인에게 책임을 지우지는 않지만, 자살하는 과정까지 아무런 조치를 취하지 않았기 때문에 해임 처분을 당했다고 생각한다. 그리고 징계 처분을 하기 전 충분한 의견 진술의 기회가 부여되어 있으니 억울한 것이 있으면 충분한 의견 진술로 소명하면 된다. 하지만, 자살을 예상했음에도 자살을 막지 않은 경우에는 경찰로서의 책무를 다하지 않은 행동이기 때문에 그에 맞는 책임을 져야 할 것이다.

기출질문 214

도로에 낙화물이나 유리조각이 있는 경우 어떻게 할 것인가?

차쌤의 Tip

쉽게 옮길 수 있는 경우 즉시 조치해야 하며, 쉽게 옮길 수 없는 경우에는 구청에 통보하고 교통안전조치 후 종결한다.

기출질문 215

호객행위와 단거리 승차거부로 신고 받은 경우 어떻게 할 것인가?

차쌤의 Tip

과태료 사항으로 경찰의 집행업무 대상이 아님을 설명하고 현장에서 구청 해당과에 전화 통보 후 종결한다.

주거인의 생사 여부를 확인하여 달라는 신고를 받고 출동했으나 출입문이 잠겨 있다면 어떻게 할 것인가?

차쌤의 TIP

신고자가 주거인과 동거하는 부부이거나 부모 자식 관계임이 밝혀진 경우에는 인근에 사는 친인척, 이웃주민을 동반하여 문을 열고 들어가서 확인해야 하고, 신고자가 주거인과의 관계를 밝히지 않은 경우에는 현장에 도착하여 벨을 눌러봐도 기척이 없는 경우 경비원이나 이웃집에 확인 후 처리해야 한다. 만약 경비원이나 이웃집에서도 의심이 있다고 하면 경비원이나 이웃사람을 동반하여 문을 열고 확인할 수 있다.

경찰의 처리가 불원하다는 이유로 상대편의 연락처를 요구한다면 어떻게 할 것인가?

차쌤의 TIP

알려주어서는 안 되며 정보공개를 꼭 원한다면 정보공개청구서를 경찰서에 제출토록 하여 공개 대상인지 여부를 판단해야 한다.

피해자 없는 범죄를 단속하는 이유는 무엇이라 생각하는가?

차쌤의 TIP

바다이야기와 같은 사행성 도박과 같이 피해자 없는 범죄를 단속하는 이유는 중독성이 있고 자신뿐만 아니라 가족, 그리고 제3자의 피해자를 양성하기 때문이다.

길거리에 사람이 쓰러졌는데 심폐소생술을 해야 할 상황이라면 어떻게 할 것인가?

차쌤의 TIP

119에 신고한 후 심폐소생술을 해야 한다. 그리고 심폐소생술 도중에 119와 계속 통화하며 도움을 받으면 된다.

기출질문 220

체포한 피의자가 감시가 소홀한 틈을 타 도주한 경우 어떻게 할 것인가?

차쌤의 Tip

피의자가 도주한 경우에는 사건을 숨기거나 축소하지 말고, 피의자의 인상, 예상 도주로 등을 신속히 파악하여야 한다. 또한 제2·제3의 피해가 발생하지 않도록 신속한 검거가 중요하다. 그 이후 피의자에 대한 관리·감독의 책임이 있다면 져야 한다.

기출질문 221

윤락가 탈출을 위해 미성년자 윤락여성으로부터 카톡이 왔다면(비밀유지를 부탁함) 어떻게 할 것인가?

차쌤의 Tip

혼자서 섣불리 일을 처리하다 보면 낭패를 보기 때문에 상사에게 보고를 하여 도움을 요청해야 한다. 그런 후 관계 여성청소년과 수사관과 강력계 수사관에게 협조 요청을 하여 합동으로 수사한 후 업주를 아동·청소년 성보호법에 의해 처벌을 해야 한다.

기출질문 222

도박신고를 받고 출동했을 때 어떻게 할 것인가?

차쌤의 Tip

도박사건의 경우 현장 보존이 가장 중요하므로, 현장 도착 후 사진촬영을 통하여 증거확보 및 금액을 파악한 후 이에 상응하는 조치를 취해야 한다.

도박신고를 받고 출동했는데, 동네 어르신들이 점심내기 오락 수준의 고
스톱을 친 경우라면 어떻게 할 것인가?

차쌤의 Tip

도박신고를 받고 현장에 출동을 했을 때에 경찰은 일시적인 오락에 해당하는지 또는
도박에 해당하지를 쉽게 판단할 수 없다. 그래서 현장에서는 일반적으로 판돈 규모가
20만 원 이하이고 참가자들이 도박 전과가 없는 경우에는 훈방 또는 즉결심판에 회
부하고 있으며, 20만 원을 초과한 경우 또는 20만 원 미만이더라도 참가자들 중에 도
박 전과가 있는 경우에는 형사입건하고 있다. 하지만, 이런 내용은 참고사항일 뿐 실
제 현장에서는 모든 상황을 종합적으로 고려해 단속을 하고 있으며 점심내기 고스톱
이라면 일시적인 오락에 해당하기 때문에 도박에 이르지 않도록 충분히 주의를 주고
다른 업무를 보도록 해야 한다.

상갓집에서의 도박(고스톱) 신고를 받았을 때 어떻게 할 것인가?

차쌤의 Tip

형법상 재물을 걸고 하는 도박은 모두 도박에 해당한다. 하지만, 사회통념상 상갓집에
서의 도박은 상시적인 것이 아닌 일시적인 행위로 간주하기 때문에 경찰청 창설 이래
상갓집에서 도박을 하다 구속된 경우는 없다. 하지만 도박신고가 들어오면 일단 상갓
집에 출동하여 판돈의 액수에 따라 달리 볼 수 있고, 조사를 해서 직업적으로 또는 상
습적으로 도박을 하는 꾼인지 아닌지를 가려내어 규정에 맞게 처벌할 수도 있다.

사설 도박장 신고 출동 시 문을 잠가놓았다면 어떻게 할 것인가?

차쌤의 Tip

신고자와 동반한 후 출동 신고자를 통해 문을 열도록 하고 문이 열리면 들어가서 업
무를 처리하도록 한다.

기출질문 226

충간소음 문제를 해결해 달라고 경찰에 신고 전화가 왔을 때 어떻게 할 것인가?

차쌤의 Tip

원칙적으로 경찰이 관여하여 공권력을 행사할 수 없는 부분이다. 층간 소음이 건물의 하자에 기인한 것이라면 관리주에게 그 하자에 대하여 필요한 수리비를 민사상 손해배상 청구해야 한다. 건물의 하자가 아닌 위층 거주자에 의한 소음이라면 이웃하여 거주하는 주민에게 통상인의 수인한도를 넘는 소음 등으로 피해를 주지 않을 최소의 의무가 있으므로 정신적인 손해배상 및 소음 방지 대책을 청구할 수 있다.

* 층간소음 신고 시 경범죄 처벌법상 인근소란으로 단속(범칙금 3만 원)
* 해결 방법 : 공동주택관리규약에 따라 해결, 환경분쟁조정위원회에 조정신청, 민사 소송에 의해 해결

기출질문 227

한밤 중 주택가에서 음악 소리를 크게 내거나 큰 소리로 떠들어 이웃을 시끄럽게 한다는 신고를 받고 출동했을 때 어떻게 할 것인가?

차쌤의 Tip

주거지에서 시끄럽게 떠드는 행위는 경범죄 처벌법상 '인근소란 등'에 해당하며, 인근 주민들이 잠을 이루지 못하게 될 수 있는 상황이기 때문에 경찰관 직무집행법 제6조에 의해 행위를 제지해야 한다.

기출질문 228

징계를 받으면 지구대나 파출소로 전근 보내는 경우가 많고, 그로 인해 지구대나 파출소 근무자들의 불만이 많다. 이에 대한 해결 방법을 이야기해 보시오.

차쌤의 Tip

해결 방법은 없다. 단지, 징계 받은 사람이 자신의 잘못을 뉘우치고 더 열심히 해서 동료들에게 신뢰를 받아야 할 부분이라고 생각한다. 따라서 지구대로 보내는 경우를 최일선에서 다시 신뢰를 회복할 수 있는 기회가 주어지는 것이라 생각하고 최선을 다해야 한다.

PART 01 | PART 02 | **PART 03** | PART 04 | PART 05

기출질문 229

마약신고를 받고 출동했는데 증거가 없고 소변 제출도 하지 않겠다면 무슨 방법으로 잡을 것인가?

차쌤의 TIP

정당한 증거가 없는 상황에서 압수수색영장이나 소변채취동의서를 받지 않은 채 강제로 소변을 채취를 할 수 있는 법적 근거가 없다.

기출질문 230

외국인이 명백한 증거로 체포되었는데 강압수사라고 폭행을 주장할 때 어떻게 대처하겠는가?

차쌤의 TIP

수사과정에서 경찰의 폭행과 강압이 있었음을 객관적으로 입증할 수 있다면 고소가 가능하고, 형법상 직권남용 또는 폭행죄(가혹행위)로 처벌된다. 그리고 별도로 민사상 불법행위로 인한 손해배상청구도 가능하다. 하지만, 객관적인 증거가 없이 고소하면 무고죄로 엮일 수 있다.

기출질문 231

교통지도단속 중에 자신의 친한 친구와 경찰 동료가 걸렸다. 이 중 한사람만을 단속을 하게 된다면 누구를 선택할 것인가?

차쌤의 TIP

어느 누구라도 공평하게 일처리를 해야 하겠지만, 단 한사람을 선택하라면 동료 경찰관을 단속하는 것이 더 옳은 판단이다. 지위고하를 막론하고 '법 앞에는 어느 누구나 평등하다'라는 인식을 보여 줌으로써 이를 지켜보고 있는 다른 사람들에게 경각심을 불려 일으켜 일반예방효과를 줄 수 있기 때문이다.

불법시위로 인한 차벽설치를 어떻게 생각하는가?

차쌤의 Tip

공공질서 유지라는 명목으로, 경찰의 집회·시위 대응은 물리력을 사용한 통제와 관리 위주의 시위 대응을 보임으로써 인권침해 문제와 폭력양상의 초래라는 문제점이 끊임 없이 제기가 되었다. 이에 경찰은 과거 진압과 통제 위주의 대응에서 인권보장 중심으로 집회·시위를 보호함으로써 집회·시위의 자유를 최대한 보장하고자 하였고, 법 집행 과정에서 인권을 보호하고 적법절차를 준수하는 데 각별히 유념하여 사회적 공감대를 확산시켜 나갔다. 이를 통해 불법폭력시위 발생이 감소하고 집회소음도 낮아졌으며 신호주기에 따른 행진율이 높아지는 등 준법 집회시위문화가 정착하였다. 평화시위 정착을 위해서 경찰은 살수차와 차벽을 원칙적으로 금지하고, 집회시위 참가자들을 일반교통방해죄 위반으로 내사 또는 입건하지 않도록 하였으며, 집회·시위 온라인 신고시스템을 도입하고, 신고 내용 변경절차를 마련하였다.

경찰관 스스로 교통과태료를 면제하여 셀프면제라는 비난을 받고 있다. 이에 대한 생각을 말해 보시오.

차쌤의 Tip

경찰의 셀프면제는 내부 직원들로 구성된 심의회에서 자체적으로 이뤄지기 때문에 공정성을 담보하기 어렵다는 문제가 있다. 과태료 면제를 위해서 각 경찰서별로 심의위원회를 구성하고 있지만 내부 직원(교통과장, 감사계장 등)들로만 구성되어 있고, 면제를 위한 필요서류 등에 뚜렷한 기준이 없기 때문에 심의위원들의 재량권이 과도하게 적용될 소지가 많다. 특히 셀프면제 건수가 지속적으로 증가하는 추세이기 때문에 투명한 처리를 위해서 외부인사가 포함된 심의회 구성 및 사안별 증빙서류 규정 등 추가적인 개선이 필요해 보인다.

IMF 이후 빈익부 부익부 현상이 더욱 심화되고 있다. 이와 관련하여 노블레스 오블리주의 예에는 어떠한 것들이 있으며 이를 어떻게 경찰조직에서 적용할 수 있을지 말해 보시오.

차쌤의 TIP

노블레스 오블리주(Noblesse oblige)는 사회 지도층의 책무를 규정하는 말로서 공정한 사회를 만들기 위해 기득권층의 솔선수범을 강조한다. 최근 사회지도층이 자신의 의무만 주장하고 갑질, 부의 세습, 부동산 투기, 병역기피 등과 같이 사회적 책임은 다하지 못한다면 이들에 대한 국민의 신뢰는 더욱 떨어질 것이며, 공정한 사회를 만들어 나가지 못할 것이다.

경찰관 직무집행법, 형사소송법 등 관계 법령에서는 경찰공무원의 보수 및 연금 그리고 직무의 원활한 수행을 위한 사항들을 규정하고 있고, 이에 따라 경찰관은 제반 상황에 대응하여 자신에게 부여된 여러 가지 권한을 행사하며, 필요한 조치를 취할 수 있다. 그러나 경찰관이 가진 권한을 행사하여 필요한 조치를 취하여야 함에도 취하지 않는 경우가 있다. 이는 경찰관의 책무를 다하지 않은 것이다. 진주 아파트 방화·살인 사건(안인득 사건), 어금니 아빠 이영학 사건, 백남기 농민사망사건과 같은 일들이 다시금 발생하지 않도록 무사안일주의에서 벗어나 스스로가 솔선수범하여 국민의 생명과 재산을 보호하고 국민의 신뢰를 얻을 수 있도록 책임 있는 행동을 보여야 한다.

우리 사회의 노블레스 오블리주 실천 사례

경주 최씨	경주 최씨는 12대 약 300여 년에 걸쳐 부를 지켰다. 그 비결을 가난한 이웃을 보살피는 긍휼심과 애국심으로 가진 자의 의무 '노블레스 오블리주'의 모범을 보였기 때문이다. 최씨 부자 가문의 마지막 자손인 최준(1884–1970) 선생은 상해임시정부에 자금을 지원한 독립운동가였으며, 그의 둘째 동생 최완(1889~1927)은 상해임시정부에서 일하다 일본 경찰에 체포되어 혹독한 고문을 받은 후 결국 38세의 젊은 나이에 운명했다. 정부에서는 이들 형제의 애국공적을 기려 1990년 건국훈장 애족장을 추서했다.
우당 이회영 선생 (1867~1932)	선생은 1910년 한일합병 직후 전 재산을 매각하여 6형제, 40여 명의 가족을 이끌고 서간도로 망명해 신흥무관학교를 세우고 형제들과 함께 국내외에서 독립운동을 했다. 이회영 선생은 65세에 만주 일본군사령관 처단 계획을 추진하다가 체포되어 모진 고문 끝에 순국하였다. 이후 이회영 선생님의 6형제 중 오직 이시영(1869~1953) 선생 한 명만이 살아 귀국하여 대한민국 초대 부통령이 되었다.
유일한 박사 (유한양행)	유일한 박사는 일제하에 사업과 수출로 민족 자본을 형성하는 데 크게 기여했으며, 광복 후에는 대한상공회의소 초대 회장을 맡아 국가 경제를 발전시키는 데 큰 역할을 했다. 또한 그는 항일 투쟁에 나서기 위해 1945년 미군전략정보처(OSS) 침투작전(NAPCO Project)의 핵심요원 교육까지 받은 애국자였다. 평생 '애국'과 '교육'을 최우선 가치로 삼았던 그는 6.25 전쟁 중에 고려공과기술학교를 설립하여 무상 교육을 제공하였고, 1965년에는 유한공업고등학교를 설립하였다. 그는 자신의 '유한양행' 주식의 52%를 사원들에게 양도하여 최초로 종업원 지주제 주식회사를 만들었으며, 1969년 은퇴하면서도 경영권은 세습하지 않는 '소유와 경영의 분리'를 몸소 실천했다. 그의 사후 정부는 그에게 국민훈장 무궁화장(1971)과 건국훈장 독립장(1995)을 추서했다.

기출질문 235

과거에는 홍길동에 대해서 영웅으로만 인식하였지만, 최근에는 비난의 대상이 되기도 하는데 그 이유는 무엇이라 생각하는가?

차쌤의 TIP

홍길동의 행동이 비난을 받는 이유는 적서 차별이라는 조선시대의 사회적 제도를 해결하기 위해 재물을 탈취하여 빈민에게 나누어주는 행동만으로는 근본적인 사회적 문제를 해결하는 데 도움이 되지 못했기 때문이다. 또한 의로운 목적으로 행동했다고 하더라도 결국 홍길동은 임금에게 벼슬을 요구하고 탐관오리도 해결하지 못한 채 자신이 왕이 될 수 있는 율도국으로 떠남으로써 조선의 남은 백성들은 저버리고 자신의 소망만을 이루는 길을 선택했기 때문에 비난의 대상이 되었다.

홍콩시위 사태와 관련하여 홍콩 시민이 잘못하고 있는 점이 무엇인가?

차쌤의 TIP

홍콩시위는 2019년 3월 홍콩정부의 중국 본토로 강제송환을 허용하는 범죄인 인도법안이 발단되어 확산이 되었다. 이에 9월 홍콩정부는 저항을 불러온 범죄인 인도법안을 철회했지만, 홍콩 시민들은 시위대 폭도 규정 철회, 체포된 이들의 조건 없는 석방, 행정장관 직선제 등 5대 요구 전면 수용을 요구하며 저항이 거세졌다. 저항이 거세지는 이유는 홍콩정부의 사실상 독립을 주장하기 때문이다. 홍콩은 오랜 기간 민주주의 정착이 되었으며 국제적인 개방도시로서, 집회와 시위의 자유, 활발한 언론 활동 보장, 독자적인 홍콩 화폐의 발행, 치안과 교육 등까지 높은 자치권을 행사해 왔기 때문에 중국 본토와는 다른 나라라는 인식이 강하다. 그러나 중국은 '일국양제'를 주장하기 때문에 홍콩의 독립에 대해 전면적으로 부정한다. 따라서 '송환법'이 공식 철회되었음에도 아직까지 홍콩 사태가 한 치 앞을 내다볼 수 없는 것은 바로 홍콩 독립을 주장하기 때문이며, 지금의 홍콩 사태는 단순한 민주주의 투쟁이 아닌 '일국양제'를 인정하느냐 부장하느냐에 대한 문제이다.

불법적인 끼어들기 단속에 걸린 운전자가 항의를 하며 면허증 뺏으려고 하자 제압하는 과정에서 상해를 입힌 경찰관에게 4억 원이 넘는 손해배상금을 지급하라는 판결이 나왔다. 이에 대해 어떻게 생각하는가?

차쌤의 TIP

해당 판결과 관련하여 현실적인 측면과 법률적인 측면을 각각 나눠서 본다면 현실적인 측면에서는 사건 발생의 원인을 운전자가 제공하였으며 이를 제압하는 과정 내에서 발생한 문제에 대해 너무 과한 손해배상금 판결이 나와 경찰조직의 사기를 저하시키고, 현장에서의 소극적인 대처로 임할 수밖에 없는 상황을 만드는 현장을 무시한 판결이라고도 본다. 만약, 이번과 같은 사건이 미국과 영국, 뉴질랜드에서 발생했다면 엄중하게 대처하여 피의자보다 높은 물리력을 사용하여 제압을 했을 것이다. 그러나 한국의 경우 경찰관을 향해 폭력을 휘두르더라도 소극적인 방어 행위를 초과하여 체포하거나 상해를 입혔다면 독직폭행 혐의가 적용될 수 있다. 독직폭행은 특정범죄가중처벌 등에 관한 법률 제4조의2에 규정되어 있으며 벌금형이 없어 인정이 될 경우 퇴직 사유가 되기 때문에 폭력을 행사하더라도 맞고 있는 경우가 대부분이다. 범인을 잘 잡는 것만큼 잘 참아야만 하는 것이 대한민국의 경찰의 현주소인 것이다.

일선현장에서 열심히 일하면 손해라는 인식을 갖지 않도록 공무수행 중 경찰에게 물리력을 행사하는 사람을 제압하더라도 문제를 삼는 일이 없도록 해야 하며, 경찰관 직무집행법의 손실보상규정 확대와 물리력 행사 기준 등 제도적인 뒷받침이 필요하다. 이와 달리 법률적 측면에서는 운전자가 납부통고서를 받기를 거부할 때는 경찰관은 이를 중단하고 즉결심판에 넘겨야 함에도 계속하여 발부하고자 한 것이 문제가 된다. 그것도 소극적인 방어 수준이 아닌 여성을 맨 바닥에 업어치기를 하여 운전자에게 장애라는 상해까지 입힌 결과가 발생했기 때문에 정당한 공무집행의 선을 넘는 행동이 된 것이다. 만약 단속 경찰관이 뿌리치는 과정에서 소극적으로 저항하여 상해가 발생했다면 정당행위 또는 정당방위가 될 여지가 있지만 해당 상황은 크게 위해를 가할 상황이 아닌데도 강하게 넘어뜨렸기 때문에 정당방위에 해당하지 않는다.

Append

사건 개요

끼어들기가 허용되지 않는 곳에서 끼어들기하다 단속에 적발되어 운전자에게 면허증을 제시할 것을 요구하였으나 10분 이상 제시하지 않다가 운전면허증을 제시하였다. 이후 경찰공무원은 교차로 통행 방법 위반으로 범칙금 납부통지서를 발부하려하자 운전자가 운전면허증을 돌려달라며 경찰제복 주머니와 어깨 부분을 붙잡았고, 이에 경찰관은 시민을 돌려 넘어뜨려 제압하는 과정 중 상해를 입혀 운전자는 오른쪽 무릎에 후유장해를 입게 되었다. 이에 단속 경찰관은 형사상으로는 상해죄로 벌금 500만 원을 부과하였고 민사상으로는 국가와 연대하여 손해배상금 4억 3,900만 원을 지급하라고 판결하였다.

기출지문·사회자 진행방식

01 | 기출지문

주요 기출지문 리스트

- 자기소개를 해 보아라.
- 지원동기는 무엇인가?
- 지원부서는 어디인가?
- 자신이 꼭 경찰이 되어야 하는 이유에 대하여 말해 보아라.
- 자신을 뽑아야 하는 이유에 대해 말해 보아라.
- 경찰이 국민에게 봉사할 수 있는 방법이 있다면 무엇이라고 생각하는가?
- 경찰조직 내에서 성희롱 문제가 종종 발생하는데 어떻게 하면 이런 문제가 없어질 것이라고 생각하는가?
- 경찰관에게 필요한 덕목을 3가지만 말해 보아라.
- 경찰에게는 팔로우십과 리더십이 모두 필요한 데 본인은 어떤 것이 더 중요하다고 생각하는가?
- 자신이 가장 중요하게 생각하는 가치관은 무엇인가?
- 스트레스를 어느 때 받는 편이고, 자신만의 스트레스 해소 방안이 있다면 무엇인가?
- 부모님의 장점 및 단점을 말해 보아라.
- 자신의 장점 및 장점이 발휘되었던 경험을 말해 보아라.
- 살면서 가장 힘들었던 일과 어떻게 극복했는지에 대해 말해 보아라.
- 학창시절 본인의 역할과 그 역할과 관련된 경험을 말해 보아라.
- 경찰과 관련 있었던 경험에 대해 말해 보아라.
- 수사기법 공개에 대한 의견을 말해 보아라.
- 수험기간 중 힘들었던 경험이 있다면 무엇인가?
- 봉사활동 경험에 대해 말해 보아라.
- 살면서 자랑스러웠던 경험에 대해 말해 보아라.
- 상관이 자신과 다른 의견을 갖고 있다면 어떻게 할 것인가?
- 주변 지인들과 의견이 충돌될 경우 어떻게 해결하는 편인가?
- 살면서 갈등을 해결했던 경험에 대해 말해 보아라.
- 리더가 되었던 경험담 및 리더에게 필요한 덕목에 대하여 말해 보아라.
- 당장의 위급함을 벗어나기 위해 거짓말을 해 본 경험이 있는가?
- 살면서 크게 화를 냈던 경험이 있는가?

- 남에게 귀감이 될 만한 경험이 있었다면 말해 보아라.
- 배려심이란 무엇이며 그를 발휘해 본 경험이 있다면 말해 보아라.
- 다른 사람과의 약속을 어긴 경험이 있는가?
- 다른 사람과 친화력을 발휘한 경험이 있다면 말해 보아라.
- 누군가 위법행위를 했을 때 말려 본 경험이 있는가?
- 위법한 일을 한 경험이 있는가?
- 협동심을 발휘해 본 경험에 대해 말해 보아라.
- 모두가 하기 싫어하는 일을 맡아서 한 경험이 있다면 말해 보아라.
- 자신의 단점 및 단점을 극복하기 위한 방안에 대해 말해 보아라.
- 자신은 친구들과의 사이에서 어떠한 존재라고 생각하는가?
- 독서실에서 계속 기침하는 사람이 있다면 어떻게 할 것인가?
- 자신의 업무도 많은데 상사가 다른 일을 시킨다면 어떻게 할 것인가?
- 직장 내 후임이나 선배가 자신을 계속적으로 무시한다면 어떻게 할 것인가?
- 경찰공무원은 다른 직렬보다 징계 수위가 높은 편인데 이에 대해 어떻게 생각하는가?
- 본인이 형사라면 첩보를 어떻게 수집하고 활용할 것인가?
- 자신이 하지도 않은 일에 대해 비난을 받고 있다면 어떻게 대처할 것인가?
- 결혼을 약속한 이성친구의 부모님이 경찰관이라는 이유로 결혼을 반대하고, 이성친구 또한 부모님의 말씀을 따르겠다고 한다면 어떻게 할 것인가?
- 이성친구가 다른 사람과 바람을 피우는 장면을 목격했다면 어떻게 하겠는가?
- 조직폭력배 신고를 받고 출동을 나갔는데 같이 출동한 팀원이 여경이라면 어떻게 하겠는가?
- 지구대에서 순찰을 나갔는데, 선배가 한적한 곳에서 놀자고 한다면 어떻게 하겠는가?
- 파출소에 혼자 근무 중인데 주취자가 소란을 피운다면 어떻게 대처할 것인가? 만약, 주취자를 힘으로 제압할 수 없는 상황이라면 어떻게 하겠는가?
- 무전취식 신고를 받고 출동을 했다. 어떻게 대처하겠는가?
- 자신이 학교전담경찰관이라면 비행청소년을 어떻게 선도하겠는가?
- 친한 친구가 보증을 서달라고 한다면 어떻게 하겠는가?
- 범인이 인질의 목에 칼을 들이대고 있다면 어떻게 하겠는가?
- 사기업과 경찰공무원 중 경찰을 선택한 이유는 무엇인가?
- 사기업의 서비스와 경찰의 서비스 차이점은 무엇이라고 생각하는가?
- 경찰공무원과 일반공무원의 차이는 무엇이라고 생각하는가?
- 경찰공무원을 일반공무원과 비교했을 때 단점이 있다면 무엇이라 생각하는가?
- 공동체 안에서 동기나 후배에게 소외감을 느꼈던 때는 언제이며 이유는 무엇이었는가?
- 국민들이 경찰에게 어떤 불만을 갖고 있다고 생각하는가?
- 정의란 무엇이라고 생각하는가?
- 향응이란 무엇인가? 친구들이 밥을 사는 것도 향응인가?
- 대한민국에 희망이 있는 이유 2가지와 경찰에 희망이 있는 이유 2가지를 말해 보아라.
- 공권력과 인권 중 우선 사항은 무엇이라고 생각하는가?

- 공정과 친절 중 우선 사항은 무엇이라고 생각하는가?
- 경찰은 서비스와 봉사를 중요시해야 하는지 공권력을 더 우선해야 하는지에 대하여 토론해 보아라.
- 순찰 중 할머니가 길을 잃은 것을 발견하였는데 때마침 폭력신고가 들어온다면 어떻게 할 것인가?
- 30대 여인의 강도 신고를 받고 출동하던 중 할머니가 쓰러져 있는 것을 발견하였다면 어떻게 할 것인가?
- 교통사고와 화재사건이 동시에 신고 접수되었다면 어디로 출동할 것이며 그 이유는 무엇인가?
- 상관의 부탁 거절 시 어떻게 거절할 것인가?
- 자신의 정직함, 성실함, 신용도, 준법점수, 행복지수는 각각 몇 점이라고 생각하는가?
- 경찰의 청렴도는 몇 점이라고 생각하는가?
- 경찰서장 · 지방경찰청장 · 경찰청장이 된다면 어떤 것을 하고 싶은가?
- 경찰의 장점 및 단점은 무엇이라고 생각하는가?
- 경찰이 개선해야 할 점이 있다면 무엇이라고 생각하는가?
- 경찰은 법 집행과 봉사정신이 모두 중요한데 본인은 어떤 점을 더 중요시하는가?
- 엄격하게 법 집행을 하는 경찰관과 따뜻한 경찰관 중 어느 쪽이 더 바람직하다고 생각하는가?
- 범죄예방과 검거 중 어떤 것이 더 우선되어야 된다고 보는가?
- 절도범죄의 예방과 검거 중 어느 것을 중요시하겠는가?
- 친절하고 범죄를 예방하는 경찰과 불친절하지만 범죄자 검거를 잘하는 경찰 중 어떠한 경찰이 되고 싶은가?
- 지금 살고 있는 지역의 경찰서장에게 본인이 추천하고 싶은 치안정책이 있다면 무엇인가?
- 터미널에 폭탄이 설치되어 있다는 신고가 들어 왔을 때 어떻게 대처하겠는가?
- 새벽 5시에 순찰차를 타고 있는데 신호위반 차량이 있다면 어떻게 할 것인가?
- 1년 동안 허드렛일만 계속 시킨다면 어떻게 할 것인가?
- 교통지도 단속 중 돈을 준다면 어떻게 할 것인가?
- 일을 잘 못하는 승진 대상자와 일을 잘하는 승진 대상자가 아닌 사람 중 본인은 누구에게 고과점수를 더 줄 것인가?
- 업무 능력이 있지만 친화력이 없는 사람과 업무 능력은 없지만 친화력이 있는 사람 중 누구에게 고과점수를 더 줄 것인가?
- 일을 잘하는데 동료들과 불화를 일으키는 사람과 일은 못하지만 동료들과 잘 지내는 사람 중 어떠한 경찰관과 함께 일을 하겠는가?
- 면접관의 아들이 중학교 1학년인데 덩치도 좋고 힘이 좋아 다른 학교 학생들과 싸우고 싶어 한다면 본인이라면 어떻게 대처하라고 조언해 주겠는가?
- 자신이 팀장이 된다면 성과에 따라 성과급을 차등 분배하겠는가, 균등 분배하겠는가?
- 경찰이 다른 공무원에 비해 더 높은 청렴성이 필요한 이유는 무엇이라고 생각하는가?
- 본인만의 조직에 융화되는 방법이 있다면 말해 보아라.
- 치안정보 수집을 어떻게 할 것인가?
- 경찰관이 되기 위해 필기시험 준비 이외에 특별히 노력한 점이 있는가?
- 자신이 원하지 않은 지역으로 발령을 받는다면 어떻게 하겠는가?
- 10년 후 경찰조직의 모습은 어떠할 것이라 생각하는가?
- 10년 후 경찰로서 본인의 모습은 어떠할 것 같은가?

- 본인의 가치를 돈으로 환산하면 얼마라고 생각하는가?
- 평소 청소년들이 흡연을 하고 있는 것을 목격했을 때 어떻게 하는 편인가?
- 악법도 법이라고 생각하는가?
- 현행 악법이 있다면 어떤 것이 있다고 생각하는가?
- 동료 경찰이 안전벨트를 매고 있지 않다면 어떻게 하겠는가?
- 동료 경찰관이 비리를 저지르는 모습을 목격했다면 어떻게 하겠는가?
- 상사가 부당한 지시를 한다면 어떻게 하겠는가?
- 상사가 위법한 지시를 할 경우 어떻게 하겠는가?
- 피의자의 인권과 피해자의 인권 중 어느 쪽이 더 중요하다고 생각하는가?
- 경찰관의 인권을 높일 수 있는 방안에는 어떠한 것들이 있다고 생각하는가?
- 성선설과 성악설 중 어느 입장이며 이유는 무엇인가?
- 남경으로서 여경의 필요성에 대해 이야기해 보아라.
- 경찰업무 중에 어렵다고 생각되는 일과 쉽다고 생각되는 일을 말해 보아라.
- 대나무같이 강직한 사람과 갈대같이 유연한 사람 중 어떤 사람이 경찰로서 더 적합하다고 생각하는가?
- 현재 한국에서 가장 심각하다고 생각하는 범죄는 무엇인가?
- 감방에 대신 가면 100억을 준다는 제안을 받는다면 어떻게 하겠는가?
- 본인이 경찰관이 되어서 동창회에 갔는데 친구가 위법행위를 한다면 이때 입건해서 수사할 것인가?
- 경찰공무원에게 공정성, 청렴성, 준법정신 중 가장 중요한 것은 무엇이라 생각하는가?
- 여자친구와 중요한 기념일인데, 과장님이 술 한 잔 하자고 한다면 어디를 갈 것인가?
- 강인한 경찰과 유연한 경찰 중 자신은 어느 쪽을 선택할 것인가?
- 경찰이 청렴해질 수 있는 방안에는 무엇이 있는가?
- 경찰과 군인의 차이점은 무엇인가?
- 뇌물과 선물의 차이는 무엇이라고 생각하는가?
- 상관이 노래방 도우미를 부를 때 어떻게 할 것인가?
- 지구대에서 현행범이 도주한 경우 어떻게 할 것인가?
- 상사가 술을 먹고 욕을 했다면 어떻게 할 것인가?
- 길 가다가 5천 원을 주웠는데 어떻게 할 것인가?
- 등산길에 천 원을 주웠다면 어떻게 할 것인가?
- 회식자리에서 상사가 성희롱을 한다면 어떻게 할 것인가?
- 법과 현실의 괴리가 발생한다면 어떻게 할 것인가?
- 여경 둘이서 주취자 신고를 받고 출동했는데 여성 주취자가 하이힐을 가지고 위협한다면 어떻게 대처할 것인가?
- 상관이 자신에게만 밥값을 내라고 할 때 어떻게 할 것인가?
- 집회·시위현장에서 시위자와 경찰이 공감대를 형성할 수 있는 방안이 있다면 무엇이라고 생각하는가?
- 근무 외 시간에 카카오톡으로 업무를 지시하는 것에 대하여 토론해 보아라.
- 면접장에 오다가 교통사고가 난 것을 목격을 했다. 주변에 본인 혼자밖에 없을 때 어떻게 할 것인가? 만약 도와준다면 면접시간에 늦게 될 수도 있는데 그렇게 행동하겠는가?

- 면접장에 오는 도중 무단횡단을 하지 않으면 면접을 보지 못하는 상황이라면 무단횡단을 할 것인가?
- 경찰이 현재 하고 있는 홍보 방안 외 한 가지를 제시해 보아라.
- 경찰이 홍보 관련하여 잘하는 것과 잘 못하고 있는 것은 무엇이라 생각하는가?
- 경미한 범죄를 일으킨 사람을 경찰관으로 채용하는 것에 대하여 찬반 토론을 해 보아라.
- 잘하는 사람 1명만 있는 농구팀과 못 하는 사람 5명이 있는 농구팀 중 어느 팀이 이길 것이라고 생각하는가?
- 동기보다 자신이 일을 더 잘하는 것 같은데, 상사가 나이가 많다는 이유로 동기를 먼저 승진시켜 준다고 한다면 어떻게 하겠는가?
- 일과 가정 중 무엇이 더 중요한가?
- 경찰의 복리후생 제도에 대해서 아는 대로 말해 보아라.
- 상사가 뇌물 받는 장면을 목격했다면 어떻게 할 것인가?
- 경찰 내부에서 노래방 업주와 연락하지 말라는 지시가 내려왔다. 그런데 상사가 업주와 안부 차원에서 연락을 하여 징계를 받았다면 이 징계에 대해서 어떻게 생각하는가?
- 경찰노조에 관한 생각을 말해 보아라.
- 조직폭력배 10명이 싸우고 있는 장면을 목격했는데, 본인은 혼자라면 어떻게 하겠는가?
- 아버지가 신원 조회 부탁을 했을 때 어떻게 하겠는가?
- 친구가 잃어버린 친모를 찾고 싶다고 신원조회를 부탁한다면 어떻게 할 것인가?
- 주취 소란을 피울 때 대처 방법은 무엇인가?
- 상사가 본인에게 험한 말을 하고, 사소한 심부름을 계속시켜서 스트레스를 받는다면 본인은 이를 어떻게 해결할 것인가?
- 무인자동차가 활성화되었을 때 어떤 교통법규를 제정해야 한다고 생각하는가?
- 장애인, 생계형 할머니, 외국인 노동자 3명이 무단횡단을 하였다. 누구부터 처벌하겠는가?
- 술을 마시고 주차를 해놓고 있는데 옆에 내리막길에서 리어카가 굴러가는 모습을 보고 차를 운전해 굴러가는 리어카를 막은 경우 그것도 음주운전으로 처벌을 해야 하는가?
- 자식과 부모님이 동시에 물에 빠지면 누구를 먼저 구할 것인가?
- 치안서비스를 강화해달라고 주민들이 요구할 때 어떻게 할 것인가?
- CSI를 알고 있는가?
- 112 번호가 왜 112인지 아는가?
- 새 제복의 장점 및 단점 등 본인의 생각을 말해 보아라.
- 웰다잉법에 대해 어떻게 생각하고 있으며 적용되는 형법이 무엇인지 아는가?
- 지방경찰제도와 국가경찰제도 중 어떠한 제도가 더 좋을 것 같은가?
- 지구대 근무 중 나에 대한 나쁜 소문이 돌고 있고 이미지가 나빠졌을 때 어떻게 할 것인가?
- 근무 중 쉬는 시간이 다가오는데, 지구대가 너무 바빠서 출동을 해야 한다면 어떻게 하겠는가?
- 쉬는 시간에 현장 상황이 발생했는데, 동료가 아무 일을 안 하려할 때 어떻게 대처할 것인가?
- 자신은 형사가 꿈인데 결혼해서 부인이 말린다면 어떻게 할 것인가?
- 최근 본 경찰 관련 영화나 드라마에서 나타난 경찰의 장점 및 단점을 말해 보아라.

- 살면서 육체적으로 힘들었던 일 한 가지와 정신적으로 힘들었던 일 한 가지씩 말해 보아라.
- 직장 동료가 명품으로 치장하고 다니면 어떻게 할 것인가?
- 지구대에서 매뉴얼대로 일을 처리했는데 상관이 너무 융통성이 없다고 뭐라고 한다면 본인은 어떻게 대처할 것인가?
- 자신은 수영을 못하는데 바다에 사람이 빠졌다. 그런데 주변 사람들이 내가 경찰이라는 것을 알고 구해 줄 것을 요청한다면 구조하기 위해 뛰어내리겠는가?
- 지구대에서 주취자가 난동을 부릴 경우, 어떻게 대처할 것인가?
- 초심을 잃지 않기 위한 방법에는 무엇이 있다고 생각하는가?
- 어머니와 같이 버스를 탔는데, 소매치기가 어머니 목에 칼을 들이밀고 목걸이를 빼앗아간다면 어떻게 대처할 것인가?
- 본인의 알코올 수치가 0.051%가 나왔다면 어떻게 할 것인가?
- 외진 산골 도로에 아무도 보는 사람이 없는 곳이라면 무단횡단을 할 것인가?
- 본인을 돈으로 환산한다면 얼마라고 생각하는가?
- 급한 일이 있어도 자신을 위해 모든 일을 뿌리치고 올 친구가 있는가? 그렇다면 본인도 면접을 포기하고 갈 수 있는가?
- 나이가 어리고 사회 경험도 적은 편인데 조직생활을 어떻게 할 생각인가?
- 보통 나이가 어리면 사람들의 신뢰를 얻기가 조금 힘들 수 있는데 본인은 어떻게 해서 신뢰를 얻을 계획인가?
- 체구가 작은 편인데, 몸이 큰 범죄자를 만나면 어떻게 할 것인가?
- 휴가지에서 범죄자를 목격할 경우 어떻게 하겠는가?
- 휴가 중에 여자친구와 시간을 보내고 있는데, 조폭들이 어떤 사람을 구타하고 있다면 어떻게 할 것인가?
- 시위 진압 동료가 흥분하는 것을 목격했다면 어떻게 할 것인가?
- 집회 시위에서 대열을 갖추고 대치하던 중 동료 한 명이 끌려갔다. 동료를 구하려고 했다간 대열이 흐트러져 뚫릴 수 있다. 동료 또한 빨리 구출되지 않을 경우 생명이 위급한 상황이라면 어떻게 하겠는가?
- 나이가 좀 있는데, 나이 어린 상사를 모실 수 있는가?
- 오늘 아침 헤드라인은 무엇이었는지 기억나는가?
- 자신의 체력 점수는?
- 어떤 운동을 좋아하는가?
- 자신의 성격은 어떠한 편이라고 생각하는가?
- 친구들 사이에서 주로 누구의 의견을 많이 듣는 편인가?
- 부모님 중 누구를 닮았다고 생각하는가?
- 시한부 인생이라 내일 죽는다면 오늘 뭘 하고 싶은가?
- 수험기간은 얼마나 되는가?
- 경찰이 된 후 경찰조직 발전에 어떻게 기여할 수 있겠는가?
- 어떠한 경찰관이 되고 싶은가?
- 임용된 후 기부를 한다면 어디에 얼마나 하고 싶은가? 그리고 그 이유는 무엇인가?
- 사람은 왜 산다고 생각하는가?

안심Touch

- 존경하는 인물은 누구인가?
- 본인에게 가장 중요한 가치관은 무엇인가?
- 경찰이 되기 위해 체력학원이나 면접학원까지 다니는 것에 대해 어떻게 생각하는가?
- 필기시험, 체력시험, 면접시험 중에 가장 어려운 것과 가장 쉬운 것은 무엇이라고 생각하는가?
- 강인한 체력과 전문지식 중 어느 것이 더 중요하다고 생각하는가?
- 자신의 전문성 점수는 몇 점이라고 생각하는가?
- 바람직한 경찰이란 어떠한 모습이라 생각하는가?
- '경찰'하면 떠오르는 단어 3개만 말해 보아라.
- 경찰 5대 헌장 중 본인이 중요하다고 생각하는 항목은 무엇인가?
- 최근 가족이나 친구들에게 실망을 준 경험이 있는가?
- 공부하면서 힘들었던 때가 언제인가?
- 한 달 용돈 및 지출 내역을 말해 보아라.
- 본인이 청렴하지 못했던 경험이 있는가?
- 청렴이란 뭐라고 생각하는가?
- 주량은 몇 병인가?
- 술 마시고 실수한 경험이 있는가?
- 의경시절 군대 악습이라고 생각한 것이 있었다면 무엇이었는가?
- 본인이 정직한 편이라고 생각하는가?
- 회사를 그만둔 이유는 무엇인가?
- 시험 응시횟수는 몇 번이나 되는가?
- 경찰청장 · 지방경찰청장의 성함을 알고 있는가?
- 경찰청 슬로건과 지방경찰청 슬로건에 대해 말해 보아라.
- 경찰 한자 뜻에 대해 말해 보아라.
- 자신이 책임지기 싫은 행동을 한 경험이 있다면 말해 보아라.
- 봉사활동을 하는 것은 타인을 위함이라고 생각하는가? 자기 자신을 위함이라고 생각하는가?
- 대학 전공이 다른데 경찰에 지원한 이유는 무엇인가?
- 옆 사람이 말할 때 무슨 생각이 들었는가?
- 부모님이 힘들어 했던 경험이 있다면 말해 보아라.
- 본인이 헌신했던 경험에 대해 말해 보아라.
- 본인을 뽑아야 하는 이유 5가지를 말해 보아라.
- 자신이 면접관이라면 어떤 사람을 채용하겠는가?
- 본인의 장점을 살려서 경찰에 할 수 있는 것은 무엇인가?
- 자신의 어떤 점이 경찰에 도움이 된다고 생각하는가?
- 경찰관이 근무시간 이외에 봉사활동하는 것을 어떻게 생각하는가?
- 20살 이후 희생한 경험에 대해 말해 보아라.
- 최근에 다툼이 있었던 경험이 있다면 말해 보아라.
- 교통의경시절 민원처리 사례에 대해 말해 보아라.

- 나이와 수험기간이 어떻게 되는가?
- 최종 불합격을 한 이유가 무엇이라고 생각하는가? 또한 그 이후 무엇을 노력하였는가?
- 보통 합격하는 데 얼마나 걸린다고 생각하는가?
- 자신이 생각하는 경찰이란 무엇인가?
- 우리나라 경찰에 점수를 준다면 몇 점을 줄 것이며 그 이유는 무엇인가?
- 국민이 원하는 경찰은 무엇이라고 생각하는가?
- 경찰시험을 준비하면서 인간관계에 대한 고민이 많았을 것 같은데 어떻게 했는가?
- 살면서 법을 위반한 경험에 대해 말해 보아라.
- 경찰은 희생해야 하는데 본인은 어떻게 희생할 수 있다고 생각하는가?
- 어느 부서에 가서 어디까지 진급하고 싶은가?
- 경찰 준비하면서 어려운 점은 무엇인가?
- 시민이 경찰을 어떻게 본다고 생각하는가?
- 자신을 한 단어로 표현하자면?
- 극도로 화가 났을 때 어떻게 행동하는가?
- 준법정신이란 단어를 들으면 가장 먼저 무엇이 생각나는가?
- 경찰의 매력은 무엇이라고 생각하는가?
- 존경하는 경찰과 경찰 롤 모델에 대해 말해 보아라.
- 경찰 이외에 다른 직업을 선택한다면 무엇을 선택하고 싶은가?
- 경찰이 다른 직업에 비해 좋은 점은 무엇이라고 생각하는가?
- 합격하면 누가 가장 행복해할 것 같은가?
- 지난 시절로 돌아간다면 언제로 돌아가고 싶은가?
- 면접장에는 몇 시에 도착했는가?
- 전·의경 생활을 하면서 보람을 느낀 점과 힘들었던 경험에 대해 말해 보아라.
- 군 장교 출신인데 군 생활에서 리더십은 무엇인가?
- 경찰은 청렴성이 중요한데 자신의 청렴함에 대해 말해 보아라.
- 자기에게 가장 없는 게 있다면 어떤 것인가?
- 자신은 어떤 사람이라고 생각하는가?
- 본인의 어떤 점이 경찰에 맞다고 생각하는가?
- 부모님이나 친구가 개인적으로 일을 부탁한다면 어떻게 하겠는가?
- 좌우명은 무엇인가?
- 민간인 신분으로 조폭들이 한 사람을 구타하고 있는 장면을 보았다면 어떻게 하겠는가?
- 지, 덕, 체 중 가장 중요하게 생각하는 것은 무엇인가?
- 고위 간부의 성범죄를 알게 됐을 시 어떻게 대처하겠는가?
- 부모님을 기쁘게 했을 때와 슬프게 했을 때가 있다면 말해 보아라.
- 지금 떠오르는 사자성어는?
- 거울을 보면서 무슨 생각을 하는가?
- 가장 감동 받았던 경험에 대해 말해 보아라.

- 면접이 끝나고 가장 해보고 싶은 것이 있다면 무엇인가?
- 면접 대기 중에 무슨 생각을 했는가?
- 경찰시험에 최종 합격하고 가장 하고 싶은 것이 있다면 무엇인가?
- 좋아하는 색상과 좋아하는 이유를 말해 보아라.
- 면접 공부는 어디에서 했는가?
- 최근 본 영화나 과거에 보았던 인상 깊었던 영화에 대해 말해 보아라.
- 가장 감명 깊게 본 경찰 관련 영화와 그를 통해 느낀 점이 있다면 무엇인가?
- 최근에 읽은 책은 무엇인가?
- 근속 승진 계급이 어디까지인지 알고 있는가?
- 어느 계급까지 승진하고 싶은가?
- 공부하면서 힘들었던 점은 무엇인가?
- 음식을 먹다가 머리카락이 나올 때 어떻게 하는 편인가?
- 눈을 감고, 면접관 책상 위의 물건 외에 기억나는 것을 말해 보아라.
- '경찰'로 2행시를 지어 보아라.
- 신호등 색깔의 의미를 알고 있는가? 만약 본인이 신호등 색을 결정할 수 있다면 어떤 색으로 지정을 할 것인가?
- 면접관을 감동시켜 보아라.
- 지금 이 자리에서 보여 줄 수 있는 운동이 있는가?
- 예상을 했지만 안 나온 질문이 있다면 무엇인가?
- 본인의 콤플렉스에 대해 말해 보아라.
- 마지막으로 하고 싶은 말이 있는가?
- 상관이 이번에 특진하게 되어, 팀원들과 회식을 하게 되었는데 관내 카센터 사장님이 팀원들 회식비를 결재하는 것을 알게 되었다. 주변 다른 팀원들은 전혀 모르고 있는 상황일 때 본인은 어떻게 할 것인가?
- 신임 순경인 자신 때문에 팀장이 징계를 받게 되었으나 본인은 신입이라서 책임을 면하게 되었다면 어떻게 대처하겠는가?
- 가정폭력신고가 들어왔는데 어떤 근거로 가정에 들어갈 것인가? 구체적인 논거를 말하시오.
- 맨날 야근을 핑계로 술을 마시는 남편이 있는데 늦은 귀가로 화가 난 부인이 자신의 집 앞에서 음주 단속을 해달라고 한다면 어떻게 할 것인가?
- 본인이 팀원의 팀장이라고 가정했을 때, 팀원 중 한 명이 회식이나 업무 등에서 전혀 어울리지 못하고 있다는 이유로 다른 팀원들이 그를 인사조처 할 것을 강력히 원하고 있다면 어떻게 할 것인가?
- 물에 빠진 사람이 있는데 이 사람을 구하다가는 자칫 자신의 생명을 잃을 수가 있다. 본인에게 아내와 자식이 있더라도 뛰어들겠는가?
- 교통단속을 했는데 상관이 법을 낮추어 적용한다면 어떻게 할 것인가?
- 교통단속 중 싸게 끊어달라는 시민의 말에 선배 경찰관이 싸게 끊어 주라고 한다면 어떻게 할 것인가?
- 자신이 친구 3명과 동행 중 골목길에서 청소년 10명이 40대로 보이는 아저씨를 폭행하고 있는 것을 목격했고, 자신이 청소년들에게 '야 니들 뭐야!'라고 외쳐놓은 상황이라면 어떻게 행동할 것인가?

- 지구대 근무 중 교통사고사건으로 출동했다면 최우선적으로 해야 할 것은 무엇인가?
- 청소년들이 본드 흡입을 하고 있다는 신고를 받고 출동했는데, 본드는 흡입하고 있지 않으나, 담배를 피웠던 흔적이 있다면 어떻게 할 것인가?
- 아버지 · 지인 · 상관이 음주단속 중 적발이 되었다면 어떻게 할 것인가?
- 선임 경찰관과 유흥업소단속 중인데 업소 룸에서 다른 경찰관이 나오면 어떻게 할 것인가?
- 소년소녀가장이 경미한 절도를 했는데, 가게 주인이 처벌을 원하는 경우라면 어떻게 하겠는가?
- 고아로 자란 아이가 너무 배가 고파서 빵을 훔쳤다면 어떻게 하겠는가?
- 절도신고를 받고 출동을 했는데 생활고에 시달린 아기엄마가 마트에서 아기를 안고 분유를 절도했던 상황이었고 주인은 강력하게 처벌을 원하는 경우 어떻게 할 것인가?
- 다문화 가정의 형편이 어려운 초등학교 4학년이 편의점에서 상습적으로 물건을 훔쳤는데 주인이 처벌을 강력히 원한다면 어떻게 처리하겠는가?
- 본인이 형사과에서 5년간 근무했는데 아내가 가정 일이 힘들다며 주간에 근무하기를 원한다면 어떻게 할 것인가?
- 부모님이 무단횡단하는 것을 외근근무 중 목격했다면 어떻게 할 것인가?
- 폐지 줍는 노인이 무단횡단을 할 경우 훈방할 것인가 단속을 할 것인가? 또한 훈방조치를 했는데 할머니께서 교통사고가 났다면 어떻게 할 것인가?
- 순경으로 교통근무 중이다. 2시간 전에 지구대장이 무단횡단을 단속하라는 지시가 내려왔다. 이미 5명을 단속한 상태이고 4차선 도로변 버스정류장에서 동시에 20명의 사람들이 지켜보고 있는데 80세 폐지를 줍는 할머니가 무단횡단을 하고 있다면 어떻게 대처하겠는가?
- A라는 학교전담경찰관이 가출신고가 빈번한 지역에 근무하던 중 가출신고가 접수되어 조치를 취하려고 하자 학생 주임이 자기가 알아서 하겠다며 개입하지 말아 달라고 할 때 어떻게 할 것인가?
- 아들이 아빠 지갑에서 돈을 훔쳤다고 신고가 들어 왔다면 어떻게 대응하겠는가?
- 아버지께서 차적 조회를 부탁하신다면 어떻게 하겠는가?
- 자신들이 형사과 직원으로 근무를 하면서 합동하여 강도범 한 명을 잡았는데 표창장이 하나만 나올 때 누구에게 줄 것인지 토론해 보아라. 만약 팀장님이 표창 점수가 적어서 양보해달라고 한다면 어떻게 할 것인가?
- 성희롱 피해자가 지구대에 찾아왔는데 상사가 별일 아니라고 대수롭지 않게 여긴다면 어떻게 하겠는가?
- 10명의 시민이 보고 있을 때, 80대 노인이 무단횡단을 한다면 단속을 할 것인지 하지 않을 것인지에 대해 토론해 보아라.
- 오토바이 헬멧을 착용하지 않고 바로 앞 약국에 간다고 한다면 어떻게 할 것인가?
- 기차를 운영하는 기관사가 있다. 열차의 브레이크가 고장이 났고, 경적도 고장이 난 상황이다. 1번 선로, 2번 선로 두 선로가 있는데 1번 선로에는 5명의 인부가 2번 선로에는 2명의 인부가 일하고 있다. 1번의 선로로 가면 5명이 죽고, 2번 선로로 가면 2명이 죽는다면 본인은 어떠한 선택을 할 것인가?
- 살인범이 여성의 목에 칼로 위협을 하고 있는 상황이다. 당신은 총을 가지고 있고, 사격을 할 수 있는 상황이라면 발포를 할 것인가?
- 본인은 경무과 직원인데 설 연휴 특별단속기간에 3명이 근무해야 한다면 누가 해야 한다고 생각하는가?

- 존경하는 상관이 친한 여경을 성희롱을 했는데, 여경이 본인에게 상담을 요청을 할 경우 어떻게 할 것인가?
- 폭력사건을 신고받았는데 여성의 비명 소리만 들리고 전화가 끊겼다면 어떻게 할 것인가?
- 한밤중에 여자가 강간당한다는 신고를 했으나 위치를 알 수 없는 상황이다. 어떻게 대처하겠는가?
- (상황극) 자살자 1명을 지정하고, 나머지는 경찰관이라고 가정하여 대처 방법에 대해 말해 보아라.
- 전화기도 없고 혼자 근무 중에 긴급 상황이 발생한 경우 어떻게 대처할 것인가?
- 바람이 강하게 불어 생명이 위험할 정도인데, 생계를 위해 일하러 나간다는 어르신이 있다면 어떻게 하겠는가?
- 자살의심자 신고가 접수가 되었을 때 어떻게 대처할 것인가?
- 직무관련성이 있는 친구와 없는 친구들이 함께 거하게 2차를 가자고 한다면 어떻게 대처하겠는가?
- 직장에 적응하지 못하는 동료가 있을 때 어떻게 대처하겠는가?
- 학창시절 공부를 하지 않고 놀기만 좋아하는 친구였는데, 그 친구는 작은 아버지 회사에 들어가 연봉 4~5천 정도 받으면서 편하게 일을 하고 있다. 이렇게 누군가는 쉽게 부를 얻는 사회에 대해 어떻게 생각하는가?
- 불법행위를 단속하였는데 지구대장이 단속하지 말라고 한다면 어떻게 하겠는가?
- 동료 경찰관이 비리를 저지르는 모습을 목격했을 때 어떻게 행동하겠는가?
- 아버지가 안전벨트를 미착용했을 경우 어떻게 할 것인가?
- 차량 사고 후 도망친 범인을 검거하라고 도보순찰 중에 무전이 왔다. 검거하러 갔는데 차량 범퍼가 파손되어 있고, 범인도 자신의 범죄를 시인했다. 그러나 관할서로 동행하기를 완강히 거부한다. 당신이라면 어떻게 처리할 것인가?
- 경찰은 인력 대비 담당해야 할 업무들이 굉장히 많다. 그래서 드론을 활용하는 방안이 거론되고 있는데 이에 대하여 어떻게 생각하는가?
- 음주운전으로 의심되는 사람이 동행을 거부한다면 어떻게 할 것인가?
- 매우 싫어하는 상사가 임신 5개월인 여자 직원의 육아휴직에 대하여 강하게 반대하고 있는 상황일 때 자신이 다른 부서의 팀장 입장이라고 가정한다면 어떻게 할 것인가?
- 동료 여자 경찰관이 임신 5개월 차인데, 6개월 동안 대신 근무를 해 줄 것을 부탁한다면 어떻게 할 것인가? 만약, 근무를 대신해 주게 되면 상사에게 찍히게 되는 상황이기 때문에 앞으로 업무가 매우 힘들어질 것임이 분명하더라도 그렇게 행동하겠는가?
- 방화로 인해 불이 난 경우 범인 검거와 재산 피해 최소화 중 어느 쪽을 선택할 것인가?
- 주취자가 택시를 탔는데 돈을 내지 않아 지구대에 왔다. 현재 주취자는 지갑도 없고, 전화도 없고 아무것도 없다. 택시기사는 무조건 돈을 받아야 하는 입장이라면 어떻게 하겠는가? 또한 택시요금을 내지 못하면 무슨 법으로 처벌을 받는가?
- 자신의 인사 고과를 담당하는 상급자가 세탁물을 맡기거나 세차 등 개인적 심부름을 시킨다면 어떻게 할 것인가?
- 일부 학교에서 학생들을 위해 흡연구역을 만들었는데 본인이 학교전담경찰관이라면 어떻게 할 것인가?
- 살인 피의자를 같이 검거했는데 상사가 모두 자신이 했다는 식으로 혼자 공을 독차지하려 한다면 어떻게 대처할 것인가?

- 강도현장에 출동했는데 강도가 동료를 칼로 찔러 동료가 피를 흘리고 있는 상황이라면 어떻게 할 것인가?
- 자신이 외사특채 경찰관으로 임용되었는데 전문부서가 아닌 일선 파출소나 지구대에 배치된다면 어떻게 할 것인가?
- 상사가 밥을 먹자 해서 갔는데 직무관련성이 없는 상사의 고향친구와 함께 먹게 되었다. 그 분이 밥을 사신다고 하시는데 3만 원이 넘는 금액이라면 어떻게 할 것인가?
- CCTV 확대에 대하여 찬반 토론해 보아라.
- CCTV 설치의 목적은 범죄예방인가? 인권보호인가?
- 가정폭력 발생 시 경찰이 강경하게 대응해야 하는지에 대해 찬반 토론해 보아라.
- 가정폭력의 근본 원인과 해결 방안에 대해 말해 보아라.
- 로스쿨 경감 특채에 대해 찬반 토론해 보아라.
- 학교폭력 해결 방안에 대해 토론해 보아라.
- 수사권 조정에 대해 토론해 보아라.
- 보복운전에 대한 생각과 대응책에 대해 말해 보아라.
- 청소년 범죄 해결 방안에 대해 토론해 보아라.
- CPTED와 관련하여 경찰이 직접적으로 하는 업무에 대해 알고 있는가?
- 불심검문에 대한 생각 및 개선점에 대해 말해 보아라.
- 미성년자 연령 하향 조정에 대해 찬반 토론해 보아라.
- 현재 우리나라 공권력에 대해서 어떻게 생각하고 있으며, 인권문제가 대두되고 있는데 현재 인권에 대한 생각과 개선 방안에 대하여 토론해 보아라.
- SNS의 장점(순기능) 및 단점(역기능)에 대해 말해 보아라.
- SNS의 장점 및 단점은 무엇이라고 생각하며 경찰로서 SNS의 활용 방안에 대해 말해 보아라.
- 음주운전 근절방안 및 음주사고를 줄이기 위한 방법에 대해 말해 보아라.
- 경찰관의 음주운전을 예방하기 위한 방안을 토론해 보아라.
- 지역경찰관들의 음주운전 사고가 많다. 청문감사관으로서 어떻게 예방하겠는가?
- 노인들의 교통사고 예방 정책에 대해 자유롭게 토론해 보아라.
- 어린이보호구역 내 교통사고 예방법에 대해 토론해 보아라.
- 교통사고가 발생하는 주원인은 무엇이라고 생각하는가?
- 다문화 사회에 대한 본인의 생각을 말해 보아라.
- 다문화 가정 범죄와 해결 방안 및 홍보 방안에 대해 토론해 보아라.
- 학교전담경찰관 존재 필요성에 대해 찬반 토론해 보아라.
- 학교전담경찰관이 영어로 무엇인지 아는가?
- 학교전담경찰관과 학생의 성적 파문에 대한 생각을 말해 보아라.
- 외국인범죄의 해결 방안을 토론해 보아라.
- 경찰의 수갑 착용에 대한 생각을 말해 보아라.
- 피의자에 대한 수갑 사용에 대해 찬반 토론해 보아라.
- 데이트폭력의 개념, 원인 및 예방 방법에 대하여 토론해 보아라.

- 다문화 가정에서 여성이 가정폭력을 당했다면 남편을 어떻게 처리해야 할 것인가?
- 왕따를 실제로 목격한 경험 및 왕따 예방을 위한 방안에 대해 말해 보아라.
- 경찰 홍보 방안에 대하여 토론해 보아라.
- 층간소음 해결 방안에 대해 토론해 보아라.
- 경찰의 총기 사용에 대하여 찬반 토론해 보아라.
- 총기 사용 요건 완화에 대해 찬반 토론해 보아라.
- 경찰의 업무 개선 방향에 대하여 토론해 보아라.
- 경찰 이미지 개선 방안에 대해 토론해 보아라.
- 무단횡단 근절을 위한 방안에 대해 토론해 보아라.
- 4대악 척결 방안과 홍보 방안에 대하여 말해 보아라.
- 신상공개에 대해 찬반 토론해 보아라.
- 성폭력범죄예방을 위한 방안을 토론해 보아라.
- 경찰의 입장에서 학교 폭력을 근절하기 위한 홍보 방안에 대해 토론해 보아라.
- 외국인범죄 증가 이유와 해결 방안에 대해 토론해 보아라.
- 암행순찰대에 대해 찬반 토론해 보아라.
- 암행순찰차에 대한 개인적인 의견을 말해 보아라.
- 화학적 거세에 대하여 찬반 토론해 보아라.
- 민간 탐정업에 대해 찬반 토론해 보아라.
- 경찰의 총기 사용에 대한 대안이 있다면 말해 보아라.
- 김영란 법에 대한 개인 의견을 말해 보아라.
- 묻지마범죄가 일어나는 이유와 해결 방안에 대하여 토론해 보아라.
- 사이버 범죄의 종류에 대해 말해 보아라.
- 치안한류에 대한 생각을 말해 보아라.
- 독도를 경찰이 지키는 이유가 무엇인지 알고 있는가?
- 사회적 약자에 대한 정의 및 사회적 약자들이 부당한 대우를 받는다면 어떻게 조치할 것인가?
- OECD 국가 중 우리나라가 노인 및 청소년 자살률 1위이다. 그 원인이 무엇이라고 생각하는가?
- 청년실업 해결 방안에 대해 말해 보아라.
- 사형제도에 대해 찬반 토론해 보아라.
- 군 가산점 제도에 대한 생각을 말해 보아라.
- 수사기법 공개에 대한 의견을 말해 보아라.
- 헬조선에 대하여 찬반 토론해 보아라.
- 여경 증원이 필요하다고 생각하는가? 만약 필요하다고 생각한다면 급진적으로 이루어져야 한다고 생각하는가 점진적으로 이루어져야 한다고 생각하는가?
- 성과주의가 경찰에 적합한지에 대하여 토론해 보아라.
- 피해자 신변보호를 위해 경찰에서 하는 일은 무엇인가?
- 악성민원인이 지속적으로 근무를 방해할 때 어떻게 하겠는가?

- 갑질과 을질의 의미에 대해 말해 보아라.
- 경찰노조에 관한 생각을 말해 보아라.
- 함정수사에 대하여 토론해 보아라.
- 피의자 얼굴공개에 대하여 토론해 보아라.
- 자치경찰제도에 대해 찬반 토론해 보아라.
- 선택과목 도입에 대하여 어떻게 생각하는가?
- 아동학대 근절을 위한 방안에는 무엇이 있다고 생각하는가?
- 치안대학원의 장점 및 단점을 말해 보아라.
- 선택과목 제도에 대하여 찬반 토론해 보아라.
- 통일의 긍정적인 측면과 부정적인 측면에 대해 토론해 보아라.
- 새터민 지원 방안에 대해 본인의 생각을 말해 보아라.
- 북한 이탈 주민 대처 방안에 대해 말해 보아라.
- 성범죄자의 집 주소까지 공개하는 등 신상공개에 대해 어떻게 생각하는가?
- 테이저건 사용에 대한 생각을 말해 보아라.
- 성매매 특별법에 대해 찬반 토론해 보아라.
- 공창제에 대하여 찬반 토론해 보아라.
- 보이스피싱 예방법에 대해 말해 보아라.
- 입직경로의 다양성에 대해 찬반 토론해 보아라.
- 알파고와 같은 인공지능이나 드론 등의 신기술이 발달되고 있는데 경찰에 도입할 수 있는 방안을 말해 보아라.
- 동네 조폭이란 무엇이며 해결 방안에는 무엇이 있다고 생각하는가?
- 양심적 병역거부에 대해 토론해 보아라.
- 최근 지방청과 관련하여 이슈화된 기사 및 현재 하고 있는 정책에 대해 아는 대로 말해 보아라.
- 절도범죄를 예방을 위한 특별한 방안이 있다면 무엇인가?
- 지구대장의 계급은 무엇인가?
- 파출소와 지구대의 차이에 대해 설명해 보아라.
- 과태료와 범칙금의 차이에 대해 말해 보아라.
- 뇌물이란 무엇인가?
- 내부고발제도에 대해 말해 보아라.
- 내부 비리 근절 방안에 대해 말해 보아라.
- 내부고발의 순기능과 역기능은 무엇이라고 생각하는가?
- 성폭행, 성희롱, 성추행의 차이점은 무엇인가?
- 폭력이란 무엇이라고 생각하는가? 유형적, 무형적, 정신적 폭력 말고 또 다른 폭력이 있다면 무엇일까?
- 미국경찰과 한국경찰의 차이점을 말해 보아라.
- 죄형법정주의란 무엇인가?
- 법치주의란 무엇인가?
- 고소와 고발의 차이점은 무엇인가?

- 친고죄와 반의사불벌죄를 각각 설명하고 관련된 죄명을 말해 보아라.
- 체포와 구속의 차이는 무엇이라고 생각하는가?
- 영장실질심사에 대하여 설명해 보아라.
- 구속적부심사에 대해 설명해 보아라.
- 미란다 원칙에 대해 말해 보아라.
- 진술거부권에 대해 말해 보아라.
- 긴급체포의 요건에 대해 말해 보아라.
- 현행범 체포의 요건에 대해 말해 보아라.
- 준현행범 체포의 요건에 대해 말해 보아라.
- 법과 도덕의 차이는 무엇이라고 생각하는가?
- 헌법 제1조 제1항을 알고 있는가?
- 깨진 유리창 이론에 대해 설명해 보아라.
- 평화집회와 준법집회의 차이에 대해 설명해 보아라.
- 형사과와 수사과의 차이를 알고 있는가?
- 기소독점주의와 기소법정주의의 차이에 대해 알고 있는가?
- 낙수효과와 분수효과에 대해 말해 보아라.
- 불심검문 요건에 대해 말해 보아라.
- 경찰헌장에 대해 말해 보아라.
- 강제수사의 종류에 대해 말해 보아라.
- 친족상도례 요건에 대해 말해 보아라.
- 정당방위의 요건에 대해 말해 보아라.
- 나이별 이칭에 대해서 말해 보아라.
- 한반도 주변 4강과 그 지도자의 이름을 말해 보아라.
- 디지털포렌식이란 무엇인가?
- 법규란 무엇인가?
- 셉티드란 무엇인지 말해 보아라.
- 경찰 계급 수에 대하여 말해 보아라.
- 지방경찰청 수를 알고 있는가?
- 영장청구와 신청의 차이는 무엇인가?
- 착한운전마일리지 제도란 무엇인가?
- 경찰청이 영어로 무엇인지 아는가?
- 무관용의 원칙이란 무엇인가?
- 풍선효과란 무엇인가?
- 전이효과란 무엇인가?
- 경찰책임의 원칙에 대해 말해 보아라.
- 경찰비례의 원칙에 대해 말해 보아라.
- 자전거의 법적 지위에 대해 말해 보아라.

02 | 집단 면접 사회자 진행 방식(샘플)

01 사회자 인사 및 토론주제 소개

안녕하십니까? ○○○(예 신상공개) 토론의 사회를 맡은 수험번호 ○○○번 ○○○입니다. 우선 찬성 측의 수험생은 ○○○이고, 반대 측의 수험생은 ○○○입니다. 오늘은 ○○○(예 신상공개) 주제를 가지고 토론을 진행해 보겠습니다. 발언시간은 10초~30초 안팎입니다. 그렇다면 이제 본격적으로 토론에 들어가겠습니다.

02 토론 진행

최근 성범죄가 사회적 문제로 대두되고 있으며 이에 대한 대처 방안으로 ○○○(예 신상공개)가 제기되고 있습니다. 여러분들은 ○○○(예 신상공개) 주제에 대해 어떻게 생각하십니까?

[찬성 측 발언]

예 재범 발생의 우려가 있기 때문에 찬성

[사회자]

○○○ 수험생 찬성 의견 잘 들었습니다. 이제 반대 측 발언해 주세요.

[반대 측 발언]

[사회자]

(반대 측 요약 정리)

예 신상공개와 범죄율은 관련이 없어 실효성이 떨어진다라고 말씀해 주셨습니다. 찬성 측 다른 의견 없으십니까?

[찬성 측 발언]

예 국민의 알 권리가 있기 때문입니다.

[사회자]

네 감사합니다. 이제 찬성 측 의견에 대한 다른 의견을 발언해 주시기 바랍니다.

[반대 측 발언]

[사회자]

(반대 측 요약 정리)

안심Touch

03 마무리

네! 여러분의 의견 모두 잘 들었습니다. 다들 발언 감사드리며 의견은 여기까지 듣도록 하겠습니다. 오늘 함께한 수험생들과 ○○○(예 성범죄자의 신상공개)에 대한 찬성과 반대 의견을 들어보았습니다. 찬성 측 의견으로는 ○○○(예 국민의 알 권리 충족, 재범 예방, 피해자 가족을 위해 등)을 위해 찬성한다는 의견이 나왔고, 반대 측 의견으로는 ○○○(예 실효성 문제, 범죄자의 인권침해, 범죄자의 가족이 피해 등) 의견이 나왔습니다.

[사회자 개인 의견]

예 성범죄자에 대한 신상공개 제도에 대한 실효성이 미약한 것 같습니다. 앞으로 반대 측에서 제시한 문제점을 보완하고 찬성 측에서 주장하는 좋은 점을 부각시켜서 성범죄율이 감소할 수 있도록 개인·국가의 많은 고민과 지원이 필요하다고 생각합니다. 이상으로 토론을 마치도록 하겠습니다. 토론에 참여해 주신 수험생 분들에게 진심으로 감사드립니다.

MY TURN 경찰 면접

PART 04
지방청별 면접 기출 질문

MY TURN 강철 단점

01 | 서울청

2019년 1차	· 성과주의에 대해 어떻게 생각하는가? · '독도 아리랑'과 '아름다운 나라'의 노래 가사를 보고 어떠한 것을 느꼈는가? · 경찰 AI(인공지능) 도입과 경찰 인력이 줄어드는 것에 대해 어떻게 생각하는가? · 안인득 사건과 관련하여 경찰이 잘못한 점은 무엇이라고 생각하는가? · 조현병 환자에게 어떤 조치가 필요하다고 생각하는가? · 국민이 생각했을 때 경찰하면 떠오르는 이미지는 무엇이라고 생각하는가? · 일본과의 관계에 대해 어떻게 생각하는가? · 남북관계는 어디까지 왔다고 생각하는가? · 집회 및 시위에 대해 어떻게 생각하는가? · 보이스피싱 사건에 경찰 AI(인공지능)를 활용하는 방안에 대해 어떻게 생각하는가? · 피의자의 신상을 공개하는 것에 대해 어떻게 생각하는가? · 4억 배상 판결에 대한 본인의 생각과 본인이 경찰청장이라면 그 사건을 어떻게 처리할 것인지 말해 보시오. · 4억 배상 판결과 같은 사례가 발생하지 않기 위해 어떻게 해야 하는가? · 정보경찰이 어떠한 일을 하는지 알고 있는가? 본인이 정보경찰이 된다면 어떻게 업무를 수행할 것인가? · 어린이 지문등록제의 단점이 무엇이라고 생각하는가?

2018년 3차	· 데이트폭력의 실질적인 개선 방안에 대해 자유롭게 토론해 보시오.
	· 악성민원인과 일반민원인의 차이점은 무엇이며 악성민원인을 해결할 수 있는 방안은 무엇이 있는가?
	· 피의자의 신상공개 규정에 대해 어떻게 생각하는지 찬성 측과 반대 측으로 나뉘어 토론해 보시오.
	  – 피의자의 신상공개와 관련하여 개선해야 할 점에 대해 말해 보시오.
	  – 관련 규정이 폐지되고 여론 또한 바뀌어 신상공개제도가 없어진다면 이미 신상이 공개된 사람들은 구제
	    하여야 한다고 생각하는가?
	· 형사 미성년자의 연령을 낮추는 것에 대해 찬성하는가? 반대하는가?
	· SPO(학교전담경찰관)제도를 활성화할 수 있는 방안은 무엇이 있는가?
	· 남동생이 학교폭력 가해자라면 어떻게 할 것인가? 그리고 교화와 처벌 중 어떤 방식으로 남동생을 변화시
	  킬 것인가?
	· 자치경찰제에 대해 어떻게 생각하는지 찬성 측과 반대 측으로 나뉘어 토론해 보시오.
	· 암행순찰차의 문제점은 무엇이며 이를 개선할 수 있는 방안에는 어떠한 것들이 있는가?
	· 음주운전 처벌 강화에 대한 본인의 생각과 음주운전 예방법에 대해 자유롭게 토론해 보시오.
	· 연공주의와 성과주의에 대해 어떻게 생각하는지 토론해 보시오.
	· 헬조선 문제에 대해 어떻게 생각하는지 자유롭게 토론해 보시오.
	· 학교폭력을 근절할 수 있는 방안에는 어떠한 것들이 있을지 토론해 보시오.
	· 수사권 조정에 대해 어떻게 생각하는지 찬성 측과 반대 측으로 나뉘어 토론해 보시오.
	· 일반 행정기관의 정책과 구별되는 경찰기관만의 정책은 무엇이라 생각하는지 자유롭게 토론해 보시오.
	  – 일반 행정기관의 업무와 경찰업무의 가장 큰 차이점은 무엇이라 생각하는가?
	· 클럽 버닝썬사건 관련하여 본인이 관할 경찰서장이라면 클럽을 어떻게 처리할 것인지 자유롭게 토론해 보
	  시오.
	  – 친구가 버닝썬사건과 같이 불법 촬영물이나 성인 동영상을 보내 준다면 어떻게 할 것인가?
	  – 일부 범죄자들과 경찰 간의 유착관계를 해결하기 위한 방안과 경찰의 청렴성을 유지하기 위한 방안에는
	    어떠한 것들이 있는가?

2018년 3차	• 불법촬영의 유형에는 어떠한 것들이 있으며, 이를 근절할 수 있는 방안에는 어떠한 것들이 있을지 토론해 보시오. • 공익 제보가 필요한 이유는 무엇이며, 현재 공익 제보와 관련된 문제점에는 어떠한 것들이 있는가? 　– 이러한 문제점들을 해결할 수 있는 방안에는 어떠한 것들이 있는가? • 경찰의 업무에는 행정경찰로서의 업무와 사법경찰로서의 업무가 있다. 최근에는 행정경찰로서의 업무가 더욱 강조되고 있는데 이에 대해 어떻게 생각하는지 토론해 보시오.
2018년 2차	• 수사권 독립에 대해 어떻게 생각하는지 토론해 보시오. • 사설탐정에 대해 어떻게 생각하는지 토론해 보시오. • 경찰의 무기 사용 요건을 완화하는 것에 대해 어떻게 생각하는지 토론해 보시오. • 경찰로봇을 투입하는 것에 대해 어떻게 생각하는지 토론해 보시오. • 경찰조직 내 남녀 차별이 존재한다고 생각하는가? • 형사미성년자의 나이를 14세에서 13세로 하향하는 것에 대해 찬성 측과 반대 측으로 나누어 토론해 보시오. • 중요 범죄자의 신상을 공개하는 것에 대해 어떻게 생각하는지 토론해 보시오. 　– 이와 관련된 해외 사례 중 아는 것이 있는가? • 데이트폭력을 해결하기 위한 방안에는 어떠한 것들이 있을지 토론해 보시오. • 경찰공무원 채용시험의 선택과목을 폐지하는 것에 대해 어떻게 생각하는지 토론해 보시오. • 한 청년이 무단횡단을 하여 단속을 하였다. 그러나 그 후 폐지를 줍는 할머니가 무단횡단을 하는 것을 발견하였으나 단속을 하지 않았다. 이를 보고 단속을 당한 청년이 할머니에게는 단속을 하지 않은 이유에 대해 따지고 있다. 본인이라면 어떻게 대응할 것인가? • 공정과 친절 중 어떠한 것이 더 중요하다고 생각하는가? • 경찰들에게도 성과주의를 도입하는 것에 대해 어떻게 생각하는지 토론해 보시오. • 상사의 부당한 지시가 있을 경우 어떻게 대처할 것인가? • 현재 경찰청이 시행하는 제도에 대해 알고 있는가? • 자치경찰제에 대해 어떻게 생각하는지와 자치경찰제를 개선할 수 있는 방안에는 무엇이 있는지 말해 보시오. • 평소 평판도 좋고 일을 잘하는 후배 경찰관이 사생활에 문제가 있다면 선배로서 어떻게 할 것인가? • 난민 문제에 대해 경찰의 입장에서 어떤 일을 해야 하는가? • 강서구 PC방 살인사건의 초동조치에 대해 어떻게 생각하는가? • 경찰관에게 가장 필요한 덕목은 무엇이라 생각하는가? • 경찰이 되고 나서 업무적인 스트레스를 받게 된다면 어떻게 해결할 것인가? • 현재 경찰 승진제도에 대한 생각과 개선방안에 대해 말해 보시오. • 일선에서 여경들의 체력 문제에 대해 불만의 목소리가 나오고 있다. 여경들의 체력을 증진시킬 방안에는 어떠한 것들이 있을지 말해 보시오. • 소년법 폐지에 대해 어떻게 생각하는지 토론해 보시오. • 사법부의 형량에 대해 국민의 입장, 경찰의 입장, 정부의 입장으로 나누어 토론해 보시오. • 경찰로서 악성민원인과 일반민원인을 동일하게 대해야 하는지, 본인이라면 악성민원인을 어떻게 대할 것인지에 대해 토론해 보시오. 　– 악성민원인과 일반민원인을 어떻게 구분할 수 있는가? • 가정폭력신고를 접수하여 출동하였으나 남성은 아무 일 없으니 돌아가라고 하고 있다. 본인이 경찰관이라면 어떻게 할 것인가? • 만약 본인이 면접관이라면 어떻게 면접을 진행하여 좋은 인재를 선발할 것인가? • 개인관계와 성과 중 어떤 것이 더 중요한가? • 숙명여고 문제 유출사건의 처벌 수위에 대해 어떻게 생각하는지 토론해 보시오.

02 | 경기북부청

2019년 2차	• 범죄 피해자들이 신고를 두려워하는 이유는 2차 피해가 발생할 수도 있다는 우려가 있기 때문이다. 이러한 상황을 해결하기 위한 방안에는 무엇이 있을지 토론해 보시오. • 각자 본인이 경찰이 안 되었다면 무엇을 했을 것 같은지 말해 보시오. • 가장 가고 싶은 부서는 어디인가? • 주취자를 감형해 주는 것에 대해 어떻게 생각하는가? • 살면서 가장 기뻤던 일과 후회되었던 일은 무엇인가? • 평소 본인의 성격은 어떠한가?
2019년 1차	• 현행법상 청소년들이 음식점이나 편의점에서 술이나 담배를 일부러 사서 걸리더라도 구매한 청소년들은 처벌 받지 않고 점주들만 처벌 받고 있다. 이에 대한 개선 방향은 무엇이 있을지 토론해 보시오. – 본인이 입법자라면 어떻게 법을 개선할 것인지 말해 보시오. • 피의자의 신상을 공개하는 것에 대해 어떻게 생각하는가? • 최근 수원시에서는 공무원들이 반바지를 입고 출근하는 것을 허용해주었다. 경찰도 반바지를 입는 것에 대해 어떻게 생각하는가?
2018년 3차	• AI(인공지능)가 발달하여 자율주행이 만연한 사회가 되었을 때 자율주행 차량이 사고가 났다면 책임은 제조사와 운전자 중 누가 지어야 하는가? • AI(인공지능)가 경찰업무 도입되었을 때 경찰은 무엇을 준비해야 하며 어떠한 업무를 수행해야 한다고 생각하는가? • 본인이 경찰을 꿈꾸며 상상해왔던 모습에 대해 자유롭게 말해 보시오.

2018년
2차
	• 아동학대에 대한 대처 방안에는 무엇이 있는가?
	• 가정폭력을 해결할 수 있는 방안에는 무엇이 있는가?
	• 윤창호법과 음주운전 관련 처벌법에 개선해야 할 사항은 무엇이 있는가?
	  – 음주운전에 대한 시민들의 인식을 개선할 방안에는 무엇이 있는가?
	  – 운전 중에 본인 앞에 음주운전 차량이 있다면 어떻게 할 것인가?
	• 소년법 개정에 대해 어떻게 생각하는지 토론해 보시오.
	• 사형제의 존속 여부에 대해 어떻게 생각하는가?
	• 청소년범죄의 처벌을 강화하는 것에 대해 어떻게 생각하는지와 청소년범죄를 예방할 수 있는 방법에 대해 토론해 보시오.
	• 피의자의 신상공개제도에 대해 어떻게 생각하는지 토론해 보시오.
	• 자살 기도자에 대해 어떻게 대처할 수 있는지 토론해 보시오.
	  – 경찰로서 할 일과 가정에서 할 일에는 어떠한 것들이 있는가?
	• 성과주의에 대해 어떻게 생각하는지 찬성 측과 반대 측으로 나뉘어 토론해 보시오.
	• 살면서 가장 화난 일은 무엇이고, 그때 어떻게 화를 가라 앉혔는지 말해 보시오.
	• 검찰과 경찰의 수사권 조정에 대해 어떻게 생각하는가?
	• 대학교 내에서 차량의 운행 속도 제한을 경찰서장의 권한으로 할 수 있는가?
	• 경찰관과 소방관에 대한 주취폭력이 늘어나고 있다. 일선에서는 솜방망이 처벌이 주취폭력이 늘어나는 데 원인이 되고 있다고 보고 있다. 이러한 논란에 대해 어떻게 생각하며, 경찰관과 소방관에 대한 주취폭력에 어떻게 대처할 수 있을지 말해 보시오.
	  – 논의된 대처 방안 중 가장 중요하다고 생각하는 것은 무엇인가?
	  – 상습적으로 주취폭력을 하는 사람에게 어떻게 대처할 것인가?
	  – 주취자가 난동을 피우고 있는 상황에서 혼자 출동을 한다면 어떻게 할 것인가?
	• 가정이나 어린이집에서 아동학대가 많이 발생하고 있지만, 제3자들은 신고를 꺼려하고 있다. 이에 대해 어떻게 생각하는지와 아동학대에 대해 아동과 부모님을 어떠한 방식으로 교육하여야 할지 그리고 아동학대 임시조치에 대해 보완해야 할 사항들에 대해 말해 보시오.
	• 청소년이 담배 피우는 것을 성인이 꾸짖자 오히려 청소년들이 대들어 폭력사건이 발생하였다. 본인이 이 상황에 출동한 경찰관이라면 어떻게 대처할 것인가?
	• 아이가 절도를 해서 아이의 아버지가 계속해서 뺨을 때리고 있다면 어떻게 대처할 것인가?
	• 흉악범의 재범방지를 위한 제도적 방안에는 무엇이 있을지 토론해 보시오.
	• 테이저건의 사용 방법과 법적 근거에 대해 말해 보시오.
	• 소년법상 소년의 구분법에 대해 말해 보시오.
	• 강서구 PC방 살인사건 피의자의 신상을 공개하는 것에 대해 어떻게 생각하는가?
	• 상대적으로 다른 직업에 비해 힘든 경찰을 꼭 하고 싶은 이유는 무엇인가?

2018년 1차	• 미투운동은 무엇이며, 이러한 문제를 해결하기 위한 방안에는 어떠한 것들이 있는지 말해 보시오. • 낙태죄 폐지에 대해 어떻게 생각하는가? • 공공장소 내에서의 음주 규제에 대해 어떻게 생각하는가? • 주취자가 일으킨 범죄를 심신상실로 감면해주는 것에 대해 어떻게 생각하며, 어떻게 개선해야 한다고 생각 하는가? • 성폭력 피해자를 대상으로 발생하는 2차 피해를 예방하기 위한 방안에는 어떠한 것들이 있는가? • 미투운동으로 경찰조직 내 남경과 여경 간에 불화가 생긴다면 어떻게 해결할 것인가? • 본인이 이성과의 관계에서 원치 않은 임신이 발생하였다면 어떻게 할 것인가? • 광주 집단 폭행사건에 본인이 현장에 출동했다면 어떻게 대처했을 것인가? • 상사의 부당한 지시가 있다면 어떻게 대처할 것인가? • 최근에 갈등을 중재해 본 경험에 대해 말해 보시오.

03 | 경기남부청

2019년
2차
	• 최근 10대들에 의한 범죄가 늘고 있다. 이로 인해 소년법 개정과 폐지에 대한 논의가 뜨거운데 이에 대해
	  어떻게 생각하는지 찬성 측과 반대 측으로 나뉘어 토론해 보시오.
	  – (찬성) 소년법을 개정해야 한다면 구체적으로 어떤 조항, 어떤 부분을 개정해야 한다고 생각하는가?
	  – (반대) 12세 소년이 범죄를 저질렀고 피해자의 가족들은 강력히 처벌하기를 원한다면 본인은 어떻게 할
	    것인가?
	• 사회적 약자를 정의하고 일반 공무원과 달리 사회적 약자를 보호할 수 있는 경찰만의 방안과 대책에는 어
	  떠한 것들이 있는지 말해 보시오.
	• 경기남부청에서 시행하고 있는 정책들에 대해 말해 보시오.

2019년
1차
	• 피해자 인권과 사회적 약자를 위해 다른 기관과 연계하지 않고 경찰만이 할 수 있는 일에는 어떠한 것들이
	  있는가?
	  – 불법체류자는 사회적 약자인가? 범법자인가?
	• 여성 주취자가 있다는 신고를 접수하였다. 현재 남경밖에 없으며 지원 요청을 하면 1시간이 소요된다. 이
	  경우 본인은 여성 주취자에 대해 어떻게 대응할 것인가?
	  – 여성 주취자들이 남경에게 성희롱 책임을 묻는 것에 대해 어떻게 생각하는가?
	  – 만약 본인이 여성 주취자라면 공무 집행을 이유로 어디까지 접촉을 허용할 수 있겠는가?
	• 경찰이 국민들에게 신뢰를 줄 수 있는 방안에는 무엇이 있는가?
	• 데이트폭력을 해결할 수 있는 방안에는 어떠한 것들이 있을지 토론해 보시오.
	• 최근 우리나라에 외국인 거주자들이 증가함에 따라 외국인범죄도 증가하고 있다. 이러한 상황을 해결할 수
	  있는 방안에는 무엇이 있을지 토론해 보시오.
	  – 가장 많은 외국인범죄의 유형은 무엇이라 생각하는가? 그에 대한 근거자료나 기사에 대해 아는 것이 있
	    는가?
	  – 지속적으로 발생하는 이주 여성에 대한 가정폭력을 해결할 수 있는 방안에는 어떠한 것들이 있는가?
	• 가정폭력이 발생하였다는 신고를 받고 출동을 하였다. 하지만 문을 열어주지 않아 현장으로 들어갈 수가
	  없다면 어떻게 할 것인지 구체적 근거를 가지고 자유롭게 토론해 보시오.
	  – 영암 이주민 여성 폭행사건이 일어난 이유는 무엇이라 생각하는가?
	  – 급박한 상황에서 본인은 매뉴얼대로 할 것인가? 사람을 구할 것인가?
	  – 자신의 부모님에게 가정폭력 상황이 일어났다면 어떻게 할 것인가?
	  – 안에 인기척이 없는 경우 어떻게 할 것인가?
	  – 출동 신고를 받고 출동하던 중 피해자에게 전화했을 때 올 필요 없다고 한다면 어떻게 할 것인가?
	• 피의자의 신상을 공개하는 것에 대해 어떻게 생각하는가?
	  – 고유정사건에서 고유정의 신상을 공개한 것에 대해 어떻게 생각하는가?
	  – 언론에 수사기법이 노출되는 것에 대해 어떻게 생각하는가?

2019년 1차	• 자치경찰제에 대해 어떻게 생각하는가?
	  – 최근 경찰 관련한 기사를 본 적이 있는가? 어떠한 내용의 기사였으며, 이를 해결할 수 있는 방안은 무엇이 있다고 생각하는가?
	• 경찰공무원 채용시험에서 선택과목을 폐지하는 것에 대해 어떻게 생각하는지 찬성 측과 반대 측으로 나뉘어 토론해 보시오.
	• 2차 교통사고를 예방하기 위한 방법에는 어떠한 것들이 있는가?
	• 경찰공무원 채용시험에서는 법학과목과 기초과목을 같이 시행하고 있다. 이에 대해 어떻게 생각하는지 자유롭게 토론해 보시오.
	• 소방공무원과 경찰공무원의 차이점에 대해 말해 보시오.
	• 일반 시민의 입장에서 여자친구가 술에 취해 난동을 피우고 있다면 어떻게 대응할 것인가?
	• 조폭들이 싸우고 있는데 여경과 본인 단 둘만 출동하였다면 어떻게 할 것인가?
	• 바디캠을 개인적인 사비로 구입하여 사용하는 것에 대해 어떻게 생각하는가?
	• 본인이 순찰 중 총기를 분실하였다면 어떻게 할 것인가?
	• 본인이 생각할 때 현재 경찰의 청렴도와 본인의 청렴도는 몇 점이라고 생각하는가? 그리고 그 이유는 무엇인가?
	  – 경찰의 청렴도를 높이기 위한 방안에는 무엇이 있는가?

2018년 3차	• 불법촬영물을 근절할 수 있는 방안에는 어떠한 것들이 있을지 토론해 보시오.
	• 공권력과 인권이 대립하였을 때 어떻게 대처해야 하는지 토론해 보시오.
	• 소년법 폐지에 대해 어떻게 생각하는지 토론해 보시오.
	• 형사미성년자의 연령을 낮추고, 처벌을 강화하는 것에 대해 어떻게 생각하는지 토론해 보시오.
	• 직장생활과 개인생활 중 어떠한 것이 더 중요하다고 생각하는가?
	  – 일과 가정의 균형을 맞출 수 있는가?
	• 본인은 지구대의 팀장이다. 지인이 음주운전 혐의로 체포되었고 지인은 본인에게 항의를 하고 있다. 이 경우 어떻게 대처할 것인가?
	  – 지인이 항의 도중 거품을 물고 쓰러졌다면 어떻게 할 것인가?
	• 저녁 23시에 지구대로 아이가 뛰어와 자신의 아버지가 야구방망이로 때리려 한다고 말한다면 어떻게 할 것인가?
	  – 아이의 아버지가 아이가 5만 원을 훔쳤다고 이야기한다면 어떻게 할 것인가?
	• 경찰 재량권에 대해 아는 대로 말해 보시오.
	• 경찰헌장 중 자신에게 가장 와 닿는 내용은 무엇인가?
	• 김영란법에 대해 아는 대로 설명해 보시오.
	• 음주운전에 대한 처벌을 강화하는 것에 대해 어떻게 생각하는가?
	  – 음주운전을 줄이기 위한 방안에는 어떠한 것들이 있는가?
	  – 경찰조직 전체의 음주운전은 줄어드는 반면, 순경 임용 이후 5년 미만 순경들의 음주운전이 많다고 한다. 이러한 원인이 무엇이라고 생각하는가?
	  – 우리나라 음주문화의 문제점은 무엇인가?
	• 인사고과를 제일 잘 받는 사람이 팀 전체에 한 턱 내는 풍습이 있는데 이 풍습을 따를 것인지 토론해 보시오.
	  – 본인이 팀장인데 이러한 풍습에 후배가 반대한다면 어떻게 할 것인가?
	  – 본인이 고과점수가 제일 낮을 때 이러한 팀의 결정을 따를 것인가?
	• 피해 아동을 가해 부모와 격리하고 보호조치하는 것이 적절한지 토론해 보시오.
	  – (적절하다) 밤에 아이가 울면서 파출소 지구대로 들어온다면 어떻게 할 것이고, 그 아이가 격리조치를 원한다면 어떻게 할 것인가?
	  – (부적절하다) 아이와 부모가 격리되지 않으면 부모가 계속 학대를 하는 상황 등이 발생할 수도 있는데 괜찮은가?
	  – 가정폭력이 발생하는 원인은 무엇이며, 이에 따른 개선 방안은 무엇이 있겠는가?
	• 아동학대 현장에 출동했다면 가장 먼저 어떠한 것들을 살펴보겠는가?
	• 정보경찰의 권한 축소에 대한 생각과 이로 인해 발생하는 문제점을 해결할 수 있는 방안들에 대해 말해 보시오.
	• 사회적 약자를 정의내리고 일반 공무원과 달리 사회적 약자를 보호할 수 있는 경찰만의 방안과 대책에는 어떠한 것들이 있는지 말해 보시오.
	  – 다문화 가정에 대한 인식을 변화시키기 위해 경찰이 할 수 있는 것에는 무엇이 있는가?
	• 신호를 위반하여 단속된 차량의 차주가 편파 단속이라고 항의한다면 어떻게 할 것인가?
	• 최근 2~3년 내 가장 자랑스러웠던 일은 무엇인가?

2018년
3차
	• 경찰이 공공서비스에 치중하는 것에 대해 어떻게 생각하는가?
	  – 경찰 본래의 업무는 무엇이라고 생각하는가?
	• 자치경찰제에 대해 어떻게 생각하는지 자유롭게 토론해 보시오.
	• 경찰공무원의 행동 강령을 아는가?
	  – 자신은 어떤 경찰이 되고 싶은가?
	• 어느 계급까지 승진하고 싶은가?
	• 사형제 폐지에 대해 어떻게 생각하는가?
	  – 사형제를 폐지하고 태형을 추가하는 것에 대해서는 어떻게 생각하는가?
	• 피의자의 신상공개와 언론에 수사기법을 공개하는 것에 대해 어떻게 생각하는지 자유롭게 토론해 보시오.
	• 최근 발생하는 인권문제에 대해 어떻게 생각하는가?
	• 본인의 아버지가 음주운전에 단속되었다면 어떻게 할 것인가?
	• 공익 제보가 필요한 이유는 무엇이며, 현재 공익 제보와 관련된 문제점에는 무엇이 있는가?
	  – 이러한 문제점들을 해결하기 위한 방안에는 어떠한 것들이 있는가?
	• 로봇경찰 도입에 대해 어떻게 생각하는가?
	  – 로봇경찰과 함께 순찰 중 오류로 인해 손해가 발생하였다. 이 경우 배상 책임은 누가 져야 한다고 생각하
	    는가?

2018년
2차
	• 인권과 공권력이 대립하였을 때 어떠한 것을 우선시할 것인가?
	  – 인권과 공권력 사이에는 어떠한 관계가 있다고 생각하는가?
	  – 공권력을 강화해야 하는 이유를 사례와 함께 말해 보시오.
	  – 현 정권에서 시행하고 있는 사업 중 인권이 가장 침해되었다고 생각하는 사건은 무엇인가?
	  – 본인이 생각하는 인권침해란 무엇인가?
	• 내부고발제에 대해 어떻게 생각하는지 토론해 보시오.
	  – 내부고발제를 활성화할 수 있는 방안에는 무엇이 있는가?
	  – 현 내부고발제의 문제점은 무엇이며 이를 해결할 수 있는 방안에는 어떠한 것들이 있는가?
	  – 상관이 비리를 저지르면 내부고발할 것인가?
	  – 현재 내부고발의 비율은 얼마나 된다고 생각하는가?
	  – 부하 여경이 본인에게 상관이 지속적으로 같이 술자리를 가자고 하는데 성적인 목적이 있는 것 같다며
	    도움을 구하였다. 그러나 남자 상관은 이를 부인하고 부하 여경과 서로 자신의 말이 맞다며 주장하고 있
	    다. 이 경우 본인은 어떻게 할 것인가?
	• 불법촬영물을 근절할 수 있는 방안에는 어떠한 것들이 있을지 토론해 보시오.
	• 피의자의 신상 정보를 공개하는 것에 대해 어떻게 생각하는지 토론해 보시오.
	• 경찰 본연의 업무보다 서비스 활동이 증가하는 것에 대해 어떻게 생각하는지 토론해 보시오.
	• 자신이 생각하는 사회적 약자의 정의와 사회적 약자를 보호할 수 있는 방안에 대해 말해 보시오.
	• 음주운전을 근절할 수 있는 방안에는 어떠한 것들이 있을지 토론해 보시오.
	• 데이트폭력을 근절할 수 있는 방안과 앞으로 경찰들은 어떠한 방향으로 수사를 진행해야 할 것인지에 대해
	  토론해 보시오.
	• 상사의 부당한 지시에 대해 어떻게 대처하겠는가?
	  – 상사가 단속 실적을 늘리라고 한다면 어떻게 할 것인가?
	• 아동학대를 당한 아이와 부모를 격리 조치하는 것이 적절한가?
	  – 격리 조치가 적절하다면 부모를 처벌해야 하는가?
	  – 아동학대의 문제가 많이 부각되는데 아동복지시설기관에 사법권을 주어야 되는가?
	  – 보육교사의 아동 학대 사건들에서 보육교사들에 대한 처벌은 적절한가?
	  – 교육을 위한 훈계와 아동 학대는 어떻게 구분해야 된다고 생각하는가?
	• 가정과 직장 중 더 중요하다고 생각하는 것에 대해 말해 보시오.
	  – 직장을 중요시한다면 가정은 어떻게 할 것인가?

2018년 2차	• 외국인범죄를 줄이기 위한 방안에는 어떠한 것들이 있을지 토론해 보시오. • 살면서 가장 힘들었던 경험을 말해 보시오. • 치안서비스를 강화하기 위한 방안에는 무엇이 있는가? • 불법촬영범죄의 유형과 이를 줄일 수 있는 방안에 대해 토론해 보시오. • 스토킹범죄의 유형과 이를 줄일 수 있는 방안에 대해 토론해 보시오. 　－ 본인이 여자에게 스토킹 당했을 때 어떻게 대처할 것인가? 　－ 본인이 예방 검거 사후조치 중 가장 중요하게 생각하는 것은 무엇인가? • 주민과 소통을 통해 치안만족도를 높이기 위한 방안에는 어떠한 것들이 있는가? • 상사의 부당한 지시에 대해 어떻게 대처할 것인지 말해 보시오. • 비례의 원칙은 무엇이며 해당 사례에는 무엇이 있는지 토론해 보시오. • 문제가 많고 동료 간 싸움을 자주 일으키는 상관이 부서장으로 임명되었다면 부서의 단합을 위해 어떻게 　할 것인가? • 아이가 많이 아픈데 돌봐줄 사람이 없는 상황에서 긴급 소집 명령이 떨어진다면 어떻게 할 것인가? • 본인은 국가경찰과 자치경찰 중 무엇이 되고 싶은가? • 해바라기센터는 어디 소속이며, 전국에 몇 군데 있는가? • 공통적인 치안서비스와 지역적·차별적 치안서비스 중 무엇이 더 중요하다고 생각하는가? • 묻지마범죄를 근절할 수 있는 방안에 대해 말해 보시오.
2018년 1차	• 공권력의 현 주소와 문제점 그리고 문제점을 해결하기 위한 방안에 대해 토론해 보시오. • 상관의 업무상 지시사항이 법에 저촉되거나 사회상규에 반할 때, 도덕적으로 어긋날 때, 양심에 어긋날 때 　각각 어떻게 대처할 것인지 말해 보시오. • 외국인범죄를 줄이기 위한 방안에는 어떠한 것들이 있는가? • 아동학대를 줄이기 위한 방안에는 어떠한 것들이 있을지 토론해 보시오. • 수사권 조정에 대해 어떻게 생각하는지 토론해 보시오. • 경찰의 성과주의 도입에 대해 어떻게 생각하는지 토론해 보시오. • 암행순찰차의 장점과 단점에 대해 말해 보시오. • 상사의 부당한 지시에 어떻게 대처할 것인가? • [여경] 사회적 약자를 정의내리고 다른 행정기관과 별도로 경찰만이 실시하고 있는 사회적 약자 보호 정책 　에는 무엇이 있는가? 　－ 행정기관과 경찰기관의 중복되는 정책을 분리할 수 있는 방법에는 무엇이 있는가? 　－ 사회적 약자를 보호하는 것이 역차별이라는 주장에 대해 어떻게 생각하는가? 　－ 여자가 사회적 약자인 이유에 대해 말해 보시오. 　－ 리더십을 발휘한 경험과 본인이 팀워크를 위해 할 수 있는 역할에 대해 말해 보시오. 　－ 사회적 약자를 왜 복지기관이 아닌 경찰이 보호해야 하는가? 　－ 장애인을 위해 경찰이 할 수 있는 사항에는 무엇이 있는가? • 면접 당일 무단횡단을 하지 않는다면 지각하는 상황이다. 무단횡단을 하겠는가? • 아이를 폭행한 남편을 아내가 생계 유지를 문제로 처벌하지 않기를 원하고 있다. 본인은 어떻게 하겠는가? • 지인이 젠더폭력을 당했다고 말한다면 어떻게 할 것인가? • 본인은 여자친구와 약속이 있는데, 퇴근 시간이 지났음에도 직장 상사는 업무가 끝나지 않아 계속 자리에 　앉아 업무를 보고 있다면 어떻게 할 것인가?

04 | 인천청

2018년 2차	• 피의자의 신상공개 요건은 무엇이며, 피의자의 신상공개에 대해 어떻게 생각하는지 토론해 보시오. • 김정은이 방남하면 경찰은 무엇을 해야 하는가? • 살면서 가장 힘들었던 경험은 무엇인가? • 형사미성년자의 연령을 하향하는 것에 대해 어떻게 생각하는가? • 혐오 사상에 대해 어떻게 생각하는지 자유롭게 토론해 보시오. • 과격 시위가 일어나게 된 원인은 무엇이라 생각하는가? • 본인이 경찰관이라면 시위를 어떻게 진압할 것인가? • 인공지능로봇의 현장 투입에 대하여 토론해 보시오. • 20대 이후에 가장 화가 났을 때는 언제인지 말해 보시오(본인 때문에 화난 일 제외). • 경찰업무와 관계 없는 민원 신고를 받았다면 어떻게 대처할 것인가? • 수능을 보는 학생이 늦지도 않았는데 6시에 전화해서 7시까지 시험장에 데려다 달라고 한다면 어떻게 할 것인가? – 왜 학생이 데려다 달라고 한 것 같은가? • 경찰업무에 있어서 우선순위 3가지를 말하시오. • 수사권 조정과 관련하여 현재 어떤 내용이 논의되고 있는지와 이에 따라 앞으로 경찰은 어떻게 노력하여야 하는지 토론해 보시오. • 문신한 사람이 식당에서 구걸행위를 하면서 소란을 피우는 경우 그 사람에게 적용되는 법조항과 절차에 대해 말해 보시오. • 권한과 권리에 대해 정의해 보시오. • 그루밍 성폭행의 원인과 경찰로서 대응 방법을 말해 보시오. • 미투운동에 따른 2차 피해를 어떻게 대처할 것인가? • 경찰로서의 업무 중 법 집행과 공공서비스 어느 것이 더 중요한가?

05 | 충북청

2019년 2차	• 같이 일하기 싫은 상사가 있다면 어떻게 할 것인가? • 유치장에 불이 났다면 어떻게 대처할 것인가? • 개인의 자유와 사회 전체의 안녕 중 무엇을 우선시 하겠는가? • 헌법 제1조 제2항에서 국민은 무엇을 의미하며 그 국민은 누구에게 복종해야 하는가? • 다문화가정이 증가함과 비례하여 다문화가정에서 발생하는 범죄율 또한 증가하고 있다. 그 이유는 무엇이며, 이를 해결하기 위한 방법에는 무엇이 있는가?
2019년 1차	• 현 경찰조직의 문제점은 무엇이라 생각하는가? • 경찰이 된다면 어떻게 재테크를 할 것인가? • 수사권 조정에 대해 어떻게 생각하는가? • 친구가 기소중지자라면 어떻게 할 것인가? • 사전적 예방조치와 사후적 조치 중 어떠한 것이 중점이 되어야 한다고 생각하는가? • 경찰로서 직무를 하던 중 회의감이 든다면 어떻게 극복을 할 것인가?

2019년 2차	• IMF 이후 빈익부 부익부 현상이 더욱 심화되고 있다. 이와 관련하여 노블리스 오블리주의 예를 들어보고 이러한 현상을 해결하기 위해 경찰조직에서 할 수 있는 방안이 있는지 말해 보시오. • 집회 시위에서 경찰관의 이름표(명찰)를 착용하는 것이 현재 좋은 반응을 보이고 있다. 그러나 일각에서는 경찰관 인권침해 문제로 인해 반대하고 있다. 본인은 이에 대해 어떻게 생각하는가? • 프로파일링 기법은 화성 연쇄살인사건의 범인으로 지목된 이춘재의 자백을 이끌어 내었다. 이러한 프로파일링 기법이 성공한 사례와 실패한 사례에 대해 말해 보시오. • 우리 사회의 양극화 현상에 대해 본인은 어떻게 생각하는지 그리고 이로 인한 문제점은 무엇이 있으며 이를 해결하기 위한 방법에는 어떠한 것들이 있을지 말해 보시오. • 과거에는 공경의 대상이었던 노인이 현재는 사회적 약자로서 여겨지고 있다. 노인에 대한 인식이 바뀐 이유는 무엇이라 생각하는가? 그리고 이러한 현상을 해결하기 위한 방안에는 무엇이 있는가? • 성범죄자의 전자발찌에 음주측정 기능을 넣는 것에 대해 어떻게 생각하는지 토론해 보시오. • 팔로워십과 리더십의 차이에 대해 말해 보시오. • 현재 서울시에서는 일요일에 학원 영업을 금지시키는 정책을 논의 중에 있다. 이에 대해 어떻게 생각하는지 토론해 보시오. • 실내에 동물원을 설치하는 것에 대해 어떻게 생각하는지 찬성 측과 반대 측으로 나누어 토론해 보시오. • 고양이 급식소를 운영하는 것에 대해 어떻게 생각하는지 찬성 측과 반대 측으로 나누어 토론해 보시오. • 소방차가 긴급출동 시 불법주정차된 차량을 파손하는 것에 대해 어떻게 생각하는지 토론해 보시오. • 대형마트에는 계산대 앞에 초콜릿이나 사탕 등 아이들이 좋아하는 식품 등이 있다. 이로 인해 아이들이 부모에게 계산대 앞에서 떼를 쓰거나 우는 경우가 많아 계산대 앞이 혼잡해지는 경우가 많이 발생하고 있는데 최근 계산대 앞에 초콜릿이나 사탕을 진열하는 것을 금지하는 법이 논의되고 있다. 이에 대해 어떻게 생각하는지 찬성 측과 반대 측으로 나누어 토론해 보시오. • 수술실에 CCTV를 설치하는 것에 대해 어떻게 생각하는지 찬성 측과 반대 측으로 나누어 토론해 보시오. • 주식 관련 내용을 초등학생들의 교육 과정에 추가하는 것에 대해 어떻게 생각하는지 찬성 측과 반대 측으로 나누어 토론해 보시오. • 반려견의 안전관리 대책으로 개파라치를 시행하는 것에 대해 어떻게 생각하는지 또한 이러한 제도에 대한 보완점은 무엇이 있을지 토론해 보시오. • 자신이 가장 소중하게 생각하는 3가지를 말해 보시오. – 그 중 하나만 꼽는다면 무엇을 꼽겠는가? • 상사가 음주운전한 것을 알게 된다면 어떻게 할 것인가? • 가장 싫어하는 사람의 유형은 무엇인가? • 본인이 수험기간 중에 대인관계를 유지하기 위해서 한 노력에는 어떠한 것들이 있는가? • 불법 체류자가 있다는 첩보를 입수했다면 어떻게 행동하겠는가? • 조직 내 모든 사람들과 마찰을 빚는 인물이 있다면 상사로서 본인은 어떻게 하겠는가? • 남들보다 특별하다고 생각하는 본인의 장점은 무엇인가? • 경찰이 시행한 정책 중 나비효과를 일으켜 긍정적인 효과를 나타낸 정책이나 경찰이 이렇게 한다면 긍정적인 효과가 일어날 것 같은 정책에는 무엇이 있는지 자세히 말해 보시오. • 4차 산업과 관련해서 AI(인공지능)를 경찰업무에 어떻게 적용할 수 있을지 아는 대로 말해 보시오. • 편의점 주인인 아버지가 아들이 돈을 꺼내가는 것을 보고 훈육을 부탁드린다며 처벌해 달라고 데려왔을 때 본인은 어떻게 할 것인가? • 팀의 리더로서 조직원들과 소통하는 데 있어 제일 중요하다고 생각하는 것이 무엇인지 본인의 경험담과 함께 말해 보시오. • 외국인의 증가에 비례해서 외국인범죄 또한 증가하여 외국인범죄 특별보고서를 만들어야 한다. 본인은 외국인범죄 특별보고서를 만들기 위한 정보를 어디에서 얻을 것인가? • 주취자 신고를 받고 출동했는데 주취자가 가정폭력범임을 알게 되었다. 어떻게 할 것인가? • 자신의 단점은 무엇이며 이를 극복하기 위해 어떠한 노력을 할 것인가? • 동료와의 갈등이 발생하였다면 이를 극복하기 위해 어떻게 할 것인가? • 본인은 팀장이다. 본인과 부하 직원이 당일 함께 처리해야 할 업무가 있는데, 부하 직원이 저녁에 약속이 있다고 한다면 어떻게 할 것인가? • 자신을 색깔로 비유하면 무엇인가? • 최근 타인에게 배려한 경험이 있는가?

2019년 2차	• 자신이 정보과장인데 서로 상충되는 정보를 보고 받았다. 이 경우 어떻게 할 것인가?
	  – 어떠한 것이 올바른 정보인지 어떻게 판단할 것인가?
	• 친구와 갈등을 경험한 적이 있는가? 있다면 어떻게 해결하였는가?
	• 최근에 가장 화가 났던 경험은 무엇인가?
	• 수험생활과 관련된 정보는 어떻게 수집하였는가?
	  – 잘못된 정보가 있었는가?
	• 존경하는 사람은 누구인가? 그 사람과 본인이 유사한 점은 무엇이며, 다른 점은 무엇인가?
	• 본인의 책임이 아닌 일로 비난 받은 경험에 대해 구체적으로 말해 보시오.
	• 본인이 잘하는 것은 무엇이며 좋아하는 것은 무엇인가?
	• 수사가 거의 끝난 시점에 민원인이 그 사건에 대해 밤낮으로 전화하고 찾아와 항의한다면 어떻게 할 것인가?

2019년 1차	• 주취자에게 심신미약을 이유로 형을 감경해주는 현 제도에 대해 어떻게 생각하는지 찬성 측과 반대 측으로 나뉘어 토론해 보시오. • 옆 사람에게 창의적인 질문을 해 보시오. • 경찰에게 지금 현재 필요한 것은 무엇이라 생각하는지 한 단어로 표현해 보시오. • 군병사들의 평일 외출에 대해 어떻게 생각하는지 찬성 측과 반대 측으로 나뉘어 토론해 보시오. • 수험기간 중 포기하고 싶었던 적이 있는가? 있다면 어떻게 극복하였는가? • 경찰 외에 다른 직업을 선택한다면 어떤 직업을 선택할 것인가? – 본인이 직업을 선택할 때 중요하게 생각하는 기준은 무엇인가? • 본인의 장점은 무엇인가? • 경찰은 매뉴얼대로 행동해야 하는 직업인데 도전정신을 어떤 부분에서 직무에 적용할 것인가? • 공개재판주의에 대해 어떻게 생각하는지 자유롭게 토론해 보시오. • 경찰관이 된다면 가장 해결하고 싶은 것은 무엇인가? • 1심과 2심의 재판 과정을 공개하는 것에 대해 어떻게 생각하는지 찬성 측과 반대 측으로 나뉘어 토론해 보시오. • 지원하고 싶은 부서는 어디인가? • 노키즈존에 대해 어떻게 생각하는지 찬성 측과 반대 측으로 나뉘어 토론해 보시오. • 경찰관으로서 지켜야 할 덕목에는 무엇이 있다고 생각하는가? • 최근 23사단 병사가 투신자살한 사건이 있었다. 자살기도자가 있다면 본인은 어떻게 할 것인가? • 모임이 장기적으로 유지되기 위해서 필요한 것은 무엇이라고 생각하는가? • 연예인 최시원씨의 개와 같이 지속적으로 사람에게 피해를 주는 반려동물은 안락사를 시켜야 한다는 주장에 대해 어떻게 생각하는지 찬성 측과 반대 측으로 나뉘어 토론해 보시오. • 작년 일본의 한 시청이 직원들에게 흡연을 한 뒤 45분 간은 엘리베이터의 탑승을 금지하는 규정을 만들었다. 이에 대해 어떻게 생각하는지 토론해 보시오. • 본인과 의견이 맞지 않는 사람과 어떻게 의견을 조율할 것인가? • 본인이 접한 기사 중 경찰에 관한 좋은 내용의 기사와 좋지 않은 내용의 기사는 무엇이 있는가? • 경찰조직이 정신질환자 관련 정보들을 데이터베이스화하는 것에 대해 어떻게 생각하는가? • 살면서 가장 보람이 있었던 일은 무엇인가? • 경찰이 된다면 하고 싶은 일은 무엇이며, 가고 싶은 부서는 어디인가? • 이유 없이 다른 사람과 갈등이 발생한 적이 있는가? 있다면 그 상황을 어떻게 해결하였는가?
2018년 3차	• 단속 당한 사람이 단속 후에도 왜 본인만 단속하였냐며 항의를 하고 있다. 어떻게 대처할 것인가? • 임용유예제도에 대해 어떻게 생각하는가? • 자신의 장점은 무엇이며 이를 조직의 발전을 위해 어떻게 적용할 수 있는가? • 중 · 고교 생활 중 본인을 변화시킨 사건이 있는가? • 살면서 가장 즐거웠던 경험은 무엇이며, 가장 힘들었던 경험은 무엇인가? 가장 힘들었던 경험은 어떻게 극복하였는가? • 낙태죄에 대해 어떻게 생각하는지 찬성 측과 반대 측으로 나뉘어 토론해 보시오. • Https 차단에 대해 어떻게 생각하는지 찬성 측과 반대 측으로 나뉘어 토론해 보시오. • 본인을 음식에 비유한다면 무엇이라 생각하는가? 본인의 어떠한 점이 그 음식과 유사하다고 생각하는가? • 휴가철 붐비는 고속도로 전용도로에서 갓길 운전으로 단속했는데 경찰서장에게 단속된 차량을 훈방조치 하라고 전화로 명령을 받았다. 어떻게 할 것인가? • 강력계 형사가 된다면 수사에 필요한 정보들을 어떻게 수집할 것인가? – 보이스피싱범죄에 관한 정보들은 어떻게 수집할 것인가?

2018년
3차
	• 정신질환자의 강제 입원에 대해 토론해 보시오.
	• 수험기간 중 힘들었던 경험을 어떻게 극복하였고 이 경험을 어떻게 경찰에 적용할 것인지 말해 보시오.
	• 본인이 가장 함께 일하기 싫은 사람은 어떠한 사람인가?
	• 검경의 포토라인 관련 규정 및 운영 현황에 대해 어떻게 생각하는가?
	• 칼을 든 사람이 인질을 잡고 대통령을 부르라고 한다면 어떻게 할 것인가?
	• 국민의 알권리를 주제로 자유롭게 토론해 보시오.
	• 현행 경찰공무원 채용시험은 필기 50%, 체력 25%, 면접 25%로 진행이 된다. 현 시험제도에 대해 어떻게
	  생각하는지 찬성 측과 반대 측으로 나뉘어 토론해 보시오.
	  – 현 시험제도에서 대체하거나 추가했으면 하는 것이 있는가? 있다면 무엇인가?
	• 고령 운전자에게 야간 고속도로 운전을 제한하는 것에 대해 어떻게 생각하는지 찬성 측과 반대 측으로 나
	  뉘어 토론해 보시오.
	• 경찰조직의 장점과 단점에 대해 말해 보시오.
	• 쇼호스트가 되어 '치안'을 상품으로 팔아보시오.

2018년
2차
	• 국민청원제도에 대해 어떻게 생각하는지 찬성 측과 반대 측으로 나뉘어 토론해 보시오.
	• 유공자 장례 운구 행렬 시 경찰이 에스코트를 해야 하는지에 대해 찬성 측과 반대 측으로 나뉘어 토론해
	  보시오.
	• 경찰대의 여성쿼터제와 경찰 대학생이 받는 혜택에 대해 어떻게 생각하는지 찬성 측과 반대 측으로 나뉘
	  어 토론해 보시오.
	• 음주운전자에 대한 처벌을 강화하는 것에 대해 어떻게 생각하는가?
	  – 강화해야 한다면 얼마나 강화해야 한다고 생각하는가?
	• 본인에게 직업이란 어떠한 의미인가?
	• 경찰이 아니라면 어떤 직업을 선택했을 것 같은가?
	• 경찰공무원 채용시험에서 필기시험과 체력시험, 면접의 반영 비율에 대해 어떻게 생각하는가?
	• 정보경찰 축소에 대해 어떻게 생각하는가?
	• 본인이 면접관이라면 스스로에게 몇 점을 주겠는가?
	• 응급실 내에서 병원관계자를 폭행한 자들에 대한 처벌을 강화하는 것에 대해 어떻게 생각하는가?
	• 본인이 살면서 가장 힘들었던 경험은 무엇이며 그 상황을 어떻게 극복하였는가?
	• 본인이 정보과장인데 부하 직원 두 명이 말이 서로 다르다면 어떻게 올바른 정보를 판단할 것인가?
	  – 성범죄피해자와 범죄자의 말이 다를 경우 어떻게 판단을 할 것인가?
	• 악성민원인을 어떻게 대처할 것인가?
	  – 악성민원인이 악성 허위사실을 유포한다면 어떻게 할 것인가?
	  – 상사의 도움 없이 해결해야 한다면 어떻게 할 것인가?
	  – 지금 즉시 해결해야 한다면 어떻게 할 것인가?
	• 다른 사람과 소통하는 데 필요하다고 생각하는 것은 무엇인지 본인의 경험과 연관지어 말해 보시오.
	• 노블레스 오블리주의 개념에 대해서 설명하고, 노블레스 오블리주의 긍정적 효과와 부정적 효과에 대해
	  말해 보시오.
	• 봉사활동을 한 경험이 있는가? 있다면 언제, 어디서, 얼마나 했는가?
	• 상관이 부당한 지시를 내린다면 어떻게 할 것인지 본인의 경험과 연관지어 말해 보시오.
	• 전 차로를 대상으로 음주단속을 실시하는 것에 대해 어떻게 생각하는가?
	• 상사가 퇴근 시간이 지난 이후에도 퇴근하지 않고 계속 인터넷을 하고 있다면 어떻게 할 것인가?
	• 본인은 어떠한 성격의 사람을 좋아하고 싫어하는가? 그리고 싫어하는 사람과 함께 일해야 한다면 어떻게
	  대처할 것인가?
	  – 싫어하는 사람이 동료가 아니라 본인보다 상관이라면 어떻게 할 것인가?
	• 자신이 경찰관이 되어야 하는 이유에 대해서 말해 보시오.

2018년
1차
	• 과거 경찰에게 필요했던 부분과, 현재 경찰에게 필요한 부분은 무엇이라 생각하는가?
	• 동료들에게는 본인이 더 능력이 있다고 평가 받고 있지만 상사는 나이가 많다는 이유로 다른 동료 경찰관
	  에게 본인보다 높은 실적 점수를 주려 한다면 어떻게 하겠는가?
	• 경찰이 아니라면 어떠한 직업을 선택했을 것 같은가? 그 이유는 무엇인가?
	• 수험생활 동안 수험 관련 정보는 어떻게 얻었으며, 잘못된 정보는 어떻게 구별하였는가?
	• 낙태죄에 대해 어떻게 생각하는지 찬성 측과 반대 측으로 나뉘어 토론해 보시오.
	• 정년을 연장하는 것에 대해 어떻게 생각하는지 찬성 측과 반대 측으로 나뉘어 토론해 보시오.
	  – 군대 전역이 얼마 남지 않았는데 복무 기간이 6개월 연장된다고 하면 어떻게 할 것인가?
	  – 30년 동안 경찰생활을 하는 것도 힘이 들 텐데 본인이라면 정년이 연장되어 5년 더 업무를 진행할 수
	    있겠는가?

2018년
1차
	• 내근직과 외근직의 비율은 50대 50인데 외근직의 인원 수가 부족하다는 의견이 있다. 이를 해결하기 위한 방안으로는 무엇이 있는가?
	• 본인이 가장 싫어하는 상사의 스타일은 무엇인가?
	• 내부고발제에 대해 어떻게 생각하는지 찬성 측과 반대 측으로 나뉘어 토론해 보시오.
	• 서로 창의적인 질문을 하고 답변해 보시오.
	  – 그 질문을 하는 이유에 대해 말해 보시오.
	• 경찰부서 중 불필요하거나 없어졌으면 좋겠다고 생각하는 부서와 신설되었으면 좋겠다고 생각하는 부서에는 무엇이 있는지 말해 보시오.
	• 퇴근 후 카카오톡으로 업무를 지시하는 것에 대해 어떻게 생각하는지 찬성 측과 반대 측으로 나뉘어 토론해 보시오.
	• 수사권 조정에 대해 검사의 입장에서 설명해 보시오.
	• 근무가 끝나고 친구와 술 한 잔을 하고 있는데 담당 학교의 학생주임 선생님이 연락 와서 학생들이 패싸움을 하고 있다고 한다면 어떻게 할 것인가?
	  – (지원 요청을 한 뒤 현장에 가겠다고 답변) 어디에 가장 먼저 지원 요청을 할 것인가?
	• 단체로 여행이나 캠핑을 간 경험이 있는가? 있다면 자신이 챙기기로 한 짐에는 어떠한 것들이 있었으며 단체 여행 또는 캠핑에서 자신이 맡은 역할은 무엇이었는가?
	• 자신의 단점은 무엇이라고 생각하는가?
	• 여경의 채용 비율을 증가시키는 것에 대해 어떻게 생각하는지 찬성 측과 반대 측으로 나뉘어 토론해 보시오.
	• 결과와 과정 중 어떠한 것이 더 중요하다고 생각하는지에 대해 토론해 보시오.
	• 몰카범죄가 발생하는 이유는 무엇이며, 해결책에는 어떠한 것들이 있는가?

07 | 대전청

2019년
2차
	• 자신이 정보관이라면 좋은 기사와 나쁜 기사를 어떻게 구별할 것인가?
	• 싫어하는 사람이 있는가?
	• 어떤 상사와 일을 하고 싶은가?
	• 경찰은 행정서비스 업무의 강화로 인해 많은 비판을 받고 있다. 이에 대해 어떻게 생각하는가?
	• 본인이 손님으로서 카페에서 주문을 하였는데 잘못 나왔을 때와 본인이 카페에서 아르바이트를 하고 있는데 제대로 주문을 받았음에도 손님이 항의를 하고, 카페 주인은 환불이 불가함을 말할 때 이와 같은 각각의 상황에서 본인은 어떻게 대처할 것인지 말해 보시오.
	• 악성민원인에 대해 어떻게 대처할 것인가?
	• 시민이 생각하는 경찰의 이미지는 무엇이며 경찰이 개선해야 할 점에는 어떠한 것들이 있는가?
	• 상관이 자신의 주장만으로 억지를 부린다면 어떻게 할 것인가?
	• 본인의 성격 중 경찰이 되었을 때 가장 걱정되는 부분은 무엇이며, 이를 어떻게 극복할 것인지 말해 보시오.
	• 경찰이 다른 기관보다 정보 수집 분야에 있어서 특화되어야 할 점은 무엇이라고 생각하는가?
	• 대화경찰관이 주는 영향은 무엇이라고 생각하는가?
	  – 불법농성에서 대화경찰관은 무조건 참아야 하는가?
	• 경찰관에게 필요한 자질은 무엇이라고 생각하는가?
	• 일가족 집단자살의 원인은 무엇이라고 생각하는가?
	  – 본인이 정보경찰이라면 경제적 어려움에 빠진 가족에 대한 정보를 어떻게 수집할 것인가?

2018년
3차
	• 살면서 가장 힘들었던 경험은 무엇이며 어떻게 극복했는지 말해 보시오.
	• 본인이 강력계 형사라면 담당 범죄들에 대해 어떻게 정보를 수집할 것인가?
	• 사회생활을 하면서 본인은 어떤 역할을 주로 했다고 생각하는가?
	• 사회생활을 하면서 다른 사람들 사이에 발생한 갈등을 해결해 준 적이 있는가?
	• 성과주의에 대해 어떻게 생각하는지 찬성 측과 반대 측으로 나뉘어 토론해 보시오.
	  – (찬성 측) 개인성과주의가 팀원성과주의와 같다고 생각하는가?
	  – (반대 측) 현재 성과주의가 시행되고 있는데 그렇다면 잘못 시행되고 있다고 생각하는가?
	• 밤 10시에 여성이 남편이 실종되었다며 위치추적을 해달라고 요청한다면 어떻게 할 것인가?
	• 지원부서는 어디인가?
	• 경찰이란 어떤 직업이라 생각하는가?
	• 피의자 신상공개제도에 대해 어떻게 생각하는지 찬성 측과 반대 측으로 나뉘어 토론해 보시오.
	• 수사권 조정에 대해 어떻게 생각하는지 찬성 측과 반대 측으로 나뉘어 토론해 보시오.
	• 상사의 부당한 지시에 어떻게 대처하겠는가?
	• 친구가 많은가? 친구와 의견 충돌 시 주로 이기는 편인가? 져주는 편인가?
	• 출동 현장에 주취자가 소란을 피우고 있다면 어떻게 대처할 것인가?
	• 경찰서비스는 계측이 가능하다고 생각하는가?

2018년 2차	• 불의를 보고도 모른 척한 경험이 있는가? 그때 느낀 점은 무엇인가? • 당신과 매우 친한 친구가 보증을 서달라고 한다면 어떻게 할 것인가? • 경찰공무원 채용제도의 장점 및 단점에 대해서 말해 보시오. • 경찰 SNS의 장점 및 단점에 대해서 토론해 보시오. • 힘든 경찰공무원에 지원한 이유는 무엇이며, 경찰윤리가 중요한 이유는 무엇이라 생각하는가?

08 | 전북청

2019년 2차	• 외국인범죄의 증가에 대한 보고서를 작성하기 위해 정보를 어떻게 수집할 것인가? • 길 고양이 급식소를 만드는 것에 대해 어떻게 생각하는지 찬성 측과 반대 측으로 나뉘어 토론해 보시오. • 양심적 병역거부를 예비군제도에도 적용하는 것이 가능하다고 생각하는가? • 성인용품 리얼돌 사용에 대해 어떻게 생각하는가? • 청소년보호법에 적용되는 연령을 하향 조정하는 것에 대해 어떻게 생각하는가? • 리더십을 발휘한 경험과 리더로서 소통을 위해 어떠한 것을 중요시하였는지 말해 보시오. • 함께 일하기 싫은 상사는 어떤 유형의 사람인가? • 유치장에 불이 났을 때 어떻게 대처하겠는가? • 개인의 자유와 사회 전체의 안녕 중 무엇을 우선시하겠는가? • 헌법 제1조 제2항에서 국민은 무엇을 의미하며 그 국민은 누구에게 복종해야 하는가? • 다문화 가정의 증가에 비례하여 범죄율 또한 증가하고 있다. 그 이유는 무엇이라 생각하는가? 또한 이를 해결할 수 있는 방법은 무엇이 있는가? • 경찰공무원을 지원하게 된 동기는 무엇인가?

2019년
1차
	• 학교전담경찰관제도에 대해 어떻게 생각하는지 찬성 측과 반대 측으로 나뉘어 토론해 보시오.
	• 상사의 부당한 지시를 받았을 때 어떻게 대처할 것인가?
	  – 상사의 지시가 사회적ㆍ윤리적으로 어긋나도 따를 것인가?
	• 다양한 특채를 통해 입직한 전문성 있는 인재들이 지구대ㆍ파출소에서 근무하는 것에 대해 어떻게 생각하는가?
	  – 이들이 잘 적응을 못한다면 어떻게 대처해야 한다고 생각하는가?
	• 피의자 정보를 공개하면 필연적으로 피해자 정보까지 같이 공개되어 피해자에 대한 2차 피해가 발생할 수도 있다. 그러나 피의자 정보를 공개하면 범인을 검거할 확률이 높아져 이후 발생할 수 있는 피해자를 줄일 수 있다. 피의자 정보를 공개해야 하는지 공개하지 말아야 하는지에 대해 토론해 보시오.
	• 경찰조직이나 국가를 비난하는 상사가 있다면 어떻게 대처할 것인가?
	• 수험기간 중 가장 힘들었던 적은 언제인가?

2019년 1차	• 학교폭력사건에 경찰이 적극적으로 개입해야 한다고 생각하는가? 아니면 교내에서 교사가 처리해야 한다고 생각하는가?
	• 본인의 장점은 무엇이며 이 장점이 경찰로서 직무를 수행하는 데 어떻게 도움이 될 것 같은지 말해 보시오.
	• 친구들이 본인에게 경찰을 비하하는 발언을 한다면 어떻게 대처할 것인가?
	• 치안정감의 계급을 가진 사람은 누가 있는가?
	• 합격한다면 누구에게 가장 먼저 알리고 싶은가?
	• 시험을 얼마나 오래 준비하였으며 시험에 몇 차례 응시하였는가?
	• 경찰공무원 채용시험의 선택과목을 폐지하는 것에 대해 찬성 측과 반대 측으로 나뉘어 토론해 보시오.
	   – 헌법이 필수과목으로 지정되는 것에 대해 어떻게 생각하는가?
	• 동료가 불륜을 저지른 것을 목격했다면 어떻게 할 것인가?
	   – 본인이 고발함으로써 해당 동료는 파면이 된다고 하여도 고발할 것인가?
	• 동료가 자녀를 학대하고 있다는 것을 알게 되었다면 어떻게 할 것인가?
	• 경찰 내 성차별이 존재한다고 생각하는가?
	• 사회적 약자를 정의하고 사회적 약자를 보호하기 위해 경찰로서 할 수 있는 일에는 어떠한 것들이 있는지 말해 보시오.
	• SNS를 통한 홍보의 장점과 단점은 무엇인가?
	   – SNS를 통해 어떤 것을 홍보해야하는가?
	   – 경찰이 SNS를 통해 홍보한 것 중 잘한 사례와 못한 사례를 말해 보시오.

2018년 3차	• 찜질방 주인이 외국인과 만취한 외국인의 여자친구를 냄새가 난다는 이유로 찜질방 출입을 금지시켜 신고를 받고 출동하였다. 이 경우 본인은 어떻게 대처할 것인지 말해 보시오.
	   – 외국인과 그의 여자친구는 무슨 죄명으로 처벌 받을 수 있는가?
	   – 주인은 무슨 죄명으로 처벌 받을 수 있는가?
	• 국민의 기본권에 대해 한 가지만 말해 보시오.
	• 제노포비아(이방인에 대한 혐오)를 줄이기 위해 경찰이 할 수 있는 방안은 무엇이 있다고 생각하는가?
	• 헌법상 권리 중 가장 중요하다고 생각하는 권리는 무엇인가?
	• 명예훼손죄와 모욕죄의 차이에 대해 말해 보시오.
	• AI(인공지능) 경찰로봇의 현장 투입에 대해 어떻게 생각하는지 찬성 측과 반대 측으로 나뉘어 토론해 보시오.
	• 순찰 중 노래방에서 여성 피해자를 대상으로 인질극이 벌어졌다면 어떻게 초동조치를 할 것인가?
	• 정보사회의 순기능과 역기능에 대해서 토론해 보시오.
	• 최근 3년 이내 읽은 책은 무엇이며 책을 읽고 나서 느낀 점은 무엇인가?
	• 최근에 다른 사람을 도와 준 경험에 대해 말해 보시오.
	• 유치원이나 어린이집의 CCTV 설치 의무화에 대해 어떻게 생각하는지 찬성 측과 반대 측으로 나뉘어 토론해 보시오.
	• 암행순찰차에 대해 어떻게 생각하는지 찬성 측과 반대 측으로 나뉘어 토론해 보시오.
	   – 암행순찰차를 대체할 수 있는 방법에는 무엇이 있다고 생각하는가?
	• 친구가 음주운전을 해서 경찰관인 본인의 집에 놀러 왔다면 어떻게 할 것인가?
	• '악법도 법이다'라는 말이 있는데 본인이 생각할 때 악법에는 어떠한 것들이 있는가?
	• 군대 사병들이 평일에 외출하여 휴대폰을 사용하는 것에 대해 어떻게 생각하는가?
	• 수험시절 중 가장 힘들었던 경험과 이를 극복한 방법에 대해 말해 보시오.
	• 화학적 거세에 대해 어떻게 생각하는가?
	• 피의자 신상공개제도에 대해 어떻게 생각하는가?
	• 단속을 당한 사람이 왜 본인에게만 단속하냐며 항의를 한다면 어떻게 대처할 것인가?
	• 친구나 아는 지인이 단속되었다면 어떻게 하겠는가?
	• 사형제에 대해 어떻게 생각하는가?
	• 4차 산업시대에서 경찰의 비전은 무엇이라 생각하며 이에 따라 본인은 어떠한 노력을 할 것인지 말해 보시오.
	• 경찰이 된다면 어떠한 자세로 직무에 임할 것인가?
	• 동료가 범인을 검거하는 과정에서 칼에 찔리고 말았다. 범인을 검거한다면 동료는 살릴 수 없게 되고, 동료를 살린다면 범인은 놓치게 되는 상황에서 본인은 어떠한 선택을 할 것인가?
	• 경찰공무원을 지원한 동기는 무엇인가?
	• 어떻게 스트레스를 극복하는가?
	• 상사가 회식 자리에서 과도하게 술을 권한다면 어떻게 하겠는가?
	• 카카오톡 단체방에서 위법하지 않은 음란물을 유포하는 사람이 있다면 방을 나갈 것인가? 안에 있을 것인가?

2018년
3차

- 초등학생이 자전거를 절도했다는 신고를 받아 출동하였다. 이 사건을 어떻게 처리할 것인가?
- 외국인이나 사회적 소수자들을 차별 없이 우리 사회의 일원으로 받아들이기 위한 방법에는 어떠한 것들이 있을지 토론해 보시오.
- 탈북자들을 위해 경찰이 할 수 있는 일은 무엇이 있는가?
- 근무하고 싶은 부서는 어디인가?
- 수사기법을 공개하는 것에 대해 어떻게 생각하는가?
- 자치경찰제에 대해 어떻게 생각하는지 찬성 측과 반대 측으로 나누어 토론해 보시오.
  – 본인은 자치경찰과 국가경찰 중 어떠한 것을 선택할 것인가?
- 현 경찰의 가장 큰 숙원사업은 무엇이라 생각하는가?
- 경찰노조에 대해 어떻게 생각하는지 찬성 측과 반대 측으로 나누어 토론해 보시오.
- 본인이 지구대장이라면 ① 특진을 위해 조직 내에서 열심히 범인을 검거하는 사람 ② 기본적인 업무를 충실히 하지만 승진 공부를 하지 않는 사람 ③ 기본적 업무를 충실히 하고 시험승진 준비를 열심히 하는 사람 중 근무 평가를 가장 높게 줄 사람과 가장 낮게 줄 사람을 말해 보시오.
- 국가보안법에 대해 어떻게 생각하는지 토론해 보시오.
- 경찰 계급정년에 대해 어떻게 생각하는지 찬성 측과 반대 측으로 나누어 토론해 보시오.
- 거구의 주취자가 난동을 부리고 있다. 하지만 현장에는 본인밖에 없고 시민들은 이 상황을 휴대폰으로 동영상을 찍고 있다. 어떻게 주취자를 제압할 것인가?
- 특별채용과 관련하여 본인의 생각을 말해 보시오.
  – 특별채용이 필요하다고 생각하는 분야에는 어떠한 것들이 있는가?
  – 특별채용의 장점과 단점은 무엇이라고 생각하는가?
- 양심적 병역거부에 대해 어떻게 생각하는가?
- 회사를 그만 둔 이유는 무엇인가?
- 봉사활동 경험에 대해서 말해 보시오.
- 부당한 지시를 받으면 어떻게 할 것인가?
- 존경하는 인물은 누구인가?
- 지원부서는 어디인가?
  – 왜 형사는 지원하지 않는가?
- 본인의 단점은 무엇이며 어떻게 이를 극복하였는가?
- 다른 사람에게 가장 크게 칭찬받았던 경험에 대해 말해 보시오.
- 다른 사람과 갈등이 있어 참다 못해 화를 낸 경험이 있는가?
- 살면서 가장 조심해야 할 것은 무엇이라 생각하는가?
- 경찰공무원 채용시험의 선택과목을 폐지하는 것에 대해 어떻게 생각하는가?
- 최근 경찰의 신뢰도에 대한 문제가 거론되고 있다. 본인이 생각하는 경찰의 신뢰도는 10점 만점 중 몇 점이라고 생각하며 그 이유는 무엇인가?
  – 경찰이 신뢰도를 높이기 위해서는 어떠한 부분이 나아져야 한다고 생각하는가?
  – 피의자에게 어떻게 친절을 발휘할 수 있겠는가?
- 유능하고 성과가 좋은 상사 밑에서 일을 하고 싶은가? 성과는 조금 떨어지지만 인간미가 있는 상사 밑에서 일을 하고 싶은가?
  – 아무도 전자와 같이 일을 하지 않으려고 한다면 본인은 어떻게 할 것인가?
- 도로교통법을 위반한 경험이 있는가?
  – 본인은 급할 때 위반을 해도 된다고 생각하는가?
- 신뢰하던 사람에게 실망한 경험이 있는가?
- 언제부터 경찰을 꿈꿨고 그 이유는 무엇인가?
- 청소년범죄의 원인과 대책은 무엇이라 생각하는가?
- 상사가 근무시간에 사우나를 간다면 어떻게 대처할 것인가?
- 낙태죄에 대해 어떻게 생각하는지 찬성 측과 반대 측으로 나누어 토론해 보시오.
  – (여경) 경찰에 합격했는데 본인이 임신 4개월이라는 걸 알았다면 어떻게 할 것인가?
- 자신의 좌우명은 무엇인가?
- 회식에 참석해야 하는데 남자친구가 반대하거나 싫어한다면 어떻게 할 것인가?
- 고령화 사회의 문제점은 무엇이며 이를 해결하기 위한 방법에는 어떠한 것들이 있는가?

PART 01 | PART 02 | PART 03 | **PART 04** | PART 05

2018년 3차	• 시민과 국민, 그리고 일반 수험생의 입장에서 경찰관의 문제점에 대해 말해 보시오. • 검경의 포토라인 관련 규정 및 운영 현황에 대해 어떻게 생각하는가? • 형사미성년자의 연령을 낮추는 것에 대해 어떻게 생각하는지 찬성 측과 반대 측으로 나뉘어 토론해 보시오. • 최근 우리 사회에서 가장 큰 문제는 무엇이라고 생각하는가? • 버닝썬사건과 관련하여 국민이 느끼는 감정은 무엇이며 수사권 조정에 대해서는 어떻게 생각하는지 말해 보시오. • 외국인이나 사회적 소수자들을 차별 없이 우리 사회의 일원으로 받아들이기 위한 방법에는 어떠한 것들이 있을지 토론해 보시오. • 경찰로서 탈북자를 보호할 수 있는 방법에는 어떠한 것들이 있는가? • 동성애자들 간의 동성 결혼에 대해 어떻게 생각하는지 찬성 측과 반대 측으로 나뉘어 토론해 보시오. • SNS를 통한 경찰홍보에 대해서 어떻게 생각하는가? • 경찰조직의 청렴도는 몇 점이라고 생각하며 그 이유는 무엇인가? • 높은 연봉을 받을 수 있는 직업과 경찰관에 모두 합격하였다. 본인은 어떠한 직업을 선택하겠는가? • 본인이 경찰과 관련하여 경험한 일화가 있는가? • 존속살인과 비속살인은 모두 같은 살인죄인데 처벌이 다른 이유가 무엇인지 토론해 보시오. • 최근 본 영화는 무엇인가? • 어느 계급까지 올라가고 싶은가? • 자살기도자 학생이 옥상에서 뛰어 내리려 할 때 어떻게 대처할 것인가? • 학창시절에 특별하다고 생각하는 경험이 있는가? 　– 그 경험이 경찰로 직무를 수행할 때 어떻게 도움이 될 것 같은가? • 전 차로를 대상으로 음주운전을 단속하는 것에 대해 어떻게 생각하는지 찬성 측과 반대 측으로 나뉘어 토론해 보시오. • 같이 면접을 보고 있는 조원들 중에서 본인만 떨어졌다고 가정해보자. 본인은 어떠한 이유로 떨어졌다고 생각하는가? • 효행법 시행에 대해 어떻게 생각하는지 찬성 측과 반대 측으로 나뉘어 토론해 보시오. • 지구대장이 동료 여경의 다리를 만지는 것을 보았을 때 어떻게 대처할 것인가? • 경찰이 아니었다면 어떠한 직업을 선택했을 것 같은가? • 배우자가 본인의 징계위원회가 열릴만한 약점을 빌미로 다른 사람의 개인정보를 요구한다면 어떻게 대처하겠는가? • 경찰 비전과 자신의 비전을 연관지어 말해 보시오. • 안락사에 대해서 어떻게 생각하는지 찬성 측과 반대 측으로 나뉘어 토론해 보시오. • 정준영씨와 같은 단체 카카오톡방에 있던 자들에게 몰카 유출에 대한 방조죄가 성립될 수 있는지에 대해 찬성 측과 반대 측으로 나뉘어 토론해 보시오. • 자치경찰제에 대해 어떻게 생각하는지 찬성 측과 반대 측으로 나뉘어 토론해 보시오. • 살아오면서 고마운 사람은 누구이며 미안한 사람은 누구인가?
2018년 2차	• 음주운전자에 대한 처벌을 강화하는 것에 대해 어떻게 생각하는지 토론해 보시오. • 동성애자를 경찰로서 채용하는 것에 대해 어떻게 생각하는지 찬성 측과 반대 측으로 나뉘어 토론해 보시오. • 백남기 농민사건과 관련하여 경찰의 물대포 사용 허용에 대해 어떻게 생각하는지 토론해 보시오. • 화학적 거세에 대해 어떻게 생각하는지 토론해 보시오. • 사형제도에 대해 어떻게 생각하는지 찬성 측과 반대 측으로 나뉘어 토론해 보시오. • 故 정옥성 경감은 자살기도자를 구조하기 위해 한 치의 망설임 없이 바다에 뛰어들었다. 본인이라면 정옥성 경감과 같이 행동할 수 있다고 생각하는가? • 경찰의 임무가 무엇이라 생각하는가?

09 | 전남청

2019년 2차	• BTS에게 병역 특례를 주어야 한다고 생각하는가? • 화학적 거세가 아닌 물리적 거세에 대해 어떻게 생각하는지 찬성 측과 반대 측으로 나뉘어 토론해 보시오. • 공창제에 대해 어떻게 생각하는가?

2019년
1차
	• 대림동 여경사건과 관련하여 남녀 혐오가 최근에 이슈가 되고 있다. 남녀통합채용에 대해 어떻게 생각하는지 찬성 측과 반대 측으로 나뉘어 토론해 보시오.
	  – 남녀통합채용을 하게 된다면 체력 부분에서 특혜라는 목소리가 나오게 되는데 어떻게 생각하는가?
	  – 평등권에 대해서 이야기하는데 여자는 군대를 가지 않는다. 과연 평등하다고 할 수 있는가?
	• 안인득사건 때 경찰청장이 사과했다. 이에 대해 어떻게 생각하는지 찬성 측과 반대 측으로 나뉘어 토론해 보시오.
	  – 왜 굳이 청장이 사과해야 했다고 생각하는가?
	  – 목포 의붓아버지 살인사건에서는 경찰청장이 사과를 하지 않았는데 왜 안인득 사건에서는 경찰청장이 사과를 하였다고 생각하는가?
	  – 어떠한 부분에서 초동조치가 미흡했다고 생각하는가?
	  – 초동조치가 미흡했던 부분을 모두 경찰에게 책임을 물을 수 있는가?
	  – 조현병 환자의 입원에 환자의 동의가 필요하게 법이 바뀌어서 환자들이 모두 퇴원했다. 그들을 다시 입원시켜야 한다고 생각하는가?
	  – 업무 외 시간에 카카오톡을 이용한 업무 지시에 대해 어떻게 생각하는지 찬성 측과 반대 측으로 나뉘어 토론해 보시오.
	• 요즘 낙태죄, 혼인빙자간음죄 등과 관련된 법들이 위헌 판결로 인해 폐지되고 있다. 본인이 생각할 때 폐지되어야 할 법에는 어떠한 것이 있는가?
	• 다른 나라에서는 대마초가 합법화되어 있다. 우리나라도 합법화해야 한다고 생각하는가?
	• 셉티드에 대해 아는 대로 말해 보시오.
	  – 셉티드의 대표적인 사례는 CCTV 설치이다. 그러나 CCTV는 인권침해 요소가 있는데 이를 해결할 방안에 대해 말해 보시오.
	  – 현재 진행 중인 사례 외에 참신한 셉티드 아이디어에 대해 말해 보시오.
	  – 경찰이 셉티드를 활용해서 어떻게 도움을 줄 수 있는가?
	  – CCTV는 사전 예방에 목적이 있는가? 사후적 조치에 목적이 있는가?
	• 주점에서 주취자가 난동을 부리고 있다는 신고를 접수받아 출동하였다. 주취자를 제압하는 상황에서 다른 주취자가 여경을 성추행하고 있는 것을 보았다면 어떻게 할 것인가?
	• 본인이 음주단속을 하고 있는데 음주단속에 적발된 상관이 봐달라고 한다. 하지만 본인도 음주단속에 걸린 적이 있었으나 그 상관이 봐준 적이 있으며 상관은 단속을 하면 그 사실을 말하겠다고 하고 있다. 어떻게 할 것인가?
	• 공원 화장실에 술 취해 있는 여중생이 있으면 무슨 조치를 취해야 하는가?
	• 술을 판매한 업주를 처벌하는 규정들에 대해 알고 있는가?

2018년
3차
	• 공동체 치안에 대해 아는 대로 말해 보시오.
	• 상사가 위법한 일을 했음을 알게 되었다. 어떻게 할 것인가?
	  – 그 상사가 가족이 아파서 위법한 일을 한 것이라면 탄원서를 작성해 주겠는가?
	• 협동심을 발휘한 경험에 대해 말해 보시오.
	• 지원동기는 무엇이며, 지원부서는 어디인가?
	• 70대 할머니께서 무단횡단을 하였으나 훈방조치를 하였다. 그러나 할머니는 오히려 욕을 하면서 "니가 뭔데 훈계질이냐!"며 항의를 하고 있다. 어떻게 대처할 것인가?
	• 팀원 한 명의 잘못으로 팀 전체가 모두 징계를 받게 되었다. 어떻게 할 것인가?
	• 공동체 사회에서 경찰로서 어떻게 직무에 임하겠는가?
	• 경찰의 재량권은 언제 사용해야 한다고 생각하는가?
	• 주취자가 파출소에 난동을 부린다면 어떻게 할 것인가?
	  – 그 주취자가 지속적으로 파출소에 찾아와 난동을 부린다면 어떻게 할 것인가?
	• 부모님 중에 어느 분이 더 불편한가?
	• 최근에 미안했거나 죄송하다고 말했던 상황이 있는가?
	• 할아버지가 무단횡단을 하는데 상사가 통고처분을 하라고 한다면 어떻게 할 것인가?

2018년
3차
	• 상관이 아침에 술이 덜 깬 채로 운전을 하고 왔다. 주변사람들도 알지만, 서로가 묵인하고 있을 때 어떻게
	할 것인가?
	  – 묵인하는 이유가 무엇이라고 생각하는가?
	• 뉴스 기사 댓글 보면 경찰을 비난하는 글이 많은데, 이에 대해 본인은 어떻게 생각하는가?
	  – 잘한 부분을 부각시키겠다면 잘못한 부분을 잘한 부분으로 그냥 덮겠다는 것인가?
	  – 잘한 부분을 부각시키겠다면 비리 등과 같은 부분은 어떻게 해결할 것인가?
	• 경찰에게 청렴성이 중요한 이유는 무엇인가?
	• 자신의 장점과 단점은 무엇인가?
	• 상사가 술을 좋아해 매일 술을 마시자고 한다면 어떻게 할 것인가?
	• 가족과 유원지에 놀러갔는데 그곳에서 테러행위가 일어난다면 어떻게 할 것인가?
	• 경찰관으로서의 포부를 말해 보시오.
	• 일반직 공무원도 있는데 경찰공무원을 지원한 이유는 무엇이며, 본인이 경찰에 적성이 맞을 것이라 생각
	하는 이유가 무엇인지 말해 보시오.
	• 인사고과를 결정하는 상관이 본인에게 지속적으로 밥값을 계산하라고 한다면 어떻게 할 것인가?
	• 학창시절 힘든 일을 극복한 경험에 대해 말해 보시오.
	• 자신은 책임감이 있다고 생각하는지 구체적인 사례를 들어 말해 보시오.
	• 김영란법에 대해 어떻게 생각하는가?
	• 상관과 함께 음주단속 중 상관의 지인이 음주단속에 걸렸다. 이때 상관이 봐달라고 한다면 어떻게 할 것인가?
	• 물에 빠져 생명이 위태로운 상황인 사람을 발견하였다. 하지만 주변에 구조장비도 없고 목격한 사람은 본
	인만 있는데 본인은 수영을 할 줄 모른다. 어떻게 할 것인가?
	• 상관이 스스로 하기 귀찮은 일이나 하찮은 일만 본인에게 시키고, 일을 하지 않는다면 어떻게 할 것인가?
	• 전남청에 소속된 경찰서는 몇 개가 있는지 알고 있는가?
	• 경찰의 한자 뜻은 무엇인지 말해 보시오.
	• "경찰은 제복 입은 시민"이라는 말은 누가 처음 한 말인지 알고 있는가?
	• 하기 싫은 일을 억지로 맡아서 해 본 경험이 있는가?
	• 경찰이 되었을 때 어떤 자세로 직무를 수행할 것인가?
	• 일이 많고 바쁜 경찰서에서 근무를 하게 된다면 징계를 받는 일도 발생할 수 있는데 괜찮은가?
	• 대한민국의 경찰은 다른 나라보다 공권력이 약하다. 이에 대해 어떻게 생각하는지 말해 보시오.
	• 주취자들에 대해 어느 선까지 인권을 보장해주어야 한다고 생각하는가?
	• 언제부터 경찰의 꿈을 키워 왔는가?
	• 상관이 잘 모르는 일을 시킨다면 어떻게 할 것인가?
	• 돈 많은 사람과 착한 사람 중 누구와 결혼을 할 것인가?
	• 미란다 원칙에 대해 말해 보시오.
	• 인권을 지키기 위해 경찰이 할 수 있는 일은 무엇이 있는가?
	• 친구가 몰래 촬영한 동영상을 본인에게 공유했다면 경찰관으로서 어떻게 할 것인가?
	• 함께 출동한 선임이 자신은 쉬고 있을테니 본인 혼자서 순찰하라고 한다면 어떻게 할 것인가?
	  – 선임이 트라우마 때문에 내리지 않는다면 어떻게 할 것인가?
	• 갈등이 발생했을 때 조정자 역할을 해 본 경험이 있는가?
	• 기동대에서 근무 중 출동하여 시위를 막고 있다가 동료 1명이 시위대에게 구타를 당하고 있는 것을 목격
	하였다. 자칫 동료의 생명이 위험할 수도 있는 상황이라면 어떻게 하겠는가?
	  – 시위 진압 상황에서는 쉽게 의사소통이 되지 않는다. 동료들의 도움을 받기 힘들다면 어떻게 하겠는가?
	  – 지휘관에 도움을 요청해도 지휘관이 가지 말 것을 명령한다면 어떻게 하겠는가?
	• 당신이 경찰이 되어야만 하는 이유에 대해 말해 보시오.

2018년 2차	• 공청회와 청문회에 대해 정의하고 장점과 단점은 무엇인지 말해 보시오. • 비행소년이란 무엇인가? • 청소년보호법의 적용 연령을 하향하는 것에 대해 어떻게 생각하는지 토론해 보시오. • 경찰관의 직무 범위를 규정한 경찰관 직무집행법 제2조 제1항의 내용이 현실과 맞지 않는 것은 아닌지에 　대해 토론해 보시오. • 정경유착에 대해 어떻게 생각하는가? • 부산청의 비위사건에 대해 어떻게 생각하는가? • 아동학대에 대한 대처 방안에는 어떠한 것들이 있는가? • 경찰이 어떠한 서비스를 더욱 보충해야 한다고 생각하는가? • '정의'에 대해 정의해 보시오. • 범죄소년, 촉법소년, 우범소년을 비교해 보시오. • 윤창호법에서 음주운전자에 대한 처벌을 강화하는 것에 대해 어떻게 생각하는지 토론해 보시오. 　– 음주운전으로 인한 과실치사에 대해서 살인죄로 규정하는 것을 어떻게 생각하는가? 　– 윤창호법은 미필적 고의에 의한 행위인가? 원인에 있어서 자유로운 행위인가? • 집이나 학교에서도 모두 포기한 학생이 담배를 피우고 있는 것을 목격하였다. 어떻게 할 것인가? • 70대 할머니가 10만 원 어치의 고물을 주웠는데 절도죄로 입건이 되었다. 경찰로서 어떻게 도움을 줄 것 　인가? • 자신의 장점을 경찰업무에 어떻게 적용할 것인가? • 최근에는 개미형 인간과 베짱이형 인간 중 베짱이형 인간을 더 좋게 보는 사람들이 늘고 있다. 본인은 개 　미형 인간과 베짱이형 인간 중 어느 쪽에 속하는가?
2018년 1차	• 존경하는 경찰관이 있는가? • 수사 담당자인 본인이 자세한 수사와 고민 끝에 구속 수사를 진행하기 위해 영장을 청구하는 것이 필요하 　다고 결정하였다. 그러나 수사과장은 수사는 불구속이 원칙이며 구속 수사를 할 만큼 큰 일도 아니니 영장 　을 청구하지 말라고 한다면 어떻게 하겠는가? • 관내에 초등학교 6학년 또는 중학교 1학년으로 보이는 학생이 500원짜리 물건을 훔쳤다는 신고를 받아 　출동하였다. 어떻게 할 것인가? 　– 형사미성년자는 논외로 하고 피해자는 무조건 처벌해 달라고 한다면 어떻게 할 것인가? • 본인이 5급 공무원인데, 100억대 자산가인 죽마고우가 본인에게 150만 원 상당의 가방을 사준다면 어떻게 　할 것인가? • 정보과, 보안과, 경비과, 수사과의 하루 일과 업무에 대해 알고 있는가? • 경찰행정이란 무엇인가? • 직무관련성과 대가성의 차이는 무엇인가? • 새벽에 아무도 없는 한적한 도로에서 급하게 가야 하는 상황이라면 빨간 신호등을 무시한 채 지나가겠는가? • 자신의 성향에 맞게 그림을 그린다면 어떠한 그림을 그릴 것인가? • 익사위험에 빠진 자의 신고를 받고 출동하던 중 40명이 탄 버스가 전복된 사고를 목격하였다. 어떻게 할 　것인가? • 퇴직을 앞둔 상황에서 후배들을 모아 놓고 자유롭게 이야기한다면 어떤 말을 할 것인가? • 전문성, 윤리성, 창의성 중 가장 중요하다고 생각하는 것은 무엇이며 그 이유는 무엇인지 말해 보시오. • 4차 산업혁명 시대에는 많은 직업들이 사라지지만 경찰관은 더 많이 필요해질 것으로 예상된다. 그 이유 　에 대해 무엇이라 생각하는가? 　– 4차 산업혁명 시대에 경찰의 위상이 어떻게 될 것 같은가? • 무인자동차가 활성화되어도 교통경찰은 필요하다고 생각하는가? 만약 필요하다면 어떠한 일을 해야 한다 　고 생각하는가? • AI(인공지능) 자동차를 본인이 설계한다면 보행자를 우선적으로 생각해서 설계를 할 것인지, 운전자를 우 　선적으로 생각해서 설계를 할 것인지를 그 이유와 함께 말해 보시오. 　– AI를 탑재한 차량이 도로를 주행하던 중 사고가 발생하였다. 이 경우 사고의 책임은 탑승한 운전자와 보 　　행자 중 누구에게 있다고 생각하는가? • 부정청탁금지법에 아는 대로 말하시오. 　– 부정청탁금지법의 장점과 단점은 무엇인가? • 증명력과 증거능력에 대해 아는 대로 설명해 보시오. • 본인이 경찰관이 되어서 강도현행범인을 추적 중인데 신호를 위반하면 범인을 검거할 수 있지만 신호를 　위반하지 않으면 범인을 놓치게 되는 상황이라면 어떻게 할 것인가? • 상관이 본인에게 불법하거나 부당한 지시를 한다면 어떻게 할 것인가? • 살면서 주변 사람들에게 가장 섭섭함을 느낀 말은 무엇인가?

2018년
1차
	• 학교를 다니면서 학과에서 어떤 것을 맡아본 경험 또는 학교 내에서 본인이 한 일을 사례를 들어 설명하시오.
	• 지구대에 근무 중인데 여자경찰관이 체력도 약한데다 본인에게 업무나 책임을 전가한다면 어떻게 할 것인가?
	• 광주 광산구 집단폭행사건에 대해 경찰의 책임을 묻는 여론이 많다. 본인은 이에 대해 어떻게 생각하는가?
	  – 만약 해당 사건의 피의자가 형사미성년자라면 경찰은 어떻게 대응하였을 것 같은지와 이로 인해 발생할 수 있는 문제점 및 이러한 문제들을 해결할 수 있는 방안에는 어떠한 것들이 있는지 말해 보시오.
	  – 만약 해당 사건의 피의자가 외국인 노동자라면 경찰은 어떻게 대응하였을 것 같은지와 이러한 문제들 속에서 외국인 노동자들을 선도할 수 있는 방안에는 어떠한 것들이 있는지 말해 보시오.
	  – 해당 사건에 대해서 국민 청원에서는 살인미수를 강하게 주장하고 있지만 경찰은 특수폭행상해로 기소하였다. 본인은 피의자들에게 살인미수와 특수폭행 중 어떠한 죄에 해당한다고 생각하는지 그 이유와 함께 말해 보시오.
	• 자치경찰제에 대해 찬성 측과 반대 측으로 나뉘어 토론해 보시오.
	• 상관이 카카오톡이나 각종 SNS로 업무시간 외에도 업무 지시를 한다면 어떻게 할 것인가?
	• 양예원 사건에서 카카오톡 내용을 공개한 언론의 행동에 대해서 어떻게 생각하는지 성추행 부분은 언급하지 말고 카카오톡 내용에 한하여서만 말해 보시오.
	  – 언론의 정보공개에 대한 본인의 생각을 말해 보시오.
	• 폭행사건에 2인 1개조로 출동을 하여 가해자와 피해자가 모호한 상황에서 폭행을 진압하였다. 이후 폭행사건을 진압하는 과정에서 자신에게 경찰관이 가혹행위를 했다며 상급기관에 민원을 제기되었다. 이러한 상황에서 본인이 민원의 주 대상이 된 경찰관, 민원을 덜 받은 경찰관, 상급자인 팀장의 위치에 있다면 어떻게 할 것인지 각각 말해 보시오.
	• 경찰의 장점과 단점은 무엇인지 토론해 보시오.
	• 요즘 미투운동이 사회적 이슈가 되고 있다. 이와 관련하여 여성의 성폭행 및 성추행 예방법에는 어떠한 것들이 있을지 말해 보시오.
	• 본인이 경찰이 되어야 하는 이유는 무엇인가?
	• 여경에 대한 차별이 존재하는지와 존재한다면 어떠한 것들인지, 해결 방법은 어떠한 것들이 있을지에 대해 토론해 보시오.
	• (여경) 남경과 둘이 순찰을 나가기 위해 순찰차를 탔다가 그 안에서 성추행을 당했다면 어떻게 할 것인가?
	• (여경) 여경이 남경보다 경찰 내부에 더 도움을 줄 수 있는 부서는 어디라고 생각하는가?
	• (여경) 여경에 대한 국민의 인식이 나쁜 이유는 무엇이며, 이러한 인식을 해결하기 위해서는 어떻게 해야 한다고 생각하는가?
	• (여경) 충청도 여경 자살사건에 대해 어떻게 생각하는가?
	• 언론에서 경찰관들의 음주운전이나 금품비리 관련 뉴스들이 많이 보도되고 있다. 이러한 문제들을 해결하기 위한 방법에는 어떠한 것들이 있는가?
	• 초심을 잃지 않으려면 어떻게 해야 된다고 생각하는가?
	• 본인과 다른 상관 사이에 사소하지만 지속적으로 갈등이 이어지고 있다. 이를 어떻게 해결할 것인가?
	• 상관이 전날 과음하고 술 냄새를 풍기면서 출근하였다면 어떻게 할 것인가?
	• 사형제에 대해 찬성 측과 반대 측으로 나뉘어 토론해 보시오.
	• 수갑과 같은 경찰장구를 사용하는 데 인권 침해적인 요소가 있다고 생각하는가?
	• 경찰 인권을 보장하는 방법에 대해 말해 보시오.
	• 신속함, 친절함, 공정성, 준법정신 중 가장 중요하다고 생각하는 것은 무엇인가?
	• 2010년 당시 민원인이 계속 항의하다가 경찰이 욕을 한 사건이 있었다. 이 사건에 대해 알고 있는가? 알고 있다면 인권위원회의 판결에 대해 어떻게 생각하는지, 모른다면 본인은 경찰관이 잘못했다고 생각하는지에 대해 말해 보시오.
	• 밤샘조사가 필요하다고 생각하는가?

10 | 광주청

2019년 2차	• 화성연쇄살인사건의 범인으로 이춘재가 지목되었고 DNA까지 일치함이 확인되었다. 이처럼 경찰이 DNA 데이터베이스를 수집해서 등록하고 보관하여 활용함으로써 효과적인 면이 있는 반면 DNA는 개인정보이므로 인권침해의 우려도 있다. 그럼에도 DNA 데이터베이스를 수집하고 보관하여야 하는지에 대해서 찬성 측과 반대 측으로 나뉘어 토론해 보시오. • 성범죄자에게 부가되는 신상공개나 전자발찌 착용 의무, 야간 외출 금지가 너무 과하다는 말이 있다. 이에 대해 본인은 더욱 강화해야 한다고 생각하는지 아니면 완화해야 한다고 생각하는지 토론해 보시오. • 사형제에 대해 어떻게 생각하는지 토론해 보시오. – 무기징역이나 종신형으로 대체하는 것이 가능하다고 생각하는가? • 경찰 직장협의회에 대해서 어떻게 생각하는지 토론해 보시오. – 경찰 직장협의회가 구성된다면 가장 먼저 어떠한 일을 할 것 같은지 말해 보시오. • 파출소에서 피의자의 인권과 피해자의 인권이 충돌하고 있다. 어떻게 해결할 것인가? • 공소시효가 올해로 1년이면 언제 만료가 되는지 말해 보시오. • 지하주차장에서 무면허로 음주운전을 했을 때 어떻게 처벌이 되는가? • 민법상 미성년자와 형사법상 미성년자에 대해서 말해 보시오. • 경찰의 물리력 행사 기준에 대해 말해 보시오. • 정보경찰 개혁에 관하여 어떻게 생각하는가? • 음주단속 중 상사가 음주했다고 말하면 어떻게 할 것인가? • 조직 내에서 아무런 이유 없이 따돌림을 당한다면 어떻게 할 것인가?
2019년 1차	• 낙태죄에 대해서 어떻게 생각하는지 토론해 보시오. • 사형제에 대해서 어떻게 생각하는지 토론해 보시오. • 교통법규를 위반한 운전자가 단속을 거부하며 항의하자 단속하는 과정에서 경찰관이 운전자에게 상해를 입힌 사건에서 국가가 운전자에게 4억 원이 넘는 금액을 배상하라는 판결이 나왔다. 이에 대해서 어떻게 생각하는가? • 워라밸에 대해서 자유롭게 토론해 보시오. • 수사권과 영장청구권을 경찰이 가져야 하는 이유에 대해서 말해 보시오. • 업무 후 카카오톡으로 사소한 업무를 지시하는 것에 대해 어떻게 생각하는지 찬성 측과 반대 측으로 나뉘어 토론해 보시오. • 피의자의 신상을 공개하는 것에 대해 어떻게 생각하는지 토론해 보시오.
2018년 3차	• 지원부서는 어디인가? • 상사의 부당한 지시가 있을 때 어떻게 대처할 것인가? • 정준영 몰래카메라사건에서 국민의 알권리와 피의자의 프라이버시 존중 중 어떠한 것이 더 우선되어야 한다고 생각하는지 토론해 보시오. – 수사과정이나 범죄행위 등이 언론에 낱낱이 공개되는 것에 대해 어떻게 생각하는지 찬성 측과 반대 측으로 나뉘어 토론해 보시오. • 피의자 신상공개 관련 규정에 대해 말해 보시오. • 경찰이 청렴해야 하는 이유는 무엇이라 생각하는가? • 형사법상 미성년자와 민법상 미성년자의 나이는 각각 몇 살인가? • 사형제도에 대해 어떻게 생각하는지 찬성 측과 반대 측으로 나뉘어 토론해 보시오. • 4차 산업혁명 시대에 경찰이 더욱 발전해야 한다고 생각되는 점은 무엇인가? • 공소시효를 폐지하는 범죄의 유형을 확대하는 것에 대해 어떻게 생각하는지 찬성 측과 반대 측으로 나뉘어 토론해 보시오. – 공소시효가 1년인 범죄가 있는데 공소시효 만료일이 언제인가? – 경제사범에게 피해를 입은 피해자에게 공소시효 때문에 처벌이 불가함을 설득해야 한다면 어떻게 설득할 것인가? – (찬성) 공소시효 폐지에 찬성한다면 살인이나 성범죄 이외에 어떠한 범죄의 공소시효를 폐지해야 한다고 생각하는가? – 가장 긴 공소시효는 몇 년인가? • 혐오범죄를 처벌하기 위한 법을 제정하는 것에 대해 어떻게 생각하는지 찬성 측과 반대 측으로 나뉘어 토론해 보시오.

2018년 3차	• 버닝썬사건과 관련해서 경찰의 유착관계에 대한 우려가 많아지고 있다. 본인은 일반인과의 개인적인 친분을 어느 정도까지 유지해야 된다고 생각하는가? 　– 지인이 본인에게 버닝썬 관련하여 수사진행이 궁금하다며 물어 볼 때 어떻게 할 것인가? • 인터넷상에서 피의자를 모욕하고 네티즌이 개인 신상을 터는 것은 무슨 법으로 처벌해야 하는가? • 헌법에서 중요하게 생각하는 것은 무엇인가? • 최근 경찰관이 SNS나 유트브, TV에 많이 나오고 있다. 이로 인한 장점과 단점은 무엇인가? • 경찰관의 인권과 범죄인의 인권 중 어느 것이 더 중요하다고 생각하는가? • 찜질방 주인이 외국인과 만취한 외국인의 여자친구를 냄새가 난다는 이유로 찜질방 출입을 금지시켜 신고를 받고 출동하였다. 이 경우 본인은 어떻게 대처할 것인지 말해 보시오. 　– 외국인과 그의 여자친구는 무슨 죄명으로 처벌 받을 수 있는가? 　– 목욕탕 주인은 무슨 죄명으로 처벌 받을 수 있는가? • 사기업에서 여성임을 이유로 채용을 하지 않는 것에 대해 어떻게 생각하는지 말해 보시오. • 요즘 외국산을 국산으로 속이고 파는 음식점이 있어서 '안심하고 등심드세요'라는 팻말을 건 한우집이 있다면 본인은 안심과 등심 중 어떤 것을 먹을 것인가? • 감명 깊게 읽은 책이나 살면서 본 좋은 글귀에 나온 명언 중 생각나는 게 있는가? • 화학적 거세에 대해 어떻게 생각하는지 찬성 측과 반대 측으로 나누어 토론해 보시오. • 심신미약자에 대한 처벌 감경 조항을 폐지하는 것에 대해 어떻게 생각하는지 찬성 측과 반대 측으로 나누어 토론해 보시오. 　– 심신미약을 판단하는 기준이 구체적이지 않은데 이를 해결할 수 있는 방안에 대해 말해 보시오. • 경찰관 한 사람이 가지고 다니는 경찰장구가 많은데 이에 대해 어떻게 생각하는지 토론해 보시오. 　– 경찰관이 반바지와 같이 편하게 옷을 입어도 괜찮다고 생각하는가? • 경찰공무원 채용시험의 과목 개편에 대해 어떻게 생각하는지 토론해 보시오. • 착한 사마리안 법을 형법으로 제정하는 것에 대해 어떻게 생각하는지 찬성 측과 반대 측으로 나누어 토론해 보시오.
2018년 2차	• 본인만의 컨셉을 잡아 1분 동안 본인을 소개해 보시오. • 개인방송과 관련된 범죄들이 증가하고 있다. 이러한 현상이 발생하는 이유와 이를 해결하기 위한 방안에 대해 토론해 보시오. • 근무 외 시간에 카카오톡을 통해 업무를 지시하는 것에 대해 어떻게 생각하는지 토론해 보시오. • 자신이 관심이 있는 것과 관심이 없는 것을 말해 보시오. • 범인을 체포하는 과정에서 동료가 총에 맞았다. 동료를 구한다면 범인은 놓치게 되고, 범인을 체포한다면 동료의 생명이 위험해지는 상황에서 어떠한 선택을 할 것인가? • 최근에 경찰과 관련된 좋지 않은 기사를 본 적이 있는가? 있다면 어떠한 내용인가? • 자치경찰제에 대해 어떻게 생각하는지 자유롭게 토론해 보시오. 　– 자치경찰제가 시행되면 수사 도중 지자체장의 영향을 많이 받게 될 수 있다. 이를 어떻게 극복해야 한다고 생각하는가? • 가정폭력을 예방하기 위한 방법에는 어떠한 것들이 있으며, 피해 아동은 어떻게 보호해야 한다고 생각하는가? • 현행 법률상 스토커들을 처벌할 수 있는 규정이 있는가? 　– 스토킹 처벌법 제정에 대해서 어떻게 생각하는가? • 1인 시위가 집회 및 시위에 관한 법률의 적용을 받아야 한다고 생각하는지 찬성 측과 반대 측으로 나누어 토론해 보시오. • 훈육 과정에서 회초리로 체벌하는 것이 정당하다고 생각하는가? • 할머니에게 잃어버린 돈을 찾아주었더니 감사하다며 귤을 2박스 사다 주셨다면 어떻게 할 것인가? • 본인을 이유 없이 싫어하는 사람이 있다면 어떻게 대처할 것인가? • 공소시효가 10년이라면 언제 정확하게 만료가 되는가? • 경찰이 정치적 성향이 담긴 글을 인터넷상에 올리는 행위를 규제해야 된다고 생각하는지에 대해 토론해 보시오. • 국제관함식 반대 해상시위(카약 시위)에 대해 어떻게 생각하는가? 　→ 종전, 법제처에서는 해상 시위의 경우, 해상은 '공중이 자유로이 통행할 수 있는 장소로 볼 수 없어 집회 및 시위에 관한 법률(이하 집시법)에 의한 옥외집회 및 시위의 신고 적용대상이 아니라고 판단했으나, 최근 판례에서는 고공시위(공사현장의 타워크레인)의 장소가 공중이 자유로이 통행할 수 있는 장소가 아니더라도 시위로 인정하였고, 최근 수상시위에 대한 미신고 집회 혐의로 기소된 사건에 대해서도 법원은 "피고인들의 행위는 집시법상 집회 또는 시위에 해당"한다고 판시(판례 2011도17217)하였다. 또한, 경찰청은 최근 한강과 낙동강에서의 수상시위에 대해 집시법을 적용하여 집회 신고를 접수받고, 집시법에 의거하여 시위 방법 및 소음 측정 등을 적용하였다.

2018년 2차	• 기숙사 내에서 흡연하는 사람으로 인해 악성민원이 발생하였다면 어떻게 할 것인가? • SOFA 협정, 인터폴, 불법이민자 신고법에 대하여 아는 것이 있는가? 있다면 아는 대로 말해 보시오. • 현재 경찰관들의 집회 및 시위에 대응하는 패러다임이 바뀌고 있다. 대기업과 노조 간에 시위가 발생하였다면 경찰관들은 강력대응을 해야 하는지 아니면 끈기와 인내를 가져서 해결해야 하는지에 대해 토론해 보시오. • 학교폭력을 근절하기 위해 경찰에서 시행하는 제도와 본인이라면 어떠한 제도를 만들어서 해결하고 싶은지에 대해 자유롭게 토론해 보시오. • 지하주차장에서 차를 빼달라고 연락을 했는데 만취 상태에 운전면허가 취소된 사람이 와서 차를 빼준다면 이 사람은 어떤 죄가 성립하는가? → 지하주차장이기 때문에 공개성이 되지 않아 무면허 운전이 되지 않지만, 음주운전은 공개성 유무나 도로성 상관없이 처벌이 되기 때문에 음주운전으로 처벌이 가능하다. 그러나 이러한 경우에도 운전면허의 취소가 억울하다면 행정심판을 통해 구제가 가능하고, 면허 취소자가 생계형 운전자라면 이의신청을 통해 110일 정지로 구제 받을 수도 있다. • 아파트 내 층간소음에 대해서 경찰관이 해결할 수 있는 방안은 무엇이 있을지 말해 보시오. • 현재 경찰은 범죄자를 체포하는 일 이외에도 대민 서비스 봉사 등과 같은 너무 많은 다른 일들까지 하고 있다. 이에 대해서 어떻게 생각하는가? • 대체복무제도에 대해 어떻게 생각하는지 자유롭게 토론해 보시오. • 운전을 할 때 신호등이 황색이라면 어떻게 할 것인가? • 현 경찰조직의 문제점은 무엇이라 생각하는가?

11 | 경남청

2018년 1차	• 경찰을 지원한 동기는 무엇인가? • 언론의 순기능과 역기능은 무엇이며, 수사관의 입장에서 언론의 순기능이나 역기능에 대해 어떻게 생각하는지 말해 보시오. • 현재를 즐기는 것과 미래를 대비하는 것 중 어떠한 것이 더욱 중요하다고 생각하는가? • 학교전담경찰관이 계속 필요하다고 생각하는가? • 미국의 공권력과 한국의 공권력의 차이에 대해서 말해 보시오. • 현재 지진이 발생하였다면 어떻게 대처할 것인가? • 살면서 가장 선택하기 힘들었던 순간과 그 후 느낀 점에 대해 말해 보시오. • 살인사건에 대한 신고가 접수되어 출동하여야 하는데 불법주차된 차들로 인해 지구대에서 출동이 불가능한 상황이라면 어떻게 대처할 것인지 토론해 보시오. • 원하지 않는 근무지에 발령받았다면 어떻게 할 것인가? • 악성민원인에 대해 어떻게 대처할 것인가? • 선약이 있는데 퇴근 직전에 상관이 업무 지시를 한다면 어떻게 할 것인가? • 본인이 경찰이 되어야 하는 이유에 대해서 말해 보시오. • 우리나라의 미래가 밝은 이유는 무엇이라고 생각하는가? • 상사와 부하 사이의 필요한 덕목은 무엇이라고 생각하는가? • 우리나라가 자랑스럽다고 느낀 때는 언제인가? • 최근에 국가적으로 군복무에 대해서 전방은 18개월, 후방은 21개월 복무하는 것을 시행하려 하고 있다. 본인은 이것이 정당하다고 생각하는가? 불합리하다고 생각하는가? • 성범죄는 많이 발생하지만 대부분 증거가 발견되지 않는다. 그 이유는 모텔에 들어가고 나오는 것만 확인이 가능한 경우가 많기 때문이다. 이 경우 남자는 여자와 합의가 된 관계였음을 주장하고, 여자는 강압에 의한 강간이었다고 주장한다면 수사관으로서 본인은 어떻게 수사할 것인가?

12 | 제주청

2019년
1차
	• 고령운전자와 음주운전자의 면허증을 박탈하는 것에 대해 어떻게 생각하는지 토론해 보시오.
	  – 음주운전을 예방할 수 있는 방법에는 어떠한 것들이 있는가?
	• 치안복지와 치안감수성에 대해 어떻게 생각하는가?
	  – 치안감수성을 키우기 위한 경찰의 덕목에는 무엇이 있다고 생각하는가?
	• 경찰 후배로 어떠한 사람이 들어오면 좋겠는가?
	• 피의자 신상공개제도에 대해 어떻게 생각하는지 찬성 측과 반대 측으로 나뉘어 토론해 보시오.
	• 가족들 앞에서 담배를 끊기로 약속했는데 약속한 바로 다음 날 담배를 몰래 피우다가 조카에게 들켰다면 어떻게 할 것인가?
	• 교통법규를 위반한 운전자가 단속을 거부하며 항의하자 단속하는 과정에서 경찰관이 운전자에게 상해를 입힌 사건에서 국가가 운전자에게 4억 원이 넘는 금액을 배상하라는 판결이 나왔다. 이에 대해서 어떻게 생각하는가?
	• 경찰관에게 필요한 덕목은 무엇이라 생각하는가?
	• 대림동 여경사건에 대해 어떻게 생각하는가?
	• 사형제에 대해 어떻게 생각하는지 찬성 측과 반대 측으로 나뉘어 토론해 보시오.
	• 경찰공무원의 정년을 60세에서 65세로 늘리는 것에 대해 어떻게 생각하는가?
	• 수사권 조정에 대해 어떻게 생각하는가?
	• 암사동 칼부림사건에서 경찰관이 테이저건을 사용하였으나 빗나가서 전극침 2개 중 1개가 꽂히지 않았고 이를 틈타 피의자가 도주하였다. 이에 대해 어떻게 생각하는가?
	• 변경된 경찰의 물리력 행사 기준 원칙에는 어떠한 것이 있는가?
	• 윤창호법의 세부 규정에 대해서 말해 보시오.
	  – 윤창호법으로 인해 구속이 쉬워져 국민의 반발이 큰 데 이에 대해서 어떻게 생각하는가?
	  – 윤창호법이 생긴 계기에 대해서 말해 보시오.

13 | 101 경비단

2019년 2차	• SNS를 통해 경찰을 홍보하는 것에 대해 어떻게 생각하는지 찬성 측과 반대 측으로 나뉘어 토론해 보시오. • 경찰관이 음주운전이나 성범죄 관련 사건을 저질렀을 때 일반인보다 가중 처벌하는 것에 대해 어떻게 생각하는지 찬성 측과 반대 측으로 나뉘어 토론해 보시오.
2019년 1차	• 경찰공무원 특별채용제도에 대해서 어떻게 생각하는가? • 교통법규를 위반한 운전자가 단속을 거부하며 항의하자 단속하는 과정에서 경찰관이 운전자에게 상해를 입힌 사건에서 국가가 운전자에게 4억 원이 넘는 금액을 배상하라는 판결이 나왔다. 이 판결은 인권과 공권력이 대립하는 상황에서 인권을 중시한 것인데 본인은 인권과 공권력 중 무엇이 더 중요하다고 생각하는가?
2018년 2차	• 자신의 장점은 무엇이며 단점은 무엇인가? • 데이트폭력을 근절할 수 있는 방안에 대해서 토론해 보시오. • 청년수당 지급에 대해서 어떻게 생각하는지 토론해 보시오. • 소년법을 폐지하는 것에 대해서 어떻게 생각하는지 토론해 보시오. • 경찰공무원으로 채용되는 경로를 다양화하는 것에 대해 어떻게 생각하는지 토론해 보시오. • 경찰공무원 채용시험의 선택과목을 폐지하는 것에 대해서 어떻게 생각하는지 찬성 측과 반대 측으로 나뉘어 토론해 보시오. • 형사미성년자 연령을 하향하는 것에 대해 어떻게 생각하는지 토론해 보시오. • 위해의 수반이 허용되는 무기의 사용 요건에 대해 말해 보시오. • 국가경찰제와 자치경찰제의 장점과 단점에 대해 각각 말해 보시오. • 성실함, 신속함, 친절함, 준법정신 중 어떠한 것이 가장 중요하다고 생각하는지에 대해 토론해 보시오.

2018년 2차	• 청와대의 국민청원제도를 주제로 자유롭게 토론해 보시오. 　– 현 국민청원제도에서 보완해야 할 점들은 무엇이 있다고 생각하는가? • 주민과 소통하기 위해 경찰이 할 수 있는 노력에는 어떠한 것들이 있을지 토론해 보시오. • 특정강력범죄의 처벌에 관한 특례법에 대해 어떻게 생각하는가? • 면접 당일 무단횡단을 하지 않으면 면접장에 오지 못하는 상황일 때 본인은 무단횡단을 할 것인가? • 데이트폭력 피해자의 신고를 받고 출동을 했는데 피해 여성이 처벌을 원하지 않는다면 어떻게 할 것인가? • 5년 동안 음주운전 전력이 1회 있는 사람도 능력이 있고 합격 기준에 부합한다면 경찰로서 채용해야 한다고 생각하는가? • 자신의 강점은 무엇이며 101 경비단으로서 직무를 수행하기 위해 더욱 보완해야 할 점은 무엇이라고 생각하는가? • 이수역 폭행사건과 같이 최근 남혐과 여혐에 대한 문제가 지속적으로 발생하고 있다. 이러한 문제가 발생하는 이유는 무엇이라고 생각하는가? • 피의자신상공개제도에 대해 어떻게 생각하는가? • 20세 이후 본인의 삶에 대해 간략하게 말해 보시오. • 경찰관에게 필요한 덕목은 무엇이라 생각하는가?
2018년 1차	• 경찰공무원으로 채용되는 경로를 다양화하는 것에 대해 어떻게 생각하는지 토론해 보시오. • 몰래카메라범죄를 근절할 수 있는 방안에 대해 토론해 보시오. • 4차 산업혁명의 발달이 경찰에게 미치는 영향에 대해 토론해 보시오. • 자치경찰제에 대해서 어떻게 생각하는지 토론해 보시오. • 다른 사람이나 조직 내에서 갈등이 발생할 경우 어떻게 해결할 것인가? • 수험생활 중 힘들었을 때 어떻게 극복하였는가? • 지금 현재 감사하고 싶은 사람은 누구인가? • 수사권 조정에 대해서 어떻게 생각하는지 토론해 보시오. • 악성민원인에 대해 경찰로서 어떻게 대응하여야 하는지 토론해 보시오. • 경찰의 SNS 홍보에 대해 어떻게 생각하는지 토론해 보시오. • 데이트폭력을 목격했을 때 어떻게 대처할 것인가? • 101 경비단에 대해 접한 좋은 내용의 기사와 좋지 않은 내용의 기사가 있다면 말해 보시오. • 업무를 수행하면서 발생하는 스트레스를 어떻게 해결할 것인가? • 상사의 부당한 지시가 있을 때 어떻게 대처할 것인가? • 자신의 장점과 단점은 무엇인가?

14 | 기타

2019년 특채	• 외국인범죄를 예방할 수 있는 방법에는 어떠한 것들이 있다고 생각하는가? • 제주도 무비자 입국 허용에 대해 어떻게 생각하는가? • 차벽 설치 및 폴리스라인 설치에 대해 어떻게 생각하는지 토론해 보시오. • 성소수자를 경찰로서 채용하는 것에 대해 어떻게 생각하는지 토론해 보시오.
2019년 의료특채	• 여경을 증원하는 것에 대해 어떻게 생각하는지 찬성 측과 반대 측으로 나뉘어 토론해 보시오. 　– 대림동 여경사건에 대해 어떻게 생각하는지 말해 보시오. 　– 여경을 늘린다면 몇 퍼센트 정도의 비율이 적당할지 말해 보시오. • 경찰의 업무 중 행정적 업무와 수사 관련 업무를 분리하는 것에 대해 어떻게 생각하는가? 　– 일선 경험 없이 행정을 맡는 것에 대한 조직 내 논란에 대해 어떻게 생각하는가? • 상관이 위법하지는 않지만 부당한 지시를 내린다면 어떻게 대처할 것인가? • 순찰하고 지나가는데 평소 잘 지내며 도움을 많이 주고 받는 슈퍼사장님이 음료수를 준다면 어떻게 하겠는가? 　– 거절해도 가져가라고 하면 어떻게 할 것인가?

CHAPTER 02 개별 면접

01 | 서울청

2019년 1차	• 자기소개해 보시오.
	• 언제부터 경찰이 되고 싶었는가?
	• 경찰이 되고 싶은 이유는 무엇인가?
	• 조현병 환자들이 흉기를 들고 위협한다면 어떻게 대처할 것인가?
	  – 조현병 환자는 사회적 약자인가?
	  – 사회적 약자인 치매할머니가 지구대에 찾아와서 계속 이야기를 하신다면 얼마나 이야기를 들어드릴 수 있겠는가?
	  – 막내순경인데 계속 들어드리는 게 가능하겠는가?
	• 전 세계적으로 우리나라의 치안은 몇 위라고 생각하며 그 이유는 무엇인가?
	• 자신의 장점을 경찰이 되었을 때 직무에 어떻게 적용할 것인가?
	• 사람을 구해 본 경험이 있는가?
	• 처벌과 단속이 중요한가? 서비스가 중요한가?
	• 여자친구와의 약속과 승진 권한을 가지고 있는 팀장이나 지구대장과의 약속 중 어느 쪽을 선택할 것인가?
	• 살면서 가장 잘못했다고 생각하는 경험은 무엇인가?
	• 경찰이 음주운전을 할 경우 더 엄격하게 처벌 받는 것에 대해 어떻게 생각하는가?
	• 나태한 동료가 있다면 무슨 생각이 들겠는가?
	• 공평과 공정의 차이를 아는가?
	• 시민에게 친절하게 대하는 것이 중요한가? 강력하게 법을 집행하는 것이 중요한가?
	• 24시에 왕복 8차선 도로에서 동료 경찰관이 죽었다면 어떻게 할 것인가?
	• 형평성과 비례성의 차이에 대해서 말해 보시오.
	• 현행범 체포와 임의동행의 차이에 대해서 말해 보시오.

2018년 3차	• 자기소개해 보시오.
	• 경찰에 지원한 동기는 무엇이며 지원부서는 어디인가?
	• 경찰에게 있어 필요한 덕목은 무엇이라 생각하는가?
	  – 청렴함이 필요한 직업에는 어떠한 것들이 있는지 5가지만 말해 보시오.
	  – 사명감이 필요한 직업에는 어떠한 것들이 있는지 5가지만 말해 보시오.
	• 퇴근길에 흡연하는 청소년을 본다면 어떻게 할 것인가?
	  – 그 청소년이 반항한다면 어떻게 할 것인가?
	• 수험기간 중 후회된 일은 무엇인가?
	• 다른 사람에게 물리력을 행사한 경험이 있는가?
	• 상관이 여경을 성추행하는 상황을 목격했다면 어떻게 할 것인가?
	• 최근 본 기사나 뉴스 중 가장 기억에 남은 사건은 무엇인가?
	• 정보경찰의 축소에 대해 어떻게 생각하는가?
	• 수사권 조정에 대해 어떻게 생각하는가?
	  – 수사권 조정이 된다면 경찰이 얻는 이익이 무엇인가?
	• 본인의 롤 모델은 누구인가?
	• 경찰공무원이 사회적 약자에게 도움을 준 사례와 사회적 약자를 보호하기 위해 더욱 보완해야 할 점이 있다면 무엇이 있을지 말해 보시오.

	• 국민이 자치경찰을 반대하는 이유는 무엇이라고 생각하는가? • 경찰이 된다면 용감한 경찰과 친절한 경찰 중 자신은 어느 쪽에 속할 것이라 생각하는가? • 안락사에 대해 자신의 생각을 말해 보시오. 　– 안락사가 허용되어 가족 눈치 때문에 살고 싶지만 죽음을 택하는 노인이 발생한다면 어떻게 할 것인가? • 공권력을 향상할 수 있는 방안에는 무엇이 있는가? • 경찰조직에 피해를 끼칠 것 같은 자신의 단점에는 무엇이 있는가? • 살면서 가장 힘들었던 경험은 무엇인가? • 경찰에 지원하지 않았다면 무슨 일을 하고 있을 것 같은가? • 감명 깊게 읽은 책은 무엇인가? • 사소한 법질서를 위반하는 사람들이 있는데 이러한 이유가 무엇이라고 생각하는가? • 경찰로서 중요하게 생각하는 자질은 무엇인가? • 특진을 할 기회가 있는데 상사가 동료에게 양보하라고 한다면 어떻게 할 것인가? • 열심히 하는 것과 잘하는 것에는 어떠한 차이가 있는가? • 순경으로서 지구대에 가면 무슨 일을 할 것인지 자세히 말해 보시오. • 다른 사람에게 상처를 준 적이 있는가? • 본인에게 친구들이 이것만은 고쳤으면 좋겠다고 들은 말이 있는가? • 상사가 팀원 전체에게 피해를 주는 명령을 한다면 어떻게 할 것인가? • 상관이 실적을 올리기 위해 무단횡단을 단속하라고 지시하여 단속에 나갔다. 때 마침 폐지를 줍는 할머니가 무단횡단을 하였다면 어떻게 할 것인가? • 상사가 비리를 저지르는 것을 목격한다면 내부고발할 것인가? • 상관이 본인에게 이유 없이 불이익을 준다면 어떻게 할 것인가? 　– 상관이 지속적으로 인격적인 모욕을 준다면 어떻게 할 것인가? • 개인적으로 스스로에게 자랑스러웠던 적이 있는가? • 다른 수험생들은 목숨까지 받쳐서 일한다는데 본인은 어디까지 할 수 있는가?
2018년 3차	• 수험기간은 얼마나 되는가? • 최종면접 횟수는 얼마나 되는가? • 대학에서 무엇을 전공하였는가? • 경찰관으로서 받을 수 있는 스트레스에는 무엇이 있을까? • 회오리 치는 바다에 노인이 빠져 있을 때 주저하지 않고 뛰어 들 수 있겠는가? • 옳다고 생각하면 적극적으로 나서는 편인가? • 서울청에 지원한 이유는 무엇인가? • 일상생활에서 가장 중요하게 생각하는 덕목은 무엇인가? • 경찰을 홍보할 수 있는 본인만의 참신한 방법이 있다면 말해 보시오. • 현행 경찰공무원 채용시험은 필기 50%, 체력 25%, 면접 25%로 진행된다. 현 시험제도의 각 절차별 반영비율에 대해 변경해야 한다고 생각하는가? 현행대로 유지해야 한다고 생각하는가? • 노숙자는 사회적 약자로서 보호의 대상이라고 생각하는가? 보호의 대상이 아니라고 생각하는가? • 독립운동을 한 경찰관에 대해 아는가? • 일탈행위를 해 본 경험이 있는가? • 자율주행시스템이 점차 늘어나고 있다. 이에 따라 교통경찰이 줄어들고 있는데 앞으로 경찰은 어떠한 방향으로 변화할 것 같은가? • 직장을 그만 둔 이유는 무엇인가? • 살면서 가장 기억에 남는 경험은 무엇인가? • 교통사고가 많이 일어난다고 생각하는가? 적게 일어난다고 생각하는가? • 동성애에 대해 어떻게 생각하는가? • 업무 종료 후 회식하러 가는 길에 가정폭력신고가 들어왔다. 그러나 상관은 다른 팀에 넘기라고 한다면 어떻게 할 것인가? • 악성민원인이 본인에게 이유 없이 화내거나 소리를 지른다면 어떻게 대처할 것인가? • 버닝썬사건과 관련하여 경찰의 유착 의혹이 있다. 이 때문에 수사권 조정이 힘들다는 말이 나오고 있다. 이에 대해 어떻게 생각하는가? • 자신이 중요한 범인을 검거하였는데 상사가 공을 다른 사람에게 돌린다면 어떻게 할 것인가?

2018년 3차	• 자신이 생각하는 정의란 무엇이며, 이에 맞춰 자신이 정의롭게 행동한 경험을 말해 보시오. • 성과주의로 인해 각 부서별 수사 공조가 원활하게 이루어지지 않는다면 본인은 어떻게 대처할 것인가? • 수험기간을 제외하고 가장 열정적으로 해온 것은 무엇인가? • 자신만의 소통 방식에 대해 말해 보시오. • 본인이 면접관이라면 어떠한 수험생을 불합격시키겠는가? • 을사오적에 대해서 말해 보시오. • 지나가는 길에 우연히 상관의 통화 내용을 듣고 상관이 지인에게 단속에 대한 정보를 유출하고 있음을 알게 되었다. 어떻게 대처할 것인가? • 자신이 선발되어야 하는 이유를 한 가지만 말해 보시오. • 벌금과 과태료의 차이는 무엇인가? • 민원인이 감사하다며 3만 원짜리 선물을 준다면 어떻게 할 것인가? • 경찰의 피해자 보호에 관련된 법률을 아는 대로 말해 보시오. • 공무 수행 중에 상대방에게 피해를 입혔다면 어떻게 보상할 것인가? • 경찰의 공권력이 남용된 사례에 대해서 말해 보시오. • 경찰을 한마디로 표현해 보시오. • 경찰에게 꼭 필요하다고 생각하는 덕목 3가지와 그 중 자신에게 가장 부족하다고 생각하는 덕목을 말해 보시오. • 순찰 중 카페에서 커피를 사먹는데 지나가던 국민이 근무 중 왜 커피를 마시고 있냐며 항의한다면 어떻게 대처할 것인가? 　– 만약 사진을 찍어 SNS에 올린다면 어떻게 할 것인가? • 경찰이 청렴해야 하는 이유에 대해서 말해 보시오. • 경찰공무원의 5대 의무에 대해서 말해 보시오. • 공무집행방해죄의 성립 요건에 대해서 말해 보시오. • 층간소음으로 신고를 받고 출동했을 때 본인은 어떻게 대처할 것인가? • 아버지가 음주운전 단속에 걸렸다면 어떻게 할 것인가? • 퇴근길에 흡연하는 청소년을 목격했다면 어떻게 대처할 것인가? 　– 만약 단체로 모여서 본인에게 반항을 한다면 어떻게 할 것인가? • 자신의 성실성은 몇 점이라고 생각하는가? • 김영란법 실시에 대해 어떻게 생각하는가? • 면접장을 가는 데 길거리에 할머니 한 분이 쓰려져 있었다. 할머니를 구하면 본인은 면접을 보지 못하는 상황이라면 어떻게 할 것인가? • 살면서 후회한 경험을 말해 보시오.
2018년 2차	• 자기소개해 보시오. • 경찰에 지원한 동기는 무엇인가? • 경찰관에게 필요한 덕목은 무엇이라 생각하는가? • 자신의 장점과 단점을 각각 3가지씩 말해 보시오. • 경찰관 직무집행법 제1조에 대해 말해 보시오. • 헌법 제7조에 대해 말해 보시오. • 더치페이문화에 대해 어떻게 생각하는가? • 시민과 가족이 물에 빠졌을 때 누구를 먼저 구할 것인가? • 봉사활동을 해 본 경험에 대해 말해 보시오. • 일선에서 여경을 꺼려 한다면 어떻게 할 것인가? • 경찰계급을 순서대로 말해 보시오 • 인권경찰이란 무엇이라 생각하는가? • 내부고발제도에 대해 어떻게 생각하는가? • 자신이 반드시 경찰이 되어야 하는 이유에 대해 말해 보시오. • 팀 회식을 마치고 귀가하던 중 동료가 음주운전으로 적발되었다면 어떻게 할 것인가? • 주변 평판도 좋지 않고 일도 열심히 하지 않는 상사가 있다면 어떻게 대처하겠는가? • 워라밸이란 무엇이며 어떻게 생각하는가?

2018년 2차	<ul><li>능력이 뛰어나지만 지각을 자주 하는 부하 직원과 능력은 조금 부족하지만 성실한 부하 직원 중 승진자를 한 명만 선택하여야 한다면 본인은 어떤 부하 직원을 선택할 것인가?</li><li>긴급체포, 현행범체포, 준현행범체포 요건에 대해서 말해 보시오.</li><li>자신이 생각하는 직업이란 무엇인가?</li><li>동료가 칼에 찔려 쓰러져 있을 때 범인이 도주 중이라면 어떻게 대처할 것인가?</li><li>경찰의 청렴성을 높이기 위한 방안에 대해서 말해 보시오.</li><li>여경을 증원하는 것에 대해 어떻게 생각하는가?</li><li>경찰복지에 대해 아는 대로 말해 보시오.</li><li>2종 소형면허로 음주단속에 걸렸다면 1종 대형면허와 1종 보통면허까지 취소해야 하는가?</li><li>'악법도 법이다'라는 말에 대해 어떻게 생각하는가?</li><li>최근 경찰 관련 뉴스를 본 것과 그것을 보고 느낀 점에 대해 말해 보시오.</li><li>주취자가 자신의 뺨을 때리고 행패를 부린다면 어떻게 할 것인가?</li><li>가정폭력신고를 받고 출동했는데 피를 흘린 피해자가 별일 없으니 그냥 가셔도 된다고 한다면 어떻게 할 것인가?</li><li>가장 하기 싫은 일은 무엇인가?</li><li>곰탕집 성추행사건에 대해 어떻게 생각하는가?</li><li>직장 내 성희롱을 예방하기 위한 방안에 대해 말해 보시오.</li><li>자살을 시도한다는 신고를 받고 출동한다면 어떻게 대처할 것인가?</li><li>봉사활동은 무엇이라고 생각하는가?</li><li>본인에게 가장 실망했던 순간은 언제인가?</li><li>다른 사람에게 가장 상처받았던 순간은 언제인가?</li><li>경찰 비리에 대해 어떻게 생각하는지 말해 보시오.</li><li>길거리에 담배꽁초를 버리는 사람을 보면 어떤 생각이 드는가?</li><li>본인의 이름으로 3행시를 지어보시오.</li><li>언제 가장 경쟁의식이 드는가?</li><li>헌법 제1조의 내용에 대해 말해 보시오.</li><li>고등학교 졸업 후 현재까지 본인의 삶에 대해 말해 보시오.</li><li>경찰공무원의 복지 혜택 중 어떠한 부분이 더욱 필요하다고 생각하는가?</li><li>만약 자신의 아버지가 너무나 힘든 일이 있어 놀이터에서 음주 중이라면 어떻게 할 것인가?</li><li>아르바이트 경험에 대해 말해 보시오.</li><li>본인의 성격에 대해 말해 보시오.</li><li>본인이 본 경찰 관련 영화가 있는가?</li><li>여경과 남경의 차별을 개선할 수 있는 방안에 대해 말해 보시오.</li><li>본인의 인생에서 가족과 일, 봉사 중 어떠한 것이 가장 중요하다고 생각하는가?</li><li>최종불합격 경험이 있는가? 있다면 왜 떨어졌다고 생각하는가? – 또 떨어진다면 왜 떨어진 것 같다고 생각 할 것인가?</li><li>합격하면 휴학한 학교는 어떻게 할 것인가?</li><li>좋아하는 운동은 무엇인가?</li><li>어떻게 하면 면접을 잘 볼 수 있는 것 같은가?</li><li>면접 복장을 그렇게 입은 이유는 무엇인가? 빌린 것인가? 새로 산 것인가?</li><li>본인이 쇼호스트가 되어 '경찰'을 판매해 보시오.</li><li>면접으로 개인을 평가하는 데는 한계가 있다. 본인이 면접관이라면 무엇을 보고 평가하겠는가?</li><li>여성이 사회적 약자라는 인식이 있는데 여성이 피의자라면 어떻게 할 것인가?</li><li>행복했던 기억을 3가지 말해 보시오.</li></ul>

2019년 2차	• 경찰공무원에 지원하게 된 동기는 무엇인가? • 같이 일하기 싫은 상사와 함께 일하게 된다면 어떻게 할 것인가? • 대학 졸업 후의 사회 경험에 대해 말해 보시오. 　– 대학 졸업 후의 사회 경험이 없다면 대학시절 내가 손해를 보면서 무엇인가 이룬 것이 있는지 말해 보 　　시오. • 수사권을 경찰이 가지게 된다면 국민이 얻을 혜택 2가지를 말해 보시오. • 조직 내에서 본인에 대한 험담을 들었을 때 어떻게 할 것인가? • 자신의 장점 및 단점을 말해 보시오. • 본인 성격상 직무를 수행하기 힘들 것 같은 부서는 어디인가? • 살면서 화가 났던 경험과 어떻게 화를 해결하였는지 말해 보시오. • 준법정신, 봉사정신, 청렴 중 자신이 가장 중요하다고 생각하는 덕목은 무엇인가?
2019년 1차	• 자기소개해 보시오. • 경찰에 지원하게 된 동기는 무엇인가? • 다른 사람에게 오해를 받았을 때 어떻게 해결하는가? • 스트레스를 해소하는 방법은 무엇인가? • 지금까지 살면서 들었던 최고의 찬사는 무엇인가? • 경찰관이 되기 위해 꾸준히 준비한 것이 있는가? 있다면 무엇인가?
2018년 3차	• 본인의 장점과 성격에 대해 말해 보시오. • 절도죄나 폭행죄 등과 같은 범죄를 규정한 형법이 왜 존재한다고 생각하는가? • 경찰에 지원하게 된 계기가 있는가? • 힘들었던 수험생활을 어떻게 극복하였는가? • 슈퍼에서 빵을 훔치는 아이를 잡게 되었다. 그러나 알고 보니 그 아이는 가정폭력을 당하고 있었다. 이러 한 상황에서 본인은 그 아이를 어떻게 할 것인지 앞에 그 아이가 있다고 가정하고 말해 보시오. • 다른 사람과 갈등이 있었던 경험과 그 상황을 어떻게 극복하였는지 말해 보시오.
2018년 2차	• 자기소개해 보시오. • 학창시절의 출결에 대해서 소명해 보시오. • 경찰로서 경찰조직과 국민에게 어떤 식으로 도움을 줄 수 있을 것이라 생각하는가? • 가고 싶은 부서는 어디이고 그 이유는 무엇인가? • 본인 스스로 청렴 점수를 매긴다면 몇 점을 주겠는가? • 신호등이 빨간불일 때 건너편에 현상범이 있다면 무단횡단을 할 것인가? • 김영란법에서 규정하고 있는 농수산물의 한도 기준은 얼마인지와 그 기준이 적당하다고 생각하는지 말해 보시오. • 본인이 면접까지 온 데는 운과 실력이 각각 얼마나 작용하였다고 생각하는가? 　– 본인은 관운이 있다고 생각하는가? • 경찰제복에 대해서 어떻게 생각하는가? • 어머니와 아내가 물에 빠졌다면 누구를 먼저 구할 것인가? • 악성민원인을 어떻게 대응할 것인가? • 경찰로서 처리 기준이 모호한 것들을 처리해야 한다면 어떻게 처리하겠는가? • 주취자에게 총을 빼앗겼다면 어떻게 대처하겠는가? • 시각장애인에게 검정색과 노란색을 어떻게 설명하겠는가? • 직업적인 가치관이 무엇인가? • 경찰조직이 개선해야 할 점은 무엇이라 생각하는가? • 봉사활동 경험이 있는가? • 어느 계급까지 올라가고 싶은가? • 고소인이 고소를 하려면 어디서 가능한가? • 경찰관에게 필요하다고 생각하는 덕목 3가지를 말해 보시오. • 피고와 피고인에 대해 정의해 보시오. • 공시송달이 무엇인가? • 수험기간 이외에 본인이 무엇인가에 가장 집중했었던 경험이 있으면 말해 보시오.

2018년 1차	• 자기소개해 보시오. • 경찰에 지원하게 된 동기는 무엇인가? • 학창시절의 출결에 대해서 소명해 보시오. • 지원부서는 어디인가? • 경찰에게 가장 필요하다고 생각하는 덕목은 무엇인가? • 경찰이 개선해야 한다고 생각하는 것은 무엇인가? • 학교폭력을 막기 위한 방안에 대해 말해 보시오. • 평소 화를 어떻게 다스리는가? • 살면서 가장 힘들었던 경험을 말해 보시오. • 봉사활동 경험이 있는가? • 경찰조직 내에서 본인이 할 수 있는 일은 무엇이라 생각하는가? • 상사가 회식 자리에서 음주 후 운전하여 집에 가려고 한다면 어떻게 할 것인가? • 법을 위반한 경험이 있는가?

03 | 경기남부청

2019년
2차
	• 자기소개해 보시오.
	• 경찰이 개선해야 할 점은 무엇이라 생각하는가?
	• 국민이 생각하는 경찰의 이미지에 대해 말해 보시오.
	• 본인의 어떤 점이 경찰로서 국민에게 도움이 될 수 있다고 생각하는가?
	• 경찰로서 존경하는 인물에 대해 말해 보시오.
	• 홍콩 사태에 대해 어떻게 생각하는가?
	• 현재 힘든 부분이 있는데 면접 중 이라서 숨긴 것이 있는가?
	• 경찰 임무 중 본인에게 부적합하거나 맞지 않는 부분이 있다면 어떻게 할 것인가?
	• 음주운전에 걸려 파면 위기에 처한 상사를 위해 팀원들이 탄원서를 써달라고 한다면 써주겠는가?
	   – 본인이 그 상사라도 작성해 주지 않을 것인가?
	• 모든 국민에게 단호하게 법을 집행할 것인가?
	• 순경의 몰카범죄에 대해 알고 있는가?
	• 공정과 배려는 상충될 수 있다. 본인이 업무를 처리하면서 상충하는 상황이 발생한다면 어떻게 해결할 것
	   인가?
	• 봉사활동을 해본 경험이 있는가?
	• 경찰관의 반바지 착용에 대해 어떻게 생각하는가?
	• 인내심을 잃어서 화를 낸 경험이 있는가?

2019년 1차	• 자기소개해 보시오. • 데이트폭력을 근절하기 위한 경찰의 수사 방향에 대해 말해 보시오. • 본인은 경찰로서 어떠한 좌우명을 가지고 직무를 수행할 것인가? • 경찰공무원을 지원하게 된 동기는 무엇인가? • 10년, 20년, 30년 후 본인은 어떤 모습일 것 같은지 말해 보시오. • 자신은 대나무 같은 사람인가 물 같은 사람인가? • 어느 계급까지 진급하고 싶으며 그 이유는 무엇인지 말해 보시오. • 경찰로서 다문화 가정의 여성을 위해 할 수 있는 것은 무엇이 있다고 생각하는가? • 자치경찰과 국가경찰 중 어떠한 것이 더 좋다고 생각하는가? • 경찰의 신뢰도를 향상시키기 위한 방안에 대해 말해 보시오. • 묻지마범죄를 방지하기 위한 대책에 대해 말해 보시오. • 스스로 본인에게 가장 자랑스러웠던 경험을 말해 보시오. • 경찰로서 직무를 수행하는 데 도움이 될 것 같은 장점은 무엇인가? • 본인이 편의점에서 아르바이트를 하고 있는데 사장이 유통기한이 지난 상품을 팔려고 한다면 어떻게 하겠 는가?

2019년 1차	• 5년 후 본인이 되고 싶은 모습을 설명해보고 그렇게 되기 위해 어떠한 노력을 할 것인지 말해 보시오.
	• 경찰조직 내에서 동료들끼리 신뢰가 필요한 이유는 무엇인가?
	• 자신이 생각하는 공직관에 대해 말해 보시오.
	• 남에게 배려해 주었던 경험을 말해 보시오.
	• 자신이 사명감을 가지고 일했던 경험을 말해 보시오.
	• 팀원들과 회식 중에 유관업체 사장이 와서 계산을 하고 갔다면 어떻게 할 것인가?
	   – 어떤 법에 저촉이 되는가?
	   – 김영란법에서 식사 대접의 한도 기준은 얼마인가?
	• 다문화 문제가 대두되고 있는데 그 원인이 무엇이라 생각하는가?
	• 경찰은 청렴해야 한다. 본인은 어떠한 사람이 청렴한 사람이라고 생각하는가?
	• 본인은 퇴근 시간이라 퇴근을 해야 하는데 상사는 퇴근을 안 하고 인터넷만 하고 있다면 어떻게 할 것인가?
	• 살면서 힘들었던 경험이 있을 텐데 부정적으로 생각을 해본 적이 있는가?
	• 최근 경찰을 비난하는 기사를 접할 때 어떤 생각이 드는가?
	• 경찰은 주취자에게 뺨을 맞을때도 있는데 자부심을 유지할 수 있겠는가?
	• 우리나라의 경찰과 외국의 경찰을 비교했을 때 우리나라의 경찰이 가지고 있는 장점은 무엇이 있다고 생각하는가?
	• 대한민국 경찰의 복지에 대해 말해 보시오.
	• 대림동 여경사건에서 경찰의 대처에 대해 어떻게 생각하는가?
	• 같은 팀 내 선배 1명이 음주사망사고로 파면을 당하게 되어 팀원들에게 탄원서를 써달라고 요청한다면 작성해 줄 것인가?
	• 칼에 맞은 트라우마를 겪는 선배와 함께 순찰을 나가게 된다면 어떻게 할 것인가?
	• 열심히 해도 승진을 못하고 인정도 못 받는다면 어떻게 할 것인가?
	• 폐지 줍는 할머니가 무단횡단하는 것을 보고 안전하게 이동시켜 드렸는데 행인이 왜 단속하지 않느냐고 따진다면 어떻게 할 것인가?
	   – 할머니가 감사하다고 김밥과 커피를 주셨는데 받을 수 없다고 하니 화를 내신다면 어떻게 할 것인가?
	• 어떤 경찰관이 되고 싶은가?
	• 수험기간 중 받은 스트레스를 어떻게 해소했는가?
	• 자신의 가족이 경찰관에게 피해를 입어 불구가 되었다면 용서할 수 있겠는가?
	• 갑질을 하는 상사로 인해 주변의 모두가 힘들어 하고 있다면 어떻게 대처할 것인가?
	   – 그래도 갑질이 해결되지 않는다면 어떻게 할 것인가?
	• 급히 면접장에 가고 있는데 데이트폭력을 목격했다면 어떻게 할 것인가?
	• 상사의 근무태만을 목격한다면 어떻게 대처하겠는가?
	• 절대악은 존재한다고 생각하는가?
	• '악법도 법'이라는 말에 대해 어떻게 생각하는가?
	• 학창시절의 출결에 대해서 소명해 보시오.
	• 여성의 체력시험 기준에 대해 어떻게 생각하는가?
	• 매일 같이 밥을 사달라는 선배 경찰관이 있다면 어떻게 할 것인가?
	• 부모님이 불법을 저지르고 있다는 사실을 알게 되었다면 어떻게 할 것인가?
	• 동료 경찰관이 불법 유흥업소를 운영하는 사실을 알게 되었다면 어떻게 할 것인가?
	• 상사가 부당한 지시를 할 경우 어떻게 하겠는가?

2018년 3차	• 자기소개해 보시오. • 경찰에 지원한 동기는 무엇인가? • 불법체류자신고가 들어와서 출동했는데 갓난아이와 여성이 있다면 어떻게 할 것인가? • 경찰에 대한 동경심을 언제 느꼈는가? • 지원부서는 어디인가? • 자신의 장점과 단점을 말해 보시오. • 경찰에게 필요하다고 생각하는 덕목을 말해 보시오. • 경찰헌장이란 무엇인가? • 경찰정신이란 무엇인가? • 잘못된 선택을 하여 후회한 적이 있는가? • 건물에 화재가 발생했고 2층에 사람이 있다. 그런데 본인은 아무런 장구가 없다면 어떻게 할 것인가? • 아르바이트 경험에 대해 말해 보시오.

2018년
3차
	• 수험기간 중 가장 힘들었던 때 어떻게 극복했는가?
	• 학창 시절의 출결에 대해 소명해 보시오.
	• 결과와 과정 중 어떠한 것이 더 중요하다고 생각하는가?
	   - 만약에 정말로 위급한 상황이더라도 절차를 지켜가면서 업무를 할 것인가?
	• 상사가 부당한 명령을 한다면 어떻게 대처할 것인가?
	• 사소한 규칙을 위반하는 사람들의 심리에 대해 말해 보시오.
	• 성악설에 대해 어떻게 생각하는가?
	• 새벽에 동료와 단 둘이 파출소에 있는데 주취자가 들어와 '짭새'라고 하며 욕설을 한다면 어떻게 대처할 것인가?
	• 동료가 주취자를 말리다 살짝 밀었는데 주취자가 크게 넘어지자 독직폭행으로 검찰에 고소하였다면 어떻게 할 것인가?
	   - 독직폭력은 선고유예만 나와도 이직을 해야 하기 때문에 본인이 증언을 한다면 동료가 이직해야 할 수 있는데도 증언을 할 것인가?
	• 상사가 자신이나 동료들에게 갑질을 한다면 어떠할 것인가?
	• 수사권이 독립되면 경찰이 얻게 될 가장 큰 이익은 무엇이라고 생각하는가?
	• 상사가 본인보다 나이가 어리다면 어떻게 할 것인가?
	• 집회 · 시위 현장에서 시위대를 바라보는 경찰관의 시선은 어떻게 해야 된다고 생각하는가?
	• 수험기간은 얼마인가?
	• 자신의 단점으로 인해 피해를 본 상황이 있는가?
	• 요즘 경찰에 대한 국민의 시선은 어떻다고 생각하는가?
	• 본인이 수사 중 타 부서가 실적 때문에 정보를 공유하지 않는다면 어떻게 대처할 것인가?
	• 음주전과가 있는 사람을 경찰로서 채용하는 것에 대해 어떻게 생각하는가?
	   - 성폭력전과가 있는 사람을 경찰로서 채용하는 것에 대해서는 어떻게 생각하는가?
	• 일은 잘하지만 성격이 좋지 않은 동료와 일은 못하는데 성격이 원만한 동료 중 누구와 함께 일을 하고 싶은가?
	• 본인의 장점을 2가지 말하고, 왜 본인이 경찰로 선발되어야 하는지 자신이 말한 장점과 연관지어 말해 보시오.
	• 신고를 접수받고 출동하였으나 함께 출동한 선배가 과거의 트라우마로 인해 내리지 않겠다고 한다면 어떻게 할 것인가?
	• 같이 일하기 싫은 상사의 유형을 말해 보시오.
	   - 그런 상사와 함께 일하게 된다면 어떻게 할 것인가?
	• 본인 이름의 한자는 무슨 의미인가?
	• 스트레스를 해소하는 방안에 대해 말해 보시오.
	• 살면서 기부를 한 경험이 있는가?
	• 살아오면서 지우고 싶은 과거나 잘못한 점이 있는가?
	• 경찰을 준비하면서 감명 깊게 본 드라마나 영화에 대해 말해 보시오.
	• 사명감이란 무엇이라고 생각하는가?
	• 자신이 조사한 자료들을 동료가 자신이 조사한 것인 양 빼앗아 간다면 어떻게 할 것인가?
	• 휴가 중에 소매치기를 목격하게 된다면 어떻게 할 것인가?
	• 동료 경찰관이 신호위반으로 단속되었다면 어떻게 할 것인가?
	   - 인사고과를 담당하는 상관이 신호위반으로 단속되었다면 어떻게 할 것인가?
	• 물에 빠진 시민을 발견하였다. 그러나 본인은 수영을 못하고, 주변에 어떠한 도구나 사람도 없다면 어떻게 할 것인가?
	• 상사가 친분이 있다는 이유로 본인이 대부분 해결한 사건을 자신에게 넘기라고 한다면 어떻게 할 것인가?
	• 현재 왕복 8차선에서 순찰 중에 있는데 순찰차 뒤에서 일반 시민이 무단횡단을 하는 것을 목격하였다. 불법 유턴을 해서라도 단속을 할 것인가?
	   - 동일한 상황에서 절도 피해자가 절도 현행범을 쫓아가고 있는 것을 발견하였다면 불법 유턴을 해서라도 쫓아갈 것인가?
	• 다문화 가정의 사람들을 위해 필기시험을 보지 않는 특별 채용을 실시하고 특별 채용 인원의 일정 비율을 여경으로 채용하여야 한다면 몇 프로를 주어야 한다고 생각하는가?
	• 경찰이 된다면 가장 먼저 하고 싶은 일은 무엇인가?

2018년 3차	• 자신이 교통경찰로 근무하던 중 상사가 신호위반한 것을 목격하였다면 어떻게 할 것인가? • 상사가 본인에게 부당한 지시를 내린다면 어떻게 할 것인가? • 경범죄를 저지르는 사람들의 심리는 무엇이라 생각하는가? • 본인은 무단횡단을 한 경험이 있는가? • 자신이 생각하는 경찰이란 무엇인가? • 자신을 한마디로 표현해 보시오 • 가정폭력신고를 받아 출동하였으나 문을 열어주지 않는다면 어떻게 할 것인가? • 팀 회식 자리에 팀장님의 지인이 회식비를 지불했다면 어떻게 할 것인가? • 군인과 경찰의 차이는 무엇이라 생각하는가?
2018년 2차	• 자기소개해 보시오. • 자신의 장점과 단점에 대해 말해 보시오. • 경찰이 되기 위해 노력한 점은 무엇인가? • 과정과 결과 중 어느 쪽이 더 중요하다고 생각하는가? • 본인이 리더로서 조직을 이끄는 상황에서 엇나가는 한 명 때문에 조직 전체가 힘들어 한다면 어떻게 할 것인가? • 본인의 주변 사람들은 준법정신이 있다고 생각하는가? • 가족과 시민 중 무조건 한 명을 구해야 된다면 누구를 구할 것인가? • 본인이 최종 합격할 가능성이 몇 퍼센트나 된다고 생각하며 그 이유는 무엇인가? • 팔로워십을 발휘한 경험이 있다면 말해 보시오. • 가해자의 인권도 보호해야 한다는 생각과 가해자는 엄격히 처벌해야 한다는 생각 중 어떠한 생각이 옳다고 생각하는가? • 수험기간은 얼마나 되며 그 중 면접을 본 횟수는 얼마나 되는가? • 경기남부청을 지원한 이유는 무엇인가? • 경찰공무원에 지원한 동기는 무엇인가? • 체력점수는 몇 점인가? • 학창시절의 출결에 대해 소명해 보시오. • 경찰로서가 아닌 개인적으로 사회적 약자를 위해 본인이 할 수 있는 일은 무엇이 있다고 생각하는가? – 경찰로서 사회적 약자를 위해 할 수 있는 일은 무엇이 있다고 생각하는가? • 경찰관에게 필요한 덕목은 무엇이 있다고 생각하는가? • 지원부서는 어디이며 해당 부서에서는 어떠한 업무를 진행하는지 말해 보시오. • 피의자의 신상을 공개하는 것에 대해 어떻게 생각하는가? • 미투운동에 대해 어떻게 생각하는가? • 주취자를 상대할 때 공권력 행사와 주취자의 인권보호 중 어떠한 것이 더 중요하다고 생각하는가? • 길을 가다가 아동학대를 목격했다면 어떻게 할 것인가? • 아동복지시설에서 봉사활동을 해보았는가? • 초등학교 6학년이 성폭행을 당했다면 어떻게 할 것인가? • 민원인이 계속 본인에게 인상이 좋지 않다고 항의한다면 어떻게 할 것인가? • 훗날 가정을 꾸리게 되면 어떤 사람이 되고 싶은가? • SPO에 대해 아는 대로 말해 보시오. • 본인이 학교전담 경찰관이라면 학교폭력에 대해 어떻게 대처할 것인가? • 본인을 동물로 비유해 보시오. • 경찰남부청의 인재상은 친절, 정의, 책임이다. 본인은 3가지 중 어떠한 것을 더 선호하는가? • 익명 댓글로 인한 문제에 대해 말해 보시오. • 데이트폭력을 근절하기 위한 방안에 대해 말해 보시오. • 급전을 빌려 사용한 적이 있는가? • 범법행위를 한 적이 있는가? • 미국과 우리나라 치안의 차이점에 대해 말해 보시오. • 자신의 아버지가 범죄에 연루되어 심각한 불이익을 받는다면 어떻게 할 것인가? • 상사가 근무시간 중에 자고 있다면 어떻게 할 것인가? • 누군가 자신을 험담하고 다닌다면 어떻게 할 것인가? • 치매노인이 집을 찾아줘서 고맙다며 음료수를 주신다면 어떻게 할 것인가? • 지금 부르면 나올 수 있는 친구는 몇 명인가?

2018년 1차	• 자기소개해 보시오. • 자신의 장점은 무엇인가? • 경찰관에게 필요한 덕목은 무엇이라 생각하는가? • 사회적 약자란 무엇인지 정의해보고 여러 정부 기관에서 사회적 약자를 보호하기 위해 실시하고 있는 정책에 대해 말해 보시오. • 스트레스를 해소하는 방법에 대해 말해 보시오. • 공권력을 강화할 수 있는 방법에 대해 말해 보시오. • 경찰이 되기 위해 노력한 점은 무엇이 있는가? • 경찰 본연의 임무는 무엇이라고 생각하는가? • CCTV 확충에 따른 예산을 어떻게 해결해야 한다고 생각하는가? • 본인 소관 업무라 생각했는데 상사가 소관이 다르니 다른 과에 이관하라고 한다면 어떻게 할 것인가? • 아버지가 차적 조회를 해달라고 하면 어떻게 할 것인가? • 살면서 법을 어기거나 규칙을 어긴 경험이 있는가? • 남녀평등에 대해 어떻게 생각하는가? – 남자가 오히려 역차별을 당한다고 생각해 본 적은 없는가? • 도덕, 청렴, 준법정신 중 가장 필요한 것은 무엇이라고 생각하는가? • 젠더폭력의 원인이 무엇이라고 생각하는가? • 교통사고를 예방하기 위한 방안에 대해 말해 보시오. • 아동학대 사건을 신고받는다면 어떻게 조치할 것인지 신고 받는 순간부터 끝까지 자세하게 말해 보시오. • 교통단속을 당한 사람들이 항의하는 이유가 무엇이라고 생각하는지와 이에 대한 대처 방안을 말해 보시오. • 공권력 행사와 인권 보호를 조화시킬 수 있는 방안에 대해 말해 보시오. • 경기남부경찰청의 치안정책에 대해 아는 것이 있다면 말해 보시오. • 직장 내 미투운동에 대해 어떻게 생각하는가? • 광주폭행 현장에 본인이 출동했다면 어떻게 대처했겠는가? • 정의란 무엇이라고 생각하는가? • 자신의 성실성을 입증할 만한 경험이 있는가? • 국가가 먼저인가? 개인이 먼저인가? • 악법도 법이라고 생각하는가? • 성범죄가 급증하고 있는 원인이 무엇이라고 생각하는가? • 리더십과 팔로우십에 대해 말해 보시오. • 일과 가정 중 더 중요하다고 생각하는 게 무엇인가? • 존경하는 인물은 누구인가? • 봉사활동 경험에 대해 말해 보시오. • 학교폭력의 원인이 무엇이라고 생각하는가? • 본인의 준법점수는 몇 점이라고 생각하는가?

안심Touch

04 | 인천청

2018년 2차	• 자기소개해 보시오. • 수험기간은 얼마나 되는가? • 경찰에 지원하게 된 동기는 무엇인가? • 바람직한 경찰상은 어떠한 것인지 말해 보시오. • 가족이 범인에게 피해를 입었다면 법적인 처벌을 받았으니 용서할 수 있겠는가? • 가고 싶은 부서는 어디인가? • 자신이 생각하는 것보다 경찰업무가 힘들 텐데 잘할 수 있는가? • 초대경무국장(청장)은 누구인가? • 앞에 유치원생이 있다 가정해보고 범죄교육을 시켜보시오. • 경찰이 음란물 유포에 대해 방관하고 있다는 비판을 받고 있다. 이에 대해 어떻게 생각하는가? • 수능 날 경찰이 하는 일을 말해 보시오. • 지각위기에 처한 수험생을 태우고 시험장에 가던 도중 다른 수험생을 만났는데 시험장이 다르다면 어떻게 대처 하겠는가? • 현 경찰조직에는 어떠한 문제점이 있다고 생각하는가? • 본인의 친구 중 한 명을 자랑해 보시오. • 경찰이 아닌 범죄자라면 어떤 범죄를 하고 싶은가? • 오늘 하루를 사자성어로 표현해 보시오. • 경찰노조에 대해 어떻게 생각하는가? • 공정한 사회의 기준은 무엇이라 생각하며 현재 우리나라는 공정한 사회라고 생각하는지 말해 보시오. • 자신이 무언가를 바꾸기 위해 노력한 경험과 그 결과에 대해 말해 보시오. • 경찰이 국민들로부터 신뢰를 회복하기 위한 방안에는 어떠한 것들이 있을지 말해 보시오. • 당신을 뽑아야 하는 이유에 대해 말해 보시오. • 본인이 순경으로 근무하고 있는 지구대에 치매 할머니와 6세 유아, 주취자가 동시에 방문하였다. 어떠한 민원인부터 응대할 것인가?

05 | 충북청

2019년 2차	• 경찰이 하는 일 중 어떠한 것이 매력적으로 느껴져서 경찰에 지원하게 되었는가? • 경찰청장님이 한 사건을 잘 부탁한다고 말씀하셨는데, 약간의 부당함이 느껴지는 뉘앙스의 말투였다면 어떻게 할 것인가? • 어제나 오늘 중 경찰 관련 이슈에 대해 접한 것이 있다면 말해 보시오. • 음주운전을 줄일 수 있는 방안에 대해 말해 보시오.
2019년 1차	• 선배와 함께 밥을 먹으러 가는데 지속적으로 본인만 계산을 하게 된다면 어떻게 할 것인가? • 약속이 있는데 상사가 퇴근시간에 퇴근을 하지 않고 자리에 계속 앉아서 업무 외의 다른 것을 하고 있다면 어떻게 할 것인가? • 고유정사건에서 피의자의 신상을 공개하는 것에 대해 어떻게 생각하는가? • 국민청원제도에 대해 어떻게 생각하는가?

2019년
2차
	• 자기소개해 보시오.
	• 경찰공무원에 지원하게 된 동기는 무엇인가?
	• 공평과 정의의 차이는 무엇인가?
	• 정의와 부당의 차이는 무엇인가?
	• 개인주의와 이기주의의 차이는 무엇인가?
	• 자비와 정의의 차이는 무엇인가?
	  – 자신은 자비로운 사람인가? 정의로운 사람인가?
	• 부모님과 5년 만에 유럽여행을 갔다. 그런데 일 때문에 서둘러 복귀하라는 연락이 온다면 어떻게 할 것인가?
	  – 중요하지 않은 일인데도 복귀하라고 한다면 어떻게 할 것인가?
	• 대림동 여경사건에서 여경의 대처에 대한 찬반이 갈리고 있다. 본인은 여경의 대처에 대해서 어떻게 생각하는가?
	• 경찰조직 내 문제점은 무엇이라고 생각하는가?
	• 직장을 그만두고 경찰을 하려는 이유가 무엇인가?
	• 전임자가 처리한 일을 민원인이 와서 본인에게 따진다면 어떻게 할 것인가?
	• 부당한 지시를 받게 된다면 어떻게 할 것인가?
	• 정의로운 사회를 만들기 위해서는 어떤 노력이 필요하다고 생각하는가?
	• 최근 경찰에 대한 많은 비난들에 대해서 어떻게 생각하는가?
	• 국기에 대한 맹세문을 말해 보시오.
	• 풍선효과와 낙인효과에 대해 말해 보시오.
	• 근무실적과 관련된 본인만 알고 있는 비밀이 있다면 팀원들한테 공유할 것인가? 공유하지 않을 것인가?
	• 대기시간에 무슨 생각을 했는가?
	• 주변 지인의 책임인데 자신이 희생했던 경험이 있는가?
	• 충남의 어느 시골지역에 발령 받는다면 근무 시간에 어떤 식으로 업무 형태를 가져갈 것인가?
	• 경찰서장님과 순찰팀장님이 본인에게 서로 상충되는 업무 지시를 내린다면 어떻게 할 것인가?
	• 공정성이란 무엇이라 생각하는가?
	• 군대에서 없어져야 할 문화는 무엇이 있다고 생각하는가?
	• 군대에서 배워서 나온 것이 있다면 무엇인가?
	• 직업공무원의 장점은 무엇이라 생각하는가?
	• 경찰관이 되기 위해 노력한 점은 무엇이 있는가?
	• 협동을 통해 무언가를 이룬 적이 있는가?
	• 악성민원인과 일반민원인을 구별할 수 있는 방법에 대해서 말해 보시오.
	  – 악성민원인이 터무니없는 요구를 하면 어떻게 할 것인가?
	• 4차 산업시대에 AI(인공지능)을 활용하여 경찰조직에서 할 수 있는 것이 무엇이 있을지 말해 보시오.
	• 아버지가 아들이 자신이 운영하는 편의점에서 돈을 꺼내 가는 것을 보고 훈육을 부탁드린다며 처벌해달라고 데려왔다면 어떻게 할 것인가?
	• 홍콩사태에 대해서 어떻게 생각하는가?
	  – 홍콩시민 입장에서 중국 정부는 무엇을 잘못하고 있는 것 같은가?
	• 친하게 지내는 기혼이신 시청과장님이 모텔에서 모르는 여자와 나오는 것을 목격하였다면 어떻게 할 것인가?
	• 태종이 세종과 조선을 위해 외척을 숙청한 것에 대해 어떻게 생각하는가?
	• 경찰로서 준법정신과 열정 중 어떠한 것이 더 중요하다고 생각하는가?
	• 수사권 조정에 대해 아는 대로 말해 보시오.
	• 아이의 몸이 많이 안 좋은데 부모는 입원을 시키지 않으려 한다면 경찰로서 어떻게 할 것인지 말해 보시오
	• 성폭력 피해자가 잔인하게 죽은 사건이 발생했다면 상세한 내용을 부모에게 그대로 전달할 것인가?
	• 우리 사회는 정의롭다고 생각하는가?
	• 집회를 금지하는 구역을 말해 보시오.
	• 1인 시위자가 들고 있는 피켓에 회사의 명예를 훼손하는 글이 있다면 어떻게 할 것인가?
	• 노인이라는 이유로 법정에서 감형이 되는 것에 대해 어떻게 생각하는가?
	• 야간에 야식을 먹는데 옆에서 강력범죄에 대한 신고가 접수되어 5명 중 2명이 출동해야 하는 상황이다. 1번부터 5번(경력순) 중 누가 출동을 해야 된다고 생각하는지 말해 보시오.

2019년 2차	• 철도파업에 대해 어떻게 생각하는가? • 노동관계조정법에 대해 말해 보시오. • 노동관계조정법에 의하면 사기업이 대체 인력을 채용하는 것이 불법인데, 이에 대해 어떻게 생각하는가? • 경찰관으로서 필요한 덕목은 무엇인가? • 민주노총집회의 막사를 강제로 철거할 수 있는가? • 매 맞는 경찰과 같이 실추된 공권력의 사례와 공권력을 강화시킬 수 있는 방안을 말해 보시오. • 사회적 약자에 대해 정의해 보시오. • 성실과 효율성 중 무엇이 더 중요하다고 생각하는가? • 함정수사에 대해 말해 보시오.

2019년
1차
	• 협동심과 공동체를 높이기 위한 방안을 말해 보시오.
	• 법의 안정성과 합목적성 중 어떠한 것이 우선시되어야 한다고 생각하는가?
	• 성희롱과 성추행의 차이에 대해 말해 보시오.
	• 현 경찰제도의 문제점과 개선 방안에 대해 말해 보시오.
	• 경찰도 정당방위가 인정되는가?
	• 경찰이 청렴성을 유지하기 위한 방안에 대해 말해 보시오.
	• 상사가 여경에게 지속적으로 커피 업무를 시킨다면 본인은 제3자의 입장에서 어떻게 대처할 것인가?
	• 할머니가 고맙다며 지구대에 음료수를 가져오셨다면 어떻게 할 것인가?
	• 가장 기억에 남는 봉사활동은 무엇인가?
	• 지원부서는 어디인가?
	  – 가기 싫었던 부서에 가게 된다면 어떻게 할 것인가?
	• 시민에게 매 맞는 경찰에 대해 어떻게 생각하는가?
	• 조선 최고의 명필에 대해 아는가?
	  – 그 사람이 아는 동생에게 그려 준 그림이 있는데 그 이름을 아는가?
	• 가족이 음주운전을 하였다면 단속할 것인가?
	• 경찰조직에 존재하는 부서들에 대해 아는 대로 말해 보시오.
	• 의사와 열사의 차이에 대해 말해 보시오.
	• 학교전담경찰관이 학교폭력을 담당하는 것에 대해 어떻게 생각하는가?
	  – 학교폭력은 원래 학교가 담당하여야 하는 것이 아닌가?
	• 대학교에서 무엇을 전공하였는가?
	• 셉티드에 대해 아는 대로 말해 보시오.
	• 싫어하는 상사와 어떻게 소통할 것인가?
	• 가장 기억나는 봉사활동 경험에 대해 말해 보시오.
	• 친구랑 싸운 경험을 말해 보시오.
	• 수사권 조정에 대해 어떻게 생각하는가?
	• 선고유예, 집행유예, 기소유예의 차이점에 대해 말해 보시오.
	  – 각각 어느 기관에서 결정하는지 말해 보시오.
	• 가족 행사날 긴급하게 출동 연락이 온다면 어떻게 할 것인가?
	• 잠복근무로 가족들과 자주 만나지 못한다면 어떻게 할 것인가?
	• 충남청의 경찰 1인당 담당하는 인구 수는 얼마나 된다고 생각하는가?
	• 청문담당감사관은 무슨 역할을 하는가?
	• 음주운전 시의 징계처분에는 어떠한 것들이 있는가?
	• 경찰의 비전에 대해 말해 보시오.
	• 경찰차 위에 카메라와 드론을 탑재하는 것에 대해 어떻게 생각하는가?
	• 엠바고, 피그말리온효과, 낙인효과, 나비효과에 대해 아는 대로 말해 보시오.
	• 좋아하는 역사적 인물은 누구이며 그들의 저서에는 어떠한 것들이 있는지 말해 보시오.
	• 피의자의 인권과 피해자의 인권이 서로 충돌한다면 어떻게 할 것인가?
	• 10년 뒤에 무엇을 하고 싶은가?
	• 충남청 홈페이지에 들어가 본 적 있는가?
	• 지방청장님 계급이 어떻게 되는가?
	  – 지방청장은 치안감만 될 수 있는가?
	• 본인을 왜 뽑아야 하는가?
	  – 구체적으로 어떤 점이 도움이 될 것이라 생각하는가?
	• 경찰관에게 필요하다고 생각하는 덕목을 한 가지만 말해 보시오.

2019년 1차	• 자살기도자에 대한 신고를 받고 출동하였다면 어떻게 조치할 것인가? • 가족과 타인이 물에 빠졌다면 누구를 먼저 구할 것인가? 　– 자신이 위험에 처할 수 있는데도 뛰어들 것인가? • 준법정신과 청렴성, 도덕성 중 가장 중요하다고 생각하는 것은 무엇인가? • 최근에 가장 화가 났던 경험을 말해 보시오. • 치안한류가 무엇인지 알고 있는가? 　– 쇼호스트가 되어 치안을 홍보해 보시오. • 팔로우십과 리더십에 대해 말해 보시오. • 경찰공무원 채용시험의 선택과목 폐지에 대해 어떻게 생각하는가? • 하임리히법을 알고 있는가? • 깨진 유리창 이론이 무엇인지 아는가? • 본인에게 가장 소중한 3가지는 무엇인가? • 폐지를 줍는 할머니가 무단횡단을 하였으나 훈방조치를 하였다. 그러나 다른 사람이 이것을 보고 따진다면 　어떻게 할 것인가? 　→ 경찰의 훈방권 : 일선 현장경찰관에 대한 훈방권이 명문으로 규정되어 있지 않지만, 경범죄 처벌법 위반 　　자에 대하여 경찰서장의 즉결심판법 제19조(형사소송법의 준용)에 의해 경찰서장에게도 형사소송법이 　　규정한 기소편의주의가 준용하여 훈방권을 행사할 수 있다고 보아야 한다. 따라서 해석상 경찰서장의 　　훈방권을 내부위임으로 파악하여 일선 현장경찰관에게 훈방권이 인정되고 있다.
2018년 3차	• 수험생활을 얼마나 했으며, 면접은 몇 번이나 경험하였는가? • 동료 경찰관이 프로젝트를 실시하는데 본인만 발견한 단점이 있다면 어떻게 할 것인가? • 자신의 장점을 경찰로서 직무를 수행하는데 어떻게 적용할 것인가? • 악법도 법이라고 생각하는가? 　– 악법에는 어떠한 것들이 있다고 생각하는가? • 지원하고 싶은 부서는 어디인가? • 본인이 스트레스를 해소하는 방법은 무엇인가? • 가장 감명 깊게 읽은 책은 무엇인가? • 하기 싫었던 일을 맡게 된다면 어떻게 할 것인가? • 사전조사서에 작성한 것 이외의 장점과 단점을 말해 보시오. • 악성민원인이 왔을 때 어떻게 해결할 것인가? • 자신의 장점 중 제일 중요하다고 생각하는 것은 무엇인가? 　– 그 장점으로 이득을 본 경험이 있는가? • 경찰계급에 대해 말해 보시오. • 승진 직전의 상황에 경찰서장이 자신의 지인과 관련된 사건을 맡긴다면 어떻게 할 것인가? • 경찰조직에서 본인이 이것만큼은 제일 잘할 자신이 있는 것은 무엇인가? • 자신이 다른 사람이자 조직을 위해 희생했던 경험을 말해 보시오. • 그루밍 성폭력에 대해 알고 있는가? • 향우회, 해병대 등 여러 단체에 대해 어떻게 생각하는가? 　– 앞서 말한 단체들의 장점과 단점을 말해 보시오. • 4차산업이 발달하면서 범죄가 다양화되고 있는데 이에 대해 어떻게 생각하는가? • 묻지마범죄가 일어나는 이유는 무엇이며, 해결 방안에는 어떠한 것들이 있을지, 그리고 본인은 경찰로서 　어떻게 대처할 것인지 말해 보시오. • 본인이 하고 싶은 일이 있는데 다른 사람들은 모두 반대한다면 어떻게 할 것인가? • 화재 발생 시 119구조대가 있는 상황인데도 안에 들어가서 사람을 구할 것인가? • 본인은 엄격하게 법을 집행하는 경찰관이 될 것인가? 국민에게 봉사하는 경찰관이 될 것인가? • 대학교에서 무엇을 전공하였는가? • 충남청의 슬로건은 무엇이며, 충남청의 경찰서 개수와 마지막으로 세워진 경찰서는 어디인지 말해 보시오. • 경찰과 해양경찰, 소방관의 소속에 대해 말해 보시오. • 상사가 전화로 단속 정보를 유출하는 것을 목격했다면 어떻게 할 것인가? • 형사미성년자, 촉법소년, 우범소년의 차이를 말해 보시오. • 경찰이 가져야 하는 덕목 중 가장 중요하다고 생각하는 것은 무엇인가? • 본인이 손해를 감수하면서도 다른 사람을 도와 준 경험에 대해 말해 보시오. • 다른 사람과 협동심을 발휘한 경험에 대해 말해 보시오. • 본인은 대나무처럼 곧은 경찰이 될 것인가? 갈대처럼 유연한 경찰이 될 것인가?

2018년 2차	• 경찰공무원이 되고자 하는 이유는 무엇인가? • 지원하고 싶은 부서는 어디인가? • 본인의 장점과 단점은 무엇인지 말해 보시오. • 경찰관에게 가장 필요하다고 생각하는 덕목은 무엇인가? • 나이가 많은데 조직생활을 잘할 수 있겠는가? • 가족의 음주운전을 목격했다면 어떻게 할 것인가? • 본인이 최근 본 경찰 관련 뉴스는 무엇인가? • 가족과 국민이 위험에 처한 경우 누구부터 구할 것인가? • 상사가 부당한 지시를 한다면 어떻게 할 것인가? • 본인이 가장 좋아하는 3가지를 말해 보시오. 　- 그 중 한 가지만 선택할 수 있다면 무엇을 선택할 것인가? • 본인이 싫어하는 사람 또는 본인을 싫어했던 사람과 업무한 경험이 있는가? • 낮인데 숲속에서 길을 잃었다면 어떻게 대처할 것인가? • 납치범을 추격하고 있는데 과속을 한다면 사람들이 다칠 수도 있다. 본인은 어떻게 할 것인가? • 뇌물로 파면을 당하여 분유 값도 없을 정도로 생계를 간간히 유지하고 있는 동료가 있다. 이에 지구대장님 　이 금전적인 측면에서 생계를 도와주자고 한다면 어떻게 할 것인가? • 가정폭력으로 신고를 받고 출동하였으나 문을 열어주지 않는다면 어떻게 할 것인가? • 흉악범에게 가족이 피해를 당해 장애인이 되었다. 그가 형벌을 모두 받았다면 용서할 수 있겠는가? • 직장 동료가 본인을 험담하고 다닌다면 어떻게 할 것인가? • 본인은 대나무처럼 곧은 사람이 되고 싶은가? 물처럼 유연한 사람이 되고 싶은가? • 경찰의 우수성에 대해 말해 보시오. • 4차산업의 발달은 경찰에 어떠한 도움이 될 것 같은지 말해 보시오. • 초등학교 6학년 여자 아이를 대상으로 한 성범죄를 담당하게 되었을 때 어떤 점을 중요하게 여기면서 수사 　를 할 것인가? • 수험기간은 얼마나 되는가? • 최근에 읽은 책은 무엇인가? • 경찰에게 중요하다고 생각하는 덕목은 무엇인가? • 좋아하는 운동은 무엇인가? • 본인의 단점으로 피해를 본 적이 있는가? • 충남청이 다른 지방청들과 다르다고 생각하는 점을 한 가지 말해 보시오. • 범죄예방을 위한 CCTV 설치의 필요성을 주장하는 여론과 사생활 침해가 우려된다는 여론이 충돌할 때 어 　떻게 해결할 수 있을지 말해 보시오. • 영장독점주의는 무엇인가? • 외국인 노동자의 장점과 단점에 대해 말해 보시오. • 수사권 조정에 대해 현재 논의 중인 사항들을 말해 보시오. 　- 왜 수사권 조정이 논의되고 있다고 생각하는가? • 업무로 인한 출장 중 위급한 상황이 발생했다면 어떻게 할 것인가? • 경찰노조의 설립에 대해 어떻게 생각하는가? • 경찰민원에 대한 만족도를 높이기 위한 방안에는 어떠한 것들이 있을지 말해 보시오. • 정보경찰이 방대한 정보를 수집하는 방법에 대해 말해 보시오. • 친구의 부정행위를 발견하게 될 경우 어떻게 할 것인가? • 음주운전에 대한 처벌을 강화하는 것에 대해 어떻게 생각하는가? • 불심검문은 어떠한 법에서 규정하고 있는가? • 김영란법은 무엇이며, 여기에서 규정하고 있는 상한 기준에 대해 말해 보시오. • 이전에 처리한 사건에 대한 감사표시로 시민이 음료수를 준다면 어떻게 할 것인가? • 마포대교에서 자살하려는 사람을 발견하였다면 어떻게 대처하겠는가? • 경찰의 복지 정책에 대해 아는 것이 있는가? • 영장청구권은 무엇이며, 어디에 규정되어 있는가? • 형법상 도박은 죄인데 강원랜드는 왜 규제를 하지 않는지 말해 보시오. 　- 규제하지 않는 것이 옳다고 생각하는가? • 미투운동으로 인해 세상이 어떻게 바뀌었다고 생각하는지 예시를 들어서 말해 보시오.

2018년 2차	• 그루밍 성폭력에 대해 아는 대로 말해 보시오. • 상사가 관내 지역에서 유흥주점 사장과 거래하는 것을 목격했다면 어떻게 할 것인가? • 모욕죄와 명예훼손죄의 차이에 대해 말해 보시오. • 다른 사람이 본인의 험담을 하고 다니는 것을 알게 되었다면 어떻게 할 것인가? • 시민에게 도움이 되는 일이 있는데 다른 팀원들이나 팀장님이 아무도 본인을 도와주지 않는다면 어떻게 할 것인가? • 죄형법정주의란 무엇인가?
2018년 1차	• 자기소개해 보시오. • 지원하고자 하는 부서는 어디이며, 그 이유는 무엇인가? • 경찰공무원에 지원하게 된 동기는 무엇인가? • 수험생활 이외에 본인이 가장 몰두했던 일은 무엇인가? • 지구대의 팀워크가 좋지 않다면 본인은 중간자의 입장에서 어떻게 해결할 것인가? • 당신의 성격을 면접관들이 어떻게 파악할 수 있다고 생각하는가? • 왜 많은 사람들이 경찰공무원에 지원한다고 생각하는가? • 수험생활은 얼마나 하였는가? • 대학교에서는 무엇을 전공하였는가? • 수험생활을 하면서 금전적인 부분은 어떻게 해결하였는가? • 자신의 장점과 단점은 무엇인지 말해 보시오. • 살면서 들었던 가장 심한 쓴 소리는 무엇인가? • 조직 내 선후배 간 신뢰를 쌓는 방법에는 어떠한 것들이 있다고 생각하는가? • 단체생활에서 본인은 어떤 역할을 하는 편인가? • 순찰하다가 관외에 집이 있는 상사가 집에 좀 들리자고 한다면 어떻게 할 것인가? • 상사가 본인에게만 업무를 부여한다면 어떻게 할 것인가? • 유전무죄 무전유죄가 현재에도 존재한다고 생각하는가? • 세월호사건에 대해 어떻게 생각하는가? • 존경하는 인물은 누구인가?

07 | 대전청

2019년 2차	• 주취자가 난동을 부리며 지구대의 물건을 전부 파손하고 있다면 어떻게 할 것인가? • 본인이 경찰이 되어야 하는 이유는 무엇인가? • 전북청 경찰의 몰래카메라 촬영사건에 대해 어떻게 생각하는가? • 최근 인문학의 중요성이 다시 부각되고 있는데 경찰에게도 인문학은 중요하다고 생각하는가? • 본인의 양심과 반하는 지시를 받는다면 어떻게 할 것인가? • 공권력과 인권의 관계에 대해 말해 보시오. • '경찰이 시민이고 시민이 경찰이다'라는 말에 대해 어떻게 생각하는가? • 자신과 맞지 않는 부서에서 계속 근무하게 된다면 어떻게 할 것인가? • 평소 스트레스를 어떻게 푸는 편인가? • 깨진 유리창 이론은 무엇인가? • 경찰에게 필요하다고 생각하는 덕목은 무엇인가? • 친구에게 배신감이 든 적이 있는가? • 직장 내 성추행을 목격했다면 어떻게 할 것인가? • 친구가 많은가? • 조직 내 괴롭힘에 대해 어떻게 생각하는가? • 경찰의 의무 위반행위는 국민에게 어떠한 피해를 줄 수 있는가? • '경찰은 그라운드의 심판자'라는 말의 의미는 무엇인가? • 본인의 책임이 아닌데도 희생했던 경험이 있다면 말해 보시오.

2018년 3차	• 수험기간은 얼마나 되는가? • 사회적 약자에 대해 어떻게 생각하는가? • 등산을 좋아하는가? • 경찰에게 가장 필요하다고 생각하는 덕목은 무엇인가? • 경찰이 되기 위해 노력한 것에는 무엇이 있는가? • 대학이나 동아리에서 친구들의 실수로 일이 잘못된 경우가 있는가? 있다면 어떻게 해결했는가? • 규칙이나 학칙을 어긴 경험에 대해 말해 보시오. • 범인에게 무기를 빼앗겼다면 어떻게 하겠는가? • 본인의 가족이 범죄자에게 다쳤다면 범죄자가 형벌을 모두 받은 이후에 용서할 수 있겠는가? • 경찰 부조리란 무엇이라고 생각하는가? • 퇴근을 해야 하는데 지금 당장 보고서 작성을 해서 올리라고 한다면 어떻게 할 것인가? • 국민들이 사소한 법을 지키지 않는 이유는 무엇이라고 생각하는가? • 살면서 누군가를 싫어했던 경험이 있다면 말해 보시오. • 조직생활을 하면서 협동심을 발휘했던 경험과 이를 통해 얻은 점은 무엇인지 말해 보시오. • 본인의 단점으로 인해 타인에게 피해를 줬던 경험이 있는가? • 음주단속 중 동료를 치고 도주하는 차량이 있다면 어떻게 대처하겠는가? • 스트레스는 어떻게 해소하는가? • '악법도 법이다'라는 말에 대해 어떻게 생각하는가? • 경찰과 경호원의 차이점에 대해 말해 보시오. • 본인의 장점은 무엇인가? • 경찰조직의 문제점에는 무엇이 있다고 생각하는가? • 본인이 자주 느끼는 감정 3가지에 대해 말해 보시오.
2018년 2차	• 지원하고자 하는 부서는 어디인가? • 소년법 개정에 대해 어떻게 생각하는가? • 주취자나 시체를 보고 경찰에 대한 회의감이 들면 어떻게 할 것인가? • 상사가 순찰 중에 한적한 곳에서 쉬자고 한다면 어떻게 할 것인가? • 묻지마범죄에 대해 어떻게 생각하는가? • 도덕, 준법정신, 청렴 중 어떤 것이 가장 중요하다고 생각하는가? • 범인에게 총을 빼앗겼다면 어떻게 할 것인가? • 조직 내에서 개인의 희생을 요구한다면 어떻게 할 것인가?

08 | 전북청

2019년 2차	• 자기소개해 보시오. • 최근에 경찰 관련하여 접한 기사에는 무엇이 있는가? • 외국인범죄는 형사계와 외사계 중 어디에서 담당해야 한다고 생각하는가? • 경찰이 하는 일 중 어떠한 것이 매력적으로 느껴져서 경찰에 지원하게 되었는가? • 경찰청장님이 한 사건을 잘 부탁한다고 특별히 말씀하셨다면 어떻게 할 것인가? • 경찰에 신고를 해 본 경험이 있는가? • 거점 근무를 하는데 신호위반 차량을 발견하였다면 단속할 것인가? • 준법정신, 공정성, 청렴 중 어떠한 것이 가장 중요하다고 생각하는가? • 본인이 가장 듣기 좋아하는 말과 싫어하는 말은 무엇인가? • 팀워크를 발휘한 경험에 대해 말해 보시오.

2019년 1차	• 자기소개해 보시오. • 본인은 정직하다고 생각하는가? 　– 정직해서 손해를 본 경험에 대해 말해 보시오. • 봉사활동 경험에 대해 말해 보시오. • 건물에 화재가 발생하였는데 도와줄 소방관이 없는 상황에서 아무런 장비가 없는 맨몸으로 불길 속에 사람을 구하기 위해 뛰어 들 수 있겠는가? • 경찰이 다른 공무원에 비해 비판을 많이 받고 있는 이유는 무엇이라 생각하는가? • 본인은 이성적이라고 생각하는가? 감성적이라고 생각하는가? • 본인이 읽었던 책 중 가장 기억에 남는 것은 무엇인가? • 주변에서 본인을 어떻게 평가하는지 말해 보시오. • 수험기간은 얼마나 되는가? • 사회혐오란 무엇이고 왜 발생한다고 생각하는가? • 데이트폭력 피해 여성이 신고했다면 본인은 어떻게 사건을 처리할 것인지 말해 보시오. • 지원하고자 하는 부서는 어디인가? 　– 본인의 장점이 해당 부서에서 어떻게 도움이 될 것이라 생각하는가? • 자신의 동기가 먼저 승진을 한다면 본인은 어떤 기분이 들 것 같은가? • 어떤 말을 들었을 때 뿌듯함을 느꼈고, 어떤 말을 들었을 때 상처를 받았는가? • 야간 근무를 하고 퇴근하는데 상사가 급한 일로 도움을 요청한다면 어떻게 할 것인가? 　– 만약, 어머니의 건강 검진이 예약되어 있다면 어떻게 할 것인가? • 규칙을 위반한 적이 있는가? • 상사가 부당한 지시를 한다면 어떻게 할 것인가? • 성과 평가에서 본인만 S등급을 받고 나머지 팀원들은 부진해서 팀 평가가 낮게 나온다면 어떻게 할 것인가? • 주변에서 본인을 제외하고 모두들 승진을 한다면 어떻게 할 것인가? 　– 본인의 동료나 후임이 승진을 빨리 하여 본인보다 상관이 된다고 해도 똑같을 것 같은가? • 경찰이 된다면 다양한 사람들을 접하게 될 것인데 그들의 의견을 어떻게 모을 것인가?
2018년 3차	• 자기소개해 보시오. • 경찰에 지원하게 된 동기는 무엇인가? • 본인의 장점과 단점은 무엇인가? • 지원하고자 하는 부서는 어디인가? • 취미는 무엇인가? • 무엇인가를 열정적으로 하다가 손해 본 경험이 있는가? • 사회적 약자란 무엇인가? 　– 여성이 왜 사회적 약자인가? 　– 남성은 왜 사회적 약자가 아닌가? 　– 흙수저는 왜 사회적 약자가 아닌가? • 경제적 이유로 경찰이 되고자 하는 사람들에 대해 어떻게 생각하는가? • 동료나 상사가 개성이 너무 뚜렷하다면 어떻게 할 것인가? • 경찰조직은 유연하다고 생각하는가? 경직되어 있다고 생각하는가? • 조직 내에서 한 명 때문에 단체가 손해를 본 경험이 있는가? • 친구가 카카오톡 단체방에 불법음란물을 올린다면 어떻게 할 것인가? 　– 계속하면 어떻게 할 것인가? • 상사가 팀 내에 로또를 돌리면 어떻게 할 것인가? 　– 동료에게까지 주는 것을 막을 것인가? • 장애인, 여자친구, 아버지가 물에 빠져있다면 누구를 먼저 구할 것인가? • 대학교에서 무엇을 전공하였는가? • 자신이 생각하는 이상적인 사람은 어떠한 사람인가?

2018년
3차
	• 자신은 냉철한 사람인가? 따뜻한 사람인가?
	• 친한 친구가 불법도박사건에 연루되어 있다면 도와 줄 것인가?
	• 폭행사건으로 출동하였는데 피해자가 외국인 여성이고 불법체류자임을 알게 되었다. 어떻게 사건을 처리할 것인가?
	• 경찰에 필요하다고 생각하는 가치 3가지를 말해 보시오.
	  – 그 중 한 가지를 버린다면 무엇을 버릴 것인가?
	• 수사 개혁이 필요하다고 생각하는가?
	• 자살기도자를 설득하는 과정에서 자살기도자가 본인에게 친근감을 느껴 핸드폰 번호를 줄 수 있냐고 묻는다면 어떻게 할 것인가?
	  – 연락처를 주었더니 끊임없이 연락을 한다면 어떻게 하겠는가?
	  – 연락을 받아주는 것이 자살기도자에게 도움이 된다고 생각하는가?
	• 싫어하는 사람이 있는가? 있다면 그 사람이 단속되었을 때 어떻게 대할 것인가?
	• 시민과 아버지가 물에 빠졌다면 누구를 먼저 구할 것인가?
	• 일하기 싫은 유형의 상사와 함께 일하게 된다면 어떻게 할 것인가?
	• 개정되어야 할 법에는 어떠한 것들이 있다고 생각하는가?
	• 학창시절의 출결에 대해서 소명해 보시오.
	• 본인이 가장 싫어하는 것은 무엇인가?
	• 본인이 하지 않았음에도 대신 비난을 받은 경험이 있는가?
	• 수험생활 중 학비를 집에서 지원 받았는가?
	• 아이를 찾아 줘서 고맙다고 사과 한 박스를 건냈다면 어떻게 할 것인가?
	• 신고 받고 출동하였음에도 상사가 순찰차에서 내리지 않는다면 어떻게 할 것인가?
	  – 내리지 않는 이유가 과거의 트라우마 때문이라면 어떻게 할 것인가?
	• 악성민원인에 대해 어떻게 대처할 것인가?
	• 경찰의 문제점은 무엇인지와 개선 방안에는 무엇이 있을지 말해 보시오.
	• 버닝썬사건과 관련하여 경찰조직의 부패 원인은 무엇이며 개선 방안에는 무엇이 있을지 말해 보시오.
	• 상사가 무단횡단하는 것을 목격하였다면 어떻게 할 것인가?
	• 경찰로서 업무를 하다보면 회의감이 들 수도 있다. 어떻게 회의감을 극복할 것인가?
	• 상사와 당직 중인데 상사가 당직하면서 계속 자기만 한다면 어떻게 할 것인가?
	• 순찰 중 범죄 현장을 목격하였는데 상사가 그냥 가자고 한다면 어떻게 할 것인가?
	• 조직에 어울리지 못하는 성격을 가진 상관과 2인 1조로 근무하게 된다면 어떻게 할 것인가?
	• 어느 계급까지 진급하고 싶은가?
	• 부자인 배우자가 경찰을 그만두고 집안일에 열중하라고 한다면 어떻게 할 것인가?
	• 경찰이 피해자에게 2차피해를 입힌 경우에 대해 아는 것이 있는가?

2018년 2차	• 자기소개해 보시오. • 지원하고자 하는 부서는 어디인가? • 경찰조직에 가장 필요하다고 생각하는 덕목은 무엇인가? • 자신의 단점은 무엇이며 이를 극복하기 위해 어떠한 노력을 하였는가? • 지인이 차적 조회를 부탁할 경우 어떻게 대처할 것인가? • 범인에게 총을 빼앗겼다면 어떻게 할 것인가?

09 | 전남청

<table>
<tr>
<td rowspan="1">2019년
2차</td>
<td>
<ul>
<li>폭력사건이 발생하였는데 폭력사건에 연루된 두 사람이 모두 본인의 지인이다. 상관은 두 사람 중 한 명의 편을 들어서 빠르게 사건을 해결하려 하는데 어떻게 할 것인가?
– 만약에 본인이 한쪽 편을 들어줘서 그 반대 측이 본인을 고소했다면 어떻게 할 것인가?</li>
<li>본인은 수영을 할 줄 모르는데 물에 빠진 사람을 발견하였다. 주변에는 도와줄 사람이나 어떤 장비도 없다면 어떻게 할 것인가?</li>
<li>친한 친구가 사업가인데 평소에 술이나 밥을 자주 사주는 편이다. 이 친구가 불법적인 일을 도와달라고 한다면 어떻게 할 것인가?</li>
<li>지원하고자 하는 부서는 어디인가?</li>
<li>도덕, 청렴성, 준법정신 중 경찰에게 가장 중요하다고 생각하는 것은 무엇인가?</li>
<li>본인의 장점을 경찰로서의 직무에 어떻게 적용할 것인가?</li>
<li>근무 중 회의감이 들었을 때 어떻게 극복할 것인가?</li>
<li>주취자가 지구대에서 난동을 부린다면 어떻게 대처하겠는가?</li>
<li>범인에게 총기를 빼앗겼을 때 어떻게 대처하겠는가?
– 동료가 총기를 빼앗기고 본인에게만 총기가 있는 경우 어떻게 하겠는가?</li>
<li>음주단속 중 음주 차량이 동료를 치고 도망간다면 어떻게 대처할 것인가?</li>
</ul>
</td>
</tr>
<tr>
<td rowspan="1">2019년
1차</td>
<td>
<ul>
<li>존경하던 상관이 유흥주점 단속정보를 유출하는 전화통화를 듣게 되었다. 어떻게 할 것인가?
– 그 상관이 집안 환경이 어려워서 이럴 수밖에 없었다고 말하면서 무릎을 꿇고 제발 알리지 말아달라고 빈다면 어떻게 할 것인가?</li>
<li>본인의 단점을 극복한 사례에 대해 말해 보시오.</li>
<li>본인의 장점을 경찰조직에서 어떻게 발휘할 것인가?</li>
<li>상관이 부당한 지시를 한다면 어떻게 할 것인가?</li>
<li>경찰관에게 필요하다고 생각하는 덕목을 말해 보시오.</li>
<li>싫어하는 상관과 2인 1조 순찰을 하게 된다면 어떻게 할 것인가?</li>
<li>타인에게 모범을 보인 적이 있는가?</li>
<li>동료가 먼저 승진하면 어떻게 할 것인가?</li>
<li>경찰에게 도움을 받은 경험이 있는가?</li>
<li>기피 부서에 가서 일하게 된다면 어떻게 할 것인가?</li>
<li>주변 사람들과 의견이 충돌하였던 경험이 있다면 어떻게 해결하였는지 말해 보시오.</li>
<li>주취자가 본인에게 욕을 한다면 어떻게 할 것인가?</li>
<li>경찰업무에 대한 회의감이 든다면 어떻게 할 것인가?</li>
<li>일처리에 있어서 상관이나 동료, 부하 직원 모두와 의견이 다르다면 어떻게 할 것인가?
– 상관의 의견이 부당할 때는 어떻게 할 것인가?</li>
<li>퇴근 후 업무 외 지시가 있을 때 어떻게 하겠는가?</li>
<li>왜 경찰이 다른 직업보다 성실하고 청렴해야 한다고 생각하는가?</li>
<li>상관이 본인의 험담을 하는 것을 알게 되었다면 어떻게 대처할 것인가?</li>
<li>가정폭력신고가 들어와서 출동했는데 남자가 현장으로의 진입을 막고 있다면 어떻게 할 것인가?
– 그 남자를 제지하고 들어갔는데 여자가 괜찮으니까 가라고 한다면 어떻게 할 것인가?
– 남자가 경찰에 신고한 것 때문에 화를 낸다면 어떻게 할 것인가?</li>
<li>상관이 음주운전 단속에 걸렸다면 어떻게 할 것인가?</li>
</ul>
</td>
</tr>
<tr>
<td rowspan="1">2018년
3차</td>
<td>
<ul>
<li>사형제도에 대해 어떻게 생각하는가?</li>
<li>경찰공무원 채용시험에 헌법 과목을 도입하는 것에 대해 어떻게 생각하는가?</li>
<li>수사권 조정에 대해서 어떻게 생각하는가?</li>
<li>자치경찰과 관련된 정부 정책과 자치경찰제의 문제점에 대해 말해 보시오.</li>
<li>형사미성년자의 연령을 하향하는 것에 대해 어떻게 생각하는가?</li>
<li>낙태죄 폐지에 대해 어떻게 생각하는가?</li>
<li>4차산업의 발달로 경찰조직에 AI(인공지능)를 도입한다면 이로 인해 발생할 수 있는 장점과 단점에는 어떠한 것들이 있을지 말해 보시오.</li>
<li>치안거버넌스란 무엇인가?</li>
<li>경찰관으로 부임했는데 그 지역에서 절도범죄가 급증한다면 어떻게 예방할 것인가?
– 절도범죄는 많이 일어나지만 검거율이 낮다. 그 이유는 무엇이라고 생각하는가?</li>
</ul>
</td>
</tr>
</table>

2018년 3차	• 셉티드(CPTED)란 무엇인지 구체적인 예시를 들어 설명하시오. • 한 국회의원이 경찰예산이나 인원을 증원하여도 범죄율이 감소하지 않으니 차라리 경찰예산 중 15%를 삭감시키고 그 예산으로 가난한 사람들에게 지원해주자고 한다면 어떻게 국회의원을 설득시킬 것인가? • 가장 가고 싶은 경찰서와 가장 가기 싫은 경찰서는 어디인가? • 가고 싶은 부서와 가기 싫은 부서는 어디인가? • 외국인 문제와 다문화 가정 문제에 대해 어떻게 경찰이 대처할 수 있겠는가? • 본인의 장점을 경찰조직에 어떻게 적용할 것인지 말해 보시오. • 과거 경찰의 역할과 현재 경찰의 역할을 비교해 보시오. • 교차로에서 꼬리물기를 하며 신호를 위반한 차량을 단속했는데 어머니와 초등학생 딸이 있었고, 초행길이라 몰랐다며 한번만 봐달라고 한다면 봐 줄 것인가? • 아파트 옥상에서 뛰어 내리려고 하여 지구대에서 보호조치하였는데, 또 다시 지구대 앞으로 뛰어나가 자살을 시도하여 겨우 지구대로 데려 왔다. 지구대에 본인 혼자만 있다면 어떻게 대처할 것인가? • 지구대에 주취자가 찾아와서 얼굴에 침을 뱉고 행패를 부린다면 어떻게 대처할 것인가? • 후배가 필기시험과 체력시험을 통과하고 면접만 앞두고 있다면 무슨 말을 해 줄 것인가? • 여경을 증원하는 것에 대해 어떻게 생각하는가? • 여경들은 지구대나 파출소를 기피하고 있다. 이러한 상황을 어떻게 해결할 수 있겠는가? • 동네 조직폭력배가 상인에게 폭행을 가하였다. 그러나 상인은 처벌을 원치 않고, 동네주민들은 이 상황을 모두 지켜 보고 있다. 어떻게 대처할 것인가? • 성매매 합법화에 대해 어떻게 생각하는가? • 친구가 유흥업소를 운영한다면 만날 것인가? 만나지 않을 것인가? • 신상정보공개에 대해 어떻게 생각하는지 범죄자의 입장과 국민의 입장에서 각각 말해 보시오. • 수험생활 중 가장 힘들었을 때는 언제인가? • 구속영장을 청구하려는데 팀장님이 영장을 청구하지 말라고 한다면 어떻게 할 것인가? – 팀장님이 청구하지 말라는 이유가 친분에 의한 것이므로 위법이 확실하다면 어떻게 하겠는가? • 파출소 근처에 건설회사가 있는데 그곳을 다니는 남편이 매일 같이 술을 마시고 들어와 민원인인 아내가 건설회사로 가는 길목에서 음주단속을 해달라고 한다면 어떻게 할 것인가? • 사회가 발전할수록 공공의 안전에 대한 국민들의 요구가 높아지는 이유와 지금 경찰이 하고 있는 활동 이외에 미래에 새롭게 생길 수 있는 새로운 분야나 활동에는 무엇이 있을지 말해 보시오. • 범죄 피해자 지원서비스에 대해 아는 대로 말해 보시오. • 경찰은 스트레스가 많은 직업이라고 하는데, 어떤 부분에서 스트레스를 많이 받는다고 생각하는가?
2018년 2차	• 폐지를 주워서 하루하루 먹고 사시는 할머니가 무단횡단을 하는 것을 발견하였다면 어떻게 할 것인가? • 친구가 음주운전 단속에 걸렸으나 본인에게 한번만 봐달라고 한다면 어떻게 할 것인가? • 경찰관에게 필요한 덕목은 무엇이라 생각하는가? • 지원하고 싶은 부서는 어디인가? • 불법시위 현장에서 동료들이 시위자를 폭행하고 있는 것을 발견하였다면 어떻게 할 것인가? • 본인은 소나무처럼 강직한 사람인가? 갈대처럼 유연한 사람인가? • 경찰들은 실적 때문에 비번인 날에도 범인을 잡는다. 만약 비번인 날 상사가 나와서 범인을 잡으라고 한다면 어떻게 할 것인가? – 그 날이 아버지의 기일이라면 어떻게 할 것인가? • 본인이 경찰이 되기 위해 한 노력에는 어떠한 것들이 있는가?
2018년 1차	• 경찰공무원에 지원하게 된 동기는 무엇인가? • 본인의 장점과 단점은 무엇인지 말해 보시오. • 지원하고자 하는 부서는 어디이며, 그 부서에서 어떠한 업무를 하고 싶은가? • 중요한 약속이 있는데 상사가 감사가 바쁘다고 본인에게 일을 시킨다면 어떻게 할 것인가? – 상사의 업무 지시가 사소한 것이라면 어떻게 할 것인가? • 부당한 업무 지시가 있을 때 어떻게 대처할 것인가? • 살면서 본인에게 가장 자랑스러웠던 경험을 말해 보시오. • 최근에 가장 후회했던 경험을 말해 보시오. • 살면서 억울한 일을 당했던 경험을 말해 보시오. • 자신이 경찰에 적합하다고 생각하는 이유는 무엇인가? • 기초범죄란 무엇인가? • 기초질서란 무엇인가?

2018년 1차	• 주사가 무엇인가? • 경찰이 되기 위해서 어떠한 노력을 하였는가? • 안병하가 어떤 분인지 아는가? 　– 그가 존경받는 이유는 무엇이라 생각하는가? • 뇌물을 받아 파면 당한 동료를 경제적으로 도와주자고 한다면 어떻게 할 것인가? • 출동신고를 받았으나 상사가 지름길을 놔두고 돌아서 가자고 한다면 어떻게 할 것인가? • 포토라인에 대해 어떻게 생각하는가? • 경찰의 업무가 점점 다양해져서 국민들에게 잘해도 욕을 먹는 경우가 발생하고 있다. 이러한 상황에서 경 　찰업무가 다양해지는 것에 대해 어떻게 생각하는가? • 피의자 신상을 공개하는 것에 대해 어떻게 생각하는가? • 자신의 장점은 경찰조직에 어떻게 발휘가 될 것이며, 단점을 개선하기 위해서는 어떠한 노력을 할 것인지 　말해 보시오. • 관내에 거동이 불편하신 독거노인이 있다면 어떻게 할 것인가? 　– 독거노인에게 도움을 주는 것을 본 상사가 오지랖이 넓다며 비꼰다면 어떻게 할 것인가? • 팀 업무 수행 결과가 좋지 않아 책임을 지게 되었다. 본인에게 90% 책임이 있다며 팀 여론이 형성되었다면 　어떻게 할 것인가? • SNS에 많은 시간을 할애하는 여성들을 보면 어떠한 생각이 드는가? 　– SNS를 하는 시간을 줄이기 위해서는 어떠한 방법이 있을지 말해 보시오. • 직업으로서 경찰의 장점과 단점은 무엇이라고 생각하는가? • 많은 돈을 투자해 하고 싶은 일을 계획해 곧 실행하려는데 상관이 방해하며 잔업 처리를 맡긴다면 어떻게 　할 것인가? • 상사가 국민들이 보는 앞에서 본인과 동료들의 단점을 지적한다면 어떻게 할 것인가? • 시위를 막는 도중 동료가 시위대에 끌려가고 있다. 그러나 윗선에서는 무조건 본인 위치를 지키라는 지시 　가 내려온다면 어떻게 할 것인가? • 개인이 조직을 위해 희생하는 것이 정당하다고 생각하는가? • 상사가 추가 업무 지시를 하였으나 현재 집에 아이가 위독하고 도와줄 사람이 없다면 어떻게 할 것인가? • 조직폭력배 6명이 싸우고 있는 현장에 본인만 출동하게 되었다. 본인에게는 무전기와 권총만 있는데 이를 　어떻게 대처할 것인가? • 친한 지인이 음주단속에 걸렸다면 어떻게 할 것인가? • 살면서 가장 잘했다고 생각하는 것과 못했다고 생각하는 것을 말해 보시오. • 작은 호의를 베푸는 주민이 있다면 받을 것인가? 　– 그 주민이 음주운전을 했는데 상사가 그냥 보낸다면 어떻게 할 것인가? • 시키지 않았는데 본인이 무엇인가를 주도해서 성공한 적이 있는가? • 친한 동료가 음주단속에 걸렸다. 주변에는 보는 사람도 없고 울면서 한번만 봐달라고 한다면 어떻게 할 것 　인가? • 인간관계에서 가장 중요하다고 생각하는 것은 무엇인가? • 스트레스를 받았을 때 어떻게 해소하는가? • 시민분이 파출소에 와서 김영란법에는 저촉되지 않는 정도의 호의를 지속적으로 베푼다면 어떻게 할 것인가? 　– 본인은 극구 사양을 하지만 상사는 괜찮다고 한다면 어떻게 할 것인가? • 광주 폭행사건에서 경찰의 대처에 대해 거센 비판이 나오고 있다. 이에 대해 본인은 어떻게 생각하는가? • 다른 사람과 갈등이 발생하였을 때 어떻게 해결하고자 하는가? • 전남청에는 젊은 경찰관보다는 나이든 경찰관들이 많은데 이들이 서로 융화될 수 있는 방법에는 무엇이 있 　을지 말해 보시오. • 다른 공무원에 비해 경찰에게 청렴도나 높은 도덕성이 요구되는 이유는 무엇이라 생각하는가?

안심Touch

**2019년
2차**
	• 교통단속 중에 신호위반에 대해 단속하려 하였으나 뒷좌석의 임산부가 위급한 상태임을 알게 되었다. 어떻게 할 것인가?
	  – 본인이 에스코트를 할 수 없는 상황이고 현장에 남아 있어야 한다면 어떻게 할 것인가?
	  – 뒤따르던 차량이 앞의 차량을 단속하지 않은 것에 대해 항의를 한다면 어떻게 할 것인가?
	• 본인의 장점과 단점을 1가지씩 말해 보시오.
	• 본인이 한 일에 대해서 남들에게 안 좋은 평가나 비난을 받는다면 어떻게 할 것인가?
	• 5030 프로젝트에 대해 아는가?
	• 광주에서 교통사고를 방지하기 위해 시행하고 있는 정책을 알고 있는가?
	• 어떤 부서나 분야에서 근무하고 싶은가?
	  – 해당 부서와 관련된 자격증이나 공부하고 있는 것이 있는가?
	• 경찰로서 일을 할 때 어떠한 점이 가장 힘들 것 같은가?
	• 주량이 얼마나 되는가?
	  – 회식은 얼마나 자주 했으면 좋겠는가?
	  – 만약 3일마다 회식을 하자고 한다면 어떻게 할 것인가?
	• 감정적으로 행동해서 피해를 본 경험이 있는가?
	• 기피 부서가 있다면 말해 보시오.
	• 상사가 업무를 자꾸 본인에게 미룬다면 어떻게 할 것인가?
	• 위법성 조각사유에 대해 말해 보시오.
	  – 우리나라는 정당방위 요건이 너무 까다롭다고들 말한다. 본인은 이에 대해 어떻게 생각하는지 말해 보시오.
	• 정보경찰의 축소에 대해 어떻게 생각하는가?
	• 형의 시효 시작점은 어디인지 말해 보시오.
	• 광주청에 지원하게 된 계기는 무엇인가?
	• 광주청에 몇 개의 과가 있는지 아는가?
	• 공무집행방해죄로 체포된 주취폭력자가 다음 날 사과한다면 어떻게 할 것인가?
	• 동방예의지국의 명성을 잃게 된 이유와 다시 동방예의지국이라는 명성을 얻기 위해서는 어떻게 해야 한다고 생각하는지 말해 보시오.
	• 경찰이 되면 거절하기 힘든 주변의 유혹들이 많이 있을 텐데, 이러한 상황들이 온다면 구체적으로 어떻게 대처할 것인가?

**2019년
1차**
	• 자기소개해 보시오.
	• 최근에 본 영화에는 무엇이 있는가?
	• 내부고발에 대해서 어떻게 생각하는가?
	• 악법도 법이라는 말이 있는데, 현재 우리나라의 악법에는 어떠한 것들이 있다고 생각하는가?
	  – 낙태죄에 대해 어떻게 생각하는가?
	• 숙명여고 쌍둥이 시험지 유출 사건에 대해 어떻게 생각하는가?
	• 쩍벌남이 내포하는 의미가 무엇일지 말해 보시오.
	• 홍길동이 과거에는 영웅이었지만, 지금은 그에 못지않게 비난을 받기도 한다. 그 이유가 무엇이라 생각하는가?
	• 중요한 일을 하다가 다른 것을 놓친 경험이 있는가?
	• 힘들었을 때 이를 극복했던 경험에 대해 말해 보시오.
	• 본인의 단점은 무엇인가?
	• 지원하고자 하는 부서는 어디인가?
	• 본인만의 스트레스를 해소하는 방안은 무엇인가?
	• 민원인을 대처할 때 중요하게 고려해야 할 점은 무엇이라 생각하는가?
	• 악성민원인을 어떻게 대처할 것인가?
	• 최근에 경찰과 관련하여 접한 좋은 기사와 좋지 않은 기사의 내용을 말해 보시오.
	• 면접관이 신호를 위반하였다면 단속을 할 것인가?
	  – 부모님이 신호를 위반하였다면 단속을 할 것인가?
	• 학창시절 다른 학생들의 모범이 되었던 경험을 말해 보시오.
	• 경찰공무원을 지원하게 된 동기는 무엇인가?

2019년 1차	• 페미니즘, 여혐, 여경 등과 같은 단어에 대해 어떠한 느낌이 드는가? • 남경과 여경의 체력기준표가 다른 것에 대해 어떻게 생각하는가? • 다른 수험생들과 비교했을 때 본인만의 장점은 무엇이라 생각하는가? • 부당한 지시가 있다면 어떻게 대처하겠는가? • 동료가 도망가는 범죄자로부터 공격당해서 피를 흘리고 쓰러졌다면 어떻게 하겠는가? • 경찰에게 가장 필요하다고 생각하는 덕목은 무엇인가? • 동료의 비위 사실을 알게 되었다면 어떻게 처리할 것인가? • 경찰에 대한 부정적 시선들에 대해 어떻게 생각하는가? • 본인은 우리나라 경찰들의 청렴도를 몇 점이라고 생각하는가? – 국민들이 생각하는 우리나라 경찰들의 청렴도는 몇 점이라고 생각하는가?

2018년
3차
	• 자기소개해 보시오.
	• 본인이 경찰이 되어야만 하는 이유에 대해 말해 보시오.
	• 지원하고자 하는 부서는 어디인가?
	• 본인의 장점과 단점은 무엇인가?
	• 경찰이 되고자 하는 이유는 무엇인가?
	• 경찰이 높은 청렴도를 가져야 하는 이유는 무엇이며, 본인은 청렴도 점수에서 스스로에게 몇 점을 줄 수 있
	  을지 그 이유와 함께 말해 보시오.
	• 사람들이 얼마나 많이 법을 위반하면서 산다고 생각하는가?
	• 수험기간은 얼마나 되며, 수험기간 중 어떠한 점이 가장 힘들었는지 말해 보시오.
	• 부모님이 위법한 행위를 하였다면 어떻게 할 것인가?
	• 선택과목으로 어떠한 것을 선택하였는가?
	  – 해당 과목이 경찰로서 직무를 수행하는 데 어떠한 도움이 될 것이라 생각하는가?
	• 수험기간 동안 비용은 어떻게 마련하였는가?
	• 10년 후 본인의 모습에 대해 말해 보시오.
	• 경찰 부조리는 무엇이라 생각하는가?
	• 경찰에게 필요하다고 생각하는 덕목은 무엇인가?
	• 상사가 위법한 행위를 한 것을 목격하였다면 어떻게 할 것인가?
	• 주취자 문제를 해결하기 위한 방법에는 무엇이 있을지 말해 보시오.
	• 남경이 여경과 함께 일을 하기 꺼려한다면 어떻게 할 것인가?
	• 경찰관이 국민을 어떻게 바라보아야 한다고 생각하는가?
	• 여경들이 조직에 융화되기 위해서는 어떻게 해야 한다고 생각하는가?
	• 상관이 매주 산에 같이 가자고 한다면 어떻게 할 것인가?
	• 준법성, 도덕성, 청렴성 중 경찰에게 더욱 중요하다고 생각하는 것을 그 이유와 함께 순서대로 말해 보시오.
	• 본인의 인간관계는 몇 점 정도 된다고 생각하는가?
	• 본인의 성격을 3단어로 말해 보시오.
	• 사회적 약자를 위해 경찰로서 해줄 수 있는 것은 무엇이 있을지 말해 보시오.
	• 사회생활을 하면서 어려웠던 점은 무엇이 있었는가?
	• 누군가를 싫어하거나 미워한 적이 있는가?
	• 평소 평판이 좋지 않은 상사와 같이 일을 하게 된다면 어떻게 할 것인가?
	  – 그 상사가 과중한 업무를 준다면 어떻게 할 것인가?
	• 수험기간이 오래됐는데 이번에 떨어진다고 해도 다시 도전할 것인가?
	  – 오랜 수험기간을 버텨온 원동력은 무엇인가?
	• 경찰조직이 어떠한 점을 개선해야 한다고 생각하는가?
	• 경찰로서 직무를 수행하는 데 도움이 될 만한 장점에는 무엇이 있는가?
	• 악성민원인을 어떻게 대처할 것인가?
	• 우리나라 경찰이 다른 국가의 경찰과 비교했을 때 우수하다고 생각하는 점을 말해 보시오.
	• 할머니께서 고맙다며 사과 한 박스를 주시는 데 어떻게 할 것인가?
	  – 거절해서 할머니께서 속상해 하시는 데 그래도 받지 않을 것인가?
	• 경찰관이 주식이나 부동산에 투자하는 것에 대해 어떻게 생각하는가?

2018년
2차
	• 자기소개해 보시오.
	• 지원하고자 하는 부서는 어디인가?
	  – 부서의 업무가 본인의 적성과 맞지 않는다면 어떻게 할 것인가?
	  – 본인이 해당 부서에서 잘할 수 있는 것은 무엇이라 생각하는가?
	• 경찰에 지원하게 된 동기는 무엇인가?
	• 본인이 살면서 이것만은 고쳤으면 하는 단점이 있는가?
	• 민원인 두 분이 서로 다투고 있다면 어떻게 할 것인가?
	• 상관이 근무 중 인터넷 쇼핑을 하고 있다면 어떻게 할 것인가?
	• 일선에서 여경을 기피하는 이유는 무엇이라고 생각하는가?
	• 정말 친한 사람이 본인에게 단점을 말해 주어서 변하였거나, 본인이 말해 주어서 다른 사람이 변한 적이 있는가?
	• 주말에 여가를 보낼 때 계획적인가 즉흥적인가?
	• 학대 받는 아이가 편의점에서 물건을 훔쳤다면 어떻게 할 것인가?
	• 본인을 이유 없이 싫어하는 사람이 있다면 어떻게 할 것인가?
	• 본인 성격상 어느 부서가 가장 적합할 것이라 생각하는가?
	• 본인이 가고 싶은 부서에 10년 동안 계속 가지 못하고 있다면 어떻게 할 것인가?
	• 수갑 사용에 있어서 앞수갑과 뒷수갑을 언제, 어떻게 사용하는지 아는가?
	• 가족이 음주운전으로 적발되면 단속할 건가?
	• 퇴직을 앞둔 상관이 순찰 때에 사복을 입고 스크린 골프를 치는 것을 알게 되었다면 어떻게 할 것인가?
	  – 지구대의 가장 높은 상관도 눈 감아주고 있다면 어떻게 할 것인가?
	  – 내부고발로 따돌림을 당하면 어떻게 할 것인가?
	• 본인의 장점이 경찰로서 직무를 수행하는 데 어떠한 도움이 될 수 있는지 말해 보시오.
	• 경찰로서 직무를 수행하는 중에 이런 일은 본인에게 일어나지 않았으면 하는 것이 있는가?
	  – 그러한 일이 본인에게 일어났다면 어떻게 극복할 것인가?
	• 순찰차에서 본인이 모르고 여경의 손을 잡았는데 성추행으로 고소 당한다면 어떻게 할 것인가?
	• 최근 1년 동안 남에게 피해를 준 경험이 있는가?
	• 부패한 경찰과 무능한 경찰 중 어느 쪽이 더 나쁘다고 생각하는가?
	• 친한 친구가 유명 폭력 조직의 일원이 되어 연락을 한다면 연락을 받고 친구관계를 유지할 것인가?
	• 최근 본인을 괴롭히는 부정적인 감정이 있는가?
	• 지구대장이 날마다 같이 출퇴근하자고 한다면 어떻게 할 것인가?

11 | 경남청

2018년
1차
	• 경찰에게 가장 필요하다고 생각하는 윤리의식은 무엇인가?
	• 팀 동료와 함께 수행한 업무에 문제가 발생하여 징계를 받게 되었다. 그러나 본인 혼자서 모든 책임을 져야 한다면 어떻게 하겠는가?
	  – 만약 본인이 중징계를 받게 된다면 가족들을 어떻게 설득시킬 것인가?
	• 자신의 장점과 단점을 각각 3가지씩 말해 보시오.
	• 지원하고 싶은 부서는 어디인가?
	• 경찰에 지원하게 된 동기는 무엇인가?
	• 봉사활동을 해 본 경험이 있는가?
	• 경찰이 가장 많이 받는 스트레스는 무엇이라 생각하는가?
	  – 본인만의 스트레스 해소 방법에는 무엇이 있는가?
	• 창원에서는 세계사격대회가 개최된다. 본인이 책임자라면 총기를 들고 다니는 외국인 내지 선수들을 어떻게 할 것인가?
	• 주취자가 보호조치를 거부하면 어떻게 할 것인가?
	• 본인이 다른 사람을 위해 희생한 사례가 있는가?
	  – 경찰의 희생이란 어떠한 의미를 가진다고 생각하는가?

12 | 제주청

2019년 1차	• 공무원의 6대 의무에 대해서 말해 보시오. • 교통법규를 위반한 운전자를 단속하는 과정에서 상해를 입힌 경찰관에게 정부와 함께 4억 원이 넘는 금액을 배상하라는 판결이 나왔다. 이에 대해 어떻게 생각하는가? • 최근 개정된 경찰관 직무집행법의 내용에 대해 알고 있는가? • 정신병자가 칼로 시민을 찌르고 있다는 신고를 받고, 혼자 출동했다면 어떻게 대처하겠는가? • 고유정사건에서 경찰의 초동조치에 대해 어떻게 생각하는가? • 피의자의 신상정보를 공개하는 것에 대해 어떻게 생각하는가? • 상사가 단속정보를 유출하는 것을 알게 되었다면 어떻게 할 것인가? • 인권과 공권력의 관계에 대해 말해 보시오. • 국기에 대한 경례문을 말해 보시오. • 인생에서 가장 뿌듯했던 일과 성취감을 느낀 일 그리고 후회했던 일을 하나씩 말해 보시오. • 다른 사람에게 도움을 주었던 경험을 말해 보시오. • 팔로우십과 리더십에 대해 말해 보시오. • 학교폭력이 발생하는 이유는 무엇이며 학교폭력을 줄이기 위해 경찰로서 할 수 있는 일에는 무엇이 있을지 말해 보시오. • 청렴, 준법정신, 도덕 중 경찰공무원에게 가장 중요하다고 생각하는 덕목은 무엇인가? • 진주 방화사건(안인득사건)에서 경찰의 조치에 대해 어떻게 생각하는가? • 동료 경찰관이 칼을 든 사람에게 위협을 받고 있다면 어떻게 대처할 것인가? • 본인은 대나무처럼 우직한 편인가? 갈대처럼 유연한 편인가? • 실종된 치매노인을 찾아 달라는 신고를 받았다면 어떻게 찾을 것인가? • 경찰관의 무기사용 요건에 대해 말해 보시오.

13 | 101 경비단

2019년 2차	• 자기소개해 보시오. • 101단을 지원한 이유는 무엇인가? • 101단을 본 적이 있는가? − 보고 무슨 느낌이 들었는가? • 경호의 4대 원칙에 대해 말해 보시오. • 청와대 담장을 넘으려는 시민이 있다면 어떻게 대처할 것인가? • 총기사용 요건에 대해 말해 보시오. • 본인이 조직생활에 어울린다고 생각하는 이유는 무엇인가? • 101단이 무엇을 하는 곳인지 말해 보시오. • 청와대에 가 보았는가? • 청와대 앞 시위에 대해 어떻게 생각하는가? • 본인이 101단으로서 직무를 수행하기에 부족하다고 생각하는 점이나 보완해야 한다고 생각하는 점은 무엇인가?

2019년
1차
	• 함께 출동한 동료가 없는데 5명의 조직폭력배들에게 둘러 쌓이게 되었다면 어떻게 할 것인가?
	• 언론과 경찰이 서로 조화를 이루기 위한 방법에는 무엇이 있다고 생각하는가?
	• 국민들이 사소한 법이나 질서를 위반하는 이유는 무엇이라 생각하는가?
	   − 본인은 최근에 질서를 위반한 적이 있는가?
	• 청와대 앞 1인 시위자 발견 시 어떻게 대처할 것인가?
	• 남을 배려하지 않아 사람들로부터 반감을 사는 상관이 있다면 어떻게 할 것인가?
	• 준법정신, 친절, 공정 중 어떠한 것이 가장 중요하다고 생각하는가?
	   − 이러한 가치들을 발휘했던 경험을 말해 보시오.
	• 본인의 좌우명과 상반된 경험을 한 적이 있는가?

2018년 2차	• 자기소개해 보시오 • 경찰이 되고 싶은 이유는 무엇인가? • 경찰관에게 필요한 덕목은 무엇이라 생각하는가? • 좌우명은 무엇인가? • 상사가 비리를 저지르는 것을 목격했다면 어떻게 할 것인가? • 경찰근무 중 치매 노인을 발견했다면 어떻게 대처할 것인가? • 취미는 무엇인가? • 경찰헌장에 대해 말해 보시오. • 살면서 후회되는 경험을 말해 보시오. • 101단에 지원하게 된 동기는 무엇인가? • 20대 이후의 삶에 대해 말해 보시오. • 101단이 본인에게 적합하다고 생각하는가? • 일상에서 경찰관을 보고 느낀 점을 말해 보시오. • 최근 스트레스 받은 경험과 해소한 방법을 말해 보시오. • 헌법 제1조에 대해 말해 보시오. • 경찰청 창설일이 언제인가? • 경찰이 신뢰를 받기 위한 방안에는 어떠한 것들이 있다고 생각하는가? • 평소 어떤 운동을 하는 편인가? • 경찰을 한 단어로 표현해 보시오. • 악성민원인이 있다면 어떻게 대처할 것인가? • 사회적 약자의 정의와 사회적 약자를 보호하기 위한 방안에 대해 말해 보시오.
2018년 1차	• 자기소개해 보시오. • 101단에 지원하게 된 동기는 무엇인가? • 학창시절의 출결에 대해 소명해 보시오. • 경찰의 비전에 대해 말해 보시오. • 지원부서와 기피 부서는 어디인지 각각 말해 보시오. • 생계형 범죄자를 체포하였다면 어떻게 할 것인가? • 책임감을 가지고 끝까지 노력했던 경험을 말해 보시오. • 가장 고마웠던 사람이 있다면 누구인지와 그 이유를 말해 보시오. • 봉사활동 경험이 있는가?

14 | 기타

2019년 특채	• 자기소개해 보시오. • 언제부터 경찰을 하고 싶었는가? • 경찰 계급에 대해 말해 보시오. • 5년의 의무복무기간이 끝나면 다른 과로 갈 수도 있는데 잘 적응할 수 있는가? • 법에 대해 공부를 안 했을 텐데, 어떻게 법에 대해 공부할 것인가? • 경찰에게 필요하다고 생각하는 덕목 세 가지를 말해 보시오. • 가정폭력 신고를 받고 출동하였는데 문을 열어주지 않는다면 어떻게 할 것인가? • 나이 어린 상사가 계속 커피를 사달라고 한다면 어떻게 할 것인가? • 뇌물을 받는 상사를 목격하였다면 어떻게 할 것인가? • 자신의 성격은 어떠한지 다른 사람의 입장에서 말해 보시오. • 상사가 일을 하지 않는다면 어떻게 할 것인가? • 상사가 일을 가르쳐 주지 않는다면 어떻게 할 것인가? • 싫어하는 유형의 사람과 함께 일을 하게 된다면 어떻게 할 것인가? • 본인의 가치관에 대해 말해 보시오. • 경찰관에게 봉사란 무엇인가?

**2019년
의료특채**
	• 본인의 장점과 단점을 말해 보시오.
	  – 본인의 장점이 경찰로서 직무를 수행하는 데 어떻게 도움이 될 것이라 생각하는가?
	• 이제까지 하던 것과 다른 분야인데 지원하게 된 동기가 무엇인가?
	• 본인의 어떠한 점이 경찰에 맞다고 생각하는가?
	• 의료사고를 수사하게 되면 민원인들이 소리를 질러서 힘이 들텐데 어떻게 대처할 것인가?
	• 경찰에게 있어 중요하다고 생각하는 자질은 무엇이 있는가?
	• 수사를 진행하는데 전에 같이 일하던 동료가 피의자라면 어떻게 할 것인가?
	• 예전에 같이 일하던 동료들이 경찰관이 되었다고 하니 2~3년 만에 연락해서 만나자고 한다면 어떻게 할
	  것인가?
	• 의료지식에 있어 전문성을 어떻게 유지할 것인가?

PART 05

경찰 면접 필수상식

MY TURN 경찰 면접

MY TURN 정철 면접

01 | 치안 3.0

1. 치안 3.0 일반

치안 3.0은 정부 3.0의 기조에 맞춰 경찰도 지금까지의 치안모델에서 벗어나 국민 개개인의 만족도와 행복 증진에 초점을 둔 서비스이며, 기존의 일방향 서비스인 1.0에서 양방향 서비스인 2.0을 걸쳐 국민 만족을 핵심 가치로 개인 맞춤형 치안서비스를 제공하는 눈높이 치안을 추진하고 있다.

구분	치안 1.0	치안 2.0	치안 3.0
운영 방향	경찰 중심	국민 중심	개인 중심
핵심 가치	효율성	효과성	만족도
서비스	일방향	양방향	맞춤형

차쌤의 Tip

눈높이 치안이란 생각은 국민이 기대하는 수준으로, 시선은 국민이 원하는 방향으로, 마음은 국민 한분 한분의 입장에서 개개인 맞춤형 치안서비스를 제공한다는 것을 말한다.

2. 치안 3.0 사례

① 찾아가는 현장 등록 서비스

전국의 어린이집과 유치원, 특수학교 등에 방문하여 아동과 지적장애인 등을 대상으로 지문을 사전 등록하여 아동을 비롯한 지적장애인·치매환자를 보호하고 실종으로부터 안전을 지켜주는 역할을 하고 있다.

② 찾아가는 상담센터

학교폭력을 예방하고자 찾아가는 상담을 실시하여 학교폭력 신고 및 상담뿐만 아니라 학업이나 진로문제 등 청소년들의 욕구에 맞춰 실시하고 있다. 찾아가는 상담센터는 청소년들이 편하게 고민을 털어놓을 수 있도록 개별 1:1 맞춤상담을 진행하여 타인의 입장을 이해하고 분노를 긍정적으로 해소할 수 있도록 진행되고 있다.

③ 범칙금 납부 시스템 개선

과거에는 범칙금을 일정 기간 내 납부하지 않으면 운전면허 정지의 처분을 받거나 가산금이 부과되고 나아가 벌금 또는 구류 등에 처할 수 있어 납입 기한을 놓친 생계형 운전자들이 피해를 보는 사례가 해마다 수만 건이 발생해왔다. 이런 문제점을 해결하기 위해 범칙금 통고서 발부 시 신용카드 및 직불카드를 이용해 납부할 수 있도록 개선하였다.

④ 도로교통법 통고처분 이의제기

10일 이내에 경찰서 민원실을 방문하여 신청하거나 인터넷 이의제기 절차(www.efine.go.kr)에서 신청하면 된다.

⑤ 빈집 사전 신고제

휴가철이나 명절 때 주택가 등의 빈집털이 도난사건을 예방하기 위해 장기간 집을 비울 때에는 사전에 거주지 파출소를 방문하거나 전화로 신고하면 경찰관이 직접 가정을 방문하여 빈집 방범요령 등을 지도한다. 또 현금이나 귀중품을 맡기면 보관해주며 집을 비운 기간 동안 경찰관이 특별순찰을 실시하고, 귀가할 때쯤 다시 가정을 방문하거나 전화로 확인하게 된다.

⑥ 관광경찰

정부 3.0 시대 맞춤형 치안정책의 일환으로 경찰청과 문화체육부가 함께 관광경찰제도를 도입하여 관광명소에 관광경찰을 배치하고 친절한 인상과 능통한 외국어로 외래 관광객 불편사항을 처리하여 관광지 범죄예방 및 기초질서 유지, 외래 관광객 대상 불법 행위 단속 및 수사, 외래 관광객 불편사항 처리 등과 같은 관광치안서비스를 제공하였다. 이에 관광경찰은 외국인에 대한 택시 바가지요금, 환불거부, 콜벤 불법영업, 가격 표시제 미실시 등 교통, 쇼핑 등과 관련된 부조리 등을 개선하여 외국인 관광객들에게 큰 호응을 받고 있다.

02 | 지역사회 경찰활동

1. 주민밀착형 탄력순찰(치안 체감률 향상에 기여)

① 탄력순찰이란 범죄 다발지역 정보와 지역주민들의 의견 수렴 결과를 바탕으로 순찰 지역 및 시간대를 선정해 순찰활동을 펼치는 것으로 주민 눈높이 치안서비스를 제공해 치안수요자인 지역주민들이 실질적인 치안서비스를 체감할 수 있도록 하는 것이다. 쉽게 말해 주민들의 의견을 반영해 원하는 시간과 장소에 지역순찰을 실시하는 것을 말한다.

② 경찰은 범죄 및 112신고 다발지역 중심으로 시행되는 경찰 위주의 일방적 순찰방식에서 벗어나, 주민 의견을 적극 반영한 양방향 소통 순찰방식의 '주민밀착형 탄력순찰'을 시행 중에 있다. 먼저 유동인구가 많은 지역이나 공공기관, 아파트, 학교 등에 순찰희망 지역을 표시할 수

있는 관내 지도 게시와 치안간담회를 통한 설문지 조사로 순찰요청지역을 접수받고 온라인상에서는 '스마트 국민제보' 앱의 여성불안신고 코너를 이용해 신청을 받고 있다.

2. 문안순찰

경찰이 일반 시민과의 대화를 통해 친밀한 관계를 유지하기 위한 활동으로 주민밀집장소와 어린이보호기관, 노인보호기관, 장애인보호기관, 외국인보호시설 등을 방문하여 치안 사각지에 놓일 수 있는 사회적 약자와 지구대 경찰이 직접 마주해 다양한 애로사항과 각종 치안 의견을 청취하고자 구상된 주민밀착형 순찰 방법이다. 이를 위해 순찰차가 아닌 도보 순찰을 통해 주민들에게 먼저 다가가서 치안 불안 요소나 경찰관에게 바라는 점을 물어보고, 경찰의 업무 범위 내에서 해결되는 일이라면 적극적으로 대응하여 해결해주고 있으며, 문안순찰 과정에서 범죄예방 관련 홍보와 범죄예방 진단, 탄력순찰 필요성 등을 알리면서 노인학대와 아동학대, 장애인학대, 외국인 가정폭력 등을 현장에서 점검하여 범죄행위와 범죄 징후를 사전 차단함으로써 사회적 약자를 위한 치안 공백을 없애고 있다.

3. 치안거버넌스 활동

거버넌스는 지역 내 사회문제를 해결하기 위해 정부, 시민사회단체, 기업 등이 참여하는 협력적 메커니즘을 말한다. 이는 지역의 공동체 치안을 활성화하여 주민들의 불안감을 해소하고 지역사회의 안전에 대한 신뢰와 안정감을 높이는 동시에 한 지역의 치안을 책임지고 있는 경찰과 그 지역의 사정을 잘 알고 있는 주민들로 이루어진 경찰의 치안파트너들이 함께 지역 현안에 대해 충분히 논의하고 하나의 공동체를 구성하여 범죄예방의 동반자적 관계를 이루어 나가는 것이다.

시민경찰학교	지역주민이 경찰업무를 이해하고 직접 체험할 수 있는 기회를 제공함으로써 지역주민의 범죄예방활동 참여와 범죄예방 아이디어 수렴 등을 촉진시켜 경찰과 주민이 공동체 치안 협력 파트너로서 역할을 할 것으로 전망이 된다.
우리 동네 지킴이 순찰대	지역주민들이 범죄예방의 한 주체로서 아동이나 여성 대상 성범죄, 학교폭력 등 각종 범죄 및 범죄 요인이 발견되었을 때 신속하게 112에 신고하여 공동체 치안을 활성화하고 주민 체감 안전도 향상 및 치안활동에 대한 공감대 형성에 기여하게 된다.
깨끗한 우리 동네 프로젝트	'깨끗한 우리 동네 프로젝트'는 지역 구성원이 함께 동네를 청소함과 동시에 주변의 방범순찰과 기초질서 확립을 위한 캠페인을 진행하는 것을 말한다. 이 프로젝트는 외국인 밀집 지역에서 내국인과 외국인의 경계를 허물어 구성원 모두가 이웃이라는 생각으로 함께 깨끗한 환경을 조성하고 기초질서 확립을 통해 범죄 없는 지역을 만든다는 목표를 갖고 있다. 실제 범죄발생률과 관계 없이 우범지역이라고 여겨지는 구도심과 외국인 밀집 상권 등 일부 지역의 인식을 바꾸기 위해 해당 프로젝트를 추진하고 있다.

치안거버넌스 활동에 대한 문제점

- 경찰사무를 집행할 때 어디까지 주민참여가 보장되는가의 문제 : 치안정책의 수립 및 통제까지 일련의 과정에서 주민의 참여하고 협조하는 방향이 제시되어야 한다.
- 민간경비와 원활한 상호협력이 필요 : 범죄예방을 위한 효율성을 높이기 위해 치안거버넌스 활동지역 내 민간경비 활동 현황을 파악하여 지속적으로 정보를 교환하고 치안확보 및 범죄 대응 등에서 상호협력관계를 구축하여야 한다

4. 여성을 위한 안전강화

여성안심귀갓길	심야시간대에 귀가하는 여성들이 많이 다니는 길을 선정하여 주변 환경을 개선하거나 경찰관들이 보다 세밀하게 순찰하여 안전한 귀갓길을 조성하고자 만든 제도이다. 예) 심야집중순찰, CCTV 확충, LED보안등(로고젝터) 등
여성안심구역	재개발지역이나 원룸촌 등 여성을 대상으로 한 범죄가 우려되는 지역으로 지자체와 협력하여 환경 개선 및 순찰 인력을 집중하여 운영하고 있다.
여성안심 지킴이집	서울시가 편의점과 제휴하고 경찰과 연계하여 만든 안심 공간으로 낯선 사람에게 쫓기는 등 위급한 상황 시에는 주변에 있는 여성안심지킴이집 지정 편의점으로 대피할 수 있다.
여성안심귀가 스카우트	늦은 밤길, 여성 및 청소년들이 안전하게 귀가할 수 있도록 2인 1조로 구성된 스카우트 대원이 집 앞까지 동행하는 서비스로 지하철역이나 버스정류장 도착 30분 전 다산콜센터(120)에 전화를 걸어 신청하면 된다.
여성안심 택배보관함	맞벌이 부부나 1인 가구 및 싱글여성 등이 택배기사를 대면하지 않고, 부재중에도 안심하고 택배를 받을 수 있는 무인택배보관함 서비스이다.

5. 컬래버레이션(카카오내비게이션 앱)

난폭, 보복, 음주운전 등 차량 폭력 방지를 위한 안전운전 길 안내 음성지원을 하는 앱이다.

6. 청렴콜센터 운영

경찰의 청렴도를 개선하여 국민의 신뢰를 확보하기 위해 민원인들의 불만을 분석하여 맞춤형 서비스를 제공하는 청렴콜센터를 추진하게 되었다.

7. 치안 올레길

광주지방경찰청은 민생침해범죄가 자주 발생하는 현장을 중심으로 걸어서 순찰하는 치안 올레길 코스를 만들어 주민들과 함께 도보순찰을 하기로 했다. 치안 올레길은 범죄 다발지역(Hot Spot)과 치안 취약지역의 주변 도로를 표시한 길로 걸어서 1시간 거리(3km 이내)인 총 86개 코스가 선정되었다. 경찰관이 이야기꾼(Storyteller)이 되어 지역주민과 함께 치안 올레길을 걸으면서 범죄 수법 등 유형별 범죄 분석 내용과 범죄예방요령 등 치안정보를 설명하고 주민들의 요구나 건의사항을 직접 듣고 치안 시책에 적극적으로 반영하게 된다. 또 올레길 코스 내 방범시설 등을 진단해 부족한 치안 인프라를 강화해 나가기로 했다.

8. 울타리 치안 서비스

충남지방경찰청은 경찰관이 관내 노인을 찾아 뵙고, 그들의 애로사항을 듣고 도움을 드리며 경찰관이 소지한 스마트폰을 이용해 멀리 있는 자녀와 영상통화를 해주거나, 경찰관이 어르신과 함께 사진을 찍어 잘 지내고 계시다는 안부 문자메시지를 전송해 자녀들의 걱정을 덜어주고 있다. 또 범죄 발생 시 경찰에 쉽게 접근할 수 있도록 파출소 전화번호를 휴대폰에 단축키로 입력해주고 경찰관들이 마을 어르신들이 많이 모이는 마을 경로당을 수시로 방문해 보이스피싱 예방홍보는 물론 교통사고 예방활동을 펼치고 있다.

9. 실버마크

전남지방경찰청은 농촌지역이 많다 보니 실제로 농사 짓고 거주하는 노인들이 운전하는 경우가 많다. 그렇다 보니 노인 교통사고가 더 많이 발생하였고, 이를 예방하고자 카네이션을 형상화한 실버마크가 나오게 되었다.

10. 응답순찰

응답순찰은 대전지방경찰청과 경찰서 홈페이지에 지역주민이 순찰 희망 장소 및 사유를 기재해 신청하는 온라인 접수와, 경찰관서나 순찰 중인 경찰관 개인에게 신청 접수하는 오프라인 접수를 통해 순찰 관련 주민 요청을 받아 순찰을 실시하고 순찰 결과를 순찰 신청인에게 휴대폰, 문자(사진) 통보하거나 응답순찰 알림 포스트-잇을 부착해 순찰 결과를 통보하는 방법을 말한다. 기존 순찰 방식과 달리 주민을 직접 찾아가 애로사항을 청취해 사건·사고를 예방하고, 사후에도 중점적으로 관리해 각종 범죄와 사고를 예방하는 시책으로 정부 3.0에 부합하는 국민 맞춤형 순찰활동을 말한다.

11. 뺑소니 용의차량 경보시스템

전북지방경찰청은 뺑소니사고 발생 시 초동수사부터 범인검거까지 단계별로 체계적 시스템을 구축하여 전국 최초로 사고 직후 뺑소니 광역수사대를 소집하는 한편, 뺑소니 용의차량 경보시스템(Hit-and-Run Alert)을 운용하여 뺑소니범 검거 100%를 달성하였다.

12. 범죄 현장 안심클리닝(Security-Cleaning)제도

전북지방경찰청은 경찰이 강·절도 등 강력범죄 현장에서 어지럽게 널려 있는 것을 정리해주는 제도를 말한다. 즉, 범죄현장에서 감식조사를 마친 뒤 불안감에 싸인 피해자 대신, 현장을 정리하는 것이다. 범인검거 위주의 수사 활동에서 피해자의 불안감 해소 등이 이뤄지면서 '주민중심 공감치안'이 구현될 것으로 예상하고 있다.

13. LED로고젝터

LED로고젝터는 특수 제작한 이미지글라스에 빛을 투사하여 벽면이나 바닥 등 다양한 장소에 이미지와 텍스트를 투영하는 원리로서, 경고·안내문구를 홍보하며, 이로 인해 범죄예방 효과를 극대화할 수 있다는 장점을 가지고 있다.

03 | 사회적 약자

1. 사회적 약자의 정의

사회적 약자는 신체나 종교 혹은 사회적 특징이 국가나 사회의 지배적 가치와 다르다는 이유로 차별의 대상이 되거나 혹은 평등하지 못한 대우를 받는 자들을 의미한다. 대표적인 사회적 약자에는 아동(아동학대), 여성(성폭력, 데이트폭력, 가정폭력), 장애인 및 노인 등이 있다.

2. 경찰이 사회적 약자를 보호해야 하는 이유

① 사회 발전에 따른 국민들의 치안만족도를 높이기 위해서 경찰은 범죄 검거자의 역할뿐만 아니라 지역사회의 평화 창조자로서의 역할도 중요하다. 따라서 미래에 우리 사회의 치안을 악화시킬 것으로 예상되는 치안 우려 요소에 대해 선제적 대응이 요구된다. 또한 경찰의 사회적 약자(여성, 청소년, 노인, 장애인 등)에 대한 치안의 필요성과 관심도가 증가함에 따라 경찰의

치안서비스는 이전보다 더욱 강조되고 있다. 그러나 이에 효과적으로 대처하기 위해서는 경찰의 힘만으로는 부족하기 때문에 관련 부처ㆍ기관 및 다양한 시민단체 등의 협력체계가 필요하다(지역 협력 치안활동 강화).

② 모든 국민은 성별, 종교, 사회적 신분 등 어떤 사유로도 차별 받지 않고 동등하게 법의 보호를 받을 권리가 있다. 따라서 경찰권은 모든 내ㆍ외국인에게 행사하고 법의 보호를 받지 못하는 사람을 특별히 고려하여야 한다. 특히, 외국인, 여성, 소년, 장애인, 성소수자 등 사회적 약자들은 범죄로 인한 피해 빈도가 높고 피해의 정도 역시 심각하기 때문에 경찰은 보다 적극적이고 특별한 보호가 필요하다(법의 보호를 위한 공정성).

③ 여성ㆍ아동을 대상으로 하는 범죄는 강력범죄의 양상을 띠고 있으며, 국민의 안전을 위협하고 있다(치안 사각지대 해소).
    예 성폭력, 가정폭력, 젠더폭력, 스토킹, 데이트폭력, 여성보복폭력 등 새로운 유형의 젠더폭력, 아동학대, 치매노인, 지적장애인 실종, 학교폭력, 사이버폭력 등

3. 사회적 약자 관련 주요 사건

① 북한이탈주민 출신 40대 엄마와 5세 아이 사망 수개월 만에 발견(19년 8월)
② 영암 베트남 이주여성 폭행사건(19년 7월)
③ 거제 폐지 줍는 할머니 살인사건(18년 11월)
④ 층간소음 문제로 경비원 살인사건(18년 10월)
⑤ 강남 데이트폭력 살인사건(17년 1월)
⑥ 평택 아동학대 암매장사건(16년 3월)

4. 법은 사회적 약자를 위해 존재하는가?

법은 사회적 약자뿐만 아니라 일반 국민을 위해 존재하는 공동의 규율이다. 공동의 약속인 법은 강제성을 띠고 있기 때문에 아무리 사회적 약자라도 법을 위반할 경우 법의 보호를 받을 수 없는 것은 당연하다. 하지만, 현대 국가는 복지국가를 지향하고 사회적 약자를 보호하기 위해 지속적으로 법과 제도가 마련이 되고 있는 만큼 사회적 약자들이 실질적으로 법의 보호를 받을 수 있도록 많은 관심을 가져야 하며, 경찰도 엄정한 법의 잣대로만 사회적 약자들을 대하는 것이 아닌 도덕과 양심에 따라 그들을 대하는 자세가 필요하다.

5. 사회적 약자를 보호하기 위한 방안

사회적 약자를 보호하기 위해서는 먼저, 사회적 약자에 대한 실태를 조사하여 사회적 약자를 찾아내는 것이 중요하며, 관련 (복지)기관과 협의하여 보호대상자를 선정하고 지속적인 지원과 관심을 가져주는 것이 중요하다.

04 | 여성의 안전을 위한 정책

1. 성폭력 근절 및 여성의 안전 강화

공동체 치안활동 전개(치안거버넌스), 자율방범대, 주민밀착형 탄력순찰, 도시공원 내 CCTV와 비상벨 설치 의무화(도시공원 및 녹지에 관한 법률), 여성안심귀갓길, 여성안심구역 설정, 여성안심지킴이집, 여성안심귀가 스카우트, 여성안심택배보관함

2. 데이트폭력

① 법적 장치 및 처벌 미흡

데이트폭력은 강력범죄로 이어질 가능성이 높지만 피해자를 보호할 법적 장치가 미흡하여 통상적으로 폭력범죄로 처벌이 이루어지고 있다. 그마저도 연인관계라는 특성 때문에 제대로 처벌이 되지 않는 경우가 많다. 따라서 데이트폭력은 피해자 보호에 각별히 유의해야 하는 범죄 중 하나이다.

② 데이트폭력사건 접수 및 처리

신속한 초동조치(즉시 현장출동, 가해자와 피해자 분리, 가해자에 서면 경고 및 피해자 보호제도 안내서 배부) → 엄정수사(상습성 및 피해 내용 종합적 수사) → 피해자 보호(보호조치 등)

③ 데이트폭력 해결 및 방안

ㄱ 담당 경찰관은 사건 초기부터 문제에 대한 심각성을 가지고 접근해야 한다.
ㄴ 피해자와 가해자를 분리하고 가해자는 폭력성 및 상습성 여부 등을 확인하여 엄정하게 대응해야 한다.
ㄷ 사건의 해결을 위해서는 신고가 필요하다는 점을 알리고, 피해자 및 주변 지인들로 하여금 자발적인 신고를 유도하기 위해 다각적인 홍보활동을 병행해야 한다.
  예 여성전용 인터넷 카페, 육아 카페 등에 홍보

ⓔ 피해자 지원을 위해 경찰은 신변보호제도를 마련하여 피해자 보호를 강화해야 한다.

예 경찰(신변보호 제도 마련), 여성가족부(여성긴급전화 1366, 성폭력 · 가정폭력 상담소 운영)

Append

경찰의 신변보호제도(데이트폭력, 스토킹, 가정폭력 등)

임시숙소 제공, 맞춤형 순찰, 신변경호, 스마트 위치 추적, 112시스템에 별도 등록하여 관리, CCTV 설치 등 사건 담당 부서나 경찰서 청문감사관실에 신변보호를 요청할 수 있다.

3. 스토킹

① **개인의 책임이 아닌 사회적 책무로서 의무를 강조**

스토킹이 강력범죄로 이어지는 사례가 발생하여 국민의 불안감을 가중되고 있는 만큼, 사회적 약자에 대한 보호의 필요성이 증가하였고, 젠더폭력의 한 종류로서 스토킹범죄에 대한 국가의 적극적인 책임이 요구되고 있다.

② **스토킹범죄 처벌 규정**

경범죄 처벌법상 지속적인 괴롭힘에 해당하여 10만 원 이하 벌금, 구류 또는 과료가 부과될 수 있으며, 현장에서 스토킹을 하는 사람에게는 통고처분 또는 즉결심판을 하고 있다. 스토킹 행위가 살인, 강간, 폭행, 정보통신망을 이용한 반복 연락 등 형법이나 정보통신망 이용촉진 및 정보보호 등에 관한 법률의 위반으로 이어지는 경우에는 해당 법률을 적용하여 처벌하고 있다.

③ **스토킹 해결을 위한 정부의 노력**

㉠ 법률 제정(법무부) : 스토킹범죄자에게 3년 이하의 징역 또는 3천만 원 이하의 벌금을 부과할 수 있다는 내용을 골자로 하는 스토킹 처벌법 제정을 추진

㉡ 경찰 : 현장 대응력 및 피해자 신변 보호 강화

㉢ 여성가족부 : 지원 및 예방, 인식 개선의 노력

㉣ 국민 및 피해자 : 자발적인 신고를 유도

④ **보다 적극적인 사전 예방조치가 필요**

스토킹범죄는 납치, 살인 등 흉악 범죄로 이어질 수 있는 소지가 많고, 폭행 및 살인 등의 심각한 범죄로 이어진 뒤에야 처벌이 이루어지고 있기 때문에 이를 사전에 예방할 수 있는 조치가 필요하다. 하지만, 현행법상 스토킹은 경범죄로 취급되어 그 처벌 수위가 경미하기 때문에 스토킹범죄의 심각성에 대한 사회적 공감대가 형성되었다. 이에 (가칭)스토킹 처벌법을 제정하여 스토킹범죄에 대한 처벌과 피해자 보호조치를 강화하기로 했다. 스토킹범죄 신고를 받은 경찰관은 현장에 출동해 행위자와 피해자 분리 등의 응급조치를 취해야 하며, 재발 우려가 있

는 경우에는 법원이 행위자에게 피해자에 대한 접근 금지, 통신 차단 등 잠정조치를 할 수 있도록 하고 이를 위반할 경우에는 형사 처벌도 가능하게 할 방침이다. 그리고 현장에 출동한 경찰은 가해자와 피해자를 격리한 뒤 진술을 듣고, 사건의 경중을 불문하고 모든 스토킹·데이트폭력 가해자에 대해 서면 경고장을 배부하여야 한다.

05 | 아동학대

1. 아동학대란?

아동이란 만 18세 미만을 말하며 아동학대란 보호자(부모)를 포함한 성인이 아동의 건강 등 정상적인 발달을 저해하는 신체적·정서적·성적 폭력행위를 말한다. 또한 아동을 보호하는 부모가 아동을 유기하거나 방임하는 것도 아동학대에 포함된다. 아동학대는 크게 신체학대, 정서학대, 성학대, 방임 등으로 나뉘는데 통계에 따르면 아동학대 가해자의 80%는 씁쓸하게도 부모라고 한다.

2. 아동학대에 대한 원인

① 가정환경의 문제

아동학대는 평소 자녀에 대한 양육 방법이 부족하고 부부사이 잦은 갈등으로 결국 이혼하게 된 편부·편모가정의 아이들에게 주로 발생한다. 아울러 부모의 직장 이직 후 경제적 어려움으로 고립된 아이, 부모의 편향된 종교적 숭배를 강요받는 아이, 특이한 성격 및 기질을 가진 부모 밑에서 태어난 아이들에게도 아동학대가 발생한다.

② 아이가 부모의 소유물이라는 잘못된 인식

자식을 독립된 인격체로 보지 않고 부모의 소유물로 생각하고, 아동을 화풀이 대상으로 생각하기 때문에 아동학대가 발생한다.

③ 범죄행위라는 죄의식 부족

일부 부모는 자녀 훈육이란 명분으로 자녀에게 욕설, 강요 등 정서적 학대를 일삼으면서도 죄의식을 느끼지 못하고 이러한 행위를 당연시한다. 또한 자녀의 초·중등 의무교육에 대해 알면서도 자녀를 학교에 보내지 않고 종교시설·홈스쿨·대안학교를 보내고 있는 부모들도 사회적 문제로 야기되고 있다.

3. 경찰단속의 필요성

어릴 때 학대를 당하여 인격을 유린당한 아이가 나중에 성인이 되어 학대와 폭력을 일삼으며 죄의식을 모르고 살아가는 경우가 많다. 따라서 다음 세대에 아동학대 폭력이 이어지지 못하도록 지금 세대에서 끊어 주어야 할 책무를 지녀야 한다. 그러므로 아동학대는 어느 한 사람의 보살핌과 노력을 통해서는 예방이 어렵고 가정·학교·사회 할 것 없이 우리 모두가 심각성을 인식하고 아동들을 보살펴 줘야 한다.

4. 아동학대 발생 시 경찰의 조치

경찰은 아동학대 발생 시 현장에 출동하여 학대행위의 제지, 학대행위자를 피해아동으로부터 격리, 피해아동을 관련 보호시설로 인도, 치료가 필요한 아동을 의료기관에 인도 등의 조치를 할 수 있다. 피해아동에 대해 응급조치를 한 경우, 사법경찰관은 의무적으로 검사에게 임시조치를 신청하도록 하여 아동학대 범죄에 대한 사법적 개입을 의무화하였다(아동학대범죄의 처벌 등에 관한 특례법).

5. 아동학대에 대한 대응 방안

① 아동학대 전담경찰관(CPO) 도입(추진)

아동학대 전담경찰관을 도입하여 장기결석 아동 합동점검과 소재확인, 고위험 아동(가정폭력 재발우려가정 포함)에 대한 정기적인 모니터링을 하고, 교사나 아동전문가가 학교 장기결석 아동의 가정방문 시 동행을 한다.

② 주변의 적극적인 신고

아동학대가 발생하지 않도록 예방이 중요하지만, 잔혹한 아동학대의 경우는 강력하게 처벌을 하여 범죄에 대한 경각심을 일깨워 준다면 쉽게 아동학대가 반복되는 것을 막을 수 있을 것이다. 그리고 아동학대의 문제는 가정 내의 문제가 아닌 사회적 범죄행위라는 인식을 강화시키고 주변 사람들이 아동학대를 목격하거나 알았을 경우 적극적으로 신고할 수 있도록 유도하며 부모님들에게 아동학대 문제를 숙고할 수 있는 정기적인 교육을 제공한다면 아동학대를 효과적으로 예방할 수 있을 것이다.

* 학대받은 영아를 보고도 아무런 조치를 취하지 않은 이유는 신고 후 책임에 따른 부담과 남의 일이라는 생각 때문이다. 하지만 아동학대 가해자는 대다수 그 아동의 보호자인 부모이고 학대를 받는 아이들은 자신이 잘못해서 혼난다는 생각을 가지고 있기 때문에 주변 이웃들이 관심을 가지고 보지 않는다면 음지에서 발생하는 아동학대범죄를 밝히기가 어려우므로 주민들의 적극적인 신고가 중요하다(아동학대범죄의 처벌 등에 관한 특례법, 특정범죄신고자 등 보호법상 국민이 안심하고 자발적으로 협조할 수 있도록 누구든 신고인의 인적 사항 등을 공개하거나 보도하지 않는 규정을 마련).

6. 아동학대 예방을 위한 주민의 협조

① 아동안전지킴이집

학교 주변, 통학로, 공원 주변의 문구점·편의점·약국 등 중 아동안전지킴이집으로 지정되어 위험에 처한 아동을 임시보호하고 경찰에 인계하는 곳을 말한다. 2007년 12월 안양 초등학교 여학생들의 유괴, 성폭행·살해사건에 이어 이듬해 3월 일산 초등학교 여학생 납치 미수사건 등 아동을 대상으로 한 강력범죄가 잇따라 발생하면서 국민들의 불안이 고조되었다. 이에 경찰청에서는 2008년 4월 아동범죄예방을 위해 지역주민 참여 방안의 하나로 아동안전지킴이집과 아동안전지킴이제도를 시행하게 되었다.

② 아동안전지킴이

퇴직 경찰 및 교사 등 은퇴한 노인 전문 인력들로 선발된 아동안전지킴이를 평일 취약 시간대 아동의 움직임이 많고 범죄 발생률이 높은 지역에 배치하여 아동을 대상으로 하는 범죄를 예방하기 위한 순찰활동과 이를 통한 노년층 일자리 창출로 국민안전과 국민행복 구현을 목적으로 하는 제도이다.

③ 아동안전수호천사

신뢰성 있는 업체의 외근사원을 수호천사로 위촉하여 외근활동 중 아동보호활동을 하는 제도를 말한다. 현재 요쿠르트 배달원, 집배원, 태권도 사범, 모범택시운전자회, 학원차량기사 등이 활동 중이다.

7. 부모의 체벌의 필요성과 위험성

체벌의 필요성	매도 하나의 교육 방법이다. 따라서 매가 좋은가, 나쁜가라는 이분법적인 논쟁보다는 매를 어떻게 활용하느냐가 더 중요하다. 일관성 있고 절제된 부모의 매는 사랑의 다른 표현이기도 하다.
체벌의 위험성	체벌의 가장 큰 위험은 처음에는 단순하게 시작된 체벌이 학대 수준으로 급상승하기 때문이다. 예를 들어 손은 주먹이 되고, 회초리는 벨트가 된다. 아이에게 벌을 주어야 한다는 생각에 빠져 있는 부모는 점점 더 심하게 벌을 주게 되는 함정에 스스로 빠지게 된다. 다른 대안을 고려하지 않기 때문에 아이가 말을 안 들을 때는 바로 체벌을 가하고 체벌이 학대로 이어질 가능성이 높아지게 된다.

06 | 실종아동 수사

1. 경찰의 실종신고 처리 매뉴얼

사건 접수	긴급 정도에 따라 코드(0~4) 부여
신고자 면담	실종자의 최종 행적들을 파악하여 범죄 혐의가 있으면 경찰서장에게 보고
프로파일링	실종 경위, 인상착의, 신체 특징을 기록
휴대전화 위치추적	• 범죄 혐의가 있을 경우 담당 경찰관이 판단하여 실시 • 범죄 혐의가 없을 경우라도 보호자의 동의가 있을 경우 실시
수색	• 112 타격대 등을 동원해 의심되는 장소를 수색 • 범죄 혐의가 발견될 경우 즉시 수사에 착수
위원회 개최	범죄 연루 여부에 대해 이견이 있는 경우 24시간 이내 경찰서장이 판단

2. 각국 경찰의 실종사건 수사 특징

미국	• 18세 미만 아동의 실종은 '잠재적 유괴'로 간주하여 경찰과 FBI가 즉시 수사에 착수 • 24시간 신고체계로 운영되는 법무부 산하 전미실종착취아동센터(NCMEC)가 경찰·지역 사회 간 실종자 합동 수색 지원
호주	건강, 일탈 정도, 가족 관계, 최근 기록 및 지인과의 분쟁, 자살 가능성, 정신건강 문제 등 위 험 평가 체크리스트 작성
프랑스	납치 유괴 가능성이 있으면 가택 방문, 압수·수색, 신문·체포가 가능하도록 형사소송법에 명시

3. 실종아동을 찾기 위한 노력

① 엠버 경보 시스템(Amber Alert System)을 적극적으로 활용

엠버 경고는 납치사건에 대한 비상경보체제를 말한다. 경찰이 경보를 발령하면 해당 지역의 TV, 라디오 등 모든 매체는 정규방송을 중단하고 납치 사실을 즉각적으로 실시간 보도한다. 또 유괴된 아이의 이름과 특징, 납치범의 특징, 납치범의 차량 번호 등을 알리게 된다.

즉각적인 엠버 경고는 경찰이나 보호기관에서 아동을 찾기 수월해 지기 때문에 범인에게도 반드시 잡힐 수 있다는 위기감을 줄 수 있다. 현재 우리나라는 부모가 동의해야 실종 경보를 발령할 수 있는데, 하루 빨리 아이를 찾기 위해 엠버 경보 발령 매뉴얼을 자세히 제작하고 경보 시에는 즉각 방송 매체 등을 집중적으로 활용할 수 있어야 한다.

② 실종예방지침(코드아담)

다중 이용 시설(백화점, 놀이공원, 마트)에서 실종아동(미아, 장애인, 치매노인 포함)신고가 발생했을 경우 현장에서 즉시 미아를 찾을 수 있는 제도를 말한다. 실종아동 발생신고가 접수되면 즉각 안내 방송과 경보를 발령하고 출입구를 봉쇄해 집중적으로 수색하여 10분 내에 골든 타임을 사수해 실종아동을 찾는 선진국형 시스템이다.

③ 우리 아이 지킴이 키트

우리 아이 지킴이 키트는 미국의 'Child ID Kit(아동 신원확인 키트)'를 국내 실정에 맞춰 보완한 것으로, 실종으로부터 아이들의 안전과 행복을 지키는 부모의 사랑이 담긴 상자라는 의미이다. 경찰서에 오기 힘든 상황인 가정에서 사용할 수 있도록 키트(박스)의 도구들을 이용하여 각 가정 내에서 아이들의 지문과 유전자를 미리 채취하여 보관 후, 아이의 실종 시 관할 경찰서에 제출하는 제도이다.

④ 기타

유전자 분석사업을 통한 장기 실종자 발견 정책, 개인 스마트폰을 활용한 지문 및 사진 등과 같이 사전 등록이 가능한 안전드림(Dream)앱, 휴대전화 위치추적시스템, 지문 등 사전등록제, 찾아가는 현장 지문 등록 등이 있다.

Append

아동학대 예방을 위한 홍보활동

- 육아 관련 인기 웹툰작가와 협약(딸 바보가 그랬어)하여 지킴이집 홍보 웹툰을 제작 및 배포
- 맘카페 · 스쿨앱을 활용하여 학부모에 홍보.
- 컬러링북 등 수혜자 중심의 홍보물 제작 및 배포
- 지킴이집 컬러링북(충남청), 지킴이집 go(경기북부청)

07 | 노인을 위한 정책

1. 치매노인을 위한 배회감지기 무상 보급

2. 노인학대 예방교육

고령화 사회에 진입하면서 65세 이상 노인인구의 비율이 14%를 차지하게 됨에 따라 노인학대신고도 증가하고 있다. 노인학대 예방교육은 노인학대범죄에 대한 위험성을 알리고, 노인학대의 유형 · 사례 · 신고 방법 등을 교육함으로써 노인학대는 사소한 가정 내의 문제가 아니라 철저히 예방하고 근절해야 할 명백한 범죄라는 인식을 심어주고 주변인들의 관심과 적극적인 신고를 유도하기 위해 실시하고 있다.

효도법 대두

불효한 자식을 상대로 상속 재산을 돌려달라는 소송, 부양료를 달라는 소송 등 일명 '불효소송'이 꾸준히 증가하고 있다. 가족 내부의 문제로만 생각했던 불효 문제가 사회 문제로 대두되자 일명 '효도법' 도입에 대한 관심도 높아졌다. 효도법은 자식이 부모를 학대하거나 부양 의무를 게을리 하면 부모는 언제든지 물려준 재산을 환수할 수 있도록 하자는 취지의 민법 개정안을 말한다. 일각에서는 싱가포르나 중국처럼 '효도법'을 제정하여 자식들에게 일정한 수준의 효도를 강제하자는 주장도 있다. 파렴치한 자식들로부터 증여 재산을 환수하고, 부모에 대한 부양을 강제하여 노년의 부모를 보호하자는 취지에서 논의가 이루어지고 있다. 그러나 효심을 가지고 부모를 모시는 것이 진정한 효도라 할 수 있지, 효심이 없이 형식적으로 부모를 모시기만 하는 것은 효도라 할 수 없고, 단지 노령의 부모에 대한 부양 의무를 이행하지 않는 자식들은 제재하는 데에만 초점을 두고 있다는 문제가 있다.

08 | 성폭력

1. 성폭력

① 성폭력이란?

성폭력은 상대방의 의사에 반하여 육체적, 심리적, 혹은 경제적 압력을 가하여 행하는 성행위를 말한다. 상대방이 성 결정 능력이 없거나 의사표현 능력이 없는 것을 이용하여 행하는 성행위도 포함된다.

② 아동성폭력 발생 시 대응 절차

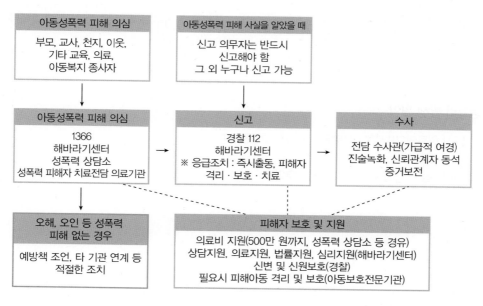

2. 성폭력사건 발생 시 경찰의 역할

① 신고 접수(112종합상황실)

정신적 충격과 당황 등을 고려하여 피해자가 마음을 진정시키고 차분히 말할 수 있도록 유도하고, 부상이 있는 경우 119에 연락하여 출동 조치시키며, 범행 직후인 경우에는 가해자 인상착의를 확인하여 전파한다. 그리고 샤워나 청소는 하지 말고 입은 옷 그대로 경찰관이 도착할 때까지 기다리도록 요청하고, 피해자가 13세 미만 아동이나 장애인일 경우에는 지방청 성폭력 특별수사대에 즉시 연락하여 출동 요청한다. 만약, 상담만 원하는 경우에는 여성긴급전화(1366) 및 통합지원센터(1899-3075)를 안내한다.

② 현장출동 · 초동조치

타 신고에 우선하여 신속히 현장에 출동하여 가해자 검거 및 현장보존 등 초동조치를 해야 하며, 출동 시에는 주위의 이목 등을 고려하여 경광등을 소등 또는 인근에 하차하여 도보로 이동하는 등 피해자 배려에 주의해야 한다. 만약 가해자를 현장에서 검거할 경우 반드시 피해자와 분리하여 동행시켜야 하며, 13세 미만 아동 · 장애인 대상 사건은 지역경찰관서장, 여성청소년과장, 형사과장 등 책임간부가 현장에 임장하여 사건을 지휘한다(성폭력 특별수사대 도착 후 사건 인계). 피해자가 의료지원 및 증거채취가 필요할 경우 즉시 성폭력 피해자 통합지원센터(통합형 26개소, 아동형 8개소)로 후송하고, 원거리 등의 이유로 피해자가 원하지 않는 경우에는 가까운 전담의료기관을 활용한다.

③ 피해자 전담조사관(성폭력 특별수사대 · 경찰서 여청수사팀)

13세 미만 아동 · 장애인 대상 사건 등은 성폭력 특별수사대가 전담 수사하며, 조사 시 신뢰관계인 동석 · 법률조력인 참여, 진술녹화(19세 미만 · 장애인), 전문가 참여(13세 미만 · 장애인) 등 법적조치를 취해야 한다.

④ 성폭력 피해자 통합지원센터와 연계

13세 미만 아동 또는 장애인이 피해자인 경우, 피해자가 거부하지 않는 한 성폭력 피해자 통합지원센터(舊 원스톱 지원센터)와 연계하여 사건을 처리한다.

3. 성폭력 발생 원인

① 남성 위주의 가부장적 성문화(성차별적 고정관념)

② 성매매를 상업적 도구로 이용(향락문화)

③ 잘못된 성에 대한 인식(성교육의 부재)

성폭력의 주 대상은 여자와 아동이 많다. 특히 피해자의 97%가 여성이고 그중 30%가 아동인 것은 우리 사회의 불평등한 남성 위주의 가부장적 성문화와 밀접한 관계가 있다고 할 수 있다. 또 상업적으로 매춘을 묵인하는 잘못된 관행이나 성을 상품화하고 상업적 문화는 여성을 인격체가 아닌 성적 욕구 충족을 위한 상업적 도구로 취급하고 있다. 각종 포르노물들은 이러한 성에 대한 상업화의 부산물이며, 통신매체를 통해 야한 동영상, 성인영화에 노출된 청소년들은 성폭력과 정상적인 성행위를 구분하지 못하고 향락적인 문화를 추구하여 불건전한 성의식을 갖게 되었다. 우리 사회가 자라나는 청소년들에게 올바른 성문화를 만들어주기 위해서는 사회 지도층이 먼저 윤리의식을 갖추어야 한다. 또한 청소년들이 올바른 성에 대한 인식을 갖게 하기 위한 사회 전반의 노력이 필요하다.

4. 성폭력 대책

① 해바라기센터

성폭력, 가정폭력, 성매매 피해자와 그 가족을 대상으로 상담, 의료, 수사, 법률 등을 지원하고 있으며, 전문의료진, 상담사, 여성경찰관, 간호사 등이 365일 24시간 종합서비스를 제공한다.

상담지원	사례접수 및 면담조사, 피해자 및 가족에 대한 상담을 통해 심리적 안정 조치, 유관기관과의 연계
의료지원	응급치료, 산부인과, 외과, 정신과 진료, 피해자 진료 및 진단서 발급지원 등
수사 법률지원	수사 및 소송절차에 대한 정보 제공, 증거물 채취, 피해자 진술서 작성, 진술녹화 실시 등 법적 증거 확보
심리지원	심리평가(Assessment), 심리 치료프로그램 운영 * 심리지원 기능은 일부 센터만 지원

② 아동 상담 서비스

19세 미만 성폭력 피해를 입은 아동·청소년과 지적(정신지체)장애인에 대하여 의학적 진단과 외상치료, 심리평가 및 치료, 사건 면담, 법률지원서비스, 지지체계로서의 가족 기능 강화를 위한 상담서비스 등을 제공한다.

③ 성폭력전담수사팀(SVU : Special Victims Unit)

전담수사팀 요원은 성폭력 전담 수사라는 전문성을 확보하기 위해 종래 형사과와 이원화되어 있던 수사체계를 여성청소년부서로 일원화하여 성폭력 사건 발생 직후 피해자 조사부터 수사·재판 단계에 이르기까지 모든 절차를 하나의 부서에서 전담하게 되었다.

④ 피해자 보호관 및 피해자 서포터

성폭력 피해자 조사 시 유의 사항

- 피해자와 신고인의 인적 사항이 노출되지 않도록 주의해야 한다.
- 전담조사관으로 하여금 피해자를 조사하게 하여야 한다.
- 피해자를 조사할 때 편안한 상태에서 진술할 수 있도록 환경을 조성해야 하며, 조사 및 심리는 필요 최소한으로 하여야 한다.

5. 주요 성범죄 사건

① 조두순사건(일명 나영이사건)

나영이사건 이후

- 신상공개(성범죄자 알림e)
- 화학적 거세(성충동 약물치료 제도)
- 전자발찌 부착기간 연장(최대 30년)
- 조두순법(나영이법) : 성폭력범죄의 공소시효 연장, 피의자의 심신장애 감경 조항의 엄격한 적용, 미성년 피해자가 성년이 될 때까지 공소시효 진행의 정지(성폭력범죄의 처벌 등에 관한 특례법 개정안)
- 유기징역 상한을 기존 15년(가중 25년)의 2배인 30년(가중 50년)으로 개정
- 아동 · 청소년에 대한 강간죄의 공소시효 폐지

② 김길태 사건(부산 여중생 납치 살인사건)

김길태사건 이후

이 사건으로 경찰은 6년만에 피의자의 신상을 공개하였다. 인권침해 논란으로 그동안 흉악범의 얼굴도 공개하지 않았지만, 수사본부는 김길태가 사회적으로 크게 물의를 빚은 흉악범이며, 흉악범의 얼굴을 공개하라는 여론이 높고, 공개수배로 이미 얼굴이 알려진 범인이라는 점에서 그의 얼굴을 공개하였다고 밝혔다.

③ 도가니법(광주인화학교사건)

> **인화학교사건 이후**
>
> - 13살 미만의 아동이나 장애인에 대한 성폭행 범죄의 공소시효 폐지
> - 업무상 위력 등에 의한 추행죄는 피해자의 처벌 의사 없이도 처벌 가능
> - 신상공개 대상의 확대 : 공중 밀집장소에서의 추행, 통신매체를 이용한 음란행위, 카메라를 이용한 촬영죄를 대상에 포함
> - 피해자가 '항거불능'일 경우에만 성폭행으로 인정하는 조항 삭제 : 기존 법에는 장애인 대상 성범죄자를 '신체적인 또는 정신적인 장애로 항거불능인 상태에 있음을 이용하여 여자를 간음하거나 사람에 대하여 추행을 한 사람'이라고 되어 있지만, 이를 '신체적인 또는 정신적인 장애가 있는 여자에 대해 강간죄를 범한 사람'으로 개정함

④ 오원춘사건(수원 여성 피살사건)

> **오원춘사건 이후**
>
> 112 신고시스템 개선 : 위치추적 가능, 콜백 시스템 도입(112 신고접수 중 전화가 끊기면 다시 걸어 주는 제도)

6. 그루밍 성범죄

① 그루밍 성범죄의 특징

그루밍 성범죄는 피해자를 물색한 다음 그 사람이 무엇을 원하는지 취약점을 찾아내서 욕구를 충족시켜주고 그로 인해 성적인 관계를 만든 다음 고립과 통제를 통해 서서히 심리적으로 지배해서 성폭력을 가하는 것을 말한다.

일반적으로 그루밍 성범죄는 미성년자를 정신적으로 길들인 뒤 이뤄지는데, 피해자들은 피해 당시에는 자신이 성범죄의 대상이라는 것을 인식하지 못하는 경우가 많다. 그루밍 성범죄는 피해자들이 일반적으로 자신이 학대당하는 것을 인식하지 못하고 표면적으로 피해자가 성관계에 동의한 것처럼 보여 수사 또는 처벌이 어려운 경우가 많다.

② 아동 · 청소년 성 보호에 관한 법률에 처벌규정을 마련

> 제8조의2(13세 이상 16세 미만 아동 · 청소년에 대한 간음 등) ① 19세 이상의 사람이 13세 이상 16세 미만인 아동 · 청소년의 궁박(窮迫)한 상태를 이용하여 해당 아동 · 청소년을 간음하거나 해당 아동 · 청소년으로 하여금 다른 사람을 간음하게 하는 경우에는 3년 이상의 유기징역에 처한다.
>
> ② 19세 이상의 사람이 13세 이상 16세 미만인 아동 · 청소년의 궁박한 상태를 이용하여 해당 아동 · 청소년을 추행한 경우 또는 해당 아동 · 청소년으로 하여금 다른 사람을 추행하게 하는 경우에는 10년 이하의 징역 또는 1천 500만 원 이하의 벌금에 처한다.

신설된 규정에 따르면 가출 청소년 등 경제적 혹은 정신적으로 어려운 형편에 처한 아동 및 청소년의 상태를 이용해 성관계를 맺는다면 합의하에 관계를 맺었다고 하여도 처벌 받게 된다.

③ 혐의 입증의 곤란함(문제점)

형법상 강간, 유사강간, 강제추행은 폭행 또는 협박을 그 구성요건으로 하고 있기 때문에 입증이 쉬운 반면, 그루밍 성범죄는 물리력 행사 없이 피해자가 심리적으로 지배된 상황에서 발생한 문제이기 때문에 혐의 입증이 곤란하고, 형사 사법체계상 입증의 책임은 검사에게 있고 재판과정 내에서 피해자가 궁박함을 입증해야 하는 구조가 문제가 되고 있다. 또한 아동·청소년이 궁박하지 않은 상황이라면 성추행하더라도 처벌하기 힘들다는 문제도 있다.

④ 미성년자 의제 강간 처벌 나이 상향 조정

19세 미만 아동·청소년 성폭력 상담 사례에 따르면 고등학생(26.5%), 중학교(44.1%), 초등학교(29.4%) 이 중 43%가 그루밍 성범죄의 피해자라고 한다. 우리가 아동·청소년의 성을 보호한다는 성보호 관점에서 봤을 때 판단 능력이 부족하여 성관계에 대해 책임질 수 없는 청소년이 사회적이나 가족들로부터의 지지 기반이 부족한 상태에서 성적 착취를 당하는 경우가 많기 때문에 아동·청소년의 성보호를 위해서는 의제강간의 연령을 13세에서 16세로 올리는 것이 필요하다.

계기	여중생을 수차례 성폭행하고 임신시킨 40대 남성, 가출을 유도해 한 달여간 동거하며 임신시킨 남성, 중학생을 가장해 여중생과 만나면서 성관계를 하고 나체를 촬영한 대학생 사건
찬성론	미성년자인 아이들의 성을 보호하기 위해 기준 연령을 상향해야 한다. * 미성년자의 성을 보호하기 위해 의제강간죄 처벌 가능 나이를 현행 13세에서 16세로 상향하여 성관계에서 동의나 합의 여부와 상관없이 처벌하자는 입장이다.
반대론	청소년의 성적 자기결정권과 악용될 소지가 있다. * 16세로 기준연령을 높일 경우 13세 이상 16세 미만의 미성년자들끼리 서로 동의하에 스킨십이나 성관계를 했더라도 처벌 대상이 될 수 있기 때문에 충분한 검토가 필요하다는 입장이다.
외국의 사례	의제강간죄 연령은 한국과 일본, 스페인 등은 만 13세 미만이지만 독일, 이탈리아, 중국 등은 만 14세, 프랑스와 스웨덴 등은 만 15세, 미국 대부분의 주와 영국, 호주 등은 만 16세가 기준이다.
사회적 합의가 필요	법으로 보호하고자 하는 청소년의 발달 수준 및 심리, 성 인지 능력 등에 대한 자료를 충분히 검토한 후 사회적 합의를 토대로 연령 기준 및 상향 여부를 판단해야 하며, 무엇보다 아이들의 올바른 판단을 위한 실질적인 성교육이 선행되어야 한다.

7. 성범죄 관련 문제점

① 성범죄 처벌 규정 혼선

성범죄 처벌 규정은 큰직한 성범죄 사건이 발생할 때마다 관련 법이 개정되면서 처벌 형량이 다른 범죄에 비해 지나치게 비대해졌다는 지적이 제기되었다. 예를 들어 성폭력범죄의 처벌 등에 관한 특례법상 특수강도강간의 형량은 '사형, 무기징역 또는 징역 10년 이상'으로 형법상 살인죄(사형, 무기징역 또는 징역 5년 이상)보다도 높다.

② 성범죄 관련 법률의 혼선

현행 성범죄 관련 법규는 성인 대상 범죄는 형법, 13~18세 대상 범죄는 아동 · 청소년의 성보호에 관한 법률, 13세 미만 대상 범죄는 성폭력범죄의 처벌 등에 관한 특례법, 성매매 범죄는 성매매방지 및 피해자보호 등에 관한 법률 등 여러 법률로 나뉘어 있기 때문에 일반 국민들은 물론 일선 검사나 판사들이 실무를 처리할 때 법률을 적용하는 과정에서 실수하는 경우도 적지 않다.

09 | 청소년 보호(학교폭력)

1. 학교폭력 예방

전화신고	슬로건	온라인 신고	방문신고	마스코트
국번 없이 117 (24시간 무료 상담)	누르세요 117 멈추세요 117	안전 Dream 문자 : #0117 www.safe182.go.kr	경찰서 청소년계 (생활질서계)	"당당이, 지킴이"

① 안전Dream(아동 · 여성 · 장애인 경찰지원센터)

기존 실종아동찾기센터, 117학교 · 여성폭력 및 성매매피해자 긴급지원센터(117센터) 등 사회적 약자 대상 원활한 범죄에 대한 피해신고 접수와 신속한 구조활동을 지원하기 위해 관련 홈페이지를 '안전Dream'으로 통합하였다.

② 도란도란 학교폭력 예방 누리집

교육부가 운영 중이며, 학교폭력 예방 누리집, 학교폭력 신고, 대책, 인성교육, 상담 등을 안내하고 있다.

③ 학교폭력이란?

학교 내 · 외에서 학생을 대상으로 발생한 상해, 폭력, 감금, 협박, 약취 · 유인, 명예훼손 · 모욕, 공갈, 강요 · 강제적 심부름 및 성폭력, 따돌림, 사이버 따돌림, 정보통신망을 이용한 음란 폭력 정보 등을 말하며, 신체 · 정신 또는 재산상의 피해를 주는 행동 모두를 학교폭력으로 정의한다.

④ 학교폭력 마스코트 의미

학교폭력으로부터 청소년을 수호하며, 청소년들이 자유롭게 뛰어 놀고 공부할 수 있는 학교의 이미지를 시각화한 것이다.

밝은 미소로 표현된 남녀 마스코트는 학교폭력 예방으로 실현되는 즐거운 학교의 모습을 친근하게 나타내고 있다. 당당이는 학교폭력에 맞서 당당하게 대응할 수 있는 용기와 이를 통해 활기찬 학교생활을 하는 청소년들을 상징하고 있으며, 지킴이는 학교 안에서의 폭력으로부터 친구들을 지키는 청소년들의 우정과 의리를 상징하며 학교폭력 예방을 통해 지켜지는 청소년의 꿈을 상징한다.

⑤ 117 의미
한국의 자살률 1위, 청소년 흡연율 1위, 학교폭력으로 인한 자살률 7위

Append

청소년 은어

- 열폭 : 열등감이 폭발한다.
- 멘붕 : 멘탈붕괴
- 전따 : 전교생의 따돌림
- 까대다 : 대들다.
- 야자 : 야간자율학습
- 따돌이/따순이 : 따돌림당하는 아이

- 병맛 : 재미없다.
- 미존 : 미친 존재감
- 반따 : 반 전체의 따돌림
- 빡치다 : 열받다.
- 공따 : 공부를 잘해 따돌림한다.

- 문상 : 문화상품권
- 꿀리다 : 부족하다.
- 은따 : 은근한 따돌림
- 짝퉁 : 가짜
- 집따 : 집단 따돌림

사이버 불링(Cyber Bullying)

사이버 불링이란, 인터넷상에서 특정인을 괴롭히는 행동 또는 그러한 현상을 말한다. SNS를 통해 친구를 괴롭히는 것은 물론이고, 카카오톡 단체방에 초대하여 여러 명이 친구 한 명에게 심한 욕설을 하거나, 심지어는 피해 학생의 부모님을 욕하는 일도 서슴지 않는 가해 학생들로 인해 피해 학생들에게 카카오톡은 카톡감옥이라는 족쇄가 되어 버렸다.

2. 학교 교내 문제를 경찰이 단속을 해야 하는 이유(단속의 필요성)

학교폭력을 경찰이 단속해야 하는 이유는 학교폭력 피해 및 가해자의 연령이 낮고, 과거 단순한 신체 폭력에서 최근에는 언어 · 정신적 폭력으로 확대되어 고의 · 반복 · 지속적으로 잔인하게 이뤄지는 등 점차 청소년 범죄가 상상을 초월할 정도로 점점 성인화되기 때문이다. 범죄의 저연령화와 청소년 범죄율 증가, 범죄의 조직화 · 잔인화 · 성인화, 가출청소년 증가로 학교 밖 폭력이 심각해짐에 따라 더 이상 학교폭력은 학교 내의 문제가 아닌 사회적 문제로서 학교폭력을 예방하고 근절해야 할 때이다.

3. 학교폭력의 원인

① 개인적 문제

청소년기에는 도덕적인 결함이나 공격적 성향, 또는 충동적인 성격 등과 같이 개인적인 요인으로 인해 학교폭력이 발생한다. 자기 비하가 심한 학생, 혹은 자존감이 약한 학생들은 타인을 괴롭히고 상대방이 괴로워하는 것을 보며 쾌감을 얻는 경우가 있는데 그 과정에서 학교폭력이 심화되는 경우가 있다. 이는 본인의 행동에 대한 자제력이 부족하기 때문에 삐뚤어진 방식으로 열등감에서 벗어나 우월감을 표현하기 때문이다. 따라서 앞으로 학교폭력의 원인을 분석할 경우에는 학교폭력 가해자의 개인적 특성이나 성향을 함께 파악할 필요가 있다.

② 핵가족화와 맞벌이 부부 증가, 그리고 자녀 수의 감소로 인한 부모의 과잉보호(가정환경의 문제)

부모가 자녀를 지나치게 과잉보호한다면 아이는 자기중심적인 성향으로 자라 타인을 배려하는 능력이 부족할 수밖에 없게 되고, 자녀를 권위적인 태도로 양육한다면 아이가 소심한 성격으로 자라나거나 혹은 반대로 가정에서 억눌렸던 감정을 밖에서 마구잡이로 표출해내어 폭력적인 성향으로 자라게 된다. 학교폭력을 예방하기 위한 장기적인 방법으로는 자녀가 어릴 때부터 올바른 인성을 정립할 수 있도록 가정에서부터 올바른 방법으로 훈육해야 한다.
* 강력범죄자의 대부분이 가정환경에 문제가 있고 원만치 못한 학창시절을 경험함

③ 주변 환경적 요인

본인의 성격이 온순하고 내성적이라고 할지라도 함께 다니는 친구들이 폭력과 폭언을 일삼는다면 자신도 그렇게 변할 수가 있고, 반대로 폭력적인 성향이 있는 청소년도 부모님과의 친밀도를 높여 가정에 애착을 갖게 한다면 좋지 않은 환경에 노출되어도 충동적 행동을 억제할 수 있게 된다. 하지만 요즘에는 집단적 동조에 의한 압력도 무시하지 못한다. 자신은 타인에게 폭력을 가하거나 따돌리고 싶은 마음이 전혀 없는데 다수의 친구들이 그런 행동을 일삼는다면 혼자 도태되지 않기 위해 학교폭력에 가담을 하게 된다는 것이다. 또래로부터 소외되어 오히려 본인이 그 피해자가 될 것이 두려운 심리가 작용한 예라고 볼 수 있다.

④ IT 발달에 따른 변화

IT의 발달로 매스미디어를 통해 파급되는 선정적이고 폭력적인 콘텐츠 역시 학교폭력을 부추기는 원인으로 분석되고 있다. 스마트폰이 대중적으로 보급된 요즘, 학생들은 손바닥 위에 핸드폰을 올려놓고 그 어떤 콘텐츠든 자유롭게 이용할 수 있게 되었다. 그 콘텐츠들 중에는 청소년들에게 유익한 정보도 있지만, 유해한 정보도 다수 섞여있다. 선정적인 사진이나 잔인한 장면을 담은 영상 등 자극적인 정보들이 넘쳐나 학생들의 감정이 점차 무뎌지게 만드는 것이다. 이러한 자극적인 콘텐츠들은 친구들을 향한 폭언이나 학교폭력과도 연결되어 심각한 문제를 초래하게 된다.

도덕적 불감 현상을 근절하기 위해서는 청소년 유해콘텐츠 차단시스템이나 게임시간선택제 등의 프로그램들이 활성화되어 범국민적으로 학교폭력 예방을 위해 힘써야 한다.

* 셧다운제(12시 이후 접속차단), 쿨링오프제(게임 시작 후 2시간이 경과하면 자동종료)

⑤ 놀이문화의 부재

예전에는 자치기, 제기차기, 술래잡기, 구슬치기 등의 놀이를 하며 돈이 없어도 참여할 사람만 있으면 됐다. 하지만 지금의 놀이문화는 거의 돈이 없으면 아무것도 할 수 없고 청소년들이 문화 공간을 이용할 수 있는 장소가 있다 해도 대부분은 상업성과 어른들의 사행심을 위주로 하는 것들이 많다. 특히, 정보화 사회로 넘어 오면서 청소년들의 놀이도 만화방에서 PC방으로 놀이공간이 바뀌고, 오락 프로그램이 PC통신을 이용한 놀이가 주류를 이루게 되면서 자칫 잘못하면 주위의 유해환경에 빠지기 쉽게 되었다.

4. 학교폭력 예방 및 해결 방안

① 가해 학생에 대한 처벌 강화 및 피해 학생에 대한 지속적인 관심

학교폭력에 대해 처벌은 학교봉사 등으로 약하게 지정되어 있다. 물론 전학조치도 있지만 피해자 학생이 심하게 폭력을 받지 않은 이상은 그런 조치를 취하지 않는다. 또한 학교폭력을 당한 학생이나 주변 학우들이 학생부에 신고를 한다면, 신고자가 피해 학생이 아니더라도 가해 학생은 신고한 사람을 피해 학생으로 오인하여 피해 학생에게 더 심한 보복폭력으로 이어지기 때문이다.

② 역지사지의 개념을 통한 학교폭력 예방교육

단순히 가해 학생을 처벌하고 피해 학생이 겪는 고통을 보여준다고 해서 학교폭력이 예방되지는 않는다. 학교폭력의 근본을 찾아내고 그 근본을 이용한 원리로 교육을 해야 한다. 학교폭력을 해결하기 위한 근본은 바로 역지사지의 자세에 있다. '여우와 두루미'라는 이솝우화에서도 잘 보여주고 있듯이 서로의 마음을 이해해 주는 역지사지에 대한 동화나 캠페인 교육, 선생님과의 대화 등을 실시하여야 한다. 또 학교폭력 예방교육은 자신만의 정신세계가 형성되는 초등학생 때 실시하는 것이 가장 큰 효과를 낼 수 있다.

③ 가해 학생에 대한 교육

가해 학생을 전학시켜도 가해 학생이 달라지지 않는다면 전학의 의미는 사라지게 되고, 결국 퇴학까지도 이르게 되어 가해 학생의 폭력사태를 막을 방법 또한 없어지게 된다. 학교폭력을 근절하기 위해서는 피해 학생을 보호하는 것뿐만 아니라 가해 학생에 대한 폭력 예방교육이 필요하다. 만약 가해 학생이 죄책감으로 정신적 고통을 받고 있다면 피해 학생과의 대화로 벗어날 수 있도록 도와주어야 하며, 죄책감을 갖고 있지 않더라도 그 학생의 폭력행위를 고쳐주려고 노력해야 한다.

④ 역할에 따른 대처 방안

교사의 역할	무엇보다 따돌림이나 괴롭힘은 항상 발생할 수 있다는 경각심을 가져야 하고, '저 학생은 모범생이니 그런 행동을 할 리가 없다'와 같은 선입견에서 벗어나야 한다. 학년 초에 학교 폭력이 급증하고 있는 만큼 학생들과 함께 학교폭력에 관한 규칙을 선정하고 확인하거나, 정기적으로 학생들에 대한 면담 및 학교폭력 설문지 등을 통해 학생들 사이에 학교폭력이 존재하는지 평가하는 것도 필요하다.
학교의 역할	학교폭력의 문제는 단순히 가해 학생과 피해 학생 간의 문제가 아닌, 사회·환경적 요인에 의해 많은 영향을 받는 문제인 만큼, 교사, 교직원, 학생, 학부모 모두가 함께 학교폭력 예방을 위해 노력하는 것이 중요하다. 해당 학교는 학교폭력에 대해서 무관용 원칙의 방침을 내세워 학교폭력을 예방할 필요가 있으며, 교사와 학생들을 대상으로 학교폭력에 대한 교육을 정기적으로 시행해야 한다. 그리고 가정통신문이나 부모교육 등의 기회를 만들어 학부모와 유기적으로 소통하고, 학부모의 참여를 유도하는 것이 강구되어야 한다.
학생의 역할	학생 스스로 누군가의 좋은 친구가 되도록 노력해야 한다. 좋은 친구가 되기 위해서는 다른 친구들이 싫어하거나 가해 학생의 표적이 될 수 있는 말과 행동을 평소에 고치려는 노력이 필요하다.
부모의 역할	가정에서도 교육이 중요한 만큼, 가정에서 부모들은 무엇보다 자녀가 자신감을 가질 수 있도록 도와주는 것이 필요하다. 이때 부모들은 아이들의 자신감이 저절로 생기는 것이 아니라, 격려를 통해 생기는 것이라는 것을 이해해야 한다. 가정에서 욕설이나 비속어를 절대로 사용하지 않고, 자녀를 힘과 폭력으로 다루지 않아야 한다. 대신 자녀의 잘못된 행동에 대해서는 훈육하되, 자녀의 감정에 잘 공감해 주는 것이 필요하다. 부모 스스로가 약자에 대해 배려하는 모습을 솔선수범해서 보여주는 것도 중요하다. 무엇보다도 부모는 '약한 친구를 놀리는 것은 부끄러운 행동이며, 도움을 요청하는 것은 고자질을 하는 것과는 다르다'는 사실을 자녀들에게 교육해야 한다.

5. 학교폭력의 피해 학생과 상담 시 대응수칙

① 공감하기

어려움을 스스로 털어놨을 때는 일단 수용하며 편견 없이 들어주고, 적극적으로 반응해 주는 것이 매우 중요하다. 특히 잘잘못을 따지지 말고 피해의 사실, 아픔, 상처에 깊이 공감해야 한다.

② 학교폭력의 원인을 피해 학생에게 찾으면 안 된다.

따돌림과 폭력을 당한 피해 학생에게도 원인이 있다고 생각해서는 안 된다. "너한테도 문제가 있으니 당하는 거 아니니?"와 같은 말은 심리적 위축과 자존감을 저하시킨다.

③ 물증 확보하기

피해를 증명할 수 있는 사진, 이메일, SNS, 동영상, 문제 등을 수집하여 피해사실을 명확히 해야 한다.

6. 경찰의 학교폭력 처리절차

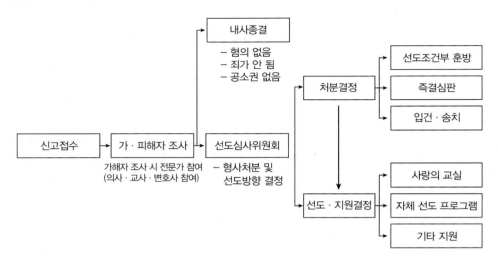

* 사랑의 교실은 폭력, 절도 등 범죄나 비행으로 인해 경찰조사 단계에 있는 청소년들을 선도하여 비행 재
발을 방지하기 위한 것으로 소년범 특성을 고려한 경찰의 맞춤형 선도프로그램이다. 올바른 청소년상을
재정립하는 데 그 취지를 두고 있다.

① 선도심사위원회란?

소년(만 14세 이상 19세 미만)의 죄질이 경미하여 훈방 · 즉결심판이 필요한 사건을 대상으로
외부 전문가가 참여하여 소년범의 사안에 따른 처분 및 선도방향을 결정함으로써 맞춤형 대응
체계를 구축하는 제도이다. 훈방으로 결정이 나면 경찰서의 선도프로그램만 이수한 뒤 아무런
제재 없이 사건이 종결되고, 즉결심판 결정이 나면 법원 즉결재판에 회부되게 된다.

② 학교폭력의 피해자 발생 시

신고접수 즉시 학교전담경찰관 · 지방청 수사팀에 연락하여 피해 학생을 방문하여 진술을 확
보할 수 있도록 취해야 하며, 지방청 수사팀에서는 학교 측에 통보하여 가해 학생과 피해 학생
을 분리조사해야 한다.

차쌤의 Tip

학교폭력 가해 학생과 피해 학생 조사 시에는 학교장에게 미리 통보를 해야 하고, 정복이 아닌 사복 차
림으로 독립된 장소에서 조사를 실시해야 한다.

③ 학교폭력으로 인한 추가 사고 발생 시 조치요령

학교폭력으로 인해 자살을 기도한 학생의 경우 신고접수 즉시 학교전담경찰관 · 지방청 수사
팀 · 117상담사가 피해 학생을 방문할 수 있도록 조치를 취해야 하며, 피해 학생 및 학부모 상
담을 통해 자살 의욕을 억제시켜야 한다.

7. 학교폭력 근절을 위한 노력

① 학교전담경찰관(School police officer, SPO)의 역할 : 1인당 10.3개교 담당
  ㉠ 학교전담경찰관 근거규정 : 학교폭력 예방 및 대책에 관한 법률 제20조의6
    • 주기적인 학교 방문 및 학생과 교사 면담
    • 교내 폭력서클 현황 파악
    • 117 홍보 및 학교폭력 대응요령 안내
    • 가해자 대상 선도프로그램
    • 위기청소년 발굴 및 지원활동
    • 청소년 유해환경 정화(청소년 출입 및 고용 금지 업소 단속)
  ㉡ 소년범 중 학교 밖의 청소년 비율이 40%가 넘는 등 고위험 청소년에 대한 발굴과 관리가 필요함에 따라 학교전담경찰관을 통해 학교나 가정 밖 청소년을 발굴하고 지원하는 맞춤형 발굴활동을 전개하여 지원하고 있다.

② 학교폭력 전담경찰관(School Police Officer)의 필요성
  학교폭력의 흉폭화는 성인범죄에 뒤지지 않을 정도이다. 교내 폭력 · 서클(Circle)의 왕따 만들기, 집단 괴롭힘, 담배셔틀 등 집단 괴롭힘에 시달리는 피해 학생들이 학교마다 적지 않으며, 피해 학생은 물론이고, 그 가족들도 엄청난 정신적 고통에 시달리고 있다. 도저히 폭력의 굴레에서 벗어날 수 없는 어린 피해 학생들은 스스로 목숨까지 끊는 안타까운 사건이 수시로 발생하고 있는 것이 현실이다. 학교폭력은 학교 내의 문제가 아닌 사회 전체의 문제로 자리하고 있고, 학교 행정만으로는 학교폭력에 효율적으로 대처하기 힘든 상황임을 인식해야 하며, 학교폭력에 시달리고 있는 많은 피해 학생들이 견디기 힘든 고통에서 하루 빨리 벗어날 수 있도록 학교폭력 업무만을 담당하는 경찰관이 필요하다.
  현재 추락한 교권으로 아이가 잘못을 해 선생님이 나무라면 학부모가 이를 따지는 경우가 다반사다. 사정이 이렇다 보니 일부 선생님은 아예 학교폭력 문제에 깊이 관여하기보다는 방관하는 경우가 많기 때문에 학교폭력을 예방하고 비행 청소년을 막기 위해서는 학교전담경찰관의 역할이 매우 중요하다.

8. 학교폭력의 해결 방안

학교폭력 문제의 출발과 해결의 답은 학생들에게 있다. 지금의 학교폭력은 더 지능적이고 상당히 심각한 문제를 안고 있다. 신체적 폭력이 아니라 심리적, 언어적, 사이버 폭력 등으로 변하고 있어 이에 맞는 대응 방법을 찾아야 한다. 늘 해오던 지금의 대책으로는 부족하며 사회 전체가 나서서 새로운 노력과 관심을 가져야 한다. 학교폭력 예방을 위해서는 안정적인 가정생활을 지켜나가야 한다. 또 이 문제의 근본적인 해결을 위해 가정과 학교, 사회가 모두 함께 나서 의논해야 한다.

근본적인 문제 해결을 위해서는 각자의 가정에서 안정된 가정생활을 영위하며 우리나라 교육의 문제점인 시험 위주, 평가 위주의 교육에서 탈피해 인성교육을 더 강화해야 한다고 생각한다.

시험 위주, 평가 위주의 교육은 경쟁력을 부추기고 또 다른 학교폭력을 야기할 수도 있다. 교육의 방법론을 바꿔야 학교폭력을 근본적으로 해결할 수 있다. 다양한 교육의 긍정적, 부정적 방법 등을 종합적으로 모아 체계적인 검토 및 점검, 보완을 해야 한다. 또한 학교폭력을 해결하기 위해 가장 중요한 방법은 학생 스스로 고쳐 나가는 것이다. 이를 위해서는 학교 내에 학생들의 선도위원회활동을 강화해 학생 스스로 학교폭력을 예방하려는 자체적인 노력이 필요하다.

10 | 청소년 보호를 위한 노력

1. 청소년범죄예방 활동

① 청소년 경찰학교 운영

학생들의 눈높이에 맞는 체험형 예방교육으로 전국 50여 개(17년 기준) 경찰서에서 운영 중이다. 청소년 경찰학교는 학생들이 학교폭력의 심각성에 대한 공감하고 경찰 역할을 이해할 수 있도록 범죄예방교육, 가해자 · 피해자 역할극, 과학수사 등과 같은 경찰 체험, 심리상담 등의 프로그램으로 구성되어 있다.

② 명예경찰소년단 운영

경찰과 학교의 유기적인 협조하에 학생 스스로가 각종 범죄 및 제반사고로부터 자신을 보호할 수 있는 능력을 배양하고 교통질서 등 기초질서를 준수해야 한다는 의식을 함양시키기 위해 초 · 중학생을 대상으로 운영하고 있다. 명예경찰소년단은 왕따 피해 학생과 '친구맺기'를 통해 소외감을 해소하고 학교생활에 적응할 수 있도록 도와주는 등 '또래지킴이' 활동을 통한 자발적인 학교폭력 방어자로서 역할을 담당하고 있다.

③ 범죄예방교실 운영

초중고 학생을 대상으로 경찰관이 각급 학교에 방문하여 청소년의 비전을 제시하고 청소년들의 비행을 예방하기 위한 교육을 실시하여 청소년 비행이 미래에 끼치는 불이익에 대해 자각할 수 있도록 하여야 한다.

④ 위기청소년

위기청소년들이 범죄에 노출되지 않도록 채팅 앱 등을 이용한 성매매사범을 집중 단속하고 있다.

2. 여성 · 청소년 수사역량 강화

① 여성청소년수사팀 내 여성 배치

여성청소년수사팀 내 여성경찰관의 배치를 추진하여 사회적 약자를 보호하기 위한 전담 인력을 확대함으로써 보호안전망을 강화하였다. 가정폭력 및 학대위기가정의 모니터링 예산 및 가해자와 피해자를 분리하기 위한 시설 등과 같이 여성청소년 소관 범죄 수사 시 필요한 인권보호 시설을 위해 예산을 확보하여 재정적 기반도 함께 구축하였다.

② 전문가 양성

성폭력 수사 전문과정, 여성수사실무, 아동장애인조사기법 교육을 통해 성폭력 피해자 조사기법 및 피의자 추적 기법을 습득하도록 하는 등 여성 · 청소년 수사역량 강화를 지속적으로 추진하는 한편, 해바라기센터 수사관들을 대상으로 하여 아동 · 장애인조사기법(NICHD기법)에 대해 단계별로 체계화된 전문 교육 등을 실시함으로써 동료 전문가를 양성하였다.

3. 청소년 재범률을 낮추기 위한 방안

① 비행의 원인을 규명하는 것이 필요

소년범의 경우 단순히 비행의 구성요건 파악을 통한 사법 당국의 낙인이나 일률적인 접근이 아닌 좀 더 구체적이고 정밀한 접근이 필요하다. 그들의 심리 및 특성을 이해하고 선도를 행해야 하며, 청소년의 성향 및 환경, 기타 비행의 원인을 정확히 규명해야 그들을 이해하고 교화시켜 소년범의 재범률을 낮출 수가 있다.

② 유해환경 정화

과학적 지식과 방법을 통한 조사와 분석을 통해 유해환경을 정화시켜 청소년들이 올바르게 자라나 사회 활동을 할 수 있도록 지도하고 보호하여야 한다.

Append

청소년 유해환경
- 만화방, 편의점, 비디오 감상실, 무도장, 숙박업소, 유흥시설
- 청소년보호법 위반

유해환경 개선을 위한 스마트폰 중독 방지 어플 '스마트보안관'
인터넷 강국인 대한민국에서는 청소년들이 무분별한 스마트폰 사용으로 인하여 게임, 음란물에 쉽게 노출이 될 뿐 아니라 아직 미성숙한 자아가 형성되기 전에 과도한 스마트폰의 사용으로 의존력이 약화 되어 금단, 갈망으로 이어지게 된다. 스마트보안관 앱은 스마트폰을 통해 유해정보에 노출이 되는 것을 최소화하고 보다 올바른 정보를 이용할 수 있도록 다양한 서비스를 제공한다.

③ 청소년 보호를 위한 사회적 안전망이 필요

　　방임된 청소년들은 아동학대의 대상자나 가정폭력으로 인해 심리적으로 끌려 갈 수밖에 없는 상황이다. 따라서 그들을 보호할 수 있는 청소년에 대한 복지와 함께 가해자에게는 강력한 처벌로써 청소년들을 대상으로 하는 범죄의 재범을 방지할 수 있도록 법 개정이 필요하다.

④ 선도심사위원회 운영

　　소년범에 대한 처분 여부를 결정한다(훈방 · 즉결심판 청구 · 입건송치).

⑤ 청소년 교육 프로그램

사랑의 교실	청소년 상담복지센터 등 전문 단체와의 연계 및 청소년 상담사 등 전문가가 진행하는 집단 상담 · 미술치료 · 법 교육 등과 같은 선도프로그램
자체 선도프로그램	학교전담경찰관이 지역사회의 전문가 및 경찰치안시스템을 활용하여 진행하는 경찰 체험 및 선도프로그램
표준 선도프로그램	정신과 전문의 · 임상심리사가 진행하는 자기 통제 및 인간관계 형성프로그램

⑥ 청소년 사회봉사프로그램에 대한 보완책이 필요

　　피해자의 고통과 사회에 준 피해만큼 사회에 보상한다는 의미의 사회봉사프로그램이 필요하다.

Append

죽마고우(죽을 만큼 마음씨 고운 우리) 선도프로그램

　　재범 방지를 위해 청소년의 특성을 고려한 개별 맞춤형 프로그램으로 인천 계양경찰서에서 실시하고 있다. 자신의 행동을 반성하고, 건전한 인성을 갖추도록 선도해 재범을 방지하기 위해 소년범과 학교전담경찰관뿐만 아니라 범죄 심리사와 함께 1:1 면담 및 미술치료 상담, 풍선아트 전문가로부터 풍선 만들기, 복지시설 봉사활동 등과 같이 다양한 활동을 하며, 학생들의 성향과 재범가능성을 파악하여 소년범에 대한 재범률을 낮추기 위해 지역사회가 함께 관심을 가지고 있다.

4. 청소년 조사 시 유의 사항

　　경찰은 청소년을 처벌의 대상이 아닌 보호의 대상으로 인식할 수 있도록 서로 간의 존경과 신뢰를 획득하는 것이 무엇보다 중요하다. 또한 청소년이나 보호자가 요청할 때에는 경찰관이 직접 가정이나 학교로 방문하여 조사를 해야 하며, 가급적 공개 소환을 피해야 한다. 필요에 따라 현장을 조사할 때에는 사복을 착용해야 하며, 면담 시간은 최소한도에서 실시하되, 수업 중이나 야간 시간대는 피해야 한다.

5. 청소년범죄에 대한 생각

오늘날 청소년 비행문제가 생기는 근본적 요인은 자아정체감을 확립하지 못한 청소년들이 많다는 데에 있다. 바른 인성교육을 통한 생활지도로 청소년들이 자아에 대한 바른 이해와 정체감을 확립시켜주고 올바른 사회인으로 성장할 수 있도록 학교, 가정, 지역사회가 함께 노력해야 한다. 어려서부터 부모로부터 자주 매를 맞거나 구타당한 적이 있는 아동은 비행행위를 저지를 확률이 높은 만큼, 아동학대를 하거나 훈육을 포기한 부모에 대해서는 친권을 잠시 제한하고 부모를 대신하여 아이들을 학교에 보내며 방과 후에는 다양한 상담 프로그램을 통해 정상적인 사회화 과정에 집중할 수 있는 분위기를 조성해야 한다. 예를 들어 창원지법에서 개설한 '청소년 회복센터' 등과 같이 청소년 복지시설을 많이 만들어서 이 시설의 근무자나 자원봉사자들이 청소년들의 대리부모와 대안 가족의 역할을 수행하여 그들의 상담과 재활에 도움을 주어야 한다.

학생들의 일탈이 점차 집단화되고 일상화되고 있는 것에 대해 현장 교육자들뿐만 아니라 학부모와 학생들 스스로도 위기의식을 느껴야 한다. 학교 내에서의 교사폭행, 집단폭력, 약물사용, 가출, 성폭력, 집단 따돌림, 학습의욕상실 등 소위 학교붕괴의 현상들은 이미 오래 전부터 내재되어 있던 우리 학교교육의 구조적 모순이 표출된 것이라고 볼 수 있다. 학교에서 학생의 부적응은 비행과 밀접하게 관련되어 있으며, 전인교육을 위해서는 학교수업에만 치중할 것이 아니라, 학생들이 직면하는 개인적이고 특수한 문제에 관심을 가지고 지도할 수 있는 카운슬러 역할을 수행하는 전문가의 교육 및 육성이 필요하다.

11 | 가정폭력

1. 가정폭력의 정의

가정폭력으로 상해, 폭행, 유기, 학대, 아동혹사, 체포, 감금, 협박, 명예훼손, 모욕, 주거·신체수색, 강요, 공갈, 재물손괴 및 아동구걸 강요 등 이 중 어느 하나에 해당하는 죄를 말한다.

2. 가정폭력사건의 처리

① 현장에 출동한 경찰관의 조치
- ㉠ 폭력행위의 제지 및 분리, 범죄수사
- ㉡ 피해자를 가정폭력 관련 상담소 또는 보호시설로 인도(피해자의 동의 필요)
- ㉢ 긴급치료가 필요한 때에는 의료기관에 인도
- ㉣ 가정폭력의 재발 우려가 있는 때에는 임시조치를 신청할 수 있음을 통보

② 가정폭력사건의 처리

가정폭력사건은 일반형사사건 처리와는 달리 담당 경찰관이 가정폭력범죄로서 사건의 성질·동기·결과·행위자의 성행 등을 고려하여 보호처분이 상당하다고 인정할 때에는 그에 대한 의견을 밝혀 사건을 가정보호사건으로 검찰에 송치하게 되며, 가정보호사건으로 법원에서 최종 처리될 경우 형사처분 대신 보호처분하게 되고 전과기록은 남지 않는다. 하지만, 그 정도가 심각한 수준이거나 보호처분을 위반할 경우 검사 또는 법원으로 재송치 후 형사처벌되고 전과기록이 남게 된다.

③ 현장출입 및 조사권(가정폭력 방지 및 피해자 보호 등에 관한 법률)

가정폭력 신고에 따라 출동한 경찰관은 가해자가 문을 열어 주지 않더라도 직접 현장에 출입하여 피해자의 안전을 확보하고 폭력피해 상태 등을 조사할 수 있다.

※ 가정폭력 현장에 출동한 경찰관의 조사를 방해하는 행위는 500만 원 이하의 과태료가 부과된다.

④ 피해자 보호팀(여성청소년과 수사팀)

가정폭력사건 발생 시 기존에는 일반 형사사건과 같이 지구대·파출소 경찰관을 출동시켰지만 현재는 사건 발생 초기부터 전담 경찰관을 파견해 피해자의 심리상태까지 파악하는 등 전문적인 지원을 하고 있다.

3. 가정폭력 대처 방안

① 학대예방경찰관 배치

학대예방경찰관(구 가정폭력전담경찰관, Anti-abuse Police Officer, APO)은 가정폭력, 아동·노인학대 등과 같은 사건의 예방 및 수사 연계, 사후 관리 등을 총괄하고, 학대 전반에 대한 현장 컨트롤 타워로서의 역할을 수행하고 있다(2017년 기준 전국 334명).

② 가정폭력 삼진아웃제(구속수사를 원칙)

㉠ 최근 1년 이내 가정폭력으로 3회 이상 입건한 자

㉡ 피해자가 처벌을 원하고 흉기 등을 이용하여 상해를 가한 피의자

㉢ 불기소 가정보호사건 송치 처분 등을 포함해 3년 이내 2회 이상 가정폭력범죄로 입건된 사람

③ 가정폭력 솔루션팀

가정폭력 솔루션팀은 가정폭력 문제를 해결하고자 만들어진 것으로 민간·행정·경찰 합동으로 법률, 의료, 상담, 재정 등 지원활동을 전개하는 팀이다.

④ 재발 우려 가정 일제 모니터링

가정폭력이 우려되는 가정에 대해서 일제 모니터링을 실시하여 임시조치, 보호처분, 피해자 보호명령 등의 이행 여부를 확인하여 재발 방지와 피해여성 보호를 위해 노력하고 있다. 모니터링 중 발견한 위기여성에 대해서는 지역단체와 협업을 통해 경제·법률·의료 지원을 한다.

⑤ 전수합심조사 도입

가정폭력사건을 보다 세밀하게 관리하기 위해 전일 발생한 모든 가정폭력 신고사건에 대해 처리의 적절성을 검토하고 추가 조치를 논하는 전수합심조사를 실시하고 있다.

4. 가정폭력 피해자지원제도

① 피해자 보호명령제도

피해자 안전을 확보하기 위해 형사절차와는 별개로 피해자 또는 법정대리인이 직접 법원에 피해자 보호명령을 청구하면 법원은 피해자 보호조치를 결정할 수 있다.
㉠ 주거 또는 점유하는 방실로부터의 퇴거 등 격리
㉡ 주거, 직장 등에서 100미터 이내의 접근금지
㉢ 전기통신을 이용한 접근금지
㉣ 친권자인 가정폭력 행위자의 피해자에 대한 친권행사의 제한

② 경찰의 긴급임시조치

현장에 출동한 경찰관은 가정폭력범죄의 재발 우려가 있거나 긴급을 요하는 경우, 법원에 별도의 임시조치 결정을 받을 수 없는 경우에는 가정폭력 가해자에게 피해자의 거주지로부터 퇴거 및 격리, 피해자 거주지 또는 직장 등에서 100m 이내 접근 금지, 통화 및 우편물을 통한 접근 금지 등과 같은 긴급임시조치를 취할 수 있다.

③ 경찰의 긴급임시조치에 대한 문제점

현행법상 가정폭력 현장에서 경찰이 개입할 수 있는 것은 피해자와 가해자를 격리시키고 이후 긴급보호조치나 보호조치를 신청하는 것이 전부이다. 현행 가정폭력범죄의 처벌 등에 관한 특례법상 긴급임시조치를 위반할 경우에는 300만원 이하의 과태료를, 임시조치를 위반할 경우에는 500만 원 이하의 과태료를 부과하고 있지만 현행법상 실효성이 없다. 이에 실효성을 높이기 위해 (긴급)임시조치 위반 시에는 형벌 또는 유치장 유치 규정을 마련 중에 있다.

피해자 임시숙소 제도

가정폭력범죄는 가해자와 피해자가 함께 사는 범죄이다. 때문에 가정폭력 피해를 당하더라도 신고를 꺼리는 경우가 많다. 따라서 가정폭력 피해자에게 거주할 수 있는 숙소의 제공은 필수적이므로 피해자 임시숙소 제도가 시행되었다. 지원대상은 가정폭력 피해자로서 조사를 마친 후 긴급쉼터 등 보호시설로 연계가 곤란한 피해자 중 임시숙소가 필요한 사람이다. 이는 가정폭력 피해자가 사건 처리를 원하지 않는 경우에도 가능하다. 경찰관서에서 선정한 숙박업소에서 단기간(1~5일)의 숙박비용을 지원한다.

② 해바라기센터(의료지원)

성폭력·가정폭력·학교폭력 피해자들을 보호하기 위해 365일 24시간 동안 상담, 수사·법률, 의료, 심리치료 서비스를 받을 수 있는 기관으로 여성가족부의 지원을 통해 지방경찰청, 병원과의 협약으로 운영되고 있다.

③ 여성전화 1366

가정폭력 방지 및 피해자 보호 등에 관한 법률에 의해 가정폭력 피해여성은 1366을 통한 365일 24시간 상담이 가능하다. 가정폭력 피해자의 경우 1차로 긴급 상담하고 의료기관이나 전문 상담기관까지 서비스를 연계해준다.

다문화 가정폭력 근절 방안(영암 다문화 가정폭력사건)

• 결혼이민자에 대한 사회적 인식의 개선이 필요하다.
• 가정폭력 예방교육을 통한 폭력 관련 정보를 인지시키기 위해 찾아가는 예방교육을 실시한다.
• 경찰에 대한 막연한 두려움 때문에 가정폭력 피해자들이 경찰관에 적극적인 도움을 요청하지 못한다는 점을 착안하여 적극적인 홍보활동(앱이나 자국의 책자 교부)을 통하여 치안사각지대를 줄여나가야 한다.
• 외사특채로 선발되는 인원을 늘려 가정폭력 피해자의 인권을 보호해야 한다.
• 다문화 가족 방문교육 서비스 연장
현재는 최초 입국 5년 이하의 결혼이민자에게는 1회만 제공되고 있으나 기간이 짧아 한국 적응에 어려움이 있어 3회로 방문교육을 확대 제공하여 결혼이민자가 한국사회에 조기 적응할 수 있도록 개선이 필요하다.
• 국제결혼 안내 프로그램 이수 면제 대상의 범위를 축소
내국인 배우자가 외국인 배우자 국가의 제도·문화·예절 교육 및 인권 교육을 결혼 5년차까지 매년 의무적으로 이수할 수 있도록 제도적인 개선이 필요하다.

- 다문화 가족 자녀와 외국인 등록 자녀에 대한 교육을 제도적으로 강화

  미국의 경우 헤드스타트 사업은 미국 내에 있는 모든 외국인에 대해서 무상으로 교육이 제공되고 있어 사회 적응력을 키우고 있는데 반해 우리나라의 경우 다문화 가족은 한국 국적을 취득한 이후 교육이 시작되고, 외국인 등록 자녀는 자부담으로 하다 보니 적당한 시기에 교육이 이루어지지 못해 언어와 글을 터득하는 데 한국 학생보다 3배의 비용이 들고 있으며 의사표현이 한국 학생보다 어렵다 보니 불안한 청소년기를 보내 저소득으로 전락하는 경우가 되기도 한다.
- 가정폭력사건 접수 시 초기 대응 단계부터 신변보호조치, 해바라기센터 및 다문화센터와 연계하여 적극 지원

5. 가정폭력의 원인

① 분노조절 장애

어려서 폭력과 학대를 경험한 사람들은 성인이 된 후에 자녀 및 배우자를 학대하는 경향이 있다. 가정폭력가해자는 뚜렷한 이유도 없이 트집을 잡고 느닷없이 화를 벌컥벌컥 내며, 죽이거나 때리겠다고 말로나 흉기를 가지고 위협하고 무서운 인상을 쓰면서 욕을 하기 때문에 배우자와 아이들은 언제나 마음이 조마조마하고 늘 하던 일인데도 일일이 가해자의 허락을 맡고 살아가는 모습을 보이게 된다.

② 의사표현 능력 부족

가부장적 생각에 기반한 가정폭력 가해 남성들은 분노 외의 다른 감정들을 인식하고 표현하는 것을 매우 힘들어 한다. 그러므로 불안, 공포, 좌절, 때로는 사랑의 표현도 때때로 한 가지 방식인 폭력적인 분노로 표현될 때가 많다.

③ 정서적 의존

가정폭력 가해자들은 대부분 배우자나 친한 상대방에게 정서적으로 의존하는 경향이 크다. 그들이 가진 극도의 의존성은 보호, 안전, 끊임없는 확인을 요구하는 것으로 표현이 된다. 그들은 마음속 깊이 배우자를 잃을지도 모른다는 두려움을 품고 있다. 그리고 그들은 자신이 배우자를 의존하고 있는 것에 대해 마음속으로 분노하여, 결과적으로 힘을 과시하고 자신의 약함을 부정하기 위해서 통제력을 행사한다. 불신과 강한 질투심으로 배우자의 모든 행동을 의심하고 심지어 배우자를 지나치게 통제하여 손아귀에 넣으려 하는 나머지 배우자의 일거수일투족을 감시·조사한다.

④ 알코올과 약물 중독

가정폭력 가해자들은 종종 약물 남용이나 알코올 남용의 문제를 가지고 있다. 가정폭력 가해 남성의 약 70%가 알코올을 자주 남용한다는 사실이 보고되었다.

⑤ 사회적 고립이나 경제적 문제

사회적 고립이나 신체적 고립이 배우자 간의 심각한 폭력행위를 야기하기도 한다. 또한 실직이나 임시고용 등 경제적 스트레스를 받는 사람들은 자신의 불안과 분노, 원망의 감정들을 배우자 학대로 푸는 경향을 보이기도 한다.

⑥ 비현실적인 희망

가정폭력 피해자 대부분은 자신의 결혼생활에 가치를 두고 배우자와의 깊은 관계에 얽힌다. 고통을 받으면서도 그들은 여전히 배우자를 사랑한다. 또 어떤 사람들은 배우자를 자신이 책임져야 한다고 생각하고 배우자에게 자신은 꼭 필요한 존재라고 믿으며 끝까지 참고 견디면 상황이 결국 좋아지리라고 믿는다. 가해자들은 매번 다시는 안 그러겠다고 약속한다. 피해자들은 그 말을 사실로 믿고 싶기 때문에 끝까지 그 희망에 매달린다.

⑦ 고립

남성으로부터 폭력을 당하는 여성은 흔히 가족과 친구, 주변 사회적 대인관계로부터 단절된 경우가 많다. 그들은 종종 남편이 집에만 있기를 원하기 때문에 친척과 친구들과의 만남을 피하고, 때로는 자진해서 고립되기도 하는데, 이는 가족과 자신이 학대받고 있다는 사실이 친구들에게 알려지는 것이 두렵기 때문이다. 때때로 누군가가 자기의 상황을 알아차리게 되어 남편의 격노를 불러일으키게 될까 두려워한다.

차쌤의 Tip

경찰에 신고하지 않는 이유 : 폭력이 심각하지 않다고 생각해서(29.1%), 집안일이 알려지는 것이 창피해서(26.1%), 배우자를 신고할 수 없어서(14.1%), 자녀 생각에(10.9%)

6. 가정폭력에 대한 생각

4대 사회악(성폭력 · 가정폭력 · 학교폭력 · 불량식품) 중에서 가장 집요하고 음성적이며 재발률이 높은 것은 바로 가정폭력이다. 가정폭력은 학교폭력이나 성폭력과도 서로 연관이 되어 있다. 가정 내에서 학대 받고 자란 아이들은 커서도 폭력 상황에 노출되기 쉽고, 폭력성이 세습될 수 있다는 우려가 있다. 가정폭력은 개인적 문제가 아닌 사회적 문제라는 인식하에 적절한 대처 방법을 아는 것이 중요하다. 여성긴급전화(1366)나 피해자보호명령제도 등 피해자를 보호할 수 있는 수단을 적극적으로 홍보하여 음지에서 자생하는 가정폭력이 조금이라도 줄어들기 바란다.

가정폭력 피해자들은 가해자가 형사처분을 받을까 두려워 신고를 하지 않는 경우가 많다. 또한 사회적으로도 개인의 가정사라는 안일한 생각 때문에 가정폭력은 다시 발생하게 된다. 하지만, 가정폭력은 단순히 가정 내 폭력으로 그치는 것이 아니라 아이들에게까지 대물림되고 나중에 아이들이 성장하여 더 큰 범죄로 이어질 확률이 높다. 그렇다고 해서 가정폭력이 발생했다고 곧바로 이혼하거나 강력히 처벌하는 것만이 최선의 해결책은 아니다. 가장 근본적인 해결책은 가족 구성원 간의 이해와 배려, 서로간의 의사소통을 증진시켜 가족 구성원들 간의 갈등을 줄여 나가는 것이다.

12 | 신상공개

1. 성범죄자 신상공개 및 우편고지제도

① 성범죄자 신상공개 및 우편고지제도란?

법원으로부터 신상공개 및 우편고지 명령을 선고받은 성범죄자의 신상정보를 전용 웹사이트(성범죄자 알림e)에 공개하고, 성범죄자가 거주하고 있는 지역(읍·면·동)의 아동·청소년 보호세대와 학교 등에 우편으로 정보를 제공하는 제도를 말한다.

② 신상공개 대상

  ㉠ 아동·청소년 대상 성폭력범죄를 저지른 자
  ㉡ 성폭력범죄의 처벌 등에 관한 특례법에 따른 성인 대상으로 성폭력범죄를 저지른 자
  ㉢ 13세 미만의 아동·청소년을 대상으로 성범죄를 저지른 자

목적	고위험 성범죄자에 대한 성범죄예방을 목적
열람 방법	사이트 '성범죄자 알림e'
공개 정보	성범죄자 성명, 나이, 주소 및 실제거주지(건물번호), 신체정보(키와 몸무게), 사진, 성범죄 요지(판결일자, 죄명, 선고형량), 성폭력범죄 전과사실, 전자장치 부착 여부
관리	• 신상정보가 등록된 성범죄에 대해서는 경찰관이 주기적으로 확인한다. • 유죄판결 확정일로부터 30일 이내 관할 경찰서에 신상정보(성명, 직업, 사진 등)를 제출해야 하며, 신상정보가 변경되었을 때는 변경된 신상정보를 20일 이내에 변경 신청해야 한다. • 신청한 신상정보는 경찰청, 법무부, 여성가족부가 공유하여 관리하고 있으며, 여성가족부는 모든 국민이 알 수 있도록 사이트(성범죄자 알림e)에 등록 관리를 하고 있다. • 성범죄자가 신상공개 대상이 되었을 경우 경찰은 6개월에 1회씩 등록대상자의 소재를 파악하며, 등록대상자의 소재를 20일 이상 파악할 수 없을 때는 추적수사를 한다.
취업 제한	10년 동안 청소년, 아동과 관련된 직업을 가질 수 없다.

2. 피의자 신상공개(흉악범 신상공개)

① 흉악범 신상공개

2010년 유영철·강호순 등 연쇄살인범의 검거를 계기로 특정강력범죄의 처벌에 관한 특례법이 개정되면서 흉악범의 얼굴과 실명을 공개할 수 있는 근거조항이 마련되었다.

흉악범 신상공개는 살인, 약취유인, 인신매매, 강간, 강제추행, 강도, 조직폭력 등의 범죄 중 사회적 파장이 크고 범행수법이 잔인하며 중대한 피해가 발생한 경우, 국민의 알권리를 보장하고 피의자의 재범방지와 범죄예방 등 공공의 이익을 위하는 경우에 한해 공개할 수 있다. 일반적으로 경찰서장을 위원장으로 하는 '신상정보공개심의위원회'에서 신상공개 여부를 결정하도록 되어 있다.

② 근거규정

신상공개는 특정강력범죄의 처벌에 관한 특례법 제8조의2에 근거해 만 19세 이상 성인에 한하여 적용된다.

특정강력범죄의 처벌에 관한 특례법 제8조의2(피의자의 얼굴 등 공개)

① 검사와 사법경찰관은 다음 각 호의 요건을 모두 갖춘 특정강력범죄사건의 피의자의 얼굴, 성명 및 나이 등 신상에 관한 정보를 공개할 수 있다.

1. 범행수단이 잔인하고 중대한 피해가 발생한 특정강력범죄사건일 것
2. 피의자가 그 죄를 범하였다고 믿을 만한 충분한 증거가 있을 것
3. 국민의 알권리 보장, 피의자의 재범방지 및 범죄예방 등 오로지 공공의 이익을 위하여 필요할 것
4. 피의자가 「청소년 보호법」 제2조 제1호의 청소년에 해당하지 아니할 것

② 제1항에 따라 공개를 할 때에는 피의자의 인권을 고려하여 신중하게 결정하고 이를 남용하여서는 아니 된다.

③ 부작용문제(2차 피해 우려)

㉠ 피해자 및 피의자 가족의 피해

㉡ 낙인효과로 인해 피의자의 가족이 자살하는 사건도 발생(헌법상 자기책임주의에 반할 위헌의 소지가 있음)하고 있다. 이는 현대판 연좌제로서 범죄 피해자뿐만 아니라 범죄자의 신상공개로 인해 고통 받는 그의 가족과 지인들의 삶이 많다.

* 범죄자의 주소지가 드러났을 때, 범죄자 거주지는 사실상 '혐오시설'로 인식되며 '님비(NIMBY) 현상'의 발생을 초래한다. 또한 공개대상 범죄자나 그의 가족들은 위협 등 물리적 폭행으로 인해 부상 및 재산손실 등의 해를 입기도 한다.

* 아동학대범죄나 성폭력범죄 피의자의 경우 신상공개를 제한하도록 되어 있음

신상공개에 대한 형평성 논란

신상공개된 사건	비공개된 사건	
	사건명	사유
제주도 남편살인사건(고유정)	경남 거제 폐지 할머니 살해	최초 상해치사 혐의 적용
한강 토막살인사건(장대호)	강서구 아파트 살인(전 부인 살해)	자녀의 신상 노출 우려
진주 방화·살인사건(안인득)	경기 의정부 사패산 등산객 살해	범죄 수법이 잔혹하지 않음
강서구 PC방 살인사건(김성수)	강남역 살인사건	우발적 범죄로 판단
어금니 아빠(이영학)	경기 평택 원영이 학대 살인	원영이 누나의 신상 보호

3. 신상공개에 대한 찬반론

① 신상공개 찬성론

 ㉠ 재범방지 및 범죄예방효과(경각심)

  범죄자의 신상정보를 공개함으로써 자신이 저지른 행위에 대하여 수치심을 느끼고 범죄에 대한 두려움을 가지도록 하여 앞으로의 범죄를 예방할 수 있는 효과를 기대할 수 있다.

 ㉡ 국민의 알권리 충족

  국민의 알권리를 통해 사회적 일탈행위를 경계하고, 도덕성을 강화하며, 추가 피해사실, 피의자 행적증거 제보를 통한 증거를 발견할 수 있다는 점에서 정당하다.

 ㉢ 피해자의 인권과 공익 보호 가치

  인권은 인간의 존엄과 가치를 지키기 위한 기본적 권리이지만, 인권 보호를 위해서는 자신의 권리뿐만 아니라 다른 사람의 권리를 존중하고 배려해야 한다. 또한 강력범죄에 대한 사회적 경각심 고취라는 공익 목적을 달성할 수 있다.

② 신상공개 반대론

 ㉠ 범죄예방 실효성이 미비

  범죄율과 신상공개 제도와의 연관성도 증명된 적이 없기에 범죄자 신상공개의 예방효과를 기대하는 것은 무리가 있다. 즉, 흉악범의 얼굴을 공개하는 식의 사회적 응징을 통해 흉악범죄가 줄거나 근절될 것으로 기대하기는 무리가 있다.

 ㉡ 2차 피해자 양산

  범죄자는 자신의 범죄에 대한 처벌이지만, 함께 살고 있는 동거인이나 아무 죄 없는 주변 사람들은 피해를 입을 가능성이 높다. 실제로 벌어졌던 일을 예로 들자면 성범죄자가 된 아버지 때문에 17살밖에 안 된 아들이 스스로 목숨을 끊은 사례가 있으며, 조성호사건의 경우 피의자의 가족과 지인(전 여자친구)들은 누리꾼들로부터 인신공격을 받았다. 단지 범죄자의 가족, 지인이라는 이유 하나만으로 멸시를 받게 된다면, 우리 스스로 사회적 약자를 만들게 되는 것이며 사회적으로 매장하는 것이 된다.

 ㉢ 무죄추정의 원칙 및 이중처벌금지에 위반

  무죄추정의 원칙은 헌법 제27조 제4항에서 규정하고 있는 국민의 기본권인데, 판결을 받기 전부터 얼굴을 공개하여 흉악범으로 낙인찍는다면, 공정한 재판을 받을 권리도 침해될 뿐만 아니라 변호인 선임·방어권 행사 등에서도 불이익을 받을 수 있다. 성범죄자의 경우에는 성범죄자라는 사실이 알려지는 것은 사회적응에 매우 큰 장애가 될 수밖에 없다.

피의자 신상공개 찬성	피의자 신상공개 반대
① 추가적인 범행을 막기 위해서 흉악범의 얼굴 등을 공개해야 하고 국민의 법감정이나 사회적 필요성에 비추어 볼 때에 신상정보공개는 타당하다. ② 미국·일본·영국·독일·프랑스 등 대부분 선진국에서도 범죄자의 인권보다 범죄 재발 방지와 국민의 알권리를 더 중요하게 판단해 피의자의 얼굴을 공개하고 있으며 얼굴을 공개해도 민·형사상 책임을 묻지 않고 있다. ③ 대중의 관심이 집중된 범죄자는 공인으로 취급되어야 하며, 평범한 사람이 누리고 있는 프라이버시를 인정받을 수 없다. ④ 초상권은 범죄자 개인의 권리이지 가족의 권리는 아니며 범죄자의 가족이 범죄에 희생 당한 범죄 피해자들에게 배상할 책임을 지지 않는다면 범죄자의 가족이 그러한 권리를 주장할 수도 없다.	① 피의자의 인격권이나 프라이버시권·초상권·공정한 재판을 받을 권리를 침해하고 무죄추정의 원칙 등에 위배될 수 있으며, 혹시라도 법원에서 진범이 아니라고 결정되면 또 다른 피해자를 양산하게 된다. ② 신상공개로는 충동적인 범죄행위를 막기에는 역부족이며, 이를 통해 흉악범죄가 감소하거나 근절될 것으로 기대하기는 어렵다. ③ 형법상 책임주의와 형벌의 목적은 물론 형사절차상 실체적 진술주의 요청에서도 그 정당성을 찾기 어렵다. ④ 강력범의 얼굴 등 신상정보공개가 당연시된 나라에서는 강력범과 그 가족들을 별개의 사람으로 생각하지만, 아직 우리 사회에서는 범죄인과 그 가족을 동일시하는 경우가 많으므로 적절하지 않다.

4. 피의자 신상공개에 대한 생각

피의자의 인권 못지않게 피해자의 인권도 중요하며 인권을 무참히 짓밟은 흉악범에게까지 권리를 줄 필요는 없다는 점에는 공감하며, 무죄추정의 원칙 또한 공권력의 입증 책임을 강조한 것이지 혐의가 명백한 흉악범을 일반 시민과 같이 취급하자는 취지는 결코 아닐 것이다. 하지만, 지난 안산 토막사건에서도 피의자 조성호의 얼굴과 신상이 공개된 후 과거 여자친구의 신상이 인터넷에 퍼져 무고한 2차 피해자가 발생한 만큼 신상공개에 대한 매뉴얼과 2차적 피해에 대한 부작용을 최소화하기 위해 대책 마련이 필요하며, 피의자의 얼굴과 신상이 공개되면 파급효과가 큰 만큼 신상공개를 통해 보호되는 공익과 피의자의 인권을 충분히 비교형량하여 공개 여부를 신중하게 결정하여야 한다.

Append

[기출 토론 예시] 중요 범죄 피의자의 신상을 공개하는 것에 대해 어떻게 생각하는지 찬성 측과 반대 측으로 나뉘어 토론해 보시오.

반대 측 주장	헌법상 무죄 추정의 원칙에 위배된다.
찬성 측 주장	예외 없는 원칙은 있을 수 없다. 피의자의 얼굴을 공개를 하지 않는다는 것은 피의자의 인권만을 강조하고, 피해자의 인권과 국민의 알권리라는 공익적 측면을 무시하는 것이다. 특정강력범죄의 처벌에 관한 특례법 제8조의2에 따르면 피의자의 신상을 공개하기 위해서는 연쇄살인이나 아동 성폭행범, 반인륜적인 범죄 등 흉악범죄에 한하고 있으며, 명백한 물증이 뒷받침 되어야 공개할 수 있다. 따라서 이미 피의자의 인권을 보호하기 위해 엄격하게 규정을 두고 있기 때문에 피의자의 인권을 보호하기 위해 지나치게 피해자의 인권을 보호하기 위한 제도를 무시하여서는 안 된다.

반대 측 주장	피의자의 신상공개는 현대판 연좌제와 같은 2차 피해를 발생시킬 수 있다. 주거가 밀집되어 있고, 혈연·지연·인맥 등이 살아가는 데 큰 영향을 미치는 우리나라에서는 피의자와 친하다는 이유로 피의자와 동일시하는 경우가 있다. 따라서 이는 '현대판 연좌제'라는 지적도 있으며, 그 지역에 거주한다는 이유만으로 혐오·기피하는 인식도 있기 때문에 '님비(NIMBY)'현상으로 이어질 수도 있다. 실제로 2016년 경기도 토막 주검 살해사건으로 구속된 조성호의 얼굴이 공개되자 피의자의 가족과 지인(전 여자친구)의 신상까지 모두 노출이 되었다. 이로 인해 조성호의 가족 또는 지인이라는 이유만으로 현대판 연좌제로 이어질 가능성이 있고, 이는 '책임 없는 자에게 형벌을 부과할 수 없다'는 헌법상 책임주의 원칙에 반하는 위험성이 있다. 이뿐만이 아니다. 2006년 제주도 살인 및 방화사건의 용의자로 경찰에 체포되어 실명이 공개된 20대의 경우 최종심에서 살인혐의에 대한 무죄판결을 받은 바 있다. 현행 규정에는 신상공개 결정에 대한 근거만 있지 이에 대한 이의제기 절차나 잘못된 공개 결정이 있었을 경우 피해 보상에 대한 근거가 존재하지 않는다. 그나마 구속영장 발부 이후 신상을 공개하는 것이 원칙이지만 이조차도 원칙일 뿐 국민들의 관심과 여론이 높고 증거가 있다고 판단되면 영장 발부 전에도 공개가 가능한 실정이다. 이는 무죄추정의 원칙에도 위배된다. 2019년 제주도 전 남편살인사건의 피의자 고유정의 경우에도 가족들의 신상이 무차별하게 확산이 되어 국민의 알권리인 공익적 측면보다는 여론의 분노를 해소하는 수단으로 이용된다는 우려의 목소리가 나오고 있다. 또한 신상이 공개가 되어 낙인이 찍힌 이상 이전과 같은 삶은 살아갈 수도 없고 누군가에게 보상을 받을 수도 없기 때문에 피의자의 신상을 공개하는 것은 인정될 수 없다.
찬성 측 주장	피의자의 신상을 공개함으로써 유사 범죄나 보복성 범죄를 예방할 수 있다. 또한 피의자에게 심리적인 압박감을 주고 사람들이 그를 경계하게 함으로써 또 다른 피해자가 발생하는 것을 방지할 수 있다.
반대 측 주장	범죄율과 신상공개제도와의 연관성에 관해서는 증명된 적이 없다. 그리고 특정강력범죄 처벌에 관한 특례법은 범죄를 범했다고 믿을 만한 충분한 증거가 있을 것을 공개 요건의 하나로 규정하고 하고 있지만, 증거에 대한 가치 판단은 오직 법원(법관)이 논리와 경험 법칙에 따라 판단하는 것이지 수사기관에서 판단을 하는 것이 아니기 때문에 수사기관의 제도 남용 위험성과 형평성 문제, 그리고 재판 전 유죄의 확정에 대한 예단을 줄 위험성이 크다.
찬성 측 주장	수사기관의 일관적이지 않은 신상공개 기준에 대한 형평성 문제에 대해서 일리는 있다. 어떠한 정책을 시행할 때는 긍정적인 효과도 있지만 부정적인 효과가 따라오기 마련이기 때문에 신상공개 기준에 대해 보다 구체적인 가이드라인을 만들어 준비하여 부작용을 최소화하는 것이 필요하지만, 미국, 일본, 영국, 유럽 등에서는 범죄자의 인권보다는 범죄의 재발 방지와 국민의 알권리를 더욱 중요하게 판단하여 폭넓게 흉악범죄자들의 신상을 공개하고 있으며 이를 통해서 피해자의 아픔을 전 국민이 공감하며 조금이나마 위로가 될 수 있다는 장점도 있다.
반대 측 주장	피의자의 신상공개는 단순히 피의자 한 사람만의 인권문제가 아니다. 피의자의 얼굴, 나이, 이름 등이 공개됨으로써 그 가족과 지인들의 신상 또한 자연스럽게 노출될 수 있다. 형벌의 자기책임 원칙에도 불구하고 신상이 공개된 범죄자의 가족과 지인들에게 꼬리표처럼 붙어 다닐 낙인을 방지하기 위해서라도 범죄자의 신상공개는 섣불리 이뤄져서는 안 된다.

13 | 전자발찌

1. 전자발찌

① 전자발찌 대상자

형법상 강간 등(청소년에 대한 강간 등 포함), 성폭력 범죄로 2회 이상 실형을 선고 받고 그 형기의 합계가 3년 이상인 자, 성폭력 범죄를 2회 이상 저지른 자, 13세 미만의 자에 대해 성폭력 범죄를 저지른 자 등의 경우 징역형이 종료된 후에 전자발찌 착용 대상자가 될 수 있다.

* 성범죄자 알림e를 통해 정보 제공

② 위치추적

재범률이 높은 성범죄자들에 대해 출소 후에도 24시간 감시하는 제도이다. 전자발찌는 발목에 차는 부착장치, 휴대용 위치추적장치, 집에 거치하는 재택감독장치 등 3개로 구성되어 있으며, 착용자는 항상 위치추적장치를 휴대하여야 한다. 그리고 성범죄자의 위치는 GPS 발신기를 통해 실시간으로 24시간 법무부 중앙관제센터에 전달되어 기록하게 된다. 전자발찌를 통해 해당 성범죄자가 법원이 전자발찌 부착명령과 함께 부과한 스쿨존 등 특정지역 방문금지, 피해자에 대한 접근금지, 특정시간 외출금지 등 특별 준수사항을 이행하는지도 감시하게 되며, 만약 법원에서 선고한 출입금지지역에 접근하거나 발찌를 풀려고 할 경우 경고음이 울리고 담당 보호 관찰자에게 그 사유를 알려야 한다.

발목에 차는 부착장치	휴대용 위치추적장치	재택감독장치

2. 전자발찌의 문제점 및 실효성

① 낙인효과

전자발찌는 범죄자를 현대판 주홍글씨로 낙인을 찍게 되어 정상인으로 교화시키는 데 장애물이 될 수 있다. 자포자기 상태에서 심한 우울증이나, 자살 때로는 극단적인 묻지마범죄를 선택할 경우 오히려 부작용을 키울 수 있기 때문에 정상인으로 돌아올 수 있도록 정교한 교화 프로그램이 뒷받침되어야 한다.

② 범죄 재범률 및 전자발찌 훼손 가능성(전자발찌 무용론 제기)

최근 몇 년간 전자발찌 부착이 재범 방지에 기여한다는 사실이 입증되었지만, 전자발찌를 훼손한 뒤 여성을 성폭행하는 사건이 증가함에 따라 전자발찌에 대한 실효성이 문제되고 있다.

`Append`

법무부 대안 – 일체형 전자발찌

기존 전자발찌 부착자는 휴대용 추적장치가 위치정보 송·수신 기능을 담당하기 때문에 장치가 훼손되거나 유기되면 위치추적이 불가능했다. 하지만, 휴대용 추적장치까지 내장한 일체형 전자발찌는 절단하기 어렵고 오차 범위를 5미터 이내까지 줄여 정교한 위치추적이 가능해졌다. 그리고 훼손을 막기 위해 발목을 감싸는 부분(스트랩)의 두께를 기존보다 2배 더 두껍게 만들고 재질도 보완되어 공업용 절단기로도 잘라내기 쉽지 않은 수준으로 보강되었다. 추가적인 방안으로는 부착자의 체온, 맥박, 알코올 농도 등 생체 정보 수집과 여성의 비명 소리 등을 인식하는 기능 추가도 논의되었지만 인권 침해의 우려 때문에 신중히 검토하고 있다고 한다.

③ 보호관찰 인력 부족

전담인력 100명당 전자발찌 착용자는 2천 3백여 명으로 전문인력이 턱없이 부족한 상황이라 전자발찌에 대한 실용성이 문제되고 있다. 전문인력을 확충하여 신속히 대처한다면 성범죄자들의 심리에도 압력을 가하여 재범을 일으키는 행위를 억제할 수 있을 것이다.

3. 전자발찌 착용에 대한 생각

전자발찌는 범죄자에게 심리적 부담감을 주어 범죄에 대한 재범률을 낮추기 위함이기 때문에 부족한 전담인력을 충원하여 범죄의 심리적인 압박감과 함께 일체형 전자발찌의 실효성 문제까지 해결되어야 한다. 이와 함께 상습적인 성폭력 범죄자나 재범의 우려가 있는 범죄자들의 경우에는 전자발찌만을 채울 것이 아니라 재범을 완화하는 치료 프로그램 및 심리치료를 병행하여 재범 동기를 억제시키려는 노력을 병행하여야 한다.

4. 전자발찌에 음주측정 기능 추가

① 전자발찌 착용자가 술을 마신 상태에서 성범죄를 시도하는 일이 급증함에 따라 전자발찌에 달린 센서가 착용자의 피부에서 나오는 체액을 감지·분석하여 혈중 알코올 농도를 확인하는 시스템을 말한다. 혈중 알코올 농도가 기준 이상으로 측정이 되면 정보가 자동으로 법무부 위치추적관제센터와 보호관찰소로 전달이 된다.

② 전자발찌 및 성범죄자에 대한 약물치료는 보안처분의 일종으로 간접적으로는 국민의 생명과 신체를 보호하지만, 직접적으로는 개인적 이익의 차원을 넘어선 사회의 이익이라는 집합적 이익을 보호한다. 공동의 이익을 위해 개인의 자유는 제한이 되어야 하지만, 보안처분도 대상자의 기본권을 제한하는 국가에 의한 강제적 수단이라는 점에서 형벌과 동일하므로 비례성의 원칙에 따라 최소한도 내에서 부과되어야 한다. 단순히 일반예방효과를 기대하고 동일한 대상자에 대해 수개의 보안처분이 중첩적으로 적용될 경우 최소 침해의 원칙이나 과잉금지원칙에 위배될 여지가 있기 때문이다. 예컨대 아동·청소년의 성보호에 관한 법률에 따르면 카메라 등 이용촬영죄에 대해서는 신상정보가 공개될 뿐만 아니라 보호관찰, 위치추적전자장치부착명령 등을 동시에 부과할 수 있는데, 이와 같은 보안처분의 과잉부과는 비례성의 원칙에 반하여 정당화될 수 없다.

Append

형벌과 보안처분의 비교

형벌	행위자의 과거 불법행위에 대한 대응이기 때문에 책임과 응보의 목적으로 일반인을 향한 일반예방효과를 기대
보안처분	재범의 위험성을 방지하기 위한 수단으로 행위자를 향한 특별예방효과를 기대

특별예방효과

적극적 특별예방목적	대상자의 치료와 교육을 통한 재사회화를 목적으로 하는 보안처분 예 성폭력범죄자의 성충동 약물치료에 관한 법률(일명, 화학적 거세)
소극적 특별예방목적	재범의 위험성으로부터 사회를 보호하기 위해 대상자를 사회로부터 격리시키는 것을 목적으로 하는 보안처분 예 성범죄자에 대한 보호관찰 및 전자장치 부착 등에 관한 법률(일명, 전자발찌부착)

14 | 화학적 거세

1. 화학적 거세

① 화학적 거세와 물리적 거세

화학적 거세	주기적으로 주사를 놓거나 알약을 먹여 남성 호르몬 생성을 억제해 성욕을 감퇴시키는 방법을 말한다.
물리적 거세	호르몬을 만드는 양쪽 고환만 제거하거나 난소를 몸에서 적출하는 방법을 말한다.

② 성폭력범죄자의 성충동 약물치료에 관한 법률

이 법은 성폭력 범죄를 저지른 성도착증 환자 중 성폭력 범죄를 다시 범할 위험성이 있다고 인정되는 사람에게 성충동 약물치료를 실시하여 성폭력 범죄의 재범을 방지하고 사회 복귀를 촉진하는 것을 목적으로 제정되었다.

2. 화학적 거세에 대한 장단점

장점	• 약물치료에 의한 재범률이 매우 낮음 • 물리적 거세보다 현실적인 방안임 • 국민들의 불안감이 해소됨
단점	• 약물에 대한 부작용(심폐질환, 골다공증) • 약물치료에 들어가는 막대한 비용(1회 투약 20만 원, 1인당 연간 500만 원) • 범죄자의 인권 침해(동의 없이 강제치료) • 타인에 의한 신체 훼손, 헌법상 자기결정권·인격권 등 기본권 침해 • 형벌을 강화한다고 해도 성폭력 범죄를 방지하는 것은 어려움 • 검증된 연구결과가 없고 비용에 비해 효과는 제한적임(투여 중단 시 원상복구) • 다른 국가처럼 치료 대상자의 자발적 동의가 필요함

15 | 소년법 폐지 논란

1. 소년법 제정(용서와 관용의 정신)

① 반사회성이 있는 소년에 대해 환경의 조정과 성행의 교정에 관한 보호처분을 하고 형사처분에 관한 특별조치를 함으로써 건전한 소년의 육성을 위해 제정된 법률(1958년 제정)

범법소년(만 10세 미만)	촉법소년(만10세~14세미만)	범죄소년(만 14세~19세미만)
처벌불가	보호처분	형사처분 및 보호처분

② 현행법상 만 14세 미만인 경우 형사미성년자로서 형사 책임능력이 없기 때문에 형사처분은 면하게 되지만, 소년법상 촉법소년(10세 이상)인 경우에는 사회봉사명령이나 소년원 송치 등 보호처분을 받을 수가 있다.

③ 만 14세 이상 19세 미만의 청소년은 형법보다 소년법이 우선 적용되며, 성인이라면 사형·무기징역을 받을 범죄의 최대 형량이 징역 15년으로 감형된다. 단, 살인 등과 같은 강력범죄의 경우 특정강력범죄의 처벌에 관한 특례법 4조에 의해 최대 20년까지 징역을 부과할 수 있다.

2. 소년법상 보호처분의 종류(만 10세~19세 미만)

① 1호 보호자 또는 보호자를 대신하여 소년을 보호할 수 있는 자에게 감호 위탁

② 2호 수강명령(12세 이상의 소년에게만 적용)

③ 3호 사회봉사명령(14세 이상의 소년에게만 적용)

④ 4호 보호관찰관의 단기 보호관찰

⑤ 5호 보호관찰관의 장기 보호관찰

⑥ 6호 아동복지법에 따른 아동복지시설이나 그 밖의 소년보호시설에 감호 위탁

⑦ 7호 병원, 요양소 또는 보호소년 등의 처우에 관한 법률에 따른 소년의료보호시설에 위탁

⑧ 8호 1개월 이내의 소년원 송치

⑨ 9호 단기 소년원 송치

⑩ 10호 장기 소년원 송치(12세 이상의 소년에게만 적용)

3. 소년범에 있어서의 특칙

① 사형 또는 무기형 완화

    ㉠ 18세 미만의 소년이 사형 또는 무기형의 범죄를 저지른 경우에도 최대 15년의 유기징역에 처한다.

    ㉡ 단, 특정강력범죄의 경우에는 최대 20년의 유기징역에 처할 수 있다.

② 무기형의 경우 5년 후, 15년 유기형의 경우 3년 후 가석방의 기회가 주어진다.

③ 법정형이 장기 2년 이상의 유기형에 해당하는 죄를 범한 때에는 그 형의 범위 안에서 장기와 단기를 정하고 선고하되 장기는 10년, 단기는 5년을 초과하지 못한다.

④ 교화와 사회 복귀를 위한 낙인효과를 방지하기 위해 보호처분 기록은 범죄 경력 자료에 기록되지 않는다.

Append

최근 청소년 범죄 사건들

인천 초등학생 살해 사건, 천안 여중생 폭행, 부산 여중생 폭행, 고등학생 무면허 교통사고, 개성중학교 살인, 밀양 여중생 집단 성폭행, 친동생 도끼 살해, 대전 지적장애 여중생 성폭행, 용인 아파트 벽돌 투척 사망, 인천 초등학교 살인 , 강릉 여중생 성폭행, 대구 여중생 성폭행 등

국회의 법안 마련 리스트

• 소년법 처벌 연령을 현행 만 19세에서 18세로 하향 조정

• 만 14세 미만 범죄를 저질러도 처벌받지 않는 촉법소년법 개정

• 사형 또는 무기형에 처할 수준의 범죄에 대하여 최고 15년 징역형에서 30년 징역형으로 강화

4. 소년법 폐지 찬성론

① 처벌에 대한 경각심

청소년에 대한 재범률과 범죄율은 감소하고 있지만, 최근 이슈가 되고 있는 청소년의 범죄는 성인화·흉폭화되고, 잔인성을 띠고 있는 반면 그에 대한 소년들의 처벌은 솜방망이 처분이라는 비판들이 많다. 특히, 최근 청소년의 범죄는 단순 절도나 학교 폭력이 아닌 집단성을 보이고 있고, 살인·집단 성폭행과 같은 흉악범죄도 아무런 죄의식이 없이 점점 늘어나고 있기 때문에 그로 인한 사회적 파장과 피해도 커지고 있는 만큼 법에 대한 경각심을 가질 수 있도록 처벌을 강화해야 한다.

② 범죄행위로 인한 피해자의 고통을 고려

소년법은 용서와 관용을 기본 정신으로 하고 응보 이외 피해자와의 관계 회복이라는 목적을 두고 있다. 그러나 최근 청소년범죄는 피해자의 정신적 회복, 범죄로 인한 트라우마의 치유를 곤란하게 만들어 피해자들이 평생을 고통 속에서 살아가게 하고 있다. 청소년에 대한 처벌 나이를 떠나 그 범죄행위로 인한 피해는 누구에게나 동일하다. 따라서 피해자들의 입장을 고려해라도 처벌을 강화해야 한다.

③ 사회적 경고의 메시지

최근 인터넷과 스마트폰의 보급화로 형사미성년자도 소년법의 처벌 규정 등을 쉽게 파악하고 있어 죄의식이 희박한 것이 현실이다. 소년이라는 이유만으로 강력범죄를 저지르고 가벼운 처벌로 마무리 되는 사례를 계속 접하게 된다면 강력범죄에 대한 인식이 가벼워질 가능성이 높다. 착한 일을 하면 상을 받고 나쁜 있을 하면 벌을 받는 것이 당연하듯이 자신의 행동으로 인해 피해가 발생하였다면 이는 자신의 행동이 얼마나 잘못된 행위였는지를 일깨워 주어야 한다.

④ 현행 소년법은 가해자를 위한 법

소년법은 청소년의 보호에 목적이 있지만 현실적으로는 가해 청소년을 보호하기 위한 법일 뿐, 피해자의 억울함을 달래는 법이 아니다. 소년법이 미성숙한 소년들을 다시 교화시켜 사회에 내보내기 위한 목적을 가지고 그들을 보호하는 법이라면, 피해를 당한 청소년은 보호의 대상이 될 수 없고, 너무나 가벼운 단기간의 보호처분과 그 기록들을 자랑스럽게 여기는 일부 소년범들이 완전한 격리가 이루어지지 않은 채 사회에 나오게 된다면 피해자는 그 사실만으로도 지속적인 고통을 받아야만 한다.

5. 소년법 폐지 반대론

① 사법 당국의 낙인으로 재범률이 증가

소년법을 폐지하여 청소년에 대한 처벌을 강화하는 것만으로는 우리 사회에 방치된 청소년 문제를 해결하는 데 큰 도움이 될 수 없다. 엄격한 처벌을 받은 소년들은 오히려 사법 당국의 낙인으로 인해 범죄자라는 꼬리표가 붙어 사회에 복귀하지 못하고 재범을 저지를 가능성이 높다는 것이 이미 미국에서 연구 결과로 증명되었다.

소년범 가운데 중범죄에 해당하는 5%를 제외하면 나머지 95%는 모두 절도 등 생계형의 가벼운 범죄들이다. 소년법을 폐지하거나 전반적인 처벌을 강화하는 것은 소년들의 보호, 교화를 통한 사회 복귀라는 소년법의 취지에 맞지 않으며, 미성숙한 성장 단계에서의 낙인으로 인해 추후 정상적인 사회생활을 방해하고 성인이 되어서도 범죄를 저지르게 만드는 촉매가 될 수 있다. 만약 소년법이 폐지되어 형사처분을 하면, 소년법을 통해 교화 가능한 소년들까지 범죄자로 낙인찍히고 사회로 돌아올 수 없는 지경이 될 수 있다.

② 청소년은 정신적으로 미성숙함을 고려

청소년들의 성장은 생물학적으로 과거에 비해 빨라졌지만, 그에 비해 정신적으로 성장되었다고 단정할 수 없다. 따라서 처벌이 강화될 경우 불안전한 자아가 형성될 수가 있다.

③ 청소년은 성인과 달리 적용할 필요성

소년범들의 범죄행위, 그리고 그 이면에 있는 비행의 동기와 배경 등에는 다양한 원인이 있다. 이러한 청소년들에게 소년법을 폐지하는 것은 성인처럼 동등한 수준의 사회적 책임을 지게 하자는 것이므로 청소년들의 특정 행위를 규제하는 법(청소년보호법, 선거법 등) 또한 함께 달라져야 한다. 그렇지 않은 채 우리 사회가 성인과 미성년자들을 동일하게 보고 똑같은 형벌의 잣대와 책임만을 부과하는 것은 지나치다고 볼 수 있다.

④ 아동의 권리에 관한 협약에 위배

소년법을 폐지하는 것은 적정한 생활수준을 누릴 수 있는 권리, 의료서비스를 받을 권리, 보호받을 권리, 교육을 받을 권리, 책임감 있는 어른이 되기 위해 적절한 사회활동을 참여할 권리를 보호하는 '아동의 권리에 관한 협약(1991년 발효한 국제협약)'에 정면으로 위배가 된다.

⑤ 소년범죄는 사회적 책임이다.

소년범들에 대해서는 성장기임을 고려하여 범죄예방과 보호를 해야지, 무조건 형량을 높여 처벌하는 것만이 능사가 아니다. 정신적·육체적으로 덜 성숙한 소년들의 범죄를 사회적 책임으로 바라보지 않고 개개인의 책임으로 바라보고 처벌을 강화하는 것은 옳지 못하기 때문이다. 실제 통계에 따르면 가정이나 성장 과정에 문제가 있었던 소년들이 범죄를 저지를 확률이 더욱 높다는 자료가 있다. 또한 소년법의 근본적 목적은 반사회성이 있는 소년에 대한 환경 조정과 성행 교정, 그리고 보호처분을 통한 건전한 육성이다. 즉, 소년법은 아직 사회의 보호가 필요한 소년들에게 다시 한 번 기회를 주고 교육을 통한 교화 및 사회의 환원에 목적을 두고 있기 때문에 반드시 필요하다.

Append

소년법 폐지론 정리

최근 학교 밖 청소년들의 일탈 등 범죄의 유혹에 쉽게 빠지는 청소년 또한 증가하고 있다. 얼마 전 인천 살인사건, 부산 집단구타사건 등과 같이 우리가 생각한 것 이상으로 청소년들은 폭력에 노출되어 있고, 그들 스스로도 폭력을 행하고 있다. 이러한 상황에서 많은 사람들이 폭력을 직접 행한 청소년들에 대해 강력한 처벌을 해야 한다는 주장들이 많아졌다. 지금의 청소년들은 나이가 아직 어림에도 불구하고 성인화 · 흉폭화되고 무서울 정도로 폭력성에 노출이 되어 있다 보니 어른이 보기에도 두려움을 느낄 정도이다. 강력범죄에 대해 소년법을 개정하여 분명한 조치를 하는 것은 필요하지만, 청소년들을 보호하거나 지도를 하기 보다는 모든 사건에 대해 처벌을 우선시하게 된다면 결국, 그들은 사회를 시작하기 전에 낙인이 찍혀 사회로 복귀할 수 있는 가능성이 사라지고 이로 인해 다시 극단적인 선택을 할 수밖에 없어진다. 만약 소년법을 폐지하여 형법에 그들을 귀속시키고 사형이라든지 무기징역을 자유롭게 부과할 수 있게 된다면 그들에게 책임 그리고 의무만 지워주는 것이 아니라 권리와 자유도 함께 부여해야 한다.문제가 있으면 교화를 하고 해결책을 제시하며 그 이후에 처벌을 고민해야 하는 것이지 일단 다시는 처벌을 받을 행동을 하지 않도록 가해자에게 강력한 처벌을 주어야 한다는 것은 그들에게 사회 복귀의 기회를 박탈하는 극단적인 대처이다.

16 | 형사미성년자 연령 하향 조정

1. 각 국가별 형사미성년자 기준

연령	국가 수	주요 국가
18세 미만	5	룩셈부르크, 벨기에 등
16세 미만	14	스페인, 포르투갈, 아르헨티나, 중국(마카오) 등
15세 미만	8	덴마크, 핀란드, 스웨덴, 체코 등
14세 미만	40	한국, 일본, 독일, 이탈리아, 중국, 러시아, 대만, 북한, 오스트리아 등
13세 미만	18	프랑스, 우즈베키스탄, 알제리 등
12세 미만	17	캐나다, 네덜란드, 브라질, 이스라엘 등
11세 미만	2	터키, 멕시코
10세 미만	18	호주, 뉴질랜드, 말레이시아, 스웨스, 홍콩 등
9세 미만	6	필리핀, 방글라데시 등
8세 미만	10	인도네시아, 케냐 등
7세 미만	32	태국, 인도, 싱가포르, 이집트, 사우디아라비아 등
없음	7	이란, 이라크 등

PART 01 PART 02 PART 03 PART 04 **PART 05**

※ 정부에서는 학교폭력 예방을 위해 형사미성년자 처벌나이를 만 14세에서 13세로 낮추는 방안을 검토하고 있다.

2. 연령 하향 조정 찬성론

① 적지 않은 소년 범죄

경찰청 통계자료에 따르면 10대 강력범죄 중 약 15% 정도가 촉법소년(10세~14세)에 의해 발생되고 있으며, 촉법소년의 범죄 중에서도 만 12세~13세의 아동의 범죄수가 70% 정도를 차지하고 있기 때문에 형사미성년자 연령은 1~2년만 낮춰도 범죄에 대한 경각심을 주어 범죄예방 효과를 기대할 수 있다.

② 과거에 비해 정신적 · 신체적으로 성숙해진 청소년

요즘 아동 · 청소년은 과거에 비해 신체적 · 정신적으로 더 성숙하다는 것은 부정할 수 없다. 그러나 형사미성년자의 연령은 1953년에 제정된 이후 수십 년 간 변하지 않고 있다. 이는 현시대의 아동 및 청소년의 성숙한 육체와 정신을 반영하지 못하고 있는 것이다. 또한 낮은 형사미성년자 연령은 촉법소년이나 이미 잘못된 선택을 한 해당 연령 미만의 아동 및 청소년들이 자신의 죄를 회개하게 하고, 올바른 길을 다시금 선택할 수 있게 여 사회에 공헌하는 길을 열어줄 수 있는 적절한 시기를 놓치게 만들 수 있다.

③ 시대 흐름에 맞는 현실적인 법 개정이 필요

형사미성년자에 대한 규정은 제정 이후 변하지 않아 현재를 반영하지 못한 과거의 규정이다. 최근에는 스마트폰과 인터넷을 통하여 범죄에 대한 다양한 정보를 얻어 모방범죄를 저지르기 쉬운 만큼, 법과 현실의 괴리감을 줄이기 위해서라도 시대 흐름에 맞는 현실적인 개정이 필요하다.

3. 연령 하향 조정 반대론

① 보호처분을 형사제제의 일부로 이해

우리나라는 10세 미만은 어떤 형사 책임도 지지 않고 10세 이상 14세 미만을 촉법소년으로 따로 분류하여 '보호처분'을 부과할 수 있게 규정하고 있다. 이 '보호처분'을 형사제재의 일부로 보면 우리나라의 '형사책임연령'은 10세가 되고, 이를 형법에 정해진 형벌 부과의 대상으로만 따지면 14세가 된다. 세계 각국의 입법례를 보면 소년사법의 형사책임연령(The age of criminal responsibility)은 7세에서 18세 미만까지 매우 다양하게 정해져 있다. 소년법상 소년 보호처분 제도를 형사제재의 일부로 본다면 우리나라의 형사미성년 연령 기준은 세계 주요국에 비추어 봐도 평균 수준을 유지하고 있는 수준이다.

② 환경적 요소에 의한 아동 · 청소년의 비행

아동 · 청소년기의 비행은 본인에게서만 원인을 찾을 수 없고, 찾아서도 안 된다. 경찰청 범죄 통계자료에 따르면 미성년범죄의 경우 절반 이상이 생활수준이 하류층에 속할수록 범죄가 많이 발생한다는 것을 알 수 있으며, 특히 부모가 없거나 친부모가 아닌 가정에서는 미성년범죄의 68%가 발생하고 있음을 알 수 있다. 즉, 아동 · 청소년들이 저지르는 범죄는 개인의 책임으로 볼 것이 아니라 그들이 방임된 상태에서 보호 받을 수 없기 때문에 늘어나고 있는 것이 현실이므로 아이들을 위한 사회적 관심이 선행이 되어야 한다.

③ 정신적으로 미성숙한 아이들에게 비난을 할 수 있는지에 대한 문제

형법상 범죄가 성립하기 위해서는 '책임 있는 행위'여야 하는데, 이 '책임'은 행위자가 적법한 행위를 할 수 있었음에도 범죄 충동을 억제하지 않고 위법한 행위를 했다는 규범적 평가, 즉 불법행위에 대한 비난 가능성에 그 본질이 있다(헌재 2003.9.25. 2002헌마533). 현행 형법은 14세 미만은 지적 · 도덕적 · 성격적 발육 상태와 별도로 사물의 변별 능력과 그 변별에 따른 행동 통제 능력이 없기 때문에 불법행위에 대한 비난 가능성이 없다고 판단하고 있다.

④ 정신적으로 미성숙한 아이들에게 가혹

요즘 아이들이 신체적 · 지적으로 과거보다 성숙한 것은 사실이다. 그러나 과거에 비해 정신적으로 성숙해진 것은 아니다. 주의력 결핍(ADHD증후군)이나 투렛 증후군(비정상적인 움직임, 이상한 소리를 냄)과 같은 새로운 질병을 본다면, 신체적 성장이 급속도로 이루어진 반면에 정신적인 성장은 옛날 그대로라 그 사이에서 생기는 차이에 의해 더욱 충동적인 행동을 보이는 경우가 많음을 알 수 있다. 따라서 신체적 · 지적으로는 성숙하게 보일 수가 있지만, 정신적으로 덜 성장한 촉법소년에게 성인과 같은 처벌은 가혹하다.

⑤ 처벌보다 교화가 중요한 시기

흔히 아이들을 씨앗에 비유한다. 그 이유는 나중에 커서 무엇이 될지 아무도 모르기 때문이다. 그렇기 때문에 단 한 번의 잘못으로 새싹이 자라날 기회마저 박탈하여서는 안 된다. 우리 사회는 자라나는 어린 씨앗을 다 자랄 때까지 보살피고, 지켜줄 의무가 있다. 한 번의 실수를 가혹한 형벌로 다스려 범죄자의 길로 빠져들게 하는 것보다는 한 번 더 기회를 더 주어 사회에 기여하게끔 보살펴 주어야 한다.

⑥ 처벌만능주의

형사 미성년자의 연령을 하향한다는 것은 그만큼 처벌받는 청소년 수가 늘어나고, 형사 처벌을 받는다는 것은 흔히 말하는 빨간 줄이 그이게 되는 것이다. 강력한 처벌로 다스려 다시는 죄를 짓지 못하게 하는 것도 중요하지만, 치료하고 갱생시켜 회개하고, 자립하게 하는 것도 매우 중요하다. 처벌만이 능사가 아닌 관용과 용서의 자세로 앞길이 창창한 청소년들에게 범죄의 죄악성을 알려주고 죄에 대한 뉘우치게 하고 재범을 막는 것이 중요하다.

4. 소년법 처벌 강화에 대한 생각

소년이라도 잔혹한 범죄를 저질렀다면 엄벌하여야 한다는 국민의 법 감정에 일리가 있다. 하지만 연령을 무조건 낮춰서 처벌하는 것보다는 그 전에 미래의 꿈나무인 청소년이 잘 성장할 수 있도록 보호해줘야 하므로 방치하지 않았는지 먼저 반성을 해 볼 필요가 있다. 위기의 청소년은 위기의 가정에서 비롯되고, 위기의 가정은 위기의 사회에 그 배경이 있기 때문에 처벌을 통해 경각심을 주는 것보다는 사회구조와 문화부터 우선 바꿔야 하지 않을까라는 생각이 든다. 사회 구조와 문화를 바꾸기 위해서는 우리 어른들의 인식이 먼저 바뀌어야 한다. 아이들은 태어날 때부터 어른들에 의해서 비교당하고, 경쟁에 내몰리고, 나이에 맞게 놀 권리조차 보장되지 않는다. 심지어 부모들은 장시간 노동에 시달리고, 육아 노동이나 아이와의 시간은 폄하되기 일쑤다. 그러다 보면 당연히 부부관계는 위태롭고 아이들은 불안해진다. 때로는 가정폭력은 훈육이란 이름아래 정당화되기도 한다. 이 상황에서 아이들은 과다한 긴장 속에서 살 수밖에 없고, 긴장은 공격성을 낳을 수밖에 없다. 여기에 약자에 대한 혐오 문화가 더해지면 그 약자에게로 공격은 집중되고 강화가 되기 때문에 청소년을 방치한 우리 어른들부터가 반성을 해야 된다고 생각한다.

17 | 사이버범죄

1. 사이버범죄 수법

① 스미싱(Smishing)

문자메시지(SMS)와 피싱(Phishing)의 합성어로, ㉠ '무료쿠폰 제공', '돌잔치 초대장', '모바일 청첩장' 등을 내용으로 하는 문자메시지 내 인터넷주소를 클릭 → ㉡ 악성코드가 스마트폰에 설치 → ㉢ 피해자가 모르는 사이에 소액결제 피해 발생 또는 개인·금융정보를 탈취하는 수법을 말한다.

② 파밍(Pharming)

악성코드에 감염된 사용자 PC를 조작(Farming)하여 금융정보를 몰래 빼가는 수법으로 ㉠ 사용자 PC가 악성코드에 감염 → ㉡ 정상 홈페이지에 접속해도 피싱(가짜)사이트로 유도 → ㉢ 금융정보 탈취 → ㉣ 범행계좌로 이체하는 방법을 말한다.

③ 피싱(Phishing)

개인정보(Private Data)와 낚시(Fishing)의 합성어로 개인정보를 낚는다는 뜻이며 ㉠ 금융기관을 가장한 이메일 발송 → ㉡ 이메일에서 안내하는 인터넷주소 클릭 → ㉢ 가짜 은행사이트로 접속 유도 → ㉣ 보안카드번호 전부 입력 요구 → ㉤ 금융정보 탈취하는 수법을 말한다.

④ 몸캠피싱

스카이프 등 스마트폰 채팅 앱을 통해 음란 화상채팅(몸캠)을 하자고 접근해 음란한 행위를 녹화한 후, 피해자의 스마트폰에 악성코드를 심어 피해자 지인의 연락처를 탈취한 다음, 지인들에게 녹화해 둔 영상이나 사진을 유포하겠다고 협박해 금전을 갈취하는 범죄를 말한다. 몸캠피싱은 최근 각종 사이버범죄 수법의 다양화, 정교화 경향을 대표적으로 보여주는 범죄로서 2013년 이후 피해가 꾸준히 발생하고 있으며, 개인의 은밀한 사생활과 관련되어 있어 피해를 당하더라도 적극적으로 신고하기 어려워하기 때문에 드러나지 않은 피해는 더 클 것으로 예상된다.

2. 경찰청 사이버캅(앱)

사이버캅은 인터넷 사기, 스미싱, 사칭사이트 피해를 기능적으로 예방하여 주며, 신종 사이버범죄 발생 시 경보 발령 등을 제공하는 앱을 말한다. 주요 기능으로는 ① 전화나 문자가 오면 인터넷 사기 범죄에 이용된 번호인지 화면에 표출하여, 거래 전 상대방의 신뢰도를 확인, ② 인터넷으로 물품을 거래할 때, 판매자의 계좌번호나 전화번호가 인터넷 사기에 이용된 번호인지 검색 기능 제공, ③ 신규 스미싱 수법 경보령 등 사이버범죄 피해 예방을 위한 공지사항을 Push 방식으로 제공, ④ 정보령 등 알림 확인, ⑤ 최신 이슈를 이용해 국민을 현혹하는 신종범죄에 대한 내용을 신속하게 국민과 공유함으로써 피해 확산을 최소화하는 데 노력하고 있다.
* 사이버캅(앱) – 신종 사이버범죄 피해주의보 발령 및 인터넷사기에 이용된 전화 · 계좌번호 조회, 스미싱 탐지 기능을 제공한다.

3. 폴–안티스파이(앱)

최근 타인의 스마트폰의 음성, 문자메시지, 사진 등을 훔쳐볼 수 있는 기능의 스파이앱이 유통되어, 특정인의 개인 사생활을 감시하고 개인정보를 수집하는 불법적인 용도로 사용됨에 따라 심각한 피해를 초래하고 있다. 이에 경찰청 사이버안전국에서는 경찰청 폴–안티스파이를 개발하여 12종의 주요 스파이앱 설치 유무를 판단하고 삭제를 가능하게 하는 앱을 배포하였다. 그리고 최근 스파이앱과 유사한 악성기능을 하면서 국민들에게 심각한 피해를 입히고 있는 몸캠피싱 프로그램에 대해서도 그동안 사건 수사를 통해 경찰이 입수한 85종의 몸캠피싱 프로그램을 탐지하고 삭제할 수 있는 기능을 추가 업그레이드하였다.

4. 파밍캅

파밍(Pharming)이란 악성코드를 이용자의 컴퓨터에 감염시켜 진짜 은행사이트에 접속 시, 강제로 가짜 은행사이트에 접속되도록 하여 금융거래 정보를 빼낸 뒤 이용자의 예금을 인출해가는 신종 금융사기 수법이다. 파밍캅은 이러한 사기 수법을 예방하기 위한 프로그램을 말한다.

5. 사이버 명예훼손

① 악성댓글

악플러들의 심리를 들여다 보면, 객관적 의견으로 작성하기보다는 자신의 댓글이 관심받고자 하는 장난성이 대부분을 차지하고 있다. 즉, 악플러들의 댓글은 자신의 의견을 개진하는 것이 아닌 사람들의 반응을 즐기기 위한 수단에 불과한 것이다. 특히, 일ㅇ(일ㅇㅇㅇㅇ) 사이트에서는 지나친 욕설, 패륜, 사회적 약자 비하, 맹신적 적대감, 음란, 폭력 등이 내재화되어 있고, 더욱이 국민 모두가 많이 이용하는 포털에서 불법·유해정보가 급증하고 있어 이러한 유해정보가 어린이나 청소년들에게도 노출될 가능성이 높아지고 있다.

② 악성댓글의 대책

ㄱ 인터넷 실명제 : 인터넷 실명제를 실시하고 있는 요즘의 상황을 지켜보면 예상과 달리 익명성의 방패가 없어도 악플은 크게 줄어들지 않았다.

ㄴ 강력한 처벌 : 어느 정도 악플을 줄일 수는 있으나, 자칫 잘못하면 악플러만을 향한 칼날이 아닌 온 네티즌을 향한 위험한 칼날이 될 수 있다. 그것은 곧 인터넷 시장을 경직시키고 사이버 세상을 폐허로 만드는 결과를 초래할 수 있다.

ㄷ 근본적인 해결책 : 인터넷 공간이 또 다른 큰 생활공간으로 자리 잡았기 때문에 인터넷 공간에서의 예절교육을 강화하는 것은 필수적이다. 필요하다면 도덕처럼 따로 '인터넷 예절' 또는 '사이버 생활' 등과 같은 과목을 신설해 인터넷상에서 지켜야 할 기본적인 예절과 법규들을 어렸을 때부터 철저히 교육해야 한다.

18 | 치안강국을 위한 시스템

1. 특수형광물질

다세대 주택이 밀집되어 있는 주거지역에 가스배관을 타고 침입하는 빈집털이 범죄를 예방하기 위해 방범창이나 가스배관에 특수형광물질을 도포하여 가스배관을 타고 올라가거나 도포된 곳을 만지면, 외부자가 침입했다는 것을 알 수 있다. 강북, 강동, 관악, 도봉 등 다세대주택이 다수 밀집한 구역에서 시행되고 있으며, 범죄예방 효과를 높이기 위해 '특수형광물질을 활용한 도난방지 구역'이라는 알림판을 설치하였다.

2. 소형 이동식 CCTV 설치

장기간 집을 비우는 주민들의 불안감을 덜어주기 위해 소형 이동식 CCTV를 지역관서에서 자체 구비하여 직접 달아주고 있다. 설치 후, 신고자의 휴대폰에 APP을 설치하면 휴가지에서도 실시간으로 확인이 가능하여 안심하고 휴가를 갈 수 있는 데 한몫을 하고 있다.

3. 디지털 증거분석팀(증거에 대한 신뢰성 확보)

디지털 매체가 중요한 수사단서로 등장함에 따라 디지털 증거의 수집·분석·보관 등 전 과정에서 무결성, 신뢰성을 담보하여 디지털 증거능력을 유지하기 위해 경찰청은 2004년에 국내 최초로 디지털 포렌식팀을 창설하였다. 그리고 2006년 5월 전국 지방경찰청에 디지털 증거분석팀을 신설하여 전국적인 수사지원 체제를 구축하여 국제사회 사이버 경찰의 위상 제고 및 대국민 신뢰성 확보에 앞장서고 있다.

4. 디지털 증거분석기법

다수의 이기종 암호 파일에 대한 자동화된 패스워드 해제 시스템 및 방법을 개발하였다. 디지털 증거를 분석하는 과정에서 빈번히 발견되는 암호설정 파일들은 그 암호를 확인하는 과정도 오래 걸리지만, 암호가 발견되었다 하더라도 발견된 암호를 모두 입력하며 파일의 내용을 확인하는 과정 또한 간단치 않다. 압수수색 현장에서 찾아낸 디지털 증거물을 분석하다 보면 적게는 수 개에서 많게는 수백, 수천 개의 암호설정 파일들이 발견되는 경우가 많은데 이 경우 컴퓨터 분석 등을 통해 파일의 암호를 알아내더라도 수백, 수천 번의 암호를 일일이 입력하며 그 내용을 확인하는 작업은 디지털 수사관 및 일선 수사부서 수사관의 다른 증거분석이나 업무에 대한 집중도를 떨어뜨리는 원인 중 하나로 지적되어 왔다.

5. 모바일포렌식

휴대폰(스마트폰 포함), PDA, 전자수첩, 디지털 카메라, MP3 플레이어 등 모바일 기기에 저장된 내용을 증거로 확보하는 기술을 말한다.

6. 지문자동검색시스템(AFIS, Automated Fingerprint Identification System)

지문자동검색시스템은 수집한 지문자료(주민원지·수사자료표 등)를 디지털 이미지로 DB화하여 각종 사건사고 현장에서 채취한 신원불상의 범죄현장 지문, 변사자 지문, 행려환자 지문 등과 고속비교 검색을 통해 동일 지문을 찾아내어 신원을 확인하는 시스템이다.

지문감식시스템을 통해 공소시효가 완료되지 않은 살인, 강도, 강간 등 중요미제사건을 재검색하여 다양한 미제사건을 해결하고 있으며, 강력사건 및 대형사건 · 사고 시 긴급 감정팀을 편성, 신속한 신원확인을 위해 최선을 다하고 있다. 또한 대형 인명사고 등에 대응, 이동식 현장증거분석실(일명 CSI버스)에서 신원불상 사고피해자의 지문검색작업과 동시에 경찰청 과학수사센터로 전송하여 신속히 신원을 확인하고 수사를 지원하였다. 향후 지속적인 지문검색시스템(AFIS) 고도화 사업 및 검색 · 감정기법 개발을 통해 중요 미제사건에 대한 지문 재검색을 실시하는 등 국민이 안심하고 생활에 전념할 수 있도록 과학수사의 역량을 강화해 나갈 계획이다.

7. 법영상분석 시스템(Forensic Image Analysis System)

최근 우리사회는 교통관제, 범죄예방 등을 목적으로 CCTV를 지속적으로 증설하고 있는데, 이러한 범죄현장 주변에 설치된 CCTV 분석을 통해 범인검거에 결정적인 단서를 얻고자 경찰은 법영상분석 시스템을 각 지방경찰청에 구축하여 범인 검거 및 공조수사에 적극 활용하고 있다.

8. 동영상축약 프로그램(The Video Synopsis)

최근 CCTV 등 영상정보 처리장치에 대한 법영상분석 의뢰가 급증하는데 범죄현장에서 확보된 동영상 분석을 장시간 수사 인력에 의존하고 있는 실정으로 강력사건, 사회이목 집중사건(대형 재난, 테러 등) 발생 시 수사 초기 대용량 영상자료에 대한 신속한 분석이 필요하여 2015년 동영상축약 프로그램을 각 지방청에 보급하여 활용하고 있다.

9. 지리적 프로파일링 시스템

지리적 프로파일링 시스템(GeoPros)은 범죄 다발지역 분석, 수사대상자 분석, 사건 분석, 연쇄범죄자 거주지 예측 등 다양한 기능을 갖추고 있다. 범죄 다발지역(Hot Spot) 분석 결과를 집중순찰 지역 선정, 범죄 위험 예측지역의 선정, CCTV 설치장소 선정 등에 활용하여 범죄예방에 기여하고 있고, 수사대상자 분석을 통해 범죄 발생지역에 거주하는 유사전과자 및 유사수법 범죄자를 검색함으로써 형사활동의 효율성을 강화하고 있고, 공간통계분석을 바탕으로 하는 연쇄범죄자 거주지 예측기능을 통해 중요 범죄자의 거점을 예측하여 수사에 활용하고 있다.

10. 경로분석기법(수사기법)

폐쇄회로화면(CCTV) 등을 활용해 뺑소니 차량의 경로를 분석하는 기법을 말하며, 이런 수사기법으로 교통사고를 내고 도주하는 일명 뺑소니 사범 검거율이 98%(2015년)를 웃돌았다.

11. 112신고 시스템

112신고 시스템은 C3개념(Command : 지휘, Control : 통제, Communication : 통신)을 도입, 경찰통신망과 첨단 IT기술을 통해 경찰출동요소를 신속히 현장에 배치하여 필요조치를 지휘하고 현장상황을 유지하기 위해 통제하는 등 초동대응시간을 최소화하는 긴급 신고 대응시스템을 말한다. 이 시스템을 통해 112신고가 각 지방청 112신고센터로 접수되면 경찰서 112센터를 통해 지구대 · 파출소 순찰차량이 출동하게 되며, 지령관리가 전산으로 연계되어 있어 112순찰차 안의 내비게이션을 통해 신고내용 재확인, 동영상 신고내용 확인, 공청시스템이 가능하다.

12. 최근 수사기법 개발

3D 얼굴인식 검색기법	범죄 발생 시 사건 현장에 설치되어 있는 영상정보처리기기(CCTV, 블랙박스 등)에 촬영된 용의자의 얼굴을 인식 · 분석 · 검색할 수 있는 시스템이다. 범죄 수법자료(KICS)에 입력된 주요 범죄자들의 얼굴 사진과 범죄 현장에서 확보된 영상정보를 검색 · 대조하여 용의자의 신원을 확인할 수 있는 시스템으로 범죄 발생 초기에 범인을 검거할 수 있도록 지원할 예정이다.
법보행(걸음걸이) 분석기법	법보행 분석은 영상정보의 보행자 보행패턴을 의학 · 공학적으로 분석, 발의 각도 · 거리 등 움직임을 통해 동일인 여부를 판단하는 분석기법으로 영국, 미국, 캐나다 등 선진국에서는 수사 단계에서 보행 분석을 실시하고 있으며, 실제 법정 증언을 통하여 유 · 무죄를 가리는 증거능력으로 그 가치를 인정받고 있다.
동영상축약 프로그램	전체 동영상 중 특정 요건이 포함된 부분을 골라줘 분석 시간을 크게 단축해주는 프로그램이다. 수일에 걸쳐 녹화된 사건 관련 CCTV 동영상을 단 몇 분, 몇 시간만에 분석 완료할 수 있는 것으로 CCTV 분석시간 단축으로 수사관의 피로감 해소는 물론, 상대적으로 현장 수사 활동시간이 늘어남에 따라 보다 많은 사건을 다룰 수 있어 수사 효율성 및 검거율 향상에 크게 기여할 것으로 전망된다. 살인, 강 · 절도 등 각종 강력사건은 물론, 성폭력, 뺑소니 등 CCTV 분석에 의존하는 각종 사건 · 사고의 검거율 향상과 명확한 원인 규명에 큰 도움이 될 것으로 기대하고 있다.
안면인식시스템 (Facial Recognition System)	안면인식시스템은 디지털 이미지를 통해 각 사람을 자동으로 식별하는 컴퓨터 지원 응용 프로그램을 말한다. 이는 살아 있는 이미지에 나타나는 선택된 얼굴 특징과 안면 데이터베이스를 서로 비교함으로써 이루어진다.

13. 스마트 치안시스템

스마트 치안시스템은 경찰청 수배 데이터베이스와 연계된 도로상의 문자판독 CCTV(20대)가 인식한 차량번호가 수배차량인 경우, 그 수배정보(차종, 수배종류, 차량번호, 촬영장소)를 음성으로 변환하여 경찰 무전을 통해 실시간으로 파출소 · 순찰차 · 무전기 휴대 경찰관에게 자동 지령을 내리고, 동시에 그 수배정보를 문자와 영상으로 변환하여 경찰관의 휴대전화, 순찰차 · 형사기동대 차량의 태블릿 PC에 자동으로 전송할 수 있다. 이와 같은 지령을 받은 외근 경찰관은 수배차량이 통과하는 장소로 즉시 출동해 수배차량을 검거할 수 있다. 방범용 CCTV를 경찰청 수배 데이터베이스와 연계해 수배차량을 검색하는 것은 기존에도 운용되고 있으나, 외근경찰관들에게 실시간 자동으로 무전, 문자, 영상으로 전파하는 시스템은 세계 최첨단의 치안시스템이다.

19 | 경찰의 장비개선

1. 대체총기 개발(고무탄 등)

38구경 리볼버 권총을 대신할 비살상용 총기가 개발 중에 있다. 비살상용 총기 제품은 제식 38구경보다 위력이 약해 대상자에게 생명의 위협이 적고, 사용장소와 발사 시간이 자동으로 채증되는 '총기 블랙박스'가 내장될 예정이다. 이는 범죄 대응력은 높이고, 일선에서의 과잉대응 논란을 잠재우고 시민 안전도 확보하기 위해, 즉각적인 범인제압이 가능하면서도 인체 피해를 최소화할 수 있는 '스마트 대체총기' 개발사업 추진을 검토하고 있다.

2. 방탄과 방검 기능을 갖춘 방탄복

방탄과 방검 기능을 모두 갖춘 소재를 외국에서 구해 방탄복을 만들 계획이지만, 예산안의 문제로 내구 연식이 지난 것부터 폐기하고 기존의 방검복과 겸용하면서 점차 교체해나갈 계획이다.

3. 다기능 조끼

현장 근무자에게 필요한 모든 종류의 무기 및 장구의 수납이 가능하며 개선 복제와 조화를 이루도록 색상 및 디자인을 개선하였고, 착용감 향상을 위해 인체 공학적 패턴을 적용 획기적으로 개선하였다.

4. 안전경고등

야간 치안활동 시 현장경찰관들의 안전을 확보하고자 LED조명을 내장하고 설치 및 휴대가 용이하도록 접이식으로 개발한 '안전경고등'을 추가로 보급하였다.

Append

경찰관 1인 4가지 무기(장비) 착용

외근 경찰에게 권총, 테이저건, 최루액분사기, 삼단봉 등 4가지 장비를 모두 소지하자는 논의가 되었다. 현재는 2인 1조를 기준으로 한 명은 권총을, 다른 한 명은 테이저건을 소지하는 식으로 절반씩 갖추고 있다. 이에 일선 경찰관은 실제 일선에서는 허리통증이나 기타 병력을 이유로 권총을 선호하지 않고 있으며 기존 무전기와 수갑까지 모두 착용하면 현장에서 기동성이 저하될 가능성도 높다는 지적도 있었다.

20 | 혐오 표현

1. 표현의 자유

> **헌법 제21조**
>
> ① 모든 국민은 언론 · 출판의 자유와 집회 · 결사의 자유를 가진다.
> ④ 언론 · 출판은 타인의 명예나 권리 또는 공중도덕이나 사회윤리를 침해하여서는 아니된다. 언론 · 출판이 타인의 명예나 권리를 침해한 때에는 피해자는 이에 대한 피해의 배상을 청구할 수 있다.
>
> **헌법 제37조**
>
> ② 국민의 모든 자유와 권리는 국가안전보장 · 질서유지 또는 공공복리를 위하여 필요한 경우에 한하여 법률로써 제한할 수 있으며, 제한하는 경우에도 자유와 권리의 본질적인 내용을 침해할 수 없다.

① 표현의 자유는 무제한적으로 인정되지 않음

표현의 자유는 민주주의 꽃이며, 민주주의 사회에서 사회적 합의를 이끌어 내고 다양성을 추구하기 위한 필수적이고 본질적인 것이다. 대한민국 국민이라면 모두 표현의 자유를 가지고 있지만, 이 표현의 자유라는 탈을 쓰고 사회 갈등을 조장하여 국론을 분열시키며 상대방을 무차별적으로 비방한다면 표현의 자유는 국민에게 무제한적으로 인정되는 자유가 아니기 때문에 제제를 가해야 한다.

② 표현의 자유를 제한할 필요성

표현의 자유의 범주를 벗어나는 혐오적인 표현이나 극단적 표현에 있어서는 사회 정화적인 차원에서라도 제한되어야 한다. 예를 들면, 가짜 뉴스를 만들어 게시 · 배포하거나 풍속을 해치는 인터넷 게시글이나 악플과 같은 혐오 글을 게시하는 행위에 대해서는 피해 당사자의 법적 제기 이전에 국가나 공공 차원의 제어가 필요하다.

③ 한국 사회의 혐오가 심해지는 이유

사회적 혐오가 심해지는 원인 중 하나는 우리 사회가 개인의 마음 속 혐오를 표현의 자유라는 명목하에 타인에게 공공연하게 표출할 수 있다는 것을 용인하고 있기 때문이다. 사회적 발언권을 가진 권력층조차도 혐오 표현을 표현의 자유로 합리화하고 있다. 표현의 자유는 순수하게 자신의 의사를 표현하는 것을 허용하자는 것이지, 모든 표현의 자유를 무조건 보장하자는 것이 아니다.

> 예 '5.18 광주민주화운동 북한군 개입설, 설거지는 여성의 몫, 동성애때문에 한국에 얼마나 에이즈에 창궐했는지 아느냐, 밥하는 아줌마가 왜 정규직이 되어야 하느냐'라는 정치인들의 발언

2. 혐오 표현에 대한 해악

① 증오 범죄 발생의 원인이 됨

외국의 사례를 보면, 마음 속 편견이 혐오 표현으로 이어지고 이는 다시 증오 범죄로 이어지는 일련의 흐름을 가지고 있다. 혐오는 심각한 차별이나 사회적 갈등 속에서 어떤 계기를 만나 거대한 폭력으로 이어질 가능성이 높다. 특히 사회가 불안정한 위기 상황에서는 미워하는 감정들이 폭발하여 일순간 극단적인 폭력성을 띨 수 있기 때문에 그 피해의 심각성은 더해지고 있다. 이제는 대한민국도 예외라고 할 수만은 없다.

> 예 2016년 서울 강남역 여성 살인사건, 미국 트렌스젠더 총격사망사건, 텍사스 엘파소 쇼핑몰 총기난사사건 등

② 사회적 갈등을 유발하고, 사회적 통합에 걸림돌이 됨

혐오는 상대방에 대한 미워하는 감정이나 두려움에서 오는 자연스러운 본능이지만, 한국 사회의 혐오는 단순히 자신이 두려워하는 대상이 아니라 자신에게 위협이 되지 않는 존재라도 사회적 분위기에 따라 혐오의 감정을 갖게 된다는 특징이 있다. 최근에는 난민, 장애인, 외국인 (다문화 가정)을 넘어 여성과 남성에 관한 성적 갈등으로 사회적 혐오의 확산이 커지면서 사회적 갈등을 유발하고 사회적 통합을 저해한다는 점에서 그 심각성이 있다.

③ 남혐과 여혐, 성대결로 퍼져 남녀 갈등을 조장

혐오 범죄에 대한 사회적 논란은 '일베'에서 5.18 광주민주화운동이나 세월호 희생자들에 대한 혐오적 표현을 하였던 것이 주된 것이었으나, 최근 여성 우월주의를 주장하는 남성 혐오 인터넷 커뮤니티 '워마드'에 게시된 글들로 인하여 그 논쟁이 더욱 뜨거워지고 있다. 이러한 글들은 그동안 우리 사회가 여성에 대해 가한 폭력적 · 차별적 형태를 폭로하기 위하여 미러링 전략으로서 남성에 대한 혐오적 표현을 하는 것이며 일방적으로 그들의 행위를 비난하기보다는 일탈의 원인을 이해하는 것이 중요하다는 주장도 있다. 그러나 워마드에 올라온 혐오적 표현들 중 천주교와 관련된 성체 훼손, 성당 방화 예고, 태아 훼손, 부산 동래역 아동 살해 예고, 남성 누드모델 나체사진 등과 같은 사회적 지탄을 받고 있는 대표적인 사례들은 여성 인권을 신장하기 위한 페미니즘 운동으로 이해하기에는 사회적 수인한도를 넘은 것들이라고 볼 수밖에 없다.

> 예 이수역 폭행사건, 몰카, 워마드(남성 누드모델: 경찰의 차별 수사 논란), 극단적 페미니즘

Append

미러링 전략

미러링 전략이란 상대가 나와 비슷하게 하여 익숙한 모습을 하고 있을 때 상대방에게 동질감을 갖게 되고 호감을 유발하는 효과를 말한다. 하지만, 메갈리아는 일베가 한국사회의 여성혐오를 조장한다고 하며 일베를 미러링하여 김치녀라는 여성비하언어를 소추남(음경이 작은 남성), 한남충(한국남자 벌레), 한남유충(남자아이를 임신했을 경우 태아를 비하하는 말) 등을 사용하고 있다.

---

④ 성차별 없는 사회를 만들기 위한 걸림돌로 작용

　남녀 성차별에 대한 혐오가 심해질 경우 오히려 사회적으로 기득권을 유지하고 있는 남성이 여성의 존재 자체를 피하는 과정에서 또 한번의 역차별이 나타날 수 있다.

Append

유리천장

사회적으로 약자였던 여성이 조직 내 관행과 부조리로 인해 능력을 제대로 인정받지 못하고 고위직 승진이 차단되는 현상으로 '눈에 보이지 않지만 결코 깨뜨릴 수 없는 장벽'을 말한다.

⑤ 사회적 소수자가 가지는 사회 구성원으로서의 지위를 박탈

Append

퀴어축제

해마다 6월이 되면 세계 곳곳에서 동성애자의 자긍심이라는 뜻의 게이프라이드 행진이 열린다. 우리나라도 성소수자의 존중과 권리를 인정해야 한다고 주장하는 한국의 퀴어문화축제가 2000년부터 개최가 되고 있다. 그러나 이 축제가 모두에게 환영을 받지는 못하고 있다. 일부는 성소수자에 대한 반감을 드러내고, 일부는 행진 참가자들의 심한 신체적 노출과 성 관련 발언이 부적절하다는 지적이 나오고 있기 때문이다. 성소수자들의 인권과 권리를 주장하기 위해 문화축제를 개최하는 것은 인정해야 하지만 지나친 노출과 불쾌감을 주는 의상은 오히려 성소수자들에 대한 혐오가 더욱 심해질 수 있음을 고려해야 한다.

⑥ 표현을 넘어 폭력이나 실질적 차별로 발전

　몇 년 전만 해도 한국 사회에서 혐오 표현은 인터넷상 '표현' 단계에 머물러 있었다. 그런데 혐오 표현을 많이 하는 대표적 집단인 일베 회원이 2014년 통일 토크콘서트에서 황산 테러를 한 사건이 벌어졌고, 같은 해에는 세월호 유가족의 단식장에서 일베 회원들이 '폭식 투쟁'을 하는 사건도 벌어졌으며, 워마드에서도 성체 훼손, 태아 훼손 등 표현을 넘어 실질적인 폭력과 차별로 나타나고 있다.

⑦ 잠재적 범죄자로 낙인이 찍힐 가능성

　㉠ 조현병을 포함한 정신질환자들은 소위 '사이코패스'라는 이름으로 미디어에 등장했고, 끔찍한 범죄를 저지르는 모습으로 종종 그려졌다. 그러다 보니 우리나라 사람들의 정신질환자에 대한 인식은 매우 나쁘고, 그들을 잠재적 범죄자로 보는 선입견에 사로잡혀 혐오의 대상으로 삼는 경향이 있다. 이러한 사회적 분위기 속에 정신질환을 가진 사람들에 대한 혐오가 심해지고 정신적 문제나 아픔을 가진 사람들이 적극적으로 치료를 받으려는 의지를 더욱 잃게 될까 염려스럽다.

ⓒ 조현병을 가진 사람이라고 모두 사회에서 격리되어 끔찍한 범죄를 저지르는 것은 아니다. 1994년 존 포브시 내시(John Forbes Nash Jr)는 조현병을 앓고 있었음에도 노벨 경제학상을 수상하였다.

ⓒ 안인득사건과 관련하여 미흡한 경찰의 대처에 대한 비난과 경찰청장의 사과
- 안인득은 조현병을 앓고 있었으며 사건 발생 수개월 전부터 오물 투척 등 이상 행동을 반복해 주민들이 수차례 신고하여 신변보호 요청을 하였지만 경찰은 별다른 조치를 하지 않는 것으로 드러났다. 이에 경찰이 적절히 조치했다면 이번 참사는 일어나지 않았을 것이라는 책임론이 불거진 상황에 민갑용 경찰청장은 경찰의 현장 대응에 문제가 없었는지 진상조사를 하고 있다.
- 안인득사건의 경우 충분히 예방이 가능한 사건이었다. 사건 전 가족들의 여러 차례 입원을 주장을 했고, 주변의 주민들도 신변보호를 요청한 상황이기 때문에 범죄 발생의 위험 징조가 나타났음에도 이에 대한 적절한 조치만 취해졌다면 발생하지 않았을 사고이다. 그러나 현장 출동한 경찰관이 구체적인 위험이 존재하지 않는 상황에서 적절한 조치를 취하는 것은 어렵다. 앞으로의 이러한 사건을 예방하기 위해 정신건강분야에 대한 투자를 획기적으로 늘려, 공공의 정신건강 서비스 제공 체계를 구축해야 한다.

ⓓ 정신건강증진 및 정신질환자 복지서비스 지원에 관한 법률(약칭 정신건강복지법)
정신질환자에 대한 인권침해와 차별적 요소를 최소화하고 복지 지원을 위한 근거를 마련하기 위한 법률

응급입원 의뢰	→	경찰관 또는 구급대원 호송	→	3일 간 응급입원	→	입원의 필요성 유무 판단 (입원/퇴원)

개정 전	가족 중 1명의 동의와 정신질환이 의심될 경우 본인의 동의가 없어도 강제입원이 가능(인권침해 야기)
개정	가족 2인의 동의와 다른 전문인의 2인의 진단이 일치하고, 정신질환과 자·타해 위험 모두가 인정될 경우 강제입원이 가능

- 보호입원(보호자의 의사에 따라 입원)

응급입원	상황이 매우 급박하여 다른 입원을 시킬 시간적 여유가 없을 때 누구든지 발견한 사람이 의사 (정신건강의학과 전문의일 필요 없음)와 경찰관의 동의를 받아 정신의료기관에 응급입원을 의뢰할 수 있다.
행정입원	자·타해 위험 및 입원의 필요성이 있거나 범죄를 일으킬 위험이 있다고 의심이 될 때 경찰관은 지자체장에게 해당 인물의 진단과 보호를 신청할 수 있다.

- 경찰은 정신질환자를 잠재적 범죄자로 바라보는 선입견을 해소하기 위해 치안거버넌스를 실시하여 복지부 및 의료기관과의 협업체계 구축과 정신질환범죄를 사전 예방을 위해 노력하고 있다. 치안거버넌스를 통해 정신질환으로 주민을 위협하는 등 큰 범죄로 이어질 수 있는 여러 사례를 선제적으로 해결하고 있으며, 앞으로도 지역사회 전체가 하나의 치안 주체로서 역할을 함께하는 공동체 치안을 위해 최선을 다하고 있다.

3. 혐오범죄 해결 방안

① 서로의 차이를 존중하고 인정하는 마음가짐이 필요

혐오 현상은 서로 간의 차이를 인정하거나 존중하지 않는 마음에서 비롯되기 때문에 남성과 여성의 신체적 차이를 인정하고 그 차이 속에서 어떻게 서로 화합을 할 것인지 합리적인 기준점을 찾고 발전을 추구하며 살아가야 한다. 이제는 성별, 출신지, 부모님의 부와 위치로 나의 가치가 평가되는 시대는 지났다. 서로의 차이를 인정하고 다른 뿌리와 교합하여 시너지를 내어 더 굵고 튼튼한 줄기가 되는 방향으로 뻗어가야 한다.

② 성대결을 통한 우리 사회의 차별과 싸우는 운동을 전개하는 것이 필요

여성운동가들이 직장 내 커피심부름을 시킨 상사를 강하게 비난하거나 여성에 대한 성차별을 금지하는 법제를 만드는 것만으로는 여성의 사회적 지위와 삶을 변화시키는 것에 한계가 있다. 여성들의 사회적 지위를 높이기 위해서는 남성들과 동등한 직무와 직위, 동등한 기회를 보장받을 수 있는 제도에 대해 끊임없이 문제를 제기하고 제도를 개선하는 방안이 뒷받침되어야 상대적으로 낮은 여성들의 지위를 향상시킬 수 있을 것이다.

③ 특정 사회 계층이나 사회적 소수자도 같은 인간임을 이해하는 것이 필요

다양한 사회적 집단에 섞여 살아가는 도시를 중심으로 자신과 피부색이 다르거나 출신이 달라도 친구가 될 수 있는 교류의 기회를 만들어 소수자들도 같은 사람이라는 것을 몸소 깨닫게 하는 것이 중요하다. 실제로 다른 인종이나 성소수자와 아무리 짧더라도 교류를 한 사람이라면 증오 선동에 면역이 있다는 연구 결과가 있다. 따라서 모든 사람들이 기본적으로 열린 자세를 가져야 하고 사회적 소수자들은 더욱더 사회 양지에서 활동하며 자신들의 존재를 부각시킬 필요가 있다.

④ 혐오 표현이 용납되지 않는 사회적 분위기의 조성이 필요

혐오에 대해서는 여러 측면의 대응이 필요하다. 가령 소수자에게 폭력을 가하자는 증오 선동은 법적으로 처벌할 필요가 있다. 하지만 모든 것을 처벌로 해결할 순 없다. 법적 처벌을 피해 교묘한 형태의 혐오 표현이 더 활발해질 수도 있기 때문이다. 따라서 국가가 혐오 표현을 막는 제도를 마련하고 소수자를 지지하는 역할을 해야 한다. 이를 위해서는 교육이나 홍보를 통해 의식을 개선하는 일이 중요하다. 개인들이 일상에서 적극적으로 혐오 표현을 차단하는 것 역시 중요하다. 혐오 표현이 사회적으로 용납되지 않는다는 분위기를 만들어야 한다. 따라서 혐오 표현 금지법 혹은 차별 금지법 제정도 의미가 있을 것이다. 관련 법들을 제정하는 것은 처벌 근거가 마련되었다는 것뿐만 아니라 우리 사회가 더 이상 혐오와 차별을 용납하지 않는다는 하나의 선언이자 상징이 될 수 있기 때문이다.

⑤ 혐오 표현에 대한 처벌 근거 마련

한국	혐오 표현의 경우 이를 규제하기 위한 차별금지법 제정 운동이 있으나, 아직까지 우리 형사법 체계에서는 혐오 표현 그 자체를 처벌하는 규정은 없으며, 단기 명예훼손죄와 모욕죄(정보통신망 이용촉진 및 정보 보호 등에 관한 법률 위반)로 처벌하고 있을 뿐이다.

유럽	• 온라인 플랫폼 운영자(업체) 측이 의무적으로 삭제하는 법안 마련
	• 독일 · 프랑스[아비아(Avia)법안]은 혐오 표현과 가짜뉴스 규제를 위한 검색엔진 및 온라인 플랫폼 사업자들에게 혐오 표현이 담긴 콘텐츠를 24시간 안에 삭제해야 할 의무가 있다.
	  - 삭제하지 않을 경우 최대 한화 16억 원의 과태료가 부과된다.
	  - 독일 : 일반평등대우법(차별적 괴롭힘과 차별적 지시 금지), 홀로코스트 부정죄(나치의 유대인 학살을 부인하거나 나치를 옹호 시 처벌)
	  - 프랑스 : 인종주의, 반유대주의, 외국인 혐오 처벌법

Append

국제협약

• 모든 형태의 인종차별 철폐에 관한 국제협약

인종적 우월 또는 증오에 근거한 모든 사상의 유포나 인종 차별의 선동 또는 그 행위의 선동 및 인종주의에 근거하는 활동에 자금을 지원하는 행위 등을 포함한 어떠한 원조의 제공도 법으로 처벌해야 한다.

• 시민적 · 정치적 권리에 관한 국제협약

민족적 · 인종적 · 종교적 혐오의 옹호를 금지하도록 규정하고 있다.

경찰조직 내 성평등 제고

경찰조직 내 여성경찰이 소수이자 조직의 주변부에 속해 있어 기회와 권한, 인권적 측면에서 불리한 위치에 놓여 있다는 것과 이로 인한 경찰업무 수행의 질적 저하가 초래되고 있음을 인식함에 따라 성차별적 제도와 문화를 개선하고 대국민 치안서비스를 향상시키기 위해 여성경찰의 확대와 경찰 내 성평등 문화보장 등 다양한 방안을 강구하고 있다.

- 성별 분리 모집 폐지(남녀 통합 선발) : 2020년부터 통합 모집 채용 실시, 경찰대학 신입생 모집 및 간부 후보생 채용 시 성별 제한 우선 폐지
- 승진 등 인사관리: 여성관리자 확대목표제 도입(할당제), 주요 보직 배치 시 차별요소 해소, 승진 심사위원회 등 여성경찰 참여 의무화
- 성평등 위원회
- 성평등한 조직문화 및 근무여건 조성, 일과 가정의 양립지원, 조직 내 성희롱 · 성폭력 근절을 위한 대책 마련
- 여경의 증원

21 | SNS(소셜 네트워크 서비스)

1. SNS란?

소셜 네트워크 서비스(Social Network Service)의 약자로 인터넷 또는 인트라넷 등의 전자 네트워크로 서로의 소식을 주고받는 등 사교 활동을 하는 전반적인 서비스들을 일컫는 말이다.

2. SNS의 순기능과 역기능

SNS의 순기능	• SNS는 빠른 속도로 퍼진다는 특징이 있어 실시간으로 재난상황이나 현장상황을 알려준다는 장점이 있다. 대표적으로 2013년 보스턴 마라톤 폭탄 테러가 일어났을 당시 현장에 있던 많은 시민들이 스마트폰을 사용하여 SNS로 현장 상황을 알려주고, 현장에서 촬영한 동영상이나 사진 등을 수사당국이 제출받아 용의자를 확인하는 데 도움을 주었다. • 스마트폰으로 소셜네트워크를 이용하여 시간과 장소의 제약 없이 빠른 정보를 교환할 수 있어 원하는 정보를 쉽게 얻을 수 있고 사람들이 다양한 의견들을 제시하며 실시간으로 소통할 수 있다.
SNS의 역기능	• SNS의 정보는 그 정보가 맞고 틀린지 판단할 시간이 없이 빠른 속도로 퍼지는 성격 때문에 루머의 확산과 허위정보로 오히려 피해를 볼 수가 있다. 채선당 사건이 대표적인 사례로 음식점인 채선당에서 불쾌한 경험을 했다며 자신이 임산부임에도 불구하고 종업원이 배를 찼다고 주장하여 트위터를 비롯한 소셜네트워크를 통해 빠르게 채선당에 대한 비난이 폭주했으며 불매운동으로 번졌다. • SNS에서 개인의 사생활을 교류하다 보면 원치 않는 정보가 원치 않는 사람에게 노출될 수 있다.

3. 가짜뉴스(Fake News)

① 가짜정보의 유형

허위정보	의도적으로 만들어진 허위정보 또는 오해를 부르는 정보로서 대상을 속이기 위해 숙고해서 계산된 방식으로 퍼뜨리는 정보를 말한다.
오인정보	사실이 아님을 인식하지 못한 채 의도적 또는 비의도적으로 전파하는 정보를 말한다.
거짓정보	진실을 가장해서 고의로 조작한 정보로서 관찰이나 판단오류, 선의의 거짓말, 만우절 농담과 구별된다.
루머(유언비어)	근거 없이 퍼지는 소문 등으로 정보의 불확실성이 주요 원인 중 하나이다. 예 4월 전쟁 위기설

② 가짜뉴스가 확산되는 이유

　㉠ 뉴스 소비는 여론 공간에서 자신의 의견 위치를 확인하고, 유사한 의견을 수용해 자신의 태도를 강화하는 성격이 크기 때문에 자신의 성향과 유사한 매체와 자극적인 기사가 호응을 얻는다.

ⓛ 집단 극단화는 같은 생각을 하는 사람들끼리 정보 교류를 통해 더욱 극단적인 견해를 갖는 것을 의미하는데, 가짜뉴스는 집단 극단화 방식을 통해 집단 동질성을 강화하는 데 사용된다. 즉, 이런 가짜뉴스의 확산에는 인간이 가진 '확증 편향'이 큰 역할을 한다. 확증 편향은 선택 편향의 한 종류로서 자신의 선입견에 확신을 더해주는 정보만을 선택적으로 탐색하고 자신이 믿는 것과 반대되는 정보들에 대해서는 굳이 찾으려고 노력하지 않고 받아들이려고도 하지 않는 경향을 말한다.

ⓒ 부정성 효과는 어떤 부정적인 정보가 발생하면 사람들은 긍정적인 정보보다 부정적인 것을 더 중요하게 인정하는 효과를 말한다. 이러한 부정성 효과로 인해 가짜뉴스가 확산되기도 한다. 긍정적인 소식 혹은 우리에게 도움이 되는 일에 대해서는 좋다라는 생각하며 받아들이면 끝이지만, 우리에게 부정적인 영향을 끼칠 수 있는 소식 같은 경우에는 그 이야기를 듣고 끊임없이 고민하고 대비해야 하기 때문이다. 다시 말해, 사소한 부정적 자극 하나에 위협감을 느끼게 되면 자의든 타의든, 생리적이든 심리적이든 더욱더 부정적인 정보로 끌어들이고, 그런 부정적인 생각으로 인해 우리는 더 부정적인 정보만 받아들이는 악순환에 빠지게 된다는 점이다. 남의 단점만 보다 보면 그보다 더 큰 장점을 놓칠 수 있다는 점을 알아야 한다.

③ 양극화와 갈등

가짜뉴스는 쟁점과 관련된 집단들의 성향을 더 양극화시키는 '집단적 극화(Group Polarization)' 현상을 유발하게 된다. 이는 인터넷상에서 개인들은 자신의 성향과 일치하는 사람들하고만 네트워크를 형성하는 일종의 '자아중심적 관계망(Ego Centric Network)' 성향을 보이기 때문이다. 이 때문에 SNS 등을 통해 소통을 많이 하면 할수록 사람들은 자신들이 택한 태도를 더 양극단으로 이동시키는 극단화(Extermination) 경향을 보이게 되고, 이는 다수 입장에 동조하는 폭포효과(Cascade Effect)로 이어져 이른바 인터넷 공간을 '자기확신의 장'으로 만들게 된다.

④ 가짜뉴스 처벌 규정

ⓐ 거짓 내용을 사실처럼 퍼뜨려 개인의 명예를 훼손한 경우 : 정보통신망법상 허위사실 명예훼손
ⓑ 언론사를 사칭한 가짜뉴스 배포 : 형법상 업무방해죄

Append

폴리아나 효과

미국 여류작가 엘리노 포터의 소설 '폴리아나(Pollyanna)'에서 주인공 폴리아나의 성격에 비유해 나온 말이다. 주인공 폴리아나는 가난한 목사의 딸로 부모님을 잃고 독신인 숙모집에 가서 사는데, 늘 천진하고 순수한 소녀이다 보니 차갑게 대했던 숙모의 마음을 녹여 집안을 화기애애하게 하고 또 마을 사람들을 기분좋게 만든다. 폴리아나와 비슷한 인물로 미국의 유명한 동화 '빨간머리 앤'이 있다.

주인공 빨간머리 앤(Anne)은 항상 밝고 낙천적인 성격으로 주변 사람들을 행복하게 만든다. 이 두 주인공처럼 모든 일을 긍정적으로 생각하고 세상은 즐겁고 즐길 만하다고 보며 타인을 일반적으로 좋게 평가하는 경향을 폴리아나 효과라고 한다. 폴리아나 효과는 표면적으론 좋은 현상이지만 무섭거나 감당하기 어려운 일이 닥쳤을 경우 적극적으로 대처하기보다는 우선 '어떻게 되겠지'하며 바라는 안일한 심리가 있기에 근본적인 문제해결능력을 떨어뜨린다.

4. 경찰의 SNS 활용 사례

① 수원서부경찰서 매산지구대 소속 권만호 경위와 시흥경찰서 정왕지구대 소속 박재환 순경은 수원역 주변에서는 미귀가자 신고가 많은 점에 착안하여, 수원역 일대 숙박업소 종사자들을 상대로 네이버 밴드를 결성하여 긴밀한 협조체계를 구축했다. 그리고 집 나간 딸(16세)이 집에 돌아오지 않는다는 아버지의 미귀가자 신고를 받은 권 경위는 미리 구축해 놓았던 숙박업소 밴드에 미귀가자의 인적사항을 게재하여 신고접수 1시간만에 숙박업소 종사자의 제보를 받아 모텔에서 잠을 자고 있던 딸을 발견해 무사히 보호자에게 인계조치하였다.

② 시흥경찰서 정왕지구대 소속 박 순경은 경찰에 입문한지 3개월 된 새내기 순경으로 지난 정왕동 일대 원룸에서 우편함에 넣어둔 열쇠를 꺼내 침입하는 수법의 절도사건 4건을 접수하고, 절도범의 인상착의 등을 단체 카톡방을 통해 지구대 팀원 전체에 공유했다. 결국, 박 순경은 외국인범죄 빈발지역을 순찰하던 중 절도범과 인상착의가 유사한 사람을 발견하고, 검문한 결과 절도범으로 확인되어 긴급체포하였다.

5. 네티즌 수사대(NSI)

네티즌 수사대(Netizen Scene Investigation)가 이뤄낸 성과는 많다. 얼마 전 있었던 크림빵 뺑소니 사건이 대표적인 사례이다. 물론 추측 글이 전부 정확히 들어맞지는 않았지만 네티즌 수사대의 적극적인 행동이 경찰 수사에 큰 도움을 준 것은 물론 여론의 관심을 일으켜 뺑소니범의 자수를 이끌어내는 데 결정적 역할을 했다. 하지만, 네티즌 수사대가 독이 될 때도 있다. 엉뚱한 사람을 범인으로 지목하여 마녀사냥을 하거나 무차별적인 신상 털기를 하여 사생활을 침해하는 등 당사자에게 고통을 주기도 한다. 비난을 받아야 된다고 생각하는 사람의 미니홈피는 그 순간 초토화되기 시작한다. 이처럼 인터넷 수사대는 득도 되지만 독이 될 때도 있는 양날의 칼을 쥔 존재임에 틀림이 없다.

6. 경찰의 SNS를 활용한 홍보

경찰이 SNS을 활용한다면 권위적이고 딱딱하게만 생각했던 경찰의 이미지를 친근하고 든든한 경찰의 이미지를 제고하는 데 큰 역할을 할 것이다. 최근 경찰 홍보영상물이나 이미지를 보면 흔히 사용할 수 있는 언어와 캐릭터 등을 이용하여 몇십만 명의 시민들과 SNS를 통한 소통과 공감을 이끌어 내고 있고, 실질적으로 범인 검거 및 치매노인을 찾는 데 적극 활용되고 있다.

22 | 집회 및 시위의 자유

1. 표현의 자유의 한계(언론의 자유, 집회 및 시위의 자유)

표현의 자유는 자유민주주의 체제에서 보장하는 것이 옳고, 침해되어서는 안 된다. 하지만 그렇다고 해도 표현의 자유를 무제한 보장할 수도 없다. 표현의 자유는 순수하게 자신의 의사를 표현하는 것을 허용하자는 것이지, 모든 표현의 자유를 무조건 권장하자는 뜻이 아니기 때문이다. 타인의 자유를 침해하거나 해를 끼치면서까지 표현의 자유를 행사하여서는 결코 자신이 가진 소중한 권리를 지킬 수 없다. 어떤 사안에 대해 비판을 할 때에는 규범적인 내용을 정직하게 주장을 해야 한다. 아니면 말고라는 식으로 두루뭉술하게 얼버무리며 온갖 교묘한 비난을 퍼부은 다음, 사법당국의 결정을 기다려 보자라는 식으로 뒤에 숨는 것은 올바른 표현의 자유라고 말할 수 없다.

2. 집회와 시위의 자유 보장

① 대화경찰관제도

대화경찰관이란 스웨덴 대화경찰을 모티프로 해서 이를 우리나라의 집회 · 시위 현장에 맞게 변형해 만든 제도이다. 대화경찰관은 집회 · 시위 현장에서 발생 가능한 갈등들에 대해 대화를 통한 해결이 가능하도록 유도하는 역할을 하고 있다. 대화경찰관제는 경찰이 집회 · 시위를 바라보는 관점을 바꾸는 제도이며 이 제도를 통해 시민들에게 경찰은 '집회 · 시위의 평화적 진행 조력자'라는 인식을 심어주고 있다. 앞으로 경찰은 갈등 중재의 필요성이 있는 집회 · 시위 현장에 대화경찰관을 배치하여 평화적 집회 · 시위를 유도하고, 집회 · 시위 현장에서 집회참가자 · 시민 · 경찰 모두가 만족할 수 있는 집회 · 시위 문화가 조성되기를 기대가 된다.

② 대화경찰관제도의 특징

㉠ 시민들이 쉽게 알아볼 수 있도록 시인성 있는 형광색에 '대화경찰관'이라고 적혀져 있는 조끼를 착용하여 활동한다.

ⓛ 대화경찰관은 정보경찰뿐만 아니라 경비 등 관련 기능을 통합해 시민들과의 대화 창구를 확대한다.

ⓒ 대화채널을 넓혀 집회현장에서 일어날 수 있는 법익충돌인 집회권, 생활권 등에 적극적으로 대응한다.

3. 선진 집회문화를 위한 경찰의 노력

경찰은 합법촉진 · 불법필벌의 기초하에 집회 · 시위의 자유를 최대한 보장하는 한편, 불법행위에 대해서는 현장검거 위주의 무관용의 원칙을 일관되게 적용해왔다. 그 결과 화염병, 투석, 각목, 쇠파이프 등을 동원한 극단적 폭력시위 관행은 크게 개선되었으나, 불법행위자들을 중심으로 집회 · 시위 과정에서 도로점검 · 소음유발과 같은 불법행위를 자행하고도 비폭력을 내세워 정당화하려는 비정상적 관행이 잔존해왔다. 특히 집회 · 시위 현장에서의 불법행위로 인하여 통행권 · 평온권 등 대다수 국민의 기본권의 침해되는 사례가 반복됨에 따라 집회 · 시위가 불법으로 변질될 가능성이 현저한 경우 사후 처벌에 그칠 것이 아니라 예방 위주의 적극적인 법 집행이 필요하다는 인식이 점차 확산하게 되었다. 이에 경찰은 기존의 집회 · 시위 관리 패러다임을 한 단계 발전시켜 준법보호 · 불법예방 개념을 도입하여 비폭력적인 시위라 하더라도 법률의 준수한 경우에만 보호받을 수 있다는 원칙을 확립하고, 불법시위는 예방 위주로 엄격히 관리하여 국민 불편을 최소화하고 준법 집회 · 시위 문화를 정착시키고자 하였다.

23 | 성적 자기결정권

1. 성적 자기결정권의 의미

개인이 사회적 관행이나 타인에 의해 강요받거나 지배받지 않으면서, 자신의 의지나 판단에 따라 자율적이고 책임 있게 자신의 성적 행동을 결정하고 선택할 권리를 말한다. 모든 사람은 자신이 원하지 않는 성적 행위를 거부하고 반대할 수 있는 권리를 가지고 있다.

2. 성적 자기결정권과 관련된 판결

① 혼인빙자간음죄(위헌)

성을 보호한다는 명목으로 남성만을 처벌 대상으로 삼았기 때문에 남녀평등에 반할 뿐 아니라, 여성을 보호한다는 미명 아래 여성의 성적 자기결정권을 부인하고 있기 때문에 위헌 결정하였다.

② 간통죄(위헌)

부부간의 정조의무도 존중해야 하지만, 사생활을 중시하는 사회의 변화를 수용하고 개인의 행복과 성적 자기결정권을 존중해야 한다는 점에서 위헌 결정하였다.

③ 부부 강간죄(인정)

법이 보호하려는 권리가 여성의 정조 또는 성적 순결이 아니라 여성의 성적 자기결정권이라는 인식이 반영된 것이라며 민법상 동거의무에 성생활 의무가 포함됐다고 하더라도 폭행·협박에 의해 강요된 성관계를 감내할 의무까지 포함된 것은 아니라고 판시하였다. 강간죄의 대상이 되는 부녀에 아내가 포함되는 데다가 아내의 성적 자기결정권 보호와 양성평등을 지향하는 시대 변화에 발맞추기 위해 부부 강간죄를 인정하게 되었다.

Append

부부 강간죄의 문제점

- 남용 우려 : 사생활에 대한 국가의 과도한 개입이 우려가 된다.
- 부부 강간죄가 배우자에 대한 감정적 보복 수단이나 이혼 및 재산 분할에서의 유리한 위치를 점하기 위한 수단으로 악용될 우려가 있다. 이혼 소송을 염두에 두고 고의로 성관계를 기피해 범죄를 유발하거나 강간 혐의로 고소해 재산분할 소송 등에서 유리한 자리를 차지하고자 하는 경우를 배제할 수 없기 때문이다.
- 가정 붕괴를 가속화시키고 부부 간 신뢰관계를 파괴할 수 있다.
- 부부 갈등으로 이혼 직전에 있는 부부들에게 불필요한 고소 남용을 유발할 수 있다.

---

24 | 성매매특별법

1. 성매매특별법 위헌 논란

자발적 성매매 여성들의 처벌문제와 성적 자기결정권 및 직업선택의 자유, 음지에서의 풍선효과를 주장하며 위헌 논란이 일고 있다.

폐지론	유지론
• 자발적 성매매 여성의 직업 선택의 자유를 침해한 것이다. • 형법에 비해 처벌범위를 지나치게 확대해 범죄자를 양산하게 된다. • 단속할 때 성매매 여성이 옷을 입지 못하게 하고 증거 사진 찍는 등 인권침해의 소지가 있다. • 유사 성교행위의 범위가 모호하다. • 풍선효과로 음지로 숨어들어 단속이 더욱 어렵게 된다.	• 성을 상품화할 수 없다. • 성매매는 개인의 사적 영역으로 볼 수 없어 성적 자기결정권의 적용 대상이 아니다. • 합법화할 경우 성매매 산업이 더욱 확산될 우려가 있다. • 인권보호가 필요하고 성매매 단속의 실효성이 전혀 없다고 볼 수 없다는 평가도 제기되고 있다. • 성매매 수출국이라는 오명이 더욱 심화될 것이다.

2. 성매매특별법 위헌 논란에 대한 의견

성매매특별법의 위헌 여부에 대하여 찬반 의견 중에서 어느 정도 의견이 합치되는 부분은 바로 성매매 근절의 필요성이 성매매 당사자들에 대한 문제라기보다는 성매매를 조장하는 알선업자들에게 있다는 것이다. 현재 성매매 문제에 있어서 알선업자들의 책임이 가장 크며, 기업형 성매매업소의 성행으로 인해 성매매 여성뿐만 아니라 성매매 남성도 피해자라는 주장이 타당성 있게 제기되고 있다. 더 나아가 성매매를 알선하는 포주들이 인터넷 등을 이용하여 신·변종 형태의 영업이 성행하고 있는 현 시점에서 성매매 알선업자들이 교묘하게 법망을 피해가지 못하도록 한발 앞선 단속망의 확보가 절실하며 이들에 대한 처벌 수위도 대폭 상향하여 근본적인 문제 해결에 나서야 할 때이다. 그리고 범죄수익에 대한 몰수, 추징도 철저하게 이루어져야 할 것이다.

3. 제한적 공창제(성매매 합법화에 대한 대안)

① 한국의 공창 및 성매매 역사

일제에 의해 강화도 조약 이후 처음 도입(1906년)되어 일제 강점 이후 1916년 전국적으로 확산되었다. 해방 이후 공창제 폐지 운동이 전개되었고, 1947년 공창제 폐지법을 제정하였으나 성매매의 폐지에 큰 영향은 주지 못하였다.

ㄱ 사창전국시대(1946~1961) : 기지촌, 집창촌의 중심으로 전국 확산

ㄴ 특정지역시대(1962~1980) : 정부의 특정지역지정(외국인의 관광 상품화)

ㄷ 신사창시대(1981~2004) : 산업형 성매매 등장(군산 화재사건 등 잇단 화재사고로 특별법 제정)

ㄹ 현시대(2005~) : 정보통신수단의 발달로 다양화(음지에서 산발적 형태로 증가)

② 제한적 공창제 실시 찬성론

ㄱ 특정지역에 대해서 성매매행위를 허용할 경우에는 국가에서 감시와 감독이 매우 용이하다. 따라서 여성들이나 청소년·여성에 대한 강요와 감금, 약취와 유인에 의한 성매매 행위를 강력하게 규제할 수 있어 성매매 여성에 대한 인권 유린을 방지할 수 있다.

ㄴ 특정지역에서 종사하는 성매매 여성들은 성을 팔아 살아가고 있다는 열등의식과 함께 성매매 행위 자체가 불법이기 때문에 심리적인 불안감에서 벗어날 수가 없다. 따라서 특정지역에서의 성매매 행위를 합법화한다는 것은 성매매 여성들에게 심적 위안과 안정감을 줄 수 있다.

ㄷ 특정지역에서의 성매매 행위는 쉽게 성매매 여성들을 통제할 수 있어 엄격한 질병검사, 특히 성병검사를 철저히 하여 각종 성병을 예방하도록 할 수 있다. 세계 각국에서 에이즈가 창궐하는 가장 근본적인 원인은 자영업 형태의 성매매 행위를 규제할 수 없기 때문이다.

③ 제한적 공창제 실시 반대론

    ㉠ 공창제를 도입하려면 우선적으로 성매매가 합법화되어야 하고, 그걸 국가가 어떻게 관리해야 하는가에 대한 두 가지 문제를 한꺼번에 넘어야 한다(국민의 인식과 법의 문제점).

    ㉡ 공창제가 실시되면 성매매 여성은 국가가 관리하게 되고 성병에 걸린 사람은 이용하지 못하게 해야 한다. 그러다 보면 성병에 걸린 사람은 필연적으로 의료정보가 국가에 공개되어야 하는데 이는 개인 신상에 대한 사생활 침해가 우려된다.

    ㉢ 현재 성매매 현장의 실태를 보면 포주라고 하는 형태의 업주들의 횡포가 이루 말할 수 없다. 그런데 이제 공창제를 합법화한다면 그들의 횡포가 더욱 심해질 것이다. 그들에게 불법을 저지를 수 있는 또 하나의 날개를 달아주는 꼴이 되기 때문이다. 대표적으로 독일에서의 인신매매와 노동착취를 보면 약 1만 5000여 명이 노예 상태로 일을 하고 있다고 한다.

4. 제한적 공창제에 대한 생각

성매매 여성들 중 생계를 위해 성매매를 하는 경우 단속을 당하더라도 처벌을 개의치 않고 계속해서 성매매를 하기 때문에 이들을 위해 정해진 지역에서만 성매매를 허용하는 제한적 공창제를 제시한다. 다른 지역에서의 철저한 성매매 단속을 위해 전담 경찰조직을 만들어 운용하고, 성매매 허용 여성들이 집창촌에서 벗어날 수 있도록 이들에 대한 교육 프로그램과 사회적응 프로그램을 만드는 것이 병행되어야 한다는 입장으로 성매매 여성들의 현실을 감안한 하나의 해결책이라고 본인다. 성매매 합법화의 논의 이면에는 성매매 남성들의 성욕구 해소와 성범죄의 돌파구로서의 역할, 단속에 따른 풍선효과 등을 들고 있지만, 이러한 필요성이 곧바로 합법화로 이어져야 하는지에 대해서는 더 깊이 있는 논의가 전제되어야 한다.

5. 풍선효과

① 풍선효과

풍선의 한쪽을 누르면 다른 쪽이 불룩 튀어나오는 것처럼 어떤 부분의 문제를 해결하면 다른 부분에서 문제가 다시 발생하는 현상을 가리키는 말이다. 즉, 사회적으로 문제가 되는 특정 사안을 규제 등의 조치를 통해 억압하거나 금지하면 규제조치가 통하지 않는 또 다른 경로로 우회하여 유사한 문제를 일으키는 사회적 현상을 의미한다.

풍선효과의 사례로는 성매매 문제 해결을 위해 집창촌을 단속하자 주택가로 옮겨가 은밀한 성매매가 이루어진 사건, 가짜석유의 주원료인 용제의 불법유통 차단을 위해 단속에 나서자 가짜휘발유 거래는 줄었지만 정량 미달 판매와 등유를 혼합해 만든 가짜경유의 판매가 늘어난 일, 금융당국의 가계대출 규제로 인해 은행권이 가계대출을 줄이자 서민들이 고금리를 떠안으면서도 제2금융권으로 몰려 대출을 받는 일 등을 꼽을 수 있다.

② 원정 성매매(풍선효과의 사례)

성매매를 단속할수록 오히려 음지로 파고드는 이른바 '풍선효과'는 성매매 여성들에게도 나타나고 있다. 단속을 피해 해외 원정 성매매에 나선 여성들이 적발된 건수만 보더라도 그러하다. 지난 2009년 40명에서 2013년에는 283명으로 급증하였고, 해외 성매매 적발국은 일본이 61%를 차지해 가장 많았으며 이어 필리핀, 미국, 호주 순이었다. 최근 문제가 되고 있는 동남아 성매매 관광과 관련, 태국이나 베트남에서 적발된 건수가 미미한 것으로 볼 때 동남아 성매수자에 대한 단속이 제대로 이루어지지 않고 있다는 지적이 일고 있다. 원정 성매매는 국격을 떨어뜨리는 일로 심각한 문제가 아닐 수 없으며, 늘어나고 있는 해외 성매매를 근절하기 위해서는 해외 성매매 알선자와 성매수자에 대한 보다 강력한 처벌과 단속이 필요하다.

25 | 총기사건

1. 논란이 되었던 총기사고

① 구파발 총기사건

지키지 않는 매뉴얼(총기 장전 순서 및 허술한 무기로 입·출고 관리)

② 세종시 편의점 총기난사사건(수렵용 엽총 사용)

③ 서산 농공단지 총기난사사건(수렵용 엽총 사용)

④ 화성시 총기난사사건(수렵용 엽총 사용, 남양파출소장 순직)

총기난사사건 대응과정에서 해당 지역 파출소장이 방탄복을 착용하지 않고 범인을 설득하다가 순직한 사건이다.

2. 총기사고의 원인

실제 서산 총기난사 사건의 경우 공장 내에서의 집단 따돌림을 받았던 것으로 추정되며, 세종시 총기난사 사건과 화성시 총기난사 사건은 돈 문제와 원한관계가 겹쳐진 문제였다. 22사단 GOP 총기난사 사건과 수류탄 사건도 따지고 보면 따돌림과 학대 등이 원인이 되어 내재한 울분을 이기지 못해 발생하는 경우였다. 이처럼 총기사건이 발생하는 원인 중 하나는 사회적 분노의 축적이다. 따라서 다른 범죄들과 마찬가지로 우리 사회의 분노를 낮추는 일에서부터 해결의 실마리를 찾아야 한다.

3. 총기사고 예방

① 갈등 조정자의 필요성

화성시 총기난사사건과 같이 가족 구성원 사이의 갈등이 심해지고 갈등 조정자가 없어지면서 분노 조절을 못하는 사람이 늘어나고 있는 것이 사고의 주요 원인 중 하나이다. 분노는 모든 인간에게 보편적으로 느껴지는 감정이고, 분노를 무조건 나쁜 감정으로 매도하는 것은 잘못된 행동이며, 분노를 조절하기 위해서는 평소에 자주 내면의 느낌을 나눌 수 있는 최소한의 대상을 가져야 한다. 그 대상이 가족이어도 좋고, 바로 자신 옆에 있는 친한 친구여도 좋다.

② 총기류에 관한 관리 강화(위치 추적 의무화)

실탄 종류에 따른 관리 규정을 강화하고 총기류의 추적이 가능하게끔 시스템을 갖추어 총기 소지자가 수렵장으로 향하는지 아니면 다른 곳으로 향하는지 추적할 수 있는 시스템을 구축해야 한다.

③ 총기 소유 결격사유 강화

폭력 성향으로 범죄 경력이 있는 이들이 총기를 소지할 수 없도록 규제하는 등 총기 소지 허가제를 더욱 엄격하게 운영하고 수렵 해제 기간에 총기관리를 더욱 철저히 해야 한다.

Append

총기사고 발생 후 대책
- 원 스트라이크 아웃제 도입 : 총기 소지 관련 규제를 단 한 차례라도 위반하면 총기를 영구히 소지할 수 없도록 함
- 총기 관리 장소를 현행 '전국 경찰서'에서 '주소지 또는 수렵장 관할 경찰서'로 제한함
- 일선 지구대와 파출소에 방탄복을 지급함
- 입출고 시간 단축(오전 6시에서 오후 9시까지)
- 총기 면허 갱신 기간 단축(5년 → 3년)

---

26 | 분노조절 장애

1. 분노조절 장애

분노는 말과 행동이 돌발적으로 격렬하게 표현되는 본능적인 감정이며, 과도한 스트레스에 장기간 노출되거나 가슴 속에 화가 과도하게 쌓여 잠재되어 있다가 감정을 자극하는 상황이 생기면 화가 폭발하게 된다. 특히 성장과정에서 정신적 외상이 있으면 분노를 조절하지 못하는 경우가 많다. 분노는 드러내거나 품는 방식을 통해 표현되는데, 두 가지가 조화를 이루지 못하고 병적으

로 분노가 표출될 때 분노조절장애라고 한다. 분노조절장애는 지속적으로 스트레스를 받은 상태에서 감정 조절에 실패해 사소한 자극에 과도한 반응을 보이고, 이성적 판단이 흐려지면서 분풀이 대상을 찾게 된다.

2. 분노범죄가 일어난 이유

① 극심한 스트레스

바쁘게 돌아가는 현대 사회를 살아가면서 정신적인 고통이나 충격을 받아 생긴 스트레스를 제때 해소하지 못하고 감정을 축적시키는 것에서 분노범죄는 시작된다. 특히 사람과의 관계를 중요시하는 한국의 사회는 타인의 시선을 신경 쓰기 때문에 감정을 억누르는 경우가 대부분이고, 부정적인 감정을 제대로 표출하지 못하고 억누르고 있다가 문제가 생겨 감정을 제대로 다스리지 못하게 되는 것이다.

② 정신적 트라우마

정신적으로 받은 충격으로 생기는 트라우마 때문에 충격을 받았을 당시의 상황과 비슷한 상황에 처하게 되면 뇌가 기억하고 있던 정신적인 좌절감과 분노 등이 현재의 감정을 지배함으로써 감정 조절에 실패하게 된다.

③ 집단주의 문화

개인주의 문화권의 사람들보다 한국과 일본처럼 집단주의 문화가 중시되는 사회에서는 남의 눈치를 보거나 서로 비교하는 형태가 잦아 분노범죄가 발생하기 쉽다. 개인주의 문화에서는 개인 단위로 감정의 동요 없이 자기 자신과 타인의 관계의 분절(分節)이 가능한 경우가 많지만, 집단주의 문화에서의 개인은 관계를 떠나서 존재할 수 없다. 그래서 한국 사람들은 자신의 감정을 관계에 의존함으로써 감정 조절에 더 많은 어려움을 겪는 경우가 많다.

④ 상대적 박탈감

바늘구멍 같은 취업문을 통과하자마자 밀린 학자금 대출을 갚아야 하는 요즘 청춘들, 이른바 'N포세대'에게 인생과 사랑에 대한 사색은 의미 없는 사치일 뿐이다. 돈 많은 부모를 둔 사람을 의미하는 금수저에 빗대어 자신을 무일푼의 흙수저라 칭하며 무기력하고 자포자기한 심정으로 살아가는 청년층도 늘고 있다.

이처럼 우울한 한국 사회의 한 단면을 나타내는 키워드가 상대적 박탈감이다. 상대적 박탈감은 부모나 기타 환경이 나에게 해준 것보다 해주지 못한 것에만 초점을 맞추는 부정적인 사고를 갖게 한다. 이런 경우 우울증과 자괴감이 심해지면서 아무 것도 시도하지 않는 무기력 상태에 빠지기 쉽고, 비교 의식과 자괴감에서 비롯된 우울증으로 분노가 폭발하면서 폭력적인 행위, 극단적인 사건을 저지르게 된다. 묻지마범죄는 가해자에게 정신 병력이 있는 경우가 60%이며, 범행 당시 직업이 없는 경우는 75%에 이른다. 정신질환을 범죄 원인으로 치부하기 전에 살기 힘든 사회 시스템에 주목해야 한다. 묻지마범죄의 가해자 대부분은 가정을 꾸리지 못하고 불안정한 주거환경에서 사는 저소득층 남성이다. 즉, 인간다운 삶을 살지 못하는 사회에 대한 분노가 하나의 범행동기가 될 수 있으므로 개인의 어려움을 방조하는 사회의 모습을 해결하고자 하는 노력이 우선시되어야 한다.

⑤ 개인주의와 과도한 자기애

날이 갈수록 커지는 개인주의와 과도한 자기애로 인해 본인은 무시당했다는 자신만의 기분에 사로잡혀 쉽게 분노하는 등 감정을 잘 조절하지 못하고 충동적으로 범행을 저지르는 경우도 많다. 이처럼 과도한 자기애는 어렸을 때 적절한 치료를 하지 못할 경우 성인이 되어서 이상행동으로 이어질 확률이 높기 때문에 조기 치료가 필요하다. 순간적으로 화가 나면 몸속에서 나오는 호르몬이 15초면 없어진다고 하니 15초간은 다른 생각을 하거나 그 자리를 피하는 방법으로 화를 내서 일을 그르치는 일이 없도록 해야 한다.

3. 분노범죄에 대한 방안

우선 스트레스를 건전하게 제때 풀어주는 것이 분노조절 장애의 원인을 차단하는 가장 좋은 방법이다. 하루 일과 후 충분한 개인 시간과 휴식을 갖고, 운동이나 산책 등으로 받은 스트레스를 풀어주거나 분노가 느껴질 때 주변의 친구나 동료들과 어울려 대화를 나누고, 공감을 통해 상대적 박탈감을 치유를 받는 것도 좋은 방법이다. 또 스스로 화를 내기 전 분노가 생긴 상황과 원인을 파악하고 긍정적인 생각으로 스스로를 다스리려고 하는 의지 역시 중요하다.

4. 분노범죄에 대한 경찰의 대응

분노범죄는 계획에 의한 것이 아니라 충동적으로 벌어지는 것이기 때문에 예측이 불가능하다는 문제가 있고, 누구라도 피해자가 될 수 있다는 점에서 사회적으로 공포감을 조성한다. 이에 경찰청에서는 분노범죄에 대응하고 그 실체를 밝히기 위해 전문가들과 함께 분노 · 충동범죄 TF팀을 구성하였다.

5. 범죄심리학 프로파일러

① 프로파일러란?

프로파일러는 범죄심리분석관 또는 범죄심리분석요원(범죄심리행동분석요원)이라고도 하며, 범죄사건의 정황이나 단서들을 분석하여 용의자의 성격과 행동유형, 성별 · 연령 · 직업 · 취향 · 콤플렉스 등을 추론함으로써 수사방향을 설정하고, 용의자의 범위를 좁히는 데 도움을 주며 도주 경로, 은신처 등을 예상하고 검거 후에는 심리적 전략을 구사함으로써 자백을 이끌어 내는 역할을 한다.

② 프로파일러의 역할

프로파일러들은 증거가 불충분해 일반적인 수사기법만으로는 한계가 있는 연쇄살인사건이나 불특정 다수를 대상으로 한 범죄, 특히 범행 동기가 불분명하거나 상식적이지 않은 범죄 사건을 해결하는 데에 투입되어 다양한 형태의 범죄에 대응하고 있다. 한국에 프로파일링 수사기법이 처음 등장한 것은 지난 2000년 서울지방경찰청이 형사과 과학수사계에 범죄행동분석팀을 설치하면서부터이다.

27 | 보복운전

1. 보복운전

난폭운전은 혼자 스스로 차선을 넘나들며 위험하게 운전하는 운전행위를 말하고, 보복운전이란 사소한 차선 시비 등으로 인해서 화를 참지 못하고 자동차를 이용해서 상대 차를 직접적으로 위협하는 고의적인 운전행위를 말한다.

2. 보복운전의 6가지 유형(피해자와 합의해도 형사입건됨)

① 차로 밀어붙이는 행위
② 추월해서 가로막는 행위
③ 앞질러 급제동하는 행위
④ 지그재그로 못 가게 가로막는 행위
⑤ 경적을 울리고 라이트를 켜고 계속 번쩍거리며 위협하는 행위

3. 보복운전 처벌

그간 보복운전은 증거가 부족하여 입증이 어려웠으나 최근 차량용 블랙박스의 보급이 확대되면서 보복운전 상황이 명확히 증명될 수 있고, 보복운전에 이용된 차량은 '흉기 등 협박죄'의 위험한 물건에 해당한다는 최근의 형사판례를 근거로 엄정히 처벌할 수 있게 되었다. 경찰은 단속효과를 극대화하기 위해 고소, 고발, 사이버 신고 등 다양한 경로로 신고를 접수하는 한편, 피해자가 안심하고 신고할 수 있도록 가명조서 등을 활용하고, 신고자의 인적사항을 비밀로 하는 등 신고자의 신변보호도 철저히 할 방침이다.

안심Touch

4. 보복운전의 원인

① 차를 운전하는 순간 분노 조절능력이 약해져 다른 차가 끼어들거나 양보하지 않거나 깜빡이를 켜지 않거나 큰 소리의 경적을 듣게 되면 분노가 폭발하여 보복운전을 하게 된다. 또한 차와 차 사이에서는 대인관계에서 사용하는 언어가 아닌 경적이나 불빛(깜빡이)과 같은 비언어적 소통을 해야 하기 때문에 그 결과 운전자들의 소통에 문제와 오해가 생겨서 보복운전을 하게 되는 것이다.

② 자신의 차가 경차인데 중형차가 끼어들기 한다면 상대방이 나를 무시했다는 감정이 크게 생기게 되고, 반대로 자신의 차가 중형차일 때는 우월한 심리가 형성되어 보복운전을 하게 되는 경우도 있다.

5. 보복운전을 방지하는 방법

보복운전을 방지하기 위해서는 마음을 컨트롤하는 것이 매우 중요하다. 모든 사고가 예고 없이 찾아오는 만큼 자동차 사건도 자신이 생각하지 못한 순간에 그것도 큰 사고로 이어지는 경우가 많기 때문이다. 보복운전은 보통 가해자가 운전을 하고 있을 때 상대방이 예고 없이 끼어든다거나 급제동을 했을 때 순간적으로 너무 놀라 이성을 잃고 화를 내게 되면서 일어나는 사건이 대부분이다. 이때 보복성으로 화를 풀려고 경적을 울린다든지 전조등을 비추지 말고 놀란 자신을 스스로 진정시키기 위해 숫자를 1부터 10까지 센 다음 음악을 작게 틀어 분위기를 전환하도록 노력하는 것이 좋다. 그럼에도 불구하고 상대방이 계속하여 난폭운전을 하고 위협을 한다면 직접 해결하려고 말고 상대방의 차 번호판을 적어 경찰에 신고하는 것이 보복운전을 막는 최고의 방법이다.

6. 보복운전에 대한 생각

보복운전이 발생하는 가장 큰 원인은 가해자가 순간적인 분노를 잘 조절하지 못하기 때문이다. 분노를 조절하기 위해서는 사회적 분노와 개인적 분노를 낮추는 방법을 찾아야 한다. 그리고 운전 중에는 상대방의 차와 소통할 수 있는 방법도 함께 생각해야 한다. 이제는 경적과 깜빡이가 아닌 적절한 수신호와 눈빛으로 감정 없는 차의 소통을 넘어서 마음을 전달하는 운전법이 필요하다.

28 | 동네조폭

1. 동네조폭

동네조폭이란 일정 지역을 근거지로 반복적이고 고질적인 무전취식, 업무(영업)방해, 금품갈취, 폭행 · 협박 등 우리 생활 주변에서 안전을 위협하고 생업에 지장을 주는 등의 행패로 주로 서민들에게 피해를 주는 폭력배를 지칭한다. 최근 3년 이내 폭력 · 갈취 등 범행으로 전과 3범 이상 또는 최근 3년 이내 폭력 · 갈취 등 여죄 포함 총 3건 이상 범행을 한 경우 상습성이 인정된다.

2. 동네조폭의 근절 필요성

일반 국민들이 생각하는 조폭이란 일정지역에서 상습폭행 및 주취폭력, 영업방해, 금품갈취를 일삼는 폭력배를 말하지만, 최근 범죄단체를 구성하여 처벌받는 조폭은 현실적으로 많지 않다. 그러나 동네조폭은 지역적으로 활동하면서 시장 · 주민 등을 상대로 폭행 및 금품을 갈취하는 등 조폭과 그 형태가 유사하고, 서민들과 수시로 접하면서 근린생활을 심각하게 위협하고 있기 때문에 조폭의 개념을 국민의 눈높이에 맞게 현실화하여 동네조폭에 대한 단속을 강화할 필요가 있다.

3. 자발적인 피해신고 유도

피해자 보호 및 피해신고 시 면책으로 자발적인 피해신고 유도, 동네조폭을 단속하면서 신고자 및 피해자를 보호하기 위해 가명조서를 적극적으로 활용하는 등 신고접수 · 수사과정에서 관련자의 개인정보가 누설되지 않도록 유의하고 신변보호 제도를 활용하여 피해자(신고자)의 안전을 보호하는 데에도 만전을 기해야 한다. 또한 자발적인 피해신고를 유도하기 위해 단속기간 중 피해신고자의 경미한 범법행위를 면책하기로 하였다.

4. 동네조폭 사례

① 부산 대청동 동네조폭 일명 '저승사자'

부산 중구 대청동 일대 골목시장 상인 10명을 상대로 33회에 걸쳐 64만 원 상당을 갈취하고 영업을 방해한 혐의를 받고 구속하였다. 피의자는 중구 대청동에서 출생하여 자란 토박이이고, 폭력 등 실형전력이 21년 6월에 달하며 상해치사죄로 징역 3년형을 선고받고 최근 출소한 전과 51범으로, 지역 상인들 사이에서는 일명 '저승사자'로 불렸다.

② 사파동 욕쟁이 할머니 사건(경남 창원 남부)

경남 창원 성산구 소재 세차장에 찾아가 여기서 세차를 하는 사람은 3년 안에 사고가 나서 자식이 죽는다며 세차장에 진입하는 차량을 막아서는 등 창원시 사파동 일대 식당·세차장·주유소 등 22개소에서 상습적으로 영업을 방해한 피의자(72세)를 검거하였다.

③ 도화동 왕 사건(인천 남부)

자신을 신고하였다는 이유로 남구 소재 ○○절 주지스님에게 앙심을 품고, ○○절로 가는 자신의 주거지 옆 골목길을 철망과 화단으로 막아 주민들의 통행을 방해하고, 1년 6개월간 깡패를 시켜 쥐도 새도 모르게 죽여 버리겠다며 협박하고 심야시간에 음악을 크게 틀어 놓고 소리를 지르는 등 소란행위를 한 피의자(58세)를 검거하였다.

5. 동네조폭에 대한 생각

동네조폭은 1회성이 아닌 상습적으로 이루어지고 있기 때문에 피해가 발생할 경우 주민의 적극적인 신고가 매우 중요하다. 하지만 동네조폭의 과거 전력 때문에 자신뿐만 아니라 가족들에 대한 보복범죄가 두려워 진술을 거부하거나 신고를 꺼려하고 있다. 이에 경찰은 피해자와 Hot-Line을 구축하는 등 지속적인 모니터링을 통해 재발방지 및 피해자 보호활동에도 적극 노력을 기울임과 동시에 피해가 발생할 경우 끈질긴 설득으로 진술을 확보하여 단속을 해야 한다. 그리고 단속이 실적을 의식한 수사가 아닌 지역주민에게 위협이 되는 범죄행위에 대한 단속이 이루어져야 될 것이다.

29 | 민간조사원(사설탐정업)

1. 민간조사원의 조사와 수사기관의 수사 비교

구분	민간조사원	수사기관
목적	의뢰인에게 위임받은 조사업무 수행	범인 체포, 증거 수집 등 범죄수사
분야	민·형사 소송 외 다양한 분야	형사사법업무에 한정
권한	특별한 권한 없음	형소법 등에 근거한 체포·구속·압수·수색 등 강제수사 및 관공서 조회 권한
조사 방식	임의적인 조사 방식만 가능	임의수사와 강제수사 혼재

2. 민간조사원의 주요 활동 분야

① 사회안전

국민의 안전과 관련된 공익침해 사실 조사, 미아 · 실종자 · 가출인 등 소재 수사

② 기업보안

기업의 보안관리 등 기업 관련 사항 및 지적재산권 침해 조사(산업스파이)

③ 보험분야

보험금 부당 청구 등 보험 관련 사항 조사

④ 법률분야

소송사건 등 변호사의 위임 사항에 대한 사실 조사

⑤ 사이버 안전

온라인상에 자료수집, 불법행위 감시 등의 역할

⑥ 기타 분야

각종 피해예방과 회복을 위한 사실조사 등

3. 민간조사원 찬성론

① 의뢰인의 기본권 보호

현대 사회의 복잡성과 국가 기능의 한계 등으로 인해 개인은 자신의 권리를 보호하기 위한 사항에 대하여 다양한 자료 및 정보 수집이 필요하다. 또한 본인의 시간 부족 등 형편상 이러한 일을 직접할 수 없는 경우에는 전문가에게 의뢰하여 도움을 받을 수 있어야 한다.

② 종사 희망자의 직업선택의 자유 침해

헌법상 직업선택의 자유에 대한 제한은 그 제한이 월등하게 중요한 공공의 이익을 위한 것이어야 하고, 과잉금지(비례의 원칙)가 준수되어야 정당화될 수 있다. 따라서 민간조사업을 금지하는 것은 헌법상 직업선택의 자유를 침해하는 것이다.

③ 사생활 침해 등 부작용이 최소화됨

민간조사업에 대한 국민적 수요가 실제로 존재하고 있지만, 사설탐정업이 허용되지 않아 심부름센터, 즉 흥신소를 찾아갈 수밖에 없다. 이들 업체는 음지에서 활동하게 되는 만큼 불법행위를 일으킬 우려가 크기 때문에 국가적으로 민간조사업을 제도화해 양성한다면, 현재의 불법적인 행위가 줄어들 것이다.

④ 사법서비스의 질 향상

현재 사법서비스는 국가기관이 담당하고 있어 사법기관의 업무 과부하로 인한 스트레스를 낮추기 위해서라도 민간조사업으로 분산시켜야 한다. 실제로 고소된 사건 중 85%가 형사사건이 아닌 단순 채무불이행 등으로 불기소처리가 되고 있다는 사실이 이를 뒷받침하고 있다.

4. 민간조사원 반대론

① 사생활 침해

현재 심부름센터로 인해 강력범죄가 많이 발생하고 있는데, 민간조사업이 법적으로 인정 받게 된다고 해서 그들이 불법적인 행동을 더 이상 하지 않게 되는 것은 아니다. 업종 자체만 법적으로 인정될 뿐, 증거를 모으는 등의 활동을 할 때 몰래카메라나 도청 등 다양한 불법적인 수단이 동원될 가능성이 매우 높아진다. 왜냐하면 그들은 경찰처럼 압수·수색 등을 진행할 사법적인 공권력을 갖추지 못했기 때문이다.

② 국민들의 반감

일자리 창출을 위해서라면 민간조사를 허용할 것이 아니라 공무원을 더 뽑아서 이들로 하여금 엄격한 통제 하에 필요한 조사와 범죄 해결을 하도록 하여야 한다. 경찰공무원을 실종 수사관 등 각종 분야에 특화된 전문가로 육성하는 방안으로 나아가야지, 공권력도 갖추지 못한 민간조사원이 수사를 한다는 것은 국민들의 반감만 불러일으킬 수 있다.

③ 수집된 정보의 처리 문제

직무와 관련하여 취득한 정보를 추후 어떤 식으로 처리할지에 대해서도 오리무중이다. 합법적인 공권력이 정보를 수집하고 사실관계를 조사하는 과정에서 조차도 법 규정 위반의 문제가 불거져 사회적 이슈가 되고 있는 상황에서 민간업자에게 국가 공권력에 준하는 수사권을 부여한다는 것은 타당성이 없고, 국민의 사생활이나 인권 침해를 담보로 청년 일자리 창출을 기대한다는 발상은 지나치게 위험한 일이 아닐 수 없다.

④ 일자리 창출 효과의 미지수

민간조사제가 실행된다면 청년들의 일자리 창출에도 도움이 될 것이라고 주장하지만 실상을 들여다 보면 퇴직 공무원들의 생계수단으로 전락할 우려가 있다. 그리고 국내 사설탐정업이 자생할 가능성보다는 해외에 산재한 사설탐정업체가 국내로 몰려들어와 난립할 가능성이 크다.

5. 민간조사원제(사설탐정)에 대한 생각

우리나라에서는 민간조사업을 체계적으로 관리할 수 있는 법률적 근거가 없어 각종 불법업체가 음성적으로 활동하는 것을 막을 수 없다. 이로 인해 사생활 침해 등의 부작용이 나타나는 악순환이 이어지고 있다. 이러한 점 때문에 선진국에서도 민간조사업을 법의 테두리 안에 두어 민간조사업에 대한 관리를 강화하고 있다. 이미 선진국에서 합법적으로 제도화되어 있는 탐정서비스 업무는 일반 국민들이 일상생활에서 생각지도 못한 범죄나 사건사고가 발생하여 피해를 입었을 때, 정황증거, 사실조사 확인 등 도움을 줄 수 있는 전문성을 갖추었다.

민사조사원들은 민간조사법, 교통사고 처리 특례법 등 관련 법규 지식과 지문채취 및 감식기법, 도청탐색기법 등 전문 과학지식을 갖춰야 비로소 민간조사원으로 인정받기 때문에 법률, 경비, 사이버 분야 등 다양한 분야에서 사실 조사와 정보 수집을 할 수 있다. 소중한 가족이 사라졌거나 백화점에서 고가의 물건을 도난당했을 때, 온라인상에서 사이버 공격으로 피해를 입었을 때도 민간조사원에게 수사를 의뢰할 수 있어 국민의 권익 보호를 위해 필요한 제도이다.

30 | 주취폭력

1. 주취자 조치 사항

① 주취자 유형별 조치

구분		경찰의 조치	근거법령	수단	요건	장소
의식불명 자기통제 불가능		보호조치	경찰관직무집행법	즉시강제	구호를 요한 자	의료기관 또는 주취자 안정실
의사 없는 공격행위	소란 욕설 시비	퇴거 요구 불응 시 즉결 심판	경범죄 처벌법 (공공장소 소란)	현행범 체포 가능	주거부정 (신원확인 시 즉시 석방)	유치장
	건물 내 버티기 (경찰관서 포함)		경범죄 처벌법 (업무방해)			
			형법 (퇴거불응)			
의사에 의한 공격행위	협박 멱살잡이 밀치기	제제 후 형사 입건	형법 (폭행죄, 협박죄, 공무집행방해죄)		범죄와 범인이 명백함 (구속사유가 없는 경우 석방)	
	주먹질 기물파손					

② 주취폭력의 유형별 처벌

폭행(형법상 폭행죄), 운행 중인 자동차 운전자 폭행 협박(특정범죄 가중처벌 등에 관한 법률), 경찰 등 공무집행방해(형법상 공무집행방해죄), 타인 재물의 손괴(형법상 손괴죄), 무전취식(형법상 사기죄), 음주소란, 인근소란(고성방가), 불안감조성 등(경범죄 처벌법)

③ 지구대에서 음주소란 난동(관공서 주취소란으로 현행범 체포)

경범죄 처벌법에 따라 관공서 주취소란(60만 원 이하의 벌금) 조항에 의거 주거가 확실하더라도 주취 후 관공서에서 소란행위를 할 경우 현행범 체포가 가능하다. 경찰은 국민을 보호해야 할 법적인 의무가 있다는 이유로 주취자들의 행패나 폭력에 감정적으로 대응할 수 없기 때문에 술이 깨서 스스로 나가거나 보호자가 와서 데려갈 때까지 참고 기다려야 한다. 지구대 내의 주취소란으로 더 이상 경찰력이 낭비되는 것을 방지하기 위해 무관용 원칙을 적용하여 국민에게 피해가 돌아가지 않도록 하였다.

2. 주취자 보호조치 규정

경찰관 직무집행법 제4조 보호조치에 의하면, 술 취한 상태로 자기 또는 타인의 생명·신체·재산에 위해를 미칠 우려가 있고, 응급의 구호를 필요로 하는 사람이 경찰의 보호대상이 된다. 주취자를 보호하기 위해서 경찰관서에 주취자 안정실을 설치·운영할 수 있으며, 경찰관은 보호대상자의 난동·자살 또는 자해의 방지 등 주취자 보호조치에 시급히 필요한 경우에는 수갑·포승을 사용할 수 있다. 또한 주취자 안정실에서 주취자의 보호기간은 24시간을 넘기지 않도록 규정하고 있다. 주취자의 소란 및 난동 행위에 대한 제재권한은 경찰관 집무집행법 제5조(위험발생의 방지)와 제6조(범죄의 예방과 제지)에서 규정하고 있다.

3. 주취자 대책

① 구속 삼진아웃제

구속 삼진아웃제란 3년 이내 2회 이상 폭행 등으로 집행유예 이상을 선고받은 전과자가 다시 폭력범죄를 저지른 경우 원칙적으로 구속기소하는 것을 말한다.

② 구공판 삼진아웃제

구공판 삼진아웃제란 3년 이내에 벌금 이상 폭력전과가 2회 이상이거나 기간에 관계없이 총 4회 이상 폭력전과가 있는 자가 다시 폭력범죄를 저지르면 법정에 세워 징역형을 구형한다.

4. 주취난동에 대한 생각

일반적으로 술을 마시고 한 잘못에 대해 술에 취하였기 때문이라는 식의 관대한 문화가 이면에 깔려 있다. 하지만 상습 주취소란자로부터 유발되는 가정폭력, 공공질서 침해행위, 각종 범죄로 인한 가정과 이웃의 피해가 증가하고 있으며, 만취상태의 주취자에 대한 범죄도 다수 발생하고 있다. 그뿐만 아니라, 일선 지구대(파출소)에서는 주취자를 처리하는 데 상당한 인력과 시간이 소요되고 있어 골든타임을 놓치는 등의 민생치안에 공백이 생길 수 있다. 민주주의에서는 자신의 의사를 표현하는 것은 언제든지 가능하지만, 어떤 식으로 표현하느냐에 따라 정당하게 받아들여지고 설득력을 가진다고 할 수 있다. 주취자들은 술에 취한 상태에서 자신의 속마음과 의사를 전하는 것으로 소란을 피우게 되는 경우가 많지만, 주취소란으로 선량한 시민이 피해를 받는다면 무관용의 원칙을 적용하여 음주소란에 대해 강력하게 대처하여 공권력을 확보하고, 일반 국민들에게 양질의 치안서비스를 제공하는 것이 경찰의 일이라고 생각한다.

31 | 셉티드(CPTED) 활용

1. 셉티드(CPTED)

셉티드(CPTED)는 적절한 건축설계나 도시계획 등 도시 환경의 범죄에 대한 방어적인 디자인(Defensive Design)을 통해 범죄 발생의 기회를 줄이고, 해당 주민들의 범죄에 대한 두려움을 경감시켜 안전감을 유지하도록 하여 궁극적으로 삶의 질을 향상시키는 종합적인 범죄예방 전략이다. 자연스러운 감시, 자연스러운 접근 통제, 영역성 강화, 활동의 활성화, 유지와 관리로 구성되어 있다.

2. 셉티드 적용 사례

① 일상주변에서 적용된 사례

다세대 주택밀집 지역에는 침입 범죄 등을 예방하기 위해 가스배관에 구리스 칠과 뾰족한 요철을 부착해 놓은 사례, 지하철역 등에 설치되어 있는 엘리베이터의 내부를 외부에서 볼 수 있도록 투명유리로 설치된 사례, 대형마트, 아파트 지하주차장에 비상벨을 설치해 위급상황 시 관리사무소와 연락이 가능하도록 한 사례, 공원, 골목길 등 범죄예방을 위해 환한 조명과 CCTV를 설치, 장애인·여성화장실용 비상벨, 지하주차장 내 여성 전용 칸을 건물 출입구와 가깝게 마련해 준 사례 등이 있다.

② 경찰이 적용한 사례

㉠ 옐로 카펫(서울) : 아이들이 다니는 횡단보도 주변에 노랗게 색칠을 하였더니 아이들이 정해진 구역에서 신호를 기다리도록 유도하고 운전자의 시야에도 한눈에 들어와 사고를 예방할 수 있었다.

㉡ 서울에서 여성거주자 비율이 높은 곳에 폐쇄회로 CCTV 등 각종 시설물에 밝은 노란색을 칠하니 늦은 밤에도 CCTV 등이 눈에 잘 띄어 안정감이 주었다.

㉢ 마포 염리동 소금길 조성(12년), 부산 16개 마을 행복마을 조성(14년), 원룸·편의점 방범인증제(14년)

3. 작은 발상이 범죄를 예방할 수 있다.

CPTED를 국가기관이나 대기업에서만 할 수 있다고 생각하는 경우가 있지만 누구나 생활에 적용할 수 있다. 상점이나 편의점에서 상품진열대를 카운터에서 바라봤을 때 횡렬이 아닌 종렬로 설치하거나 상품진열대 위 천장에 거울을 붙여 점원이 한눈에 손님을 감시할 수 있도록 하는 방법은 절도 예방에 있어 CCTV보다 효율적일 것이라 생각되고, 차량용 블랙박스가 설치된 차량들을 우범지에 주차시켜 마을 골목의 CCTV로 활용하는 것은 누구나 쉽게 실천할 수 있는 CPTED를 통한 범죄예방법이라 생각된다. 하지만 모든 일에 방법론보다는 그 실천이 중요하듯, 범죄예방에 있어 CPTED와 관련된 시설도 필요하지만 시민들이 적극적인 관심을 가지고 범죄예방에 관한 작은 발상에 노력을 기울일 때 누구나 가족과 이웃의 신체와 재산을 보호할 수 있고, 성폭력과 묻지마살인까지도 막을 수 있다.

32 | 교통사고를 줄이기 위한 방안

1. 어린이 교통사고

① 어린이보호구역(스쿨존) 교통사고

2015년 기준으로 13세 미만 어린이 교통사고가 12,191건 발생하여 65명이 사망하였고, 그중 어린이보호구역에서 발생한 어린이 교통사고가 2014년보다 25% 증가한 것으로 드러났다.

[스쿨존 어린이 교통사고 현황]

구분	사고(건)	사망(명)	부상(명)	전체 어린이 교통사고(건)
2015년	541	8	558	1만 2192
2014년	523	4	553	1만 2110
2013년	427	6	438	1만 1728
2012년	511	6	528	1만 2497
2011년	751	10	783	1만 3323

② 스쿨존에서 교통사고가 줄지 않는 이유

㉠ 스쿨존 내의 횡단보도에서는 차량 진입 전 일시정지를 해야 하는 것이 보행자보호의무로 규정되어 있지만, 운전자들의 인식 부족으로 이러한 규정을 준수하지 않고 있다. 이로 인해 어른에 비해 순간대처 능력과 반응속도가 느린 어린이의 큰 사고로 이어지고 있다. 스쿨존 내의 횡단보도에 진입을 할 때에는 아무도 없다고 안심하지 말고 횡단보도에 진입하기 전에 일시정지를 하는 운전습관이 필요하다.

ⓛ 스쿨존 내의 편도 1차선의 경우 차선을 막아선 불법주차로 인해 보행자와 운전자의 최소한의 시야가 확보되지 못하고 있다. 차선을 막아선 불법주차로 인해 진입차량은 중앙선을 넘어 아슬아슬한 역주행 곡예운전을 해야 하는 경우도 많고, 인도를 차단한 불법주차로 어린이들이 차도로 보행해야 하는 위험천만한 상황도 종종 발생하고 있다.

ⓒ 스쿨존에서 제한 속도가 제대로 지켜지지 않은 것이 교통사고를 증가시킨 원인 중 하나로 분석되고 있다. 하지만 전국 무인단속 장비가 설치된 스쿨존은 2%에 불과한 것으로 나타났다.

[지역별 스쿨존 현황과 무인단속 장비 현황]

(2015년 기준)

지역	서울	부산	인천	대구	광주	대전	울산	경기	강원	충북	충남	전북	전남	경북	경남	제주
스쿨존	1704	878	681	742	586	458	348	3440	764	740	1095	988	1015	1149	1189	308
무인단속 장비 (개)	41	29	29	16	5	6	11	68	4	6	7	6	2	3	21	17
설치율 (%)	2.4	3.3	4.3	2.2	0.9	1.3	3.2	2.0	0.5	0.8	0.6	0.6	0.2	0.3	1.8	5.5

ⓓ 스쿨존 설치를 위한 국비 지원액이 점차 축소되면서 스쿨존에 필요한 시설을 제대로 갖추지 못하거나 노후한 스쿨존이 제 역할을 하지 못하고 있다. 사정이 이렇다 보니, 시설이 제대로 갖춰지지 않은 스쿨존이 넘쳐나고, 노후한 스쿨존 정비나 보완도 제때 이뤄지지 않아 이에 따른 사고 위험도 높아지고 있다. 스쿨존 교통사고를 줄이기 위해서는 운전자의 안전의식도 중요하지만, 스쿨존에 대한 충분한 예산 지원도 필요하다.

③ 스쿨존 내 경찰의 단속

어린이보호구역 내 신호위반, 속도위반, 통행금지·제한위반, 주·정차 금지위반, 보행자 보호의무 불이행 등 주요 교통사고의 원인 행위에 대한 범칙금·과태료 및 벌점을 최대 2배까지 상향하고 상시 집중단속을 실시하여 운전자들의 경각심을 제고하였다.

④ 민식이법(도로교통법 개정안과 특별범죄가중처리법 개정안)

㉠ 민식이법 내용

어린이보호구역(스쿨존) 내 신호등 및 과속단속 카메라 설치 의무화, 어린이보호구역 내 교통사고로 인한 사망 사고 발생 시 3년 이상의 징역 부과 등 어린이의 교통안전을 강화하는 내용을 담은 법이다.

ⓒ 민식이법 논란

개정된 특정범죄 가중처벌 등에 관한 법률에 따르면 운전자의 부주의로 어린이보호구역에서 어린이가 사망할 경우에는 무기 또는 3년 이상의 징역형에 처하도록 규정하고 있어 과실범임에도 고의범 수준의 형량 부과는 지나치게 무겁다는 비판의 목소리가 있다.

ⓒ 처벌 형량에 대한 생각

민식이법의 취지는 어린이보호구역 내 운전자의 인식과 운전 습관을 바로잡고 안전한 교통문화를 정착시켜 더 이상 불행한 사고를 예방하기 위해 제정된 법이다. 형량이 너무 과하지 않느냐는 지적이 있지만 운전자의 과실이 없으면 어떤 책임도 지지 않는다. 어린이보호구역 내에서 안전운전의무를 위반하거나 규정 속도인 30Km를 초과했을 때 그리고 피해자가 사망했을 때에 한해서 3년 이상의 징역형에 처하기 때문이다. 즉, 이는 기본적으로 지켜야 하는 도로교통법에 규정된 운전자의 주요 의무를 지키지 않는 경우 처벌하겠다는 취지로 이해하여야 한다.

2. 노인 교통사고

① 노인보호구역 지정현황

[지방청별 노인보호구역 지정현황]

서울	부산	대구	인천	광주	대전	울산	경기	강원	충북	충남	전북	전남	경북	경남	제주
102	58	49	70	47	65	24	173	25	26	251	22	22	80	44	49

② 찾아가는 교통안전교육 실시

기존에 각 경찰서 담당자가 개별적으로 제작하던 교육 콘텐츠를 종합하여 표준교안을 제작하고 어린이 · 학생 · 성인 · 어르신용으로 제작하였으며, 유치원 · 학교 · 노인정 등을 방문하여 교통안전교육을 실시하였다.

③ 빛반사 바람막이 등 안전용품 배부

노인 보행자 사망사고를 예방하기 위해 야광조끼, 야광지팡이 등 안전용품을 보급하였으며, 특히 빛반사 원단을 활용한 바람막이를 제작하여 폐지를 줍는 등 야간활동이 잦거나 도로 조명이 좋지 않은 농촌 지역의 어르신에게 보급하였다.

④ 고령운전자의 교통사고 감소 방안

고령운전자의 교통사고 감소 방안은 고령운전자를 배려하는 교통문화 확산과 사회적 공감대 형성이 필수적이며, 차량 부착용 실버마크 보급, 고령운전자의 안전교육 강화, 안전표지판 규격 및 안내 글자 크기의 확대, 도로폭 확장 및 터널 등 조명 밝기 개선 등 도로 환경 개선이 우선이라고 생각한다. 고령운전자의 면허증 유효기간을 짧게 하고 강습을 의무화하며 면허 갱신

기간을 연령에 따라 세분화하고 고령운전자들의 면허를 자진 반납을 받는 대신 대중교통 할인 등의 인센티브를 제공하는 등 면허반납제도 도입을 적극 검토할 필요가 있다.

3. 교통사고를 줄이기 위한 방안

① 안전속도 '5030' 프로젝트

보행자 교통사고를 줄이기 위해 도시부 내 기본속도를 50km/h, 어린이보호구역 등 특별보호가 필요한 지역은 30km/h, 소통이 필요한 지역은 70km/h 이상으로 정하는 속도제한 정책을 말한다. 제한속도가 60km에서 50km로 낮아지면 일부 구간에서 정체가 발생할 수 있지만, 사고 감소에 따른 긍정적인 효과가 더 크기 때문에 정체된 부분에 대해 신호 체계를 효율화하는 등 문제점을 보완하게 된다면 연간 4,000~5,000명에 달하는 교통사고 사망률을 줄일 수 있다. 일부 국민들이 불편함을 호소하더라도 한 사람의 생명은 무한한 가치가 있기 때문에 경찰의 적극적인 홍보로 교통사고에 의한 사망자가 발생하지 않도록 성숙한 국민의식이 필요하다고 본다.

② 보행자 안전을 위한 방어보행 3원칙 홍보

경찰은 우리나라에서 특히 높게 나타나는 보행자 사고를 줄이기 위하여, 보행자가 길을 건널 때 멈춰 서서 차가 오는 방향을 보고 걸어야 한다는「방어보행 3원칙 – 서다 · 보다 · 걷다」를 슬로건으로 정하여 홍보하고 있다.

③ 발광형 교통안전표지 적용 확대

야간에도 운전자가 식별하기 쉽도록 광섬유를 사용하여 발광형 교통안전표지를 제작하도록 규정을 개정하였다. 이에 따라 규제표지와 지시표지도 발광형으로 제작이 가능하여 발광형 교통안전표지의 설치가 확대되었다.

④ 교통질서 확립을 위한 법규위반 공익신고 활성화 추진

교통질서 미준수 관행을 근절하는 데 기여하기 위해 시민이 교통법규 위반자를 제보하는 공익신고(스마트 국민제보 '목격자를 찾습니다')를 활성화하기 위한 방안이 추진되었다.

⑤ 엄정하고 일관된 단속

일관성 없는 단속에 따라 단속의 형평성에 대한 국민 불만과 '안 걸리면 그만', '지키면 나만 손해'라는 만연한 인식이 교통안전문화의 형성을 저해하고 있다. 이에 교통질서 확립의지를 공고화하여 교통법규 위반에 대하여 엄정하고 일관된 단속을 추진하고 있다. 특히, 국민 · 경찰 · 전문가의 의견을 수렴해 국민의 비난이 높은 신호위반, 꼬리물기, 끼어들기, 지정차로위반 등 고질적인 교통법규 위반행위에 대해 일관된 단속을 전개하고 있다.

⑥ 대각선 횡단보도(Scramble Crosswalk)

신호교차로를 대각선으로 가로질러 횡단이 가능하도록 설치한 횡단보도를 말한다. 대각선 횡단보도는 최근 어린이 보호구역 등 보행교통량이 많은 지역에서 찾아 볼 수 있다.

[대각선 횡단보도의 설치 효과]

- 차 대 사람 사고 증감률 52.9% 감소
- 차 대 사람 사고 유형별 사고 증감률 : 후미 −48.2%, 측면 −36.3%, 정면 −25.9%
- 모든 사고유형에서 사고가 감소되었고, 특히 차 대 사람 사고에 크게 개선된 모습을 보임

⑦ 고령운전자 면허 반납제

서울, 부산 등 일부 지자체에서 고령운전자가 운전면허를 자진하여 반납할 경우 월 10만원의 교통비와 지역 내 병원 시설의 할인 혜택을 제공하는 제도이다.

Append

일본의 75세 고령 운전자

75세 고령 운전자에 대한 인지증(치매) 검사를 의무화하고 면허 자진반납을 유도하고 있으며, 면허 갱신 때에는 인지기능 검사를 필수적으로 받도록 하고 있다. 이와 함께 일본은 1998년부터 면허 자진반납을 유도하고 있으며, 면허를 반납할 경우 버스나 택시 등 대중교통 할인을 해주거나 정기예금 추가 금리 적용 등의 지원을 해오고 있다. 일본의 경우 상대적으로 대중교통이 부족한 시골에서 고령자가 운전하지 않으면 생활에 불편함이 있기 때문에 반납 실적은 당초 예상보다 저조하다. 이에 일본은 자동 브레이크 등을 갖춘 안전운전 지원 차량(일명 사포카)에 한해 운전을 허용하는 한정조건부 면허제와 면허갱신 때의 실차 시험제 도입 등을 검토하고 있다.

⑧ 65세 고령운전자

㉠ 인지 · 지각검사를 포함한 무료 교통안전교육 시행

㉡ 실버마크 배포

㉢ 도로표지판 크기 확대

㉣ 75세 이상 운전자는 적성검사 주기를 현행 5년에서 3년으로 단축

㉤ 인지지능검사가 포함된 교통안전 교육을 의무적으로 이수

도로교통법 제87조(운전면허증의 갱신과 정기 적성검사)

① 운전면허를 받은 사람은 다음 각 호의 구분에 따른 기간 이내에 대통령령으로 정하는 바에 따라 지방경찰청장으로부터 운전면허증을 갱신하여 발급받아야 한다.

   1. 최초의 운전면허증 갱신기간은 제83조제1항 또는 제2항에 따른 운전면허시험에 합격한 날부터 기산하여 10년(운전면허시험 합격일에 65세 이상 75세 미만인 사람은 5년, 75세 이상인 사람은 3년, 한쪽 눈만 보지 못하는 사람으로서 제1종 운전면허 중 보통면허를 취득한 사람은 3년)이 되는 날이 속하는 해의 1월 1일부터 12월 31일까지

   2. 제1호 외의 운전면허증 갱신기간은 직전의 운전면허증 갱신일부터 기산하여 매 10년(직전의 운전면허증 갱신일에 65세 이상 75세 미만인 사람은 5년, 75세 이상인 사람은 3년, 한쪽 눈만 보지 못하는 사람으로서 제1종 운전면허 중 보통면허를 취득한 사람은 3년)이 되는 날이 속하는 해의 1월 1일부터 12월 31일까지

② 다음 각 호의 어느 하나에 해당하는 사람은 제1항에 따른 운전면허증 갱신기간에 대통령령으로 정하는 바에 따라 도로교통공단이 실시하는 정기(定期) 적성검사(適性檢査)를 받아야 한다.

   1. 제1종 운전면허를 받은 사람

   2. 제2종 운전면허를 받은 사람 중 운전면허증 갱신기간에 70세 이상인 사람

33 | 암행순찰차

1. 암행순찰차

평소에는 일반 승용차와 구분되지 않는 모습이지만, 법규 위반 차량이 발견되면 경찰차로 변신하여 단속 대상 차량을 추격한다. 고속도로에서 암행순찰차를 활용한 비노출 단속을 통해 경찰관이 없는 도로에서의 위반심리를 억제하고 자발적 교통법규 준수를 유도하기 위해 도입하였다. 암행순찰차 운영으로 운전자 스스로 교통법규를 준수하는 데 있어서 상당한 성과를 거둔 것으로 평가받고 있다.

2. 전체적인 교통사고 감소

암행순찰차는 2016년 3월부터 8월까지 시범운영을 거쳐 9월부터 전국 고속도로로 확대하여 총 22대가 운영되고 있다. 기존 순찰차로는 단속하기 힘들었던 난폭운전과 같은 위험한 운전 형태와 버스전용차로·갓길 운행 등 얌체운전을 단속하는 데 강점을 보이고 있으며, 운영 이후 고속도로에서의 교통사고와 사상자도 감소한 것으로 나타나 교통사고 예방에도 효과가 있는 것으로 분석되고 있다.

3. 차량 제원의 마련 시급

주요 고속도로에서 암행순찰차가 맹활약하면서 차량 제원에 대한 관심도 높아지고 있다. 미국, 영국 등 우리보다 앞서 암행순찰차제도를 도입한 국가들은 여러 종류의 차량을 암행순찰차로 활용하고 있다. 우리나라는 암행순찰차로 현대자동차의 쏘나타를 구매해 운영 중이다. 그러나 최근 주요 고속도로에서 배기량이 높은 고급 스포츠카 등을 이용한 불법 레이싱이 빈발하고 있는 만큼 더 높은 제원의 차량을 투입해야 하는 것 아니냐는 지적도 제기되고 있다.

34 | 112신고 총력 대응체제

1. 112신고 총력대응 등 현장 치안시스템 개선

112신고는 국민이 범죄와 사고 등 위험에 처했을 때 국민이 보내는 비상벨이며, 이러한 국민의 부름에 최우선으로 응답하는 것은 경찰의 기본소명이라고 할 수 있다. 그러나 그간 112신고 출동은 지구대·파출소에 근무하는 지역경찰의 몫이라는 잘못된 인식과 관할지역의 사건만 처리하면 된다는 칸막이적 사고가 뿌리 깊게 남아 있었다. 이러한 현실을 개선하고자 경찰청에서는 2014년 9월 '112신고 총력 대응체제'를 추진하였다(분담효과로 원스톱 처리가 향상됨).

2. 관할 불문 최인접 경찰관 출동원칙을 확립

긴급신고가 접수되면 112긴급배치시스템을 통해 신고 현장에 최단 시간 내 도착할 수 있는 출동요소에 지령함으로써 도착시간이 최대한 단축되도록 하였다. 또한 지리적 프로파일링(Geo-Pros) 시스템을 활용하여 112신고 다발지역과 범죄예상 지역에 순찰차를 거점 배치하여 능동적인 신고 대응 시스템을 구축하였다.

3. 다목적 기동순찰대 운영(일명 기순대)

기동순찰대는 112신고 등 치안수요가 많은 서울 등 대도시 지역에서 기존 지구대·파출소와는 별도로 40~50명 규모로 이루어진 경찰서 직속 순찰대로서 강력사건과 집단폭력 등 다수의 경찰력이 필요할 경우 범죄의 초동단계부터 경찰력을 집중적으로 투입해 신속하게 범인을 제압하고, 시민들의 안전을 확보하기 위해 탄생하게 되었다. 기동순찰대는 긴급출동 명령인 '코드 제로'나 '코드 원' 발령이 내려지면 기동순찰대와 지구대가 함께 현장에 출동해 초동대응 단계에서부터 다수의 경찰관을 투입해 다양한 사건을 처리하고 있다. 기동순찰대는 다양한 돌발 상황에 탄력적으로 대응하기에 유리하기 때문에 살인 및 강도와 같은 강력범죄, 장기간 수색이 필요한 미아, 자살기도자, 차량 납치 · 뺑소니와 같은 이동성 범죄 등에 투입된다. 이러한 범죄의 공통점은 사건 초기부터 해결 시까지 집중적인 경찰력 투입이 필요하다는 점으로 기동순찰대는 언제 어디서든 신속하게 투입될 수 있어, 이른바 '골든타임' 확보가 가능하다는 장점이 있다.

35 | 범죄 피의자의 인권보호

1. 피의자의 방어권 강화

경찰은 수사과정에서 피의자의 방어권을 강화하기 위해 피의자신문 시 변호인 참여제도와 각종 통지 대상의 확대, 그리고 수사의 공정성을 높이기 위해 수사관교체요청제도와 수사이의제도를 시행하고 있다. 그리고 사건처리의 투명성을 강화하기 위해 사건접수에서 검찰에 송치하기까지 전 과정을 형사사법포털망을 통해 관리하고, 모든 조사실에 CCTV를 설치하고 있다.

`Append`

㉠ 수사이의제도

경찰관서에 접수된 사건 관계인이 수사과정에서 편파수사, 불친절, 수사지연 등을 이유로 결과에 대해 이의를 제기하는 경우 지방경찰청 수사이의조사팀에서 해당 사건을 직접 이첩받아 수사하여 담당 수사관들의 과오 여부를 판단하여 시정하는 제도를 말한다.

㉡ 수사관 교체요청제도

- 경찰서 수사과정 중 수사관의 인권침해 또는 편파수사의 의혹이 있는 경우 경찰서 단위에서 '수사관 교체요청' 절차 및 교체 기준에 따라 사건을 처리하도록 하고 있다.
- 교체요청 기준
  - 수사관의 욕설 · 가혹행위 등 인권 침해가 있거나 의심할 만한 구체적 사유가 있는 경우
  - 청탁전화 수신, 편파수사 등 수사의 공정성을 해친 경우
  - 사건 관계인으로부터 금품수수를 할 경우
  - 수사관이 사건 관계인과 친족이거나 개인적 친분관계가 있을 때
  - 기타 공정한 수사를 위하여 수사관 교체가 필요하다고 인정되는 상당한 이유가 있을 때

㉢ 수사이의제도와 수사관교체요청제도의 비교

수사이의제도는 관할 지방경찰청에 설치한 별도의 '수사이의조사팀'에서 주로 수사결과에 대한 이의제기 사건을 재수사하거나, 수사과정의 과오를 점검하는 제도인 데 반해, 수사관교체요청제도의 경우 수사과정에서 인권침해 · 편파수사 의혹이 있을 때 해당 경찰서 청문감사관실을 통해 담당 수사관의 교체를 요청하는 제도로, 민원인의 입장에서는 보다 가까운 경찰서에서 신속하게 수사관 교체요청 등의 의견을 개진할 수 있도록 하고 있다.

2. 피의자 인권보호를 위한 방안

체포나 구속 시 반드시 피의자의 권리를 고지하되 피의자가 이해할 수 있는 정도의 수준에서 정보가 제공되어야 한다. 영장 없이 체포하는 긴급체포는 요건을 명확히 하고 그 사용을 엄격히 제한하며, 긴급하지 않은 사안에 대해서는 정식절차를 거쳐 영장을 발부받은 후 집행해야 할 것이다. 체포 시 부상을 방지하기 위해 폭력의 사용을 최소화하고 경찰장구의 적정한 사용이 필요하다. 수사기관이 피의자의 동의를 얻어 조사하는 임의동행의 경우에는 동행 이전에 권리를 고지하고 동행에 응하는 사람이 자신의 권리를 알고 행사할 수 있도록 해야 한다. 그 외에도 법절차를 준수하고 인권교육을 철저히 하며 수사 환경 및 관행을 개선하려는 노력이 요구된다.

여성과 장애인, 외국인 등 소수자에 대한 인권보호에도 관심을 가져야 할 것이다. 여성의 경우 여성 경찰관을 확충하고 화장실 시설을 개선해야 하며, 장애인은 좌변기가 있는 유치실에 입감하고 필요시 식사나 용변 보조 등의 편의를 제공해야 한다. 외국인이나 농아자 등은 정확한 통역으로 불이익을 받지 않도록 노력해야 한다.

3. 피의자와 피해자의 인권보호에 대한 생각

경찰은 피해자와 피의자의 인권보호를 위한 양 측면을 함께 존중해야 한다. 자칫 주관적인 마음으로 피해자의 인권을 존중해버리면 피의자의 인권이 무시당하여 소외되기 쉽고, 피의자의 인권을 너무 존중하다 보면 지나친 인권보호로 인해 공권력에 대항하는 경우가 생긴다. 그러므로 경찰은 어느 한쪽으로 치우치지 않도록 주의를 기울일 필요가 있다. 피의자의 인권보호를 위해 피의자가 무조건적인 보호를 받아야 한다는 생각을 버리고, 다른 사람에게 피해가 될 수 있으면 보호받지 못한다는 인식이 필요하다. 또한 피해자의 인권보호를 위해서는 범죄 피해를 당하기 이전의 생활로 돌아갈 수 있도록 아낌없이 지원하고, 범죄 피해자에게 억울함이 없도록 범인을 끝까지 추적·색출하여 죗값을 받게 함으로써 법질서를 바로세우고 정의를 구현해야 한다.

36 | 범죄 피해자 지원제도

1. 범죄 피해자 지원

범죄 피해자들은 범죄로 인한 피해로 고통 속에 살고 있다. 이에 경찰은 범죄 피해자의 회복을 위해 범죄 피해자 전담경찰관 지정 및 경제·의료 지원, 법정동행 등 다양한 도움을 주고 있다. 지원 내용으로는 초동조치 시 피해자와 가해자의 분리, 피해자 심리 안정과 신변보호, 권리고지 등 피해자의 권리보장, 범죄피해자별 맞춤형 정보제공, 피해자 전문기관인 성폭력 피해자 통합지원센터와 연계, 조력인 등 보호자 진술 보장, 피해자 개인정보 보호, 피해자 조기생활 복귀 지원 등이 있다.

성범죄 · 가정폭력 피해자 보호	학교폭력 피해자 보호	범죄신고자 보호
• 피해자 전담경찰관(여청수사팀) • 해바라기센터	• 학교폭력 전담경찰관 • 안전 Dream 운영	• 신변보호 요청 • 피해자 보호시설 등을 운영

① 피해자 전담경찰관

범죄발생 직후 피해자를 직접 면담하여 피해자의 심리적 안정을 유도하고, 형사절차 및 지원 제도에 대한 자세한 안내와 설명 등 위기개입상담을 수행한다. 이후 수사절차에서 수사관과 피해자 간 연락관 역할로 피해자의 형사절차를 지원하며, 피해자의 지원욕구에 따라 관련 기관에 연계하는 역할을 수행한다.

② 범죄 신고자/피해자 신변안전조치

맞춤형 순찰, 스마트워치 제공, CCTV 설치, 임시숙소 지원 등 다양한 형태로 범죄 신고자 및 피해자의 신변을 지키기 위해 노력하고 있다.

2. 사건 진행별 지원제도

① 범죄 직후의 피해자 지원

범죄를 당한 피해자의 어려움을 덜어주기 위해 전국 57곳에 설치된 범죄피해자지원센터(국번 없이 1577-1295)에서는 상담, 범죄현장에서의 피해자 보호, 병원후송, 가족 등 보호자 연락, 현장정리뿐만 아니라 경제 · 의료 지원, 법정동행 등 다양한 도움을 주고 있다.

Append

범죄현장 안심클리닝(Security-Cleaning) 제도(전북청 최초 시행)

범죄현장 안심클리닝 제도는 경찰이 강 · 절도 등 강력범죄 현장에서 어지럽게 널려있는 것을 감식조사를 마친 뒤 현장을 정리하는 제도를 말한다. 이는 범죄현장에서 불안감에 휩싸인 피해자들을 대신하여 클린화하는 것으로, 범인검거 위주의 수사활동에서 피해자의 불안감 해소 등이 이뤄지면서 주민중심 공감치안이 구현될 것으로 예상하고 있다.

② 수사과정에서의 피해자 지원

현재 수사를 하고 있는 경찰청(국번 없이 1577-0112)이나 검찰청 민원실 또는 피해자지원실(국번 없이 1301)에 문의하면 해당 사건의 접수 · 진행경과 · 처리결과 및 피의자의 구속 · 석방 여부 등에 관한 정보를 제공해 주고 있으며, 범죄자로부터 보복을 당할 우려가 있을 경우 검찰청 피해자지원실(국번 없이 1301)이나 범죄피해자지원센터(국번 없이 1577-1295)로 문의하면 신변보호를 위한 다양한 지원활동을 받을 수 있다.

피해자 보호관

- 경찰서 형사(수사)과장을 피해자 보호관으로 지정하여 강력사건 피해자 및 가족을 직접 상담하여 애로사항을 청취함으로써 민원해결을 위해 적극 나서고 있다.
- 강력범죄 피해자의 민원을 직접상담, 고충해결 및 관내 피해자 지원기관 및 단체에 적극 안내, 피해자 서포터에 대한 교양 및 관리·감독의 임무를 담당하고 있다.

피해자 서포터

피해자 서포터 제도는 강력사건으로 피해를 당한 주민들의 신변을 보호하고 형사절차에 대한 모든 정보를 제공하는 것을 말한다. 또한 피해자가 사고현장 지구대에서 조서를 받은 후 경찰서에서 다시 조사를 받는 이중조사를 없애기 위해 전담요원이 사고현장 지구대에서부터 업무를 전담하게 된다.

3. 보복범죄

경찰청과 법무부 범죄 피해자들을 보복범죄로부터 예방하고자 위치 확인 장치, 스마트워치, 신변보호 요청, 피해자 보호시설 등을 운영하고 있지만 여전히 보복범죄가 기승을 부리고 있는 실정이다. 범죄를 저지르고 자기 잘못을 반성하기는커녕 보복범죄를 다시 저지르는 행위는 어떠한 이유로든 용납받을 수 없으며, 2차 보복범죄에 대해서는 엄중하고 강력한 처벌을 해야 한다.

범죄 피해자의 신상정보 노출 차단

- 범죄 피해자의 성을 제외한 이름 미기재
- 범죄 피해자의 신상정보가 노출될 위험이 있는 범죄장소의 구체적 지번, 건물번호, 공동주택의 동·호수 등 상세한 주소 미기재
- 범죄 피해자의 직업, 근무처 등 기타 신상정보를 노출할 우려가 있는 사항 미기재

4. 스토킹범죄

스토킹범죄는 납치, 살인 등 흉악 범죄로 번질 수 있는 소지가 많고, 폭행 및 살인 등의 심각한 범죄로 이어진 뒤에야 처벌이 이루어지고 있기 때문에 이를 사전에 예방할 수 있는 조치가 필요하다. 현행법상 스토킹은 경범죄로 취급되어 그 처벌 수위가 경미하여, 스토킹범죄에 대한 문제에 대해 사회적 공감대가 형성됨에 따라 스토킹 처벌법(가칭)을 제정하여 스토킹범죄에 대한 처벌과 피해자 보호조치를 강화하기로 했다. 스토킹범죄 신고를 받은 경찰관은 현장에 출동해 행위자와 피해

자 분리 등의 응급조치를 취해야 하며, 재발 우려가 있는 경우 법원이 행위자에게 피해자에 대한 접근금지, 통신 차단 등 잠정조치를 할 수 있도록 하고 이를 위반할 경우 형사처벌도 가능하게 할 방침이다. 그리고 현장에 출동한 경찰은 가해자와 피해자를 격리한 뒤 진술을 듣고, 사건의 경중을 불문하고 모든 스토킹 · 데이트폭력 가해자에 대해 서면 경고장을 배부하게 된다.

5. 데이트폭력

데이트폭력이란 서로 교제하는 미혼의 동반자 또는 연인 사이에서, 둘 중 한 명 이상에 의해 발생하는 폭력의 위협 또는 실행을 말한다. 가정폭력과는 달리 데이트폭력은 피해자를 보호할 법적 장치가 미흡하여 통상적으로 폭력범죄로 처벌이 이뤄지고 있다. 그마저도 연인관계라는 특성상 제대로 처벌이 안 되고 감경되는 경우가 많다. 경찰은 데이트폭력을 근절하기 위해 신변보호 제도를 마련을 두고 있으며 여성가족부가 '여성긴급전화 1366', '성폭력 · 가정폭력 상담소' 등을 통해 스토킹과 데이트폭력 피해자에 대한 상담을 제공하고 있다.

* 데이트폭력, 스토킹 등의 피해자는 임시숙소 제공, 맞춤형 순찰, 신변경호, 스마트 위치추적, 112시스템에 별도 등록하여 관리, CCTV 설치 등 사건담당부서나 경찰서 청문감사관실에 신변보호 요청을 할 수 있다.

37 | 경찰의 인권보호

인권보호와 인권보장을 강조하는 사회 분위기 속에서 사람들은 누구나 자신의 인권이 진정으로 존중받기를 원하지만 타인의 인권, 특히 공권력을 행사하는 현장 경찰관의 인권에 대해서는 너무 쉽게 생각하는 경향이 있다. 현장 출동 경찰관에게 욕설과 폭행, 심지어는 흉기로 위협하거나 상해를 입히는 것도 모자라 엽총을 발사하여 살해하는 일까지 발생하였다. 인권이란 타인에게 보호를 받기 위해 존재하는 것이 아닌 자기 스스로부터 성숙한 시민의식과 타인에 대한 배려심이 있어야 인권을 보호받을 수 있는 것임을 알아야 한다. 모든 국민들이 적법절차와 법치주의를 근간으로한 공정한 법 집행을 통해 인권을 보장받고 있는 만큼, 이를 수호하는 경찰관을 먼저 생각한다면 국민이 당연히 누려야 할 고유의 기본권인 인권을 보호받을 수 있을 것이다.

Append

바디캠(Body Cam)

바디캠(Body Cam)은 사건현장을 가감 없이 녹화해 경찰관에게 욕설하거나 흉기로 위협하는 등 공무집행방해 현행범을 검거하고, 폭행 · 강도 사건 현장에서 증거를 확보하는 데 활용된다. 이따금 경찰의 과잉진압 논란이 있을 때 검거 당시 상황을 기록하여 핵심 증거로도 활용할 수 있다.

장점	• 바디캠을 착용하면 주취폭력, 가정폭력 상황에서 막무가내로 이웃이나 경찰관에게 행패를 부리는 피의자를 상대하기가 보다 쉬워질 것이다. • 바디캠은 세트당 가격은 25만 원으로, 비교적 저비용으로 범죄예방 효과를 볼 수 있다.
단점	• 무차별적으로 촬영되기 때문에 사생활 침해 가능성이 높다. • 범죄현장에 있지도 않은, 지나가는 사람도 찍힐 수가 있어 오해의 소지가 될 수 있고, 과잉진압이나 개인정보 보호, 초상권 침해 등 여러 가지의 문제가 있다.

38 | 경찰의 수사권 독립

1. 수사의 견제와 균형

검찰의 수사권(수사지휘권, 영장청구권)과 기소권(수사종결권, 기소독점주의, 기소편의주의, 공소취소권)과 같은 무소불위의 권한 행사로 비대화된 권력의 집중과 검찰권 남용을 차단하여 민주주의 원칙인 견제와 균형을 형사사법절차에서 실현하고자 하는데 의미가 있다. 민주주의가 발달한 나라일수록 수사와 기소, 재판을 분리하고 각 단계별 적정절차에 따라 인권을 보장하기 위한 사법심사 제도가 정착되어 있다. 우리나라도 경찰과 검찰의 상호 견제와 감시 체계를 정립하여 전문성 있고 책임 있는 수사와 기소의 객관성과 공정성을 높여 국민의 권익을 지켜나가야 한다. 이를 위해 고위공직자범죄수사처 설치와 경찰의 수사권 독립이 대두되었다.

2. 공수처(고위공직자범죄수사처) 개요

개요	고위공직자들의 범죄행위를 수사하고 죄를 따져 물을 수 있는 특별기관으로서 검찰이나 대통령 직속기관과는 분리된 독립적 기관이다. 우리 사회의 부정부패가 끊임없이 발생하는 근본적 이유는 검찰에 모든 권력이 집중되어 있는 수사 구조 때문이다. '봐주기 수사', '제 식구 감싸기 수사', '솜방망이 처벌'로 국민의 신뢰를 얻지 못했고, 사법 정의를 위해 힘써야 할 검찰이 부끄러운 부정부패 사건에 연루될 때마다 검찰 개혁의 목소리가 나왔지만, 검찰 스스로 거듭나겠다는 이른바 셀프 개혁은 효과가 없다는 비판이 지속적으로 제기되었다. 대한민국에 그 누구도 검찰을 견제할 수 있는 기관이 없다보니 이를 감시하고 독립적인 기관이 필요하다.
수사 대상	대통령, 국회의원, 대법원장 및 대법관, 헌법재판소장 및 헌법재판관, 국무총리와 국무총리 비서실 정무직 공무원, 중앙선거관리위원회, 정무직 공무원, 판사 및 검사, 경무관 이상 경찰공무원
기소 대상	수사 대상 중 경찰, 검사, 판사에 한하여 직접 기소 가능, 나머지는 검찰이 기소
수사 범죄	공무와 관련된 모든 범죄 수사 가능
규모	처장 포함 검사 25명 이내, 특별수사관 40명 이내로 총합 65명 내외
처장 임명 절차	• 공수처장추진위원회 추천 인사 2명 중 대통령이 임명 • 공수처장추천위원회는 여당 2명, 야당 2명, 법무부장관, 법원행정처장, 대한변협회장 등 7명으로 구성, 이 중 6명이 찬성해야 최종 후보로 선정 가능

수사처 검사자격 요건	변호사 자격을 보유한 사람, 7급 이상 공무원으로서 조사·수사업무에 종사했던 사람, 수사처 규칙으로 정하는 조사업무의 실무를 5년 이상 수행한 경력이 있는 사람 중 처장이 임명

3. 검찰과 경찰의 수사권 조정 주요 내용

검찰의 수사 지휘권 폐지	형사소송법 제195조 검사와 사법경찰관은 서로 협력해야 한다. → 경찰을 별도의 수사 주체로 인정
경찰의 1차적 수사권 인정과 1차적 수사 종결권 부여	형사소송법 제245조의5 사법경찰관은 범죄 혐의가 있다고 인정되는 경우 검사에게 사건을 송치한다. → 기존 형사소송법에서는 수사 개시권 및 진행권만 경찰에게 인정하고 있었다. 하지만 1차적 수사 종결권까지 확보하면서 앞으로 경찰은 혐의가 인정된 사건만 검사에게 송치하고, 혐의가 인정되지 않는다고 판단한 사건은 자체 종결할 수 있게 되었다.
검사의 보완수사요구 신설	제197조의2 검사는 사법경찰관에게 보완수사를 요구할 수 있고 사법경찰관은 정당한 이유가 없는 한 이를 지체 없이 이행해야 한다. → 기존 형사소송법의 '사법경찰관리는 검사의 지휘가 있는 때에는 이에 따라야 한다.', '사법경찰관은 범죄를 수사한 때에는 관계 서류와 증거물을 지체 없이 검사에게 송부하여야 한다.' 등의 규정이 삭제됨에 따라 검사는 공소제기 결정 또는 공소의 유지에 관하여 필요한 경우 보완수사를 요구할 수 있게 되었다.
경찰의 자의적 판단 방지	경찰이 자의적 판단으로 '혐의없음' 판단을 할 경우 국민 권익 보호가 어려워질 수 있다는 지적에 따라 검사는 경찰로부터 불송치 결정과 이와 관련된 기록, 관련 증거를 송부 받아 90일 이내에 반환하게 함으로써, 이 기간에 경찰이 사건을 송치하지 아니한 것이 위법하거나 부당하다고 판단한 때에는 검사가 문서로써 재수사를 요청할 수 있도록 했다. 그리고 경찰은 검사로부터 재수사 요청을 받으면 '재수사해야 한다.'고 규정하였다.
영장심의위원회 신설	영장청구권이 검사에게만 부여되고 있음에 따라 이에 따른 자의적 판단을 막기 위해 경찰이 신청한 영장을 정당한 이유 없이 판사에게 청구하지 아니한 경우 경찰은 그 검사가 소속된 지방검찰청 소재지를 관할하는 고등검찰청에 영장 청구에 대한 심의를 신청할 수 있도록 했고, 이를 위해 각 고등검찰청에 '영장심의위원회'를 두도록 했다.
검사의 1차 직접 수사 범위 한정	검찰청법 제4조 제1항 제1호 검사의 수사 개시 범죄 범위는 부패범죄, 경제범죄, 공직자범죄, 선거범죄, 방위사업범죄, 대형 참사 등 대통령령으로 정하는 중요 범죄와 경찰공무원이 범한 범죄로 한다.
신문조서의 증거 능력에 대한 제한	형사소송법 제312조 '검사 이외의 수사기관이'를 '검사 또는 사법경찰관이'으로 개정하여 공판준비 또는 공판기일에 그 피의자였던 피고인 또는 변호인이 그 내용을 인정할 때에 한하여 증거로 할 수 있다. → 피고인이 내용을 부인하여도 검사 작성 피의자신문조서에 증거능력을 부여하는 것은 일본을 제외하고는 다른 나라에서 유사한 입법례를 찾아보기 규정이었다.

4. 수사권 독립을 위한 경찰의 노력

① 민주적 통제 강화를 위한 경찰위원회 실질화

경찰위원회 실질화를 하기 위해 국무총리실로 소속 변경하여 정치적 중립성 및 독립성을 강화하여 경찰청에 대한 관리·감독 권한을 강화할 예정이다.

② 인권보호 및 공정성 확보

　㉠ 수사권 남용 방지

제척 · 기피 · 회피 제도	형사소송법상 법원직원에 대해서만 규정된 제척 · 기피 · 회피를 경찰수사 단계에 도입
장기 인지수사 일몰제	일정기간(내사사건 6개월, 수사사건 1년)이 경과한 사건에 대해 수사부서장 책임하에 원칙적으로 내사 또는 수사

　㉡ 체포 · 구속제도 개선

영장신청단계 격상	체포 · 구속영장 및 압수수색영장(계좌영장 제외) 신청서는 원칙적으로 과장 결재, 야간 · 휴일 등 부득이한 경우 팀장 전결
구속피의자 신속송치	구속 영장이 발부된 피의자에 대해 신속히 수사완료 후 송치, 구금기간 최대 단축 지시

③ 수사의 공정성 및 투명성 확보

　㉠ 경찰은 피의자신문 등 주요 수사절차에서 변호인이 참여한 상황에서 피의자에게 조언과 상담, 휴식요청, 메모, 의견진술 등을 최대한 보장을 하며, 변호인의 참여가 적절히 이뤄질 수 있도록 변호인과 사전에 신문 일시와 장소를 협의하고 변호인의 좌석도 피의자 옆에 두도록 할 계획

　㉡ 피의자가 조사 중 자신의 답변 등을 스스로 기록할 수 있는 자기변호노트 도입

　㉢ 살인 · 성폭력 등 중요 범죄 피의자의 진술만 영상 녹화하고, 비교적 가벼운 범죄는 녹화나 녹음하지 않았지만, 피의자나 피해자 등 사건관계인이 조사 대상자의 동의하에 영상녹화하지 않는 모든 범죄 조사과정의 녹음이 가능

④ 수사전문성 강화

　㉠ 수사팀장 자격제최근 10년간 총 수사경력 5년 이상 또는 범죄 종류별 수사경력 2년 이상으로 수사팀장 자격을 제한하는 제도를 말한다. 일정기간 수사경력이 있는 사람에 한해 경찰서 수사 · 형사과장을 맡을 수 있도록 하는 제도로서 역량과 경험을 두루 갖춘 과장이 사건을 깊이 있게 검토하고 지휘해 수사 오류를 줄이고 수사 결과의 신뢰도를 높일 수 있을 것으로 전망하고 있다.

　㉡ 영장심사관은 수사팀에서 영장을 신청하기 전에 요건 · 사유 등의 타당성을 심사하는 전문가로서, 자격은 변호사자격자 중 경찰경력 2년 이상인 사람 또는 수사경력 7년 이상의 수사전문가에게 주어진다. 영장심사관제도는 수사 난이도가 높은 영장신청 사건을 심사한다는 점을 고려해 유능한 전문가를 배치하는데 목적이 있으며 경찰의 강제수사 절차를 보다 엄격하게 관리하여 오남용을 예방함으로써 인권을 한층 두텁게 보호한다는 점에 의미가 있다.

입직경로 다양화

앞으로의 경찰활동은 치안복지서비스 및 환경과 재해에 대한 수요까지 충족해야 한다. 빅데이터, 사물인터넷, 로봇, 인공지능과 같은 기술들은 미래 치안의 위협요소이자 대안이 될 것으로 전망이 되고 있다. 앞으로 범죄는 더욱 더 지능화되며 첨단 기술을 활용하는 방향으로 진화가 될 것이다. 따라서 치안활동은 오프라인 치안활동에서 사이버 치안활동 중심이 옮겨 갈 가능성이 높기 때문에 미래 경찰은 정예화되어야 하고 이러한 차원에서 미래의 경찰조직에서는 다양한 민간 분야의 전문가들이 필요하다. 입직경로를 다양화하면 경찰조직은 국민의 인권보호 및 전문성을 확보하여 국민의 신뢰를 회복할 수 있을 것이며, 미래 치안환경 변화에 대한 선제적 대응을 할 수 있을 것이다.

5. 수사권 조정에 통한 기대 효과

현행 제도상 불가피했던 이중조사와 처리지연 등의 불편이 해소되고 경찰이 사건 현장에서 신속한 수사서비스를 제공할 수 있어 국민들의 사법서비스 만족도가 높아질 것이다. 또한 경찰은 수사 결과를 모두 책임지면서 더욱 사명감을 가지고 수사할 것이고, 이를 계기로 더욱 수사 역량을 강화할 수 있다. 검찰 역시 번잡하고 형식적인 수사지휘 업무에서 벗어나, 본연의 업무인 수사 적법성 통제, 공소 유지 등에 충실할 수 있게 된다. 나아가 경찰과 검찰은 서로 간의 건전한 감시와 통제를 통하여 수사의 투명성·공정성을 더욱 강화할 수 있게 되며, 특정인을 비호하거나 편의를 도모하는 일은 일어나기 어려워질 것으로 전망이 된다.

39 | 자치경찰제

1. 자치경찰제의 의의

검찰과 경찰의 수사권 조정을 통해 경찰에게 집중된 수사권을 분산하는 정책의 일환으로 국가경찰과 자치경찰의 분리시켜 지방자치제도하에서 시민이 중심이 되는 치안행정서비스를 만드는 데 목적이 있다. 즉, 자치경찰은 지방분권의 이념에 따라 경찰의 설치 · 유지 · 운영에 관한 책임을 지방자치단체가 담당하는 제도인 것이다.

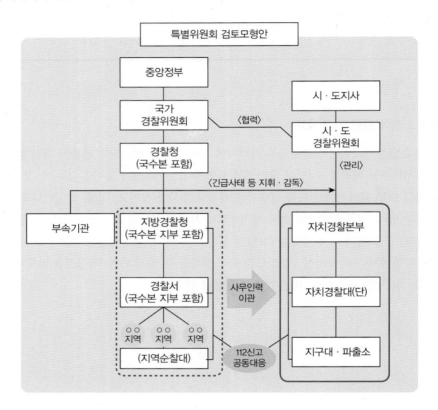

① 자치경찰제의 정책 방향

주민 밀착 치안 활동력 증진, 경찰권의 민주적 설계 및 정치적 중립성 확보

② 자치경찰제의 기본 원칙

치안력 약화 및 치안 불균형 방지, 재정투입 최소화, 제도 도입에 따른 치안 혼란 최소화

Append

자치경찰제 실시 국가

대만, 독일, 미국, 일본, 브라질, 스위스, 스페인, 영국, 이탈리아, 인도, 폴란드, 프랑스, 멕시코 등 50여개국

---

2. 국가경찰과 자치경찰 사무배분

① 사무분배

자치경찰	• 생활안전, 여성 · 청소년, 교통, 지역경비 등 주민밀착 민생치안활동 • 성폭력 · 학교폭력 · 가정폭력 · 교통사고 · 음주운전 · 공무수행방해 등 수사
국가경찰	• 정보 · 보안 · 외사 · 경비 및 112상황실 • 수사(광역범죄, 국익범죄, 일반형사 등) • 민생치안사무 중 전국적 · 통일적 처리를 요하는 민생치안사무
공동 의무	• 긴급하게 조치할 현장성 있는 사건의 현장 보존, 범인검거 등의 초동조치 • 국가경찰은 중대 · 긴급신고, 자치경찰은 일상 · 비긴급신고 처리를 원칙으로 하되, 사건 현장에 경찰관이 있는 경우 우선 초동조치 후 소관 경찰에 인계

② 업무처리 혼선 예방

긴급하게 조치할 현장성 있는 사건의 현장보존 · 범인검거 등 초동조치는 국가 · 자치경찰의 공동의무로 규정해 사건 처리 혼선과 현장 출동의 혼선을 방지하고 정보공유와 신고 · 출동 관련 공동대응 체계 구축을 위해 자치경찰도 국가경찰 소속의 112상황실에 합동 근무한다. 또 긴급사태가 발생할 때 국가경찰청장은 시 · 도 자치경찰을 직접 지휘 · 감독할 수 있다.

3. 자치경찰 지휘 · 감독 및 운영

① 시 · 도경찰위원회

ㄱ 시 · 도지사가 자치경찰조직을 직접 지휘 · 감독하도록 할 경우 정치적 중립 및 독립성을 확보하기 어려워 독립행정기관으로 시 · 도경찰위원회를 두고 시 · 도경찰위원회에서 자치경찰을 지휘 · 감독한다.

ㄴ 시 · 도경찰위원회 위원의 구성은 시 · 도지사가 지명한 1명, 여야 시 · 도의회가 각각 지명하는 2명, 법원 추천 1명, 국가경찰위원회 추천 1명 등 총 5명으로 구성된다. 자치경찰본부장과 자치경찰대장은 시 · 도경찰위원회의 추천을 받아 시 · 도지사가 임명하며 자치경찰대장 임명 시에는 시 · 군 · 구청장의 의견을 청취하도록 할 방침이다.

- 합의제 행정기관으로 설치
- 시 · 도지사의 경찰 직무에 직접적 지휘 · 감독 불인정
- 시 · 도경찰위원회가 자치경찰 관리
- 자치단체장의 권한남용 방지 제도화

② 자치경찰제의 예산 및 재정 지원

자치경찰제 시행에 필요한 예산은 국가가 부담하는 것을 원칙으로 하며 기본적으로 사무이관과 함께 현행 국가경찰 인력도 자치경찰로 이관하므로 인건비 관련 추가비용 부담은 없을 것으로 예상되고 있다. 다만, 시범운영 예산은 국비로 지원하고 이후 단계적 · 점진적으로 지자체가 부담하되, 재정자립도 등을 감안하여 '자치경찰교부세' 도입을 검토하고 있다.

자치교부세

지방자치단체의 행정 운영에 필요한 재원을 국가에서 교부하여 그 재정을 조정함으로써 지방 간 불평등과 불균형을 바로잡고 지방 행정의 건전한 발전을 기함을 목적으로 하는 교부금을 말한다.

③ 자치경찰제의 지원시설 및 장비

자치경찰은 신규채용 없이 국가경찰로부터 이관되므로 이관 이후 국가경찰에 발생한 여분의 시설 · 장비는 자치경찰과 공동으로 사용하는 것이 원칙이다. 치안센터 전부, 일부 지구대 · 파출소, 경찰서 · 지방청 등 경찰 시설을 자치경찰과 공유하여 재정 부담을 최소화한다. 경찰장구 · 차량 등 경찰 장비도 인력이관 규모에 따라 이관하되, 불가피한 추가 소요 발생 시 국가에서 장비비용 지원을 검토 중에 있다.

㉠ 신규 증원 없이 국가경찰 인력 이관

㉡ 시설 · 장비 등 공동 활용, 신규 재정부담 최소화

㉢ 광역 단위 자치경찰제 모형

㉣ 시 · 도 자치경찰본부, 시 · 군 · 구 자치경찰대 신설

㉤ 지구대/파출소의 국가경찰을 자치경찰로 이관

㉥ 지역경찰/교통 등 전체 국가경찰의 36%를 자치경찰로 이관

㉦ 자치경찰도 112상황실에 합동 근무

㉧ 112신고 및 정보 공유, 신고 · 출동 공동대응 체계 구축

④ 자치제경찰 인사 및 신분

㉠ 자치경찰본부장 및 자치경찰대장 임명

시 · 도경찰위원회의 추천과 시 · 군 · 구청장의 의견을 청취하여 시 · 도지사가 임명한다.

㉡ 자치경찰의 신분

시 · 도 소속 특정직 지방 공무원

㉢ 인사 교류

긴밀한 인사 교류가 가능하며, 초기에는 경력경쟁채용시험을 거치지 않고 국가경찰에서 자치경찰로 자치경찰에서 국가경찰로 임용이 가능하다.

※ 자치경찰에 인센티브를 주기 위해 계급 정년은 국가경찰 공무원만 적용하도록 규정함

[자치경찰제 도입 방향]

구분	1단계 (일부 지역＋일부 사무)	2단계 (전국＋일부 사무)	3단계 (전국＋전체 사무)	최종 단계
대상 지역	5개 지역	전국	전국	전국
사무	자치경찰 사무 약 50% (일부 수사권 포함)	자치경찰 사무 약 70~80% (일부 수사권 포함)	자치경찰 사무 약 100%	평가 후 추가 확대
인력	7천 명~8천 명	3만 명~3만 5천 명	4만 3천 명	
시점	2019년	2021년	2022년	정착 수준에 맞춰 평가 후 판단

4. 자치제 경찰제의 장점

① 권력의 집중 해소 및 지역 실정에 맞는 치안행정

  ㉠ 수사권 독립으로 인해 비대해진 경찰조직을 국가경찰과 자치경찰로 분리ㆍ분할하여 권한의 집중을 해소하고 지방분권화에 충실할 수 있다.

  ㉡ 경찰과 지방 정부가 서로 유기적으로 연동하여 지역마다의 구조와 특성을 파악하고 실정에 맞는 예산을 확보하여, 지역주민들에게 맞춤형 경찰서비스를 제공함으로서 주민의 삶의 질을 향상시킨다(지역 맞춤형 치안서비스 개선).

② 지역사회 공동체 치안활동

  ㉠ 지역주민들도 경찰에 대한 호감을 가지고 경찰관의 제반 비행문제를 주관하면서 자발적으로 협력하게 됨은 물론이고, 주민 스스로가 주인의식을 가지고 지역치안활동에 적극 협력할 것이다. 이는 성폭력ㆍ학교폭력ㆍ가정폭력 등과 같은 다양한 사회적 문제에 대해 단순 사건 처리에 그치지 않고, 지역사회와 협력을 통한 보다 적극적인 문제 해결이 가능해질 것으로 기대된다.

  • 상습 정체 지역이나 어린이 및 노약자 취약 지역에 대해 관계 행정기관과 유기적인 협조가 가능해져 교통치안행정에 도움이 된다.

  • 중앙 중심의 일제 지도 단속 등 획일적 치안활동에서 벗어나 지역별 특성과 주민 요구를 반영한 주민 친화적, 탄력적 치안활동을 전개할 수 있다.

  • 생활안전, 범죄예방 관련정보를 지방자치단체와 자치경찰이 공유하며 CCTV 및 가로등 설치 등 범죄예방환경개선(CPTED)을 효율적으로 설치할 수 있다.

  ㉡ 선거를 통해 주민이 선출한 시ㆍ도지사가 자치경찰본부장과 자치경찰대 및 시도경찰위원에 대한 임명권을 가지고 있는 만큼 치안행정에 주민이 직ㆍ간접적인 참여를 할 수 있다.

  ㉢ 지역사회를 중심으로 하는 자치경찰활동은 일선 경찰관이 현장에서 문제를 파악하고 해결할 방안을 마련할 수 있으므로 치안활동과 함께 매우 효과적인 범죄예방에 기여한다.

5. 자치제 경찰제의 단점

① 국가경찰과 자치경찰 이원화 모델

　　㉠ 지방자치분권 효과가 미비

　　　사실상 국가경찰조직을 대부분 그대로 남겨두고, 자치경찰조직을 새롭게 추가 신설하는 이원화 모델을 채택함에 따라 자치기관을 통하여 지방 행정사무를 자율적으로 처리하는 것이 곤란해져 지방자치분권의 효과는 거두지 못하고, 중앙경찰의 조직과 인력만 확대할 가능성이 크다.

　　㉡ 자치경찰의 예속화 우려

　　　현재 제시된 이원화 모델은 국가경찰이 모든 경찰업무와 관련해서 계획·조정 등의 업무를 수행하도록 설계하였고 중요 기능 또한 국가경찰이 수행하도록 설정함으로써 자치경찰의 예속화를 가져올 수 있다.

② 경찰의 일반행정직화 우려

　　지역주민이 선출한 시·도지사가 자치경찰본부장과 자치경찰대 및 시도경찰위원에 대한 임명권을 가지고 있는 만큼 지역치안에 직·간접적인 영향력을 행사할 수 있어 정치적 중립을 보장하는 것이 필요하다. 정치적 중립을 위해 시·도경찰위원회가 마련이 되어 있지만 5명의 위원을 구성하는 것보다는 지방의회에서 4인 지명, 자치단체장이 2인 지명, 국가경찰위원회에서 1인 지명하여 총 7인의 위원을 구성함으로써 다양한 의견을 반영하고 자치경찰에 대한 독립성을 보장하는 것이 필요하다. 그리고 지역 기득권 집단에 대한 견제 및 위원 구성의 다양성을 확보하기 위해 자치경찰위원회위원에 인권단체 및 시민단체의 추천 인사 등이 함께 포함되도록 하는 방안을 고려할 필요가 있다.

40 | 음주운전

1. 음주운전

음주운전은 그 장소가 도로이든 도로가 아니든 관계없이 처벌되며, 모든 자동차 및 원동기장치자전거 운전자는 주취 중에 운전하면 주취운전으로 처벌받게 된다. 자전거의 경우에도 음주운전을 할 경우 20만 원 이하의 벌금, 구류에 처한다.

* 음주측정에 불응할 경우 특정범죄가중처벌법에 의해 형사처벌된다.

2. 음주운전 단속 처벌기준 강화(혈중알코올농도 0.03%)

우리나라의 경우는 혈중알코올농도가 0.05% 이상부터 처벌된다는 인식 때문에 맥주 한두 잔 정도는 마시고, 아무런 죄의식 없이 음주운전을 한다. 이는 걸리지만 않을 정도라면 술을 마셔도 상관없다는 인식이 저변에 깔려 있기 때문이다. 하지만 일본은 2002년 혈중알코올농도를 0.03%로 강화된 이후 맥주 한 잔도 안 된다는 인식 변화로 음주운전이 지속적으로 감소하고 있는 추세이다. 한 잔이 두 잔이 되고 두 잔이 세 잔이 되기 십상이다. 대리운전을 부르려니 대리비가 아까워 직접 운전을 하게 되지만 이는 결국 사고로 이어진다. 이로 인해 죄 없는 사람이 다치고, 가정이 파괴될 수도 있다. 음주운전으로 인한 피해를 생각한다면 음주운전은 어떠한 경우라도 합리화될 수 없다. 따라서 음주를 하면 무조건 운전을 하지 못하게 해야 한다. 음주를 하면 차를 놓고 가든지 대리를 부르든지 해야 한다. 그러한 인식이 국민 모두에게 확산되어야 한다. 그리고 법을 강화시켜 음주운전 발생률을 낮추는 방법도 필요하지만, 근본적인 문제점을 해결하기 위해서는 행동 습관과 패턴이 형성되는 유년시절부터 올바른 운전방법을 교육시켜야 한다.

3. 음주운전 처벌 강화

스팟이동식 단속	주로 저녁시간에만 음주단속을 하였으나 이제는 출·퇴근시간, 낮 시간대에도 단속을 확대하고, 지능적인 단속 회피를 막기 위해 20~30분 단위로 장소를 이동하는 스팟 이동식 단속도 확대하였다.
차량 몰수	• 기존에는 대형 사망사고의 발생 시에만 차량을 몰수했지만, 이제는 5년 이내 음주운전으로 5회 이상 적발될 경우 가차 없이 차량이 몰수된다. • 형법 제48조(몰수) '범죄 행위에 제공된 물건은 몰수할 수 있다'는 형법 48조에 근거해 차량을 몰수한다.
동승자 처벌	음주사실을 알면서도 차량을 제공하거나 음주운전이 예상되는 상황에서 음주운전을 막지 않는 경우, 그리고 음주운전을 부추기거나 방조한 동승자는 방조범 또는 공동정범으로 입건한다.
업주 처벌	음주운전을 할 것이 예상되는 사람에게 술을 판 업주에게도 원칙적으로 처벌 대상이 된다.

[윤창호법(음주운전 처벌 강화)]

• 음주운전 처벌 기준 0.03%으로 처벌 강화
• 혈중 알콜 농도 0.03% 이상은 면허 정지, 0.08% 이상은 면허 취소 조치에 처함
• 현행 음주운전 초범 기준을 기존 2회에서 1회로 낮춤
• 면허 취소 후 운전 면허 재취득 결격 기간을 음주운전 적발 1회 시 1년, 2회 이상은 2년으로 함
• 음주사고 시엔 결격 기간을 적발 1회 시 2년, 2회 이상 시 3년으로 하고, 음주운전 치사의 경우 5년의 결격 기간을 둠
• 음주운전 2회 이상 적발 시 2년 이상 5년 이하의 징역 또는 1천만 원 이상 2천만 원 이하의 벌금에 처함
• 음주운전 사망 사고가 발생한 경우 무기 또는 3년 이상의 징역에 처할 수 있도록 함

4. 경찰의 음주운전 근절 방안

모범을 보여야 하는 경찰이 음주운전을 하는 것은 국민들에게 신뢰성을 떨어뜨리는 행위이고, '경찰관은 청렴하지 못하다.'라는 인식을 줄 수 있다. 이에 음주운전을 개인의 문제로만 취급하지 말고 조직적 차원에서 접근하여 모두가 공감할 수 있는 음주운전 근절 대책 수립이 필요하다.

음주운전 근절 대책으로는 119운동과 금주여가(禁酒餘家) 운동을 들 수 있다. 119운동이란 '1차에서 1가지 술로 9시 이전까지 하자'라는 뜻이고, 금주여가(禁酒餘家) 운동이란 '술을 금하고 남은 시간은 가족과 함께 하자'는 뜻으로 가족관계 회복으로 자체사고 예방과 업무만족도를 향상시키는 운동을 말한다. 음주운전 사고에 대처하기 위해서는 항상 자신을 되돌아보아야 하고, 음주운전을 하면 절대 안 된다는 의지력을 발휘해야 한다. 이러한 의지력을 발휘할 수 있도록 차량 내 가족사진과 음주운전근절 홍보스티커를 부착하여, 음주운전은 절대 안 된다는 생각을 갖도록 하는 것이 필요하다. 그리고 사고만 나지 않으면 된다는 안이한 생각과 '설마 내 옆 동료가 음주운전을 하겠나'라는 인식은 버리고, 경찰 개개인이 노력하여 국민에게 신뢰받을 수 있도록 노력해야 한다.

5. 경찰의 음주운전에 대한 생각

법을 집행하는 경찰관이 오히려 법을 어겨 음주운전을 한다면 절대 용서받을 수 없는 일이라 생각한다. 한 사람의 실수로 인해 경찰의 전체적인 이미지에 부정적인 영향을 줄 수 있고, 국민의 공권력에 대한 신뢰를 떨어뜨릴 수 있기 때문이다. 때문에 개개인의 경찰관들은 개인이 아닌 경찰조직 전체를 대변한다는 생각으로 공직 기강 확립을 위해 다 같이 노력해야 한다.

41 | 경찰의 수갑사용

1. 수갑가리개

수갑가리개는 피의자가 이송과정에서 노출되어 인격적 수치심을 느끼지 않도록 하라는 국가인권위원회의 권고에 따라 추진되었다. 지금까지는 수갑을 가릴 때 대부분 수건을 사용했지만, 일부 관서에 수갑가리개를 보급하여 시범 운행 중이며, 점차 확대할 방침이다.

수갑 사용 요건

- 범인 검거할 때(현행범, 사형 · 무기 · 장기 3년 이상, 영장집행 시)
- 송치, 출정, 병원진료 등으로 유치장 외의 장소로 호송할 때와 조사 등으로 출감할 때
- 도주하거나 도주하려고 할 때
- 자살 또는 자해하거나 하려고 할 때
- 다른 사람에게 위해를 가하거나 하려고 할 때
- 위력으로 경찰관 등의 정당한 직무집행을 방해할 때
- 경찰관서 등의 시설 또는 물건을 손괴하거나 손괴하려고 할 때

2. 수갑 등 사용 기본원칙

① 피의자 검거 시부터 경찰관서(지구대 · 파출소) 인치 시까지는 뒷수갑 사용이 원칙이다.

② 피의자가 경찰관서에 인치되고 상당시간 물리적 저항이 없이 진정된 경우 등 긴급상황 해소 시에는 앞수갑 사용이 원칙이다.

　* 다만, 도주 · 자살 · 자해 또는 다른 사람에 대한 위해의 우려가 큰 때 등 요건에 해당하는 대상자의 경우에는 뒷수갑 사용이 가능하다.

3. 수갑 착용과 인권과의 관계

① 일선 경찰관이 피의자에게 수갑을 채우는 과정에서 피의자의 인권보호와 도주 우려를 두고 혼란에 빠지곤 한다. 급박한 현장 속, 어느 정도의 물리력은 동원될 수밖에 없음에도 수갑을 너무 꽉 채우면 피의자의 도주 가능성은 낮아지지만 인권침해 소지가 있고, 반대로 느슨하게 채우면 도주 사고가 발생하기 때문이다. 실제로 수갑에는 이중 잠금이라는 장치가 있어 피의자가 수갑 사용에 저항치 않을 시 더 이상의 손목에 대한 물리적인 구속, 즉 손목 조임은 없다. 그러나 피의자는 "수갑이 손목을 너무 조여 아프다." 면서 수갑을 느슨하게 채워 달라고 요구하고, 이것을 들어주어 감시가 소홀한 틈을 타 수갑에서 손을 빼 달아난 사건 · 사고 기사를 가끔 접한 적이 있을 것이다. 이렇게 도주한 피의자를 검거치 못하였다면 또 다른 2차적 범죄 피해가 발생할 수도 있다.

② 인권은 어떤 이유와 상관없이 반드시 지켜져야 한다. 하지만 과잉보호를 하면 공권력을 집행하는 과정이나 그 이후에 인권이 다시 무너지는 현상이 일어날 수 있다. 인권과 공권력은 앞으로도 많은 문제와 대처점을 두고 여러 이야기가 나올 것이다. 문제를 바라보는 현명한 안목과 자세를 통해 이 같은 딜레마를 해결할 수 있다면 앞으로 인권과 공권력은 문제되는 관계가 아닌, 상호보완하는 관계가 될 수 있다.

4. 경찰의 수갑 착용에 대한 생각

앞수갑을 채웠다가 피의자에게 경찰관이 폭행당하거나 피의자가 자해 시도를 하는 경우가 적지 않았기 때문에 피의자를 체포할 때 뒷수갑이 앞수갑보다 훨씬 효율적이다. 예를 들어 범인을 체포하는 경우 범인이 저항을 할 때에는 넘어뜨려 제압하는 것이 일반적이다. 이때에 가장 무난하게 수갑을 채울 수 있는 방법이 엎드린 자세에서 뒤로 수갑을 채우는 방법이다. 만약에 피의자가 엎드린 자세가 아니라 정면의 상황이라면 발로 차는 등의 반격을 받을 수 있기 때문에 애당초 엎드린 자세로 제압하는 게 저항을 빠르게 제압하고 수갑을 채울 수 있는 방법이기 때문이다. 하지만 수사기관이 수갑을 사용하는 목적은 피의자의 신병을 안전하게 확보하는 데 있기 때문에 그 목적이 달성된 이후 신병이 확보가 되었다면 불필요한 고통을 수반하는 행위는 최대한 방지하는 조치가 필요하다.

42 | CCTV

1. CCTV의 장점

범죄예방과 신속한 범인 검거, 증거 수집이 용이하다. 계획적인 범행일 경우에는 사전에 CCTV의 정보를 입수하여 사각지대를 노리기 때문에 CCTV의 효과를 크게 기대할 수 없지만, 범죄는 우발적이고 충동적으로 발생하는 경우가 많다. 우발적이고 충동적인 범죄에서 만큼은 CCTV가 범죄 억제 효과와 사후 범인 검거에 큰 역할을 하고 있다.

2. CCTV의 문제점

① 인권과 사생활 침해의 가능성

헌법 제17조에 '모든 국민은 사생활의 비밀과 자유를 침해받지 아니한다.'라고 규정함으로써 사생활의 비밀과 자유를 명문화하고 있다. 사생활 침해를 했는지 안 했는지의 여부는 그 의도에 따라 결정이 되는 것이 아니다. 타인의 동의를 받지 않은 상태에서 법률의 근거 없이 CCTV를 설치하고 24시간으로 생중계를 한다면 그것은 사생활 침해행위에 해당한다(피촬영자를 잠재적 범죄자로 취급하고 있다).

② 범죄 전이효과 유발

범죄 발생의 사전예방 효과는 CCTV 촬영의 가시거리 내에서는 그 효과를 기대할 수 있을지 모르나, CCTV 촬영의 가시거리 이외의 지역에 대해서는 기대하기 어렵다. 오히려 CCTV 촬영의 가시거리 지역에서 발생할 수 있었던 범죄의 가해자들로 하여금 가시거리 이외의 지역에서 잠재되었던 범죄발생 현상을 표출하게 되는 범죄 전이효과, 풍선효과가 일어날 수 있다.

CCTV 통합 관제센터

각 지자체별로 전문 관제요원을 배치하여 CCTV를 통해 24시간 모니터링 등 활동을 펼치고 있다. 통합 관제센터는 휴일 없이 24시간 내내 지역 내 주요 도로와 학교, 아파트, 골목길 등에 설치된 CCTV에서 보내는 영상을 살펴 각종 범죄, 재해 · 재난 예방, 긴급 상황 발생 시 신속한 대응조치를 하는 것을 주 임무로 하고 있어, 지역민의 안전을 책임지는 파수꾼 역할을 하고 있다.

3. 스마트 보안등(스마트 가로등, 비코가로등)

CCTV의 문제점인 비싼 가격을 해결하고 어두운 골목길에서 주민들의 안전을 지켜주기 위해 카메라와 보안등이 결합된 스마트 보안등은 정상적인 작동 여부를 파악하기 위한 인력난을 해소하기 위해 사물인터넷(IOT) 기술을 도입하여 관리 방식의 문제점 또한 해결하였다. 스마트 보안등 관리시스템은 언제 어디서든 감시 및 제어가 가능하고, 스스로 고장을 인식하고 고장 부분을 분석해 송신하기 때문에 무단으로 훼손할 경우 신속한 대처도 가능하다.

43 | 미투운동

1. 미투운동(Me Too, 나도 당했다)

미투운동은 2006년 타라나 버크라는 여성 사회운동가가 사회적 약자인 소수인종 여성, 아동들이 자신의 피해 사실을 드러낼 수 있도록 독려해 주고 피해를 입은 사람들끼리 서로 간의 경험을 통해 공감대를 형성하여 용기를 내어 사회를 바꿔 갈 수 있도록 창안한 것이다. 처음에는 익명으로 시작되었고 점차 확산되어 2017년 10월에서야 미국 정상급 여배우들이 할리우드 거물 제작자(하비 와인스틴)로부터 성폭력을 당했다고 밝히면서 크게 이슈화되었다.

* 오랫동안 사회 각층에서 암암리에 행해지던 권력을 이용한 성희롱과 성폭력이 미투운동을 통해 수면 위로 부각되고, 서로가 힘이 되어 더 많은 사람들이 미투운동에 동참하고 있다.

2. 국내의 미투운동

국내의 미투운동은 서지현 검사가 검사 내부에서도 8년 동안 침묵할 수밖에 없었던 사안을 용기를 갖고 폭로함으로써 많은 여성들에게 용기를 주며 전개되었다.

3. 국내 미투운동의 특징

선정적인 보도로 인해 가해자보다 피해자들에게 관심이 높아 2차 피해가 우려되고 있다. 피해증거가 부족하기 때문에 오히려 명예훼손과 무고 등의 혐의로 가해자가 맞고소를 제기하는 역풍을 맞지 않을까라는 두려움, 그리고 피해자들의 행실을 들먹이면서 비난부터 해왔던 사회적 풍토가 미투운동 확산의 걸림돌이 되고 있다. 그러나 점차 평범한 사람들이 일상에서 겪어온 성폭력의 경험을 밝힘으로써 이제는 개인의 문제가 아닌 사회적 문제라는 공감대가 형성되고 있다.

4. 국내 미투운동에 대한 우려

① 미투 동의 취지를 생각하지 않고 단죄와 폭로에만 치중

권위주의적 조직문화에서 피해자들은 가해자의 권력을 넘을 수 없고 2차 피해를 걱정하며 숨죽여야 한다. 사회적 약자가 조직 내에서 보호받는 제도와 문화의 조성을 근본적으로 논의해야 함에도 유명인들의 갑질로만 간주하고 그들을 단죄하는 데 급급한 것이 아닌지 생각해 봐야 한다. 단죄와 폭로에만 치중할 것이 아닌 사회 전체의 문제로 삼아 그동안 유린되어 온 여성인권을 어떻게 존중할 것인지, 그 방법은 무엇인지를 놓고 근본적인 논의가 이뤄져야 한다.

② 말 한마디에 성범죄자로 낙인

자신의 의견을 SNS에 게재함으로써 아직 혐의가 불분명한 사람들을 성범죄자로 낙인을 찍어 매도하지 말아야 한다. 사회에 만연해 있는 여성폭력이나 직장 내 성희롱·성폭력은 분명히 뿌리를 뽑아야 하는 데 이견은 없지만, 불확실한 추측으로 억울한 사람이 마녀사냥의 대상이 되는 일 또한 있어서는 안 된다.

③ 수년간의 침묵

성폭력을 범한 다수의 가해자들은 절대적인 권력을 가지고 있고, 피해자가 쉽게 문제를 제기할 수 없는 폐쇄적 문화를 가진 곳에서 사건이 발생했다. 이렇다 보니 피해자들은 수년간 침묵하다 결국 SNS를 통해 고발을 하고, 대부분의 글들은 가해자나 회사 이름은 일절 공개하지 않고 있다는 점이 특징이다. 이는 조직 자체적으로 성희롱과 성폭력 문제가 발생했을 때 공정하고 신속하게 다룰 수 있는 제도적 장치가 부재함과 함께 현실에서 성희롱·성추행이 만연하고 있음을 잘 보여준다.

④ 형식적인 사과(가해자들의 사과방식)

형식적인 사과와 '기억이 안 난다'는 식으로 넘어가는 가해자들에게 죄의식마저 없는 게 아니냐는 의문과 비판이 일고 있다. 일부 가해자들의 사과 방식을 보면 '전부 제 탓이지만 기억이안 난다'는 식의 이중적인 주장과 변명으로 진정성 있는 사과를 원하는 피해자를 한 번 더 유린해 공분을 사고 있기 때문이다. 부끄러이 여기는 마음, 수오지심(羞惡之心)의 마음이 필요하며, 부끄러움을 모르고 뻔뻔한 태도를 보일 것이 아닌 진정성 있는 사과가 선행되어야 한다. 피해자에게 정말 필요한 것은 법과 제도 개혁만이 아닌 가해자들이 진정으로 사죄하고 참회하는 일이기 때문이다.

5. 미투운동에 대한 생각

미투운동은 직장 내 성희롱 문제가 여성의 인권의 문제를 넘어 사회 구조적 문제로 바라볼 수 있게 하는 계기가 되었고, 사각지대에서 여성들의 보이지 않는 인권에 대해 조직 구성원들 스스로가 감시자의 역할을 하게끔 경각심을 일깨워준 운동이다. 하지만, 허위·거짓미투로 인해 무고피해를 본 사람들이 늘면서 최근에는 힘투(him too)운동 또한 바람이 부는 등, 미투운동에 대한 본질을 보지 못하고 있는 흐름으로 가는 상황이 발생하고 있다. 따라서 개인의 이익을 위한 잘못된미투로 인해 또 다른 2차 피해가 발생할 우려가 높은 만큼, 사회적·구조적 문제에 관심을 갖는접근법이 필요하다.

Append

죄와 벌(도스토옙스키)

가난한 대학생 라스콜리니코프는 돈을 위해 전당포 노파와 여동생을 도끼로 살해하는 죄를 짓는다. 노파가 자기만 알고 남에게 베풀 줄 모르는 '벌레' 같은 존재이며, 죽여도 아무 죄가 안 된다고 생각했기 때문이다. 그러나 정작 살인을 저지른 뒤 그는 죄책감과 정신적 혼란에 시달린다. 번민하던 그는 매춘부 소냐를 만나고 그녀는 말한다. "지금 당장 네거리로 나가 당신이 더럽힌 대지에 입 맞추세요. 그리고 세상사람 모두에게 들리도록 '나는 살인자올시다!'라고 외치세요." 마침내 그는 소냐의 말대로 행동하고 경찰에 자수해 시베리아 유형을 떠난다. 소설 「죄와 벌」은 죄의식에 괴로워하는 것이첫 번째 벌이다. 우리 속담의 "죄짓고는 못 산다."라는 말처럼 죄를 지으면 불안감과 가책으로 고통을 당하게 되므로, 이미 지은 죄는 털어 놓고 용서를 받아야 한다는 의미이다.

44 | 몰래카메라범죄

1. 몰카범죄의 원인

몰카범죄는 장소를 불문하고 사회적 지위나 연령과 관계없이 광범위하게 발생하고 있다. 몰카범들이 처벌을 감수하면서까지 몰래 촬영을 하는 이유는 단순한 호기심도 있겠지만, 대부분 성도착증의 하나인 관음증에서 비롯된다. 요즘 몰카범죄는 조직적으로 이뤄지기도 한다. 수많은 관음증 환자들을 대상으로 한 음란물 불법 유통·판매를 위해서이다. 관음증은 타인의 신체 부위나 성행위 등을 몰래 관찰하면서 성적 욕구를 해소하는 질환이다. 심하면 반복적으로 강한 성적 흥분을 느끼게 되며 자위행위를 동반하기도 한다. 정상적인 이성관계를 갖지 못하거나 성적 억압, 또는 선천적 성적 충동 조절 장애가 있을 경우 몰카를 찍게 된다. 일반적으로 관음증 같은 성도착증은 18세 이전에 형성돼 20대 중반에 서서히 나타난다. 일단 발병하면 만성적인 질병이 된다는 데 문제의 심각성이 있다.

관음증은 IT 과학기술의 발달함으로써 진보해 왔다. 카메라 크기가 작아지면서 피해자도 더 많아졌고, 인터넷과 SNS의 발달로 전파 속도는 걷잡을 수 없이 빨라졌다. 불법촬영물의 유포 또한 피해자에게 2차적인 고통을 줄 수 있는 중한 범죄라는 인식을 확립하는 것이 중요하고, 호기심으로라도 불법촬영을 하거나 이를 주변 사람에게 유포하는 일은 없어야 한다.

2. 리벤지 포르노(revenge porn)

당사자의 동의 또는 인지 없이 배포되는 음란물 화상 또는 영상을 말한다. 특히, 헤어진 연인에게 보복할 목적으로 사귈 당시 촬영한 성적인 사진이나 영상을 유포하는 것을 말하고 다른 말로 '연인 간 보복성 음란물'로도 불린다. 대다수의 피해자들은 자신이 나온 영상이나 사진이 온라인상에서 유포되고 있다는 사실조차 모르는 경우가 많고, 사실을 알게 되더라도 삭제가 쉽지 않아 피해가 크다는 특징이 있다.

* 디지털 성범죄 피해자가 사망해도 그 가족이 국가로부터 불법 촬영물 삭제를 지원받을 수 있는 법안이 발의가 되었다. 개정안은 불법 촬영물이 정보통신망에 유포돼 피해를 입은 사람의 범위에 피해자의 가족을 포함시켰다.

3. 몰래카메라 대책

① 몰래카메라로 악용될 소지가 높은 '무음 촬영 앱'을 규제를 위해 법안 발의

몰카 성범죄 단속 건수가 2012년 2,400여건이던 적발 건수가 2017년 6,480여건으로 늘어났다. 그 이유로 스마트폰의 보급 확대와 함께 소리 없이 사진이나 동영상을 찍을 수 있는 다양한 앱들이 시중에 유통되면서 몰카 촬영이 용이해졌기 때문이라는 분석이 많다.

② 처벌 강화

성폭력처벌법은 불법촬영 대상을 기존 '다른 사람의 신체'에서 '사람의 신체'로 개정하여 자신의 신체를 촬영한 촬영물이더라도 촬영대상자의 동의 없이 유포하였을 경우 처벌된다. '불법촬영 행위', '불법촬영물 유포행위', '동의하에 촬영했지만 이후 촬영 대상의 의사에 반하여 유포한 행위' 모두 5년 이하의 징역 또는 3천만 원 이하의 벌금에 처하도록 법정형이 상향되었고, 영리 목적으로 정보통신망을 통하여 불법촬영물을 유포하는 경우 벌금형을 삭제하여 7년 이하의 '징역형'으로만 처벌된다. 이 밖에 사람의 신체를 직접 촬영한 촬영물 외에 복제물(복제물의 복제물도 포함)을 유포한 경우도 처벌이 가능하게 된다. 성관계 동영상을 컴퓨터로 재생한 후 그 영상을 다시 휴대전화 카메라로 재촬영한 경우, '사람의 신체 그 자체를 직접 촬영한 촬영물'이 아니라는 이유로 유포행위에 대해 무죄가 선고된 바 있는데, 이번 법개정을 통해 처벌의 흠결이 보완되었다.

* 종래에는 촬영 자체는 피해자의 의사에 반하지 않았던 경우 그 촬영물을 유포한 경우에 상대적으로 경하게 처벌되었고, 피해자 스스로 자신의 신체를 촬영한 촬영물을 유포한 경우에는 성폭력처벌법으로 처벌할 수 없는 문제가 있었다.

③ 피해자 지원센터 운영(디지털 성범죄 영상을 정부가 찾아서 삭제)

정부가 불법 동영상 삭제를 해당 사이트에 요청하고 무료 법률서비스 등을 피해자에게 지원한다. 지금까지는 피해자가 직접 불법 동영상 삭제를 요청하거나 사비로 '디지털 장의사'를 고용해야 했다. 이에 여성가족부는 '디지털 성범죄 피해자 지원센터'를 운영하며 상담에서부터 수사 지원, 소송 지원, 사후 모니터링 등 종합 서비스를 제공하여 피해 사례가 접수되면 피해 양상에 따라 맞춤형 서비스를 지원한다. 무엇보다 피해자들에게 절실한 삭제 지원 서비스를 중점적으로 제공할 예정이다.

④ 빨간원 프로젝트

몰래카메라, 리벤지 포르노 등으로 심각한 사회적 문제가 발생함에 따라 불법 촬영물에 대한 문제를 사회적 문제로 인식하고, 국민 스스로의 작은 실천을 통하여 공공의 문제 함께 해결하고자 시작한 소셜 캠페인이다. 빨간원 프로젝트는 스마트폰에 카메라에 경고판과 비슷한 빨간색 동그라미 스티커를 붙이는 것으로 기존의 몰래카메라 근절을 위한 캠페인만으로 끝나는 것이 아닌 각 개인에게 상징을 부여하여 불법촬영에 대한 경각심을 일깨우고 실천하고 있다.

45 | 유전무죄, 무전유죄

1. 유전무죄, 무전유죄(有錢無罪 無錢有罪)

유전무죄 무전유죄는 돈이 있을 경우 무죄로 풀려나지만 돈이 없을 경우 유죄로 처벌받는다는 말이다. 힘 있는 사람에게는 느슨한 법의 잣대가 힘이 없는 약자에게는 한없이 엄격한 시대적 분위기 때문에 '유전무죄 무전유죄'에 대한 사회적 공감을 상당히 불러일으켰다. 이러한 사법부에 대한 불신은 끊임없는 논쟁을 야기하고 있다. 대법원 양형위원회는 법원이나 사건별로 차이가 나는 형량을 조정하기 위한 양형기준을 마련하여 제시하고 있다. 그러나 사건별로 수십 가지 이상의 판단 요소들이 존재하므로 기계적인 통일은 어려우며, 결국 판사들의 양심과 전문성에 대한 국민의 신뢰 회복이 중요하다.

2. 상대적 박탈감을 느끼게 하는 사건 사례

황제노역	수백억 원의 세금 등을 내지 않고 해외로 도피했던 대주그룹 회장이 그 대가로 부과된 254억 원의 벌금 납부 대신 일당 5억 원의 이른바 '황제노역'을 택했다.
부러진 화살 (영화)	1996년 대입 본고사 수학문제의 오류를 지적했다는 이유로 김 교수를 재임용에서 탈락시켰다. 이에 김 교수는 2005년 재임용을 위해 소송을 했지만, 1심, 2심 모두 패소했다. 결과에 승복할 수 없었던 김 교수는 당시 항소심 재판장이었던 박 부장판사의 집을 찾아가 석궁으로 복부 왼쪽에 상해를 가했다는 것이 사건의 요지이다. 범행의 고의가 없었을 뿐만 아니라 여러 증거가 조작됐으며 사법부가 이를 묵인하고 범죄자로 몰아갔다는 게 김 전 교수의 주장이다. 하지만 대법원은 사전에 석궁 연습과 범행 장소를 답사했고, 범행 현장에 전문요리사용 회칼과 노끈을 가져간 것을 볼 때 우연히 발사된 것으로 볼 수 없다며 유죄를 인정했다. 또 부러진 화살에 대해서는 수사기관이 결정적 증거물을 폐기 또는 은닉할 이유가 없다고 봤고, 와이셔츠에만 없는 혈흔에 대해서도 육안으로는 안 보이지만 유전자분석 결과 와이셔츠에서도 다른 옷에서 나온 것과 같은 유전자 혈흔이 발견됐다고 말했다.
땅콩회항 사건	대한항공 전 부사장은 2014년 미국 뉴욕 JFK국제공항에서 견과류 서비스를 문제 삼아 타고 있던 승무원에게 폭언과 폭행을 하고 항공기를 탑승게이트로 되돌리게 한 혐의 등으로 구속 기소되었다. 법원은 1심은 징역 1년을 선고했지만, 2심과 대법원은 지상길 회항을 항로 변경으로 볼 수 없다는 이유로 징역 10개월, 집행유예 2년으로 최종 확정하였다.
몽고간장 폭행사건	전 몽고간장 회장은 운전기사와 직원들을 상습 폭행했다고 고발되어 대국민 사과와 함께 회장직에서 물러났다. 직원들은 욕설과 인격비하적인 언어폭력에 시달리며 고통을 겪어야 했지만, 벌금 700만 원 약식기소 처분을 받았을 뿐이다.

46 | 갑질 문제

1. 갑질문화의 원인

① 자기중심적 사고방식

흔히 말하는 '을'에서 '갑'이 되면 자기중심적이 되고 타인에 대한 배려심이 사라져 본인이 제일 중요하다고 생각하게 된다. '을'의 위치에서는 다른 사람이 나를 어떻게 평가하는지를 살피게 되지만 '갑'의 위치에 가게 되면 이런 생각을 하지 않기 때문이다.

② 소통과 배려의 부재

우리가 일부 갑질 행동에 대해 비난하는 이유는 조직 내에서의 상하 간 위계질서를 떠나 사람과 사람 사이에 반드시 필요한 배려와 존중이 부족했기 때문이다. 배려는 소통이다. 소통은 상대방의 입장에서 이해하려는 마음이 있어야 제 구실을 하게 된다. 하지만 우월한 지위에 있는 사람들은 말로만 소통을 외치고 마음으로는 자기 챙기기에 급급한 경우가 많다.

③ 뿌리 깊은 상하관계 문화

한국사회는 봉건적인 상하관계에 대한 가치관이 뿌리 깊어 '을'도 '갑'의 위치에 오르면 '갑질'을 하게 된다. 이를 예방하기 위해서는 갑질의 근본 원인을 성찰하고, 교육을 통하여 진정한 부의 가치와 경제적 여유의 의미를 되찾아 나가는 노력이 필요하다.

2. 갑질문화의 대응 방안

① 노블레스 오블리주

갑질 문화는 현대적 인간 관계에서 벌어지는 사회적 폭행이라 볼 수 있고, 노블레스 오블리주는 갑질 문화에서 벗어나 가진 것을 나누고 협력할 줄 아는 공존의 자세라고 할 수 있다. 노블레스 오블리주는 사회적 지위와 명예를 가진 사람에게 요구되는 높은 수준의 도덕적 의무이다. 사회지도층의 책임 있는 자세는 국민을 한데 모으는 긍정적인 효과를 기대하게 한다.

② 협력과 존중, 그리고 공동체 의식이 필요

무한한 경쟁 속에서 남들보다 더 가졌다면 나누고, 자신이 부족한 점을 인정하며 도움이 필요할 때는 다른 이의 도움을 요청하는 자세가 필요하다. 더불어 함께하는 사회를 만들기 위해 상대방을 존중하며, 부족한 부분은 서로 협력하여 모두가 존중받을 수 있는 공동체 의식이 필요하다.

Append

맹자(孟子)의 사단설(四端說)

맹자는 성선설(性善說)에 바탕을 두고 사람이 타고난 마음은 선(善)한데 환경에 의해 악(惡)해지기 쉬우므로 호연지기(浩然之氣)를 통해 인의예지의 덕(德) 쌓아 대장부(大丈夫)가 되어야 한다는 가르침을 남겼다.

인(仁)·측은지심(惻隱之心)은 불쌍히 여기는 마음, 의(義)·수오지심(羞惡之心)은 부끄러이 여기는 마음, 예(禮)·사양지심(辭讓之心)은 양보할 줄 아는 마음, 지(知)·시비지심(是非之心)은 옳고 그름을 분간할 줄 아는 마음으로 선한 마음이 없이 무자비한 마음을 뜻한다.

구조적 폭력

구조적 폭력은 사회 제도나 관습 또는 사람들의 의식 등이 폭력을 용인하거나 사회적으로 폭력을 정당화시키는 모든 폭력을 말한다. 예를 들어 자본의 이윤을 극대화하기 위해 정리해고와 비정규직 고용 등노동자의 인간다운 삶의 권리를 파괴하는 자본의 위력, 폭력의 피해자가 스스로를 방어할 수 없는 상태에서 지속적으로 폭행을 당하는 사회적인 모든 폭력을 말한다.

---

3. 가이 포크스 가면(복면시위)

① 가이 포크스(400년 전 영국의 실존인물)

포크스는 영국 성공회 수장 제임스 1세 국왕을 암살하고자 1605년 11월 5일 의회 개회일에 맞춰 국회의사당 지하실에 폭약을 설치하였지만, 공범 중 하나가 '폭탄 테러' 계획을 왕실에 신고하는 바람에 현장에서 체포된 뒤 사형되었다.

② 가이 포크스 가면이 유명해진 이유

2005년 '브이 포 벤데타'를 각색해 같은 이름으로 할리우드 영화가 제작되면서 가이 포크스 가면이 세계적으로 알려졌다. 이 영화에서 주인공은 이 가면을 쓰고 전체주의가 지배하는 미래의 영국에서 체제 전복을 시도하는 인물로 묘사된다. 400년 전 영국 국왕 제임스 1세는 포크스를 '실패한 반역자'로 널리 알리려고 했지만, 시간이 흐르면서 포크스는 권력에 맞선 '저항의 아이콘'이 되었다.

③ 상징

가이 포크스는 가면이라는 특징으로 인해서 익명성의 상징이 됐다. 이름 자체가 '익명'이란 뜻인 국제적인 해커 조직 '어나니머스(Anonymous)'는 조직 로고를 이 가면으로 하고 거대 기업이나 북한 등 독재 국가에 대한 사이버 공격을 진행하고 있다.

④ 복면시위의 문제점

가면을 쓰고 시위를 하는 것도 자기의사표현의 한 방식이지만, 미국의 심리학자에 따르면 집회 시위가 익명성이 보장되면 더 과격한 행동을 할 수 있다는 연구 결과가 있다. 실제로 마스크를 착용하고 불법·폭력 시위가 발생할 경우 신분 채증이 곤란하다라는 문제점이 있다.

⑤ 갑질 집회(가이 포크스 시위)에 대한 생각

우리나라는 권위주의 시대와 현재는 사회·구조적 문제로 갑질이나 여성을 비하하는 발언 등 다양한 구조적 폭력으로 갈등이 심해지고 있다. 자유민주주의 국가에서 집회의 자유는 당연히 보장되어야 한다. 하지만 아직까지 사회적 구조가 집회시위자들의 자유로운 집회를 보장하고 있지 못한다. 그 반증의 증거가 이번 갑질문화 집회에서 등장한 '가이 포크스 가면'이라고 생각한다. 이러한 사회풍토 속에서 사실상 얼굴이 노출이 되면 직무상, 인사상 불이익 등 2차 피해의 염려 때문에 자신의 생각과 표현의 적절한 수단으로 활용되기 위해 복면을 착용하여 자신의 목소리를 내고 있다.

4. 수저계급론

① 수저계급론

금수저, 흙수저는 신조어로 부잣집 출신을 뜻하는 영어 숙어 '은수저를 입에 물고 태어났다'에서 유래한 최신 유행어이다. 부모의 재산에 따라 자식의 경제적 지위가 금 · 은 · 동 · 흙수저로 결정된다는 '수저 계급론'이 최근 젊은 층 사이에 폭넓은 공감대를 형성하고 있다. 개인이 노력해 버는 소득보다는 물려 받은 자산의 중요성이 점차 커지면서 수저 계급론이 현실화되고 있다.

② 다포세대의 등장

부모의 재력에 따라 장래가 결정되고 그렇게 형성된 불평등이 그대로 대물림되어 물려받은 게 거의 없는 흙수저는 아무리 노력을 해도 그 상태를 벗어나기 힘들다는 사실이 한국이 새로운 계급 사회임을 말해 준다. '다포세대'는 '흙수저'와 함께 아무리 힘을 써도 상위 계급으로 올라갈 수 없는 절망적인 사회를 비꼬는 단어이다. 연애 · 결혼 · 출산을 포기하는 '3포세대'에 집과 인간관계를 더한 '5포세대'가 등장했고, 무한대로 포기한다는 'N포세대'라는 용어까지 등장했다.

`Append`

다포세대

㉠ 다포
- 3포(연애/결혼/출산 포기)
- 5포(연애/결혼/출산/인간관계/내 집 마련 포기)
- 7포(연애/결혼/출산/인간관계/내 집 마련/취업/희망 포기)
- 9포(연애/결혼/출산/인간관계/내 집 마련/취업/희망/건강/학업 포기)

㉡ 다포세대에 대한 생각

최근 우리사회의 청년들은 5포 중에 단 몇 가지만이라도 붙잡아 보려 몸부림을 치고 있다. 스펙을 갖춘 인재들이어도 공무원 시장으로 몰려들고 있으며, 창의력과 혁신으로 기업의 제품개발에 힘쓰고, 상상을 현실화 하는 촉매 역할을 해야 할 청년들이 노동시장의 구조적 결함에 내몰려 소중한 시간들을 소진하고 있는 것이다. 보통 적정 나이에 연애를 하고 결혼해 아이를 낳아 가정을 이루기를 꿈을 꾸지만, 일자리를 찾지 못해 기본적 권리조차 포기할 수밖에 없는 현실이 개인의 능력 문제가 아닌 사회의 구조적 문제에 있다는 점은 누구라도 공감하고 있을 것이다.

③ 수저계급론 해결 방안

현재의 한국사회를 부의 대물림이 강화되는 '수저계급론 사회'로 진단하고, 균등기회가 보장되는 공정사회가 만들어지기 위해서는 ㉠ 기회균등촉진법 제정 추진, ㉡ 상속세제 강화, ㉢ 공교육 확대, ㉣ 특목고 및 대학진학 시 계층을 고려한 균형선발제 도입과 같은 제도를 통해 기득권 계층의 인식 전환과 사회적 제도 마련이 병행되어야 한다. 이와 관련하여 현재 한국사회의 가장 큰 문제점인 불공정한 경쟁 과정과 교육기회 불균등, 정권의 재벌 비호 등을 해결하기 위해 기회균등 시스템 정착이 무엇보다 시급하며, 분배를 통한 경제성장, 공공분야에서의 좋은 일자리 창출, 법인의 실효세율 인상 등을 통해 이를 해결할 수 있을 것이다.

47 | 경찰대학 개혁

1. 경찰대학 개선

경찰대학은 1981년 전두환 신군부에 의해 만들어져 37년이 지나는 동안 3,940명의 졸업생이 학비와 군역(軍役) 면제에 매달 교육수당까지 받았다. 경찰대학을 졸업을 하면 국가공무원 6급에 해당하는 경위로 임용이 되어 총경 583명 중 320명, 경무관 76명 중 46명이 경찰대 출신으로 고위직을 독점하여 같은 동문끼리 경찰요직을 차지하고 있으며 서로 끌어주고 당겨준다는 비판을 받아왔다. 이에 경찰의 폐쇄성·순혈주의 논란 해소하기 위해 경찰개혁위원회에서 권고안이 발표가 되었다. 물론 경찰대학 출신들은 엘리트 자원으로써 경찰에 대한 이미지 및 혁신에 기여한 측면이 있고, 경찰의 숙원이던 수사권 조정의 결실도 이들이 있었기에 가능했다는 평가를 받고 있다.

2. 경찰대 개선 방안

① 신입 50명 감축, 일반·경찰 각 25명 편입학 도입

2021학년도부터 고졸 신입생 선발인원이 100명에서 50명으로 줄고 2023학년도부터는 재직 경찰관 25명과 일반대학생 25명 총 50명이 3학년으로 편입하게 된다.

② 입학연령 완화

신입생 입학연령을 '21세 미만'에서 '만 40세 이하'로, 편입생은 43세로 완화해 다양한 경험을 갖춘 우수 인재들이 입학할 수 있도록 기회를 개방하고 기수문화 논란을 불식시킬 예정이다.

③ 교육과정 통합

간부후보생 및 변호사 경채 교육과정이 경찰대학에서의 통합 운영하여 다원적 경찰리더를 융합적으로 양성할 계획이다. 이는 2019년도부터 경찰간부후보생 교육을 경찰인재개발원에서

경찰대학으로 이관, 변호사 경력채용(경감), 간부후보생(경위) 등 중간 입직자들이 경찰대학의 교육 기반을 공동으로 활용할 수 있도록 했다.

변호사 경감 경력채용은 2012년 법학전문대학원(로스쿨)을 통해 변호사가 대량 배출되면서, 수사의 법률 전문성과 국민의 신뢰를 높이고 중추적 법 집행 기관으로서 위상을 제고하기 위해 2014년부터 연간 20명을 선발해 오고 있다. 선발 후 경찰인재개발원에서 24주간 교육이 이뤄졌지만 2017년부터 경찰대학으로 이관됐다.

④ 지휘부 인적구성 다변화

편입학(대학생·재직경찰관 각 25명 편입학), 수사전문 사법경찰관 양성과정(Fast-Track), 과학치안 전문가 양성 등

⑤ 학사운영 및 생활지도도 개선되 각종 특혜 폐지

2020학년도부터는 경찰대학 1~3학년생에 대해 의무합숙 및 제복 착용을 폐지하고 졸업학점을 130~140학점으로 감축한다. 그리고 인문소양·토론중심으로 교육을 강화하는 등 민주시민으로서의 역량을 우선 함양하도록 개편된다. 2019학년도 입학생부터는 군 전환복무가 폐지돼 개별적으로 병역의무를 이행해야 하고 해당 학년의 학업성적이 평균평점 2.3점 미만이면 학년 유급, 재 유급 시 퇴학 처분을 하는 등 졸업·임용 요건을 강화해 나갔다. 전액 국비로 지원되던 학비·기숙사비 역시 1~3학년까지는 개인이 부담하는 것으로 변경하였고 대신 국립대학 수준의 장학제도를 도입하기로 했다.

다만, 경찰관 임용을 앞둔 4학년은 의무합숙·제복 착용 등 1~3학년과 차별화된 교육을 받고 학비·기숙사비 등은 국가가 부담하기로 했고, 순경 공채·간부후보생의 교육 시 수당(임용예정 직급 1호봉의 80%)을 지급하도록 했다.

⑥ 대학장 개방 및 교수권한 강화

교육공무원 '총장' 제도를 도입하여 전문성·일관성 확보하고 개방형·임기제(3년)으로 도입 추진하며, 교수부를 민간 교수 중심 조직으로 전환하여 교수회의 권한을 강화할 계획이다.

Append

경찰대학원 필요성

경찰대학원의 필요성은 지식정보화 사회의 도래, 교육에 있어서의 패러다임변화에 따른 고학력화 현상, 마지막으로 사회가 고도의 전문성을 갖춘 인력을 더 많이 필요로 하는 추세에서 근거를 찾을 수 있다. 지식이 중심이 되는 사회에서는 산업사회처럼 생산을 담당하는 인력에 대한 수요가 적고, 지식의 생성 및 가공 등과 관련된 과제를 수행할 전문 인력이 필요하기 때문이다. 경찰 분야를 국한하여 보더라도 전문 인력이 더 많이 필요하게 된 것은 현대 사회 범죄의 특징이 지능화·광역화·첨단화·국제화 양상을 보이고 있기 때문이다. 따라서, 이러한 범죄를 담당할 인력·제도·장비 등도 고도화될 필요가 있다.

48 | 새터민 지원

1. 신변보호 담당관

'신변보호 담당관 제도'란 북한이탈주민보호 및 정착지원에 관한 법률에 의거하여 거주지에서 외부의 신변 위해 요소 제거 및 방지를 위하여 거주지 관할 경찰서에서 신변보호 담당관을 지정하여, 신변보호 및 애로사항 등을 파악하고 관련 기관에 통보하는 것을 말한다.

2. 북한이탈주민에 대한 정착지원

경찰은 북한이탈주민이 정착과정에서 겪는 여러 가지 어려움들에 대해 실질적인 도움을 주기 위해 경찰서별로 '보안협력위원회'를 운영하고 있다. 보안협력위원은 변호사 · 의사 · 교육자 등 분야별 전문가로 구성되어 있으며, 매분기 북한이탈주민과의 간담회를 갖는 등 정착 도우미 역할을 하고 있다.

3. 새터민 전담검사제

남한의 법률을 충분히 이해하지 못한 탈북 피의자 또는 피해자가 연루된 사건을 맡아 탈북자들의 법률 상담 및 구제 방안 안내 등을 지원하고 위법행위를 저지른 탈북자들을 무조건 처벌하기보다 앞으로 우리 사회에 잘 적응할 수 있도록 교화 · 선도하기 위해서 마련되었다.

49 | 다문화 사회

1. 다문화 사회

① 급격한 변화에 따른 대응 미숙

유럽의 경우 150년이라는 긴 시간에 걸쳐 다문화 사회가 되었지만, 우리나라의 경우 불과 10~20년 사이에 국내 거주 외국인 수가 빠르게 증가한 것이 그 특징이다. 이러한 급속한 유입 현상은 사회 통합의 약화, 이주민과 원주민의 갈등, 고정관념에 대한 문제 등 여러 가지 사회 문제를 가져오게 되었다.

② 차별과 갈등

내가 돈을 들여 데리고 왔으니 내 마음대로 해도 된다는 생각으로 결혼이주여성을 동등한 배우자가 아닌 함부로 해도 되는 존재로 여기는 경우가 많다. 또 일부 이주여성들을 바라보는 곱지 않은 시선 때문에 그들이 우리사회에 적응하는 데 어려움이 많다. 하지만 이젠 그들도 우리의 이웃주민으로 똑같은 대우를 받아야 함을 부정하여서는 안 된다.

다문화에 대한 문제점	대응책
언어적 문제 (의사소통의 부재)	각 지방자치단체에서 언어, 문화, 예절 등을 가르쳐 주는 교육을 활성화한다. 더불어 배우자에게도 언어 습득을 위한 교육이 함께 필요하다.
다문화에 대한 교육 부족	단일 민족을 강조한 교육은 이주자에 대한 따돌림과 차별의 원인이 되었다. 이제 다문화 사회는 선택이 아닌 전 세계적 흐름이라는 인식과 함께 교육 현장에서부터 다문화에 대한 이해와 배려심을 키워야 한다.
폭력과 이혼문제	결혼이주여성 등 국내 체류 외국인들이 경찰서 방문에 거부감을 느낀다는 점을 감안하여 외국인들의 접근성이 높은 다문화가족지원센터(여가부 운영)·NGO단체 등을 외국인 도움센터로 지정하여 운영 중이다. * 건전한 다문화 가정을 육성하고 피해 방지를 위해 국제결혼 중개업체의 무등록 영업행위 및 허위·과장 광고 등 불법행위를 적극 단속하고 있으며, 불법 중개업체 적발 즉시 지자체 등 관계기관에 통보하여 영업정지를 비롯한 행정처분을 병행하고 있다.

2. 다문화 2세

다문화 가정의 자녀들은 자연스레 한글과 모국어를 접하며 2가지 언어를 사용할 수 있는 인재로 자라날 뿐 아니라 우리나라 문화와 부모 나라의 문화를 동시에 접하게 되면서 문화감수성 또한 상당한 수준이다. 이러한 인재들이 차별 없는 배움의 기회를 통해 글로벌 인재로 자랄 수 있도록 정부나 국가에서 적극적으로 지원해야 한다.

`Append`

다문화 가정의 청소년이 겪는 어려움

• 자아정체성의 혼란 : 많은 다문화 가정의 청소년들의 성장과정에서 외국인인 부모와의 관계에서 정체성의 혼란을 경험하고, 집단 따돌림 등으로 정서적 충격을 받은 경험이 있는 것으로 보고되었다. 결혼이민자 부모의 문화적 정체성과 한국 사회의 문화적 정체성이 서로 다를 때, 국제결혼 가정 자녀들은 정체성의 혼란을 동시에 경험하고 있는 것으로 드러나고 있다.
• 언어능력의 부진으로 인한 학습부진 : 외국인 어머니의 한국어 능력 부족 또는 경제적 여력의 부족으로 유치원 또는 사교육을 받지 못하는 경우가 많으며, 한국 가정의 또래들보다 선행학습에서 뒤처지는 것으로 나타났다.
• 한국 사회의 편견이나 집단 따돌림 : 국제결혼 가정 자녀의 경우 그들의 성격상의 특성과는 무관하게 단지 부모가 외국인이라는 이유로 집단 따돌림을 당하는 것으로 드러났다.

3. 다문화 가정에 대한 생각

다문화 가정이 사회구성원으로 더불어 살아가기 위해서는 국가나 지자체의 지원 외에도 가장 가까운 이웃 간의 대화와 인식 전환이 필요하다. 그리고 이주여성들의 안정적인 한국생활의 정착을 위해 결혼이주여성에게 우리말을 교육시킴과 동시에 배우자 나라의 문화에 대한 체계적인 교육이 필요하다. 다문화 사회는 세계적인 추세이고, 다문화 사회에 효과적으로 대처하지 못할 경우 사회 통합의 위기와 사회적 갈등이 폭발하여 국가적 위기상황으로 발전할 가능성이 있다. 이제는 다문화에 대한 문화적 차이를 이해하고 공감하여 각국의 문화 속에 내재된 장점이나 자원, 자산을 인정하는 동시에 우리가 소수 문화집단에 대해 갖고 있던 부정적 개념이나 결함을 들추어내는 시각 자체를 근본적으로 전환시켜 새로운 문화자산으로 축적해야 한다.

50 | 외국인범죄

1. 외국인범죄율

(2013년 기준, 10만 명 당)

전체 범죄 건수 (85만 7천276건)	강력범죄 (살인 · 강도 · 강간 등)	폭력범죄 (상해 · 폭행 등)
• 내국인 : 3천649건 • 외국인 : 1천585건	• 내국인 : 48.2건 • 외국인 : 44.6건	• 내국인 : 707건 • 외국인 : 529건

* 국내에 체류하는 외국인의 범죄율이 내국인 평균보다는 낮지만, 개별 범죄 유형으로 보면 외국인에 의한 살인 범죄율은 내국인보다 2.5배 높았고, 강도는 1.4배, 폭력 행위는 1.3배 높았다. 외국인범죄율은 내국인보다 낮지만 몇몇 강력범죄는 내국인 비율을 웃돈다는 점에서 외국인범죄율이 낮다고 보기만은 어렵다.

[전국 외국인 수]

(2014년 12월 기준)

서울	부산	대구	인천	광주
266,360	38,315	25,203	55,323	17,064
경기	충북	충남	전북	전남
352,166	30,700	54,568	25,086	28,254
대전	경북	경남	강원	제주
15,658	47,805	77,778	14,443	14,204

2. 외국인범죄의 원인

① 외국인 수 급증에 따른 불법체류 인원의 증가

② 한국사회의 문화에 대한 갈등

③ 경제적 빈곤

④ 외국인에 대한 차별이나 의사소통 부재

⑤ 공단 주변의 외국인 밀집지역 형성[슬럼(Slum)화 현상]

Append

외국인범죄예방교실 운영

외국인에 의한 범죄 및 외국인 대상 범죄예방을 위해 외국인범죄예방교실을 운영하고 있다. 교육대상자 유형에 따라 결혼이주여성은 기초질서 · 안전 · 범죄피해예방교육, 다문화가정 자녀는 학교폭력 예방교육, 외국인 근로자는 기초법질서 교육을 실시하는 등 대상에 맞는 맞춤형 교육을 실시하고 있다. 특히 폭행, 협박, 주거침입, 재물손괴, 흉기 소지, 도박, 보이스피싱과 같이 외국인들이 국내 법 규정 등을 몰라 저지르기 쉬운 범죄유형과 가정폭력, 아동 실종 · 유괴 예방, 성범죄, 사기, 절도 등 생활 속 범죄예방 요령 및 범죄신고 요령 등의 실생활에 밀접한 교육내용을 담고 있다.

3. 외국인범죄 대응의 개선 방안

① 새로운 체류카드제도 도입 검토

일본의 경우 90일 이상 체류하는 외국에게는 IC칩이 담긴 체류카드를 발급하고 불심검문 시 카드를 소지하지 않은 외국인은 강제 추방시키고 있다. 또한 독일과 캐나다의 경우 거주 외국인이 1년마다 비자를 갱신하면서 임대차 계약서뿐만 아니라 공과금 납부 내역 등을 증빙서류를 제출하도록 하여 거주지에서 실제 거주하는지 꼼꼼히 확인하고 있다.

② 외국인 지문 등록

외국인 지문제도에 대해서는 일각에서 모든 외국인을 잠재적 범죄자로 취급하는 제도로 인권 침해에 해당한다는 주장도 있지만, 신원 불상자에 의한 강력범죄를 예방하고 외국인이 국내에서 사망할 경우 신원파악을 위해서 필요한 제도라는 의견도 다수이다.

4. 외국인범죄를 줄이기 위한 방안

① 주민과의 유대의식 증대 및 문화예술 장려

외국의 문화와 예술과 관련한 다채로운 행사를 열어 타국에서 온 근로자들이 소외감을 느끼지 않도록 배려하고 우리 국민들도 외국의 문화에 대해 깊이 이해할 수 있는 기회로 삼도록 해야 한다.

② 외국인 자율 방범대(외국인을 통한 외국인범죄 예방)

외국인 자율방범대는 관내에 거주하면서 한국어 구사가 가능한 외국인으로 구성하여 외사요원과 함께 합동순찰 등으로 외국인 참여를 통한 협력 치안구축과 대국민 서비스 치안활동을 한다.

③ 외국 노동자를 대상으로 범죄예방교실을 열어 국내법에 대한 설명회 개최

실제로 경범죄의 경우 국내법규를 몰라서 범죄를 저지르는 경우가 많다. 따라서 범죄예방교실을 열어 국내법에 대한 설명회를 개최하여 외국인들에게 입국과 함께 우리나라 법을 정확히 인식하게 한다면 범죄를 줄일 수 있을 것이다.

5. 외국인 피해 구제

불안정한 체류신분으로 인해 범죄피해신고를 하지 못하는 외국인 구제를 위해 불법체류자 통보의무 면제제도를 실시하여 체류 외국인 인권보호 활동에도 적극 나서고 있다. '불법체류자 통보의무 면제제도'란 주요 범죄피해자 수사 과정상 불법체류자임을 알게 된 경우 출입국관리사무소 통보의무를 면제하는 제도를 말한다.

6. 외국인범죄에 대한 생각

① 국민들의 인식 변화

언론을 통해 오원춘 사건처럼 끔찍한 사건이 지속적으로 노출될 경우에는 제노포비아(Xenophobia), 이방인에 대한 혐오 현상이 점점 심해질 수 있다. 이런 이방인에 대한 차가운 시선과 차별이 범죄를 증가시키는 이유 중 하나임을 알아야 한다.

② 국내 체류 중인 외국인을 상대로 범죄예방 프로그램을 운영하여 범죄예방 교육을 하고 SNS 등을 통해 일상생활 속에서 범죄가 되는 행위에 대해 널리 홍보함으로써 사전에 외국인범죄를 예방해 나가야 한다. 더불어 일선 경찰관서에 통역 인력 등을 확충하여 외국인들도 편하게 경찰의 도움을 받거나 신고할 수 있도록 편의를 제공해야 한다.

51 | 난민문제

1. 난민 수용 찬성측 주장

현재 전 세계에 6000만 명의 난민이 있다. 이 중 수많은 이들이 굶어죽거나 다른 나라로 가기 위해 지중해 등을 건너다가 바닷속에서 죽어버릴 가능성이 크다. 인도적 차원에서 어떤 방법이든 그들을 수용하지 않는다면 더 많은 생명이 죽어나갈 것이다.

2. 난민 수용 반대측 주장

① 사회적인 혼란을 불러일으킬 수 있다. 종교나 문화, 생활방식에 있어서 난민들과 각 나라들의 자국민들은 굉장한 차이를 보일 것이기 때문이다.

② 범죄율이 증가할 것이다. 파리 테러사태만 보아도 IS 테러리스트들이 난민으로 위장하여 들어와 테러를 벌인 것이고 앞으로도 계속될 전망이다. 현재 한국에도 조선족이 많이 들어오고 있는 추세인데 수원에서 일어난 살인사건에서도 볼 수 있듯이 국내 외국인 노동자들의 범죄율이 증가하고 있다.

③ 경제적 측면에서 부정적인 영향을 미친다. 세계경제가 침체돼 자국민들의 복지만을 추구하기도 어려운 상태인데 이들을 수용하면 국가 재정적인 면에서 지출이 많아진다.

3. 난민문제의 해결책

① 난민들의 노동력을 사용하는 방법이 있다. 난민을 받아들이면 그들을 수용할 수 있는 시설들이 필요할 것이고 이 시설들을 만드는 데 어린아이들이나 노약자들을 제외한 노동력을 쓸 수 있는 사람들에 한해 그들의 노동력을 최대한 많이 동원하는 방법이다. 자국민을 고용해 시설들을 짓는 것보다는 훨씬 적은 돈이 사용될 것이고 이 돈을 그들의 복지정책을 위해 사용할 수 있다.

② 새터민들에게 제공하는 것처럼 난민들이 도착한 나라에 최대한 적응할 수 있도록 도와준다는 방법이 있다. 난민들은 도착지를 정해놓고 가는 것이 아니고 지리적으로 가깝다는 이유 하나로 언어도 모른 채 한 나라에서 난민이 되는 것이 현실이다. 따라서 이들이 충분히 적응할 수 있을 때까지 정부 또는 특정 기관이 맡아 정착교육을 시켜준다면 부정적인 효과가 나타나지 않을 것이라는 추측에서 나온 방법이다.

③ 여러 나라가 힘을 합쳐 난민들이 도착한 나라에서 기초적인 생활비를 벌 수 있도록 도와주는 방법이 있다. 예를 들어 UN이 전 세계 국가들이 모여 공통적으로 발생하고 있는 문제를 해결하는 역할을 하는 것처럼, 난민들이 기초적인 삶을 영위할 수 있도록 난민기금 등을 모아 도와준다면 어려움이 덜 할 것이다.

4. 제주도 난민문제

① 제주도에 난민이 몰리는 이유

2015년을 시작으로 중동지역의 종교 세력 수니파와 시아파의 내전으로 인하여 발생한 난민이 말레이시아로 도피했는데, 지난해 12월 제주도와 말레이시아 간의 직항노선이 생겼고, 제주도는 비자가 없어도 입국이 가능했기 때문에 작년 46명에서 최근 560여 명으로 급증하게 되었다.

② 제주도 난민에 대한 우려

제주도에 집단적으로 몰려오는 예멘 출신 난민의 경우에 모든 사정과 정황상 순수한 성향의 난민이 아니고 다른 의도와 목적을 가진 무리들이 올 수도 있다. 지리적으로 예멘이라는 나라는 먼 나라이고, 난민이라면 상당히 상황이 긴박하고 어렵고 해서 최단 거리에 있는 곳에 난민 신청을 하는 것이 일반적이지만, 비행기표를 구입해 말레이시아를 경유해서 들어온다는 점, 또 들어온 사람들 대부분이 20대 남성인 점을 감안할 때 불법체류 노동자가 되기 위한 의도가 크다. 또한 IS 등이 난민을 가장하여 입국한 것은 아닐지 걱정되는 부분이 있기 때문에 국내 치안이 불안해 질 수 있다.

③ 제주도 난민 수용 찬성 측 주장

난민들은 어떤 사람이 진짜 난민이고 어떤 사람이 난민제도를 악용 하는 사람인지 구별이 쉽지가 않다. 그것을 구별하기 위해 우리나라에서는 난민심사제도를 도입하여 법무부에 등록 관리하고 있으며, 출입국관리사무소에 자기의 신분을 신고하고 보호를 요청하고, 그 모든 부분들의 내용을 지역구 각 관리사무소에서 조사를 한다. 자신의 신분을 정부에 제출을 해야 하기 때문에 난민들은 불법체류자가 아니다.

5. 난민 수용에 대한 생각

난민 수용에 대해 제도나 구조에 대한 근본적인 질문이 필요하다. 우리는 살기가 힘든 때가 오면 사회에 대해 무엇이 문제인지를 깊이 고민하지 않고, 이주민, 여성, 성소수자 탓으로 인지하는 경우가 많다. 그들이 우리 정체성을 해치는 것 같고 자리를 빼앗을 것 같으며 안전을 위협할 것 같으므로 함께 공존할 수 없다고 막연하게 생각하기만 한다. 이러한 혐오와 갈등은 강자가 아닌 또 다른 사회적 소수자를 향하고 있다는 점이 문제이다.

캐러밴(caravan)

'캐러밴(caravan)'은 원래 사막과 초원에서 무리를 지어 이동하는 상인을 뜻하는 용어이지만, 최근에는 마약, 폭력, 살인 등의 범죄와 정치적 박해 등을 피하려는 중남미 국가 출신 이민자 행렬을 말한다. '중미의 트라이앵글'로 불리는 온두라스 · 엘살바도르 · 과테말라 출신 이민자들은 2013년부터 미국으로 행렬을 해 왔는데, 2018년 행렬 인원이 점차 늘어나 역대 최대 규모를 보이기도 했다. 트럼프 대통령은 중간 선거에 남미에서 북상하고 있는 캐러밴 행렬을 선거 쟁점으로 띄우면서 이민 문제에 관심이 많은 보수적인 미국인 유권자들을 직접 공략하였다.

52 | 성 소수자(동성애)

1. 동성애

일반적으로 게이는 남성 동성애자, 레즈비언은 여성 동성애자를 일컫는다. 많은 나라들이 동성애를 정상적인 사랑의 일부로 인정하고 있고, 동성애 부부를 합법화하는 것이 현실이다. 따라서 사회적으로 점점 늘어나는 동성애자나 동성결혼과 그 가정에 입양되는 아이의 장래에 깊은 관심을 가져야 한다. 이제는 사회적인 관습이나 인륜에 역행한다는 이유만으로 편견에 사로잡혀 차가운 시선으로 일관해서는 안 된다.

2. 세계의 현황

현재 전국적으로 동성결혼을 허용한 국가는 약 20여 개국이다. 1989년 덴마크에서 세계 최초로 동성커플 간 시민 결합을 법적으로 인정했고, 2001년 네덜란드가 세계 최초로 동성결혼을 합법화했다. 시민결합제도를 시행하고 있는 국가들을 포함하면 전 세계 35개 국가가 동성커플의 법적 지위를 보장하고 있다. 반면 수단, 사우디아라비아에서는 동성애가 불법이고 발각되면 사형까지 가능하다. 한국에서는 동성애가 불법은 아니지만 결혼 등 권리 부여에 제한을 두고 있다.

3. 동성애 합법화 찬반론

동성애 합법화 찬성	동성애 합법화 반대
• 법적인 보호를 받지 못하고 있다 : 동성결혼이 인정되지 않음으로써 법적인 혼인으로 누리는 재산분할, 상속, 의료 관련 동의 등 사회적 혜택을 받지 못하고 있다. • 동성애를 바라보는 인식의 변화 : 과거 동성애를 바라보는 인식과 지금 동성애를 바라보는 인식이 변하고 있다. • 성적 소수자에 대한 인권문제 : 이성애자가 성적 소수자에 대한 배려가 필요하다. 지금의 사회가 이성애자가 다수인 사회이기 때문에 소수인 동성애자들의 인권은 다수에 의해 차별과 억압을 받고 있다. • 동성 결혼의 타당성 : 동성결혼을 금지하는 것은 행복추구권과 성적 자기결정권을 침해하는 것이다. • 현대 가족의 다양성 : 저출산과 고령화에 맞물려 1인 가구, 무자녀 가구, 편부모 가족 등 다양한 형태의 가족들이 생겨나 이전과 달리 다양한 모습일 보이고 있고, 동성가족 또한 그중 하나로 우리사회 속에서 하나의 가족 형태로 받아들이는 것이 세계적인 흐름이다.	• 사회적 혼란을 가중 : 동성애자들의 자유 의지와 사랑에 의한 동거는 그들의 결정이지만 결혼이라는 법적 형태로 정착하는 것은 동성애를 비윤리적으로 보는 다수 국민의 의견 수렴 없이는 할 수 없는 일이다. • 전통적인 가치와 생물학적 질서를 파괴 : 건강한 성인 남녀가 결혼하여 자녀를 낳고 양육하는 것은 인류의 역사를 지탱해 온 보편적 가치이다. • 가정의 불안정(성적 가치관 혼란) : 동성결혼의 합법화는 성정체성의 혼란을 가져오고, 가정은 위기를 맞이하게 될 것이다. 가정이 무너지면 사회공동체를 지탱해온 터가 무너지게 된다. • 저출산 문제 : 찬성론자의 경우 저출산의 근본적인 원인을 동성애 부부의 문제가 아닌 부부의 선택의 문제로 보고 있다.

4. 동성애 합법화에 대한 의견

다양한 가족형태를 인정하려는 게 우리 사회의 추세이지만, 많은 세월동안 정립된 혼인문화를 일순간에 변화하려 한다면 오히려 사회적 혼란이 가중될 수 있다. 우리 사회가 앞으로의 사회적 변화와 미래에 대한 대비책에 대한 본격적인 토론과 대화를 제대로 시작하지 않은 상태에서 가족제도의 근간을 손보려 한다면 분명히 사회적인 파장을 낳을 수 있다. 이제는 동성결혼과 동성가족을 인정하기 위해서는 다변화된 사회문제에 대해 공론화 과정을 거치고 각국의 사례를 참조하여 어느 방향이 옳은 방향인지를 사회적 합의에 따라 도출해야 한다.

5. '성 평등'으로 대체되었을 때 사회적 변화

① 동성애 인정 근거 및 동성결혼 합법화 근거

② 동성애 교육 의무화

학교에서 동성애를 정상이라고 가르친다면 동성애 성교육(항문성교, 구강성교 등)이 의무화될 필요가 있다. 제대로 된 교육이 전제되지 않으면 학생들이 무분별한 호기심에 잘못된 관계에 빠질 수 있다.

③ 결혼과 가족의 개념이 붕괴

혼인관계를 '성 평등'으로 수정한다는 것은 혼인이 굳이 1남 1녀의 결합일 필요가 없음을 내포한다. 그래서 동성혼이 합법화될 경우 일부다처나 일처다부, 그리고 복혼(배우자가 2명 이상인 혼인형태)마저도 허용되어 기존의 금지선이 무너질 수 있다.

53 | 여성 혐오 현상

여성 혐오의 경우 개인의 문제라기보다는 사회 변화의 과도기적 국면에서 빚어지는 현상으로 이해할 수 있다. 전문가들은 우선 여성 혐오를 주도하는 남성들이 대체적으로 사회적 지위가 낮고 그에 대한 분노감이 크다고 말한다. 피지배 계급이라는 정체성과 사회적 차별에 대한 반발을 해소할 특정 대상을 찾게 되며 결과적으로 여성이 분노 표출의 대상이 된다는 설명이다.

산업발전 시기에는 남자가 가정을 혼자 부양하는 것이 비교적 수월한 환경이었기 때문에 기혼여성의 경우 전업주부의 비율이 높았지만 후기 산업사회로 갈수록 경제적 문제로 여성노동력이 없이는 가계부양이 어려울 뿐만 아니라 국가적으로도 성장률을 지속시킬 수 없는 상황에 접어든다.

`Append`

페미니즘(feminism/여성의 인권신장)

모든 성별(젠더)은 평등하다는 이념으로 '여성'이라는 뜻의 라틴어 femina에서 유래했다. 현대사회에서 페미니즘은 '모든 남성은 강자이자 가해자이며 모든 여성은 약자이자 피해자이다'라는 세계관을 전제로 움직이는 사상이며, 여성의 권리를 높여야만 성평등에 가까워 질 수 있다고 믿는 여성운동이다.

54 | 나홀로 시대

1. 1인 가구시대(혼술, 혼밥)

24시간 무한 경쟁에 노출된 사회 구조 속에서 경제적 이유로 사회적 유대감을 형성을 꺼리고, 스마트폰의 발달로 인해 사람과의 직접적인 만남이나 관계에 투자해야 하는 중요성이 점차 줄어들고, 인간 관계의 기회나 소통이 점차 약화되어 생각할 기회마저도 차단하게 만든다. 공동체 의식보다는 개인주의 성향을 중시하고 자기 중심의 사회로 진행하면서 사회적 유대감과 결속력이 점차 약화되고 있다. 취업에 대한 부담감과 경쟁하는 구조 속에서 혼자 있는 것을 휴식으로 여기고 있는 젊은 층이 증가하고 있으며, 1인 가구 증가로 가족의 개념조차 옅어지면서 개인주의 내지는 이기주의가 보편화된 사회로 급변하고 있다.

2. 고독사

연고 없는 죽음, 배우자와 사별 혹은 이혼한 채, 자식과 떨어져 사는 노인이 갑작스러운 충격이나 만성적인 지병에 대처하지 못하고 자연사해 뒤늦게 백골로 발견되는 등 이른바 무연고 고독사는 이미 상당한 수이며, 계속 늘어나고 있다.

고독사는 주변과의 연락 단절, 관심 부족, 사회복지서비스 차단 등에서 발생되기 때문에 1인 가구가 증가하고 사회 관계망이 해체가 된다면 고독사가 더 이상 노인층에 한정되지 않을 것이다.

3. 노인 자살률

65세 이상 한국 노인의 자살률은 2014년 기준 인구 10만 명당 55.5명으로 국내 전체 자살률에 2배 이상, 경제협력개발기구(OECD) 평균 자살률 12명에 비해 5배에 달하여 OECD 회원국 가운데 가장 높은 수치이다. 노인 자살은 주로 우울증과 경제적인 어려움이나 사회·가정에서의 역할 상실, 배우자의 죽음 등이 원인으로 작용한다. 특히, 우울증 증세를 보일 경우 노인 스스로 알아채기 어렵다. 잠을 잘 못 자거나 잠에서 쉽게 깨고, 입맛이 없고, 체중이 감소하고, 건망증이 심해지고, 말과 행동이 느려지는 것이 의심 증상이다. 이러한 증상을 보이는 노인은 우울증이 악화되기 전에 병원을 찾아 치료받는 게 가장 안전하다. 그러기 위해서는 우선 주변의 관심이 무엇보다 중요하다.

[자살예방을 위한 국가 정책]

자살예방 정책 근거 마련	자살 고위험군 발굴	고위험 군에 대한 적극적 개입	사후관리
5년간 자살사망자 원인 파악을 위한 전수조사 착수	자살예방 게이트키퍼 100만 명 양성	정신건강복지센터 상담인력 확충	응급실 방문 자살시도자 사후관리 확대
국가 자살동향 감시체계 구축	국가검진을 통한 우울증 검진 확대	찾아가는 마음건강 버스 운영 마음건강 주치의 확대	정신건강 사례관리시스템 구축

* 자살예방 게이트키퍼 : 중앙·지방 공무원이 게이트키퍼 교육을 실시하여 주변 사람의 자살 위험신호를 재빨리 인지해 전문가에게 연계하도록 훈련 받는다.

55 | 테이저건

테이저건이 총기에 비해 인명에 피해를 주는 정도는 작지만, 무기로 규정되지 않으면 남용의 우려가 있다. 실례로 테이저건의 충격에 사망한 사건과 오발사고등과 같이 인체에 큰 피해를 줄 수 있기 때문이다. 하지만 테이저건을 무기로 규정해 버린다면 일선 경찰관들은 민사상의 책임을 우려하여 범법자를 맨몸으로 잡으려다 다치는 경우가 많이 발생할 것이다. 따라서 테이저건 사용에 대한 교육 및 모의훈련 등을 통해 경찰관들이 사용법을 충분히 습득할 수 있도록 교육제도가 활성화되어야 하고, 남용되는 일이 없어야 할 것이다.

1. 테이저건 자격인증제 시행

일선 경찰관의 테이저 교육에 있어 이론과 실습으로 구분하여 최소 8시간의 프로그램으로 구성해야 하며, 이론교육에는 테이저의 기술적 · 전기적 · 의료적 정보가 포함되어야 하고 실습교육은 시나리오에 기반을 둔 현장훈련이 실시되어야 한다. 교육훈련을 이수한 경우만 테이저를 운용할수 있도록 하는 자격인증제의 시행도 필요하다.

2. 한국형 테이저건

한국형 전자충격기는 사물인터넷(IoT) 기술을 접목하여 위성항법장치(GPS) 모듈을 통해 전자충격기를 사용한 위치와 시간, 그리고 어느 방향으로 격발했는지 등이 실시간으로 관련 애플리케이션에 기록되기 때문에 경찰의 과잉대응 논란을 해소시키기 위한 방안으로 제시되고 있다. 그리고한 번의 장전으로 3~4회 사용할 수 있어 현장 대응력을 높이고 발사 강도를 낮춰 상대방의 몸에무리가 덜 가도록 개발하고 있다.

Append

경찰장구 사용 요건

- 현행범인 경우와 사형 · 무기 또는 장기 3년 이상의 징역이나 금고에 해당된 죄를 범한 범인의 체포 · 도주의 방지를 위해 필요한 때
- 자기 또는 타인의 생명 · 신체에 대한 방호를 위해 필요한 때
- 공무집행에 대한 항거의 억제를 위해 필요한 때
  * 위해성 경찰장비는 필요한 최소한도에서 사용하여야 한다.

56 | 정보경찰

1. 경찰청 정보국, 경찰서 정보과 폐지 논란

그동안 정보경찰이 업무의 범위가 모호한 상황에서 정보를 수집하고 활용하면서 사생활의 자유와 인격권 등 국민의 기본권을 침해해 왔다는 비판의 목소리가 끊이지 않고 있다. 정보경찰은 공공의 안녕과 질서유지에 관한 치안정보를 수집, 분석하는 업무를 수행을 한다. 국민안전 및 사회갈등과 관련된 상황정보, 지자체나 부처의 치안정책을 포함한 각종 정책정보, 공직임용 · 비밀취급 · 보안시설출입 등 대상자에 대한 신뢰성 등을 확인하는 신원조사 등의 업무를 수행하면서 업무특성상 신분을 노출시키지 않고 업무내용도 비공개되다 보니 자의적 정보수집이나 사찰 우려

등 국민 기본권 침해 문제가 계속 제기되고 있기 때문이다. 이명박 전 대통령 소유의 영포빌딩 압수수색 과정에서 노무현 전 대통령의 개인 일정 보고 등 경찰의 사찰 정보가 담긴 60여 건의 문건이 발견되거나, 세월호 유가족 감시, 문화예술계 블랙리스트 실행과정 개입, 최근에는 삼성 쪽의 돈을 받고 노동조합의 정보를 넘겼다는 의혹도 제기되고 있다. 최근 삼성그룹 노조와해 공작 관련 수사과정에서 경찰청 정보국의 현직 간부가 소환 조사를 받는 등 경찰이 수집한 정보가 정권뿐만 아니라 기업에서도 넘겨진 정황도 최근에 드러났다.

2. 경찰청 정보경찰 개혁 의지

① 현재까지 확정된 것은 치안정보의 개념 및 활동 범위와 한계를 구체화하고 정치 관여 목적의 정보활동 처벌 내용을 골자로 하는 법령 개정의 추진이다.
   * 경찰관직무집행법상 치안정보란 이 법과 다른 법령에 규정된 경찰관의 직무와 관련해 예방·대응 등을 하는 데 필요한 정보를 말하며 구체적인 범위는 대통령령으로 정한다는 조항을 신설
   * 정치 관여 목적 정보수집을 금지하는 조항과 벌칙 규정 신설

② 경찰청 정보국 업무를 일부 다른 부서에 분산하는 방안도 검토
   집회·시위 관련 업무는 경비에서, 범죄정보 관련 업무는 수사에서 담당하는 식으로 경찰청 정보국을 유지하되 정책정보기능을 대폭 축소하거나 정보국 명칭 변경, 정보의 종합분석기능 강화 등도 논의되고 있다.

3. 투명한 정보활동을 통한 절차적 정의 실현

① 치안정보의 개념을 '공공안녕에 대한 위험의 예방과 대응 관련 정보'로 보다 명확히 하고, 그 수집 범위 등은 시행령에 규정하는 경찰관직무집행법 개정 추진

② 대화경찰관 운용
   집회시위 신고 접수단계부터 주최측과의 충분한 교류·대화로 공감대 형성 및 집회진행 촉진자로서 필요한 신뢰를 구축하여, 궁극적으로 시민들이 경찰을 집회시위의 평화적 개최를 위한 조력자로 인식할 수 있는 기반을 마련

4. 경찰청 정보국 폐지 시 문제점

① 정보력 부재에 따른 치안공백 우려
   대규모 인명이 희생된 미국의 9.11 테러사건은 정보력의 부재로 비극적인 사건을 낳았다. 미국의 중앙정보국(CIA)과 연방수사국(FBI)의 정보교류 실패로 참사를 사전에 방지할 기회를 놓쳤다는 지적을 받았다.

② 사회안전망 구축에 곤란

정보력이 부재가 된다면 위험요소를 제거하고 미연에 범죄를 방지하는 예방적 활동 미비로 사회안전망 구축에 어려움을 겪을 수 있고 사회갈등 중재 역할, 치안정책에 대한 비판 역할 등 기능을 하지 못하여 궁극적으로 국민 안전이 위험해질 수 있다.

5. 경찰청 정보국 폐지에 대한 생각

정보는 국민들의 치안과 직·간접적으로 관련된 문제이기 때문에 폐지만이 능사가 아니라고 생각한다. 각종 미제사건과 불법 집회·시위, 국민들의 치안정보 수집 등 보충적인 측면에서 중요한 역할을 담당하고 있기 때문이다. 물론 그동안 인권침해 소지의 정보수집으로 국민들의 기본권 침해가 계속적으로 문제가 제기되고 있는 만큼 정보경찰들이 수집하는 정보가 무엇인지, 어떤 관점에서 분석되고 누구에게 전달되는지, 전달된 정보가 어떤 결과를 낳았는지 정보에 대한 명확화와 정보경찰의 임무범위를 명확히 하여 국민들의 기본권을 침해하지는 말아야 한다.

57 | 보안경찰

1. 보안경찰 개혁

경찰개혁위원회는 군부 독재 시절 설치된 전국 경찰 보안수사대가 별도 조사 공간을 두고, 사건 관련자를 압박하고 위축시키는 등 인권 침해적 요소가 크기 때문에 그동안 비밀주의 관행을 유지해 온 경찰의 보안수사를 개혁할 필요가 있다고 권고한 바 있다. 이에 경찰청은 시민참여 확대를 통해 보안경찰의 투명성과 공개성을 확보하고, 인권 등 헌법적 가치가 보안경찰의 핵심이 될 수 있도록 근본적 개혁을 할 전망이다.

* 경찰 관련 법률 등에 대한 관련 기능(법무·정보·보안)의 종합적 검토를 거쳐 '통일된 경찰청안'을 마련하여 경찰 관련법상 정치관여 행위 금지 규정, 위반 시 처벌 규정 신설 등 법률적 통제를 강화하고 정치적 중립성을 확보할 계획이다.

2. 인권보호를 최우선으로 하는 업무환경 개선

① 내사일몰제

안보수사에 있어 불필요하게 내사가 길어져 관련자들의 인권이 침해되는 것을 막기 위해 내사일몰제를 도입하여 지방경찰청 승인 일을 기준으로 6개월이 경과한 내사는 원칙적으로 자동 종결되고, 해당 지방청은 30일간 동일 건에 대해 내사를 다시 할 수 없도록 하였다.

② 이적표현물 감정

국가보안법 관련 이적표현물 감정이 필요하면 객관성·중립성 확보를 위해 공신력 있는 학회나 공인기관 추천을 받은 인사들로 위원회를 구성하여 감정과 심의를 진행할 예정이다.

58 | 직장협의회(경찰노조 설립)

1. 경찰관의 노동권 보장 및 인권옹호

세계 각국에서도 경찰 노조는 보편화되고 있으며, 국제인권기구는 한국 공무원의 노동기본권이 과도하게 제한되고 있다는 점을 지적한 바 있다. 경찰공무원은 격무와 열악한 근무환경에서 일하는 현실에도 자신들의 권익을 옹호하고 대변할 수 있는 자주적인 조직을 갖지 못하고 있어 노동기본권이 제한되고 있다고 보았다. 이에 따라 하위직 경찰관의 의사대변기구인 직장협의회를 설치하여 경찰 내부의 불합리한 관행과 부당한 업무 지시 등에 견제 장치를 마련하는 등 단계적 방법에 의한 경찰공무원의 단결권 보장을 권고하였다.

Append

권고안 주요내용

경찰청·지방청·경찰서 및 기관장 4급이상 소속기관에 직장협회를 설치하고, 경감 이하의 활동을 보장

2. 수직적(계급제) 조직 구조

경찰 수사에 대한 민주적 통제 방안의 하나는 경찰노조이다. 상명하복의 계급제를 기반으로 하는 경찰은 조직 내부의 수직적 문화로 원활한 의사소통이 이루어지지 못하고 있다. 경찰서·지방경찰청·경찰청 단위의 경찰지휘부에서 하달되는 지시·명령은 일방적이고, 그것이 때로는 부당할지라도 이를 견제할 장치는 마땅치 않다는 것이 현실이다. 그러다보니 경찰지휘부의 의사결정에 경찰구성원들이 자신의 목소리를 내는 것은 쉽지 않다. 이는 특히 감찰에 의한 통제가 일상화되어 경찰관들이 징계 또는 잘릴 것을 두려워하는 것이 경찰의 현 모습이라는 지적을 고려하면 더욱 그러하다.

3. 경찰지휘부 견제를 위한 조직 내부적 장치가 필요

자신의 목소리를 낼 수 없는 조직문화에서는 수사력이 약화되는 것은 물론이고, 공정한 수사가 이루어질 것을 기대하기 어렵다. 이는 2012년 국정원 댓글 사건에서 당시 김용판 서울지방경찰청장의 부당한 압력을 견제하거나 거부할 수 없었던 것에서도 잘 드러난다. 문제는 경찰조직 외부에서 경찰조직 내부의 독단과 비합리적인 경찰활동을 통제하는데 한계가 있다는 점이다. 대개의 경우 경찰활동으로 인해 문제가 발생한 이후에서야 비로소 사후적 개입이 이루어진다. 게다가 경찰활동에 대한 필요성과 적절성 여부는 조직 내부에서만 판단이 가능하다. 바로 이 점에서 경찰지휘부의 독단을 견제할 경찰조직 내부의 장치로서 경찰노조를 도입할 필요성이 있다.

4. 직장협의회(경찰노조)의 장점

① 부당한 지시·명령 하달 시 내부적 통제 수단(경찰지휘부 독단 견제)
② 경찰의 근로 조건을 개선하여 국민에게 고품질의 치안서비스를 제공
③ 경찰조직 내부 자체적인 부정부패를 감시(내부적 견제 장치)
④ 경찰행정의 민주화 및 정치적 중립성을 확보

59 | 경찰 계급 정년 연장

1. 경찰승진제도는 직업에 대한 만족도와 사기 문제

엄격한 상명하복의 지휘통솔체계를 특징으로 하고 있는 경찰조직에서는 승진의 계급은 절대적인 기준이 되며, 계급이 여러 단계로 이루어져 승진 경쟁은 피라미드 구조에서 치열할 수밖에 없다. 승진에 탈락하는 사람은 그 만큼 좌절로 이어지기 때문에 사기 관리에 부정적인 영향을 미친다.

2. 승진에 대한 과열 경쟁

해당 계급 내에서 법이 정한 기한을 넘기는 경우 강제 퇴직하는 제도는 계급정년제도의 부작용으로서 직업적 안정성을 해치고 공무원의 사기를 떨어뜨릴 우려가 있다. 또한 현실적으로 40~50대에 경찰조직에서 조기 퇴출되는 경우가 발생하기 때문에 승진에 대한 압박감으로 인한 스트레스와 자살을 하는 경우까지도 발생하고 있다. 특히, 경위, 경감으로 가는 길목이 승진이 가장 치열하기 때문에 승진시험을 앞두고 '열공모드'로 전환하여 치안안전에 대한 공백도 부작용으로 나타나고 있다.

3. 계급 정년 연장에 대한 생각

조직의 정체화와 조직의 사기, 승진에 대한 과열경쟁, 소신 있는 업무를 처리하기 위해 경정계급에 대한 계급연장 만으로 근본적인 해결이 못하고, 복수직급제와 통솔범위 축소를 통하여 앞으로 중간관리자의 정체의 문제를 해결해 나가야 한다.

60 | 경찰조직 내 직급체계정비

1. 경찰행정의 민주화

경찰의 90%가 하위직 직급체계로 편성되어 있다 보니 경찰의 다양한 목소리가 반영이 될 수 없다.

2. 미래 치안 환경 변화에 대비

미래 치안 환경 변화에 대해 제대로 대응하기 위해서 경찰은 네트워크에 대한 이해, 미래 신기술에 대한 이해, 치안의 지리적 범위 확대 등 유연한 대처가 필요하지만, 경찰의 기형적인 직급 구조는 조직 활력의 저하와 비효율성의 문제뿐만 아니라 첨단기술 활용, 정예화 · 전문화된 경찰로서의 변화를 기대할 수 없어 미래 치안 환경 변화에 대한 걸림돌이 될 수 있다.

3. 방안

① 통솔 인원의 축소

통솔 범위를 초과할 경우에는 치안 현장에서 신속한 의사결정 및 지휘체계의 효율성 등이 확보되지 못하기 때문에 중간관리층에서도 적절한 통솔 범위가 필요하다. 서울청의 경우 형사과장이 2개의 형사당직팀, 5개의 강력팀을 지휘 · 통솔하고 있으며, 생활안전과장의 경우 5개 이상의 지구대 · 파출소를 관리 · 감독을 하고 있다.

* 행정직의 경우 일반적으로 1명의 감독자가 관리하는 인력이 5~6명이며, 부서의 경우도 5~6과로 이루어져 있다.

② 복수직급제

복수직급제란 승진에 대한 정체, 계급제의 단점을 보완하고 자유로운 의견 개진과 유연한 사고를 유도하기 위해 하나의 직위에 계급이 서로 다른 사람을 배치할 수 있도록 한 우리나라의 인사제도를 말한다. 현재는 검찰사무직, 일반 공안직군, 특정직인 경호직에도 복수직급제가 도입 · 운영되고 있다. 아직까지는 경찰에 도입이 되지 않아 과도한 승진 경쟁으로 인한 경찰의 사기 저하와 업무 공백 등의 부작용이 초래되고 있으며, 치안서비스를 제공받는 국민에게까지 악영향으로 이어질 것으로 예상이 되어 경찰법을 일부개정하자는 움직임을 보이고 있다.

복수직급제가 도입이 될 경우 승진문제 해소

경무관·총경의 증원이 가능하기 때문에 상위 직급뿐만 아니라 하위 직급까지의 승진 해소의 연쇄 효과를 기대할 수 있다. 일각에서는 복수직급제가 총경 이상의 상위 직급의 해소 수단으로 하위 직급의 사기 저하로 이어질 수 있다는 비판이 있으나, 경감 이하의 계급에 대해 근속 승진제도 도입 등으로 일정부분 해소되었다고 볼 여지가 있으며, 경정 이상의 계급에서 복수직급제가 도입되어 승진 적체의 해소가 되어야 하위직의 인사 적체도 연쇄적으로 해소가 될 수 있다.

③ 경무관서장제의 확대

수원남부서 등 5개 경찰서, 대구 성서 경찰서, 광주 광산서 등에서 경무관서장제를 시행하고 있다.

61 | 경찰홍보의 필요성

1. 국민의 신뢰를 바탕으로 둔 치안 행정

오늘날 경찰활동의 많은 부분은 시민에게 의존하고 있다. 범죄의 예방과 진압에 있어서 시민의 신뢰와 협력이 없이는 원활한 활동을 기대하기 어렵다. 시민의 신고와 정보제공이 없다면 범죄의 인지가 매우 어렵고 효율성도 떨어진다. 따라서 경찰의 업무를 효율적으로 수행하기 위해서는 국민의 지지와 협력이 반드시 필요하며 국민의 지지와 협력을 얻기 위해서는 국민과 경찰 사이에 신뢰관계의 구축이 필수적이다. 경찰에 대한 시민의 우호적인 태도와 신뢰는 법 집행 및 질서 유지를 보다 효과적으로 수행할 수 있게 해 주기 때문에 경찰활동의 성과가 보다 높게 나타날 수 있다. 이외에도 일반 시민들의 신뢰와 경찰에 대한 긍정적인 이미지는 경찰 예산의 효과적인 확보에도 도움을 줄 뿐만 아니라, 시민들의 경찰에 대한 불만과 비판을 줄이는 데에도 상당한 역할을 할 수 있다. 이처럼 국민에게 다가감으로써 경찰조직이나 업무의 특수성을 알리고 업무 수행의 어려움을 충분히 인식하게 하여 국민의 협조와 지지를 얻어 신뢰를 확보하고 궁극적으로 경찰의 임무를 성공적으로 수행하면서 국민으로부터 사랑받는 경찰로 거듭나기 위해 경찰홍보는 반드시 필요하다.

2. 정책 정보를 제공하여 국민 참여 유도

국민이 경찰의 활동과 정책에 대해 모른다는 것은 경찰조직의 정책에 대한 거부나 부정으로 귀착될 수 있다는 점에서 경찰은 국민에게 경찰활동과 정책을 알리고 설득, 참여를 유도하는 홍보활동을 하여야 한다.

3. 국민 눈높이에 맞는 치안행정서비스

경찰홍보는 경찰의 시책이나 경찰활동의 상황을 정확하게 전달할 뿐만 아니라 국민의 경찰에 대한 의견이나 희망사항을 정확히 파악해 경찰활동에 적극적으로 반영하기 위한 목적을 가지고 있기도 하다.

4. 경찰공무원의 사기 진작

경찰홍보는 기관의 이미지를 개선해 주고 직원들의 업적을 높게 평가해 줌으로써 경찰조직 내 구성원들의 사기를 진작시켜 준다.

5. 경찰행정의 대외 지향성 유지 경찰행정조직의 환경 적응

대규모 경찰조직의 관료적인 특성은 내향적이며 공중으로부터 유리되는 경향이 있다. 따라서 경찰조직이 고객지향성을 띠게 하고, 조직의 생존을 좌우하고 있는 공중의 지지를 확보하고 유지하기 위해서는 외향적 태도를 고취시켜야만 한다. 특히 경찰조직이나 경찰조직 내부의 개인으로 하여금 사회 변화의 속도에 효과적으로 적응하기 위해서도 경찰 홍보는 중요한 기능을 수행한다.

62 | 워라밸(워크 앤 라이프 밸런스)

1. 워라밸

워라밸(워크 앤 라이프 밸런스)은 일과 개인의 삶 사이의 균형을 이르는 말로써 1970년대 후반 영국에서 처음 나온 표현이다. 자아 실현을 할 수 있는 직장과 내가 좋아하는 일을 할 수 있는 여가 시간이 조화를 이루어야 삶의 만족도가 높아진다는 의미에서 최근에는 업무 외의 시간에 자기 계발을 하거나 취미 생활을 즐기는 직장인들이 많아지면서 직장인들 사이에서 '워라밸'이 트렌드로 떠오르고 있다.

욜로(YOLO)

욜로(YOLO)는 '인생은 한 번뿐이다'를 뜻하는 'You Only Live Once'의 앞 글자를 딴 용어로 현재 자신의 행복을 가장 중시하여 소비하는 태도를 말한다. 미래 또는 남을 위해 희생하지 않고 현재의 행복을 위해 소비하는 라이프스타일이다.

2. 정부(경찰)의 노력

① 근로시간 단축

주당 법정 근로시간이 현행 68시간에서 52시간(법정근로 40시간+연장근로 12시간)으로 단축하는 내용의 '근로기준법 개정안'이 국회에서 통과되며 종업원 300인 이상의 사업장과 공공기관은 2018년 7월 1일부터 '주당 근로시간 52시간'을 지켜야 한다. 고용노동부에서는 워라밸의 제고를 위해 '일·가정 양립과 업무 생산성 향상을 위한 근무혁신 10대 제안'을 발간했다. 책자에는 정시 퇴근, 퇴근 후 업무연락 자제, 업무집중도 향상, 생산성 위주의 회의, 명확한 업무지시, 유연한 근무, 효율적 보고, 건전한 회식문화, 연가사용 활성화, 관리자부터 실천 등 10가지 개선 방침이 수록되었다.

② 워라밸보장법(퇴근 후 개인생활 보호에 관한 법률)

법률이라는 이름으로 시행되지만 공식적인 법규는 아니며, 조직 문화를 개선하고 직원들이 일과 생활의 균형(워라밸)을 유지할 수 있도록 돕기 위해 자체적으로 시행하는 일종의 내부 지침이다.

퇴근 이후에 상급자가 하급자에게 업무 지시를 하거나 개인적 연락을 취하는 것을 금지하는 것을 주요 내용으로 한다. 이에 따르면 모든 직원은 대민 업무나 각종 사건·사고와 관련해 즉시 업무를 처리해야 하는 '불가피하고 긴급한 사정'이 있는 경우를 제외하고는 업무 시간 이후에 하급자에게 연락을 하거나 업무 지시를 해서는 안 된다. 전화 연락뿐만 아니라 문자메시지나 카카오톡 단체 채팅방 등 사회관계망서비스(SNS)를 이용한 연락도 모두 금지 대상이다. 개인적인 연락도 물론 금지된다. '주말인데 뭐해?'와 같이 단순히 안부를 묻는 연락이어도 업무 시간 이후에 상급자가 하급자에게 개인적으로 연락을 해서는 안 된다는 것이다. 하지만 이름만 '법'일 뿐 내부 지침 수준으로 제시된 것이어서 위반 시 패널티를 부여하는 등의 벌칙 조항은 없다. 또 경찰조직의 특성상 업무 대부분이 예외적으로 인정되는 대민업무나 사건·사고와 직·간접적으로 관련성을 갖는 경우가 많고 경계가 모호한 부분도 있어 실제 현장에서 실효성을 거둘 수 있을지는 지켜봐야 할 대목이다.

3. 근무제도 개선(기대 효과)

① 여가 및 취미 시간 증가로 삶의 질 향상
② 직장중심 음주문화에서 가족 중심 여가문화로 변화
③ 건전한 소비문화 조성
④ 일자리 나누기를 통한 실업 문제 해결
⑤ 국제 기준에 맞는 근로시간 관련제도 정비로 경쟁력 강화
⑥ 문화, 레저, 운송, 관광 등 서비스 산업 중심의 내수증대를 통한 경제 활성화
⑦ 여성 사회 참여 확대
⑧ 지식경제 강국의 도약기반 조성

63 | 공소시효

1. 공소시효의 의의

① 형사소송법 제249조 제2항(공소시효)
공소가 제기된 범죄는 판결의 확정이 없이 공소를 제기한 때로부터 25년을 경과하면 공소시효
가 완성한 것으로 간주한다.

② 형의 시효와 공소시효 비교
㉠ 공소시효제도는 확정 판결전에 발생한 실체법상의 공소권을 소멸시키는 것이고, 형의 시효
제도는 확정판결후의 형벌권을 소멸시키는 것이라는 점에서 차이가 있다.
㉡ 형의 시효 완성(공소기각판결), 공소시효 완성(면소판결)
㉢ 공통점 : 양자 모두 시간의 경과에 의하여 실체법상의 형벌권을 소멸시킨다는 점
※ 의제 공소시효: 공소가 제기된 범죄는 판결의 확정이 없이 공소를 제기한 때로부터 25년을 경과하면
공소시효가 완성한 것으로 간주한다(형사소송법 제249조 제2항).

③ 진정소급입법과 부진정소급입법
㉠ 진정소급입법이란 원래 처벌할 수 없는 것을 새로운 입법을 통하여 처벌할 수 있도록 하고
법 제정 이전의 행위까지 처벌할 수 있도록 하는 것을 말한다. 즉, 공소시효가 만료되어 처
벌할 수 없는 행위를 공소시효기간을 연장함으로서 처벌할 수 있도록 하는 입법을 말한다
(소급입법금지의 원칙에 반함).
㉡ 부진정소급입법이란 아직 공소시효가 진행 중인 범죄의 공소시효기간을 연장하는 것을 말
한다(소급입법금지원칙에 반하지 않음).
예 5.18민주화운동 등에 관한 특별법

④ 공소시효의 배제 · 정지 · 특칙

　㉠ 공소시효의 배제

　　• 형법상 내란죄와 외환죄, 군형법상의 반란죄와 지적죄(헌정질서파괴범죄)

　　• 집단살해에 해당하는 범죄

　　• 태완이법

　　　– 살인죄를 저질러 법정 최고형이 사형인 경우 기존 25년으로 돼 있던 공소시효를 폐지

　　　– "2015년 7월 31일 시행" 그전에 범한 범죄가 아직 공소시효가 완성되지 아니한 범죄에 대하여도 적용한다.

　　　　예 화성 연쇄살인사건(이춘재), 개구리소년, 이형호 유괴 살해사건 : 공소시효 완성/ 미아동 살인 · 명일동 주부살인사건 : 공소시효 미완성– 법정형에 사형이 없는 범죄의 경우에는 공소시효가 적용된다(영아살해, 촉탁 · 승낙살인, 자살교사 · 방조는 법정형에 사형이 없으므로, 공소시효가 적용).

　　• 강간 등 살인의 죄

　　• 13세 미만의 사람 및 장애인에 대한 강간

　㉡ 공소시효의 정지

　　• 범인이 형사 처분을 면할 목적으로 국외에 있는 경우(형사소송법 제253조 제3항)

　　• 재정신청이 있으면 재정 결정이 확정될 때까지 공소시효의 진행이 정지된다(형사소송법 제262조의4 제1항).

　　　* 재정신청이란 공소시효가 진행 중인데도 검사가 기소하지 않는 경우에는 법원에 신청하여 검찰에게 공소 제기를 강제할 수 있는 제도이다. 즉, 재정 신청은 검사의 기소독점주의와 기소편의주의를 견제하는 제도이다.

　　• 공소시효는 공소의 제기로 진행이 정지되고 공소 기각 또는 관할 위반의 재판이 확정된 때로부터 진행한다(형사소송법 제253조 제1항).

　　• 공범의 1인에 대한 공소 제기로 인한 시효정지는 다른 공범자에게 대하여 효력이 미치고 당해 사건의 재판이 확정된 때로부터 진행한다(형사소송법 제253조 제2항).

　　• 소년부 판사의 심리 개시 결정이 있었던 때로부터 그 사건에 대한 보호 처분의 결정이 확정될 때까지 공소시효는 그 진행이 정지된다(소년법 제54조).

　　• 민주화 운동 등에 관한 특별법 제2조, 가정폭력범죄의 처벌 등에 관한 특례법 제17조

　㉢ 공소시효의 특칙

　　• 강간과 추행의 죄는 DNA 증거 등 그 죄를 증명할 수 있는 과학적인 증거가 있는 때에는 공소시효가 10년 연장된다.

　　• 국가공무원법위반죄 또는 지방공무원법위반죄 중 정치 운동죄는 공소시효의 기간을 10년으로 한다.

2. 공소시효 기간 및 기산점

① 공소시효의 기산점 : 범죄행위의 종료한 때로부터 진행한다(초일산입).

② 공소시효 기간

사형	25년
무기징역 또는 무기금고	15년
장기 10년 이상의 징역 또는 금고	10년
장기 10년 미만의 징역 또는 금고	7년
장기 5년 미만의 징역 또는 금고, 장기 10년 이상의 자격정지 또는 벌금	5년
장기 5년 이상의 자격정지	3년
장기 5년 미만의 자격정지, 구류, 과료 또는 몰수	1년

Append

독일의 공소시효

법정형이 무기 자유형인 범죄는 30년, 법정형이 10년 이상의 자유형인 범죄는 20년, 법정형이 5년 이상 10년 미만의 자유형인 범죄는 10년, 법정형이 1년이상 5년 미만의 자유형인 범죄는 5년, 기타 범죄는 3년으로 규정하고 있다.

3. 공소시효의 제도적 취지

① 법적 안정성과 실체적진실주의(범인필벌)의 타협점

공소시효는 일정한 시간의 경과로 인하여 발생한 사실 상태를 존중하여 사회와 개인생활의 안정을 도모하고 시간의 경과에 따른 증거판단의 곤란을 방지하며, 범죄에 대한 사회의 관심이 약화된다는 점을 들어 형벌부과의 적정을 기하려 하는 데에 있다. 즉, 공소시효제도는 ㉠ 범죄 발생 후 형사소추권이 행사되지 않고 일정한 시간이 경과하게 되면 범죄인에 대한 일반인의 처벌욕구가 감소한다는 점, ㉡ 범죄인 자신으로 보아서도 형사처벌을 면하려고 도망하는 과정에서 심리적으로 상당한 정도 처벌에 준하는 고통을 받고 있다는 점, ㉢ 형사소추기관의 입장에서 보면 증거가 멸실·산일되어 범죄사건의 재구성이 어렵고, ㉣ 오판의 위험이 크다는 점, ㉤ 국가의 태만으로 인한 책임을 범인에게만 전가하는 것은 부당하다는 점 등 여러 가지 사유들을 종합적으로 고려하여 마련된 제도이다.

공소시효제도의 본질에 대한 헌법재판소의 판시

원래 범죄에 대하여는 반드시 그에 상응한 처벌을 하여야 한다는 '범인필벌'이 형사사법적인 정의의 실현이라고 할 것인데 이와 아울러, 공정한 재판에 의한 공정한 처벌이 필수적이다. 따라서 국가가 공소제기를 할 수 있었음에도 불구하고 오랫동안 공소를 제기하지 않음으로써 증거의 일실 등으로 공정한 재판을 못하게 되는 것은 국가에게도 책임이 있으므로 죄질에 따라 법에 규정된 일정기간동안 공소제기를 하지 아니하면 소추를 금지시킨 것이 공소시효제도이다. 즉, 공소시효에 대한 피고인의 이익은 형사소추에 대한 국가의 이익, 즉 범인필벌의 실체적 정의의 요청과 필연적으로 충돌되는 것이므로 상반되는 두 가지 이익을 상호조정함으로써 그 보호범위와 정도가 결정될 수밖에 없다. 이러한 공소시효제도의 본질에 비추어 공소시효제도는 형사정의를 실현하는데 있어서 법적 안정성을 좀 더 고려한 결과 생겨난 제도로서의 의미를 갖는다. 그리고 공소시효에 대한 이익은 단순한 반사적 이익이 아니라 법률상 보호할 가치가 있는 법적인 이익이다.

② 구체적인 내용

　㉠ 형벌 부과의 실익 소멸

　　사건이 발생한 후 시간이 흐름에 따라 형벌 부과의 필요성이 감소되기 시작하여 어느 기간이 지나면 더 이상 형벌을 부과할 실익이 없게 된다는 것이다. 무엇보다도 피해자 측으로부터의 응보요구가 약화되었을 것이고, 일반인 대부분이 범죄사실을 잊어버린 뒤라 새삼스럽게 형벌권을 행사한다는 것이 오히려 부정적 영향을 끼칠 가능성조차 있다. 피의자 측에서도 장기간의 도피 기타 정상적인 생활이 곤란한 탓에 형사 처벌에 버금가는 고통을 겪었을 것이다.

　㉡ 법적 안정성 침해 우려

　　세월이 경과되어 범행 당시의 범죄인에 대하여 그의 현재의 사실상의 생활 상태를 붕괴시키는 형벌권행사로써 특별예방의 효과를 기대할 수 없을 뿐만 아니라, 오히려 어떤 의미에서는 법적 안정성의 침해를 야기할 우려가 있다는 것이다. 결국 장기간 경과 후 형벌권을 행사하는 것은 소기의 목적을 달성할 수 없다는데 초점이 있다.

　㉢ 오판의 위험성

　　범행 후 장기간의 도과로 증거가 산일하고 증인의 기억에 의존하기도 어려워 범죄사실을 증명하기 어렵고 잘못하면 사법이 착오를 일으킬 우려가 있다는 것이다.

　㉣ 수사에 대한 장기화 우려

　　만약 시효제도가 없다면 사법기구가 미제사건에 치여 아무리 기구를 확대해도 모든 사건을 다 감당할 수 없을 것이고, 잘못하면 취급사건이 우연에 따라 정해질 우려가 있으므로 일정한 기준을 정하여 사건을 덜어냄으로써 형사사법의 경제성을 도모하여 형사사법이 정상적으로 기능할 수 있도록 하여야 한다.

4. 공소시효 폐지 찬반론

① 공소시효 폐지 찬성론

ㄱ 과거에 비해 DNA 분석, 사진이나 문서의 복원, 성분 분석 등 과학 수사가 발달해 미궁에 빠진 사건들에 새로운 실마리를 제공하고 있고, 국민들의 인권의식 또한 변화되었기 때문에 시대 흐름에 맞게 공소시효가 폐지되어야 한다. 또한 사건을 잊지 못하고 살아가는 피해자들의 고통을 생각을 한다면 공소시효제도는 범죄자에게 면죄부를 주는 것 같아 억울한 제도이다.

ㄴ 과학기술과 수사기법의 발전으로 과거 알 수 없었던 증거가 새롭게 발견되는 경우가 많아 증거 확보가 가능하다.

ㄷ 공소시효가 지나버린 상태라면 법적으로 이들을 응징하거나 범인이 누구인지 밝혀낼 수 있는 권한이나 기회마저도 강제로 박탈되는 것은 법의 정의에 반한다.

ㄹ 반인륜적 행위를 저지른 범죄자는 시간이 경과해도 그 행위에 상응하는 처벌을 받아야 한다.

ㅁ 사회 구성원으로 복귀하도록 하는데 목적도 있지만 범죄인을 사후 처벌하는 목적이 있기 때문에 만약 공소시효 규정이 유지가 된다면 사후처벌의 목적이 잘 이루어지지 않을 수 있다.

② 공소시효 폐지 반대론

ㄱ 최근 미제사건 용의자들이 등장하면서 관련 논의가 다시금 화두로 떠오르고 있지만, 유죄 확정 판결에 대한 정확도(증거훼손) 및 범죄를 저지른 이의 심리적 처벌 등 고려(방어권 행사)해야 할 문제가 많고, 공소시효 폐지가 이뤄질 경우 사건이 종결이 되지 않는 사건에 매달려야 하는 시간적 비용의 문제가 발생하기 때문에 신중한 접근이 필요하다.

ㄴ 장기적인 시간의 흐름에 따라 증거훼손 등을 이유로 공정한 수사가 불가능하다.

ㄷ 상대적으로 수사기관은 피의자에게 불리한 증거의 보존이 가능하지만, 피해자 본인을 방어할 증거는 보존되기 어렵다 보니 억울한 피해자가 생길 여지가 충분하다.

③ 공소시효 폐지에 대한 생각

사건을 해결하기 위해 시간이 중요한 것이 아닌 과학기술을 얼마나 발전시켜 진실을 하루 빨리 접하는 문제로 접근해야 된다고 생각한다. 일반적으로 수사를 착수하는 시점에 증거를 충분히 모을 수 있다면 잡는 건 시간문제일 뿐이며, 장기미제 사건의 경우 수사 착수 시점에 증거를 충분히 모으지 못하였기 때문에 사실상 불가능해지기 때문이다. 물론, 공소시효가 지나버린 상태라면 법적으로 이들을 응징하거나 범인이 누구인지 밝혀낼수 있는 권한이나 기회마저도 강제로 박탈되는 것은 법의 정의에 반한다는 의견이 있지만, 현실적으로 공소시효 폐지를 한다고 하여 미제 사건이 단번에 해결되는 부분이 아니기 때문이다. 사건 현장에서 발견한 증거물에서 범인의 지문을 채취하는 데 실패했더라도 20년 후 발전한 기술로는 가능할 수도 있다. 사건 발생 이후 오랜 시일이 지나서 새로운 증거를 입수하는 것은 거의 불가능하더라도 그 당시 이미 수집해 놓은 증거에서 미래의 기술로 결정적인 단서를 잡는 것은 충분히 현실적으로 가능하기 때문이다. 만약 공소시효를 폐지하더라도 일률적으로 폐지하는 것이 아닌 적극적인 수사를 해도 범죄의 단서를 잡기 어려운 범죄나 범행 수법이 잔인하여 피해자의 피해가 법적 안정성보다 크다고 할 수 있는 잔혹한 범죄의 경우에 폐지가 되어야 한다고 생각한다.

실제로 미제 사건의 경우 수집해 두었던 증거를 여러개 복제해 두고 매년 학계에서 새로운 방법이 제안될 때마다 한국 대검찰청 및 한국 경찰청본부 미제 사건 전담부서(대검과 경찰청본부 양쪽에 둘 다 있다)에서 공소시효 때까지 매년 2회씩 새 방법으로 증거를 재검토하고 있다.

64 | 기타

1. 심신미약 감경

'책임이 없으면 형벌 또한 없다'라는 책임주의 원칙에 따라 책임이 없으면 범죄는 성립하지 않으며, 형벌의 양도 그 책임에 상응하여 결정하게 된다. 여기서 말하는 책임이란 행위자가 적법하게 행위를 할 수 있었음에도 이를 무시하고 불법하게 범죄를 행하였다는 점에 대한 비난을 의미한다. 따라서 개인이 적법하게 행위를 할 수 없었던 경우에는 그 개인을 비난할 수 없다는 전제에서 형벌 또한 그 책임의 크기만큼 감경되거나 면제가 되는 것이다. 자신의 행위가 위법하다는 사실을 인식하거나 인식할 가능성이 없는 어린 아이를 형사처벌하지 않는 것(형사미성년자)도 이와 같은 책임주의 전제에서 출발하는 것이다. 현재 법률은 형사미성년자를 일률적으로 만 14세로 규정하고 있으나 심신장애로 인한 경우에는 이러한 책임 능력이 있는지 여부를 '사물을 변별할 능력이 없거나 의사를 결정할 능력이 없는 자'로 규정하고 있다. 심신미약자를 감경시켜주는 것은 개인의 책임에 상응하는 형벌을 가하여야 한다는 책임주의에 근거한 것이며, 현재 법원에서는 심신장애가 있다고 하여 항상 책임을 감경 또는 면제해주는 것이 아니라 전문가의 감정 등을 통하여 판단하고 있으며, 특히 최근 사건에서와 같이 우울증 등 성격장애의 경우에는 그 인정하는 정도가 엄격하여 그것이 매우 심각하여 본래 의미의 정신병을 가진 사람과 동등하다고 평가할 수 있는 경우 등에 한정하여 심신장애를 인정하고 있다. 즉, 음주나 우울증, 기타 성격 장애 등이 있다고 하더라도 반드시 감경되는 것이 아니며 행위자의 진술, 기억상태 등 행위 당시의 기준으로 종합적으로 판단하여 법관의 자유심증에 따라 결정이 된다.

* 형법에서 심신미약자에 대하여 형을 의무적으로 감경하도록 되어 있는 필요적 감경 규정이 임의적 감경 규정으로 개정되었다.

성폭력범죄의 처벌 등에 관한 특례법

제20조(형법상 감경규정에 관한 특례) 음주 또는 약물로 인한 심신장애 상태에서 성폭력범죄(제2조 제1항 제1호의 죄는 제외한다)를 범한 때에는 형법 제10조 제1항·제2항 및 제11조를 적용하지 아니 할 수 있다.

2. 검경 포토라인

공익성을 강조하기 위해 검경 포토라인이 관행처럼 사용되어 왔지만 수사 중인 피의자에 대한 인 권침해 우려와 무죄추정의 원칙에 반한다는 비판, 그리고 출석단계에서 노출하는 것은 인격권 침 해 행위로서 법관에게도 유죄 심증을 줄 수 있다는 점이 문제로 제기되고 있다. 언론의 과열 경쟁 으로부터 물리적 충돌 방지와 공익적 측면을 강조하기 위해서는 우리 사회의 공인의 기준점에 대 해 생각해 봐야 하며, 엄격한 기준을 마련하여 포토라인을 운영해야 할 것이다.

3. 경찰과목개편

선택과목이 3법인 학생들은 법을 잘 알고 있어야 실무에서 도움을 줄 수 있는 만큼 직무와 관련 성이 높은 과목으로 개편이 되는 쪽으로 초점을 두고 있고, 수학과 같은 경찰업무와 관련성이 떨 어지는 과목은 과감하게 폐지하는 것이 맞지만 선택과목을 아예 없애는 것보다는 한 두 개 정도 는 그대로 두어 고등학생들에게도 경찰에 지원할 수 있는 길도 열어주어야 한다고 본다.

4. 경찰 사건조회 서비스

경찰에 입건된 사건을 검색하여 진행 상황을 조회할 수 있는 시스템(법무부 형사 사법포털)을 말 한다. 경찰 사건조회는 모든 정보를 조회할 수는 없고, 살인, 강도, 성범죄, 방화, 중상해 등 5개 중요 범죄의 피해자 중 경찰, 검찰에서 조사받는 과정에서 서면으로 정보제공에 동의를 한 경우 에 한하여 조회가 가능하다. 그리고 2016년 7월부터는 고소·고발 사건의 경우 경찰서 접수번호 를 이용하여 사건조회를 할 수 있고, 진정, 신고 등 신고사건의 경우에는 경찰 수사 후 검찰에서 수사진행 중인 사건에 대해서만 조회가 가능하다.

5. 전 · 의경제도

전 · 의경제도는 한국에만 있는 독특한 제도이다. 군인인 전 · 의경이 치안활동서비스를 하다 보면 자칫 인권침해의 우려가 발생하기 때문에 전의경 제도는 폐지되어야 한다는 의견이 있다. 하지만 무턱대고 폐지한다면 도심 지역의 대형 집회시위나 지역생활안전 등 민생치안에 공백이 생길 우려가 있기 때문에 경찰관의 증원이 없이는 폐지해서는 안 되고, 경찰의 증원에 맞춰 전 · 의경의 수를 점차적으로 줄어나가는 편이 옳다.

6. 수사기법 공개

수사기법이 공개될 경우 국민이 요구할 수 있어서 맞춤형 치안행정서비스에 응답할 수 있고, 최신 수사기법을 통한 검거방식을 홍보함으로써 잠재적 범죄자에 대한 범죄 위축효과 및 그로 인한 국민들의 치안지수가 향상될 수 있다는 장점이 있다. 하지만 모든 수사기법을 공개하다 보면 범인의 증거인멸 문제 등으로 수사에 혼선을 줄 수 있고, 모방범죄가 발생할 수 있기 때문에 수사기법을 공개하기 전에 일정 부분 미공개할 부분을 미리 검토하여 공개 여부를 결정해야 한다.

7. 국민 체감안전도

주민과의 소통 부족으로 치안성과에 비해 체감안전도는 저조해짐에 따라 이제는 먼저 찾아가 지역사회 안전에 대한 주민 요구와 건의사항을 듣고 이를 적극적으로 해결해 줌으로써 공감대를 형성하는 열린 행정으로 전환이 필요하다. 열린 행정을 위해서 해당 지역에 직접 찾아가 지역주민들의 건의사항을 듣고 지역실정 및 주민 애로사항 파악 후 즉각적인 대응으로 공감대를 형성하는 것이 무엇보다 중요하다. 그리고 일회성 보여주기식 치안행정에서 탈피하여 지역 치안 실정에 맞는 CCTV 설치 및 치약지역 환경 개선과 같은 예방치안활동도 병행하여 신뢰감을 조성해야 한다.

8. 3대 대포악

대포통장	대포통장 관리를 위해 대리인 정보관리시스템을 전 은행에 구축하여 대포통장 의심 고객에 대한 계좌개설 거절 정보를 같은 금융사 내에서 공유하는 시스템을 구축 중이다.
대포차	대포차 관리를 위해 대포차 파파라치 제도가 검토 중이다.
대포폰	대포폰 관리를 위해서 통신사가 사용을 정지하도록 지속적으로 독려하고 있으며, 이를 개설해 준 명의자도 처벌하는 방안을 검토 중에 있다.

안심Touch

9. 태완이법(살인죄 공소시효 폐지)

잠재적 범죄자들에게 범죄 동기를 억제하는 효과가 있다. 예를 들어 살인죄의 공소시효가 없어지면 피해자에게는 심리적인 지지와 보상이 될 수 있고, 살인을 저지른 범인은 잡힐 때까지 또는 숨이 다할 때까지 숨어 살아야 하고 언젠가는 잡힐 수 있다는 불안감으로 인해 범죄를 쉽게 행할 수 없게 된다.

10. 조현병

조현병(調絃病)이란 용어는 2011년에 정신분열병(정신분열증)이란 병명이 바뀐 것이다. 정신분열병(정신분열증)이란 병명이 사회적인 이질감과 거부감을 불러일으킨다는 이유로, 편견을 없애기 위하여 개명된 것이다.

11. 성도착증

성도착증이란 인간이 아닌 존재(동물, 물품) 혹은 어린이나 동의하지 않는 타인에게서 자신이나 타인이 느끼는 고통이나 굴욕감을 통해 성적 욕구를 삼는 경우를 말한다.

12. 혼전동거

혼전동거란 결혼하기 전에 동거하는 것을 말한다. 결혼 준비 비용에 많은 돈이 들어가 혼인신고만 하고 동거를 하는 경우도 있으며, 결혼 전에 혼인신고를 하지 않고 동거를 하는 경우도 있다. 혼전동거의 장점은 결혼 전에 함께 생활하며 결혼생활을 미리 경험해 볼 수 있다는 점이지만, 무분별한 동거는 사회적으로 문제가 되고 있다.

13. 적폐청산

적폐청산이란 오랫동안 쌓인 폐단을 청산한다는 뜻으로 권위주의, 재벌개혁, 경제개혁, 언론개혁, 검찰 및 국정원 개혁 등을 예로 들 수 있다.

14. 동물보호법 개정

동물보호법 개정안은 사람의 생명이나 신체에 위해를 가할 우려가 있는 개를 맹견으로 정의하고 월령이 3개월 이상인 맹견은 목줄 및 입마개 등 안전장치를 하거나, 맹견의 탈출을 방지할 수 있는 이동장치를 하도록 개정되었다.

15. 젠더폭력

젠더폭력이란 이성에 대한 혐오를 담고 저지르는 신체적·정신적·성적 폭력을 일컫는 말로써 권력의 관계 속에서 상대의 여성성이나 남성성을 타깃으로 삼아 이루어지는 폭력을 모두 통칭하는 개념이다. 성폭력·가정폭력·성매매 등과 함께 최근 문제 시되는 데이트폭력이나 사이버 성폭력 등이 여기에 해당한다.

16. 5PM(파이브피엠)

5PM(파이브피엠)은 '5대 킹핀 과제를 다루는 폴리스 매거진(Police Magazine)'의 약자로, 경찰이 5대 핵심 목표 성취와 그를 통해 안전하고 평안한 국가를 만들고자 애쓰는 과정을 생생히 소개함으로써, 국민의 경찰에 대한 신뢰를 높이는 동시에 사회의 불안을 해소하고 나아가 경찰에 대한 기대와 응원을 높이고자 기획되었다.

17. 5대 킹핀(King-Pin) 과제

국민과 경찰이 당면한 핵심 문제들을 분야별로 나눈 것으로 ① 4대 사회악 근절, ② 112 현장 검거 비율 향상, ③ 5대 범죄 검거 비율 향상, ④ 교통 사망 사고 줄이기, ⑤ 경찰조직 청렴도 향상을 말한다.

18. 3대 반칙행위

바르고 건강한 사회를 구현하기 위해 국민의 삶을 위협하는 행위를 반칙행위로 규정하였다. 반칙과 편법이 없는 사회, 서로 양보하는 문화가 정착되고 건강한 사회를 조성하기 위해 생활반칙, 교통반칙, 사이버 반칙의 3대 반칙행위를 규정하였다.

19. 청문감사관

① 청문감사관은 민원인의 불편사항 및 인권보호를 위해 생활안전·수사·교통업무 등 경찰의 일체 사건·사고 및 민원처리 과정에서 경찰관의 불친절이나 부당한 업무처리 및 억울한 점이나 의문이 있는 민원을 처리하기 위해 마련된 제도이다.

② 문제점
경찰의 신분으로 경찰을 단속하고, 또 그 직책이 끝나면 같은 지역에서 다른 보직을 맡아 근무하기 때문에 공정성과 투명성 확보가 부족하다는 점이 문제되고 있다.

청문감사관이 필요한 경우

- 경찰이 하는 일에 불편·불만이 있거나 경찰로부터 불친절한 대우를 받았을 때
- 경찰업무와 관련하여 궁금증이나 요구사항이 있을 때
- 경찰의 법 집행 과정에서 인권침해나 부당한 대우를 받았을 때
- 각종 민원처리 결과에 이의가 있을 때
- 경찰의 각종 업무 중 개선 사항이나 발전적 제안이 있을 때
- 성실한 숨은 일꾼이나 선행 미담 경찰관이 있어 격려하고 싶을 때
- 기타 경찰의 이미지를 훼손시키는 부정한 경찰관을 보았을 때

20. 불심검문

① 불심검문의 의미

경찰관이 수상한 거동, 기타 주위의 사정을 합리적으로 판단하여 죄를 범하였거나 또는 범하려 하고 있다고 의심할 만한 상당한 이유가 있는 자 또는 이미 행하여졌거나 행하여지려고 하는 범죄에 대하여 그 사실을 안다고 인정되는 자를 정지시켜 질문하는 것을 말한다(경찰관 직무집행법 3조).

② 불심검문에 대한 논란

경찰관의 자의적인 해석으로 공권력을 남용한다면 심각한 인권침해 문제가 발생할 것이다. 하지만, 이러한 인권침해의 소지만 뺀다면 범죄예방에 효과를 볼 수 있다. 실례로 미국의 리퍼트 대사 피습사건 당일 행사장 입구에서 경찰이 소지품을 확인하려 했으나 주최 측이 출입을 허용해 더 이상 저지를 못하여 사건이 발생하게 되었다. 만약 소지품을 확인했다면 범죄예방이 가능했을 것이다. 이처럼 범죄예방에 필요하지만, 지나친 실적 과열과 강압적인 검문 태도로 시민에게 불쾌감을 준다면 경찰의 위신이 손상될 수 있는 만큼, 불심검문을 필요 최소한도 내에서 실시한다면 범죄예방에 큰 효과를 볼 수 있다.

21. 교통법규 위반자 단속 시 신분증 제시 불응

차량소유자의 인적사항을 제시하며 본인이 맞는지 확인해도 이조차 응하지 않는 경우 주거 불명으로 미란다고지 후 현행범 체포가 가능하다(주거가 확인된 경우 즉시 석방).

22. 착한 사마리아인의 법(Good Samaritan Law)

① 착한 사마리아인의 법

　㉠ 의미 : 자신에게 특별한 위험을 발생시키지 않는데도 불구하고 곤경에 처한 사람을 구해주지 않은 행위를 처벌하는 법을 말한다.

　㉡ 외국의 입법례

영미법계	개인주의 성향으로 인해 착한 사마리아인의 법이 법제화되지 않아 왔으나, 미국의 몇몇 주에서 착한 사마리아인의 법을 제정하고 있는 추세
대륙법계	서구 자유주의국가이건 구 사회주의국가이건 광범위하게 입법화 되어 있음

　* 프랑스 형법 제63조 제2항 : 위험에 처해 있는 사람을 구조해 주어도 자기가 위험에 빠지지 않음에도 불구하고 자의로 구조하지 않은 자는 3개월 이상 5년 이하의 징역, 혹은 360프랑 이상 15,000프랑 이하의 벌금에 처한다.

② 착한 사마리아인의 법 제정에 대한 찬반론

찬성론	반대론
• 법과 도덕에 대한 일원론(도덕에 대한 법적 강제) • 현대사회의 몰인정, 이기주의, 비인간화 현상에 대한 반성	• 법과 도덕에 대한 이원론 • 형법의 비도덕화, 형법의 보충성 → 착한 사마리아인의 법은 도덕을 강제하는 악법

③ 우리나라에서의 착한 사마리아인의 법

　㉠ 1953년 형법 제정 시 정부원안에는 포함되었으나, 착한 사마리아인의 법 조항이 있으면 집 앞에 굶어 죽어가는 거지를 구조해 주지 않는 집주인을 일일이 처벌해야 하는데, 사실상 불가능하다는 이유로 국회 심의과정에서 삭제되었다(법의 실효성, 법적 안정성 측면의 고려).

　㉡ 착한 사마리아인의 법과 유사한 형법 조항

유기죄 (형법 제271조 제1항)	질병 기타 사정으로 인하여 부조를 요하는 자를 보호할 법률상 또는 계약상 의무 있는 자가 유기한 때에는 3년 이하의 징역 또는 500만 원 이하의 벌금에 처한다.
부작위범 (제18조)	발생을 방지할 의무가 있거나 자기의 행위로 인하여 위험발생의 원인을 야기한 자가 그 위험발생을 방지하지 아니한 때에는 그 발생된 결과에 의하여 처벌한다.
착한 사마리아인의 법이 아닌 이유	처벌하기 위해서는 법률상 또는 계약상 의무가 있어야 하기 때문이다.

23. 무관용의 원칙(Zero tolerance)

제로 톨러런스(Zero tolerance)는 사소한 규칙 위반에도 관용을 베풀지 않는 원칙 혹은 정책을 말한다. 깨진 유리창이 있는 건물을 그대로 두면 사람들은 그 건물이 방치돼 있다고 여기고 다른 유리창을 부수면서 절도, 폭력 행위를 일삼게 된다는 범죄학자 조지 켈링의 '깨진 유리창 이론(Broken window)'에 근거를 두고 있다. 1994년 줄리아니 뉴욕시장은 브래튼 뉴욕경찰국장과 함께 "가벼운 범죄라도 용납하지 않겠다."며 제로 톨러런스를 선포했다. 일본은 학원범죄 대책으로 도입했으며, 우리나라도 노동계의 불법시위 등에 적용하고 있다.

24. 깨진 유리창 이론(Broken Windows Theory)

미국의 범죄학자인 제임스 윌슨과 조지 켈링이 1982년 3월에 공동 발표한 「깨진 유리창」이라는 글에 처음으로 소개된 사회 무질서에 관한 이론이다. 깨진 유리창 하나를 방치해 두면, 그 지점을 중심으로 범죄가 확산되기 시작한다는 이론으로 사소한 무질서를 방치하면 큰 문제로 이어질 가능성이 높다는 의미를 담고 있다. 이는 무관용의 원칙과 관련성이 있다.

25. 외로운 늑대 테러(Lone Wolf, 자생적 테러리스트)

① 외로운 늑대형 범죄란?
   외로운 늑대형 범죄는 혼자 계획하고 단독적으로 실행하는 자생적 테러를 말한다. 자율적으로 소규모 대상을 공격하는 유형의 테러로 최근 서양 정보기관들에게 공포로 떠오르고 있다. 한두 명이 모의하는 테러는 대규모 조직이 동원되는 테러보다 정보 유출 가능성이 낮기 때문에 사건이 발생하기 전까지는 추적하기가 어렵다.

② 외로운 늑대의 위험성
   외로운 늑대는 원래 체첸 반군이 스스로를 일컫는 말이었으나 자생적인 테러리스트로 의미가 달라졌다. 이들은 특정 조직이나 정부에 대한 개인적인 반감 때문에 자발적으로 테러 행동을 한다. 최근 사례로는 보스턴 마라톤 테러를 자행한 차르나예프 형제가 대표적이다. 이들의 테러는 특히 개인적으로 이뤄지기 때문에 테러 방식이나 시점 등에 대한 정보 수집이 쉽지 않고 추적이 힘들어 정보기관들로선 테러조직에 의한 테러보다 더 큰 위협으로 평가된다.

③ 외로운 늑대형 범죄와 관련된 문제
   외로운 늑대형 범죄는 불특정다수를 대상으로 위해를 가하는 범죄라는 점에서 묻지마범죄와 비슷하지만, 범행 동기가 없이 즉흥적으로 벌어지는 묻지마범죄와 달리 외로운 늑대형 범죄는 사회분노를 표출하면서 사전에 범죄를 준비하기 때문에 더 큰 위협으로 다가오고 있다. 외로운 늑대형 범죄는 우리 사회의 차별과 무관심으로 나타날 수 있다.

26. 4대악

① 4대악이란?

국민들의 행복 증진과 사회 안전 구현을 위해 근절해야 할 최우선 사회문제로 규정한 성폭력 · 가정폭력 · 학교폭력 · 불량식품을 말한다.

② 4대악 근절을 위한 정책

성폭력	가정폭력	학교폭력	불량식품
• 성폭력 전담수사팀(SVU : Special Victims Unit) • 성폭력피해자 통합지원센터(해바라기센터)	• 가정폭력 전담경찰관 • 성폭력피해자 통합지원센터(해바라기센터) • 여성전화 1366	• 학교전담경찰관(스쿨폴리스) • 안전Dream	• 불량식품 수사 전담반 • 불량식품 통합 신고센터(1399)

③ 치안공백 우려

한정된 경찰력으로 4대악 근절에 지나치게 집중하면서 강력범죄와 민생범죄에 치안공백이 발생할 수 있다는 우려의 목소리가 높다. 실례로 전주지검에서 절도 등의 혐의로 조사를 받던 중 관리가 소홀한 틈을 타 화장실을 다녀오면서 홀연히 도주한 이대호 탈옥사건이 발생하여 4대악을 근절하느라 시민의 안전은 뒷전이라는 비난을 받기도 하였다. 국민의 안전을 도모해야 할 경찰력이 정권의 필요에 의해 동원되어서는 안 되며, 국민들로부터 신뢰 받고 국민들의 안전 체감도를 높이기 위해 성과 위주의 활동이 아닌 내실을 다지는 것이 더욱 중요하다.

CHAPTER
02 정부정책·외교

01 | 정부 3.0

1. 정부 3.0

정부 3.0은 공공정보를 적극적으로 개방하고 공유하며 부처 간 칸막이를 없애 소통하고 협력함으로써, 국민 맞춤형 서비스를 제공하고 동시에 일자리 창출과 창조경제를 지원하는 새로운 정부 운영의 패러다임이다.

투명한 정부	유능한 정부	서비스 정부
• 공공정보 적극 공개로 국민의 알권리 충족 • 공공데이터의 민간 활용 활성화 • 민·관 협치 강화	• 정부 내 칸막이 해소 • 협력·소통 지원을 위한 정부운영 시스템 개선 • 빅데이터를 활용한 과학적 행정 구현	• 수요자 맞춤형 서비스 통합 제공 • 창업 및 기업활동 원스톱 지원 강화 • 정보 취약계층의 서비스 접근성 제고 • 새로운 정보기술을 활용한 맞춤형 서비스 창출

2. 정부 3.0 사례

① 정부 3.0 안심상속 원스톱 서비스

상속을 위한 사망자의 금융거래, 토지, 자동차, 세금 등의 재산을 개별 기관을 일일이 방문하지 않고, 한 번의 통합신청만 하면 문자·온라인·우편 등으로 확인하는 서비스를 말한다.

② 행복출산 원스톱 서비스

기존에는 가정양육수당(보육료), 출산양육지원금, 다둥이 행복카드 발급, 다자녀 가구 공공요금 감면 등 출산 관련 서비스를 받기 위해서 서비스별로 신청서를 작성하고 구비서류를 따로 챙겨 개별 기관에 신청해야 했지만, 행복출산 원스톱 서비스로 통합 신청서 한 장만으로 신청이 가능해 졌다.

③ 생활안전지도 웹·모바일 전국 서비스 공개

국민안전처는 국민생활과 밀접한 각종 안전정보(범죄, 재난 등)를 지도 기반의 생활안전지도로 구현해 국민이 스스로 위험을 예방할 수 있도록 생활안전지도 서비스를 제공하고 있다. 생활안전지도는 안전정보통합관리시스템(재난안전정보 통합시스템으로 20여 개 기관 및 229개

지자체 약 350종 정보 관리)에 관리되고 있는 안전정보 중 국민생활안전과 밀접한 치안 · 교통 · 재난 · 맞춤안전 등 4대 안전분야 정보를 인터넷 또는 모바일을 통해 지도 형태로 보여주는 서비스다.

④ 안전디딤돌

여러 개로 분산된 서비스를 여러 개의 앱을 설치하지 않아도 안전디딤돌 앱 하나만 설치하면 다양한 재난안전정보를 신속하게 받을 수 있다. 뿐만 아니라 계절별, 지역별로 기상정보, 사건 · 사고, 병원, 약국 등의 정보도 알 수 있다. 재난 정보를 문자로 받을 수 있고 비상시 행동요령과 내 주변의 대피소 위치도 확인할 수 있다.

02 | 국정운영 5개년 계획(현 정부)

5대 국정 목표	20대 국정 전략	
국민이 주인인 정부	• 국민주권의 촛불 민주주의 실현 • 투명하고 유능한 정부	• 소통으로 통합하는 광화문 대통령 • 권력기관의 민주적 개혁
더불어 잘사는 경제	• 소득 주도 성장을 위한 일자리 경제 • 서민과 중산층을 위한 민생경제 • 과학기술 발전이 선도하는 4차 산업혁명	• 활력이 넘치는 공정경제 • 중소벤처가 주도하는 창업과 혁신성장
내 삶을 책임지는 국가	• 모두가 누리는 포용적 복지국가 • 국민 안전과 생명을 지키는 안심사회 • 노동존중 · 성평등을 포함한 차별 없는 공정사회	• 국가가 책임지는 보육과 교육 • 자유와 창의가 넘치는 문화국가
고르게 발전하는 지역	• 풀뿌리 민주주의를 실현하는 자치분권 • 사람이 돌아오는 농산어촌	• 골고루 잘사는 균형발전
평화와 번영의 한반도	• 강한 안보와 책임국방 • 국제협력을 주도하는 당당한 외교	• 남북 간 화해 협력과 한반도 비핵화

03 | 지방분권 개헌 추진

1. 헌법개정 절차

현행 헌법에 의하면 헌법개정은 국회재적의원 과반수 또는 대통령의 발의로 제안되며, 제안된 헌법개정안은 대통령이 20일 이상의 기간에 공고하고, 국회는 공고일로부터 60일 이내에 의결하여 재적의원 2/3 이상의 찬성을 얻어야 한다. 의결된 개정안은 30일 이내에 국민투표에 붙여 국회의원 선거권자 과반수 투표와 투표자 과반수의 찬성을 얻어야 확정되며, 대통령은 이를 즉시 공포하여야 한다.

2. 4대 지방 자치권 논의(자치입법권 · 자치행정권 · 자치재정권 · 자치복지권)

중앙정부와 수도권으로의 재정과 인구의 집중은 대한민국의 발전을 저해하는 심각한 문제가 되기 때문에 지방분권을 강화하여 지방을 살리는 것이 시대적 사명이다. 현재 대다수의 지방자치단체들은 중앙집권적 행정 및 재정구조로 인하여 만성적 적자에 허덕이고 있으며, 사실상 중앙정부에 종속된 비정상적인 구조 속에 있다. 이 같은 상황에서 입법, 행정, 재정, 복지 등 4대 자치권을 지방에 부여하는 실질적인 지방정부로 만들겠다는 대통령의 의지는 반가운 일이며, 앞으로 국가균형발전, 지방분권을 위해 4대 자치권이 원활하게 실현될 수 있도록 철저한 준비를 해 나가야 한다.

`Append`

정부 헌법개정안 주요 내용

- 권력구조 방향은 대통령 4년 연임제 채택(연이어 가능)
  * 현직 대통령이 대선에서 지더라도 재출마할 수 있는 중임제와는 구분된다.
- 4 · 19 민주 혁명 이후 발생한 민주화운동, 5 · 18 민주화운동, 부마 민주항쟁, 6 · 10 민주항쟁 관련 내용이 헌법 전문에 포함
- 대통령 선거 결선투표제 도입
  결선투표제는 과반수 등 일정 득표율 이상이 당선조건일 때 이를 충족하는 후보가 없으면 득표수 순으로 상위 후보 몇 명만을 대상으로 2차 투표를 해 당선자를 결정하는 방식이다.
- 수도조항 명문화
  명문의 규정이 없더라도 관습 헌법(불문법)에 따라 서울을 대한민국 수도로 인정하고 있을 뿐이었다.
- 제2국민회의 성격의 회의체 신설(대통령과 시 · 도지사의 정례회의)
- 대통령의 특별사면권 제한
- 감사원 독립성 강화(대통령의 감사위원 임명 권한을 축소)
- 국회의원 소환제와 국민 발안제 도입
- 대통령이 입법 · 행정 · 사법 삼권 분립 위에 존재한다는 것으로 해석될 소지가 있는 대통령이 국가의 원수라는 현행 헌법 조항은 삭제

04 | 광복 100주년의 의미

임시정부는 대한민국의 뿌리이자 대한민국의 법통이다. 대한민국 헌법에 대한민국이 임시정부의 법통을 계승한다고 명시하고 있는 만큼, 2019년은 3·1 운동 100주년이면서 임시정부 수립 100주년이 되고, 그것은 곧 대한민국 건국 100주년이 된다고 명시했다.

반만 년의 유구한 역사를 가진 우리민족에게 대한민국 광복 100년의 의미는 미래로 전진하기 위한 통합력을 의미한다. 100년의 역사가 튼튼한 기초가 되었을 때 광복 100주년을 향한 새로운 대한민국 만들기가 가능해지기 때문이다.

05 | 성과급제

1. 공직자 성과급제도

우리나라 공무원의 보수는 형평성보다 균등성에 치우친 제도 운영으로 인하여 행정의 생산성 제고라는 시대적 변화에 크게 뒤떨어졌다는 비판을 받아왔으며, 최근 공직사회에 실적과 성과를 중시하는 경쟁원리가 급부상하면서 공무원 보수관리체계에 커다란 변혁의 회오리가 몰아치고 있다. 그 회오리는 바로 다름 아닌 기존의 보수구조의 경직성을 깨뜨리고 융통성과 대응성을 높이려는 성과급제도의 도입이다.

2. 성과급제도의 찬성

성과급제도를 실행하면 근로자 개개인이 좀 더 일에 충실해지고 노력하게 되어 근무 능력과 태도를 향상시킬 수 있다. 또한 기본 호봉 이외에 추가 성과급으로 능력 발휘의 동기 자극이 될 수 있으며 직원들의 책임감과 경쟁의식이 커질 수 있다는 장점이 있다.

3. 성과급제도의 문제점

경쟁의식이 커질 경우 개인주의 문화가 커질 수 있고, 과도한 경쟁의식으로 인하여 업무 간 협력이 없어지고 부서 이기주의가 만연할 수 있다. 또한 성과급을 의식하여 직원들을 평가할 권력에 모여 줄서기를 할 우려가 있다. 또한 공정한 평가가 불가능하여 행정의 공공성이 파괴될 우려도 있다.

지역경찰의 성과주의에 대한 기준점 척도(지역 치안행정서비스 활동)

- 지역별 치안 체감도
- 지역별 급증하는 범죄 건수에 대한 치안 홍보율
- 치안 콘텐츠 제공 건수 및 주요 언론보도 건수
- 근무환경 개선율
- 각 관내 청렴지수 및 청렴활동 지수

06 | 청와대 국민청원(현대판 신문고)

1. 국민청원의 순기능

청와대 국민청원은 '국민이 물으면 답한다'는 국정철학을 반영하고자 청와대가 도입한 직접소통의 수단 중 하나를 말한다. 국민청원 게시판은 현대판 신문고 역할을 하면서 국민이 정책을 제안하고 의견을 내는 직접민주주의 요소로 긍정적인 평가를 받고 있다. 20만 명 이상 동의를 했을 때는 청와대에 답변할 의무가 생기기 때문에 청와대가 직접 문제를 해결할 것이라는 기대감을 갖게 한다. 정치권이 외면했거나 언론의 관심을 받지 못했던 사안을 직접 시민이 정치적 의제로 떠오르게 만드는 것 자체로 국민청원 게시판의 효능을 무시할 수 없다.

2. 긍정적인 사례

① 권역외상센터 지원

권역외상센터 지원 청원에 대해 보건복지부 장관이 직접 나서서 이송체계, 외과의 수련과정, 인력충원, 예산배분 등 다양한 부분을 검토하겠다고 밝힌 경우가 있다. 해당 사례는 오랫동안 지적받아온 응급의료시스템의 개선이 국민청원을 통해 탄력을 받게 된 사례로 꼽는다.

② 윤창호법 제정

음주운전 처벌 강화를 골자로 한 '윤창호법' 제정 청원은 문재인 대통령이 직접 나서 입장을 밝힐 만큼 여론의 지지를 얻은 경우이다.

③ 슬리핑차일드 체크제도

경기도 동두천에서 차량 안 여아가 사망하는 사고가 발생하고 어린이집 차량 안에 '잠자는 아이 확인 장치'인 슬리핑차일드 체크제도를 만들어야 한다는 국민청원글이 올라 왔다. 그 후 해당 청원에 대응하기 위해 보건복지부는 제도 도입을 위한 법 개정을 추진했다.

3. 국민청원의 역기능

① 정치적·지역 갈등, 특정 개인에 대한 지나친 공격

국민의 소통창구가 변질이 되어, 정치적·편향적인 집단공격이나 성이나 지역갈등을 조장하는 청원, 사법체계에 대한 도전, 특정인을 향한 인신공격성 여론몰이, 과도한 의견 표출, 특정 사건에 섣부른 판단이나 집단 갈등을 조장한다는 비판도 나오고 있다. 청원 제출과 동시에 일반에게 공개되는 방식을 지양하고, 일정한 기준을 충족하지 못한 청원은 게시하지 않는 방안을 검토할 필요가 있다. 현재 국민청원에서는 특정 아이돌스타의 팬클럽을 해체하라는 청원이나 특정인에 대한 인민재판식 비난 청원, 명확한 요구 사항없이 비유적인 표현으로 특정집단을 모욕하는 청원 등이 공개되고 있다.

② 중복 청원의 논란

무분별한 청원, 청원 내용의 중복이나 선정적이고 장난성 청원들이 늘고 있어 공무원의 업무 과중화를 초래한다. 무분별한 청원은 국민들의 피로도를 쌓이게 하고 불필요하게 여론을 분열시킬 수 있다. 무분별한 청원이 쌓일수록 실제 가치있는 청원이 묻히게 된다는 우려가 나오고 있다.

* 실제로 하루에 약 680건, 한달 평균 2만여 건의 청원이 꾸준히 올라오고 있다.

③ 삼권분립의 원칙에 위반된 청원

대통령·행정부의 권한 밖에 있는 입법권·사법권 행사를 요구하는 국민청원들이 늘어남에 따라 삼권분립 등에 반하는 사항을 요청하는 청원 등에 대해서는 답변을 거부할 수 있음을 명시하여 국민청원의 실효성을 높여야 한다.

④ 과도한 의견 표출

청와대 국민청원이 접근이 용이한 인터넷 공간에서 문제 제기를 통해 해법을 모색하는 장으로 부상하였지만 무책임한 청원이 쏟아지는 것처럼 부작용도 나타나고 있다. 부작용을 줄이고 본래 도입의 취지를 제대로 살리기 위해서는 인터넷 실명제 실시와 허위 글이나 명예훼손의 글을 게재할 경우 법적 책임의 경고 문구를 삽입하여 진정한 민주주의 목소리가 될 수 있도록 보완책을 마련해야 한다.

`Append`

미국의 '위더피플'

미국의 '위더피플'은 청와대 국민청원의 벤치마킹 모델로 알려져 있다. 청와대 국민청원과 달리 '위더피플'은 동의 절차 요건이 까다로운 것이 특징이다. '위더피플'에 청원글을 올리려면 사이트에 가입해 계정(13세 이상)을 만든 뒤 150명으로부터 청원글 공개 여부 동의를 이메일로 받아야 한다. 150명이 동의하면 그때 청원글이 게시판에 등록된다. 청와대 국민청원 게시판이 SNS 가입 계정으로 누구나 한 번에 청원글을 올리는 구조라면 미국은 우리나라보다 까다로운 요건을 가지고 있기에 무분별한 청원들을 예방하고 있다.

07 | 재벌 개혁

한국사회는 급격한 산업화에 따른 부작용으로 지나칠 정도로 재벌에게 경제력이 집중되어 있고 나라 전체의 경제가 재벌이 없으면 돌아가지 않을 정도로 재벌만능주의에 빠져있다. 그동안의 정책들은 낙수효과(고소득층의 소득이 증대가 되면 물방울이 아래로 떨어지듯이 저소득층의 소득도 증가하게 된다는 효과)를 기대했지만, 현재 상황을 보면 동네 편의점부터 택배회사, 심지어 동네 빵집까지 재벌이 운영하고 있으며 실질적인 대기업에서는 수백조씩의 돈을 쌓아두고 고용창출효과는 없다는 것이 밝혀졌다. 재벌 개혁의 방향은 재벌을 통째로 없애는 것이 아닌 그동안 재벌 오너들이 체제를 유지하기 위해 해왔던 편법승계나 탈세를 공정하게 조사하고 처벌하여 그런 일이 다시 발생하지 않게 막는 데 있다. 비정상적인 그룹 내 소유 구조를 끊고 그동안 경제적 지위를 이용하여 부당하게 행사해 온 갑을관계에서 벗어나 소상공인들을 죽이는 문어발식 확장을 못하게끔 제도적으로 보완해야 한다.

08 | 공무원 증원

사회복지사나 소방관 등 공공 서비스를 담당하는 부문에서 증원하는 것은 긍정적이지만, 현 정부에서 공약한 목표 숫자를 맞추려고 급하지 않은 부문에까지 증원을 하는 것은 옳지 않다. 공무원의 월급은 국민의 세금에서 나오며 정년까지 신분보장을 받기 때문에 그 만큼 많은 재정이 투입되어 국가경제에 악영향을 줄 우려가 있고, 무분별한 증원은 고용조정을 어렵게 만들기 때문에 공무원을 증원하려면 어떤 공공서비스를 얼마나 더 확충할 필요가 있는지 정확히 파악하고 그에 따른 재정 소요는 얼마나 되는지 꼼꼼히 따져 본 후 중·장기계획을 마련하여 시행해야 할 필요가 있다. 단순히 취업난을 해결하기 위한 대책이기보다는 국가조직 전체를 파악하여 공무원 조직의 조직 이기주의를 배제하고 반드시 필요한 곳에 충분한 인력을 배치시키고 필요가 없는 부서는 과감히 폐지하는 식으로 인력을 조정한 이후에 부족한 인원을 충원해야 한다.

09 | 한반도 비핵화(북핵문제)

1. 남북한의 관계 개선이 필요

정부는 남·북 관계 회복 및 북핵 저지를 위해서 급변하는 정책을 사용하여 무리수를 두는 것보다는 북한이 남한을 무시하지 못하고 우리가 원하는 통일로 가는 방향에서 벗어나지 못하게 만드는 용의주도한 정책이 필요하다. 북한의 핵실험 및 미사일 도발에 대해서는 대북제재는 계속하되, 개성공단을 다시 재개하여 단절된 대화를 이어나감과 동시에 경제협력의 균형도 함께 이어나

가야 한다. 남한의 경제력은 북한에 비해 40배나 앞서 있기 때문에 남한은 자신감을 가지고 북한을 대화의 장으로 유도하여 북한이 남한을 무시하지 못하게 하는 반면, 국가 안보는 철저히 지키되 북핵문제 해결을 위해 미국과 중국, 일본이 아닌 남한의 주도 아래 6자회담을 개최하여 북핵문제를 적극 해결해 나가야 한다. 그러기 위해서는 우선 남북관계를 위해 대화를 먼저 시작하여 개성공단 재가동으로 경제협력을 해서 남북관계의 분위기를 좋게 하여야 하며, 추후 남한이 주도한 북핵문제를 위한 6자회담을 개최하여 북핵문제를 해결하고, 평화통일로 유도할 수 있어야 한다.

2. 한반도 운전자론

현 정부에서는 북핵 문제를 해결하는 데 있어서 한국이 운전대를 잡아야 한다는 한국 운전자론을 선언했다. 트럼프 외교정책의 수장인 틸러슨이 문재인 대통령과 동일한 대북정책 기조를 공유하는 바탕 위에서 대북정책의 주도권 또는 운전석을 문재인 대통령에게 넘겨줬고, 평창동계올림픽의 계기로 북한 김정은 위원장과 도널드 트럼프 미국 대통령이 역사상 첫 북미 정상회담 개최에 공감대를 이루면서 4월 남북정상회담과 맞물려 한반도 비핵화, 평화구축 논의가 급물살을 타게 되었다.

Append

판문점 합의안

핵 없는 한반도 실현, 연내 종전 선언, 남북공동연락사무소 개성 설치, 이산가족 상봉 등을 천명하였다.

문재인 정부의 평화 5원칙

- 한반도 평화 정착
- 한반도 비핵화
- 남북 문제 주도적 해결
- 북핵 문제 평화적 해결
- 북한 도발에 단호히 대응

트럼프 외교정책의 수장인 틸러슨의 4 Nos

'대북 적대 정책, 북한 공격, 북한체제 붕괴 시도, 인위적 흡수통일 시도'를 모두 하지 않는다는 내용이다.

3. 국제적 공조 필요

지난 20여 년의 경험이 보여주듯이 핵·미사일 문제를 비롯한 북한 문제를 우리나라 혼자서 해결하는 것은 불가능하며, 국제공조가 무엇보다도 중요하다. 한반도 관련국들의 생각이 다르더라도 최대한 의견을 조율하고 문제를 풀 수 있는 길을 찾아야 하는 것이다. 지난 정부에서는 사드(고고도 미사일 방어체계)의 한반도 배치 카드를 내밀어 중국·러시아와 큰 틈을 만들었고, 확성기 방송 재개에 이은 개성공단 폐쇄라는 극단적 결정으로 스스로 국제공조에서 멀어졌기 때문이다. 한국은 북핵 문제의 당사자다. 북핵 문제를 위한 구체적 해결책을 세우고 미국이 대화로 전환하도록 설득해야 한다. 아무런 대책 없이 북핵에 대해 비난을 반복한다고 해서 북핵 해결 책임에서 면책되는 것은 아니다.

10 | 한일 군사정보보호협정(GSOMIA)

군사협정이 체결되면 한국과 일본은 2급 이하의 비밀 군사정보를 공유하고 함께 관리하게 된다. 한국은 비밀정보를 Ⅰ급, Ⅱ급, Ⅲ급 비밀로 구분하지만, 일본의 경우 기밀, 극비, 비로 구분을 한다. 우리나라의 대표적인 Ⅱ급 비밀은 대부분 대북정보에 해당한다. 양국은 대북 정보와 관련하여 전략무기에 대한 사용지침과 준사령부급 이상의 장비현황, 암호화 프로그램을 공유할 것으로 보고 있다.

11 | 대북전단지 살포

국민의 생명이 명백히 위험에 처한 상황에서 정부 당국의 대북전단 살포 제지가 적법하다는 판결이 나왔다. 대법원의 판결은 대북전단 살포가 표현의 자유에 해당하지만 지역주민의 안전에 위협이 될 수 있다는 인과 관계를 인정한 판결이며, 앞으로도 국민의 기본권인 표현의 자유의 보호와 지역주민의 안전을 고려해 대북전단 살포·제지 문제를 판단하게 되었다. 그동안 대북전단 살포의 실효성에 대해선 회의적인 시각이 적지 않았다. 대북전단 살포를 주도하고 있는 일부 탈북자 단체들은 북한 민주화 등에 상당한 역할을 하고 있다고 주장하지만 반론도 거셌다. 북한에서는 전단 문제가 공안사범이기 때문에 확산성이 떨어진다는 점과 무엇보다 대북전단 살포로 희생되는 남북 관계의 기회비용이 너무 크다는 지적도 여러 차례 제기되었다.

12 | 북한인권법

기존에 남한에서 북한을 지원했던 부분이 북한주민과 북한정부를 구별짓지 못했기에 오히려 남한의 지원이 악용되는 부분이 있었는데 북한인권법은 북한정부가 자행하고 있는 북한인권 침해 사례에 대해 우리 정부가 침묵하지 않고 기존의 행해졌던 인도적 지원이 본래의 목적에 맞게 지원 대상에게 올바로 갈 수 있게 하겠다는 의지가 반영된 법을 말한다.

Append

북한인권법안의 핵심 내용
- 인도적 지원의 투명성 확보 : 북한정부와 북한주민을 구별하여 지원한다.
- 북한인권기록보존소 운영 : 북한정부와 중국에서 자행되는 인권유린을 묵인하지 않겠다.
- 활동 지원 : 북한주민을 지원할 수 있는 가장 확실한 방법은 민간단체를 통한 지원이다.

13 | 전시작전권

주한미군의 주둔으로 인해서 한국이 얻은 이익은 분명히 존재한다. 국방비를 줄일 수 있고, 그것을 경제적인 투자로 돌림으로써 경제발전에 힘을 더 실어줄 수 있다. 또한 한국이 독자적으로 확보하기 힘들었던 규모의 장비들을 보유함으로써 북한에 비해서 열세에 있었던 군사전력의 보완도 가능하게 되었다. 하지만 전시작전권이 미국 측으로 넘어간 것은 한국전쟁 때의 일이며, 당시 국내의 군사전력이 없었던 현실 속에서 불가피한 선택이었을 것이다. 그러나 현재의 상황은 다르다. 한국은 세계 10위권의 국방비와 세계 6위권의 국방력을 갖춘 군사강국이다. 현재의 남북 군사력은 한국전쟁 시기처럼 어느 한 쪽이 일방적인 우위를 가지고 있지 않은 상태이다. 미국도 한미동맹을 정상적으로 조정하자는 입장에서 전시작전권을 가져가라고 했지만, 우리의 대미 심리집착증이 전시작전권 환수 연기를 기약 없이 만든 것이 문제이다.

이양 연기 (대북 억제력)	전시작전권을 미국과 분담하고 있는 한 한국을 침공하는 것은 곧바로 미국을 상대로 싸우겠단 의미라는 면에서 확실한 안보보장이 된다는 주장이다. 특히 한미연합사 체제를 통해 당분간 강력한 대북 억제력을 갖게 된다. 또 북한은 핵실험을 한 뒤 핵 소형화와 미사일 개발을 통해 핵무기의 실전 배치를 추진하고 있다며 전시작전권 전환을 연기한 것은 전쟁 발발 시 미국의 즉각 개입을 담보하는 안전장치의 작동을 확실히 보장받은 것과 다름없다.
이양 반대 (주권국가의 위신)	주권이라는 것은 주인으로서의 권리를 말하는 것이다. 영토적인 주권이란 국토에 대해 다른 나라의 간섭이 없이 그 나라의 권력을 행사할 수 있는 것을 말하고 외교적 주권이란 다른 나라와 상호관계를 맺을 수 있는 권리로 보통은 수교를 맺음으로서 성립이 된다. 그리고 주권에는 내정간섭을 받지 않을 권리도 있다. 근거 없이 그 나라 국내 문제에 정치적·경제적 압력을 통해 자국의 의사를 강요해서는 안 된다고 유엔에서 정하고 있다. 타 국가의 영토 내의 반란세력을 지원하는 행위가 비군사적인 것이라고 하더라도 간섭에 해당하며 무기 등의 지원과 같은 간접적인 군사지원은 물론 유엔 헌장에 금지하고 있다. 그런데 한 나라가 자국의 군대를 마음대로 작전 지시하고 통제할 권리를 가지지 못하였는데 이를 주권과 무관한 것이라고 말하는 것은 이해할 수 없다.

14 | 남북통일

1. 남북통일 반대론

① 천문학적인 통일비용

우리보다 먼저 통일을 이룩한 독일의 경우를 살펴보면, 1990년 당시 서독과 동독의 GDP 차이는 약 3배였다. 그리고 분단 기간 또한 길지 않았다. 그러나 독일의 통일 비용은 약 2조 유로, 한화로 약 2,300조 5,000억에 해당하는 금액이었다. 2015년 기준, 남한과 북한의 GDP 차이는 약 44배, 분단기간은 70년이다. 이러한 차이만 보더라도 통일 과정에서 상상조차 할 수 없는 금액이 투입될 것을 알 수 있다. 또 통일부의 발표에 따르면, 2030년 기준으로 1년 동안 부담해야 할 통일비용이 55조 원에서 249조 원에 이른다고 한다. 완전한 통일이 2050년쯤에 완료된다는 것이 일반적인 견해이므로, 총 통일비용은 1100조 원에서 5경 원까지 될 수 있다.

② 언어, 제도, 체제, 법률의 문제

일단 우리나라와 북한은 언어부터가 미묘하게 다르다. 기본적으로 한국어를 바탕으로 하지만 우리나라는 표준어, 북한은 북한어라고 부른다. 나라 간 교류가 적은 탓에 이 격차는 영국식 영어와 미국식 영어와의 격차보다 크다. 체제 또한 다르다. 우리나라는 민주주의를 표방하지만, 북한은 사회주의를 기반으로 하기에 통일 이후 체제 통합에 어려움이 따를 것이다. 이외에도 법률, 제도, 문화, 가치관, 지적 수준 차에 때문에 법률적 통일 이후에도 실질적 통일을 이루기까지는 천문학적 액수와 시간이 소모될 것이다.

③ 북한의 사회 기반 시설 부족

북한에서 평양과 극히 일부를 제외한 곳은 전기조차 들어오지 않는다. 발전시설, 교통망, 항만, 공항, 인터넷망 등 아주 기초적인 사회 기반 시설마저 세워지지 않았다는 것을 보여 준다. 더욱이 우리나라의 면적은 약 10만 Km^2이지만, 북한은 우리나라의 약 1.2배인 12만 Km^2이다. 거기다 북한 지역 대부분이 험한 산지인 것을 고려하면, 사회기반 시설 확충에만 천문학적 금액이 소모될 것이다.

2. 남북통일 찬성론

① 풍부한 지하자원

통일이 언급될 때 반드시 언급되는 것이 북한의 지하자원 매장량에 관한 것이다. 북한은 국토의 약 80%에 광물자원이 광범위하게 분포되어 있으며 총 매장량의 잠재가치는 6,984조(남한의 약 24배)이며, 개발 유망 10대 광물의 잠재가치는 3,661조 원에 달한다.

② 경제적 이익

외부의 개입 없이 스스로 통일하는 경우에 2050년까지 GDP의 약 0.66%가 감소하지만, 북한의 국가 완성 단계에서는 실질 GDP가 약 414%까지 상승하게 된다. 6자 회담국의 지원을 받는 경우 2050년에는 남한의 GDP가 0.27% 하락하지만, 북한의 국가가 완성된 단계에서는 447%까지 GDP가 상승될 것으로 예상한다. 6자 회담국과 국제기구의 도움을 받는 경우에는 통일 전후로 하여 GDP의 0.17%가 하락하지만 완성단계에서는 실질 GDP의 448%까지 상승한다. 또 여기서 자유무역화를 실시한 것을 합친다면 2050년까지 1.94%의 GDP 하락을 불러오지만, 북한의 국가 수립단계에서는 실질 GDP의 618.66% 정도 상승할 것으로 보인다. 6자 회담국 및 국제기구의 지원, G20의 자유무역의 시나리오의 경우 통일과정에서 GDP의 2.03% 하락을 부르고 완성 단계에서 실질 GDP의 656.44% 상승을 보인다. 이를 보면, 통일 초기 단계 및 중간 단계에선 경제적 손실이 있지만 통일이 완성이 되면 통일 과정에서 생긴 모든 손실을 보완할 수 있다.

③ 이산가족 문제

총 이산가족은 13만 명이며 그 중 6만 3천여 명이 돌아가시고, 6만 6천여 분이 살아계신다. 그러나 70세 이상 고령이신 분이 전체의 71.8%에 달해 그 수는 빠르게 줄고 있다. 이 분들의 나이를 고려할 때, 남북통일은 빠르게 진행되어야 한다.

3. 한반도 통일

얼마 전 미국이 일본의 집단적 자위권을 인정함으로써 미국이 전쟁을 수행하는 어느 곳이라도 일본이 참여할 수 있게 되었다. 미일동맹의 강화로 중국과 러시아도 군사협력을 강화하고, 신 냉전 체제의 재출현을 예고하고 있다. 한반도 주변 국가들은 한반도 문제와 관련된 국가이익을 위해 상호 대립할 경우 한반도는 주변의 국제안보환경을 숙명적으로 받아들어야 할 것이다. 남북은 주변 강대국의 편 가르기에 가담하지 말고, 비동맹 중립외교에 따라 철저한 균형외교를 통해 국가이익을 극대화하면서 평화통일 정책을 추구해 나가야 한다. 평화통일 정책을 추진할 때도 미국이나 중국에 의지하지 말고 남북의 신뢰와 협력을 통해 자주적으로 해결한다는 원칙과 의지를 가지고 추진해야 한다.

15 | 일본의 우경화

1. 일본의 우경화란?

좌익(左翼)은 '왼쪽 날개'로 정치적으로는 급진적이고 혁신적인 정파를 의미하고, 우익(右翼)은 '오른쪽 날개'로 점진적이고 보수적인 정파를 뜻하기 때문에 우경화란 사회적인 기류가 보수적으로 변화하는 것을 가리킨다. 예를 들어 역사인식에서 우경화는 일본이 저질렀던 과거 침략의 역사를 정당화하거나 미화하는 경향이 강화되는 현상을 말한다. 일본의 우경화는 20년 이상 계속되는 내수침체, 2011년 발생한 동일본대지진 등으로 인한 일본 사회의 무력화, 독도와 중국의 댜오위다오(Diaoyudoo)의 영유권을 둘러싼 한국, 중국과의 갈등으로 인해 더욱 심화되고 있다.

2. 야스쿠니신사 참배 쟁점

1948년 극동국제군사재판에서 A급 전범으로 사형당한 도조 히데키 등 A급 전범의 합사 문제와 일본과 2차 대전 피해국들의 역사 인식 문제 등이 쟁점이다.

3. 독도 문제

① 독도 분쟁

독도 분쟁이란, 독도에 대해 일본과 대한민국이 각각 영유권을 주장하여 생긴 영토 분쟁을 말한다. 독도 분쟁은 19세기 이전, 독도에 대한 지배 및 관할을 어떻게 봐야 하는지에 대한 역사 논쟁과 연결되어 있다. 대한민국 측은 『삼국사기』, 『조선왕조실록』과 같은 역사적 문헌을 인용하거나 고지도에 기록된 우산도 등을 근거로 하여, 독도가 울릉도의 부속도서이며 19세기 이전부터 한국의 고유영토라는 점을 명백히 하고 있다.

② 독도의 날

독도의 날은 고종이 대한제국칙령 제41호(1900년 10월 25일)로 독도를 울릉도의 부속 섬으로 제정한 것을 기념하기 위해 제정되었다.

③ 독도수비대

독도 수비를 위해 설치한 경찰대인 독도경비대를 민간에서 독도수비대라고 부르기도 한다. 1956년에 독도의용수비대로부터 독도를 인계받아 55년간 독도를 지켜오고 있다는 것이 일반적인 인식이었으나, 2010년 이후로 보다 일찍 경찰이 배치되어 있었다는 증거들이 제시되고 있다. 이에 따르면 국립경찰의 배치는 독도의용수비대가 활동을 시작한 직후인 1954년까지 올라가는데, 이것은 별도로 인원을 차출해서 배치한 것이 아니라 의용수비대원들의 경찰 입대를 통해 이루어진 부분도 있어 고려가 필요하다. 현재는 일반 경찰이 아닌 전투경찰이 독도의 수비를 맡고 있으며 소총과 기관총 등으로 무장하고 있다.

④ 동해에 대한 국제적 명칭 변경

'동해'의 국제적 명칭인 'East Sea'를 'Sea of Korea' 또는 'East Sea of Korea'로 바꿔야 한다. 명백한 우리 땅이지만 세계지도에서는 아직도 우리 땅임을 입증하는 제 이름을 가지지 못하고 있다. '일본해 Sea of Japan'으로만 표시되어 있거나 그저 'East Sea'로 병기되어 있는 상태이기 때문이다.

⑤ 경찰이 경비하는 이유

독도에 경찰 대신 국군을 배치할 경우 일본이 주장하는 것과 같이 분쟁지역이라는 국제사회의 오해를 가져올 수 있기 때문이다. 군인이 아닌 경찰이 독도를 경비하는 것 자체가 우리 영토의 치안을 담당하는 것이 되어 영유권을 행사하는 것으로 구분되어 자연스럽게 독도에 대한 우리나라의 주권을 나타낼 수 있다고 볼 수 있다.

16 | 위안부 합의안

협상이 타결된 지 얼마 지나지 않아 일본 자민당의 의원이 위안부를 직업 매춘부로 비방하였고, 이어 아베 총리는 위안부의 강제 동원 사실을 부인했다. 당시 전 정부에서는 이에 대한 별다른 반발을 하지 않았다. 협상 이후로도 일본은 변한 것이 없는데 한국이 일본에게 외교적으로 숙이고 들어가는 것은 명분과 실리를 모두 놓친 외교적 참패였다고 밖에는 설명이 안 된다. 따라서 위안부 할머니들의 명예회복을 위한 노력이 요구된다. 먼저 위안부 할머니들의 명예와 상처 회복을 위하여 재단을 구성해야 한다. 그리고 이는 민간 차원이 아닌 정부 차원에서 진행되어야 한다. 일본은 20년간 위안부에 대해 부정적인 연구를 진행해 왔고, 그 결과 위안부에 대한 사실을 모르기에 일본 사람들이 반발하고 나서는 것이다. 위안부 할머니들의 명예와 상처 회복을 위하여 재단을 구성함과 동시에 강제 동원에 의한 성노예라는 사실을 알리고 일본 내에 잘못된 우익 여론을 씻어내는 연구가 필요하다.

17 | 역사 인식

1. 역사를 배워야 하는 이유

역사를 배우는 일이 왜 중요할까? 그것은 과거 없이는 현재도 없기 때문이다. 역사를 알면 과거의 인간 생활을 이해할 수 있게 되고, 그렇게 되면 현재를 보다 잘 이해할 수 있다. 과거를 이해하게 되면, 현재의 문제를 비판적으로 이해할 수 있게 되며, 지혜롭게 대처할 수 있다.

2. 역사를 왜곡하는 나라

역사를 통해 우리는 문화적 뿌리와 전통 유산을 이해하게 되고, 나아가 민족적 정체성과 자부심, 애국심을 가질 수 있다. 그 나라의 역사가 훌륭할수록 그 국민들이 더 큰 자부심과 애국심을 갖게 될 것이다. 만약에 후세에 역사를 다시 고쳐 쓸 수 있으면 어떻게 될까? 부끄러운 역사는 감추거나 왜곡하는 경우가 생기게 되고, 자부심을 느꼈으면 하는 내용은 과장하게 될 것이다. 그리고 현재의 국가적 문제를 유리하게 해결하기 위해서 역사를 왜곡하는 경우도 있을 것이다. 일본과 중국의 역사 왜곡이 바로 그런 것이다.

3. 일본의 침략 역사 왜곡

일본이 우리나라를 강점하고 있던 시절에 대해서 일본 역사 교과서에는 '한국 병합 후 설치된 조선총독부는 철도와 관개시설을 정비하는 등 개발을 행하고, 토지 조사를 개시하여 근대화에 노력하였다.'라고 되어 있다. 이 부분은 일제 강점기 35년 동안 일본이 여러 시설을 정비해서 한국이 발전할 수 있었다는 주장으로 조선을 식민지로 삼은 것을 정당화하고 있는 것이다. 하지만 일본이 조선에 여러 시설을 세운 이유는 조선에 대한 수탈을 쉽고 빠르게 하기 위해서다.
예를 들어서 철도를 만든 이유는 각 지역에서 수탈한 곡식과 문화재, 지하자원 같은 것을 일본에 대량으로 실어가기 위해서였다.

4. 역사 왜곡의 대책

우리는 일본과 중국의 역사 왜곡에 가장 큰 피해를 입고 있다. 감정적으로 대응해서 무조건 화를 내거나, 모른 척 무시해버리는 동안 그들은 국제사회에 열심히 선전을 하고 있다. 그러니 어떤 것이 왜곡이고 어떤 것이 진실인가를 객관적으로 밝혀내기 위해서는 먼저 역사 공부를 열심히 해야 한다. 물론 일본과 중국의 역사도 공부해서 두 나라 주장의 잘못된 점을 찾을 수 있어야 한다. 그렇게 일본의 역사 교과서 내용과 중국의 동북공정에 관심을 가지고 역사 왜곡에 대응하는 단체에 가입하여 활동하는 것도 좋은 방법이다.

01 | 김영란법(청탁금지법)

1. 김영란법 제정

① 김영란법

김영란법이란 부정청탁 및 금품 등 수수의 금지에 관한 법률(약칭 청탁금지법)로서 공직자에 대한 부정청탁 및 공직자 등의 금품 등 수수(收受)를 금지함으로써 공직자 등의 공정한 직무 수행을 보장하고 공공기관에 대한 국민의 신뢰를 확보하기 위해 제정이 되었다. 이 법은 공무를 수행하는 공직자뿐만 아니라 부정행위를 하는 국민도 함께 처벌할 수 있는 규정을 담고 있다. 국가·지방공무원(124만 명), 공직유관단체·임직원(36만 명), 학교 교직원(60만 명), 언론사대표·임직원, 전체 배우자 그 외 일반국민 등 약 400만 명 이상이 적용 대상이 된다.

② 김영란법 제정

이 법이 논의될 당시 100만 원 이상의 금품 등을 받을 때에는 직무관련성과 대가성에 상관없이 처벌하자는 것이 골자였으나 수정안에서는 대상자가 1회 100만 원, 연 300만 원을 초과한 금품을 수수한 경우 처벌하는 것으로 변경이 되었다. 또 100만 원 이하의 금품은 직무관련성이 있을 때에만 금품가액의 2~5배 이하의 과태료를 부과한다. 하지만 금품을 받지 않아도 부정청탁을 받거나 식사 대접, 골프 접대 등 후원 명목의 접대도 일정 기준을 넘으면 모두 처벌 대상에 포함되었다.

③ 주요 내용

적용 대상	공직자	공무원 · 공공기관 임직원 · 언론계 종사자 · 유치원 · 초 · 중 · 고 · 대학 임직원 등
	가족	배우자에 한정 → 금품 수수의 감시를 받는 범위를 민법상 '가족'에서 '배우자'로 축소
부정청탁 금지		• 15개 유형의 부정청탁을 받을 경우 최소 1~3천만 원 과태료 부과 • 15개 유형(인 · 허가, 처벌 감경, 인사 · 계약, 직무상 비밀 누설, 평가, 감사 · 단속, 징병검사 등)의 부정청탁을 받아 직무를 수행할 경우 형사처벌 * 다만 억울한 선의의 피해자가 생기지 않도록 절차(방법)에 의하거나, 공개석상, 공익 목적인 경우 국회의원 등 선출직 공직자에 대한 민원 전달, 사회상규에 위배되지 않는 행위 등 7개 예외 사유를 두고 있다.
부정청탁 처벌규정		• 제3자를 통해 공직자 등에게 부정청탁을 한 이해당사자는 1천만 원 이하 과태료 • 제3자를 위하여 공직자 등에게 부정청탁을 한 자(민간인)는 2천만 원 이하 과태료 • 제3자를 위하여 다른 공직자등에게 부정청탁을 한 공직자 등은 3천만 원 이하 과태료 • 부정청탁에 따라 직무를 수행한 공직자 등은 2년 이하 징역 또는 2천만 원 이하 벌금(형사처벌)

금품 수수 금지	공직자	• 동일인으로부터 1회 100만 원 초과, 연 300만 원 초과한 금품을 수수한 경우
		  – 직무 관련성 및 대가성 불문
		  – 3년 이하의 징역 또는 5배 이하의 벌금형
		• 동일인으로부터 1회 100만 원 이하 금품을 수수한 경우
		  – 직무관련성이 있는 경우에만 과태료 부과
		  – 직무관련 없이 100만 원 이하를 받더라도 동일인으로부터 연 300만 원을 초과하여 금품을 수수한 경우 형사처벌

	배우자	• 직무관련성이 있는 경우에만 1회 100만 원 초과 시 형사처벌 • 100만 원 이하는 과태료, 연간 300만 원 초과 시 형사처벌

시행령		• 김영란법 시행령에는 원활한 직무 수행, 사교나 의례, 부조 등의 목적으로 공직자에게 제공되는 금품의 상한액 기준을 설정
		  – 식사 · 다과 · 주류 · 음료 등 음식물은 3만 원
		  – 금전 및 음식물을 제외한 선물은 5만 원(단, 농수산물 선물에 한해 10만 원까지 가능)
		  – 축의금 · 조의금 등 경조사비는 5만 원(단, 조환 · 조화는 10만 원까지 가능)
		• 외부강연 사례금 상한액 기준을 설정

구분	공무원, 공직유관단체 임직원	각급 학교 교직원 학교법인 · 언론사 임직원
1시간당 상한액	40만 원(직급별 구분 없음)	100만 원
사례금 총액한도	60만 원 ※ 1시간 상한액+ 1시간 상한액의 50%	제한 없음

2. 김영란법 중요 사항

① 1회 100만 원, 1년에 300만 원 초과 금품을 받으면 무조건 처벌받는다.

　　공직자 등이 동일한 사람으로부터 1회 100만 원 그리고 1년에 300만 원을 넘는 금품 등을 받으면 직무관련성과 무관하게 3년 이하의 징역 또는 3천만 원 이하 벌금의 처벌을 받는다.

② 직무관련성이 있다면 커피 한 잔도 안 된다.

학생이 학교 선생님에게 또는 민원인이 담당공무원에게 음식물·선물을 제공하는 것이 원칙적으로 금지된다.

③ 골프 접대는 무조건 안 된다.

김영란법은 직무 관련자로부터의 골프 접대를 일종의 향응 수수로 보고 원칙적으로 금지했다. 또 공직자 등이 골프회원권 소유자와 골프를 칠 때 그린피 우대 등의 할인혜택은 금품수수에 해당해 허용되지 않는다. 물론 공직자 등이 정당한 그린피를 내고 골프를 치는 것은 허용된다.

④ 헷갈리면 '더치페이'

'직무관련성'에 대한 개념이 모호해 개별 사안이 김영란법 적용대상인지 헷갈리는 사례가 적지 않다. 이에 대해 국민권익위원회에서는 "헷갈리면 더치페이를 하라."고 권고하고 있다. 공직자 등과 여러 사람이 식사를 할 때 n분의 1로 계산하는 것이 원칙이다.

⑤ 부정청탁을 받으면 처음에는 거절하고, 두 번째는 신고하기

공직자 등이 최초로 부정청탁을 받은 경우 부정청탁이라는 사실을 알리고, 이를 거절하는 의사를 명확히 해야 한다. 그럼에도 또다시 동일한 부정청탁을 받으면 소속기관장에게 신고해야 한다. 부정청탁을 받은 공무원에 대해서는 공정한 직무 수행을 위해 직무 참여 일시중지·직무 대리자의 지정·전보 등의 조치를 내릴 수 있다.

⑥ 제공자도 처벌

누구든지 공직자 등에게 금품 등을 제공하거나 금품 제공 등을 약속하면 과태료 부과 또는 형사처벌을 받는다.

3. 김영란법에 대한 생각

과거 한국의 정(情) 문화에서 선물은 미풍양속이었다. 조선시대에는 선물을 주고받으며 생활필수품을 조달하기까지 했다. 그러나 현대에 와서 끈끈한 관계 유지 등을 위해 과도하게 주고받고, 접대하는 것이 문제가 되었다. 이런 문화는 필연적으로 부정부패를 낳거나 준법 시스템의 정상적 작동을 가로막는다. 깨끗한 사회를 만들기 위해 김영란법을 경제적 관점이 아닌 가치적 관점에서 본다면 오히려 공정한 행정으로 인해 국민들에게 더 큰 이익이 될 것이다. 앞으로 김영란법이 성공하느냐, 실패하느냐에 따라 대한민국의 미래도 달라질 것으로 보인다.

02 | 국가보안법

1. 국가보안법 폐지론

① 국가보안법은 헌법과의 관계에서 위헌적이다.

국가보안법은 대부분의 조문이 매우 모호하고 불명확한 개념으로 구성되어 광범위하게 해석될 수 있는 '백지형법' 식의 요건을 두고 있으므로 명확성의 원칙에 반한다. 또한 범죄와 형벌을 미리 법률로 규정해야 한다는 근대 형법의 기본 원리인 죄형법정주의를 부정하고 권력자가 마음대로 범죄와 형법을 결정할 수 있다는 점에서 위헌적이다.

② 국가보안법은 형법과의 관계에서 중복적이다.

국가보안법이 폐지되어도 국가안보에 아무런 영향이 없다. 왜냐하면 국가보안법 대부분의 조항이 이미 형법이나 기타 형사특별법규에 규정되어 있어 진정으로 위험성 있는 국가안보 침해사범은 충분히 규율할 수 있기 때문이다.

  ㉠ 국가보안법 제3조의 반국가단체의 구성, 가입, 예비, 음모 조항은 형법 제87조의 내란죄의 예비, 음모, 제114조의 범죄단체 조직죄, 폭력행위 등 처벌에 관한 법률과 중복

  ㉡ 국가보안법 제4조의 목적수행은 형법의 각조에 의해 대체 가능

  ㉢ 국가보안법 제5조의 자진지원, 금품수수 조항은 형법의 공범규정으로 처벌 가능

  ㉣ 국가보안법 제6조 잠입, 탈출은 형법 제92조 외환죄, 제98조의 간첩죄의 예비음모로 처벌 가능

  ㉤ 국가보안법 제8조 회합, 통신과 제9조의 편의제공은 국가보안법 위반행위에 대한 공범유형으로 성립하는 경우에만 형법에 의해 처벌하면 됨

  ㉥ 국가보안법 제10조의 불고지죄는 범인은닉죄로 처벌할 수 없는 단순 불고지범을 처벌하는 조항으로서 반인륜적이며 불필요함

③ 국가보안법은 남북교류협력법 등과의 관계에서 상충적이다.

정부의 통일정책 수립은 명백히 국가보안법에 저촉되는데도 그동안 '통치행위론'으로 용인되어 왔으며, 이 과정에서 국가보안법 위반문제를 피하기 위한 법적 근거를 마련하기 위하여 1990년 8월 1일 남북교류협력법을 제정하였다. 그러나 국가보안법 제2조는 명백히 북한당국을 반국가단체로 규정하고 있는데, 그 법률을 그대로 둔 채 반국가단체와 교류와 협력을 허용하는 남북교류협력법을 제정한 것은 실질적으로는 국가보안법을 폐지하는 것과 같은 결과를 가져오면서 두 법체계의 혼란만을 초래하고 있다.

④ 국가보안법은 입법기관인 국회에 의해 제정된 법이 아니다.

국가보안법은 법치주의와 삼권분립의 원리에 따라 법은 국민이 선출한 국회에서 제정되어야 한다는 원칙을 위반함으로써 법률로서의 최소한의 요건을 갖추고 있지 못하다. 현행 국가보안법은 1980년 쿠데타 권력기관에 불과한 국가보위입법회의에서 제정되었으며, 이에 흡수된 반공법 역시 5 · 16 군사쿠데타 이후 임의로 설치된 국가재건최고회의에서 제정된 법이다.

2. 국가보안법 존치론

① 국가보안법은 자유민주체제를 북한 등 체제 전복세력으로부터 수호하기 위해 제정된 법으로서 국가안보를 저해하는 반국가활동을 제한하여 국민의 자유와 인권을 보장하는데 그 목적이 있다. 따라서 북한 및 좌익 용공세력들의 반국가 활동을 막으려는 국가보안법은 체제수호법으로 존속되어야 한다.

② 북한 형법과의 형평성과 상호주의를 고려하여야 한다. 북한 형법은 우리의 국가보안법과 비교가 되지 않을 만큼 가혹한 극형으로 처벌하는 반문명적인 법인데, 이러한 북한 형법의 개폐에 대해서는 아무런 언급도 하지 않은 채 국가보안법만 철폐하라는 것은 상호주의에 어긋난다.

③ 세계각국의 안보관련 입법례를 보면 미국, 일본, 독일 등 세계 다수국가들도 자국의 안보를 위해 별도로 형법 외에 특별법을 채택하고 있는바, 특히 우리와 같이 남북이 분단 대치하고 있는 상황에서는 체제수호법인 국가보안법은 꼭 필요한 것이다.

④ 북한이 국가보안법 철폐를 주장하는 저의는 남한 적화혁명을 방해하는 국가보안법을 철폐하여 간첩, 사회주의 활동을 마음껏 펼치려는 술책인데, 우리가 이것을 알면서도 국가보안법을 철폐할 수는 없는 것이다.

⑤ 국가보안법은 간첩, 친북용공주의 세력, 반국가사범 등 극히 일부에만 적용되는 법으로서 이 법마저 없다면 우리 사회의 혼란과 체제 위협은 불 보듯 뻔한 것이므로 체제를 보호하기 위한 마지막 안전장치인 국가보안법을 폐지할 수는 없는 것이다.

3. 북한을 국가로 인정해야 하는 문제

대한민국 헌법 제3조는 '대한민국의 영토는 한반도와 그 부속도서로 한다.'고 규정하고 있으며 국가보안법에서도 남북 관계를 국가 대 국가로 보지 않고 있다. 하지만, 국제사회에서는 국제법적인 차원으로 북한을 국가로 인정하고 있다. 또한 헌법 제4조를 보면 대한민국의 평화적 통일을 지향한다고 선언하고 있다. 우리나라는 세계 유일의 분단국가로서 어느 한쪽이 통일의 주체가 되어 일방적으로 흡수하는 통일이 아니라 대화의 중심에서 하나로 나아가는 통일이 이루어져야 한다. 따라서 통일을 위한 대화의 시작은 북한을 국가로 인정하고, 통일의 주체로 인정할 수밖에 없는 특수관계가 있기 때문에 북한을 국가로 인정해야 한다.

4. 국가보안법에 대한 생각

국가보안법은 1948년에 제정되어 국가 안전을 위태롭게 하는 반국가활동을 규제해 국가의 안전과 국민의 생존 및 자유를 확보하기 위한다는 것이 입법목적이었다. 하지만 이와 달리 쓰이는 경우가 종종 있었고, 국가보안법 위반 혐의에는 반국가단체의 구성, 자진지원·금품수수, 잠입·탈출, 찬양·고무, 회합·통신, 편의제공, 불고지, 특수직무유기, 무고·날조 등이 포함되어 있어 이를 놓고 헌법상 표현의 자유 침해 등 초헌법적인 법이라는 지적에 따라 국가보안법을 폐지하자라는 논란이 일고 있다. 그럼에도 존속을 해야 하는 이유는 남북분단이라는 특수한 상황에서 국가안보를 위해 필요한 법이기 때문이다. 특히, 최근에는 사이버 공간을 통한 선전·선동뿐만 아니라 트위터 등 SNS를 통한 선전·선동이 급속히 확산되고 있는 실정으로, 북한공산집단은 이를 위해 수많은 사이버부대까지 운영하고 있다. 만약 국가보안법이 존재하지 않는다면 공산주의자의 활동을 전면 허용하게 되어 이념의 갈등이 발생하게 되어 대한민국의 정체성을 부정하는 결과를 초래하기 때문에 국가보안법이 존치되어야 된다고 생각한다.

03 | 사형제 존폐론

우리나라 형법에는 살인, 강간 살인, 강도살인, 방화치사 등 인명을 빼앗는 범죄와 내란, 내란목적 살인, 간첩죄, 반란, 이적죄 등 국가의 존립과 관련된 범죄에 사형을 부과할 수 있다. 특별법인 국가보안법, 폭력행위 등 처벌법, 특정범죄 가중처벌법 등에도 사형이 규정되어 있다. 국가보안법에서는 45개, 특정범죄가중처벌법에서는 378개, 군형법에서는 70개의 항목에 사형이 규정되어 있다.

1. 사형제 존폐론

사형제 존치론	사형제 폐지론
• 국민의 법감정상 존치하는 것이 맞다. → 사형 집행을 하지 않음으로 사형제가 폐지되고 있는 추세인 것은 맞지만, 사형제가 존속해야 한다는 것이 여론의 입장이다(한국 갤럽의 조사 63%(유지), 27%(폐지)). • 사형제도는 잠재적 범죄자들에 대한 강력한 경고를 주는 역할을 하기 때문에 범죄억제 효과가 있다. • 극악범(오원춘 등)의 생명을 박탈하는 것은 사회정의에 합당하다. → 일반 국민의 생명은 흉악범의 생명보다 귀중하다. • 사형제 폐지국에 대해 우리가 모르고 있는 사실 중 하나는 사형 폐지국의 상당수가 개인의 총기보유를 허가하고 있다는 점이다. → 상당수의 사형제 폐지국의 경우 남이 나를 죽이려고 할 때 최소한 나도 남을 죽일 수 있다는 스스로의 보호수단이 있기 때문에 굳이 사형제를 유지할 필요가 없는 것이고, 이러한 사회적 여건에 따라 국민적 동의가 있었기 때문에 사형제를 폐지했을 가능성이 높다.	• 사형제도는 기본적인 인간의 생명권을 국가가 직접 침해하는 국가폭력이며 반인권적 형벌이다(국민 개인에게 금지된 살인을 국가에 허용하는 꼴이다). → 국가가 생명의 절대적 가치를 전제로 개인에 의한 살인행위를 범죄로 하고 있으면서, 다른 한편으로는 국가에 의한 인간 생명의 박탈을 제도적으로 허용한다는 것은 그 자체가 모순이다. • 사형집행으로 인한 범죄예방효과가 그다지 크지 않다. • 형벌의 본래 목적인 교화, 재사회화의 기회가 원천적으로 봉쇄되어 있다. • 사형은 회복할 수 없는 형벌이기 때문에 오판 또는 정치적 목적의 사형판결의 가능성을 배제할 수 없다. [오판했던 사례] • 최창식 대령의 처형(6·25 당시 한강교 폭파의 누명) • 죽산 조봉암 사건(간첩죄로 사형) • 인혁당 사건(박정희 정권에서 인민혁명당이 국가의 전복을 꾀하려 했다는 이유로 8명의 젊은 목숨을 앗아간 사건)

2. 사형제 존폐론에 대한 생각

사형제도를 폐지하는 방향으로 가는 것이 세계적인 추세이며, 인간의 생명은 그 자체가 절대적 가치를 갖는 소중한 것으로 다른 가치와 비교하여 희생되거나 수단이 되어서는 안 된다는 측면에서 사형제 폐지론은 타당한 주장이다. 그러나 현재 우리나라 국민의 법감정, 사형제 폐지가 사회에 미칠 영향 등을 고려할 때 충분한 공론화 과정을 거쳐 국민적 합의가 마련된 후에 신중하게 논의하는 것이 좋을 것이다.

04 | 낙태죄 폐지론

1. 낙태죄 폐지 논란

우리나라는 헌법상의 최고 가치라고 할 수 있는 인간의 존엄성을 기반으로 하여 형법을 통해 낙태를 범죄로 규정하고 있다. 형법 제269조와 제270조에서 낙태죄를 규정한 것은 아직 태어나지 않았다 하더라도 태중의 아기는 인간 생명임을 전제로 하기 때문이다. 그런데 모자보건법 제14조를 통해 폭넓은 예외적 허용사유를 두어 낙태를 합법적으로 할 수 있는 길을 열어두었다. 낙태의 광범위한 예외적 허용 범위, 낙태는 법적으로 별 문제가 없는 행위라는 인식, 그리고 1970~1980년대 산아제한 정책하의 국가의 방임적 태도는 낙태를 묵인해 왔다.

Append

모자보건법 제14조(인공임신중절수술의 허용한계)

① 의사는 다음 각 호의 어느 하나에 해당되는 경우에만 본인과 배우자(사실상의 혼인관계에 있는 사람을 포함한다. 이하 같다)의 동의를 받아 인공임신중절수술을 할 수 있다.
   1. 본인이나 배우자가 대통령령으로 정하는 우생학적(優生學的) 또는 유전학적 정신장애나 신체 질환이 있는 경우
   2. 본인이나 배우자가 대통령령으로 정하는 전염성 질환이 있는 경우
   3. 강간 또는 준강간(準强姦)에 의하여 임신된 경우
   4. 법률상 혼인할 수 없는 혈족 또는 인척간에 임신된 경우
   5. 임신의 지속이 보건의학적 이유로 모체의 건강을 심각하게 해치고 있거나 해칠 우려가 있는 경우
② 제1항의 경우에 배우자의 사망·실종·행방불명, 그 밖에 부득이한 사유로 동의를 받을 수 없으면 본인의 동의만으로 그 수술을 할 수 있다.
③ 제1항의 경우 본인이나 배우자가 심신장애로 의사표시를 할 수 없을 때에는 그 친권자나 후견인의 동의로, 친권자나 후견인이 없을 때에는 부양의무자의 동의로 각각 그 동의를 갈음할 수 있다.

2. 낙태죄 폐지론(행복추구권과 자기결정권)

여성의 불가피한 사정 및 불법 시술	산모가 원치 않은 임신일 경우와 경제적 사회적 빈곤, 사회적인 낙인 등 아이를 키울 수 없는 여러 가지 사정들 때문에 임신을 유지하지 못하는 경우임에도 낙태를 할 수 없다면 음지에서의 불법시술 및 가짜 약을 구입하여 병에 걸리는 등 다른 문제가 발생한다.
협박의 수단으로 악용	형법상 불법으로 규정되어 있다 보니 상대 남성들이 여성들을 협박하는 수단으로 낙태죄를 이용하는 경우도 발생한다.
실효성이 미비한 처벌	한해 20만 건 이상에 달하는 불법 낙태시술이 이루어지고 있는 반면, 실제 처벌되는 사례는 극히 일부에 불과하다.
자기결정권	태아는 과연 성인과 동등한 자격과 권리를 갖춘 인간인가. 만약 태아가 인간이라고 해도 이를 자궁에 수태하고 있는 여성은 원하지 않는 임신을 끝까지 유지해야 할 책임이 있는가. 또한 여성의 삶의 질, 나아가 여성의 성과 관련된 자기결정권, 태아의 공공복리 등과 관련한 논쟁이 있다.

3. 낙태죄 유지론(태아의 생명추구권)

태아에 대한 생명권	태아의 생명은 여성의 선택권과 절대적으로 갈등관계에 있는 것이 아니다. 태아의 생명은 모체의 생명 및 건강과 관련된다.
생명에 대한 경시풍조	낙태는 무고한 생명을 죽이는 살인이며, 만약 낙태죄가 폐지된다면 인간 생명에 대한 경시풍조를 확산시키고, 가정을 파괴하고 성윤리를 타락시킬 것이다. 낙태가 합법화된다면 많은 태아들이 쉽게 태중에서 지워지는 일이 벌어지고, 피임의 관념이 약해져 의도하지 않은 임신이 더 늘어날 것이다. 그로 인해 성에 대한 인식과 성도덕이 더욱 더 문란해질 것이다.

4. 낙태죄 폐지 논쟁에 대한 생각

태아의 생명권은 존중받아야 마땅하다. 하지만, 산모가 원치 않은 임신일 경우와 경제적·사회적 빈곤, 사회적 낙인 등 아이를 낳고 길러야 하는 여성의 불가피하고도 절박한 상황을 헤아리지 못한다는 점에서 현재 낙태죄를 둘러싼 논쟁이 있다. 이 논쟁에서 가장 중시되어야 될 부분은 생명권이지만, 한 여성이 아이를 임신했다는 이유만으로 무조건 출산을 강요하는 것은 여성을 단순히 아이 낳는 도구로 보는 시각이다. 따라서 낙태 문제는 이분법적 찬반보다는 현실성을 감안하는 정책과 법안으로 접근해야 된다고 생각한다. 예를 들어 낙태가 무고한 생명을 죽이는 살인행위라면 우선 태아의 생명의 가치는 어느 시점부터 인정할 수 있는가에 대한 논의가 있어야 하고, 다른 한편 낙태를 절대 있을 수 없는 일이 아니라 원하지 않지만 생길 수도 있는 일로 보면서 성폭력 문제에 관한 공론화 또한 활발하게 이루어져야 한다. 아울러 모든 국민은 인간으로서의 존엄과 가치를 가지며, 행복을 추구할 권리를 가진다고 하는 헌법 제10조의 의미를 생각하면서 태아의 생명권과 여성의 자기결정권 간의 조화를 찾는 방안을 모색해야 할 것이다.

05 | 안락사

1. 안락사에 대한 논란

안락사 논란은 편안하고 행복하게 죽기를 원하는 인간의 욕망과 현대의학의 발달로 인한 생명연장의 대립으로 등장했다. 그러나 인간이 자신의 죽음을 스스로 결정할 수 있는가 하는 문제는 종교적인 차원을 떠나서라도 쉽게 결정할 수 있는 문제가 아니기 때문에 몇 세기를 거쳐 지속적으로 논쟁이 되어 왔다.

2. 안락사의 의미

안락사를 뜻하는 용어 Euthanasia는 eu(좋다 good, well)와 thanasia(죽음 death)가 합쳐져 만들어졌다. 그리스어로는 '쉬운 죽음'을 뜻하며, 라틴어로는 '아름다운 꽃', 독일어로는 Sterbehilife로 '죽음에 대한 도움'이라는 뜻이다. 즉, 죽음에 임박해 극심한 신체적 고통에 시달리는 환자의 고통을 덜어주기 위해 죽음을 앞당기는 인위적 조치를 말한다.

[존엄사와 안락사의 구별]

구분	주요 내용
존엄사	소생이 불가능한 환자에 대해 의학적으로 의미가 없는 치료를 중단하는 것을 말한다.
안락사	환자의 소생가능성과는 무관하게 환자나 환자가족의 요청에 따라 환자에게 필요한 의학적 조치를 하지 않거나 인위적인 생명 연장 장치를 제거하는 것을 말한다.

3. 안락사 찬성론

일반인들의 상상을 초월하는 고통 속에서 말기 암환자나 또는 소생가능성이 거의 없이 단지 생명만을 연장하고 있는 사람들의 경우 그 고통으로부터 벗어나는 길이 죽음밖에 없을 때 안락사 선택을 존중하는 것이 삶의 존엄성을 인정하는 것이다. 불치의 환자로 인해 육체적, 심리적, 경제적 고통을 감수하는 가족들이나 주변 사람들의 소모적인 노력을 위해서도 사회적 제도로 안락사가 인정되어야 한다. 이와 더불어 뇌사를 법적으로 인정하면 안락사 이후 뇌사자의 장기이식이 가능해지며 그 결과 새 생명을 얻는 사람들이 생기게 될 것이다.

4. 안락사 반대론

누구도 자신의 생명과 다른 사람의 생명에 대한 권리를 가지고 있지 않다. 가족은 서로가 고통받을 때 그것을 인내하고 함께 이겨나가야 하는 공동체이며 그것이 가족 간의 의무이다. 제3의 방법, 호스피스 활동의 확산으로 안락사와 같은 극단적인 방법이 아니라 환자나 가족들이 자신과 가족이 처한 고통을 극복하고 편안한 죽음을 맞이하도록 하는 것이 바람직하다. 안락사를 인정해야 된다는 입장에서는 안락사가 고통스러워하는 환자의 고통을 덜어주고, 환자가 원한다면 그것은 정당하다고 말한다. 하지만, 안락사는 살인의 한 형태에 속하기 때문에 인간의 존엄성을 훼손시킬 위험이 있다. 그리고 안락사를 원하는 환자가 과연 정말 죽음을 원하는 것인지도 의문이 든다. 환자 자신의 의지보다는 곧 죽을지도 모른다는 두려움, 가족에 대한 미안함 등의 이유로 안락사를 선택하는 경우가 있을 수도 있다. 한 사람의 생명은 소중한 것이기 때문에 포기란 있을 수 없다. 환자는 의사에 대한 믿음을 갖고 치료를 받고 의사는 어떤 방법을 써서든 환자의 병을 고치려고 끝까지 노력해야 한다. 만약 힘들다고 포기해버린다면 어떠한 불치병도 극복할 수 없기 때문이다. 진정으로 생명을 소중하게 여긴다면 안락사는 안 좋은 방법이라고 생각한다.

5. 존엄사법(웰다잉법)

[존엄사법상 연명치료중단 방식]

환자의 의사표시	환자가 의식이 있을 때는 환자의 자기 결정권을 존중하여 담당 의사와 함께 연명의료계획서(POLST)나 사전의료의향서(AD)를 작성한다.
환자의 의사추정	이미 임종 과정에 있는 말기환자가 의식이 없을 때에 해당되며, 평소에 연명치료를 받지 않겠다는 환자의 의사가 있었으며, 이를 환자의 가족 2명이 같은 진술을 하고, 의사 2명이 이를 확인하면 연명치료를 중단할 수 있다.
환자의 의사추정이 없을 때	환자가 미성년자일 경우에는 친권자인 법정대리인의 의사 확인으로, 환자가 성인일 경우에는 환자 가족 전원의 합의와 의사 2명의 확인으로 결정할 수 있다.

* 최초로 공론화된 계기 : 보라매병원 사례

06 | 군필자 가산점 제도

찬성론	반대론
• 군필자 가산점제도는 진정한 평등의 실현이다. • 과거 불합리한 군가산점제도가 합리적으로 개선되었다. • 군필자 가산점제도는 징병제의 현실 속에서 불가피한 보상 수단이다.	• 군필자 가산점제도가 개선되었다지만 여전히 평등의 원칙에 위배된다. • 군복무 보상수단으로 군가산점이 적용되는 것은 부적절하다. • 군복무에 대한 다른 보상 수단을 찾아야 한다.

07 | 대체복무

1. 양심적 병역거부에 따른 대체복무(논의 중)

국방부안	합숙을 기본으로 하되, 대체복무 기간은 36개월, 교도소나 소방서로 한다.
국회안(1)	현재 현역 공군의 22개월, 공익근무요원은 36개월을 근무를 하고 있기 때문에 종교적인 이념에 의해 군대를 가지 않는다고 하면 그에 상응하는 병역을 대체할 수 있는 지뢰제거 등 고강도의 업무와 기간도 44개월로 길게 하는 것이 형평성의 문제와 국민 눈높이에 맞다.
국회안(2)	30개월 병역복무로 24시간 간호 간병이 필요한 영역, 공익 관련 업무에서는 재해 재난에 대한 예방이라든지 또는 재해 재난 발생 시 안전업무 등 각종 사회복지 관련 업무나 공익 관련 업무를 담당해야 한다.

2. 운동선수 병역특례 논란

① 병역특례

국위선양 방식은 운동을 통한 국위선양만 있는 것이 아닌데, 왜 운동선수들에게만 혜택을 주는지에 대한 논란이 있고, 또한 현재 특례대상자가 올림픽 3위까지 아니면 아시안게임 1위 입상자에 한해 국한이 되고 있어 세계선수권대회 등 경쟁이 치열한 시합에서 우수한 기량을 보인 선수가 혜택을 받지 못하는 경우도 발생하므로 이에 대한 형평성 문제 역시 제기되고 있다.

② 국위선양에 대한 병력특례 혜택의 대상 확대

한국 가수 최초로 빌보드 1위에 오른 방탄소년단이 천문학적 경제 효과와 함께 전 세계에서 가장 영향력 있는 가수로 꼽힌 성과도 국제 스포츠대회 금메달 못지않기 때문에 국위선양의 차원에서 특례 혜택을 주어야 한다는 주장이지만, 국가를 위해 소집되어 훈련을 받으면서 국위선양하는 국가대표와 소속사의 이익을 위해 일하는 방탄소년단은 주된 목적이 다르기 때문에 국위선양을 위한 목적이라고 볼 수 없다.

③ 형평성 문제

병역특례문제는 40년 전에 만들어진 제도로, 비인기종목 선수는 세계선수권 대회에서 우승을 하더라도 병역혜택을 받지 못하는 형평성 문제가 발생한다. 운동선수들에게 병역혜택은 굉장히 필요한 부분이기 때문에 올림픽, 아시안게임은 물론 세계선수권대회까지 포함해서 성적에 따라 점수 누적제를 도입하여 점수를 많이 쌓은 선수에게 병역 혜택을 주는 방안으로 형평성 문제를 해결해야 한다. 점수 누적제는 공적을 인정할 대회를 정하고 거기에서 거둔 성적에 해당하는 점수를 마일지리처럼 적립해 기준 점수를 넘긴 선수에게 특례 혜택을 주는 제도를 말한다. 그렇게 되면 누구든 한 방에 병역 문제를 해결할 수는 없게 된다. 예상되는 부작용을 피하려면 종목별 특수성과 형평성을 고려한 기준 점수와 책정 등 정교한 준비가 필요하며, 국가대표로서 소집된 기간을 반영하는 방안도 함께 필요하다.

08 | 모병제와 징병제

징병제는 개인의 의사와 상관없이 국가가 국민 모두에게 군복무 의무를 부과하는 제도이다. 남북한을 비롯해 중국, 러시아, 브라질, 이스라엘, 터키 등 70여 개국이 채택하고 있다. 모병제는 개인의 자유로운 의사에 따라 국가와의 계약에 의해 군에 복무하는 제도로 미국, 영국, 프랑스, 캐나다, 일본 등 100여 개국이 채택하고 있다. 원래 징병제는 19세기 들어 전쟁이 국민 전체의 안위와 직결되는 양상이 되면서 돈 받고 싸우는 용병이 아니라 애국심과 국민 총동원으로 전쟁을 수행하는 국민개병(國民皆兵)의 개념으로 도입된 제도이다. 유럽에서는 18, 19세기에 걸친 나폴레옹 전쟁의 유산으로 확립되었고, 제1차 세계대전을 치르면서 보편적인 병력충원제도로 자리 잡게 되었다. 우리는 1948년 건국과 함께 헌법이 모든 국민에게 부과한 국방의 의무에 따라 징병제를 실시하고 있다. 그동안 복무기간 단축, 병역특례제도 도입 등으로 징병제에 따른 문제점들을 보완해 왔는데 이제는 아예 모병제로 전환하자고 주장하는 여론까지 대두하고 있다. 일병 구타 사망 사건, 성추행 문제 등 흐트러진 군 기강과 관련이 높다는 것은 잘 알려진 사실이다. 하지만, 모병제 문제는 섣부르게 거론할 일이 아니다. 현재 우리 사회 일각에서 일고 있는 징병제 유지냐, 모병제 전환이냐에 대한 논의는 국민 개개인의 희망과 편익에 따라 좌우될 문제가 아니다. 병력 충원 문제는 현재의 안보위기 상황에 대처하면서도 앞으로 통일과정에서 나타날 수 있는 북한지역 안정화(安定化) 작전 등 여러 가지 어려운 문제에 대비한다는 넓은 안목에서 생각해야 하기 때문이다.

09 | 비정규직 문제

정규직 노동자는 회사에 정식으로 고용이 되어 권리를 행사하고 의무를 수행한다. 권리 중 일정 기간 동안 고용이 보장되고, 부당한 해고로부터 보호된다. 그러나 비정규직 노동자는 단기간(1~2년) 계약을 하며, 고용계약기간을 고용자가 연장한다. 따라서 다음 재계약을 위하여 현실적으로 많은 불이익을 당할 가능성이 많다. 본래 비정규직은 일의 필요에 따라 외부 업체의 직원을 비정규직으로 쓰고자 만들어진 제도였다. 하지만 기업들은 고용이 부담스러운 정규직 직원을 적게 고용하기 위해 비정규직 제도를 악용하고 있다. 일례로 기간제 근로자의 경우 2년 이상 일하면 정규직으로 전환하도록 규정하였으나, 사용주가 2년 이내에는 언제든지 해고할 수 있게 됨으로써 오히려 고용불안을 가중시키는 역효과를 초래하고 있다.

10 | 임금피크제

1. 임금피크제 대두

임금피크제란 근로자의 계속고용을 위해 노사 간 합의를 통해 일정연령(피크연령)을 기준으로 임금을 조정하고 소정의 기간 동안 고용을 보장(정년연장 또는 정년 후 고용연장)하는 제도를 말한다. 최근 평균수명이 연장되면서 베이비부머세대의 퇴직은 개인의 생활수준 악화, 기업의 숙련된 생산인력 부족, 국가의 복지재정 부담 급증 등을 초래하고 있으며, 일자리 창출이 없는 저성장과 높은 청년실업, 정년 이전 조기 퇴직하는 중고령층 근로자 실업문제 등 고령화 사회의 문제점이 화두됨에 따라 공공기관에 임금피크제를 도입하자는 주장이 대두되었다.

2. 임금피크제의 장단점

장점	단점
• 기업은 인건비 부담을 줄이면서도 숙련된 인력을 계속 사용할 수 있고, 근로자는 정년 이후에도 상당기간 일할 수 있다는 장점이 있어 노사 모두가 Win-Win할 수 있다. • 정년이 될 때까지 고용을 보장하기 때문에 노동자로서는 상당 기간 일을 할 수 있다. • 회사는 노사 갈등을 피하고, 저렴한 비용으로 훈련된 인력을 확보할 수 있다. • 정부는 고령화에 따른 인력부족 문제가 해결되고, 사회보장비용 부담도 줄일 수 있다.	• 임금피크제를 적용하면 퇴직자의 퇴직기간이 늘어나게 되어 청년들의 일자리에 위협을 받을 수 있다. • 처음 이 제도를 실시했던 신용보증기금의 경우, 58세까지 정년을 보장하되 만 55세가 되는 해부터 임금의 75%, 2년차에는 55%, 3년차에는 35%를 받는 방식으로 운영되고 있는데, 위와 같은 방식으로 운영된다면 나이가 많아졌다는 이유만으로 임금이 줄어드니 열심히 일을 해야겠다는 사람이 줄어들게 될 것이다. • 임금피크제를 기업이 악용할 경우 인력 수급조절, 정리해고, 저임금 등으로 숙련된 노동자의 노동력을 착취하는 제도로 악용될 우려가 있다.

11 | 최저임금 인상

장점	• 근로자가 더 많은 임금을 받음으로써 내수경제 선순환에 기여(소비 증가) • 중소기업과 대기업 간 임금 격차를 줄임으로써 이직률과 생산성 향상 • 최저생계를 유지할 수 없는 노동자들에게 들어가는 사회적 비용감소로 다른 복지서비스에 사회적 비용을 효율적으로 사용 가능
단점	• 생산 비용의 증가, 생산 규모의 감소, 그로 인한 노동 수요의 감소로 인해 실업률이 증가 • 제조원가 상승으로 인한 물가 상승되어 실질적인 임금 상승효과는 없고, 내수경제가 침체 • 규모가 작은 자영업자들의 경우 임금을 올릴 수도, 물건의 가격을 올릴 수도 없는 입장이라면 결국 사업을 포기해야 하는 사례가 발생한다. • 원가 증가에 따라 판매 가격이 상승하고 이로 인해 해외에서 가격경쟁력에 따른 수출 경쟁력이 하락
보완책	• 최저임금은 근로자뿐만 아니라 사용자(자영업자)에게도 생계비용의 효과가 있으므로 합리적이고 이성적인 수준으로 결정되어야 한다. * 미국이나 일본은 산업별, 지역별, 차등적용해서 자영업자의 실질적 입장을 반영하고 있다. • 국가 경제가 나아지고 소비심리의 상승이 선행된 후 최저임금인상이 진행되어야 한다. • 노사양측의 갈등과 분쟁을 조정하고 화합을 유도 할 수 있는 홍보가 필요

12 | 청년실업

1. 청년실업의 원인

최근 한국 경제는 성장세가 급격히 저하되면서 경기침체 심화에 대한 우려가 증폭되고 있으며, 일자리 감소와 청년실업 등 노동시장에 대한 불안심리가 확산되고 있는 실정이다. 더욱이 고용흡수력이 뛰어난 노동집약적 제조업 생산기지의 상당수가 중국 등 해외로 이전하였고 최근 들어서는 첨단 고부가 가치산업의 생산기반까지도 해외로 이전되는 탈한국화 현상이 심해지며 청년실업이 심화되고 있다.

2. 청년실업의 대책

적극적 노동시장 정책이 필요	산업수요에 부응할 수 있도록 교육체제와 학과 과정을 획기적으로 개편해야 하며, 적극적 노동시장정책으로 일자리를 연결하는 정책이 필요요하다. 다만 정책 결정자는 '청년층의 눈높이가 문제다'라는 식의 방관이 아니라 정책적 노동환경 개선을 통한 노동시장으로의 적극적인 유인이 필요하다.
사업계의 사업적 환경의 개선이 필요	청년층이 중소기업을 기피하는 원인은 대기업과의 복리후생의 차이 때문이다. 청년구직자들에게 중소기업 취업을 강요할 것이 아니라 중소기업과 대기업의 관계가 평등한 관계가 되도록 경제적 구조 개선이 필요하다.
장기적 대책 마련이 필요	공무원 채용을 늘리거나 인턴사원을 증원시키는 등 단기 정책이 아닌, 창업하기 좋은 나라를 만들기 위한 각종 규제 철폐와 인센티브를 통한 기업투자 유도, 근무 여건 및 처우 개선을 통한 대기업 선호 경향 해소와 중소기업에의 인력 수급 정상화, 취업프로그램의 일정규모 이상 기업 의무화 및 국가보조, 교육과 직업 간 괴리를 해소할 수 있는 교육제도의 근본적 개혁, 비정규직 근로자 처우 개선 등 보다 장기적 관점에서의 접근이 필요하다.

13 | 저출산 문제

1. 저출산 문제의 원인

저출산 문제의 근본적인 원인은 결혼관, 자녀에 대한 인식 변화에 있다. 양육에 대한 경제적 부담과 양육서비스의 양적·질적 부족 등 여러 문제들로 인하여 출산을 기피하는 것이다. 특히 저성장으로 어려워진 취업, 양육비 부담이 가장 큰 원인이다.

한국이 저출산 국가가 된 이유는 맞벌이 부부가 늘어났음에도 육아와 가사노동 부담은 여전히 여성에게 전가되고 있기 때문이다. 이에 대한 부담과 기존의 자식을 통해 대를 이어가야 한다는 관념이 줄어들고, 자녀 양육보다는 부부의 삶을 즐기는 것이 더 중요하다고 여기는 경향이 많아졌으며 한국 직장인의 경우 일하는 시간이 길어 핵가족 시대에 맞벌이 부부가 보육에 시간을 할애하기 어려운 상황 또한 출산 기피 현상을 확대하고 있다.

① 사교육비 문제

월급은 그대로인 반면 물가 상승으로 인한 기본적인 지출 증가뿐만 아니라 자녀의 교육에 투자하는 지출이 예전보다 많이 증가하였다.

② 가치관의 변화

일할 수 있는 자리가 감소하고 물가가 오름에 따라 자녀를 양육하기 힘들어진 부부가 늘어났고 그에 따라 아이 없이도 충분히 행복한 삶을 누리겠다는 젊은 층의 증가함에 따라 출산율이 감소하고 있다.

③ 여성의 사회활동의 증가

여성의 사회활동이 증가함에 따라 아이를 가지는 데 필요한 시간이나 양육하는 데 드는 시간 때문에 아이를 갖고 싶어도 갖지 못하는 경우가 있다.

Append

외국의 사례

- 아이키우기 좋은 나라 1위(프랑스) : 임신, 출산의 모든 비용 지원, 자녀가 태어나면 탄생수당, 보육수당, 초등학교 입학하면 입학수당, 자녀가 대학생이 돼서 다른 동네로 가면 주거수당까지 지급, 두 자녀를 둔 여성의 83%, 세 자녀를 둔 여성의 68%가 직장생활을 하고 있다.
- 엄마 되기 좋은 나라 1위(노르웨이) : 출산휴가부터 각자의 상황에 맞게 선택 가능(임금의 100%를 받으면서 11개월간 쉴 것인가, 임금의 80%를 받으며 13개월을 쉴 것인가를 선택 가능), 0~18세까지 조건 없이 묻지도 따지지도 않고 1인당 18만 원의 양육비 지원, 외국인 노동자에게도 양육비를 지원하고 있다.

---

2. 정부지원정책

임신출산 지원	• 임신 진료비 인하 • 남성 육아휴직 급여 인상 • 철분제 및 엽산제 지원 • 찾아가는 출장 진료 서비스 등	• 임신기 육아휴직을 민간기업에 확대 • 출산 전후 휴가급여 지급 • 출산 장려축하금 지급
육아, 아이지원	• 아이돌봄 서비스 지원 확대 • 어린이 독감 필수 예방접종 추가	• 국ㆍ공립 어린이집 추가 신설
가족지원	• 저소득 한부모 가족지원 확대	• 미혼모 시설 입소대상자 확대

3. 저출산이 미치는 영향

근본적으로 나라를 구성하고 있는 인구의 감소가 일어나고, 출산율은 갈수록 낮아지는 데 비해 평균수명은 증가하는 추세이다 보니 저출산은 고령화로 이어진다. 그러다 보면 사회복지재정의 증가로 세금 부담이 늘어날 수밖에 없다. 세금으로 부양받는 인구는 이전보다 크게 증가함과 동시에 세금을 내는 층의 인구는 이전보다 크게 감소하여 국가 재정에 큰 부담으로 작용한다. 젊은 세대의 부담이 증가함에 따라 기존세대와 새로운 세대 간 갈등이 심화되고, 저출산으로 인한 경제활동인구를 감소는 인건비 상승으로 이어져 국가경쟁력에 부정적인 영향을 미칠 수 있다.

4. 저출산의 대책

① 노인 일자리 창출

노인인구는 크게 증가하는 반면, 출산율이 저조하여 앞으로 생산가능인구는 줄고 부양해야 할 인구는 많아지기 때문에 경제 성장에 지장을 초래하는 것은 물론 사회적 비용이 상당히 커져 미래 젊은 세대가 큰 경제적 부담을 안게 된다. 이러한 경제적 손실을 줄이기 위해서는 노동력을 확보하고 생산성을 향상시키는 방안을 찾아야 하는데 노동력 확보 방안으로는 여성인력을 최대한 활용하는 방안과 외국인을 포함한 우수 인력자원을 적극 유치하는 방안 그리고 노인 일자리 창출 방안 등이 있다.

② 실질적인 복지정책이 필요

불필요한 저출산에 대한 예산을 줄이고, 실질적인 자녀에 대한 양육비 지원 및 일과 가정에 대한 노동 부담을 줄이기 위한 지원 정책이 필요하다.

14 | 4차 산업혁명

1. 산업혁명

최초의 산업혁명은 증기기관차의 발명으로 1차 산업혁명은 기계화, 2차 산업혁명은 대량 생산화, 3차 산업혁명은 정보화, 4차 산업혁명은 로봇 공학, 인공 지능, 나노 기술, 생명 공업 혁명을 말한다. 4차 산업혁명의 발전으로 빅데이터 분석이 일반화되고, 인공지능(AI), 로봇공학(RT), 사물인터넷(IoT) 등이 보급화될 것이다.

2. 4차 산업혁명의 장단점

장점	• 생활의 편리함 : 인간의 질을 높여주고 삶을 편리하게 해준다. • 새로운 직업군 : 로봇, 인공지능, 사물인터넷, 3D프린터, 신재생에너지, 바이오에너지, 환경, 빅데이터 등 IT 종사자(소프트웨어) 직군에서 새로운 일자리가 창출될 것이다.
단점	• 일자리 감축 : 2020년까지 500만 개 이상의 일자리 감소 예 아마존 무인배송시스템(무인운송수단), 자율주행차(스마트카), 자율주행여객기(무인 여객기), 무인 드론, 로봇 택시 등 • 대기업들의 독점화 : 4차 산업혁명 기술은 많은 인력과 투자가 필요하기 때문에 일반 중소기업에서 4차 산업과 관련된 대규모 인프라 형성이 쉽지가 않다. • 일자리 양극화 심화 : 변화의 수입은 소수에게만 집중이 되어 단순 노동자와 비교하면 양극화가 심화될 것이다. • 안전문제 : 사물인터넷, 유비쿼스트 등 오늘날 각광받고 있는 기술들 대부분이 정보와 타인과의 연결에 기반을 두고 있기 때문에 해킹 등으로 보안이 뚫렸을 때에는 사생활이 노출될 가능성이 높다.

3. 4차 산업혁명에 따른 범죄예방

① 범죄예방단계에서부터 인공지능을 결합한 빅데이터 기반 예방적 경찰활동이 업무의 효율성을 높일 수 있다. 즉 범죄 빅데이터 분석로봇을 활용하게 되면 예측되는 범죄양상에 따라 경찰인력과 투입방식을 구체적으로 수립하고 범죄를 예측 및 예방할 수 있을 것이다.

② 수사단계에서는 각종 센서가 장착되고 범죄 데이터베이스에 네트워크로 연결된 지능형 로봇이 수사현장에서 활약할 수 있으며, 범죄 관련 빅데이터와 현장증거를 실시간 분석하여 피의자의 행동을 예측할 수 있게 된다.

③ 순찰로봇이 순찰 중 범죄행위로 의심되는 사건을 관찰 또는 발견하게 되면 즉각 추적하도록 기능을 설정해 두거나 중앙관제센터에 발견된 행동을 즉시 보고하고 경찰관의 명령에 따라 추적하도록 할 수도 있다. 순찰업무의 위험성과 강도를 고려하면 지능형 로봇을 투입함으로써 순찰업무의 효율성을 높일 뿐만 아니라 기존 순찰업무에 투입되었던 경찰인력을 취약지역에 재배치하여 활용도를 높일 수도 있다. 실제 아랍에미리트 두바이 경찰 로봇은 사람을 피해 자율주행하고, 9개국 언어를 이해하며, 인공지능 기술을 기반으로 범인 얼굴을 식별하고 심리상태를 판독한다. 또한 실시간으로 주변 상황을 경찰 신고센터에 알려주는 역할도 수행한다. 두바이 정부는 2030년까지 경찰력의 25%를 로봇으로 대체하는 방안을 추진하고 있다.

[로봇이 경찰업무를 담당할 경우]

> • 디지털 영상카메라 장착으로 범인 식별가능
> • 현장상황에 영상정보를 실시간으로 보내 각종 사건을 분석
> • 정해진 시간 내에 순찰기능 강화
> • 디지털 열감지, 적외선 탐기 기능으로 테러예방
> • 경찰의 업무량 경감

4. 4차 산업혁명의 부작용(범죄악용)

① 자율주행자동차

자율주행자동차는 사람의 부주의, 음주운전 또는 운전 중 일시적 심신상실 상태에서 자율주행 시스템이 작동하여 안전하게 운행하는 것을 말한다. 특히 자율주행자동차는 차량 간, 차량과 인프라 네트워크 간, 보행자와 차량 간 네트워크들이 실시간 연결되어야 안전주행에 필요한 각종 데이터를 제공받을 수 있기 때문에 인공지능 인프라가 총체적으로 집약된 기술이라고 볼 수 있다. 하지만 자율주행시스템은 해킹 등 보안사고에 노출될 위험도 있다. 실제로 2015년 피아트 크라이슬러의 자율주행시스템을 해커가 16km 밖에서 원격조작하여 엔진을 멈추게 한 사건이 발생했다. 이로 인해 미국에서 판매한 140만 대를 리콜 결정 했지만 사이버공격에 취약하다는 우려를 종식시키지는 못했다. 이처럼 드론과 자율주행자동차는 범죄나 테러 목적으로 악용될 수 있고, 오작동의 경우 인명과 재산손실이 클 것이기 때문에 허용범위나 운용방식 규제에 대한 사회적 합의가 필요하다.

`Append`

무과실 책임의 원칙

무과실 책임의 원칙은 다른 사람에게 손해를 입혔을 때, 고의나 과실이 없더라도 가해자에게 책임을 지울 수 있는 경우를 예외적으로 인정하는 것을 뜻한다. 과실 책임의 원칙은 자기의 고의나 과실이 있는 행위로 인하여 다른 사람에게 손해를 입혔을 때에만 책임을 지는 것으로, 이 원칙은 개인의 경제 활동을 왕성하게 하고, 자유 경쟁에 의한 기업 발달에 이바지하였다. 하지만 근대 이후 자본주의가 고도로 발전함에 따라 사회적 위험이나 공해를 유발하는 많은 기업이 막대한 이윤을 챙기는 데 반해, 손해를 입은 자는 과실 책임의 원칙으로는 그에 따른 손해 배상을 청구할 수 없는 상황이 발생했다. 이에 무과실 책임의 원칙이 등장하게 되었고, 현행 민법은 개인 사이의 일상생활이나 보통의 생활 관계에 관해서는 과실 책임을 기본 원리로 삼고 있으며, 무과실 책임은 '위험성'에 초점을 맞추어 '특별한 근거'를 필요로 하는 특수한 분야에서 예외적으로 인정하고 있다.

② 사물인터넷의 위험성

현실 사물과 디지털 세계의 연결이 가능하게 되면 만물인터넷(internet of all things)은 인간과 기계, 현실세계와 사이버세계를 연결하게 될 것이다. 사물인터넷은 사물과 사물의 연결을 넘어 모든 공간으로 확장된다. 그리고 전 세계적으로 인터넷과 연결된 기기가 기하급수적으로 늘어나면, 제조업뿐만 아니라 모든 사회기반시설이 영향을 받게 된다. 인공지능과 빅데이터, 그리고 사물인터넷의 초연결성은 그만큼 사이버 침해 및 범죄 발생의 위험성을 가져오기 때문에 사이버보안 법제의 중요성은 더욱 높아질 것이다.

③ 3D프린팅의 위험성

3D프린팅 기술은 인간세포와 장기까지 제작할 만큼 적용범위의 확장이 예상된다. 생체조직 프린팅 기술은 유전자편집기술과 결합하여 조직복구와 재생을 위한 생체조직을 만들어 낼 수 있다. 나아가 4D프린팅 기술로 인해 환경변화에 반응하는 자가변형기기까지 나올 수 있다. 다만, 3D CAD 파일만 있으면 물리적 제품도 쉽게 복제할 수 있기 때문에 불법적 복제와 유통을 막기 위한 지적재산권 보호제도와 기술적 조치, 그리고 국제공조체계가 필요하다.

④ 인공지능 로봇자체의 문제(기술의 위험성)

인간의 통제를 벗어나 혼자서 생각하고 결정하는 인공지능이 되어서는 아니된다. 인간지능 수준으로 생각하고 판단하는 로봇은 감정과 정서 정보를 이용할 줄 아는 능력도 갖출 수 있고 이는 나아가 인간을 해치고 기계를 부수는 일도 가능하기 때문이다. 인공지능형 로봇이 인간의 통제를 벗어나 자율적으로 판단하게 될 경우 범죄악용을 넘어, 범죄적 인공지능 로봇의 등장을 막기 어려울 것이다.

⑤ 가상 · 증강현실기술의 위험성

2016년 10월 가상현실을 구현하는 게임의 여성사용자가 온라인 멀티 플레이어 모드에서 남성사용자에게 성추행을 당한 사건이 발생했다. 피해자의 증언에 따르면, 아바타의 형태였고 가상현실이라는 인식도 있었지만, 수치심은 현실과 다르지 않았다고 한다. 가상 · 증강현실은 실제 현실에서의 성폭력을 유발하는 사회적 요인이 그대로 옮겨올 뿐만 아니라, 그야말로 가해와 피해를 증강할 수도 있다.

`Append`

섹스로봇의 등장

일부 사람들은 불법 성매매와 성폭력 그리고 가정폭력을 감소시킬 수 있으며, 성기능 장애 치료용으로 기능할 수 있으므로 섹스로봇이 기존의 섹스인형이나 섹스토이처럼 사회의 성적 요구를 만족시키는 순기능을 할 것이라고 주장한다. 하지만, 성적 욕구 충족만을 위해 고안된 섹스로봇이 여성에 대한 고정관념과 인간관계에서 육체적인 것 외에는 아무것도 필요없다는 생각을 만들어 오히려 여성과 아동을 더욱 성적 대상화할 위험이 크다.

반려로봇의 등장

사람과 감성적 소통이 가능한 인공지능 반려로봇이 늘어나고 있다. 페퍼, 지보, 버디 등의 반려로봇은 사람과 감정적 소통을 가능하게 하는 것을 목표와 가치로 제시한다. 하지만, 인간의 감정을 상대하고 처리하는 로봇이 등장한다는 것은 기존에 사람들끼리 맺어온 유대 관계와 감정적 관계에 근본적 변화가 생긴다는 것을 의미한다. 이러한 감성형 로봇이 발전하여 확산이 될 경우, 상대의 반응과 표정, 눈빛을 살피면서 반응해온 사람의 소통능력에 중대한 변화가 생겨날 가능성이 크다. 이는 곧 사회적 존재로서의 사람이 오랫동안 형성해온 인간관계에 대한 관념과 감정체계를 위협받을 수 있다는 의미이다.

인공지능 로봇이 살인을 한다면

살상로봇이 논란이 되는 이유는 책임을 물을 수 있는 주체가 모호하기 때문이다. 범죄를 저지르는 주체가 인간이 아닌 기계이므로 살인 혐의가 직접적으로 적용되지 않는다. 살상로봇을 의도적으로 배치한 군사령관이나 조종사를 기소할 수 있지만 이에 대한 고의성을 판단하기 쉽지 않기 때문이다. 고의성 없이 단순한 로봇의 결함으로 인명피해가 발생한다고 하더라도 제조업자에게 책임을 묻는 것 역시 쉽지 않다. 제조물 책임 소송에서 증거 입증의 어려움이 예상되기 때문이다. 한국에도 제조물 책임법이 존재하는데 법령을 보면 제조물의 결함으로 발생한 손해에 대해 제조업자 등의 손해배상책임이 규정되어 있다. 이는 소비자 보호를 도모하고 국민생활의 안전 향상과 국민경제의 건전한 발전에 이바지하기 위함인데 이 역시도 제조업자가 해당 제조물을 공급한 당시의 과학·기술 수준으로는 결함의 존재를 발견할 수 없었다는 사실을 입증하는 등 면책사유에 해당하는 증거를 제시하면 책임을 면할 여지가 다분히 존재한다. 따라서 살상로봇에 대한 대책을 찾기 위해 전자동 살상로봇 중지 캠페인에 전 세계인 모두가 동참해야 한다는 주장이 나오고 있다.

5. 4차 산업혁명에 대한 대책 마련

① 사이버 해킹에 대비한 사이버 보안정책 마련

기술전문가와 정부, 그리고 법을 만드는 정책 입안자들의 사이를 좁혀 나가야 한다. 사회기반시설들이 네트워크로 연결이 되면 그만큼 해커와 사이버테러, 실체가 불분명한 위협 요인이 더욱 늘어나기 때문에 사이버 보안정책과 법제 정비에 있어서 법과 기술정책전문가, 정부와 민간기업의 협업뿐만 아니라 시민 사회의 의견을 수렴한 단단한 사회적 기반이 필요하다.

② 개인정보 보호를 위한 법제가 마련

사생활 보호강화와 지능정보기술산업 발전의 균형을 위해 사법체계의 정비가 필요하다. 변화하는 사회현실에 대응한 사생활 보장법제와 지능정보산업 발전의 법적 기반 정비개선은 균형있게 이루어져야 한다. 현시점에서 예측 가능한 장기적인 전망을 토대로 개인정보보호법, 정보통신망 이용촉진 및 정보보호에 관한 법률, 위치정보 보호 및 이용에 관한 법률 등의 개인정보 보호법제를 비롯하여 사생활 보호를 비롯한 시민의 자유보장 법제정비가 필요하다.

15 | 드론(Drone) 무인비행장치

1. 드론에 대한 관심

최근 들어 드론은 점차 군용보다는 상업용 또는 개인적인 용도에서 그 활용도가 점차 주목받고 있다. 다양한 IT 및 과학 기술이 새로 개발되고 기존의 기술 또한 점차 발전하면서 이를 드론에 적용하면서 드론이 사용되는 분야가 점점 넓어지고 있다.

2. 드론의 다양한 활용

① 치안 활동

경찰은 치안 유지를 위해 전국을 커버하는 드론 시스템을 대규모로 운용하고 있다. 교통사고나 범죄, 재해 현장에는 치안용 경찰 드론이 어김없이 먼저 출동해서 초기 현장 통제를 수행하고, 달아나는 용의자를 공중에서 쫓아 신속히 검거할 수 있게 되었다. 그리고 실종자를 수색할 때 넓은 지역을 일일이 수색하는 데 한계점이 있었는데, 적외선 센서를 탑재한 드론을 접목하면 넓은 지역에서의 실종자 수색도 유용할 것이다.

② 교통 관측

많은 자동차 업체들이 드론을 탑재한 차량을 개발하는 데 중점을 두고 있다. 자동차에 탑재된 드론은 차량 주변을 탐색하고 현장을 촬영하며, 운전자들이 도로에서 교통 체증 상황을 직접 파악하는 데 매우 유용하다.

③ 응급구조

응급환자가 발생했을 때 교통 체증이 심한 도로를 달리는 앰뷸런스, 한 번 띄우는데 많은 비용이 드는 헬리콥터보다 더 빨리, 더 간편하게 나는 드론이 유용하다. 응급구조 드론에는 심장 제세동기, 카메라, 마이크, 스피커 등이 장착되어 있다. 응급구조 드론이 환자 옆에 도착하면 주변인은 카메라와 마이크로 병원에 있는 의사의 설명을 들으며 응급 상황에 대처하며 시간을 벌 수 있다. 이후 실제 앰뷸런스가 도착하면 소중한 생명을 구할 수 있다.

④ 항공 촬영

과거에는 항공 촬영을 위해서는 헬리콥터를 사용했지만, 헬리콥터를 한 번 이용하려면 굉장히 많은 비용이 든다. 비용 면에서 수십 배, 수백 배 저렴한 드론으로 촬영하는 것이 일상화되었다. 헬리콥터 촬영과 비교한 드론 촬영의 강점은 수없이 많다. 우선 촬영 대상에 훨씬 가깝게 접근해 촬영할 수 있고 소음이 거의 없다는 것이다. 특히 다양한 각도로 실감 나는 영상을 촬영할 수 있기 때문에 스포츠 경기를 중계할 때 유용하다.

3. 드론에 대한 문제점

① 안전성 문제

개인이 사용할 경우 순간의 실수로 안전사고 발생 위험이 매우 높다. 드론 조작 시 세심한 주의를 기울일 수 있게 반드시 안전 교육을 받도록 해야 하고 안전사고 발생 시 책임 소재를 확실히 할 수 있는 제도적인 장치를 마련해야 한다. 드론 비행 중 조작 미숙이나 돌발 상황에 의해 인구 밀집지역에 추락할 경우 적지 않은 인명사고가 일어날 수 있다. 실제로 2014년 방송된 인기드라마 미생 촬영현장에서 드론을 이용한 항공촬영이 있었는데 이때 드론이 도로로 떨어지는 사고가 발생해 인명피해로 이어질 수 있는 상황이 있었다.

② 개인 사생활 침해 가능성

드론에 탑재되는 고해상도 카메라는 실시간 동영상 및 사진 촬영이 가능한 데 드론 조작 중 실수 또는 고의로 드론이 일반 가정집이나 빌딩, 호텔 등 프라이버시 침해 가능성이 있는 곳으로 날아가 피해를 줄 수 있다. 최근에는 스마트폰 등으로 쉽게 조작이 가능한 드론이 출시되고 있어 누구나 마음만 먹으면 타인의 사생활을 녹화할 수 있고 이를 불법적으로 이용할 수도 있다. 이에 대한 대비책이 마련되어야 할 것이고 이는 드론의 대중화를 보다 빨리 가져올 것이다.

③ 해킹의 문제

드론 조정 시 대부분 무선통신을 이용하기 때문에 해킹으로 비행경로를 바꾸는 일이 어렵지 않다. 따라서 드론을 제어하는 데 사용되는 OS 및 다양한 소프트웨어 개발이 시급하다.

16 | 빅데이터 활용한 치안활동 강화

1. 빅데이터의 정의

빅데이터(big-data)란 디지털 환경에서 생성되는 데이터로 그 규모가 방대하고, 생성 주기도 짧고, 형태도 수치 데이터뿐 아니라 문자와 영상 데이터를 포함하는 대규모 데이터를 말한다. 과거에 비해 데이터의 양이 폭증했다는 점과 함께 데이터의 종류도 다양해져 사람들의 행동은 물론 위치정보와 SNS를 통해 생각과 의견까지 분석하고 예측할 수 있다.

2. 빅데이터로 보는 앞으로의 미래

빅데이터는 미래 사회의 핵심 뉴스원이 될 것이다. 빅데이터는 디지털 환경에서 쏟아지는 대량의 데이터를 통해서 결과를 평가하고 미리 예측하는 기술로 미래 사회에서 보이지 않는 공기처럼 한국인의 일상을 지배할 것이다. 인공지능과 결합한 빅데이터는 마치 일기예보가 지역별 날씨를 알려주고 경제 뉴스에서 증시의 주가변동을 보도하듯이, 개인의 일상, 정치, 경제, 사회, 과학, 문화 등 전 영역에 걸쳐서 예상치를 실시간으로 알려줄 것이다. 아침에 눈을 뜨면 하루의 스케줄과 관련된 빅데이터 기반의 분석 및 예측 정보가 제공될 것이다. 그리고 출근길에 어느 곳이 막힐 가능성이 높은지, 외국에서 수입된 특정한 식재료의 세균 오염 가능성이 있는 곳이 어떤 식당인지 알려줄 것이다.

3. 빅데이터의 활용(선제적 대응이 가능)

빅데이터를 치안 분야에 활용한다면 전국의 CCTV, 센서망과 연계한 빅데이터 예측이 범인의 도주 경로를 파악하거나 범죄 예상 지역에 경찰을 사전에 투입해 범죄를 미리 예방하는 데 도움을 줄 것이며, 인근 지리정보, 과거 범죄자료, CCTV위치, 가로등 밝기 등 치안관련 각종 정보를 빅데이터로 분석하여 범죄발생 취약 시간과 지역을 파악하여 범죄예방이 가능해진다.

4. 빅데이터 활용 대한 문제점(사생활 침해)

빅데이터가 범죄의 행동 패턴을 분석해 이 자료를 활용한다면 맞춤형 치안 서비스를 기대할 수 있지만, 이 과정에서 개인의 데이터를 조합해야 하기 때문에 개인의 취향, 상태, 특성 등이 노출되어 개인 사생활이 침해될 가능성이 매우 높다는 문제점이 제기되고 있다.

실제로 해외에서는 빅데이터로 인한 사생활 침해 방지를 위해 암호화 기술의 고도화와 사용자의 정보를 분산시켜 저장하는 방법 등 다양한 예방책이 실행되고 있다. 빅데이터 활용, 분석이라는 개념이 국내에 늦게 도입되어 확산된 것이 장점이 될 수도 있다. 선진 사례들의 장단점을 파악하여 분석 가능하고, 미리 예방할 수 있기 때문이다. 우리의 과제는 빅데이터의 활용과 관리뿐만 아니라 앞으로 나타나게 될 새로운 문제들을 예방하는 것이다.

17 | 사물인터넷(IoT)

1. 사물인터넷의 정의

사물인터넷(Internet of Things, IoT)이란 인터넷을 기반으로 모든 사물을 연결하여 사람과 사물, 사물과 사물 간의 정보를 상호 소통하는 지능형 기술 및 서비스를 말한다. 쉽게 말해, 사물인터넷은 사물에 센서를 부착해 실시간으로 데이터를 인터넷으로 주고받는 기술이나 환경을 일컫는다. 지금까진 인터넷에 연결된 기기들이 정보를 주고받으려면 인간의 조작이 필요했지만, 사물인터넷 시대가 열리면 인터넷에 연결된 기기는 사람의 도움 없이 서로 알아서 정보를 주고받으며 대화를 나눌 수 있을 것이다.

2. 사물인터넷에 따른 치안변화(스마트 건)

사물인터넷(IoT)과 경찰의 시스템을 연계해 범인을 잡거나, 총기 작동 상태를 원격으로 확인할 수 있는 스마트 건이 등장할 것이다. 스마트 건(Smart gun)은 반도체 칩을 이용해 총기 소유주의 지문을 인식해야만 발사할 수 있는 총이다. 이 기술은 경찰의 안전과 경찰이 무기를 사용할 경우 투명성을 보장한다. 센서와 위치추적 기능으로 총의 위치와 발사된 정확한 시점을 지속적으로 추적하여 경찰이 총기를 사용할 때의 의혹을 없앨 수 있으며, 다른 경찰들에게 정확히 언제 어디에서 지원이 필요한지 자동으로 알릴 수도 있다.

전문지식·상식

01 | 경찰 관련 지식

1. 경찰관 직무집행법

- 경찰관 직무집행법 제4조(보호조치 등)
  1. 정신착란을 일으키거나 술에 취하여 자신 또는 다른 사람의 생명·신체·재산에 위해를 끼칠 우려가 있는 사람
  2. 자살을 시도하는 사람
  3. 미아, 병자, 부상자 등으로서 적당한 보호자가 없으며 응급구호가 필요하다고 인정되는 사람. 다만, 본인이 구호를 거절하는 경우는 제외한다.
- 경찰관 직무집행법 제5조(위험 발생의 방지 등)
  ① 경찰관은 사람의 생명 또는 신체에 위해를 끼치거나 재산에 중대한 손해를 끼칠 우려가 있는 천재(天災), 사변(事變), 인공구조물의 파손이나 붕괴, 교통사고, 위험물의 폭발, 위험한 동물 등의 출현, 극도의 혼잡, 그 밖의 위험한 사태가 있을 때에는 다음 각 호의 조치를 할 수 있다.
    1. 그 장소에 모인 사람, 사물(事物)의 관리자, 그 밖의 관계인에게 필요한 경고를 하는 것
    2. 매우 긴급한 경우에는 위해를 입을 우려가 있는 사람을 필요한 한도에서 억류하거나 피난시키는 것
    3. 그 장소에 있는 사람, 사물의 관리자, 그 밖의 관계인에게 위해를 방지하기 위하여 필요하다고 인정되는 조치를 하게 하거나 직접 그 조치를 하는 것
- 경찰관 직무집행법 제11조의2(손실보상)
  ① 국가는 경찰관의 적법한 직무집행으로 인하여 다음 각 호의 어느 하나에 해당하는 손실을 입은 자에 대하여 정당한 보상을 하여야 한다.

2. 일반공무원과 경찰공무원(경찰 행정의 특수성)

일반공무원과 경찰공무원의 차이점은 위험성, 기동성, 권력성, 조직성, 정치성, 기타 등이 있다.

① 위험성에는 경찰관이 위험에 대처하기 위해서 강한 신체와 정의감이 요구되며, 무기휴대가 허용된다.

② 기동성에는 경찰업무의 특성상 신속하게 대응하지 못하면 그 피해가 확산되기 때문에 기동성이 요구된다.

③ 권력성에서는 경찰작용이 그 목적달성을 위해서 시민의 자유와 권리를 제한하는 권력적 성격을 가지고, 경찰의 권력적 요소는 일반시민이 경찰을 멀리하는 요인이 되고 있다.

④ 조직성에서 경찰의 조직은 돌발적이고 위험한 상황에 신속히 대처하기 위해 일반 행정조직과는 다른 보다 강화된 형태의 계급사회를 기반으로 하고 있다.

⑤ 정치성에서 경찰작용은 강제적인 실력행사를 동원할 수 있기 때문에, 정치권력에 의해 정치적 목적을 위해 악용될 수 있는 정치성을 가지고 있으며, 그러한 권력의 남용을 억제하기 위해서 경찰작용에 정치적 중립성이 요구되는 것이다.

⑥ 기타 차이점에는 돌발성, 고립성, 보수성 등이 있다.

3. 지구대 · 치안센터 · 파출소

① 지구대
범죄에 대한 신속한 대응(범죄예방 및 범죄 진압 및 단속)

② 파출소
주로 신고 업무를 수행(도난신고, 피해신고, 유실물, 가출 · 미아신고, 교통사고 신고)

③ 치안센터
주로 대민봉사(민원상담)를 담당

4. 벌금 · 범칙금 · 과태료

① 벌금
범죄행위와 관련하여 위반을 했을 때 정식재판을 거쳐 일정 금액을 국가에 납부하도록 하는 형사처벌(전과기록이 남음)

② 범칙금

경범죄 및 도로교통법 등 우리 일상생활에서 일어나는 경미한 범죄 행위에 대해 부과하는 것으로 경찰서장이 발부권자임

③ 과태료

행정관청의 질서유지를 위해 시청, 군청 등이 부과하는 금전적 징계

④ 범칙금은 안전벨트 미착용으로 경찰관이 현장에서 단속을 하는 통고처분(벌점 부과 가능)이고, 신호위반이나 속도위반 등으로 위반한 차주에게 부과되는 것이 과태료(벌점 부과 없음)라 생각하면 된다.

5. 수사과 · 형사과 · 지능팀

형사과	살인, 강도, 강간, 납치유인, 공갈, 절도 등 강력범죄를 취급
수사과	주로 지능범죄로 사기, 횡령, 배임, 사건을 다루고, 명예훼손 및 업무방해 등 형사과에 속하지 않는 사건은 수사과에서 처리
지능팀	보이스피싱, 신용카드 위조 등 다액 또는 피해자가 다수 사건에 대한 집중수사가 필요할 경우 지능팀에서 처리

6. 협박죄 · 공갈죄 · 강도죄

협박죄는 사람을 협박함으로써 성립하는 범죄이다. 협박되는 공포심을 일으키게 할 목적으로 해악을 가하는 범죄이고, 공갈죄는 재물 또는 재산상 이익이 목적이라는 점에서 차이가 있다. 공갈죄는 폭행 또는 협박으로 재물 또는 재산상 이익을 취득한다는 점에서 강도죄와 유사하지만, 강도죄는 상대방의 저항을 억압할 정도의 폭행과 협박이 요구되는 반면, 공갈죄는 사람의 의사결정 자유를 제한하거나 의사실행 자유를 방해할 정도로 겁을 먹게 할 만한 해악을 고지하면 성립한다. 즉, 상대방으로부터 강취하면 강도죄, 그냥 주는 게 낫다고 생각하면 공갈죄가 된다.

7. 주간순찰과 야간순찰을 돌 때 중점사항

주간에 순찰을 할 때는 대민서비스를 중점으로 순찰을 돌고, 야간 순찰 시에는 범죄예방에 중점을 두어야 한다. 그러기 때문에 주간에 순찰을 할 때는 도보 순찰이나 자전거 순찰 위주로 순찰근무를, 야간근무를 함에 있어서는 가시방범효과를 이용한 자동차 순찰을 하는 것이 좋다.

8. 연좌제

특정한 사람의 범죄에 대하여 일가친척이나 그 사람과 일정한 관계에 있는 사람이 연대 책임을 지고 처벌을 당하던 제도를 말한다. 주로 3촌의 근친이나 처첩에 한정되었으며, 1980년대 이후 우리나라에서는 사실상 없어졌다(자기책임의 원칙에 반함).

9. 죄형법정주의

일반적으로 '법률 없으면 형벌 없고 법률 없으면 범죄 없다'로 표현되는 근대형법의 기본원칙이다(죄와 형벌은 법률로 정해져야 한다는 원칙). 파생원칙으로는 ① 관습형법금지의 원칙(법률주의, 성문법주의), ② 소급효금지의 원칙(행위시법주의), ③ 유추해석금지의 원칙, ④ 명확성의 원칙(절대적 부정기형 금지의 원칙), ⑤ 적정성의 원칙이 있다.

10. 친고죄와 반의사불벌죄

① 친고죄

피해자의 고소가 있어야 공소제기가 가능한 범죄를 말하며, 대표적인 범죄로는 모욕죄가 있다.

Append

친고죄 해당 범죄

사자명예훼손죄, 비밀침해죄, 모욕죄, 업무상 비밀누설죄

② 반의사불벌죄

피해자의 의사에 관계없이 공소를 제기할 수 있으나, 피해자의 명시한 의사에 반하여 공소를 제기할 수 없는 범죄를 말하며 대표적인 범죄로는 폭행죄 및 협박죄가 있다.

Append

반의사불벌죄 해당 범죄

폭행죄, 협박죄, 명예훼손죄, 출판물 등에 의한 명예훼손죄, 과실치상죄, 외국국기 · 국장모독죄, 외국원수 · 외국사절에 대한 폭행 · 협박 · 모욕죄

11. 위법성 조각사유

① 정당방위(제21조) – 不正 대 正

자기 또는 타인의 법익에 대한 현재의 위법한 침해를 방위하기 위한 상당한 이유 있는 행위

② 긴급피난(제22조) – 正 대 正

자기 또는 타인의 법익에 대한 현재의 위난을 피하기 위한 상당한 행위

③ 자구행위(제23조)

법정절차에 의하여 청구권을 보전하기 불능한 경우에 그 청구권의 실행불능 또는 현저한 실행곤란을 피하기 위한 행위는 상당한 이유가 있는 때에는 벌하지 아니한다.

④ 피해자의 승낙

처분할 수 있는 자의 승낙에 의하여 그 법익을 훼손한 행위는 법률에 특별한 규정이 없는 한 벌하지 아니한다.

⑤ 정당행위(제20조)

법령에 의한 행위 또는 업무에 의한 행위 기타 사회상규에 위배되지 않는 행위

12. 형의 종류

생명형(사형), 자유형(징역 · 금고 · 구류), 명예형(자격상실 · 자격정지), 재산형(벌금 · 과료 · 몰수)이 있고, 사형 > 징역 > 금고 > 자격상실 > 자격정지 > 벌금 > 구류 > 과료 > 몰수 순으로 중한 형에 해당한다.

- 구류 : 1일 이상 30일 미만
- 벌금 : 5만 원 이상
- 과료 : 2천 원 이상 5만 원 미만
- 노역장 유치
  - 벌금 : 1일 이상 3년 이하
  - 과료 : 1일 이상 30일 미만

13. 자수 · 자백 · 자복

자수와 자복의 효과는 임의적 감면이며, 자백은 특정범죄에서 필요적 감면이다.

① 자수
범인이 스스로 자기의 범죄사실을 수사기관에 신고하여 소추를 구하는 의사표시이다.

② 자백
수사기관의 신문을 받고 범죄 사실을 자인하는 것이다.

③ 자복
반의사불벌죄에서 범죄인이 피해자에게 자신의 범죄를 고백하는 것을 말한다.

14. 선고유예 · 집행유예 · 보석 · 형의 시효

① 선고유예
범죄의 정도가 경미한 범인에 대해 일정한 기간 동안 형의 선고를 유예하고, 그 유예기간을 사고 없이 지내면 형의 선고를 면하게 하는 제도를 말한다.

② 집행유예
범인에게 형을 선고하고 난 후, 일정한 기간 동안 그 형의 집행을 유예하는 제도를 말한다.

③ 보석
일정한 금액의 보증금을 납부시키고 도주하거나 기타 일정한 사유가 있는 때는 이를 몰수할 것을 전제로 법원이 구속 중인 피고인을 석방하는 제도이다.

④ 형의 시효
형의 선고를 받은 자가 재판 확정 후 형의 집행을 받지 않고 일정한 기간이 경과한 경우에 집행이 면제되는 것을 말한다.

15. 기소유예와 기소중지

① 기소유예
피의사건에 관하여 범죄의 혐의가 인정되고 소송조건이 구비되었으나 범인의 연령, 성행, 지능과 환경, 범해의 동기, 수단과 결과, 범행 후의 정황 등을 참작하여 공소를 제기하지 않는 경우를 말한다.

② 기소중지

　검사가 피의자의 소재불명 등의 사유로 수사를 종결할 수 없는 경우에 그 사유가 해소될 때까지 공소를 제기하지 않는 경우를 말한다.

16. 사회봉사명령와 수강명령

① 사회봉사명령

　유죄가 인정된 범죄자에 대하여 교도소 등에 구금하는 대신 자유로운 생활을 허용하면서 일정시간 무보수로 사회에 유익한 근로를 하도록 명하는 제도를 말한다.

② 수강명령

　유죄가 인정된 습관·중독성 범죄자를 교도소 등에 구금하는 대신 자유로운 생활을 허용하면서 일정시간 보호관찰소 또는 보호관찰소가 지정한 전문기관에서 교육을 받도록 명하는 제도를 말한다.

17. 고소와 고발

① 고소

　범죄로 인한 피해자, 기타 피해자의 법정대리인·친족 등이 수사기관에 범죄사실을 신고하여 그 수사와 범인의 소추를 구하는 의사표시를 말한다.

② 고발

　범인 또는 피해자(고소권자) 이외의 제3자가 수사기관에 범죄사실을 신고하고 그 수사와 범인의 소추를 구하는 의사표시를 말한다.

18. 알리바이(Alibi)

알리바이란 현장부재증명을 말하는 것으로서, 피의자나 피고인이 범죄가 발생한 그 시각에 범죄현장 이외의 장소에 있었음을 증명함으로써 자신의 무죄를 입증하는 방법이다.

19. 진술거부권

당사자 평등의 원칙에 따라 취하고 있는 권리로서 이익·불이익을 불문하고 일체 침묵할 수 있는 권리이다. ① 일체의 진술을 하지 아니하거나 개개의 질문에 대하여 진술을 하지 아니할 수 있다는 것, ② 진술을 하지 아니하더라도 불이익을 받지 아니한다는 것, ③ 진술을 거부할 권리를 포기하고 행한 진술은 법정에서 유죄의 증거로 사용될 수 있다는 것, ④ 신문을 받을 때에는 변호인을 참여하게 하는 등 변호인의 조력을 받을 수 있다는 것을 말한다.

20. 긴급체포

긴급체포는 검사 또는 사법경찰관이 피의자의 사형·무기 또는 장기 3년 이상의 징역이나 금고에 해당하는 죄를 범하였다고 의심할 만한 상당한 이유가 있고, 증거를 인멸할 염려가 있거나 도망하거나 도망할 염려가 있는 경우에 긴급을 요하고 지방법원판사의 체포영장을 받을 수 없는 때에는 그 사유를 알리고 영장 없이 피의자를 체포하는 것을 말한다.

21. 현행범 체포

현행범은 범죄의 실행 중이거나 실행의 즉후인 자를 말하고 누구든지 영장 없이 체포할 수 있으며, 준현행범은 ① 범인으로 호창되어 추적되고 있는 자, ② 장물이나 범죄에 사용되었다고 인정함에 충분한 흉기 기타의 물건을 소지하고 있는 자, ③ 신체 또는 의복류에 현저한 증적이 있는 자, ④ 누구임을 물음에 대하여 도망하려 하는 자를 말한다.

22. 체포와 구속

① 체포

체포에는 현행범체포, 긴급체포, 체포영장에 의한 체포가 있는데, 이 세 가지 체포 모두 사람을 체포한 후 48시간 내에 제201조의 규정에 의해 구속영장을 청구하여야 하고 그 시간 내에 구속영장을 청구하지 아니하는 때에는 즉시 석방하여야 한다.

② 구속

구속은 구속영장의 집행이 이루어진 것인데, 사법경찰관이 피의자를 구속한 경우, 10일 내에 피의자를 검사에게 인치해야 하고, 그렇지 아니하면 석방하여야 한다.

23. 영장실질심사제도와 체포 · 구속적부심사제도

① 영장실질심사제도

구속영장을 발부하기 전에 지방법원 판사가 반드시 피의자를 직접 심문하여 구속사유의 존부를 실제 판단하는 제도를 말한다.

② 체포 · 구속적부심사제도

수사기관에 의하여 체포 또는 구속된 피의자에 대하여 법원이 체포 · 구속의 적부를 심사하여 체포 또는 구속이 부적법하거나 부당한 경우에 피의자를 석방하는 제도를 말한다.

24. 공소시효와 의제공소시효

① 공소시효

범죄행위가 종료한 후 공소가 제기됨이 없이 일정기간 경과하면 그 범죄에 관한 공소권을 소멸시키는 제도를 말한다. 가장 긴 공소시효는 사형(25년)이며, 벌금(5년), 구류 · 과료 · 몰수(1년)이다.

② 의제공소시효

의제공소시효는 공소제기 후 확정판결 없이 25년을 경과하면 공소시효가 완성된 것으로 간주하는 것을 말한다. 이 제도는 시간의 경과로 인한 사회적 관심의 감소, 일정기간 계속된 기존의 평온상태의 존중 · 유지, 입증의 곤란, 장기간 도피로 인하여 범인의 고통 등의 이유로 인정되고 있다.

25. 탄핵증거와 전문법칙

① 탄핵증거

진술의 증명력을 다투기 위한 증거를 말한다.

② 전문법칙

전해 들은 증거는 증거로 사용할 수 없다는 원칙을 말한다.

26. Escobedo판결과 Miranda판결

① Escobedo판결

변호인과의 접견교통권을 침해하여 획득한 자백의 증거능력을 부정한 판결을 말한다.

② Miranda판결

변호인선임권, 접견교통권 및 진술거부권을 고지하지 않은 상태에서 이루어진 자백의 증거능력을 부정하여, 자백의 임의성과 관계없이 채취과정에서 위법이 있는 자백을 배제하는 계기가 된 판결을 말한다.

27. 경찰의 기본 임무

국민의 생명·신체 및 재산을 보호하여 궁극적으로는 공공의 안녕과 질서에 대한 위험을 방지하는 것이 경찰의 기본 임무에 해당한다.

28. 고려시대와 조선시대의 경찰조직

고려시대	• 중앙 : 병부(군사경찰), 형부(사법경찰), 중추원(군사기밀, 왕명출납), 어사대(감찰, 풍속경찰), 금오위 (수도 개경의 순찰) • 지방 : 5도(안찰사), 양계(병마사) • 특수경찰 : 삼별초(최씨정권 사병역할), 순마소
조선시대	• 중앙 : 병조(군사경찰), 형조(사법경찰), 의금부(왕족범죄, 반역죄 등), 사헌부(감찰, 풍속경찰), 한성부 (수도 한성의 치안) • 지방 : 관찰사, 부사, 목사, 군수, 현령 등 • 포도청(다모 : 여자 관비로 양반집 수색과 여자 도적 검거를 위해 있었음)

29. 경찰공공의 원칙

경찰공공의 원칙이란 경찰권은 사회공공의 안녕질서를 유지하기 위해서만 발동될 수 있으며, 사회공공의 안녕질서에 직접 관계되지 아니하는 생활관계는 경찰권 발동의 대상이 되지 아니한다는 원칙을 말한다. 내용으로는 ① 사생활불가침의 원칙, ② 사주소 불가침의 원칙, ③ 민사관계불간섭의 원칙이 있다.

30. 경찰비례의 원칙

경찰권의 발동은 사회공공의 질서 유지를 위하여 참을 수 없는 위해 또는 위해 발생의 위험을 제거하기 위하여 필요한 최소한도의 범위 내에 국한되어야 한다는 원칙을 말하며, 경찰비례원칙의 내용으로는 ① 적합성, ② 필요성(최소침해), ③ 상당성(경찰은 대포로 참새를 쏘아서는 안 된다)이 있다.

31. 경찰책임의 원칙

경찰책임의 원칙은 경찰권은 원칙적으로 경찰위반의 행위 또는 상태의 발생, 발생위험에 대하여 직접책임을 질 자(경찰책임자)에 대해서만 발동할 수 있고, 그 밖의 제3자에 대하여는 발동할 수 없다는 원칙을 말한다. 경찰책임의 종류로는 ① 행위책임, ② 상태책임이 있다. 행위책임이란 자기의 행위 또는 자기의 보호 감독하에 있는 자의 행위에 의하여 위해가 발생한 경우의 경찰책임을 의미하며, 상태책임은 물건 등을 사실상 관리하고 있는 자는 질서위반의 상태가 발생한 경우 경찰책임을 지는 것을 말한다.

32. 경찰개입청구권

경찰개입청구권이란 행정청의 위법한 부작위 등으로 인하여 권익을 침해당한 자가 당해 행정청(경찰관청)에 대하여 경찰권의 발동을 촉구하는 것을 내용으로 하는 실체적 권리를 말한다. 띠롭판결에서 최초 인정되었다(재량권 0으로 수축).

33. 통고처분(범칙금)

통고처분권자는 경찰서장이며, 통고처분으로 제재를 가하기 어려운 경우에는 예외로 즉결심판에 회부한다.

도로교통법	경범죄 처벌법
• 성명 또는 주소가 확실하지 아니한 사람 • 달아날 염려가 있는 사람 • 범칙금납부통고서 받기를 거부한 사람	• 통고처분서 받기를 거부한 사람 • 주거 또는 신원이 확실하지 아니한 사람 • 그밖에 통고처분하기가 매우 어려운 사람

34. 도로교통법상 범칙자의 개념에서 제외(즉결심판 회부/소년법 적용)

범칙행위를 한 사람으로서 범칙행위 당시 운전면허증을 제시하지 못한 자동차등의 운전자, 범칙행위로 교통사고를 일으킨 사람(교통사고처리특별법상의 합의 또는 보험처리에 의하여 처벌을 받지 않게 된 사람은 제외), 국제운전면허증을 가진 사람

35. 경범죄 처벌법상 범칙자의 개념에서 제외(즉결심판 회부/소년법 적용)

범칙행위를 한 사람으로서 상습범, 죄를 범한 동기나 수단 및 결과에 비추어 신체적 제재인 구류처분으로 벌해야 할 사항, 피해자가 있는 행위를 한 사람, 18세 미만인 사람

36. 도로교통법상 도로의 개념

도로법에 따른 도로, 유료도로, 농어촌도로 그 밖에 현실적으로 불특정 다수의 사람 또는 차마가 통행할 수 있도록 공개된 장소로서 안전하고 원활한 교통을 확보할 필요가 있는 장소를 말한다. 주취운전은 그 장소가 도로이든 도로가 아니든 관계없이 처벌이 된다.

37. 자전거의 법적 지위

도로교통법상 자전거는 차에 해당한다. 그렇기 때문에 자전거를 타다가 횡단보도의 사람을 다치게 한다면 보도침범사고 또는 횡단보도보행자보호의무 위반사고로 형사처벌을 받게 된다(11대 중과실사고에 해당). 만약, 자전거를 타고 횡단보도를 횡단할 경우 과태료 처분(통행방법위반)이 가능하다.

38. 법과 도덕의 차이

법은 강제성을 띠고 있으나 도덕은 양심에서 나온다. 또 법은 그것을 어기면 제재를 받지만, 도덕은 지키지 않았을 시에 주위의 비난을 받더라도 특별한 제재를 받지는 않는다.

39. 공연음란죄

공연음란죄는 성적인 도덕 감정을 해하는 죄이며, 건전한 성적 풍속 내지 성도덕을 보호하는 데 목적이 있다. 음란한 행위는 성욕의 흥분 또는 만족을 목적으로 하는 행위로서, 선량한 풍속에 반하여 사람에게 수치감·혐오감을 주는 것을 말한다. 음란성의 판단에는 행위가 행하여지는 주위환경이나 사건이 일어나는 생활권의 풍속·습관 등의 모든 사정이 고려되어야 한다. 음란행위를 부정한 판결로는 '똥구멍에 술을 부어 보아라'라는 판결이 있으며, 인정한 판결로는 고속도로 알몸 사건, 요구르트 사건이 있다.

40. 목욕탕에 커다란 문신을 한 사람이 있을 때

정당한 사유 없이 길을 막거나 시비를 걸거나 주위에 모여들거나 뒤따르거나 또는 몹시 거칠게 겁을 주는 말 또는 행동으로 다른 사람을 불안하게 하거나 귀찮고 불쾌하게 한 사람 또는 여러 사람이 이용하거나 다니는 도로, 공원 등 공공장소에서 고의로 험악한 문신을 노출시켜 타인에게 혐오감을 준 사람에 대해서 경범죄 처벌법 위반으로 단속할 수 있으며 범칙금액은 5만 원이다.

41. 학교 주변 음란전단지

벽보 형식 광고물의 경우 상습 부착자에 대해 장당 최소 8천 원에서 최대 500만 원까지 과태료를 처분할 수 있다(옥외관공물등 관리법). 그리고 여성의 나체 사진 등이 포함된 퇴폐 전단지의 경우 청소년보호법 위반(광고선전)에 해당하므로 성매매 업주는 물론 제작·배포자까지 모두 처벌이 가능하다.

42. 외상 후 스트레스 장애(PTSD)

신체적인 손상과 생명의 위협을 받은 사고에서 심적 외상을 받은 뒤에 나타나는 질환이며, 주로 일상생활에서 경험할 수 있는 사건에서 벗어난 사건들, 이를테면 천재지변, 화재, 전쟁, 신체적 폭행, 고문, 강간, 성폭행, 인질사건, 소아 학대, 자동차, 비행기, 기차 등에 의한 사고, 그 밖의 대형사고 등을 겪은 뒤에 발생한다.

43. CSI vs KCSI

국내에 CSI는 없다. 국내에서 과학수사를 다루는 기관은 KCSI(경찰과학수사대)와 NFS(국립과학수사연구원)가 있다.

44. 범죄피해구조금제도

범죄행위로 인하여 사망하거나 장해 · 중상해를 당하고서도 피해의 전부 또는 일부를 배상받지 못한 경우 국가가 소정의 절차에 따라 범죄피해자 또는 그 유족에게 일정한 금액의 구조금을 대신 지급해주는 제도이다.

45. 배상명령제도

형사사건 또는 가정보호사건의 가해자의 형사재판 또는 가정보호사건 심리과정에서 간편한 방법으로 민사적인 손해배상명령까지 받아낼 수 있는 제도이다. 예를 들면, 절도나 상해를 당한 경우에 그 가해자가 형사처벌이나 보호처분을 받는다고 하더라도 피해자가 피해보상을 받으려면 따로 민사소송을 밟아야 하는 것이 원칙이지만, 피해자가 신속, 간편하게 보상을 받도록 해주기 위하여 마련된 제도이다.

46. 형사조정제도

민간 전문가로 구성된 형사조정위원회에서 피의자와 피해자 간의 형사분쟁에 관하여 화해 · 합의 등 피해회복을 공정하게 조정해 주는 형사조정제도를 시행 중이다.

47. 자연법과 실정법

자연법이란 법규정이 없더라도 자연의 질서나 인간의 이성에 바탕을 둔 보편적이면서 항구적인 질서를 의의로 하는 법률을 말한다. 반면에, 실정법은 과거에 시행되었거나 현재 시행하고 있는 모든 법을 일컫는다. 실정법은 아무리 잘 만들었다고 해도 모든 법률이 정당하다고 할 수 없고, 실정법의 정당성은 보편적인 기준이 되는 자연법에 의해 판단된다.

48. 사전등록제

사전등록제는 아동 등이 실종되었을 때를 대비해 미리 경찰에 지문과 얼굴 사진, 기타 신상정보를 등록하고 실종 시 등록된 자료를 활용해 보다 신속하게 실종자를 발견하는 제도를 말하며, 대상은 만 18세 미만의 아동, 지적ㆍ자폐성 정신 장애인, 치매질환자 중 보호자가 원하는 사람을 대상으로 하고 있다. 가까운 경찰서 지구대, 파출소에서 신청 가능하며, 인터넷으로 안전DREAM에 접속하면 된다.

49. 아동실종예방수첩

아동실종예방수첩에는 아이 지문을 찍은 뒤 투명 스티커를 붙일 수 있는 페이지와 아이의 모근이 포함된 머리카락을 보관하는 봉투가 동봉되어 있다. 이외에도 아이의 정보와 신체특징 및 발달기록을 상세히 적을 수 있는 메모난이 있어 실종사고 시 빠르게 대처할 수 있으며, 아동을 발견ㆍ구조하는 데 소중한 단서로 사용된다.

50. 경찰 노동조합

근로 3권이란 단결권, 단체교섭권, 단체행동권을 말하는데, 공무원 중 ① 공립 중학교 교사는 교원노조에 가입 대상이기 때문에 공무원노동조합에 가입할 수 없고, ② 경찰관과 같은 특정직공무원과 ③ 군청 총무과 예산업무 담당자는 공무원노동조합에 가입할 수 없다. 그럼에도 일선의 경찰관의 권익 보호와 복리 증진 및 언론 보장을 위해 우리나라도 경찰의 노동조합이 필요하다는 주장이 제기되고 있다.

51. 고위공직자비리수사처

권력형 부정비리 사건으로 공공기관(입법부ㆍ사법부ㆍ행정부)에 대한 신뢰도와 청렴도 면에서 국민의 불신을 얻고 있기 때문에 공직사회를 감시하고 견제하는 국가 시스템이 제 기능을 상실했다는 의미에서 고위공직자비리수사처(공수처)의 필요성이 대두가 되었다. 고위공직자비리수사처는 국민의 신뢰를 상실한 검찰을 대신해 권력형 비리와 불법 등을 집중적으로 파헤치는 조직이며 국가권력으로부터 독립하여 2급 이상의 고위공무원들과 그 가족들의 비리를 전담하여 수사하는 수사부처를 말한다.

* 5대 사정기관 : 국정원(장), 법무부(장관), 검찰청(총장), 경찰청(청장), 청와대 민정수석

52. 직업공무원

직업적으로 공무에 종사하는 공무원을 말하고, 명예직공무원에 대응하는 개념이다. 명예직공무원이란 대체로 선거에 의하여 선출되는 공무원으로서 공무 담당이 임시적인 공무원을 말한다. 오늘날의 공무원제도에 있어서는 명예직공무원을 예외로 하고 직업공무원을 원칙으로 하고 있고, 직업공무원을 대상으로 하는 공무원제도를 직업공무원제라고 한다. 직업공무원제에 있어서 공무원의 임용은 시험제로 하고, 그 신분을 보장하며, 정치로부터 중립성을 지키게 하는 것이 특징이다. 우리나라의 공무원법도 이러한 직업공무원제를 그 내용으로 하고 있다.

53. 수사권과 기소권

수사권은 수사기관이 갖는 권한이며, 범죄가 발생했을 때 범죄혐의 유무 및 증거를 수집하고 범인을 확보하기 위한 권한을 말한다. 기소권은 범죄혐의에 대해 처벌할 가치가 있다고 판단할 때 유죄판결을 청구하는 권한을 말한다.

54. 개인정보 보호

① 개정정보 침해 시 신고센터(e콜센터 118)

'118'은 Eight(숫자 8), Easy(쉬운번호), Emergency(긴급번호), Entire(인터넷 전체), Electronic(인터넷 전자적), Enthusiastic(열정적인), Equal(평등), Enabel(모든 것을 가능하게)을 의미한다.

② 개인정보보호를 위한 법안

㉠ 개인정보보호법 : 개인에 관한 정보(성명, 주민번호, 영상 등) 수집 금지
㉡ 위치정보법(위치정보의 보호 및 이용 등에 관한 법률) : 개인의 위치정보 보호
㉢ 정보통신망법(정보통신망 이용촉진 및 정보보호 등에 관한 법률) : 해킹, 컴퓨터바이러스, 논리폭탄, 메일폭탄, 이메일
㉣ 신용정보법(신용정보의 이용 및 보호에 관한 법률) : 개인 신용정보 누설

55. 메모리 해킹(신종 금융범죄)

피해자 PC 메모리에 상주한 악성코드를 통해 일반적인 은행사이트에서 보안카드번호 앞·뒤 2자리만 입력해도 부당 인출하는 수법을 말한다.

56. 포괄적 뇌물죄

포괄적 뇌물죄는 명시적으로 법전에 적시되어 있지 않은 죄명이지만, 뇌물죄의 요소인 대가성에 있어서 대법원이 구체적인 집행 행위와 대가관계가 없더라도 포괄적인 관계가 있으면 충분하다는 입장을 취하고 있어 나온 죄명이다. 공무원의 금품수수행위가 그 공무원이 담당하고 있는 직무와 구체적이고 개별적인 대가관계가 없다고 하더라도 전체적인 관점에서 볼 때 대가관계가 있다고 판단되면 포괄적으로 보아 대가관계를 인정할 수 있고, 이에 따라 뇌물수수죄로 처벌할 수 있다는 해석을 하는 것이 포괄적 뇌물죄를 인정하는 입장이다.

57. 스트라이샌드 효과(Streisand effect)

어떤 정보를 감추거나 아니면 삭제하려다 오히려 그 정보가 비의도적으로 공공연히 확산되는 현상으로, 주로 인터넷을 통해서 나타난다. 예를 들어 "코끼리에 대해서 생각하지 마!"라고 말하면 오히려 코끼리를 더 생각하게 되는 효과를 한다. 정보 차단 시도의 예로 사진과 숫자, 파일, 또는 웹사이트를 들 수 있다.

58. ACS 시스템

ACS(Auto Call System)는 성매매전단지에 나온 전화번호 등을 시스템에 등록하여 일정 시간마다 자동으로 신호를 발송해 성구매자와의 통화 자체를 봉쇄하는 시스템으로 성매매 알선자에 대한 접근을 차단하는 효과가 있다.

02 | 일반상식

1. 시너지 효과(Synergy Effect)

조직 속에 참여하는 개인의 수가 늘어날수록 협력과 상호 보완을 통해 1+1을 2 이상으로 만드는 것을 말한다. 우리말로 표현하면 상승효과(相乘效果)라고 할 수 있다. 시너지 효과의 반대말은 링겔만 효과(Ringelmann Effect)라고 한다. 즉, 깅겔만 효과는 1+1이 2가 되지 못하고 오히려 그보다 못한 효과가 나타나는 경우를 말한다.

2. 사서삼경(四書三經)

사서는 대학(大學), 논어(論語), 맹자(孟子), 중용(中庸)을 말하며, 삼경은 시경(詩經), 서경(書經), 주역(周易)을 이른다.

3. 삼강오륜(三綱五倫)

① 삼강

군위신강(君爲臣綱)·부위자강(父爲子綱)·부위부강(夫爲婦綱)을 말하며 이것은 글자 그대로 임금과 신하, 어버이와 자식, 남편과 아내 사이에 마땅히 지켜야 할 도리이다.

② 오륜

맹자(孟子)에 나오는 부자유친(父子有親)·군신유의(君臣有義)·부부유별(夫婦有別)·장유유서(長幼有序)·붕우유신(朋友有信)의 5가지로, 아버지와 아들 사이의 도(道)는 친애(親愛)에 있으며, 임금과 신하의 도리는 의리에 있고, 부부 사이에는 서로 침범치 못할 인륜(人倫)의 구별이 있으며, 어른과 어린이 사이에는 차례와 질서가 있어야 하며, 벗의 도리는 믿음에 있음을 뜻한다.

4. 나이별 이칭

① 15세(지학 : 志學)

학문에 뜻을 두는 나이를 뜻한다.

② 20세(약관 : 弱冠)

갓을 쓰는 나이를 뜻한다.

③ 30세(이립 : 而立)

마음이 확고하게 도덕 위에 서서 움직이지 않는다.

④ 40세(불혹 : 不惑)

세상일에 정신을 빼앗겨 판단을 흐리는 일이 없다.

⑤ 50세(지천명 : 知天命)

하늘의 명을 깨닫다.

⑥ 60세(이순 : 耳順)

귀가 순해져 모든 말을 객관적으로 듣고 이해할 수 있다.

⑦ 70세(종심 : 從心)

뜻대로 행해도 어긋나지 않는다.

5. 엑스 이벤트

엑스 이벤트(X-event)란 발생 가능성이 아주 희박하고 예측이 안 되지만 한 번 발생하면 파괴력과 영향력이 엄청나게 큰 사건을 말한다. 한반도 지진, 원전사고, 전면적인 인터넷 단절, 신규 전염병 등을 그 예로 들 수 있으며 우리나라는 엑스 이벤트에 매우 취약하다는 특징이 있다.

6. 낙수효과(트리클다운 이펙트)

부유층의 투자·소비 증가가 저소득층의 소득 증대로까지 영향을 미쳐 국가 전체적인 경기부양효과를 가져오는 현상을 말한다. 재벌, 대기업, 고소득층의 성과가 늘어나면 연관 산업을 활용한 후발 낙후효과가 발생한다. 이는 종이컵을 피라미드 형식으로 쌓아 놓고 맨 위의 컵에 물을 부었을 때 그 컵에 물이 다 차면 밑으로 자연스럽게 흘러간다는 이론에서 나온 것이다.

낙수효과는 국부의 증대에 초점이 두고 분배보다는 성장을, 형평성보다는 효율성을 우선시한다. 국가는 대기업이나 재벌, 고소득층의 세금을 면제해주는 대신 저소득층에 대한 일자리 창출 및 소득분배를 기대하지만 실제로 낙수효과가 그 효과를 거두는 일은 없다.

7. 분수효과

저소득층의 소비 증대가 전체 경기를 부양하는 현상을 말한다. 소비가 증가하면 생산투자로 이어지고 궁극적으로 경기를 부양할 수 있게 된다는 이론이다. 마케팅에서의 분수효과는 샤워효과의 반대 의미로 아래층에 고객을 유인하는 상품을 마련해 놓으면 매장 전체를 활성화할 수 있다는 마케팅 기법이다. 즉 아래층에서 세일이나 사은품 등으로 고객을 유인한 후 자연스럽게 위층으로 고객들이 올라가게 만드는 것이다. 만약 중간층에 식당가나 행사장이 있다면 거기까지만 올라갔다가 내려올 우려가 있으므로 위아래층 모두 손님을 모을 수 있는 장치를 해 두는 경우가 많다.

8. 샤워효과

샤워효과는 마케팅 용어 중에 하나로 위층에 고객을 유인하는 상품을 마련해 놓고, 고객들이 자연스럽게 아래층으로 내려가면서 다른 물건들도 쇼핑한다는 논리를 말한다. 예를 들어 백화점의 세일 행사장을 보면 항상 꼭대기에 위치한 것을 알 수 있다. 또한 백화점 안에 있는 음식점들도 마찬가지로 꼭대기에 있다. 이러한 매장의 구조는 단순한 우연이 아니다. 이런 사소한 구조 배치에도 백화점의 판매 촉진 전략이 숨어 있다. 백화점 맨 위층으로 고객들이 모이도록 유도하면, 위층을 갔던 고객들이 자연스럽게 아래로 내려오면서 매장을 둘러보게 되고 이 과정에서 계획에 없던 소비를 하여 자연히 백화점의 매출이 상승하게 된다.

9. 폭포효과

사회의 상위층을 공략하는 마케팅에 성공하면 전체 소비층에 그 효과가 빠르게 확산되는 현상을 의미한다. 쉽게 말해서 폭포가 높은 곳에서 낮은 곳으로 떨어지듯이 사회의 상위계층에 해당하는 소비자들을 대상으로 한 마케팅이 성공하면 그 효과가 전체 소비자들에게 빠르게 자연스럽게 확산되는 현상을 말한다.

10. 결선투표제

선거에서 당선조건으로 일정 득표율 이상을 요구하는 경우 해당 조건을 만족하는 후보가 없을 때에는 득표수 순으로 상위 후보 몇 명만을 대상으로 결선투표를 실시하여 당선자를 결정하는 방식이다. 일명, 2회 투표제라고도 부른다.

11. 공탁금

공탁금이란 형사사건에서 가해자 측이 피해자 측에 성의 표시를 하여 처벌이 좀 더 가벼워질 수 있는 여지를 만들고자 법원에 맡기는 돈을 말한다.

12. 성선설 · 성악설 · 백지설 · 환경설

① 성선설

처음부터 나쁜 사람은 없지만 살면서 나쁜 사람이 된다는 것을 말한다.

② 성악설

본인의 의지와 관계없이 원래부터 나쁜 성향을 가지는 것, 예를 들어 도둑질을 일삼고도 양심의 가책을 느끼지 못하는 경우를 말한다. 태어나면서 가지는 욕망을 제어하지 못하기 때문에 법이 필요하다는 입장이다.

③ 백지설

사람이 처음 태어났을 때는 착하지도 나쁘지도 않지만 커가면서 마음먹기에 따라서 선하거나 악하게 된다는 이론을 말한다.

④ 환경설

맹자의 맹모삼천지교가 대표적인 사례로서, 사람은 환경변화에 따라 달라진다고 보는 입장이다.

13. 전관예우

판사나 검사로 재직했던 사람이 변호사로 개업하면서 맡은 사건이 법원과 검찰에서 유리하도록 압력을 행사하는 법조계의 관행적 특혜를 말한다.

14. 4대 불법 개인정보

① 주민번호(법령 근거 없이 처리되는 주민등록번호), ② 방치정보(미관리 · 미파기 개인정보), ③ 과잉정보(필요한 범위를 넘어 수집한 개인정보), ④ 탈취정보(해커 · 브로커 등이 불법으로 유통하는 개인정보)를 말한다. 노출된 4대 불법 개인정보 신고번호는 118이다.

15. 소액심판제도

3천만 원 이하의 금액의 비교적 단순한 사건에 대해서는 신속하고 간편하게 또 경제적으로 심판을 받을 수 있게 한 제도이다.

16. 블루오션

블루오션 전략이란 비경쟁 거대 신시장 창출을 이루기 위한 실행 전략을 포함한 종합 이론이다. 즉, 틈새시장 개척이 아니라 경쟁자 없는 거대 무경쟁 시장에서 싸우지 않고 이기는 대승 전략이다. 이러한 블루오션 전략이 세계적인 바람을 일으키고 있는 이유는 경쟁 전략, 핵심전략론 등 기존 경쟁 전략과 다른 새로운 경영 전략이기 때문이다.

17. 님비(NIMBY)현상

'내 뒷마당에서는 안 된다(Not In My Backyard)'의 약자로 위험시설, 혐오시설 등이 자신들이 살고 있는 지역에 들어서는 것을 강력하게 반대하는 시민들의 행동을 말하며, 자기 지역의 이익만을 고집하는 현상을 말한다.

18. 아웃소싱

기업 업무의 일부 프로세스를 경영 효과 및 효율의 극대화를 위하여 제3자에게 위탁해 처리하는 것을 말한다.

19. 모라토리엄

전쟁, 지진, 경제 공황, 화폐 개혁 따위와 같이 한 나라 전체나 어느 특정 지역에 긴급 사태가 발생한 경우 국가 권력의 발동에 의하여 일정 기간 금전 채무의 이행을 연장 또는 유예하는 일이다(지급유예).

20. 공청회

국회나 행정 기관, 공공 단체가 중요한 정책의 결정이나 법령 등의 제정 또는 개정안을 심의하기 이전에 이해 관계자나 해당 분야의 전문가로부터 공식석상에서 의견을 듣는 제도를 말한다.

21. 인터넷 파놉티콘

파놉티콘이란 교도소의 형태 중 하나로 '모두'를 뜻하는 팬(Pan)과 '본다'를 뜻하는 옵티콘(Opticon)의 합성어이다. 소수의 인력으로 수많은 죄수를 감시할 수 있도록 파놉티콘을 설계하게 되는데, 중앙에 타워 형태의 감시공간을 두고 그 주위를 원형의 형태로 죄수방을 배치한다. 이것이 현대사회에서는 사이버공간에서의 감시로 확대되어 인터넷 파놉티콘이라는 신조어를 만들게 되었다. 즉, 정부기관·대기업 등 권력기관에 의해 나의 사이버 행위가 감시되고 검열된다는 것이 바로 인터넷 파놉티콘이다.

22. G7 정상회담(Group of Seven industrialized countries)

G7 정상회담은 인플레이션과 에너지 등 세계 경제의 여러 가지 문제들을 협의하기 위해 1975년 11월 지스카르 드 스탱 프랑스 대통령의 제안으로 처음 개최된 선진 7개국 정상회담이다. 참가국은 미국, 영국, 독일, 프랑스, 일본, 이탈리아, 캐나다 7개국이다.

23. 아시아인프라투자은행(Asian Infrastructure Investment Bank)

미국·일본 주도의 세계은행과 아시아개발은행(ADB ; Asian Development Bank) 등에 대항하기 위해 중국의 주도로 설립된 국제은행이다. AIIB의 목표는 아시아. 태평양지역 개발도상국의 사회간접자본시설을 지원하여 인프라를 구축하는 것이다.

24. GDP(Gross Domestic Product, 국내총생산)

GNP(국민총생산)에서 해외로부터의 순소득을 뺀 것이며, 어느 한 나라의 순전한 국내경제활동의 지표로 쓰인다. 한 나라의 모든 경제주체가 일정기간 동안에 생산한 재화와 용역의 부가가치를 금액으로 환산하여 합계한 것으로 각 부문의 생산활동은 물론 소비, 투자, 수출 등 수요동향까지도 살펴볼 수 있는 종합적인 지표이다. GNP 가운데 해외순소득의 비중이 높은 영국, 독일 등의 나라에서 국내경제활동의 동향을 조사하려면 GNP보다도 GDP를 사용하는 것이 적당하다. 우리나라에서도 1995년 4/4분기부터 국가경제규모를 나타내는 지표로서 GNP 대신 GDP를 사용해왔다. 하지만 GDP 통계는 당해 연도 또는 분기가 끝난 후 상당 기간(약 2~3개월)이 경과한 후 추계가 가능하기 때문에 이를 통하여 신속히 현재의 경기상황을 판단하거나 장래의 경기흐름을 예측하기는 어렵다. 따라서 경기동향을 보다 신속히 파악하기 위해서는 여러 가지 경제지표들을 종합적으로 고려할 필요가 있다.

25. GNP(Gross National Product, 국민총생산)

한 나라의 거주자가 일정 기간 동안에 생산한 모든 재화와 용역을 시장 가격으로 평가한 것으로 생산과정에서 마손된 고정자산의 소모분(고정자본소모충당금)을 포함한 개념이며 시장가격으로 평가되었다는 점에서 '시장가격에 의한 국민총생산'이라고 한다. 여기에서 거주자의 생산이라 함은 한 나라의 거주자가 국내는 물론 국외에 제공한 생산요소에 기인하는 생산을 포함하는 것으로 비거주자의 생산요소 공급에 의한 생산은 포함하지 않는다. 또한 생산의 의미는 총산출액에서 각 산업에 투입된 중간 생산물을 공제한 최종 생산물의 총액을 뜻한다.

26. 밴드웨건효과(Band wagon effect)

유행에 따라 상품을 구입하는 소비현상. 유행에 따라 상품을 구입하는 소비현상을 뜻하는 경제용어로, 곡예나 퍼레이드의 맨 앞에서 행렬을 선도하는 악대차(樂隊車)가 사람들의 관심을 끄는 효과를 내는 데에서 유래한다. 특정 상품에 대한 어떤 사람의 수요가 다른 사람들의 수요에 의해 영향을 받는 현상으로, 편승효과 또는 밴드웨건효과(Band wagon effect)라고도 한다. 미국의 하비 라이벤스타인(Harvey Leibenstein, 1922~1994)이 1950년에 발표한 네트워크효과(Network effect)의 일종으로, 서부개척시대의 역마차 밴드웨건에서 힌트를 얻은 것이다. 밴드웨건은 악대를 선두에 세우고 다니는 운송수단으로 요란한 음악을 연주하여 사람들을 모았으며, 금광이 발견되었다는 소식을 들으면 많은 사람들을 이끌고 몰려갔다. 이러한 현상을 기업에서는 충동구매를 유도하는 마케팅 활동으로 활용하고, 정치계에서는 특정 유력 후보를 위한 선전용으로 활용한다.

27. 레임덕(lame-duck)

레임(lame)은 '다리를 저는, 절름발이의'라는 뜻이며, 레임덕은 임기만료를 앞둔 공직자의 통치력 저하를 기우뚱 기우뚱 걷는 절름발이 오리에 비유한 말이다.

28. 누리과정예산

유치원과 어린이집에 다니는 만 3~5세 어린이들의 공평한 교육과 보육 기회 보장을 위해 2012년부터 공통으로 시행하도록 만든 표준 교육 내용을 말한다. 2012년 3월 5세 누리과정을 시작으로 2013년 3월부터는 3~4세까지 확대되어 시행되고 있다. 누리과정은 만 3~5세를 대상으로 하는 어린이집 표준보육과정과 유치원 교육과정을 통합한 공통과정으로 구성돼 있다. 이 과정은 만 3~5세 유아의 심신의 건강과 조화로운 발달을 도와 민주시민의 기초를 형성하는 것을 목적으로 하며, 어린이집 · 유치원 구분 없이 동일한 내용을 배우게 된다. 한편, 정부는 누리과정을 도입하면서 그 재원을 지방교육재정교부금으로 부담하도록 했는데, 이때부터 누리과정 예산을 둘러싼 문제가 시작됐다. 즉, 정부는 매년 내국세 수입의 약 20% 가량(지방교육재정교부금법에 따르면 당해 연도의 내국세 총액의 1만분의 2,027에 해당하는 금액)을 지방교육재정교부금으로 교육청에 교부하는데, 시도 교육청 입장에서는 수입이 일정하게 정해져 있는 상황에서 중앙정부의 정책에 의해 새로운 지출이 늘어나게 된 것이다. 이 때문에 누리과정 비용 부담 주체를 놓고 자체 예산으로 부담해야 한다는 중앙정부와 전액 국고로 지원해야 한다는 시도 교육청이 팽팽하게 맞서며 갈등이 계속되고 있다.

29. 브렉시트(Brexit)

영국(Britain)과 탈퇴(Exit)의 합성어로 영국의 유럽연합(EU) 탈퇴를 뜻하는 신조어를 말한다. 유럽연합의 재정 악화가 심화되자 영국이 내야 할 분담금 부담이 커졌고, 이에 영국 보수당을 중심으로 EU 탈퇴 움직임이 확산되었다. 여기에 취업 목적의 이민자가 크게 증가하고, 시리아 등으로부터의 난민 유입이 계속되자 EU 탈퇴를 요구하는 움직임이 가속화되었다.

30. 가상화폐에 따른 부작용

① 범죄의 자금 형성에 이용

가상화폐는 익명거래를 기반으로 두고 있기 때문에 범죄수익금의 취득, 편법증여 등 탈세, 불법 해외송금 수단으로 악용될 수 있다. 15년부터 최근까지 3년간 가상화폐범죄 건수가 714건이었고, 특히 외국거래소를 통해 이루어진 거래는 추적이 힘들기 때문에 지금보다 가상화폐가 더욱 활성화 된다면 더 많은 범죄 수단에 이용될 수 있다.

② 일반인들을 대상으로 사기범죄가 급증

가상화폐가 생긴지 얼마되지 않은 점을 악 이용해서 가상화폐 시스템을 잘 모르는 일반인을 대상으로 사기범죄가 급증하고 있다.

31. 워라밸

'워크 앤 라이프 밸런스'를 줄인 말로, 직장을 구할 때 일과 개인의 삶 사이의 균형을 중요한 조건으로 여기는 것을 말한다.

32. 핑크워싱

성소수자 인권이나 다양성을 인권 개념이 아니라 상업적이거나 정치적 용도로 사용하는 것을 말한다.

좋은 책을 만드는 길
독자님과 함께하겠습니다.

도서나 동영상에 궁금한 점, 아쉬운 점, 만족스러운 점이
있으시다면 어떤 의견이라도 말씀해 주세요.
시대고시기획은 독자님의 의견을 모아 더 좋은 책으로 보답하겠습니다.

www.sidaegosi.com

2020 마이턴(my turn) 경찰 면접

개정2판2쇄 발행	2020년 11월 06일 (인쇄 2020년 10월 23일)
초 판 발 행	2018년 04월 20일 (인쇄 2018년 04월 03일)
발 행 인	박영일
책 임 편 집	이해욱
저 자	차은호
편 집 진 행	민선홍 · 송영진 · 고수연
표지디자인	박종우
편집디자인	채경신 · 박서희
발 행 처	(주)시대고시기획
출 판 등 록	제 10-1521호
주 소	서울시 마포구 큰우물로 75 [도화동 538 성지 B/D] 9F
전 화	1600-3600
팩 스	02-701-8823
홈 페 이 지	www.sidaegosi.com
I S B N	979-11-254-6752-6 (13350)
정 가	23,000원